# THE

# PUZZLER'S

# COMPANION

Margaret Bolton

The right of Margaret Bolton to be identified as author of this Work has been asserted by her in accordance with sections 77 and 78 of the Copyright, Designs and Patents Act 1988

ISBN: 978-1974568253



Cover image by Gerd Altmann

# CONTENTS

# FOREWORD

Have you ever wanted to find a six letter word which began with A and ended with T or to find an eight letter word when you only knew that the third and fourth letters were R and S? Have you ever been stuck trying to think of a word which uses a double P or which ends OUS? This book came about because I found myself having problems just like that when I was either trying to complete a puzzle or to compile one. The information was available electronically but I could not find it in a book, and when relaxing with a puzzle, a book was more convenient. It contains lists of words from 4 letters to 12 which are sorted by the first, second, third and last letter which means that you can find options if you know only one of those four letters. Words from 13 letters to 21 appear sorted alphabetically.

Words with double letters appear in their own section sorted alphabetically according to where in the word the duplication appears, e.g. the fourth and fifth letters or the eighth and ninth.

For puzzlers and quizzers, another section provides lists of words from 6 to 10 letters which use the hundred most common suffixes in the English language, again sorted alphabetically.

Throughout the book, the Courier New font has been used. This is not the most attractive type but because it is monospace, it means that you can also quickly find a word visually by a later letter simply by aligning the word list with a ruler, pen or pencil at the appropriate junction.

The volume has met my needs and I hope it proves useful for you.

# 4 letters

## By 1ˢᵗ letter

| | | | | | | |
|---|---|---|---|---|---|---|
| ABBA | ABET | ABLE | ABLY | ABUT | ACES | ACHE |
| ACID | ACME | ACNE | ACRE | ACTS | ADDS | AERO |
| AFAR | AFRO | AGED | AGEE | AGES | AGUE | AHEM |
| AHOY | AIDE | AIDS | AILS | AIRS | AIRY | AJAR |
| AKIN | ALAS | ALEE | ALFA | ALGA | ALIT | ALLY |
| ALMA | ALMS | ALOE | ALPS | ALSO | ALTO | ALUM |
| AMBO | AMEN | AMID | AMOK | AMYL | ANAL | ANAN |
| ANEW | ANIL | ANKH | ANNA | ANON | ANTA | ANTE |
| ANTI | ANTS | ANUS | APED | APEX | APSE | AQUA |
| ARCH | ARCO | AREA | ARES | ARIA | ARID | ARIL |
| ARMS | ARMY | ARTS | ARTY | ARUM | ARYL | ASHY |
| ATOM | ATOP | AULD | AUNT | AURA | AUTO | AVER |
| AVES | AVID | AVOW | AWAY | AWED | AWRY | AXEL |
| AXES | AXIS | AXLE | AYAH | AZAN | BAAS | BABA |
| BABE | BABY | BACK | BADE | BAIL | BAIT | BAKE |
| BALD | BALE | BALK | BALL | BALM | BANC | BAND |
| BANE | BANG | BANK | BARB | BARD | BARE | BARF |
| BARK | BARN | BARS | BASE | BASH | BASK | BASS |
| BATE | BATH | BAUD | BAWD | BAWL | BAYS | BEAD |
| BEAK | BEAM | BEAN | BEAR | BEAT | BEAU | BECK |
| BEEF | BEEN | BEEP | BEER | BEET | BELL | BELT |
| BEMA | BEND | BENT | BERG | BEST | BETA | BEVY |
| BIAS | BIDE | BIER | BIFF | BIKE | BILE | BILK |
| BILL | BIND | BIOS | BIRD | BITE | BITS | BLAB |
| BLAH | BLEB | BLED | BLEW | BLIP | BLOB | BLOT |
| BLOW | BLUE | BLUR | BOAR | BOAS | BOAT | BOCK |
| BODE | BODY | BOGY | BOIL | BOLA | BOLD | BOLE |
| BOLL | BOLO | BOLT | BOMB | BONA | BOND | BONE |
| BONK | BONY | BOOK | BOOM | BOON | BOOR | BOOT |
| BORE | BORN | BOSH | BOSS | BOTH | BOTS | BOUT |
| BOWL | BOYS | BOZO | BRAD | BRAE | BRAG | BRAN |
| BRAT | BRAW | BRAY | BRED | BREW | BRIG | BRIM |
| BRIO | BRIT | BROW | BRUT | BUBO | BUBS | BUCK |
| BUFF | BUHL | BULB | BULK | BULL | BUMP | BUND |
| BUNG | BUNK | BUNS | BUNT | BUOY | BURG | BURL |
| BURN | BURP | BURR | BURY | BUSH | BUSS | BUST |
| BUSY | BUTT | BUZZ | BYRE | BYTE | CAFE | CAGE |
| CAKE | CALF | CALK | CALL | CALM | CAME | CAMP |
| CANE | CANT | CAPE | CAPO | CAPS | CARD | CARE |
| CARK | CARL | CARP | CARR | CART | CASA | CASE |
| CASH | CASK | CAST | CATS | CAVE | CAVY | CEDE |
| CEIL | CELL | CELT | CENT | CERT | CHAD | CHAP |
| CHAR | CHAS | CHAT | CHEF | CHEW | CHIC | CHIN |

## 4 letters

| | | | | | | |
|---|---|---|---|---|---|---|
| CHIP | CHIT | CHOC | CHOP | CHOW | CHUB | CHUG |
| CHUM | CIST | CITE | CITY | CLAD | CLAM | CLAN |
| CLAP | CLAW | CLAY | CLEF | CLEM | CLEW | CLIP |
| CLOD | CLOG | CLOT | CLOY | CLUB | CLUE | COAL |
| COAT | COAX | COCA | COCK | COCO | CODA | CODE |
| COHO | COIF | COIL | COIN | COIR | COKE | COLA |
| COLD | COLE | COLT | COMA | COMB | COME | COMP |
| CONE | CONK | COOK | COOL | COON | COOP | COOT |
| COPE | COPS | COPY | CORD | CORE | CORK | CORM |
| CORN | COST | COSY | COTE | COUP | COVE | COWL |
| COWS | CRAB | CRAG | CRAM | CRAP | CRAW | CRAY |
| CREW | CRIB | CROC | CROP | CROW | CRUD | CRUX |
| CUBE | CUFF | CULL | CULT | CURB | CURD | CURE |
| CURL | CURT | CUSP | CUSS | CUTE | CYMA | CYST |
| CZAR | DACE | DADO | DAFT | DAGO | DAIS | DALE |
| DAME | DAMN | DAMP | DANG | DANK | DARE | DARK |
| DARN | DART | DASH | DATA | DATE | DAUB | DAWN |
| DAYS | DAZE | DEAD | DEAF | DEAL | DEAN | DEAR |
| DEBT | DECK | DEED | DEEM | DEEP | DEER | DEES |
| DEFT | DEFY | DELE | DELI | DELL | DEMO | DEMY |
| DENT | DENY | DERV | DESK | DEUS | DEWY | DHAL |
| DHOW | DIAL | DIBS | DICE | DICK | DIDO | DIED |
| DIES | DIET | DIGS | DIKE | DILL | DIME | DINE |
| DING | DINK | DINT | DIRE | DIRK | DIRT | DISC |
| DISH | DISK | DIVA | DIVE | DOCK | DODO | DOER |
| DOES | DOFF | DOGE | DOGS | DOLE | DOLL | DOLT |
| DOME | DONA | DONE | DONG | DOOM | DOOR | DOPE |
| DORM | DORR | DORY | DOSE | DOSS | DOST | DOTE |
| DOTH | DOTY | DOUR | DOVE | DOWN | DOXY | DOZE |
| DOZY | DRAB | DRAG | DRAM | DRAT | DRAW | DRAY |
| DREG | DREW | DRIB | DRIP | DROP | DRUB | DRUG |
| DRUM | DUAL | DUCK | DUCT | DUDE | DUDS | DUEL |
| DUET | DUFF | DUKE | DULL | DULY | DUMB | DUMP |
| DUNE | DUNG | DUNK | DUPE | DUSK | DUST | DUTY |
| DYAD | DYED | DYER | DYKE | DYNE | EACH | EARL |
| EARN | EARS | EASE | EAST | EASY | EATS | EBON |
| ECCE | ECHO | ECRU | EDDY | EDEN | EDGE | EDGY |
| EDIT | EGAD | EKED | ELSE | EMIR | EMIT | EMMA |
| ENDS | ENVY | EPIC | EPOS | ERAS | ERGO | ERIC |
| ERNE | EROS | ESPY | ETCH | ETNA | EURO | EVEN |
| EVER | EVIL | EWER | EXAM | EXIT | EYED | EYES |
| EYRE | FACE | FACT | FADE | FAIL | FAIN | FAIR |
| FAKE | FALL | FAME | FANE | FANG | FARE | FARM |
| FARO | FART | FAST | FATE | FATS | FAUN | FAUX |
| FAWN | FAZE | FEAR | FEAT | FEED | FEEL | FEET |
| FELL | FELT | FEND | FENS | FERN | FESS | FEST |
| FETA | FETE | FEUD | FIAT | FICO | FIEF | FIFE |
| FILE | FILL | FILM | FIND | FINE | FINK | FIRE |

| | | | | | | |
|---|---|---|---|---|---|---|
| FIRM | FISH | FISK | FIST | FITS | FIVE | FIZZ |
| FLAB | FLAG | FLAK | FLAM | FLAN | FLAP | FLAT |
| FLAW | FLAX | FLAY | FLEA | FLED | FLEE | FLEW |
| FLEX | FLIP | FLIT | FLOE | FLOG | FLOP | FLOW |
| FLUB | FLUE | FLUX | FOAL | FOAM | FOCI | FOGY |
| FOIL | FOLD | FOLK | FOND | FONT | FOOD | FOOL |
| FOOT | FORD | FORE | FORK | FORM | FORT | FOUL |
| FOUR | FOWL | FOXY | FRAP | FRAT | FRAU | FRAY |
| FREE | FRET | FRIG | FRIT | FROE | FROG | FROM |
| FUCI | FUCK | FUEL | FULL | FUME | FUMY | FUND |
| FUNK | FURL | FURY | FUSE | FUSS | FUZZ | GAFF |
| GAGA | GAGE | GAIN | GAIT | GALA | GALE | GALL |
| GAME | GAMY | GANG | GAPE | GARB | GASH | GASP |
| GATE | GAUD | GAUR | GAVE | GAWK | GAWP | GAZE |
| GEAR | GEED | GEEK | GELD | GEMS | GENE | GENT |
| GERM | GETS | GHEE | GIBE | GIFT | GILD | GILL |
| GILT | GIMP | GINK | GIRD | GIRL | GIRT | GIST |
| GIVE | GLAD | GLAM | GLEE | GLEN | GLIB | GLOB |
| GLOM | GLOW | GLUE | GLUM | GLUT | GNAT | GNAW |
| GOAD | GOAL | GOAT | GOBO | GOBY | GODS | GOES |
| GOFF | GOLD | GOLF | GONE | GONG | GOOD | GOOF |
| GOOK | GORE | GORY | GOSH | GOUT | GOWN | GRAB |
| GRAD | GRAM | GRAY | GREW | GREY | GRID | GRIM |
| GRIN | GRIP | GRIT | GROG | GROT | GROW | GRUB |
| GUAN | GUFF | GULF | GULL | GULP | GUMS | GURU |
| GUSH | GUST | GYRE | GYRO | HACK | HADE | HAFT |
| HAIL | HAIR | HAJJ | HAKE | HALE | HALF | HALL |
| HALO | HALT | HAND | HANG | HANK | HARD | HARE |
| HARK | HARM | HARP | HART | HASH | HASP | HAST |
| HATE | HATH | HAUL | HAUT | HAVE | HAWK | HAZE |
| HAZY | HEAD | HEAL | HEAP | HEAR | HEAT | HECK |
| HEED | HEEL | HEFT | HEIR | HELD | HELL | HELM |
| HELP | HEMP | HERB | HERD | HERE | HERO | HERS |
| HEST | HEWN | HICK | HIDE | HIGH | HIKE | HILL |
| HILT | HIND | HINT | HIRE | HISS | HIVE | HOAR |
| HOAX | HOBO | HOCK | HOED | HOER | HOLD | HOLE |
| HOLM | HOLT | HOLY | HOME | HOMO | HONE | HONG |
| HONK | HOOD | HOOF | HOOK | HOOP | HOOT | HOPE |
| HORN | HORS | HOSE | HOST | HOUR | HOVE | HOWL |
| HUCK | HUED | HUFF | HUGE | HULA | HULK | HULL |
| HUMP | HUNG | HUNK | HUNT | HURL | HURT | HUSH |
| HUSK | HYMN | HYPE | HYPO | IAMB | IBEX | IBIS |
| ICED | ICON | IDEA | IDEM | IDES | IDLE | IDLY |
| IDOL | IFFY | ILEX | IMAM | INCH | INKY | INTO |
| IOTA | IRIS | IRON | ISLE | ITCH | ITEM | IWIS |
| IXIA | JACK | JADE | JAIL | JAKE | JAMB | JANE |
| JAPE | JARL | JAWS | JAZZ | JEAN | JEEP | JEER |
| JEFF | JELL | JERK | JESS | JEST | JETS | JIBE |

## 4 letters

| | | | | | | |
|---|---|---|---|---|---|---|
| JILL | JILT | JINN | JINX | JIVE | JOCK | JOEY |
| JOHN | JOIN | JOKE | JOLT | JOSH | JOSS | JOWL |
| JUBA | JUDO | JUDY | JUJU | JUKE | JUMP | JUNK |
| JURY | JUST | JUTE | KAKA | KALE | KALI | KANT |
| KARA | KART | KAVA | KAYO | KECK | KEEL | KEEN |
| KEEP | KEMP | KENO | KENT | KEPI | KEPT | KERN |
| KHAN | KICK | KIER | KIKE | KILL | KILN | KILO |
| KILT | KIND | KING | KINK | KINO | KIRK | KISH |
| KISS | KIST | KITE | KITH | KIWI | KNAG | KNAP |
| KNAR | KNEE | KNEW | KNIT | KNOB | KNOT | KNOW |
| KNUR | KOHL | KOLA | KOTO | KRIS | KUDU | LACE |
| LACK | LADE | LADY | LAIC | LAID | LAIN | LAIR |
| LAKE | LAKY | LAMA | LAMB | LAME | LAMP | LAND |
| LANE | LANG | LANK | LARD | LARK | LASH | LASS |
| LAST | LATE | LATH | LAUD | LAVA | LAVE | LAWN |
| LAWS | LAZE | LAZY | LEAD | LEAF | LEAK | LEAL |
| LEAN | LEAP | LEAR | LEEK | LEER | LEES | LEFT |
| LEND | LENO | LENS | LENT | LESS | LEST | LEVY |
| LEWD | LIAR | LICE | LICK | LIDO | LIED | LIEN |
| LIEU | LIFE | LIFT | LIKE | LILT | LILY | LIMA |
| LIMB | LIME | LIMN | LIMP | LIMY | LIND | LINE |
| LING | LINK | LINN | LINT | LION | LIPS | LIRA |
| LIRE | LISP | LIST | LIVE | LOAD | LOAF | LOAM |
| LOAN | LOBE | LOCH | LOCI | LOCK | LOCO | LODE |
| LOFT | LOGE | LOGO | LOGY | LOIN | LOLL | LOMA |
| LONE | LONG | LOOK | LOOM | LOON | LOOP | LOOT |
| LOPE | LORD | LORE | LOSE | LOSS | LOST | LOTS |
| LOUD | LOUP | LOUR | LOUT | LOVE | LUAU | LUBE |
| LUCE | LUCK | LUKE | LULL | LUMP | LUNA | LUNG |
| LURE | LURK | LUSH | LUSK | LUST | LUTE | LYNX |
| LYRE | MACE | MACK | MADE | MAGE | MAGI | MAID |
| MAIL | MAIM | MAIN | MAKE | MALE | MALL | MALT |
| MAMA | MANE | MANY | MARA | MARC | MARE | MARK |
| MARL | MARS | MART | MASH | MASK | MASS | MAST |
| MATE | MATH | MATT | MAUD | MAUL | MAXI | MAYA |
| MAZE | MAZY | MEAD | MEAL | MEAN | MEAT | MEEK |
| MEET | MEGA | MELD | MELT | MEMO | MEND | MENU |
| MEOW | MERE | MESA | MESH | MESS | METE | MEWL |
| MEWS | MICA | MICE | MICK | MIDI | MIEN | MIFF |
| MIKE | MILD | MILE | MILK | MILL | MILO | MILT |
| MIME | MINA | MIND | MINE | MINI | MINK | MINT |
| MINX | MIRE | MIRY | MISS | MIST | MITE | MITT |
| MOAN | MOAT | MOCK | MODE | MOHR | MOIL | MOLE |
| MOLL | MONA | MONK | MONO | MOOD | MOON | MOOR |
| MOOT | MOPE | MORA | MORE | MORN | MORT | MOSS |
| MOST | MOTE | MOTH | MOVE | MOWN | MUCH | MUCK |
| MUFF | MUIR | MULE | MULL | MURK | MUSE | MUSH |
| MUSK | MUSS | MUST | MUTE | MUTT | MYTH | NADA |

| | | | | | | |
|---|---|---|---|---|---|---|
| NAIL | NAME | NAPE | NARD | NARY | NAVE | NAVY |
| NEAL | NEAP | NEAR | NEAT | NECK | NEED | NEON |
| NESS | NEST | NEWS | NEWT | NEXT | NICE | NICK |
| NIGH | NINE | NISI | NOCK | NODE | NOLL | NOME |
| NONE | NOOK | NOON | NOPE | NORM | NOSE | NOSH |
| NOSY | NOTE | NOUN | NOVA | NUDE | NUKE | NULL |
| NUMB | NUNS | NUTS | OATH | OATS | OBEY | OBIT |
| OBOE | ODDS | OGEE | OGLE | OGRE | OILY | OINK |
| OKAY | OKRA | OLEO | OLIO | OLLA | OMEN | OMER |
| OMIT | OMNI | ONCE | ONES | ONLY | ONTO | ONUS |
| ONYX | OOPS | OOZE | OOZY | OPAL | OPEN | OPUS |
| ORAL | ORGY | ORTS | ORYX | OTTO | OUCH | OURS |
| OUST | OUTS | OVAL | OVEN | OVER | OVUM | OWED |
| OWES | OXEN | OYEZ | PACE | PACK | PACT | PAGE |
| PAID | PAIL | PAIN | PAIR | PALE | PALL | PALM |
| PANE | PANG | PANT | PAPA | PARA | PARE | PARK |
| PARR | PART | PASS | PAST | PATE | PATH | PAVE |
| PAWL | PAWN | PAWS | PEAK | PEAL | PEAR | PEAS |
| PEAT | PECK | PEEK | PEEL | PEEN | PEEP | PEER |
| PELF | PELL | PELT | PENS | PENT | PEON | PERK |
| PERM | PERT | PESO | PEST | PHEW | PICA | PICK |
| PIED | PIER | PIGS | PIKE | PILE | PILL | PIMP |
| PINE | PING | PINK | PINS | PINT | PIPE | PISS |
| PITA | PITH | PITY | PIXY | PLAN | PLAT | PLAY |
| PLEA | PLED | PLOD | PLOP | PLOT | PLOY | PLUG |
| PLUM | PLUS | POCK | POEM | POET | POKE | POKY |
| POLE | POLK | POLL | POLO | POLY | POMP | POND |
| PONE | PONG | PONY | POOF | POOH | POOL | POOP |
| POOR | POPE | PORE | PORK | PORN | PORT | POSE |
| POSH | POST | POSY | POTS | POUF | POUR | POUT |
| PRAM | PRAY | PREP | PREY | PRIG | PRIM | PROD |
| PROF | PROM | PROP | PROS | PROW | PUCE | PUCK |
| PUFF | PUGH | PUKE | PULL | PULP | PUMA | PUMP |
| PUNK | PUNT | PUNY | PUPA | PURE | PURL | PURR |
| PUSH | PUSS | PUTT | PYRE | QUAD | QUAY | QUID |
| QUIP | QUIT | QUIZ | RACE | RACK | RACY | RAFF |
| RAFT | RAGA | RAGE | RAGS | RAID | RAIL | RAIN |
| RAJA | RAKE | RAMP | RAND | RANG | RANK | RANT |
| RAPE | RAPT | RARE | RASH | RASP | RATA | RATE |
| RATS | RAVE | RAYS | RAZE | RAZZ | READ | REAL |
| REAM | REAP | REAR | REED | REEF | REEK | REEL |
| REIN | REIS | RELY | REND | RENT | REST | RHEA |
| RICE | RICH | RICK | RIDE | RIFE | RIFF | RIFT |
| RILE | RILL | RIME | RIMY | RIND | RING | RINK |
| RIOT | RIPE | RISE | RISK | RITE | RIVE | ROAD |
| ROAM | ROAN | ROAR | ROBE | ROCK | RODE | ROIL |
| ROLE | ROLL | ROMP | ROOD | ROOF | ROOK | ROOM |
| ROOT | ROPE | ROPY | RORY | ROSE | ROSY | ROTE |

## 4 letters

| | | | | | | |
|---|---|---|---|---|---|---|
| ROUT | ROUX | ROVE | RUBY | RUDD | RUDE | RUED |
| RUFF | RUIN | RULE | RUMP | RUNE | RUNG | RUNS |
| RUNT | RUSE | RUSH | RUSK | RUST | RUTH | SACK |
| SACS | SAFE | SAGA | SAGE | SAGO | SAID | SAIL |
| SAKE | SALE | SALT | SAME | SAND | SANE | SANG |
| SANK | SANS | SARI | SASH | SASS | SATE | SATI |
| SAUL | SAVE | SAWN | SCAB | SCAN | SCAR | SCAT |
| SCOT | SCOW | SCUD | SCUM | SCUP | SEAL | SEAM |
| SEAN | SEAR | SEAT | SECT | SEED | SEEK | SEEM |
| SEEN | SEEP | SEER | SEES | SEGO | SELF | SELL |
| SEMI | SEND | SENT | SEPT | SERE | SERF | SETA |
| SETS | SEWN | SEXY | SHAD | SHAG | SHAH | SHAM |
| SHAN | SHAW | SHAY | SHED | SHIM | SHIN | SHIP |
| SHIT | SHOD | SHOE | SHOO | SHOP | SHOT | SHOW |
| SHUN | SHUT | SICK | SIDE | SIFT | SIGH | SIGN |
| SILK | SILL | SILO | SILT | SINE | SING | SINK |
| SIRE | SITE | SITS | SIZE | SKEW | SKID | SKIM |
| SKIN | SKIP | SKIT | SLAB | SLAG | SLAM | SLAP |
| SLAT | SLAW | SLAY | SLED | SLEW | SLID | SLIM |
| SLIP | SLIT | SLOE | SLOG | SLOP | SLOT | SLOW |
| SLUE | SLUG | SLUM | SLUR | SLUT | SMOG | SMUG |
| SMUT | SNAG | SNAP | SNIP | SNIT | SNOB | SNOT |
| SNOW | SNUB | SNUG | SOAK | SOAP | SOAR | SOCK |
| SODA | SOFA | SOFT | SOIL | SOLD | SOLE | SOLO |
| SOMA | SOME | SONG | SOON | SOOT | SORE | SORT |
| SOUL | SOUP | SOUR | SOWN | SOYA | SPAM | SPAN |
| SPAR | SPAT | SPAY | SPEC | SPED | SPEW | SPIN |
| SPIT | SPOT | SPRY | SPUD | SPUN | SPUR | STAB |
| STAG | STAR | STAY | STEM | STEP | STET | STEW |
| STIR | STOP | STOW | STUB | STUD | STUN | SUBS |
| SUCH | SUCK | SUDS | SUED | SUET | SUIT | SULK |
| SUMO | SUMP | SUNG | SUNK | SUNS | SURD | SURE |
| SURF | SWAB | SWAG | SWAM | SWAN | SWAP | SWAT |
| SWAY | SWIG | SWIM | SWUM | SYNC | TACK | TACO |
| TACT | TADS | TAIL | TAKE | TALC | TALE | TALK |
| TALL | TAME | TAMP | TANG | TANK | TAPE | TARE |
| TARN | TARO | TARP | TART | TASK | TAUT | TAWS |
| TAXI | TEAK | TEAL | TEAM | TEAR | TEAT | TECH |
| TEED | TEEL | TEEM | TEEN | TELL | TEMP | TEND |
| TENT | TERM | TERN | TEST | TEXT | THAN | THAT |
| THAW | THEE | THEM | THEN | THEY | THIN | THIS |
| THOU | THRU | THUD | THUG | THUS | TICE | TICK |
| TIDE | TIDY | TIED | TIER | TIES | TIFF | TILE |
| TILL | TILT | TIME | TINE | TING | TINT | TINY |
| TIPI | TIPS | TIRE | TOAD | TOBY | TOED | TOFU |
| TOGA | TOGS | TOIL | TOLD | TOLL | TOMB | TOME |
| TONE | TONG | TONY | TOOK | TOOL | TOOT | TOPE |
| TORE | TORN | TORT | TOSS | TOTE | TOUR | TOUT |

| | | | | | | |
|---|---|---|---|---|---|---|
| TOWN | TRAM | TRAP | TRAY | TREE | TREK | TREY |
| TRIG | TRIM | TRIO | TRIP | TROD | TROT | TROY |
| TRUE | TSAR | TUBA | TUBE | TUCK | TUFF | TUFT |
| TUNA | TUNE | TURF | TURN | TUSK | TUTU | TWIG |
| TWIN | TWIT | TYKE | TYNE | TYPE | TYPO | TYRO |
| UGLY | UNDO | UNIT | UNTO | UPON | UREA | URGE |
| URIC | USED | USER | VAIL | VAIN | VALE | VAMP |
| VANE | VARY | VASE | VAST | VEAL | VEGA | VEIL |
| VEIN | VELA | VENA | VEND | VENT | VERB | VERY |
| VEST | VETO | VIAL | VIBE | VICE | VIDE | VIED |
| VIEW | VILE | VINE | VIOL | VISA | VITA | VIVA |
| VIVE | VOID | VOLE | VOLT | VOTE | WADE | WAFT |
| WAGE | WAIF | WAIL | WAIT | WAKE | WALK | WALL |
| WAND | WANE | WANG | WANT | WARD | WARE | WARM |
| WARN | WARP | WART | WARY | WASH | WASP | WATT |
| WAVE | WAVY | WAXY | WAYS | WEAK | WEAL | WEAN |
| WEAR | WEED | WEEK | WEFT | WEIR | WELD | WELL |
| WELT | WEND | WENT | WEPT | WERE | WEST | WHAM |
| WHAT | WHEN | WHET | WHEW | WHEY | WHIG | WHIM |
| WHIP | WHIR | WHIT | WHIZ | WHOA | WHOM | WHOP |
| WICK | WIDE | WIFE | WILD | WILE | WILL | WILT |
| WILY | WIMP | WIND | WINE | WING | WINK | WINO |
| WINY | WIPE | WIRE | WIRY | WISE | WISH | WISP |
| WITH | WOKE | WOLF | WOMB | WONK | WOOD | WOOF |
| WOOL | WORD | WORE | WORK | WORM | WORN | WOVE |
| WRAP | WREN | WRIT | YALE | YANG | YANK | YARD |
| YARE | YARN | YAWL | YAWN | YAWP | YAWS | YEAN |
| YEAR | YELL | YELP | YOGA | YOGI | YOKE | YOLK |
| YOND | YONI | YORE | YORK | YOUR | YOWL | YUAN |
| YUCK | YUGA | YUKO | YULE | ZANY | ZARF | ZEAL |
| ZEBU | ZERO | ZEST | ZETA | ZIFF | ZINC | ZING |
| ZONE | ZOOM | ZOON | | | | |

# By 2<sup>nd</sup> letter

| | | | | | | |
|---|---|---|---|---|---|---|
| BAAS | BABA | BABE | BABY | BACK | BADE | BAIL |
| BAIT | BAKE | BALD | BALE | BALK | BALL | BALM |
| BANC | BAND | BANE | BANG | BANK | BARB | BARD |
| BARE | BARF | BARK | BARN | BARS | BASE | BASH |
| BASK | BASS | BATE | BATH | BAUD | BAWD | BAWL |
| BAYS | CAFE | CAGE | CAKE | CALF | CALK | CALL |
| CALM | CAME | CAMP | CANE | CANT | CAPE | CAPO |
| CAPS | CARD | CARE | CARK | CARL | CARP | CARR |
| CART | CASA | CASE | CASH | CASK | CAST | CATS |
| CAVE | CAVY | DACE | DADO | DAFT | DAGO | DAIS |
| DALE | DAME | DAMN | DAMP | DANG | DANK | DARE |
| DARK | DARN | DART | DASH | DATA | DATE | DAUB |

## 4 letters

| | | | | | | |
|---|---|---|---|---|---|---|
| DAWN | DAYS | DAZE | EACH | EARL | EARN | EARS |
| EASE | EAST | EASY | EATS | FACE | FACT | FADE |
| FAIL | FAIN | FAIR | FAKE | FALL | FAME | FANE |
| FANG | FARE | FARM | FARO | FART | FAST | FATE |
| FATS | FAUN | FAUX | FAWN | FAZE | GAFF | GAGA |
| GAGE | GAIN | GAIT | GALA | GALE | GALL | GAME |
| GAMY | GANG | GAPE | GARB | GASH | GASP | GATE |
| GAUD | GAUR | GAVE | GAWK | GAWP | GAZE | HACK |
| HADE | HAFT | HAIL | HAIR | HAJJ | HAKE | HALE |
| HALF | HALL | HALO | HALT | HAND | HANG | HANK |
| HARD | HARE | HARK | HARM | HARP | HART | HASH |
| HASP | HAST | HATE | HATH | HAUL | HAUT | HAVE |
| HAWK | HAZE | HAZY | IAMB | JACK | JADE | JAIL |
| JAKE | JAMB | JANE | JAPE | JARL | JAWS | JAZZ |
| KAKA | KALE | KALI | KANT | KARA | KART | KAVA |
| KAYO | LACE | LACK | LADE | LADY | LAIC | LAID |
| LAIN | LAIR | LAKE | LAKY | LAMA | LAMB | LAME |
| LAMP | LAND | LANE | LANG | LANK | LARD | LARK |
| LASH | LASS | LAST | LATE | LATH | LAUD | LAVA |
| LAVE | LAWN | LAWS | LAZE | LAZY | MACE | MACK |
| MADE | MAGE | MAGI | MAID | MAIL | MAIM | MAIN |
| MAKE | MALE | MALL | MALT | MAMA | MANE | MANY |
| MARA | MARC | MARE | MARK | MARL | MARS | MART |
| MASH | MASK | MASS | MAST | MATE | MATH | MATT |
| MAUD | MAUL | MAXI | MAYA | MAZE | MAZY | NADA |
| NAIL | NAME | NAPE | NARD | NARY | NAVE | NAVY |
| OATH | OATS | PACE | PACK | PACT | PAGE | PAID |
| PAIL | PAIN | PAIR | PALE | PALL | PALM | PANE |
| PANG | PANT | PAPA | PARA | PARE | PARK | PARR |
| PART | PASS | PAST | PATE | PATH | PAVE | PAWL |
| PAWN | PAWS | RACE | RACK | RACY | RAFF | RAFT |
| RAGA | RAGE | RAGS | RAID | RAIL | RAIN | RAJA |
| RAKE | RAMP | RAND | RANG | RANK | RANT | RAPE |
| RAPT | RARE | RASH | RASP | RATA | RATE | RATS |
| RAVE | RAYS | RAZE | RAZZ | SACK | SACS | SAFE |
| SAGA | SAGE | SAGO | SAID | SAIL | SAKE | SALE |
| SALT | SAME | SAND | SANE | SANG | SANK | SANS |
| SARI | SASH | SASS | SATE | SATI | SAUL | SAVE |
| SAWN | TACK | TACO | TACT | TADS | TAIL | TAKE |
| TALC | TALE | TALK | TALL | TAME | TAMP | TANG |
| TANK | TAPE | TARE | TARN | TARO | TARP | TART |
| TASK | TAUT | TAWS | TAXI | VAIL | VAIN | VALE |
| VAMP | VANE | VARY | VASE | VAST | WADE | WAFT |
| WAGE | WAIF | WAIL | WAIT | WAKE | WALK | WALL |
| WAND | WANE | WANG | WANT | WARD | WARE | WARM |
| WARN | WARP | WART | WARY | WASH | WASP | WATT |
| WAVE | WAVY | WAXY | WAYS | YALE | YANG | YANK |
| YARD | YARE | YARN | YAWL | YAWN | YAWP | YAWS |

| | | | | | | |
|---|---|---|---|---|---|---|
| ZANY | ZARF | ABBA | ABET | ABLE | ABLY | ABUT |
| EBON | IBEX | IBIS | OBEY | OBIT | OBOE | ACES |
| ACHE | ACID | ACME | ACNE | ACRE | ACTS | ECCE |
| ECHO | ECRU | ICED | ICON | SCAB | SCAN | SCAR |
| SCAT | SCOT | SCOW | SCUD | SCUM | SCUP | ADDS |
| EDDY | EDEN | EDGE | EDGY | EDIT | IDEA | IDEM |
| IDES | IDLE | IDLY | IDOL | ODDS | AERO | BEAD |
| BEAK | BEAM | BEAN | BEAR | BEAT | BEAU | BECK |
| BEEF | BEEN | BEEP | BEER | BEET | BELL | BELT |
| BEMA | BEND | BENT | BERG | BEST | BETA | BEVY |
| CEDE | CEIL | CELL | CELT | CENT | CERT | DEAD |
| DEAF | DEAL | DEAN | DEAR | DEBT | DECK | DEED |
| DEEM | DEEP | DEER | DEES | DEFT | DEFY | DELE |
| DELI | DELL | DEMO | DEMY | DENT | DENY | DERV |
| DESK | DEUS | DEWY | FEAR | FEAT | FEED | FEEL |
| FEET | FELL | FELT | FEND | FENS | FERN | FESS |
| FEST | FETA | FETE | FEUD | GEAR | GEED | GEEK |
| GELD | GEMS | GENE | GENT | GERM | GETS | HEAD |
| HEAL | HEAP | HEAR | HEAT | HECK | HEED | HEEL |
| HEFT | HEIR | HELD | HELL | HELM | HELP | HEMP |
| HERB | HERD | HERE | HERO | HERS | HEST | HEWN |
| JEAN | JEEP | JEER | JEFF | JELL | JERK | JESS |
| JEST | JETS | KECK | KEEL | KEEN | KEEP | KEMP |
| KENO | KENT | KEPI | KEPT | KERN | LEAD | LEAF |
| LEAK | LEAL | LEAN | LEAP | LEAR | LEEK | LEER |
| LEES | LEFT | LEND | LENO | LENS | LENT | LESS |
| LEST | LEVY | LEWD | MEAD | MEAL | MEAN | MEAT |
| MEEK | MEET | MEGA | MELD | MELT | MEMO | MEND |
| MENU | MEOW | MERE | MESA | MESH | MESS | METE |
| MEWL | MEWS | NEAL | NEAP | NEAR | NEAT | NECK |
| NEED | NEON | NESS | NEST | NEWS | NEWT | NEXT |
| PEAK | PEAL | PEAR | PEAS | PEAT | PECK | PEEK |
| PEEL | PEEN | PEEP | PEER | PELF | PELL | PELT |
| PENS | PENT | PEON | PERK | PERM | PERT | PESO |
| PEST | READ | REAL | REAM | REAP | REAR | REED |
| REEF | REEK | REEL | REIN | REIS | RELY | REND |
| RENT | REST | SEAL | SEAM | SEAN | SEAR | SEAT |
| SECT | SEED | SEEK | SEEM | SEEN | SEEP | SEER |
| SEES | SEGO | SELF | SELL | SEMI | SEND | SENT |
| SEPT | SERE | SERF | SETA | SETS | SEWN | SEXY |
| TEAK | TEAL | TEAM | TEAR | TEAT | TECH | TEED |
| TEEL | TEEM | TEEN | TELL | TEMP | TEND | TENT |
| TERM | TERN | TEST | TEXT | VEAL | VEGA | VEIL |
| VEIN | VELA | VENA | VEND | VENT | VERB | VERY |
| VEST | VETO | WEAK | WEAL | WEAN | WEAR | WEED |
| WEEK | WEFT | WEIR | WELD | WELL | WELT | WEND |
| WENT | WEPT | WERE | WEST | YEAN | YEAR | YELL |
| YELP | ZEAL | ZEBU | ZERO | ZEST | ZETA | AFAR |

## 4 letters

| | | | | | | |
|---|---|---|---|---|---|---|
| AFRO | IFFY | AGED | AGEE | AGES | AGUE | EGAD |
| OGEE | OGLE | OGRE | UGLY | AHEM | AHOY | CHAD |
| CHAP | CHAR | CHAS | CHAT | CHEF | CHEW | CHIC |
| CHIN | CHIP | CHIT | CHOC | CHOP | CHOW | CHUB |
| CHUG | CHUM | DHAL | DHOW | GHEE | KHAN | PHEW |
| RHEA | SHAD | SHAG | SHAH | SHAM | SHAN | SHAW |
| SHAY | SHED | SHIM | SHIN | SHIP | SHIT | SHOD |
| SHOE | SHOO | SHOP | SHOT | SHOW | SHUN | SHUT |
| THAN | THAT | THAW | THEE | THEM | THEN | THEY |
| THIN | THIS | THOU | THRU | THUD | THUG | THUS |
| WHAM | WHAT | WHEN | WHET | WHEW | WHEY | WHIG |
| WHIM | WHIP | WHIR | WHIT | WHIZ | WHOA | WHOM |
| WHOP | AIDE | AIDS | AILS | AIRS | AIRY | BIAS |
| BIDE | BIER | BIFF | BIKE | BILE | BILK | BILL |
| BIND | BIOS | BIRD | BITE | BITS | CIST | CITE |
| CITY | DIAL | DIBS | DICE | DICK | DIDO | DIED |
| DIES | DIET | DIGS | DIKE | DILL | DIME | DINE |
| DING | DINK | DINT | DIRE | DIRK | DIRT | DISC |
| DISH | DISK | DIVA | DIVE | FIAT | FICO | FIEF |
| FIFE | FILE | FILL | FILM | FIND | FINE | FINK |
| FIRE | FIRM | FISH | FISK | FIST | FITS | FIVE |
| FIZZ | GIBE | GIFT | GILD | GILL | GILT | GIMP |
| GINK | GIRD | GIRL | GIRT | GIST | GIVE | HICK |
| HIDE | HIGH | HIKE | HILL | HILT | HIND | HINT |
| HIRE | HISS | HIVE | JIBE | JILL | JILT | JINN |
| JINX | JIVE | KICK | KIER | KIKE | KILL | KILN |
| KILO | KILT | KIND | KING | KINK | KINO | KIRK |
| KISH | KISS | KIST | KITE | KITH | KIWI | LIAR |
| LICE | LICK | LIDO | LIED | LIEN | LIEU | LIFE |
| LIFT | LIKE | LILT | LILY | LIMA | LIMB | LIME |
| LIMN | LIMP | LIMY | LIND | LINE | LING | LINK |
| LINN | LINT | LION | LIPS | LIRA | LIRE | LISP |
| LIST | LIVE | MICA | MICE | MICK | MIDI | MIEN |
| MIFF | MIKE | MILD | MILE | MILK | MILL | MILO |
| MILT | MIME | MINA | MIND | MINE | MINI | MINK |
| MINT | MINX | MIRE | MIRY | MISS | MIST | MITE |
| MITT | NICE | NICK | NIGH | NINE | NISI | OILY |
| OINK | PICA | PICK | PIED | PIER | PIGS | PIKE |
| PILE | PILL | PIMP | PINE | PING | PINK | PINS |
| PINT | PIPE | PISS | PITA | PITH | PITY | PIXY |
| RICE | RICH | RICK | RIDE | RIFE | RIFF | RIFT |
| RILE | RILL | RIME | RIMY | RIND | RING | RINK |
| RIOT | RIPE | RISE | RISK | RITE | RIVE | SICK |
| SIDE | SIFT | SIGH | SIGN | SILK | SILL | SILO |
| SILT | SINE | SING | SINK | SIRE | SITE | SITS |
| SIZE | TICE | TICK | TIDE | TIDY | TIED | TIER |
| TIES | TIFF | TILE | TILL | TILT | TIME | TINE |
| TING | TINT | TINY | TIPI | TIPS | TIRE | VIAL |

| | | | | | | |
|---|---|---|---|---|---|---|
| VIBE | VICE | VIDE | VIED | VIEW | VILE | VINE |
| VIOL | VISA | VITA | VIVA | VIVE | WICK | WIDE |
| WIFE | WILD | WILE | WILL | WILT | WILY | WIMP |
| WIND | WINE | WING | WINK | WINO | WINY | WIPE |
| WIRE | WIRY | WISE | WISH | WISP | WITH | ZIFF |
| ZINC | ZING | AJAR | AKIN | EKED | OKAY | OKRA |
| SKEW | SKID | SKIM | SKIN | SKIP | SKIT | ALAS |
| ALEE | ALFA | ALGA | ALIT | ALLY | ALMA | ALMS |
| ALOE | ALPS | ALSO | ALTO | ALUM | BLAB | BLAH |
| BLEB | BLED | BLEW | BLIP | BLOB | BLOT | BLOW |
| BLUE | BLUR | CLAD | CLAM | CLAN | CLAP | CLAW |
| CLAY | CLEF | CLEM | CLEW | CLIP | CLOD | CLOG |
| CLOT | CLOY | CLUB | CLUE | ELSE | FLAB | FLAG |
| FLAK | FLAM | FLAN | FLAP | FLAT | FLAW | FLAX |
| FLAY | FLEA | FLED | FLEE | FLEW | FLEX | FLIP |
| FLIT | FLOE | FLOG | FLOP | FLOW | FLUB | FLUE |
| FLUX | GLAD | GLAM | GLEE | GLEN | GLIB | GLOB |
| GLOM | GLOW | GLUE | GLUM | GLUT | ILEX | OLEO |
| OLIO | OLLA | PLAN | PLAT | PLAY | PLEA | PLED |
| PLOD | PLOP | PLOT | PLOY | PLUG | PLUM | PLUS |
| SLAB | SLAG | SLAM | SLAP | SLAT | SLAW | SLAY |
| SLED | SLEW | SLID | SLIM | SLIP | SLIT | SLOE |
| SLOG | SLOP | SLOT | SLOW | SLUE | SLUG | SLUM |
| SLUR | SLUT | AMBO | AMEN | AMID | AMOK | AMYL |
| EMIR | EMIT | EMMA | IMAM | OMEN | OMER | OMIT |
| OMNI | SMOG | SMUG | SMUT | ANAL | ANAN | ANEW |
| ANIL | ANKH | ANNA | ANON | ANTA | ANTE | ANTI |
| ANTS | ANUS | ENDS | ENVY | GNAT | GNAW | INCH |
| INKY | INTO | KNAG | KNAP | KNAR | KNEE | KNEW |
| KNIT | KNOB | KNOT | KNOW | KNUR | ONCE | ONES |
| ONLY | ONTO | ONUS | ONYX | SNAG | SNAP | SNIP |
| SNIT | SNOB | SNOT | SNOW | SNUB | SNUG | UNDO |
| UNIT | UNTO | BOAR | BOAS | BOAT | BOCK | BODE |
| BODY | BOGY | BOIL | BOLA | BOLD | BOLE | BOLL |
| BOLO | BOLT | BOMB | BONA | BOND | BONE | BONK |
| BONY | BOOK | BOOM | BOON | BOOR | BOOT | BORE |
| BORN | BOSH | BOSS | BOTH | BOTS | BOUT | BOWL |
| BOYS | BOZO | COAL | COAT | COAX | COCA | COCK |
| COCO | CODA | CODE | COHO | COIF | COIL | COIN |
| COIR | COKE | COLA | COLD | COLE | COLT | COMA |
| COMB | COME | COMP | CONE | CONK | COOK | COOL |
| COON | COOP | COOT | COPE | COPS | COPY | CORD |
| CORE | CORK | CORM | CORN | COST | COSY | COTE |
| COUP | COVE | COWL | COWS | DOCK | DODO | DOER |
| DOES | DOFF | DOGE | DOGS | DOLE | DOLL | DOLT |
| DOME | DONA | DONE | DONG | DOOM | DOOR | DOPE |
| DORM | DORR | DORY | DOSE | DOSS | DOST | DOTE |
| DOTH | DOTY | DOUR | DOVE | DOWN | DOXY | DOZE |

## 4 letters

| | | | | | | |
|---|---|---|---|---|---|---|
| DOZY | FOAL | FOAM | FOCI | FOGY | FOIL | FOLD |
| FOLK | FOND | FONT | FOOD | FOOL | FOOT | FORD |
| FORE | FORK | FORM | FORT | FOUL | FOUR | FOWL |
| FOXY | GOAD | GOAL | GOAT | GOBO | GOBY | GODS |
| GOES | GOFF | GOLD | GOLF | GONE | GONG | GOOD |
| GOOF | GOOK | GORE | GORY | GOSH | GOUT | GOWN |
| HOAR | HOAX | HOBO | HOCK | HOED | HOER | HOLD |
| HOLE | HOLM | HOLT | HOLY | HOME | HOMO | HONE |
| HONG | HONK | HOOD | HOOF | HOOK | HOOP | HOOT |
| HOPE | HORN | HORS | HOSE | HOST | HOUR | HOVE |
| HOWL | IOTA | JOCK | JOEY | JOHN | JOIN | JOKE |
| JOLT | JOSH | JOSS | JOWL | KOHL | KOLA | KOTO |
| LOAD | LOAF | LOAM | LOAN | LOBE | LOCH | LOCI |
| LOCK | LOCO | LODE | LOFT | LOGE | LOGO | LOGY |
| LOIN | LOLL | LOMA | LONE | LONG | LOOK | LOOM |
| LOON | LOOP | LOOT | LOPE | LORD | LORE | LOSE |
| LOSS | LOST | LOTS | LOUD | LOUP | LOUR | LOUT |
| LOVE | MOAN | MOAT | MOCK | MODE | MOHR | MOIL |
| MOLE | MOLL | MONA | MONK | MONO | MOOD | MOON |
| MOOR | MOOT | MOPE | MORA | MORE | MORN | MORT |
| MOSS | MOST | MOTE | MOTH | MOVE | MOWN | NOCK |
| NODE | NOLL | NOME | NONE | NOOK | NOON | NOPE |
| NORM | NOSE | NOSH | NOSY | NOTE | NOUN | NOVA |
| OOPS | OOZE | OOZY | POCK | POEM | POET | POKE |
| POKY | POLE | POLK | POLL | POLO | POLY | POMP |
| POND | PONE | PONG | PONY | POOF | POOH | POOL |
| POOP | POOR | POPE | PORE | PORK | PORN | PORT |
| POSE | POSH | POST | POSY | POTS | POUF | POUR |
| POUT | ROAD | ROAM | ROAN | ROAR | ROBE | ROCK |
| RODE | ROIL | ROLE | ROLL | ROMP | ROOD | ROOF |
| ROOK | ROOM | ROOT | ROPE | ROPY | RORY | ROSE |
| ROSY | ROTE | ROUT | ROUX | ROVE | SOAK | SOAP |
| SOAR | SOCK | SODA | SOFA | SOFT | SOIL | SOLD |
| SOLE | SOLO | SOMA | SOME | SONG | SOON | SOOT |
| SORE | SORT | SOUL | SOUP | SOUR | SOWN | SOYA |
| TOAD | TOBY | TOED | TOFU | TOGA | TOGS | TOIL |
| TOLD | TOLL | TOMB | TOME | TONE | TONG | TONY |
| TOOK | TOOL | TOOT | TOPE | TORE | TORN | TORT |
| TOSS | TOTE | TOUR | TOUT | TOWN | VOID | VOLE |
| VOLT | VOTE | WOKE | WOLF | WOMB | WONK | WOOD |
| WOOF | WOOL | WORD | WORE | WORK | WORM | WORN |
| WOVE | YOGA | YOGI | YOKE | YOLK | YOND | YONI |
| YORE | YORK | YOUR | YOWL | ZONE | ZOOM | ZOON |
| APED | APEX | APSE | EPIC | EPOS | OPAL | OPEN |
| OPUS | SPAM | SPAN | SPAR | SPAT | SPAY | SPEC |
| SPED | SPEW | SPIN | SPIT | SPOT | SPRY | SPUD |
| SPUN | SPUR | UPON | AQUA | ARCH | ARCO | AREA |
| ARES | ARIA | ARID | ARIL | ARMS | ARMY | ARTS |

| | | | | | | |
|---|---|---|---|---|---|---|
| ARTY | ARUM | ARYL | BRAD | BRAE | BRAG | BRAN |
| BRAT | BRAW | BRAY | BRED | BREW | BRIG | BRIM |
| BRIO | BRIT | BROW | BRUT | CRAB | CRAG | CRAM |
| CRAP | CRAW | CRAY | CREW | CRIB | CROC | CROP |
| CROW | CRUD | CRUX | DRAB | DRAG | DRAM | DRAT |
| DRAW | DRAY | DREG | DREW | DRIB | DRIP | DROP |
| DRUB | DRUG | DRUM | ERAS | ERGO | ERIC | ERNE |
| EROS | FRAP | FRAT | FRAU | FRAY | FREE | FRET |
| FRIG | FRIT | FROE | FROG | FROM | GRAB | GRAD |
| GRAM | GRAY | GREW | GREY | GRID | GRIM | GRIN |
| GRIP | GRIT | GROG | GROT | GROW | GRUB | IRIS |
| IRON | KRIS | ORAL | ORGY | ORTS | ORYX | PRAM |
| PRAY | PREP | PREY | PRIG | PRIM | PROD | PROF |
| PROM | PROP | PROS | PROW | TRAM | TRAP | TRAY |
| TREE | TREK | TREY | TRIG | TRIM | TRIO | TRIP |
| TROD | TROT | TROY | TRUE | UREA | URGE | URIC |
| WRAP | WREN | WRIT | ASHY | ESPY | ISLE | TSAR |
| USED | USER | ATOM | ATOP | ETCH | ETNA | ITCH |
| ITEM | OTTO | STAB | STAG | STAR | STAY | STEM |
| STEP | STET | STEW | STIR | STOP | STOW | STUB |
| STUD | STUN | AULD | AUNT | AURA | AUTO | BUBO |
| BUBS | BUCK | BUFF | BUHL | BULB | BULK | BULL |
| BUMP | BUND | BUNG | BUNK | BUNS | BUNT | BUOY |
| BURG | BURL | BURN | BURP | BURR | BURY | BUSH |
| BUSS | BUST | BUSY | BUTT | BUZZ | CUBE | CUFF |
| CULL | CULT | CURB | CURD | CURE | CURL | CURT |
| CUSP | CUSS | CUTE | DUAL | DUCK | DUCT | DUDE |
| DUDS | DUEL | DUET | DUFF | DUKE | DULL | DULY |
| DUMB | DUMP | DUNE | DUNG | DUNK | DUPE | DUSK |
| DUST | DUTY | EURO | FUCI | FUCK | FUEL | FULL |
| FUME | FUMY | FUND | FUNK | FURL | FURY | FUSE |
| FUSS | FUZZ | GUAN | GUFF | GULF | GULL | GULP |
| GUMS | GURU | GUSH | GUST | HUCK | HUED | HUFF |
| HUGE | HULA | HULK | HULL | HUMP | HUNG | HUNK |
| HUNT | HURL | HURT | HUSH | HUSK | JUBA | JUDO |
| JUDY | JUJU | JUKE | JUMP | JUNK | JURY | JUST |
| JUTE | KUDU | LUAU | LUBE | LUCE | LUCK | LUKE |
| LULL | LUMP | LUNA | LUNG | LURE | LURK | LUSH |
| LUSK | LUST | LUTE | MUCH | MUCK | MUFF | MUIR |
| MULE | MULL | MURK | MUSE | MUSH | MUSK | MUSS |
| MUST | MUTE | MUTT | NUDE | NUKE | NULL | NUMB |
| NUNS | NUTS | OUCH | OURS | OUST | OUTS | PUCE |
| PUCK | PUFF | PUGH | PUKE | PULL | PULP | PUMA |
| PUMP | PUNK | PUNT | PUNY | PUPA | PURE | PURL |
| PURR | PUSH | PUSS | PUTT | QUAD | QUAY | QUID |
| QUIP | QUIT | QUIZ | RUBY | RUDD | RUDE | RUED |
| RUFF | RUIN | RULE | RUMP | RUNE | RUNG | RUNS |
| RUNT | RUSE | RUSH | RUSK | RUST | RUTH | SUBS |

## 4 letters

| | | | | | | |
|---|---|---|---|---|---|---|
| SUCH | SUCK | SUDS | SUED | SUET | SUIT | SULK |
| SUMO | SUMP | SUNG | SUNK | SUNS | SURD | SURE |
| SURF | TUBA | TUBE | TUCK | TUFF | TUFT | TUNA |
| TUNE | TURF | TURN | TUSK | TUTU | YUAN | YUCK |
| YUGA | YUKO | YULE | AVER | AVES | AVID | AVOW |
| EVEN | EVER | EVIL | OVAL | OVEN | OVER | OVUM |
| AWAY | AWED | AWRY | EWER | IWIS | OWED | OWES |
| SWAB | SWAG | SWAM | SWAN | SWAP | SWAT | SWAY |
| SWIG | SWIM | SWUM | TWIG | TWIN | TWIT | AXEL |
| AXES | AXIS | AXLE | EXAM | EXIT | IXIA | OXEN |
| AYAH | BYRE | BYTE | CYMA | CYST | DYAD | DYED |
| DYER | DYKE | DYNE | EYED | EYES | EYRE | GYRE |
| GYRO | HYMN | HYPE | HYPO | LYNX | LYRE | MYTH |
| OYEZ | PYRE | SYNC | TYKE | TYNE | TYPE | TYPO |
| TYRO | AZAN | CZAR | | | | |

## By 3<sup>rd</sup> letter

| | | | | | | |
|---|---|---|---|---|---|---|
| AFAR | AJAR | ALAS | ANAL | ANAN | AWAY | AYAH |
| AZAN | BAAS | BEAD | BEAK | BEAM | BEAN | BEAR |
| BEAT | BEAU | BIAS | BLAB | BLAH | BOAR | BOAS |
| BOAT | BRAD | BRAE | BRAG | BRAN | BRAT | BRAW |
| BRAY | CHAD | CHAP | CHAR | CHAS | CHAT | CLAD |
| CLAM | CLAN | CLAP | CLAW | CLAY | COAL | COAT |
| COAX | CRAB | CRAG | CRAM | CRAP | CRAW | CRAY |
| CZAR | DEAD | DEAF | DEAL | DEAN | DEAR | DHAL |
| DIAL | DRAB | DRAG | DRAM | DRAT | DRAW | DRAY |
| DUAL | DYAD | EGAD | ERAS | EXAM | FEAR | FEAT |
| FIAT | FLAB | FLAG | FLAK | FLAM | FLAN | FLAP |
| FLAT | FLAW | FLAX | FLAY | FOAL | FOAM | FRAP |
| FRAT | FRAU | FRAY | GEAR | GLAD | GLAM | GNAT |
| GNAW | GOAD | GOAL | GOAT | GRAB | GRAD | GRAM |
| GRAY | GUAN | HEAD | HEAL | HEAP | HEAR | HEAT |
| HOAR | HOAX | IMAM | JEAN | KHAN | KNAG | KNAP |
| KNAR | LEAD | LEAF | LEAK | LEAL | LEAN | LEAP |
| LEAR | LIAR | LOAD | LOAF | LOAM | LOAN | LUAU |
| MEAD | MEAL | MEAN | MEAT | MOAN | MOAT | NEAL |
| NEAP | NEAR | NEAT | OKAY | OPAL | ORAL | OVAL |
| PEAK | PEAL | PEAR | PEAS | PEAT | PLAN | PLAT |
| PLAY | PRAM | PRAY | QUAD | QUAY | READ | REAL |
| REAM | REAP | REAR | ROAD | ROAM | ROAN | ROAR |
| SCAB | SCAN | SCAR | SCAT | SEAL | SEAM | SEAN |
| SEAR | SEAT | SHAD | SHAG | SHAH | SHAM | SHAN |
| SHAW | SHAY | SLAB | SLAG | SLAM | SLAP | SLAT |
| SLAW | SLAY | SNAG | SNAP | SOAK | SOAP | SOAR |
| SPAM | SPAN | SPAR | SPAT | SPAY | STAB | STAG |
| STAR | STAY | SWAB | SWAG | SWAM | SWAN | SWAP |
| SWAT | SWAY | TEAK | TEAL | TEAM | TEAR | TEAT |
| THAN | THAT | THAW | TOAD | TRAM | TRAP | TRAY |

| | | | | | | |
|---|---|---|---|---|---|---|
| TSAR | VEAL | VIAL | WEAK | WEAL | WEAN | WEAR |
| WHAM | WHAT | WRAP | YEAN | YEAR | YUAN | ZEAL |
| ABBA | AMBO | BABA | BABE | BABY | BUBO | BUBS |
| CUBE | DEBT | DIBS | GIBE | GOBO | GOBY | HOBO |
| JIBE | JUBA | LOBE | LUBE | ROBE | RUBY | SUBS |
| TOBY | TUBA | TUBE | VIBE | ZEBU | ARCH | ARCO |
| BACK | BECK | BOCK | BUCK | COCA | COCK | COCO |
| DACE | DECK | DICE | DICK | DOCK | DUCK | DUCT |
| EACH | ECCE | ETCH | FACE | FACT | FICO | FOCI |
| FUCI | FUCK | HACK | HECK | HICK | HOCK | HUCK |
| INCH | ITCH | JACK | JOCK | KECK | KICK | LACE |
| LACK | LICE | LICK | LOCH | LOCI | LOCK | LOCO |
| LUCE | LUCK | MACE | MACK | MICA | MICE | MICK |
| MOCK | MUCH | MUCK | NECK | NICE | NICK | NOCK |
| ONCE | OUCH | PACE | PACK | PACT | PECK | PICA |
| PICK | POCK | PUCE | PUCK | RACE | RACK | RACY |
| RICE | RICH | RICK | ROCK | SACK | SACS | SECT |
| SICK | SOCK | SUCH | SUCK | TACK | TACO | TACT |
| TECH | TICE | TICK | TUCK | VICE | WICK | YUCK |
| ADDS | AIDE | AIDS | BADE | BIDE | BODE | BODY |
| CEDE | CODA | CODE | DADO | DIDO | DODO | DUDE |
| DUDS | EDDY | ENDS | FADE | GODS | HADE | HIDE |
| JADE | JUDO | JUDY | KUDU | LADE | LADY | LIDO |
| LODE | MADE | MIDI | MODE | NADA | NODE | NUDE |
| ODDS | RIDE | RODE | RUDD | RUDE | SIDE | SODA |
| SUDS | TADS | TIDE | TIDY | UNDO | VIDE | WADE |
| WIDE | ABET | ACES | AGED | AGEE | AGES | AHEM |
| ALEE | AMEN | ANEW | APED | APEX | AREA | ARES |
| AVER | AVES | AWED | AXEL | AXES | BEEF | BEEN |
| BEEP | BEER | BEET | BIER | BLEB | BLED | BLEW |
| BRED | BREW | CHEF | CHEW | CLEF | CLEM | CLEW |
| CREW | DEED | DEEM | DEEP | DEER | DEES | DIED |
| DIES | DIET | DOER | DOES | DREG | DREW | DUEL |
| DUET | DYED | DYER | EDEN | EKED | EVEN | EVER |
| EWER | EYED | EYES | FEED | FEEL | FEET | FIEF |
| FLEA | FLED | FLEE | FLEW | FLEX | FREE | FRET |
| FUEL | GEED | GEEK | GHEE | GLEE | GLEN | GOES |
| GREW | GREY | HEED | HEEL | HOED | HOER | HUED |
| IBEX | ICED | IDEA | IDEM | IDES | ILEX | ITEM |
| JEEP | JEER | JOEY | KEEL | KEEN | KEEP | KIER |
| KNEE | KNEW | LEEK | LEER | LEES | LIED | LIEN |
| LIEU | MEEK | MEET | MIEN | NEED | OBEY | OGEE |
| OLEO | OMEN | OMER | ONES | OPEN | OVEN | OVER |
| OWED | OWES | OXEN | OYEZ | PEEK | PEEL | PEEN |
| PEEP | PEER | PHEW | PIED | PIER | PLEA | PLED |
| POEM | POET | PREP | PREY | REED | REEF | REEK |
| REEL | RHEA | RUED | SEED | SEEK | SEEM | SEEN |
| SEEP | SEER | SEES | SHED | SKEW | SLED | SLEW |

## 4 letters

| | | | | | | |
|---|---|---|---|---|---|---|
| SPEC | SPED | SPEW | STEM | STEP | STET | STEW |
| SUED | SUET | TEED | TEEL | TEEM | TEEN | THEE |
| THEM | THEN | THEY | TIED | TIER | TIES | TOED |
| TREE | TREK | TREY | UREA | USED | USER | VIED |
| VIEW | WEED | WEEK | WHEN | WHET | WHEW | WHEY |
| WREN | ALFA | BIFF | BUFF | CAFE | CUFF | DAFT |
| DEFT | DEFY | DOFF | DUFF | FIFE | GAFF | GIFT |
| GOFF | GUFF | HAFT | HEFT | HUFF | IFFY | JEFF |
| LEFT | LIFE | LIFT | LOFT | MIFF | MUFF | PUFF |
| RAFF | RAFT | RIFE | RIFF | RIFT | RUFF | SAFE |
| SIFT | SOFA | SOFT | TIFF | TOFU | TUFF | TUFT |
| WAFT | WEFT | WIFE | ZIFF | ALGA | BOGY | CAGE |
| DAGO | DIGS | DOGE | DOGS | EDGE | EDGY | ERGO |
| FOGY | GAGA | GAGE | HIGH | HUGE | LOGE | LOGO |
| LOGY | MAGE | MAGI | MEGA | NIGH | ORGY | PAGE |
| PIGS | PUGH | RAGA | RAGE | RAGS | SAGA | SAGE |
| SAGO | SEGO | SIGH | SIGN | TOGA | TOGS | URGE |
| VEGA | WAGE | YOGA | YOGI | YUGA | ACHE | ASHY |
| BUHL | COHO | ECHO | JOHN | KOHL | MOHR | ACID |
| AKIN | ALIT | AMID | ANIL | ARIA | ARID | ARIL |
| AVID | AXIS | BAIL | BAIT | BLIP | BOIL | BRIG |
| BRIM | BRIO | BRIT | CEIL | CHIC | CHIN | CHIP |
| CHIT | CLIP | COIF | COIL | COIN | COIR | CRIB |
| DAIS | DRIB | DRIP | EDIT | EMIR | EMIT | EPIC |
| ERIC | EVIL | EXIT | FAIL | FAIN | FAIR | FLIP |
| FLIT | FOIL | FRIG | FRIT | GAIN | GAIT | GLIB |
| GRID | GRIM | GRIN | GRIP | GRIT | HAIL | HAIR |
| HEIR | IBIS | IRIS | IWIS | IXIA | JAIL | JOIN |
| KNIT | KRIS | LAIC | LAID | LAIN | LAIR | LOIN |
| MAID | MAIL | MAIM | MAIN | MOIL | MUIR | NAIL |
| OBIT | OLIO | OMIT | PAID | PAIL | PAIN | PAIR |
| PRIG | PRIM | QUID | QUIP | QUIT | QUIZ | RAID |
| RAIL | RAIN | REIN | REIS | ROIL | RUIN | SAID |
| SAIL | SHIM | SHIN | SHIP | SHIT | SKID | SKIM |
| SKIN | SKIP | SKIT | SLID | SLIM | SLIP | SLIT |
| SNIP | SNIT | SOIL | SPIN | SPIT | STIR | SUIT |
| SWIG | SWIM | TAIL | THIN | THIS | TOIL | TRIG |
| TRIM | TRIO | TRIP | TWIG | TWIN | TWIT | UNIT |
| URIC | VAIL | VAIN | VEIL | VEIN | VOID | WAIF |
| WAIL | WAIT | WEIR | WHIG | WHIM | WHIP | WHIR |
| WHIT | WHIZ | WRIT | HAJJ | JUJU | RAJA | ANKH |
| BAKE | BIKE | CAKE | COKE | DIKE | DUKE | DYKE |
| FAKE | HAKE | HIKE | INKY | JAKE | JOKE | JUKE |
| KAKA | KIKE | LAKE | LAKY | LIKE | LUKE | MAKE |
| MIKE | NUKE | PIKE | POKE | POKY | PUKE | RAKE |
| SAKE | TAKE | TYKE | WAKE | WOKE | YOKE | YUKO |
| ABLE | ABLY | AILS | ALLY | AULD | AXLE | BALD |
| BALE | BALK | BALL | BALM | BELL | BELT | BILE |

| | | | | | | |
|---|---|---|---|---|---|---|
| BILK | BILL | BOLA | BOLD | BOLE | BOLL | BOLO |
| BOLT | BULB | BULK | BULL | CALF | CALK | CALL |
| CALM | CELL | CELT | COLA | COLD | COLE | COLT |
| CULL | CULT | DALE | DELE | DELI | DELL | DILL |
| DOLE | DOLL | DOLT | DULL | DULY | FALL | FELL |
| FELT | FILE | FILL | FILM | FOLD | FOLK | FULL |
| GALA | GALE | GALL | GELD | GILD | GILL | GILT |
| GOLD | GOLF | GULF | GULL | GULP | HALE | HALF |
| HALL | HALO | HALT | HELD | HELL | HELM | HELP |
| HILL | HILT | HOLD | HOLE | HOLM | HOLT | HOLY |
| HULA | HULK | HULL | IDLE | IDLY | ISLE | JELL |
| JILL | JILT | JOLT | KALE | KALI | KILL | KILN |
| KILO | KILT | KOLA | LILT | LILY | LOLL | LULL |
| MALE | MALL | MALT | MELD | MELT | MILD | MILE |
| MILK | MILL | MILO | MILT | MOLE | MOLL | MULE |
| MULL | NOLL | NULL | OGLE | OILY | OLLA | ONLY |
| PALE | PALL | PALM | PELF | PELL | PELT | PILE |
| PILL | POLE | POLK | POLL | POLO | POLY | PULL |
| PULP | RELY | RILE | RILL | ROLE | ROLL | RULE |
| SALE | SALT | SELF | SELL | SILK | SILL | SILO |
| SILT | SOLD | SOLE | SOLO | SULK | TALC | TALE |
| TALK | TALL | TELL | TILE | TILL | TILT | TOLD |
| TOLL | UGLY | VALE | VELA | VILE | VOLE | VOLT |
| WALK | WALL | WELD | WELL | WELT | WILD | WILE |
| WILL | WILT | WILY | WOLF | YALE | YELL | YELP |
| YOLK | YULE | ACME | ALMA | ALMS | ARMS | ARMY |
| BEMA | BOMB | BUMP | CAME | CAMP | COMA | COMB |
| COME | COMP | CYMA | DAME | DAMN | DAMP | DEMO |
| DEMY | DIME | DOME | DUMB | DUMP | EMMA | FAME |
| FUME | FUMY | GAME | GAMY | GEMS | GIMP | GUMS |
| HEMP | HOME | HOMO | HUMP | HYMN | IAMB | JAMB |
| JUMP | KEMP | LAMA | LAMB | LAME | LAMP | LIMA |
| LIMB | LIME | LIMN | LIMP | LIMY | LOMA | LUMP |
| MAMA | MEMO | MIME | NAME | NOME | NUMB | PIMP |
| POMP | PUMA | PUMP | RAMP | RIME | RIMY | ROMP |
| RUMP | SAME | SEMI | SOMA | SOME | SUMO | SUMP |
| TAME | TAMP | TEMP | TIME | TOMB | TOME | VAMP |
| WIMP | WOMB | ACNE | ANNA | AUNT | BANC | BAND |
| BANE | BANG | BANK | BEND | BENT | BIND | BONA |
| BOND | BONE | BONK | BONY | BUND | BUNG | BUNK |
| BUNS | BUNT | CANE | CANT | CENT | CONE | CONK |
| DANG | DANK | DENT | DENY | DINE | DING | DINK |
| DINT | DONA | DONE | DONG | DUNE | DUNG | DUNK |
| DYNE | ERNE | ETNA | FANE | FANG | FEND | FENS |
| FIND | FINE | FINK | FOND | FONT | FUND | FUNK |
| GANG | GENE | GENT | GINK | GONE | GONG | HAND |
| HANG | HANK | HIND | HINT | HONE | HONG | HONK |
| HUNG | HUNK | HUNT | JANE | JINN | JINX | JUNK |

## 4 letters

| | | | | | | |
|---|---|---|---|---|---|---|
| KANT | KENO | KENT | KIND | KING | KINK | KINO |
| LAND | LANE | LANG | LANK | LEND | LENO | LENS |
| LENT | LIND | LINE | LING | LINK | LINN | LINT |
| LONE | LONG | LUNA | LUNG | LYNX | MANE | MANY |
| MEND | MENU | MINA | MIND | MINE | MINI | MINK |
| MINT | MINX | MONA | MONK | MONO | NINE | NONE |
| NUNS | OINK | OMNI | PANE | PANG | PANT | PENS |
| PENT | PINE | PING | PINK | PINS | PINT | POND |
| PONE | PONG | PONY | PUNK | PUNT | PUNY | RAND |
| RANG | RANK | RANT | REND | RENT | RIND | RING |
| RINK | RUNE | RUNG | RUNS | RUNT | SAND | SANE |
| SANG | SANK | SANS | SEND | SENT | SINE | SING |
| SINK | SONG | SUNG | SUNK | SUNS | SYNC | TANG |
| TANK | TEND | TENT | TINE | TING | TINT | TINY |
| TONE | TONG | TONY | TUNA | TUNE | TYNE | VANE |
| VENA | VEND | VENT | VINE | WAND | WANE | WANG |
| WANT | WEND | WENT | WIND | WINE | WING | WINK |
| WINO | WINY | WONK | YANG | YANK | YOND | YONI |
| ZANY | ZINC | ZING | ZONE | AHOY | ALOE | AMOK |
| ANON | ATOM | ATOP | AVOW | BIOS | BLOB | BLOT |
| BLOW | BOOK | BOOM | BOON | BOOR | BOOT | BROW |
| BUOY | CHOC | CHOP | CHOW | CLOD | CLOG | CLOT |
| CLOY | COOK | COOL | COON | COOP | COOT | CROC |
| CROP | CROW | DHOW | DOOM | DOOR | DROP | EBON |
| EPOS | EROS | FLOE | FLOG | FLOP | FLOW | FOOD |
| FOOL | FOOT | FROE | FROG | FROM | GLOB | GLOM |
| GLOW | GOOD | GOOF | GOOK | GROG | GROT | GROW |
| HOOD | HOOF | HOOK | HOOP | HOOT | ICON | IDOL |
| IRON | KNOB | KNOT | KNOW | LION | LOOK | LOOM |
| LOON | LOOP | LOOT | MEOW | MOOD | MOON | MOOR |
| MOOT | NEON | NOOK | NOON | OBOE | PEON | PLOD |
| PLOP | PLOT | PLOY | POOF | POOH | POOL | POOP |
| POOR | PROD | PROF | PROM | PROP | PROS | PROW |
| RIOT | ROOD | ROOF | ROOK | ROOM | ROOT | SCOT |
| SCOW | SHOD | SHOE | SHOO | SHOP | SHOT | SHOW |
| SLOE | SLOG | SLOP | SLOT | SLOW | SMOG | SNOB |
| SNOT | SNOW | SOON | SOOT | SPOT | STOP | STOW |
| THOU | TOOK | TOOL | TOOT | TROD | TROT | TROY |
| UPON | VIOL | WHOA | WHOM | WHOP | WOOD | WOOF |
| WOOL | ZOOM | ZOON | ALPS | CAPE | CAPO | CAPS |
| COPE | COPS | COPY | DOPE | DUPE | ESPY | GAPE |
| HOPE | HYPE | HYPO | JAPE | KEPI | KEPT | LIPS |
| LOPE | MOPE | NAPE | NOPE | OOPS | PAPA | PIPE |
| POPE | PUPA | RAPE | RAPT | RIPE | ROPE | ROPY |
| SEPT | TAPE | TIPI | TIPS | TOPE | TYPE | TYPO |
| WEPT | WIPE | ACRE | AERO | AFRO | AIRS | AIRY |
| AURA | AWRY | BARB | BARD | BARE | BARF | BARK |
| BARN | BARS | BERG | BIRD | BORE | BORN | BURG |

| | | | | | | |
|---|---|---|---|---|---|---|
| BURL | BURN | BURP | BURR | BURY | BYRE | CARD |
| CARE | CARK | CARL | CARP | CARR | CART | CERT |
| CORD | CORE | CORK | CORM | CORN | CURB | CURD |
| CURE | CURL | CURT | DARE | DARK | DARN | DART |
| DERV | DIRE | DIRK | DIRT | DORM | DORR | DORY |
| EARL | EARN | EARS | ECRU | EURO | EYRE | FARE |
| FARM | FARO | FART | FERN | FIRE | FIRM | FORD |
| FORE | FORK | FORM | FORT | FURL | FURY | GARB |
| GERM | GIRD | GIRL | GIRT | GORE | GORY | GURU |
| GYRE | GYRO | HARD | HARE | HARK | HARM | HARP |
| HART | HERB | HERD | HERE | HERO | HERS | HIRE |
| HORN | HORS | HURL | HURT | JARL | JERK | JURY |
| KARA | KART | KERN | KIRK | LARD | LARK | LIRA |
| LIRE | LORD | LORE | LURE | LURK | LYRE | MARA |
| MARC | MARE | MARK | MARL | MARS | MART | MERE |
| MIRE | MIRY | MORA | MORE | MORN | MORT | MURK |
| NARD | NARY | NORM | OGRE | OKRA | OURS | PARA |
| PARE | PARK | PARR | PART | PERK | PERM | PERT |
| PORE | PORK | PORN | PORT | PURE | PURL | PURR |
| PYRE | RARE | RORY | SARI | SERE | SERF | SIRE |
| SORE | SORT | SPRY | SURD | SURE | SURF | TARE |
| TARN | TARO | TARP | TART | TERM | TERN | THRU |
| TIRE | TORE | TORN | TORT | TURF | TURN | TYRO |
| VARY | VERB | VERY | WARD | WARE | WARM | WARN |
| WARP | WART | WARY | WERE | WIRE | WIRY | WORD |
| WORE | WORK | WORM | WORN | YARD | YARE | YARN |
| YORE | YORK | ZARF | ZERO | ALSO | APSE | BASE |
| BASH | BASK | BASS | BEST | BOSH | BOSS | BUSH |
| BUSS | BUST | BUSY | CASA | CASE | CASH | CASK |
| CAST | CIST | COST | COSY | CUSP | CUSS | CYST |
| DASH | DESK | DISC | DISH | DISK | DOSE | DOSS |
| DOST | DUSK | DUST | EASE | EAST | EASY | ELSE |
| FAST | FESS | FEST | FISH | FISK | FIST | FUSE |
| FUSS | GASH | GASP | GIST | GOSH | GUSH | GUST |
| HASH | HASP | HAST | HEST | HISS | HOSE | HOST |
| HUSH | HUSK | JESS | JEST | JOSH | JOSS | JUST |
| KISH | KISS | KIST | LASH | LASS | LAST | LESS |
| LEST | LISP | LIST | LOSE | LOSS | LOST | LUSH |
| LUSK | LUST | MASH | MASK | MASS | MAST | MESA |
| MESH | MESS | MISS | MIST | MOSS | MOST | MUSE |
| MUSH | MUSK | MUSS | MUST | NESS | NEST | NISI |
| NOSE | NOSH | NOSY | OUST | PASS | PAST | PESO |
| PEST | PISS | POSE | POSH | POST | POSY | PUSH |
| PUSS | RASH | RASP | REST | RISE | RISK | ROSE |
| ROSY | RUSE | RUSH | RUSK | RUST | SASH | SASS |
| TASK | TEST | TOSS | TUSK | VASE | VAST | VEST |
| VISA | WASH | WASP | WEST | WISE | WISH | WISP |
| ZEST | ACTS | ALTO | ANTA | ANTE | ANTI | ANTS |

## 4 letters

| | | | | | | |
|---|---|---|---|---|---|---|
| ARTS | ARTY | AUTO | BATE | BATH | BETA | BITE |
| BITS | BOTH | BOTS | BUTT | BYTE | CATS | CITE |
| CITY | COTE | CUTE | DATA | DATE | DOTE | DOTH |
| DOTY | DUTY | EATS | FATE | FATS | FETA | FETE |
| FITS | GATE | GETS | HATE | HATH | INTO | IOTA |
| JETS | JUTE | KITE | KITH | KOTO | LATE | LATH |
| LOTS | LUTE | MATE | MATH | MATT | METE | MITE |
| MITT | MOTE | MOTH | MUTE | MUTT | MYTH | NOTE |
| NUTS | OATH | OATS | ONTO | ORTS | OTTO | OUTS |
| PATE | PATH | PITA | PITH | PITY | POTS | PUTT |
| RATA | RATE | RATS | RITE | ROTE | RUTH | SATE |
| SATI | SETA | SETS | SITE | SITS | TOTE | TUTU |
| UNTO | VETO | VITA | VOTE | WATT | WITH | ZETA |
| ABUT | AGUE | ALUM | ANUS | AQUA | ARUM | BAUD |
| BLUE | BLUR | BOUT | BRUT | CHUB | CHUG | CHUM |
| CLUB | CLUE | COUP | CRUD | CRUX | DAUB | DEUS |
| DOUR | DRUB | DRUG | DRUM | FAUN | FAUX | FEUD |
| FLUB | FLUE | FLUX | FOUL | FOUR | GAUD | GAUR |
| GLUE | GLUM | GLUT | GOUT | GRUB | HAUL | HAUT |
| HOUR | KNUR | LAUD | LOUD | LOUP | LOUR | LOUT |
| MAUD | MAUL | NOUN | ONUS | OPUS | OVUM | PLUG |
| PLUM | PLUS | POUF | POUR | POUT | ROUT | ROUX |
| SAUL | SCUD | SCUM | SCUP | SHUN | SHUT | SLUE |
| SLUG | SLUM | SLUR | SLUT | SMUG | SMUT | SNUB |
| SNUG | SOUL | SOUP | SOUR | SPUD | SPUN | SPUR |
| STUB | STUD | STUN | SWUM | TAUT | THUD | THUG |
| THUS | TOUR | TOUT | TRUE | YOUR | BEVY | CAVE |
| CAVY | COVE | DIVA | DIVE | DOVE | ENVY | FIVE |
| GAVE | GIVE | HAVE | HIVE | HOVE | JIVE | KAVA |
| LAVA | LAVE | LEVY | LIVE | LOVE | MOVE | NAVE |
| NAVY | NOVA | PAVE | RAVE | RIVE | ROVE | SAVE |
| VIVA | VIVE | WAVE | WAVY | WOVE | BAWD | BAWL |
| BOWL | COWL | COWS | DAWN | DEWY | DOWN | FAWN |
| FOWL | GAWK | GAWP | GOWN | HAWK | HEWN | HOWL |
| JAWS | JOWL | KIWI | LAWN | LAWS | LEWD | MEWL |
| MEWS | MOWN | NEWS | NEWT | PAWL | PAWN | PAWS |
| SAWN | SEWN | SOWN | TAWS | TOWN | YAWL | YAWN |
| YAWP | YAWS | YOWL | DOXY | FOXY | MAXI | NEXT |
| PIXY | SEXY | TAXI | TEXT | WAXY | AMYL | ARYL |
| BAYS | BOYS | DAYS | KAYO | MAYA | ONYX | ORYX |
| RAYS | SOYA | WAYS | BOZO | BUZZ | DAZE | DOZE |
| DOZY | FAZE | FIZZ | FUZZ | GAZE | HAZE | HAZY |
| JAZZ | LAZE | LAZY | MAZE | MAZY | OOZE | OOZY |
| RAZE | RAZZ | SIZE | | | | |

## By last letter

| | | | | | | |
|---|---|---|---|---|---|---|
| ABBA | ALFA | ALGA | ALMA | ANNA | ANTA | AQUA |
| AREA | ARIA | AURA | BABA | BEMA | BETA | BOLA |
| BONA | CASA | COCA | CODA | COLA | COMA | CYMA |
| DATA | DIVA | DONA | EMMA | ETNA | FETA | FLEA |
| GAGA | GALA | HULA | IDEA | IOTA | IXIA | JUBA |
| KAKA | KARA | KAVA | KOLA | LAMA | LAVA | LIMA |
| LIRA | LOMA | LUNA | MAMA | MARA | MAYA | MEGA |
| MESA | MICA | MINA | MONA | MORA | NADA | NOVA |
| OKRA | OLLA | PAPA | PARA | PICA | PITA | PLEA |
| PUMA | PUPA | RAGA | RAJA | RATA | RHEA | SAGA |
| SETA | SODA | SOFA | SOMA | SOYA | TOGA | TUBA |
| TUNA | UREA | VEGA | VELA | VENA | VISA | VITA |
| VIVA | WHOA | YOGA | YUGA | ZETA | BARB | BLAB |
| BLEB | BLOB | BOMB | BULB | CHUB | CLUB | COMB |
| CRAB | CRIB | CURB | DAUB | DRAB | DRIB | DRUB |
| DUMB | FLAB | FLUB | GARB | GLIB | GLOB | GRAB |
| GRUB | HERB | IAMB | JAMB | KNOB | LAMB | LIMB |
| NUMB | SCAB | SLAB | SNOB | SNUB | STAB | STUB |
| SWAB | TOMB | VERB | WOMB | BANC | CHIC | CHOC |
| CROC | DISC | EPIC | ERIC | LAIC | MARC | SPEC |
| SYNC | TALC | URIC | ZINC | ACID | AGED | AMID |
| APED | ARID | AULD | AVID | AWED | BALD | BAND |
| BARD | BAUD | BAWD | BEAD | BEND | BIND | BIRD |
| BLED | BOLD | BOND | BRAD | BRED | BUND | CARD |
| CHAD | CLAD | CLOD | COLD | CORD | CRUD | CURD |
| DEAD | DEED | DIED | DYAD | DYED | EGAD | EKED |
| EYED | FEED | FEND | FEUD | FIND | FLED | FOLD |
| FOND | FOOD | FORD | FUND | GAUD | GEED | GELD |
| GILD | GIRD | GLAD | GOAD | GOLD | GOOD | GRAD |
| GRID | HAND | HARD | HEAD | HEED | HELD | HERD |
| HIND | HOED | HOLD | HOOD | HUED | ICED | KIND |
| LAID | LAND | LARD | LAUD | LEAD | LEND | LEWD |
| LIED | LIND | LOAD | LORD | LOUD | MAID | MAUD |
| MEAD | MELD | MEND | MILD | MIND | MOOD | NARD |
| NEED | OWED | PAID | PIED | PLED | PLOD | POND |
| PROD | QUAD | QUID | RAID | RAND | READ | REED |
| REND | RIND | ROAD | ROOD | RUDD | RUED | SAID |
| SAND | SCUD | SEED | SEND | SHAD | SHED | SHOD |
| SKID | SLED | SLID | SOLD | SPED | SPUD | STUD |
| SUED | SURD | TEED | TEND | THUD | TIED | TOAD |
| TOED | TOLD | TROD | USED | VEND | VIED | VOID |
| WAND | WARD | WEED | WELD | WEND | WILD | WIND |
| WOOD | WORD | YARD | YOND | ABLE | ACHE | ACME |
| ACNE | ACRE | AGEE | AGUE | AIDE | ALEE | ALOE |
| ANTE | APSE | AXLE | BABE | BADE | BAKE | BALE |
| BANE | BARE | BASE | BATE | BIDE | BIKE | BILE |

## 4 letters

| | | | | | | |
|---|---|---|---|---|---|---|
| BITE | BLUE | BODE | BOLE | BONE | BORE | BRAE |
| BYRE | BYTE | CAFE | CAGE | CAKE | CAME | CANE |
| CAPE | CARE | CASE | CAVE | CEDE | CITE | CLUE |
| CODE | COKE | COLE | COME | CONE | COPE | CORE |
| COTE | COVE | CUBE | CURE | CUTE | DACE | DALE |
| DAME | DARE | DATE | DAZE | DELE | DICE | DIKE |
| DIME | DINE | DIRE | DIVE | DOGE | DOLE | DOME |
| DONE | DOPE | DOSE | DOTE | DOVE | DOZE | DUDE |
| DUKE | DUNE | DUPE | DYKE | DYNE | EASE | ECCE |
| EDGE | ELSE | ERNE | EYRE | FACE | FADE | FAKE |
| FAME | FANE | FARE | FATE | FAZE | FETE | FIFE |
| FILE | FINE | FIRE | FIVE | FLEE | FLOE | FLUE |
| FORE | FREE | FROE | FUME | FUSE | GAGE | GALE |
| GAME | GAPE | GATE | GAVE | GAZE | GENE | GHEE |
| GIBE | GIVE | GLEE | GLUE | GONE | GORE | GYRE |
| HADE | HAKE | HALE | HARE | HATE | HAVE | HAZE |
| HERE | HIDE | HIKE | HIRE | HIVE | HOLE | HOME |
| HONE | HOPE | HOSE | HOVE | HUGE | HYPE | IDLE |
| ISLE | JADE | JAKE | JANE | JAPE | JIBE | JIVE |
| JOKE | JUKE | JUTE | KALE | KIKE | KITE | KNEE |
| LACE | LADE | LAKE | LAME | LANE | LATE | LAVE |
| LAZE | LICE | LIFE | LIKE | LIME | LINE | LIRE |
| LIVE | LOBE | LODE | LOGE | LONE | LOPE | LORE |
| LOSE | LOVE | LUBE | LUCE | LUKE | LURE | LUTE |
| LYRE | MACE | MADE | MAGE | MAKE | MALE | MANE |
| MARE | MATE | MAZE | MERE | METE | MICE | MIKE |
| MILE | MIME | MINE | MIRE | MITE | MODE | MOLE |
| MOPE | MORE | MOTE | MOVE | MULE | MUSE | MUTE |
| NAME | NAPE | NAVE | NICE | NINE | NODE | NOME |
| NONE | NOPE | NOSE | NOTE | NUDE | NUKE | OBOE |
| OGEE | OGLE | OGRE | ONCE | OOZE | PACE | PAGE |
| PALE | PANE | PARE | PATE | PAVE | PIKE | PILE |
| PINE | PIPE | POKE | POLE | PONE | POPE | PORE |
| POSE | PUCE | PUKE | PURE | PYRE | RACE | RAGE |
| RAKE | RAPE | RARE | RATE | RAVE | RAZE | RICE |
| RIDE | RIFE | RILE | RIME | RIPE | RISE | RITE |
| RIVE | ROBE | RODE | ROLE | ROPE | ROSE | ROTE |
| ROVE | RUDE | RULE | RUNE | RUSE | SAFE | SAGE |
| SAKE | SALE | SAME | SANE | SATE | SAVE | SERE |
| SHOE | SIDE | SINE | SIRE | SITE | SIZE | SLOE |
| SLUE | SOLE | SOME | SORE | SURE | TAKE | TALE |
| TAME | TAPE | TARE | THEE | TICE | TIDE | TILE |
| TIME | TINE | TIRE | TOME | TONE | TOPE | TORE |
| TOTE | TREE | TRUE | TUBE | TUNE | TYKE | TYNE |
| TYPE | URGE | VALE | VANE | VASE | VIBE | VICE |
| VIDE | VILE | VINE | VIVE | VOLE | VOTE | WADE |
| WAGE | WAKE | WANE | WARE | WAVE | WERE | WIDE |
| WIFE | WILE | WINE | WIPE | WIRE | WISE | WOKE |

| | | | | | | |
|---|---|---|---|---|---|---|
| WORE | WOVE | YALE | YARE | YOKE | YORE | YULE |
| ZONE | BARF | BEEF | BIFF | BUFF | CALF | CHEF |
| CLEF | COIF | CUFF | DEAF | DOFF | DUFF | FIEF |
| GAFF | GOFF | GOLF | GOOF | GUFF | GULF | HALF |
| HOOF | HUFF | JEFF | LEAF | LOAF | MIFF | MUFF |
| PELF | POOF | POUF | PROF | PUFF | RAFF | REEF |
| RIFF | ROOF | RUFF | SELF | SERF | SURF | TIFF |
| TUFF | TURF | WAIF | WOLF | WOOF | ZARF | ZIFF |
| BANG | BERG | BRAG | BRIG | BUNG | BURG | CHUG |
| CLOG | CRAG | DANG | DING | DONG | DRAG | DREG |
| DRUG | DUNG | FANG | FLAG | FLOG | FRIG | FROG |
| GANG | GONG | GROG | HANG | HONG | HUNG | KING |
| KNAG | LANG | LING | LONG | LUNG | PANG | PING |
| PLUG | PONG | PRIG | RANG | RING | RUNG | SANG |
| SHAG | SING | SLAG | SLOG | SLUG | SMOG | SMUG |
| SNAG | SNUG | SONG | STAG | SUNG | SWAG | SWIG |
| TANG | THUG | TING | TONG | TRIG | TWIG | WANG |
| WHIG | WING | YANG | ZING | ANKH | ARCH | AYAH |
| BASH | BATH | BLAH | BOSH | BOTH | BUSH | CASH |
| DASH | DISH | DOTH | EACH | ETCH | FISH | GASH |
| GOSH | GUSH | HASH | HATH | HIGH | HUSH | INCH |
| ITCH | JOSH | KISH | KITH | LASH | LATH | LOCH |
| LUSH | MASH | MATH | MESH | MOTH | MUCH | MUSH |
| MYTH | NIGH | NOSH | OATH | OUCH | PATH | PITH |
| POOH | POSH | PUGH | PUSH | RASH | RICH | RUSH |
| RUTH | SASH | SHAH | SIGH | SUCH | TECH | WASH |
| WISH | WITH | ANTI | DELI | FOCI | FUCI | KALI |
| KEPI | KIWI | LOCI | MAGI | MAXI | MIDI | MINI |
| NISI | OMNI | SARI | SATI | SEMI | TAXI | TIPI |
| YOGI | YONI | HAJJ | AMOK | BACK | BALK | BANK |
| BARK | BASK | BEAK | BECK | BILK | BOCK | BONK |
| BOOK | BUCK | BULK | BUNK | CALK | CARK | CASK |
| COCK | CONK | COOK | CORK | DANK | DARK | DECK |
| DESK | DICK | DINK | DIRK | DISK | DOCK | DUCK |
| DUNK | DUSK | FINK | FISK | FLAK | FOLK | FORK |
| FUCK | FUNK | GAWK | GEEK | GINK | GOOK | HACK |
| HANK | HARK | HAWK | HECK | HICK | HOCK | HONK |
| HOOK | HUCK | HULK | HUNK | HUSK | JACK | JERK |
| JOCK | JUNK | KECK | KICK | KINK | KIRK | LACK |
| LANK | LARK | LEAK | LEEK | LICK | LINK | LOCK |
| LOOK | LUCK | LURK | LUSK | MACK | MARK | MASK |
| MEEK | MICK | MILK | MINK | MOCK | MONK | MUCK |
| MURK | MUSK | NECK | NICK | NOCK | NOOK | OINK |
| PACK | PARK | PEAK | PECK | PEEK | PERK | PICK |
| PINK | POCK | POLK | PORK | PUCK | PUNK | RACK |
| RANK | REEK | RICK | RINK | RISK | ROCK | ROOK |
| RUSK | SACK | SANK | SEEK | SICK | SILK | SINK |
| SOAK | SOCK | SUCK | SULK | SUNK | TACK | TALK |

**4 letters**

| | | | | | | |
|---|---|---|---|---|---|---|
| TANK | TASK | TEAK | TICK | TOOK | TREK | TUCK |
| TUSK | WALK | WEAK | WEEK | WICK | WINK | WONK |
| WORK | YANK | YOLK | YORK | YUCK | AMYL | ANAL |
| ANIL | ARIL | ARYL | AXEL | BAIL | BALL | BAWL |
| BELL | BILL | BOIL | BOLL | BOWL | BUHL | BULL |
| BURL | CALL | CARL | CEIL | CELL | COAL | COIL |
| COOL | COWL | CULL | CURL | DEAL | DELL | DHAL |
| DIAL | DILL | DOLL | DUAL | DUEL | DULL | EARL |
| EVIL | FAIL | FALL | FEEL | FELL | FILL | FOAL |
| FOIL | FOOL | FOUL | FOWL | FUEL | FULL | FURL |
| GALL | GILL | GIRL | GOAL | GULL | HAIL | HALL |
| HAUL | HEAL | HEEL | HELL | HILL | HOWL | HULL |
| HURL | IDOL | JAIL | JARL | JELL | JILL | JOWL |
| KEEL | KILL | KOHL | LEAL | LOLL | LULL | MAIL |
| MALL | MARL | MAUL | MEAL | MEWL | MILL | MOIL |
| MOLL | MULL | NAIL | NEAL | NOLL | NULL | OPAL |
| ORAL | OVAL | PAIL | PALL | PAWL | PEAL | PEEL |
| PELL | PILL | POLL | POOL | PULL | PURL | RAIL |
| REAL | REEL | RILL | ROIL | ROLL | SAIL | SAUL |
| SEAL | SELL | SILL | SOIL | SOUL | TAIL | TALL |
| TEAL | TEEL | TELL | TILL | TOIL | TOLL | TOOL |
| VAIL | VEAL | VEIL | VIAL | VIOL | WAIL | WALL |
| WEAL | WELL | WILL | WOOL | YAWL | YELL | YOWL |
| ZEAL | AHEM | ALUM | ARUM | ATOM | BALM | BEAM |
| BOOM | BRIM | CALM | CHUM | CLAM | CLEM | CORM |
| CRAM | DEEM | DOOM | DORM | DRAM | DRUM | EXAM |
| FARM | FILM | FIRM | FLAM | FOAM | FORM | FROM |
| GERM | GLAM | GLOM | GLUM | GRAM | GRIM | HARM |
| HELM | HOLM | IDEM | IMAM | ITEM | LOAM | LOOM |
| MAIM | NORM | OVUM | PALM | PERM | PLUM | POEM |
| PRAM | PRIM | PROM | REAM | ROAM | ROOM | SCUM |
| SEAM | SEEM | SHAM | SHIM | SKIM | SLAM | SLIM |
| SLUM | SPAM | STEM | SWAM | SWIM | SWUM | TEAM |
| TEEM | TERM | THEM | TRAM | TRIM | WARM | WHAM |
| WHIM | WHOM | WORM | ZOOM | AKIN | AMEN | ANAN |
| ANON | AZAN | BARN | BEAN | BEEN | BOON | BORN |
| BRAN | BURN | CHIN | CLAN | COIN | COON | CORN |
| DAMN | DARN | DAWN | DEAN | DOWN | EARN | EBON |
| EDEN | EVEN | FAIN | FAUN | FAWN | FERN | FLAN |
| GAIN | GLEN | GOWN | GRIN | GUAN | HEWN | HORN |
| HYMN | ICON | IRON | JEAN | JINN | JOHN | JOIN |
| KEEN | KERN | KHAN | KILN | LAIN | LAWN | LEAN |
| LIEN | LIMN | LINN | LION | LOAN | LOIN | LOON |
| MAIN | MEAN | MIEN | MOAN | MOON | MORN | MOWN |
| NEON | NOON | NOUN | OMEN | OPEN | OVEN | OXEN |
| PAIN | PAWN | PEEN | PEON | PLAN | PORN | RAIN |
| REIN | ROAN | RUIN | SAWN | SCAN | SEAN | SEEN |
| SEWN | SHAN | SHIN | SHUN | SIGN | SKIN | SOON |

| | | | | | | |
|---|---|---|---|---|---|---|
| SOWN | SPAN | SPIN | SPUN | STUN | SWAN | TARN |
| TEEN | TERN | THAN | THEN | THIN | TORN | TOWN |
| TURN | TWIN | UPON | VAIN | VEIN | WARN | WEAN |
| WHEN | WORN | WREN | YARN | YAWN | YEAN | YUAN |
| ZOON | AERO | AFRO | ALSO | ALTO | AMBO | ARCO |
| AUTO | BOLO | BOZO | BRIO | BUBO | CAPO | COCO |
| COHO | DADO | DAGO | DEMO | DIDO | DODO | ECHO |
| ERGO | EURO | FARO | FICO | GOBO | GYRO | HALO |
| HERO | HOBO | HOMO | HYPO | INTO | JUDO | KAYO |
| KENO | KILO | KINO | KOTO | LENO | LIDO | LOCO |
| LOGO | MEMO | MILO | MONO | OLEO | OLIO | ONTO |
| OTTO | PESO | POLO | SAGO | SEGO | SHOO | SILO |
| SOLO | SUMO | TACO | TARO | TRIO | TYPO | TYRO |
| UNDO | UNTO | VETO | WINO | YUKO | ZERO | ATOP |
| BEEP | BLIP | BUMP | BURP | CAMP | CARP | CHAP |
| CHIP | CHOP | CLAP | CLIP | COMP | COOP | COUP |
| CRAP | CROP | CUSP | DAMP | DEEP | DRIP | DROP |
| DUMP | FLAP | FLIP | FLOP | FRAP | GASP | GAWP |
| GIMP | GRIP | GULP | HARP | HASP | HEAP | HELP |
| HEMP | HOOP | HUMP | JEEP | JUMP | KEEP | KEMP |
| KNAP | LAMP | LEAP | LIMP | LISP | LOOP | LOUP |
| LUMP | NEAP | PEEP | PIMP | PLOP | POMP | POOP |
| PREP | PROP | PULP | PUMP | QUIP | RAMP | RASP |
| REAP | ROMP | RUMP | SCUP | SEEP | SHIP | SHOP |
| SKIP | SLAP | SLIP | SLOP | SNAP | SNIP | SOAP |
| SOUP | STEP | STOP | SUMP | SWAP | TAMP | TARP |
| TEMP | TRAP | TRIP | VAMP | WARP | WASP | WHIP |
| WHOP | WIMP | WISP | WRAP | YAWP | YELP | AFAR |
| AJAR | AVER | BEAR | BEER | BIER | BLUR | BOAR |
| BOOR | BURR | CARR | CHAR | COIR | CZAR | DEAR |
| DEER | DOER | DOOR | DORR | DOUR | DYER | EMIR |
| EVER | EWER | FAIR | FEAR | FOUR | GAUR | GEAR |
| HAIR | HEAR | HEIR | HOAR | HOER | HOUR | JEER |
| KIER | KNAR | KNUR | LAIR | LEAR | LEER | LIAR |
| LOUR | MOHR | MOOR | MUIR | NEAR | OMER | OVER |
| PAIR | PARR | PEAR | PEER | PIER | POOR | POUR |
| PURR | REAR | ROAR | SCAR | SEAR | SEER | SLUR |
| SOAR | SOUR | SPAR | SPUR | STAR | STIR | TEAR |
| TIER | TOUR | TSAR | USER | WEAR | WEIR | WHIR |
| YEAR | YOUR | ACES | ACTS | ADDS | AGES | AIDS |
| AILS | AIRS | ALAS | ALMS | ALPS | ANTS | ANUS |
| ARES | ARMS | ARTS | AVES | AXES | AXIS | BAAS |
| BARS | BASS | BAYS | BIAS | BIOS | BITS | BOAS |
| BOSS | BOTS | BOYS | BUBS | BUNS | BUSS | CAPS |
| CATS | CHAS | COPS | COWS | CUSS | DAIS | DAYS |
| DEES | DEUS | DIBS | DIES | DIGS | DOES | DOGS |
| DOSS | DUDS | EARS | EATS | ENDS | EPOS | ERAS |
| EROS | EYES | FATS | FENS | FESS | FITS | FUSS |

## 4 letters

| | | | | | | |
|---|---|---|---|---|---|---|
| GEMS | GETS | GODS | GOES | GUMS | HERS | HISS |
| HORS | IBIS | IDES | IRIS | IWIS | JAWS | JESS |
| JETS | JOSS | KISS | KRIS | LASS | LAWS | LEES |
| LENS | LESS | LIPS | LOSS | LOTS | MARS | MASS |
| MESS | MEWS | MISS | MOSS | MUSS | NESS | NEWS |
| NUNS | NUTS | OATS | ODDS | ONES | ONUS | OOPS |
| OPUS | ORTS | OURS | OUTS | OWES | PASS | PAWS |
| PEAS | PENS | PIGS | PINS | PISS | PLUS | POTS |
| PROS | PUSS | RAGS | RATS | RAYS | REIS | RUNS |
| SACS | SANS | SASS | SEES | SETS | SITS | SUBS |
| SUDS | SUNS | TADS | TAWS | THIS | THUS | TIES |
| TIPS | TOGS | TOSS | WAYS | YAWS | ABET | ABUT |
| ALIT | AUNT | BAIT | BEAT | BEET | BELT | BENT |
| BEST | BLOT | BOAT | BOLT | BOOT | BOUT | BRAT |
| BRIT | BRUT | BUNT | BUST | BUTT | CANT | CART |
| CAST | CELT | CENT | CERT | CHAT | CHIT | CIST |
| CLOT | COAT | COLT | COOT | COST | CULT | CURT |
| CYST | DAFT | DART | DEBT | DEFT | DENT | DIET |
| DINT | DIRT | DOLT | DOST | DRAT | DUCT | DUET |
| DUST | EAST | EDIT | EMIT | EXIT | FACT | FART |
| FAST | FEAT | FEET | FELT | FEST | FIAT | FIST |
| FLAT | FLIT | FONT | FOOT | FORT | FRAT | FRET |
| FRIT | GAIT | GENT | GIFT | GILT | GIRT | GIST |
| GLUT | GNAT | GOAT | GOUT | GRIT | GROT | GUST |
| HAFT | HALT | HART | HAST | HAUT | HEAT | HEFT |
| HEST | HILT | HINT | HOLT | HOOT | HOST | HUNT |
| HURT | JEST | JILT | JOLT | JUST | KANT | KART |
| KENT | KEPT | KILT | KIST | KNIT | KNOT | LAST |
| LEFT | LENT | LEST | LIFT | LILT | LINT | LIST |
| LOFT | LOOT | LOST | LOUT | LUST | MALT | MART |
| MAST | MATT | MEAT | MEET | MELT | MILT | MINT |
| MIST | MITT | MOAT | MOOT | MORT | MOST | MUST |
| MUTT | NEAT | NEST | NEWT | NEXT | OBIT | OMIT |
| OUST | PACT | PANT | PART | PAST | PEAT | PELT |
| PENT | PERT | PEST | PINT | PLAT | PLOT | POET |
| PORT | POST | POUT | PUNT | PUTT | QUIT | RAFT |
| RANT | RAPT | RENT | REST | RIFT | RIOT | ROOT |
| ROUT | RUNT | RUST | SALT | SCAT | SCOT | SEAT |
| SECT | SENT | SEPT | SHIT | SHOT | SHUT | SIFT |
| SILT | SKIT | SLAT | SLIT | SLOT | SLUT | SMUT |
| SNIT | SNOT | SOFT | SOOT | SORT | SPAT | SPIT |
| SPOT | STET | SUET | SUIT | SWAT | TACT | TART |
| TAUT | TEAT | TENT | TEST | TEXT | THAT | TILT |
| TINT | TOOT | TORT | TOUT | TROT | TUFT | TWIT |
| UNIT | VAST | VENT | VEST | VOLT | WAFT | WAIT |
| WANT | WART | WATT | WEFT | WELT | WENT | WEPT |
| WEST | WHAT | WHET | WHIT | WILT | WRIT | ZEST |
| BEAU | ECRU | FRAU | GURU | JUJU | KUDU | LIEU |

| | | | | | | |
|---|---|---|---|---|---|---|
| LUAU | MENU | THOU | THRU | TOFU | TUTU | ZEBU |
| DERV | ANEW | AVOW | BLEW | BLOW | BRAW | BREW |
| BROW | CHEW | CHOW | CLAW | CLEW | CRAW | CREW |
| CROW | DHOW | DRAW | DREW | FLAW | FLEW | FLOW |
| GLOW | GNAW | GREW | GROW | KNEW | KNOW | MEOW |
| PHEW | PROW | SCOW | SHAW | SHOW | SKEW | SLAW |
| SLEW | SLOW | SNOW | SPEW | STEW | STOW | THAW |
| VIEW | WHEW | APEX | COAX | CRUX | FAUX | FLAX |
| FLEX | FLUX | HOAX | IBEX | ILEX | JINX | LYNX |
| MINX | ONYX | ORYX | ROUX | ABLY | AHOY | AIRY |
| ALLY | ARMY | ARTY | ASHY | AWAY | AWRY | BABY |
| BEVY | BODY | BOGY | BONY | BRAY | BUOY | BURY |
| BUSY | CAVY | CITY | CLAY | CLOY | COPY | COSY |
| CRAY | DEFY | DEMY | DENY | DEWY | DORY | DOTY |
| DOXY | DOZY | DRAY | DULY | DUTY | EASY | EDDY |
| EDGY | ENVY | ESPY | FLAY | FOGY | FOXY | FRAY |
| FUMY | FURY | GAMY | GOBY | GORY | GRAY | GREY |
| HAZY | HOLY | IDLY | IFFY | INKY | JOEY | JUDY |
| JURY | LADY | LAKY | LAZY | LEVY | LILY | LIMY |
| LOGY | MANY | MAZY | MIRY | NARY | NAVY | NOSY |
| OBEY | OILY | OKAY | ONLY | OOZY | ORGY | PITY |
| PIXY | PLAY | PLOY | POKY | POLY | PONY | POSY |
| PRAY | PREY | PUNY | QUAY | RACY | RELY | RIMY |
| ROPY | RORY | ROSY | RUBY | SEXY | SHAY | SLAY |
| SPAY | SPRY | STAY | SWAY | THEY | TIDY | TINY |
| TOBY | TONY | TRAY | TREY | TROY | UGLY | VARY |
| VERY | WARY | WAVY | WAXY | WHEY | WILY | WINY |
| WIRY | ZANY | BUZZ | FIZZ | FUZZ | JAZZ | OYEZ |
| QUIZ | RAZZ | WHIZ | | | | |

# 5 letters

## By 1<sup>st</sup> letter

| | | | | | |
|---|---|---|---|---|---|
| ABACK | ABASE | ABASH | ABATE | ABBEY | ABBOT |
| ABIDE | ABODE | ABORT | ABOUT | ABOVE | ABUSE |
| ABYSS | ACHED | ACORN | ACRID | ACTED | ACTOR |
| ACUTE | ADAGE | ADAPT | ADDED | ADDER | ADDLE |
| ADEPT | ADIEU | ADIOS | ADMIT | ADMIX | ADOBE |
| ADOPT | ADORE | ADORN | ADULT | AEGIS | AFFIX |
| AFIRE | AFOOT | AFORE | AFOUL | AFTER | AGAIN |
| AGENT | AGILE | AGING | AGONY | AGREE | AHEAD |
| AIDED | AIMED | AIRED | AISLE | ALARM | ALBUM |
| ALDER | ALERT | ALGAE | ALGAL | ALIAS | ALIBI |
| ALIEN | ALIGN | ALIKE | ALIVE | ALLAH | ALLAY |
| ALLEY | ALLOT | ALLOW | ALLOY | ALOFT | ALOHA |
| ALONE | ALONG | ALOOF | ALOUD | ALPHA | ALTAR |
| ALTER | AMASS | AMAZE | AMBER | AMBLE | AMEND |
| AMIDE | AMIGO | AMISS | AMITY | AMONG | AMPLE |
| AMPLY | AMUSE | ANENT | ANGEL | ANGER | ANGLE |
| ANGRY | ANION | ANISE | ANKLE | ANNEX | ANNOY |
| ANNUL | ANODE | ANTIC | ANVIL | AORTA | APACE |
| APART | APHID | APPAL | APPLE | APPLY | APRIL |
| APRON | ARENA | ARGON | ARGOT | ARGUE | ARISE |
| ARMED | AROMA | AROSE | ARRAY | ARROW | ARSON |
| ASCII | ASHEN | ASIAN | ASIDE | ASKED | ASKEW |
| ASPEN | ASSAI | ASSAY | ASSET | ASTER | ATLAS |
| ATOLL | ATONE | ATTIC | AUDIO | AUDIT | AUGER |
| AUGUR | AUNTY | AURAL | AVAIL | AVERT | AVOID |
| AWAIT | AWAKE | AWARD | AWARE | AWASH | AWFUL |
| AWOKE | AXIAL | AXIOM | AZURE | BACON | BADGE |
| BADLY | BAGEL | BAGGY | BAKED | BAKER | BALDY |
| BALKY | BALMY | BALSA | BANAL | BANDY | BANJO |
| BARGE | BARON | BASAL | BASED | BASES | BASIC |
| BASIL | BASIN | BASIS | BASSO | BASTE | BATCH |
| BATHE | BATIK | BATON | BAWDY | BAYED | BAYOU |
| BEACH | BEADY | BEARD | BEAST | BEAUX | BEDIM |
| BEECH | BEEFY | BEFIT | BEFOG | BEGAN | BEGET |
| BEGIN | BEGUN | BEIGE | BEING | BELCH | BELIE |
| BELLE | BELLY | BELOW | BENCH | BERRY | BERTH |
| BERYL | BESET | BETEL | BEVEL | BEZEL | BIBLE |
| BIDDY | BIGOT | BIKER | BILGE | BILLY | BINGE |
| BINGO | BIRCH | BIRTH | BISON | BITCH | BLACK |
| BLADE | BLAME | BLAND | BLANK | BLARE | BLAST |
| BLAZE | BLEAK | BLEAT | BLEED | BLEEP | BLEND |
| BLESS | BLEST | BLIND | BLINK | BLISS | BLITZ |
| BLOAT | BLOCK | BLOND | BLOOD | BLOOM | BLOWN |

BLUFF BLUNT BLURB BLURT BLUSH BOARD
BOAST BOBBY BOGEY BOGGY BOGUS BONGO
BONUS BONZE BOOBY BOOST BOOTH BOOTY
BOOZE BORAX BORED BORIC BORNE BORON
BOSOM BOSON BOSSY BOTCH BOUGH BOUND
BOURN BOWEL BOXED BOXER BOXES BOYAR
BRACE BRACT BRAID BRAIN BRAKE BRAND
BRANT BRASH BRASS BRAVE BRAVO BRAWL
BREAD BREAK BREAM BREED BRIAR BRIBE
BRICK BRIDE BRIEF BRINE BRING BRINK
BRINY BRISK BROAD BROIL BROKE BROOD
BROOK BROOM BROTH BROWN BRUIT BRUNT
BRUSH BRUTE BUDDY BUDGE BUGGY BUGLE
BUILD BUILT BULGE BULKY BULLY BUNCH
BUNNY BURLY BURNT BURRO BURRY BURST
BUSHY BUTCH BUTTE BUTYL BUXOM BUYER
BYLAW BYWAY CABAL CABIN CABLE CACAO
CACHE CACTI CADDY CADET CADRE CAIRN
CALLA CALVE CAMEL CAMEO CANAL CANDY
CANNY CANOE CANON CANTO CAPER CARAT
CARED CARET CARGO CAROB CAROL CARRY
CARTE CARVE CASED CASTE CATCH CATER
CAULK CAUSE CAVIL CEASE CEDAR CHAFE
CHAFF CHAIN CHAIR CHALK CHAMP CHANT
CHAOS CHARD CHARM CHART CHASE CHASM
CHEAP CHEAT CHECK CHEEK CHEER CHESS
CHEST CHEVY CHICK CHIDE CHIEF CHILD
CHILL CHIME CHINA CHINE CHINK CHIRP
CHIVE CHOCK CHOIR CHOKE CHOMP CHORD
CHORE CHOSE CHUCK CHUFF CHUMP CHUNK
CHURN CHUTE CIDER CIGAR CILIA CINCH
CIRCA CITED CIVET CIVIC CIVIL CLAIM
CLAMP CLANG CLANK CLASH CLASP CLASS
CLEAN CLEAR CLEAT CLEFT CLERK CLICK
CLIFF CLIMB CLIME CLING CLINK CLOAK
CLOCK CLOMP CLONE CLOSE CLOTH CLOUD
CLOUT CLOVE CLOWN CLUCK CLUMP CLUNG
COACH COAST COBRA COCKY COCOA CODED
COLON COLZA COMBO COMET COMIC COMMA
CONCH CONEY CONIC COPED COPRA CORAL
CORNY CORPS COSEC COTTA COUCH COUGH
COULD COUNT COUPE COURT COVER COVET
COWRY COYPU COZEN CRACK CRAFT CRAMP
CRANE CRANK CRASH CRASS CRATE CRAVE
CRAWL CRAZE CRAZY CREAK CREAM CREDO
CREED CREEK CREEP CREPE CREPT CRESS
CREST CRIED CRIME CRIMP CRISP CROAK
CROCK CROFT CRONE CRONY CROOK CROON

## 5 letters

| | | | | | |
|---|---|---|---|---|---|
| CROSS | CROWD | CROWN | CRUDE | CRUEL | CRUMB |
| CRUMP | CRUSH | CRUST | CRYPT | CUBIC | CUMIN |
| CURED | CURIA | CURIO | CURLY | CURRY | CURSE |
| CURVE | CYCAD | CYCLE | CYNIC | DADDY | DAILY |
| DAIRY | DAISY | DALLY | DANCE | DANDY | DARED |
| DATED | DATER | DATUM | DAUNT | DAVIT | DAZED |
| DEALT | DEATH | DEBAR | DEBIT | DEBUG | DEBUT |
| DECAY | DECOR | DECOY | DECRY | DEFER | DEIFY |
| DEIGN | DEITY | DELAY | DELTA | DELVE | DEMIT |
| DEMON | DEMUR | DENIM | DENSE | DEPOT | DEPTH |
| DERBY | DETER | DEUCE | DEVIL | DIARY | DICTA |
| DIGIT | DINED | DINER | DINGO | DINGY | DIRGE |
| DIRTY | DISCO | DITCH | DITTO | DITTY | DIVAN |
| DIVER | DIZZY | DODGE | DOGMA | DOING | DOLCE |
| DOLLY | DONOR | DOTTY | DOUBT | DOUGH | DOUSE |
| DOWEL | DOWRY | DOWSE | DOZEN | DRAFT | DRAIN |
| DRAKE | DRAMA | DRANK | DRAPE | DRAWL | DRAWN |
| DREAD | DREAM | DRESS | DRIED | DRIER | DRIFT |
| DRILL | DRINK | DRIVE | DROLL | DRONE | DROOL |
| DROOP | DROSS | DROVE | DROWN | DRUNK | DRYAD |
| DRYER | DUCAT | DULLY | DUMMY | DUMPY | DUNCE |
| DUPED | DUSKY | DUSTY | DWARF | DWELL | DWELT |
| DYING | EAGER | EAGLE | EARLY | EARTH | EASED |
| EASEL | EATEN | EATER | EBONY | EDGED | EDICT |
| EDIFY | EERIE | EGRET | EIDER | EIGHT | EJECT |
| ELATE | ELBOW | ELDER | ELECT | ELEGY | ELFIN |
| ELIDE | ELITE | ELOPE | ELUDE | ELUTE | ELVES |
| EMAIL | EMBED | EMBER | EMCEE | EMEND | EMPTY |
| ENACT | ENDED | ENDOW | ENEMY | ENJOY | ENSUE |
| ENTER | ENTRY | ENVOY | EPOCH | EPOXY | EQUAL |
| EQUIP | ERASE | ERECT | ERODE | ERROR | ERUPT |
| ESSAY | ESTER | ETHER | ETHIC | ETHOS | ETHYL |
| EVADE | EVENT | EVERY | EVICT | EVOKE | EXACT |
| EXALT | EXCEL | EXERT | EXILE | EXIST | EXPEL |
| EXTOL | EXTRA | EXUDE | EXULT | FABLE | FACED |
| FACET | FADED | FAINT | FAIRY | FAITH | FAKED |
| FALSE | FAMED | FANCY | FARAD | FARCE | FATAL |
| FATTY | FAULT | FAUNA | FEAST | FEIGN | FEINT |
| FELON | FEMUR | FENCE | FERRY | FETCH | FETID |
| FEVER | FEWER | FIBRE | FICHE | FIELD | FIEND |
| FIERY | FIFTH | FIFTY | FIGHT | FILCH | FILED |
| FILET | FILLY | FILMY | FILTH | FINAL | FINCH |
| FINED | FINNY | FIRED | FIRST | FISHY | FIXED |
| FJORD | FLACK | FLAIL | FLAIR | FLAKE | FLAKY |
| FLAME | FLANK | FLARE | FLASH | FLASK | FLECK |
| FLEET | FLESH | FLICK | FLIER | FLING | FLINT |
| FLIRT | FLOAT | FLOCK | FLOOD | FLOOR | FLORA |
| FLOUR | FLOUT | FLOWN | FLUFF | FLUID | FLUKE |

| | | | | | |
|---|---|---|---|---|---|
| FLUNG | FLUNK | FLUSH | FLUTE | FLYER | FOAMY |
| FOCAL | FOCUS | FOGGY | FOIST | FOLIO | FOLLY |
| FORAY | FORCE | FORGE | FORGO | FORTE | FORTH |
| FORTY | FORUM | FOUND | FOUNT | FOVEA | FOYER |
| FRAIL | FRAME | FRANC | FRANK | FRAUD | FREAK |
| FREED | FREER | FRESH | FRIAR | FRIED | FRILL |
| FROCK | FRONT | FROST | FROTH | FROWN | FROZE |
| FRUIT | FUDGE | FUGUE | FULLY | FUNGI | FUNNY |
| FURRY | FURZE | FUSSY | FUSTY | FUZZY | GABLE |
| GAFFE | GAMIN | GAMMA | GAMUT | GASES | GASSY |
| GAUDY | GAUGE | GAUNT | GAUSS | GAUZE | GAVEL |
| GAWKY | GAZED | GECKO | GEESE | GENIE | GENII |
| GENRE | GENUS | GHOST | GHOUL | GIANT | GIDDY |
| GIPSY | GIRTH | GIVEN | GIVER | GLADE | GLAND |
| GLARE | GLASS | GLAZE | GLEAM | GLEAN | GLIDE |
| GLINT | GLOAT | GLOBE | GLOOM | GLORY | GLOSS |
| GLOVE | GLUED | GLUEY | GLYPH | GNARL | GNASH |
| GNOME | GOING | GOLLY | GOODY | GOOFY | GOOSE |
| GORGE | GORSE | GOUGE | GOURD | GRACE | GRADE |
| GRAFT | GRAIL | GRAIN | GRAND | GRANT | GRAPE |
| GRAPH | GRASP | GRASS | GRATE | GRAVE | GRAVY |
| GRAZE | GREAT | GREBE | GREED | GREEN | GREET |
| GRIEF | GRILL | GRIME | GRIND | GRIPE | GRIST |
| GROAN | GROIN | GROOM | GROPE | GROSS | GROUP |
| GROUT | GROVE | GROWL | GROWN | GRUFF | GRUNT |
| GUANO | GUARD | GUESS | GUEST | GUIDE | GUILD |
| GUILE | GUILT | GUISE | GULES | GULLY | GUMBO |
| GUMMY | GUNNY | GUSTO | GUSTY | GUTSY | GYPSY |
| HABIT | HAIKU | HAIRY | HALVE | HANDY | HAPPY |
| HARDY | HAREM | HARRY | HARSH | HASTE | HASTY |
| HATCH | HATER | HAUNT | HAVEN | HAVOC | HAZEL |
| HEADY | HEARD | HEART | HEATH | HEAVE | HEAVY |
| HEDGE | HEFTY | HELIX | HELLO | HENCE | HENRY |
| HERON | HERTZ | HIKED | HILLY | HINGE | HIPPO |
| HITCH | HOARD | HOBBY | HOCUS | HOLLY | HONEY |
| HOOCH | HORDE | HORNY | HORSE | HOTEL | HOUGH |
| HOUND | HOUSE | HOVEL | HOVER | HOWDY | HUBBY |
| HUMAN | HUMID | HUMUS | HUNCH | HURRY | HUSKY |
| HUTCH | HYDRA | HYDRO | HYENA | HYMEN | ICING |
| IDEAL | IDIOM | IDIOT | IGLOO | ILEUM | ILIAC |
| IMAGE | IMBED | IMBUE | IMPEL | INANE | INAPT |
| INCUR | INDEX | INEPT | INERT | INFER | INFIX |
| INFRA | INGOT | INLAY | INLET | INNER | INPUT |
| INSET | INTER | INURE | IONIC | IRATE | IRONY |
| ISSUE | IVORY | JADED | JAMES | JAZZY | JELLY |
| JENNY | JERKY | JERRY | JETTY | JEWEL | JIFFY |
| JIMMY | JOINT | JOKER | JOLLY | JOULE | JOUST |
| JUDGE | JUICE | JUICY | JULEP | JUMBO | JUMPY |

## 5 letters

| | | | | | |
|---|---|---|---|---|---|
| JUNCO | JUNTA | JUROR | KAPOK | KARMA | KAZOO |
| KETCH | KEYED | KHAKI | KINKY | KIOSK | KITTY |
| KNACK | KNEAD | KNEEL | KNELL | KNELT | KNIFE |
| KNOCK | KNOLL | KNOWN | KNURL | KOALA | KRAFT |
| KRAUT | KUDZU | KULAK | LABEL | LABIA | LADEN |
| LADLE | LAGER | LAITY | LANCE | LANKY | LAPEL |
| LAPSE | LARCH | LARGE | LARVA | LASER | LASSO |
| LATCH | LATER | LATEX | LATHE | LAUGH | LAURA |
| LAYER | LEACH | LEAFY | LEAKY | LEAPT | LEARN |
| LEASE | LEASH | LEAST | LEAVE | LEDGE | LEECH |
| LEERY | LEFTY | LEGAL | LEGGY | LEGIT | LEMMA |
| LEMON | LEPER | LEVEE | LEVEL | LEVER | LEWIS |
| LIBEL | LIGHT | LIKEN | LILAC | LIMBO | LIMIT |
| LINED | LINEN | LINGO | LIPID | LISLE | LITHE |
| LIVER | LIVES | LIVID | LOAMY | LOATH | LOBAR |
| LOBBY | LOCAL | LOCUS | LODGE | LOESS | LOFTY |
| LOGIC | LOOSE | LORRY | LOTUS | LOUSE | LOUSY |
| LOVER | LOWER | LOYAL | LUCID | LUCKY | LUCRE |
| LUMEN | LUMPY | LUNAR | LUNCH | LUNGE | LURCH |
| LURED | LURID | LUSTY | LYING | LYMPH | LYNCH |
| LYRIC | MACHO | MACRO | MADAM | MAFIA | MAGIC |
| MAGMA | MAIZE | MAJOR | MAKER | MAMBO | MAMMA |
| MANGE | MANGO | MANIA | MANIC | MANNA | MANOR |
| MANSE | MAPLE | MARCH | MARIA | MARRY | MARSH |
| MASER | MASON | MATCH | MATER | MATTE | MAUVE |
| MAXIM | MAYBE | MAYOR | MEALY | MEANT | MEATY |
| MEDAL | MEDIA | MEDIC | MELON | MERCY | MERGE |
| MERIT | MERRY | MESON | METAL | METER | MEZZO |
| MICRO | MIDGE | MIDST | MIGHT | MILKY | MIMIC |
| MINCE | MINIM | MINOR | MINUS | MIRTH | MISER |
| MISTY | MIXED | MODAL | MODEL | MODEM | MODUS |
| MOIST | MOLAR | MOMMY | MONAD | MONEY | MONTE |
| MONTH | MOODY | MOOSE | MORAL | MOREL | MORON |
| MOSSY | MOTET | MOTIF | MOTOR | MOTTO | MOULD |
| MOULT | MOUND | MOUNT | MOURN | MOUSE | MOUSY |
| MOUTH | MOVED | MOVIE | MUCUS | MUDDY | MUGGY |
| MULCH | MULCT | MULTI | MUMMY | MUMPS | MUNCH |
| MURAL | MURKY | MUSHY | MUSIC | MUSTY | MYRRH |
| NADIR | NAIAD | NAIVE | NAKED | NAMED | NANNY |
| NAPPY | NASAL | NASTY | NATAL | NATTY | NAVAL |
| NAVEL | NEEDY | NEGRO | NERVE | NEVER | NEWEL |
| NICHE | NIECE | NIGHT | NINTH | NOBLE | NODAL |
| NOISE | NOISY | NOMAD | NONCE | NOOSE | NORTH |
| NOTCH | NOTED | NOVEL | NUDGE | NURSE | NYLON |
| NYMPH | OAKEN | OASES | OASIS | OBESE | OCCUR |
| OCEAN | OCTAL | OCTET | ODIUM | ODOUR | OFFAL |
| OFFER | OFTEN | OLDEN | OLIVE | OMEGA | ONION |
| ONSET | OPERA | OPINE | OPIUM | OPTIC | ORATE |

| | | | | | |
|---|---|---|---|---|---|
| ORBIT | ORDER | ORGAN | OSIER | OTHER | OTTER |
| OUGHT | OUNCE | OUTER | OUZEL | OVARY | OVATE |
| OVERT | OWING | OWNED | OXEYE | OXIDE | OZONE |
| PADDY | PADRE | PAEAN | PAGAN | PAINT | PALSY |
| PANDA | PANEL | PANIC | PANSY | PAPAL | PAPAW |
| PAPER | PAPPY | PARCH | PARRY | PARSE | PARTS |
| PARTY | PASHA | PASTE | PASTY | PATCH | PATIO |
| PATTY | PAUSE | PEACE | PEACH | PEAKY | PEARL |
| PECAN | PEDAL | PENAL | PENCE | PENIS | PENNY |
| PEONY | PEPPY | PERCH | PERIL | PERKY | PETAL |
| PETIT | PETTY | PEWEE | PHAGE | PHASE | PHLOX |
| PHONE | PHOTO | PHYLA | PIANO | PIECE | PIETY |
| PIGGY | PILOT | PINCH | PINTO | PIOUS | PIQUE |
| PITCH | PITHY | PIVOT | PIZZA | PLACE | PLAID |
| PLAIN | PLANE | PLANK | PLANT | PLATE | PLAYA |
| PLAZA | PLEAD | PLEAT | PLUCK | PLUMB | PLUME |
| PLUMP | PLUNK | PLUSH | POACH | PODIA | POESY |
| POINT | POISE | POLAR | POLKA | POPPY | PORCH |
| POSIT | POSSE | POUCH | POUND | POWER | PRANK |
| PRAWN | PREEN | PRESS | PRICE | PRICK | PRIDE |
| PRIMA | PRIME | PRIMP | PRINT | PRIOR | PRISM |
| PRIVY | PRIZE | PROBE | PRONE | PRONG | PROOF |
| PROSE | PROUD | PROVE | PROWL | PROXY | PRUNE |
| PSALM | PUFFY | PULSE | PUNCH | PUPIL | PUPPY |
| PURGE | PURSE | PUSSY | PUTTY | PYGMY | QUACK |
| QUAFF | QUAIL | QUAKE | QUALM | QUARK | QUART |
| QUASH | QUASI | QUEEN | QUEER | QUELL | QUERY |
| QUEST | QUEUE | QUICK | QUIET | QUILL | QUILT |
| QUIRK | QUIRT | QUITE | QUOTA | QUOTE | RABAT |
| RABBI | RABID | RADAR | RADII | RADIO | RADIX |
| RADON | RAINY | RAISE | RAJAH | RALLY | RANCH |
| RANGE | RANGY | RAPID | RATED | RATIO | RATTY |
| RAVED | RAVEL | RAVEN | RAZOR | REACH | READY |
| REALM | REBEL | REBUT | RECUR | REEDY | REEVE |
| REFER | REGAL | REIGN | RELIC | REMIT | RENAL |
| RENEW | REPAY | REPEL | REPLY | RERAN | RERUN |
| RESET | RESIN | RETCH | REVEL | RHEUM | RHINO |
| RHYME | RIDGE | RIFLE | RIGHT | RIGID | RIGOR |
| RINSE | RIPEN | RISEN | RISKY | RIVAL | RIVER |
| RIVET | ROACH | ROAST | ROBIN | ROCKY | RODEO |
| ROGUE | RONDO | ROOMY | ROOST | ROTOR | ROUGE |
| ROUGH | ROUND | ROUSE | ROUTE | ROWDY | ROWED |
| ROYAL | RUDDY | RULED | RULES | RUMEN | RUMMY |
| RUNIC | RUNTY | RUPEE | RURAL | RUSTY | RUTTY |
| SABLE | SAINT | SALAD | SALLY | SALON | SALTY |
| SALVE | SALVO | SAMBA | SANDY | SAPPY | SATIN |
| SATYR | SAUCE | SAUCY | SAVED | SAVOY | SAVVY |
| SCALD | SCALE | SCALP | SCAMP | SCANT | SCARE |

## 5 letters

| | | | | | |
|---|---|---|---|---|---|
| SCARF | SCARY | SCENE | SCENT | SCION | SCOFF |
| SCOLD | SCOOP | SCOOT | SCOPE | SCORE | SCORN |
| SCOUR | SCOUT | SCOWL | SCRAM | SCRAP | SCREW |
| SCRIM | SCRUB | SCUBA | SCUFF | SCULL | SEAMY |
| SEDAN | SEDGE | SEEDY | SEIZE | SENSE | SEPAL |
| SEPIA | SEPTA | SERGE | SERUM | SERVE | SERVO |
| SETUP | SEVEN | SEVER | SHACK | SHADE | SHADY |
| SHAFT | SHAKE | SHAKO | SHAKY | SHALE | SHALL |
| SHAME | SHANK | SHAPE | SHARD | SHARE | SHARK |
| SHARP | SHAVE | SHAWL | SHEAF | SHEAR | SHEEN |
| SHEEP | SHEER | SHEET | SHEIK | SHELF | SHELL |
| SHIED | SHIFT | SHILL | SHINE | SHINY | SHIRE |
| SHIRK | SHIRT | SHOAL | SHOCK | SHONE | SHOOK |
| SHOOT | SHORE | SHORT | SHOUT | SHOVE | SHOWN |
| SHOWY | SHRED | SHREW | SHRUB | SHRUG | SHUCK |
| SHUNT | SIBYL | SIDED | SIDLE | SIEGE | SIEVE |
| SIGHT | SIGMA | SILKY | SILLY | SINCE | SINEW |
| SINGE | SINUS | SIREN | SISAL | SIXTH | SIXTY |
| SIZED | SKATE | SKEET | SKIED | SKIFF | SKILL |
| SKIMP | SKIRT | SKULK | SKULL | SKUNK | SLACK |
| SLAIN | SLAKE | SLANG | SLANT | SLASH | SLATE |
| SLAVE | SLEEK | SLEEP | SLEET | SLEPT | SLICE |
| SLICK | SLIDE | SLIME | SLIMY | SLING | SLOOP |
| SLOPE | SLOSH | SLOTH | SLUMP | SLUNG | SLURP |
| SMACK | SMALL | SMART | SMASH | SMEAR | SMELL |
| SMELT | SMILE | SMIRK | SMITH | SMOKE | SMOKY |
| SNACK | SNAFU | SNAIL | SNAKE | SNARE | SNARL |
| SNEAK | SNEER | SNELL | SNICK | SNIFF | SNIPE |
| SNOOK | SNOOP | SNORE | SNORT | SNOUT | SNOWY |
| SNUFF | SOAPY | SOBER | SOGGY | SOLAR | SOLED |
| SOLID | SOLVE | SONAR | SONIC | SOOTH | SORRY |
| SOUGH | SOUND | SOUTH | SPACE | SPADE | SPARE |
| SPARK | SPASM | SPATE | SPAWN | SPEAK | SPEAR |
| SPECK | SPEED | SPELL | SPEND | SPENT | SPERM |
| SPICE | SPICY | SPIKE | SPIKY | SPILL | SPILT |
| SPINE | SPINY | SPIRE | SPITE | SPITZ | SPLAY |
| SPLIT | SPOIL | SPOKE | SPOOF | SPOOK | SPOOL |
| SPOON | SPORE | SPORT | SPOUT | SPRAY | SPREE |
| SPRIG | SPUME | SPUNK | SPURN | SPURT | SQUAD |
| SQUAT | SQUAW | SQUID | STACK | STAFF | STAGE |
| STAGY | STAID | STAIN | STAIR | STAKE | STALE |
| STALK | STALL | STAMP | STAND | STANK | STARE |
| STARK | START | STASH | STATE | STAVE | STEAD |
| STEAK | STEAL | STEAM | STEED | STEEL | STEEP |
| STEER | STEIN | STERN | STICK | STIFF | STILE |
| STILL | STILT | STING | STINK | STINT | STOCK |
| STOIC | STOKE | STOLE | STOMP | STONE | STONY |
| STOOD | STOOL | STOOP | STORE | STORK | STORM |

| | | | | | |
|---|---|---|---|---|---|
| STORY | STOUT | STOVE | STRAP | STRAW | STRAY |
| STRIP | STROP | STRUM | STRUT | STUCK | STUDY |
| STUFF | STUMP | STUNG | STUNK | STUNT | STYLE |
| SUAVE | SUGAR | SUITE | SULKY | SULLY | SUMAC |
| SUNNY | SUPER | SUPRA | SURGE | SUSHI | SWAGE |
| SWAIN | SWAMP | SWANK | SWARM | SWART | SWATH |
| SWEAR | SWEAT | SWEEP | SWEET | SWELL | SWEPT |
| SWIFT | SWINE | SWING | SWIPE | SWIRL | SWISH |
| SWOON | SWOOP | SWORD | SWORE | SWORN | SWUNG |
| SYNOD | SYRUP | TABLE | TABOO | TACIT | TACKY |
| TAFFY | TAINT | TAKEN | TALLY | TALON | TALUS |
| TANGO | TANSY | TAPER | TAPIR | TARDY | TARRY |
| TASTE | TASTY | TATER | TATTY | TAUNT | TAWNY |
| TEACH | TEASE | TEETH | TEMPO | TEMPT | TENET |
| TENOR | TENSE | TENTH | TEPEE | TEPID | TERRY |
| TERSE | TESTY | THANK | THEFT | THEIR | THEME |
| THERE | THESE | THETA | THICK | THIEF | THIGH |
| THING | THINK | THIRD | THONG | THORN | THOSE |
| THREE | THREW | THROB | THROW | THRUM | THUMB |
| THUMP | THYME | TIBIA | TIDAL | TIGER | TIGHT |
| TILDE | TIMED | TIMER | TIMID | TINGE | TIPSY |
| TITHE | TITLE | TOADY | TOAST | TODAY | TOKEN |
| TOMMY | TONED | TONIC | TOOTH | TOPAZ | TOPIC |
| TOQUE | TORCH | TORSO | TOTAL | TOTEM | TOUCH |
| TOUGH | TOWEL | TOWER | TOXIC | TOXIN | TRACE |
| TRACK | TRACT | TRADE | TRAIL | TRAIN | TRAIT |
| TRAMP | TRASH | TRAWL | TREAD | TREAT | TREND |
| TRESS | TRIAD | TRIAL | TRIBE | TRICK | TRIED |
| TRILL | TRIPE | TRITE | TROLL | TROOP | TROUT |
| TRUCE | TRUCK | TRULY | TRUMP | TRUNK | TRUSS |
| TRUST | TRUTH | TULIP | TULLE | TUNIC | TUTOR |
| TWAIN | TWEAK | TWEED | TWICE | TWILL | TWINE |
| TWIRL | TWIST | TYING | TYPED | ULCER | ULTRA |
| UMBER | UMBRA | UNCLE | UNDER | UNDID | UNIFY |
| UNION | UNITE | UNITY | UNTIL | UPEND | UPPER |
| UPSET | URBAN | URGED | URINE | USAGE | USHER |
| USING | USUAL | USURP | USURY | UTILE | UTTER |
| VAGUE | VALET | VALID | VALUE | VALVE | VAPID |
| VAULT | VAUNT | VELAR | VELDT | VENAL | VENOM |
| VERGE | VERSE | VERVE | VETCH | VICAR | VIDEO |
| VIGIL | VILLA | VINYL | VIOLA | VIRUS | VISIT |
| VISOR | VISTA | VITAL | VIVID | VIXEN | VOCAL |
| VODKA | VOGUE | VOICE | VOMIT | VOUCH | VOWEL |
| VYING | WACKY | WAFER | WAIST | WAIVE | WAKEN |
| WALLY | WALTZ | WARTY | WASHY | WASTE | WATCH |
| WATER | WAXEN | WEARY | WEAVE | WEBER | WEDGE |
| WEEDY | WEIGH | WEIRD | WELSH | WHACK | WHALE |
| WHARF | WHEAT | WHEEL | WHELK | WHELM | WHELP |

## 5 letters

| | | | | | |
|---|---|---|---|---|---|
| WHERE | WHICH | WHIFF | WHILE | WHINE | WHIRL |
| WHISH | WHISK | WHITE | WHOLE | WHOOP | WHORE |
| WHOSE | WIDEN | WIDOW | WIDTH | WIELD | WINCE |
| WINCH | WINDY | WIPED | WIPER | WITCH | WITHY |
| WITTY | WOMAN | WOMEN | WOODY | WORDY | WORLD |
| WORMY | WORRY | WORSE | WORST | WORTH | WOULD |
| WOUND | WOVEN | WRACK | WRATH | WREAK | WRECK |
| WREST | WRING | WRIST | WRITE | WRONG | WROTE |
| XENON | XEROX | XYLEM | YACHT | YEARN | YEAST |
| YIELD | YODEL | YOKEL | YOUNG | YOUTH | YUCCA |
| ZEBRA | ZLOTY | ZONED | | | |

## By 2<sup>nd</sup> letter

| | | | | | |
|---|---|---|---|---|---|
| BACON | BADGE | BADLY | BAGEL | BAGGY | BAKED |
| BAKER | BALDY | BALKY | BALMY | BALSA | BANAL |
| BANDY | BANJO | BARGE | BARON | BASAL | BASED |
| BASES | BASIC | BASIL | BASIN | BASIS | BASSO |
| BASTE | BATCH | BATHE | BATIK | BATON | BAWDY |
| BAYED | BAYOU | CABAL | CABIN | CABLE | CACAO |
| CACHE | CACTI | CADDY | CADET | CADRE | CAIRN |
| CALLA | CALVE | CAMEL | CAMEO | CANAL | CANDY |
| CANNY | CANOE | CANON | CANTO | CAPER | CARAT |
| CARED | CARET | CARGO | CAROB | CAROL | CARRY |
| CARTE | CARVE | CASED | CASTE | CATCH | CATER |
| CAULK | CAUSE | CAVIL | DADDY | DAILY | DAIRY |
| DAISY | DALLY | DANCE | DANDY | DARED | DATED |
| DATER | DATUM | DAUNT | DAVIT | DAZED | EAGER |
| EAGLE | EARLY | EARTH | EASED | EASEL | EATEN |
| EATER | FABLE | FACED | FACET | FADED | FAINT |
| FAIRY | FAITH | FAKED | FALSE | FAMED | FANCY |
| FARAD | FARCE | FATAL | FATTY | FAULT | FAUNA |
| GABLE | GAFFE | GAMIN | GAMMA | GAMUT | GASES |
| GASSY | GAUDY | GAUGE | GAUNT | GAUSS | GAUZE |
| GAVEL | GAWKY | GAZED | HABIT | HAIKU | HAIRY |
| HALVE | HANDY | HAPPY | HARDY | HAREM | HARRY |
| HARSH | HASTE | HASTY | HATCH | HATER | HAUNT |
| HAVEN | HAVOC | HAZEL | JADED | JAMES | JAZZY |
| KAPOK | KARMA | KAZOO | LABEL | LABIA | LADEN |
| LADLE | LAGER | LAITY | LANCE | LANKY | LAPEL |
| LAPSE | LARCH | LARGE | LARVA | LASER | LASSO |
| LATCH | LATER | LATEX | LATHE | LAUGH | LAURA |
| LAYER | MACHO | MACRO | MADAM | MAFIA | MAGIC |
| MAGMA | MAIZE | MAJOR | MAKER | MAMBO | MAMMA |
| MANGE | MANGO | MANIA | MANIC | MANNA | MANOR |
| MANSE | MAPLE | MARCH | MARIA | MARRY | MARSH |
| MASER | MASON | MATCH | MATER | MATTE | MAUVE |
| MAXIM | MAYBE | MAYOR | NADIR | NAIAD | NAIVE |
| NAKED | NAMED | NANNY | NAPPY | NASAL | NASTY |

| | | | | | |
|---|---|---|---|---|---|
| NATAL | NATTY | NAVAL | NAVEL | OAKEN | OASES |
| OASIS | PADDY | PADRE | PAEAN | PAGAN | PAINT |
| PALSY | PANDA | PANEL | PANIC | PANSY | PAPAL |
| PAPAW | PAPER | PAPPY | PARCH | PARRY | PARSE |
| PARTS | PARTY | PASHA | PASTE | PASTY | PATCH |
| PATIO | PATTY | PAUSE | RABAT | RABBI | RABID |
| RADAR | RADII | RADIO | RADIX | RADON | RAINY |
| RAISE | RAJAH | RALLY | RANCH | RANGE | RANGY |
| RAPID | RATED | RATIO | RATTY | RAVED | RAVEL |
| RAVEN | RAZOR | SABLE | SAINT | SALAD | SALLY |
| SALON | SALTY | SALVE | SALVO | SAMBA | SANDY |
| SAPPY | SATIN | SATYR | SAUCE | SAUCY | SAVED |
| SAVOY | SAVVY | TABLE | TABOO | TACIT | TACKY |
| TAFFY | TAINT | TAKEN | TALLY | TALON | TALUS |
| TANGO | TANSY | TAPER | TAPIR | TARDY | TARRY |
| TASTE | TASTY | TATER | TATTY | TAUNT | TAWNY |
| VAGUE | VALET | VALID | VALUE | VALVE | VAPID |
| VAULT | VAUNT | WACKY | WAFER | WAIST | WAIVE |
| WAKEN | WALLY | WALTZ | WARTY | WASHY | WASTE |
| WATCH | WATER | WAXEN | YACHT | ABACK | ABASE |
| ABASH | ABATE | ABBEY | ABBOT | ABIDE | ABODE |
| ABORT | ABOUT | ABOVE | ABUSE | ABYSS | EBONY |
| OBESE | ACHED | ACORN | ACRID | ACTED | ACTOR |
| ACUTE | ICING | OCCUR | OCEAN | OCTAL | OCTET |
| SCALD | SCALE | SCALP | SCAMP | SCANT | SCARE |
| SCARF | SCARY | SCENE | SCENT | SCION | SCOFF |
| SCOLD | SCOOP | SCOOT | SCOPE | SCORE | SCORN |
| SCOUR | SCOUT | SCOWL | SCRAM | SCRAP | SCREW |
| SCRIM | SCRUB | SCUBA | SCUFF | SCULL | ADAGE |
| ADAPT | ADDED | ADDER | ADDLE | ADEPT | ADIEU |
| ADIOS | ADMIT | ADMIX | ADOBE | ADOPT | ADORE |
| ADORN | ADULT | EDGED | EDICT | EDIFY | IDEAL |
| IDIOM | IDIOT | ODIUM | ODOUR | AEGIS | BEACH |
| BEADY | BEARD | BEAST | BEAUX | BEDIM | BEECH |
| BEEFY | BEFIT | BEFOG | BEGAN | BEGET | BEGIN |
| BEGUN | BEIGE | BEING | BELCH | BELIE | BELLE |
| BELLY | BELOW | BENCH | BERRY | BERTH | BERYL |
| BESET | BETEL | BEVEL | BEZEL | CEASE | CEDAR |
| DEALT | DEATH | DEBAR | DEBIT | DEBUG | DEBUT |
| DECAY | DECOR | DECOY | DECRY | DEFER | DEIFY |
| DEIGN | DEITY | DELAY | DELTA | DELVE | DEMIT |
| DEMON | DEMUR | DENIM | DENSE | DEPOT | DEPTH |
| DERBY | DETER | DEUCE | DEVIL | EERIE | FEAST |
| FEIGN | FEINT | FELON | FEMUR | FENCE | FERRY |
| FETCH | FETID | FEVER | FEWER | GECKO | GEESE |
| GENIE | GENII | GENRE | GENUS | HEADY | HEARD |
| HEART | HEATH | HEAVE | HEAVY | HEDGE | HEFTY |
| HELIX | HELLO | HENCE | HENRY | HERON | HERTZ |

## 5 letters

| | | | | | |
|---|---|---|---|---|---|
| JELLY | JENNY | JERKY | JERRY | JETTY | JEWEL |
| KETCH | KEYED | LEACH | LEAFY | LEAKY | LEAPT |
| LEARN | LEASE | LEASH | LEAST | LEAVE | LEDGE |
| LEECH | LEERY | LEFTY | LEGAL | LEGGY | LEGIT |
| LEMMA | LEMON | LEPER | LEVEE | LEVEL | LEVER |
| LEWIS | MEALY | MEANT | MEATY | MEDAL | MEDIA |
| MEDIC | MELON | MERCY | MERGE | MERIT | MERRY |
| MESON | METAL | METER | MEZZO | NEEDY | NEGRO |
| NERVE | NEVER | NEWEL | PEACE | PEACH | PEAKY |
| PEARL | PECAN | PEDAL | PENAL | PENCE | PENIS |
| PENNY | PEONY | PEPPY | PERCH | PERIL | PERKY |
| PETAL | PETIT | PETTY | PEWEE | REACH | READY |
| REALM | REBEL | REBUT | RECUR | REEDY | REEVE |
| REFER | REGAL | REIGN | RELIC | REMIT | RENAL |
| RENEW | REPAY | REPEL | REPLY | RERAN | RERUN |
| RESET | RESIN | RETCH | REVEL | SEAMY | SEDAN |
| SEDGE | SEEDY | SEIZE | SENSE | SEPAL | SEPIA |
| SEPTA | SERGE | SERUM | SERVE | SERVO | SETUP |
| SEVEN | SEVER | TEACH | TEASE | TEETH | TEMPO |
| TEMPT | TENET | TENOR | TENSE | TENTH | TEPEE |
| TEPID | TERRY | TERSE | TESTY | VELAR | VELDT |
| VENAL | VENOM | VERGE | VERSE | VERVE | VETCH |
| WEARY | WEAVE | WEBER | WEDGE | WEEDY | WEIGH |
| WEIRD | WELSH | XENON | XEROX | YEARN | YEAST |
| ZEBRA | AFFIX | AFIRE | AFOOT | AFORE | AFOUL |
| AFTER | OFFAL | OFFER | OFTEN | AGAIN | AGENT |
| AGILE | AGING | AGONY | AGREE | EGRET | IGLOO |
| AHEAD | CHAFE | CHAFF | CHAIN | CHAIR | CHALK |
| CHAMP | CHANT | CHAOS | CHARD | CHARM | CHART |
| CHASE | CHASM | CHEAP | CHEAT | CHECK | CHEEK |
| CHEER | CHESS | CHEST | CHEVY | CHICK | CHIDE |
| CHIEF | CHILD | CHILL | CHIME | CHINA | CHINE |
| CHINK | CHIRP | CHIVE | CHOCK | CHOIR | CHOKE |
| CHOMP | CHORD | CHORE | CHOSE | CHUCK | CHUFF |
| CHUMP | CHUNK | CHURN | CHUTE | GHOST | GHOUL |
| KHAKI | PHAGE | PHASE | PHLOX | PHONE | PHOTO |
| PHYLA | RHEUM | RHINO | RHYME | SHACK | SHADE |
| SHADY | SHAFT | SHAKE | SHAKO | SHAKY | SHALE |
| SHALL | SHAME | SHANK | SHAPE | SHARD | SHARE |
| SHARK | SHARP | SHAVE | SHAWL | SHEAF | SHEAR |
| SHEEN | SHEEP | SHEER | SHEET | SHEIK | SHELF |
| SHELL | SHIED | SHIFT | SHILL | SHINE | SHINY |
| SHIRE | SHIRK | SHIRT | SHOAL | SHOCK | SHONE |
| SHOOK | SHOOT | SHORE | SHORT | SHOUT | SHOVE |
| SHOWN | SHOWY | SHRED | SHREW | SHRUB | SHRUG |
| SHUCK | SHUNT | THANK | THEFT | THEIR | THEME |
| THERE | THESE | THETA | THICK | THIEF | THIGH |
| THING | THINK | THIRD | THONG | THORN | THOSE |

| | | | | | |
|---|---|---|---|---|---|
| THREE | THREW | THROB | THROW | THRUM | THUMB |
| THUMP | THYME | WHACK | WHALE | WHARF | WHEAT |
| WHEEL | WHELK | WHELM | WHELP | WHERE | WHICH |
| WHIFF | WHILE | WHINE | WHIRL | WHISH | WHISK |
| WHITE | WHOLE | WHOOP | WHORE | WHOSE | AIDED |
| AIMED | AIRED | AISLE | BIBLE | BIDDY | BIGOT |
| BIKER | BILGE | BILLY | BINGE | BINGO | BIRCH |
| BIRTH | BISON | BITCH | CIDER | CIGAR | CILIA |
| CINCH | CIRCA | CITED | CIVET | CIVIC | CIVIL |
| DIARY | DICTA | DIGIT | DINED | DINER | DINGO |
| DINGY | DIRGE | DIRTY | DISCO | DITCH | DITTO |
| DITTY | DIVAN | DIVER | DIZZY | EIDER | EIGHT |
| FIBRE | FICHE | FIELD | FIEND | FIERY | FIFTH |
| FIFTY | FIGHT | FILCH | FILED | FILET | FILLY |
| FILMY | FILTH | FINAL | FINCH | FINED | FINNY |
| FIRED | FIRST | FISHY | FIXED | GIANT | GIDDY |
| GIPSY | GIRTH | GIVEN | GIVER | HIKED | HILLY |
| HINGE | HIPPO | HITCH | JIFFY | JIMMY | KINKY |
| KIOSK | KITTY | LIBEL | LIGHT | LIKEN | LILAC |
| LIMBO | LIMIT | LINED | LINEN | LINGO | LIPID |
| LISLE | LITHE | LIVER | LIVES | LIVID | MICRO |
| MIDGE | MIDST | MIGHT | MILKY | MIMIC | MINCE |
| MINIM | MINOR | MINUS | MIRTH | MISER | MISTY |
| MIXED | NICHE | NIECE | NIGHT | NINTH | PIANO |
| PIECE | PIETY | PIGGY | PILOT | PINCH | PINTO |
| PIOUS | PIQUE | PITCH | PITHY | PIVOT | PIZZA |
| RIDGE | RIFLE | RIGHT | RIGID | RIGOR | RINSE |
| RIPEN | RISEN | RISKY | RIVAL | RIVER | RIVET |
| SIBYL | SIDED | SIDLE | SIEGE | SIEVE | SIGHT |
| SIGMA | SILKY | SILLY | SINCE | SINEW | SINGE |
| SINUS | SIREN | SISAL | SIXTH | SIXTY | SIZED |
| TIBIA | TIDAL | TIGER | TIGHT | TILDE | TIMED |
| TIMER | TIMID | TINGE | TIPSY | TITHE | TITLE |
| VICAR | VIDEO | VIGIL | VILLA | VINYL | VIOLA |
| VIRUS | VISIT | VISOR | VISTA | VITAL | VIVID |
| VIXEN | WIDEN | WIDOW | WIDTH | WIELD | WINCE |
| WINCH | WINDY | WIPED | WIPER | WITCH | WITHY |
| WITTY | YIELD | EJECT | FJORD | SKATE | SKEET |
| SKIED | SKIFF | SKILL | SKIMP | SKIRT | SKULK |
| SKULL | SKUNK | ALARM | ALBUM | ALDER | ALERT |
| ALGAE | ALGAL | ALIAS | ALIBI | ALIEN | ALIGN |
| ALIKE | ALIVE | ALLAH | ALLAY | ALLEY | ALLOT |
| ALLOW | ALLOY | ALOFT | ALOHA | ALONE | ALONG |
| ALOOF | ALOUD | ALPHA | ALTAR | ALTER | BLACK |
| BLADE | BLAME | BLAND | BLANK | BLARE | BLAST |
| BLAZE | BLEAK | BLEAT | BLEED | BLEEP | BLEND |
| BLESS | BLEST | BLIND | BLINK | BLISS | BLITZ |
| BLOAT | BLOCK | BLOND | BLOOD | BLOOM | BLOWN |

## 5 letters

| | | | | | |
|---|---|---|---|---|---|
| BLUFF | BLUNT | BLURB | BLURT | BLUSH | CLAIM |
| CLAMP | CLANG | CLANK | CLASH | CLASP | CLASS |
| CLEAN | CLEAR | CLEAT | CLEFT | CLERK | CLICK |
| CLIFF | CLIMB | CLIME | CLING | CLINK | CLOAK |
| CLOCK | CLOMP | CLONE | CLOSE | CLOTH | CLOUD |
| CLOUT | CLOVE | CLOWN | CLUCK | CLUMP | CLUNG |
| ELATE | ELBOW | ELDER | ELECT | ELEGY | ELFIN |
| ELIDE | ELITE | ELOPE | ELUDE | ELUTE | ELVES |
| FLACK | FLAIL | FLAIR | FLAKE | FLAKY | FLAME |
| FLANK | FLARE | FLASH | FLASK | FLECK | FLEET |
| FLESH | FLICK | FLIER | FLING | FLINT | FLIRT |
| FLOAT | FLOCK | FLOOD | FLOOR | FLORA | FLOUR |
| FLOUT | FLOWN | FLUFF | FLUID | FLUKE | FLUNG |
| FLUNK | FLUSH | FLUTE | FLYER | GLADE | GLAND |
| GLARE | GLASS | GLAZE | GLEAM | GLEAN | GLIDE |
| GLINT | GLOAT | GLOBE | GLOOM | GLORY | GLOSS |
| GLOVE | GLUED | GLUEY | GLYPH | ILEUM | ILIAC |
| OLDEN | OLIVE | PLACE | PLAID | PLAIN | PLANE |
| PLANK | PLANT | PLATE | PLAYA | PLAZA | PLEAD |
| PLEAT | PLUCK | PLUMB | PLUME | PLUMP | PLUNK |
| PLUSH | SLACK | SLAIN | SLAKE | SLANG | SLANT |
| SLASH | SLATE | SLAVE | SLEEK | SLEEP | SLEET |
| SLEPT | SLICE | SLICK | SLIDE | SLIME | SLIMY |
| SLING | SLOOP | SLOPE | SLOSH | SLOTH | SLUMP |
| SLUNG | SLURP | ULCER | ULTRA | ZLOTY | AMASS |
| AMAZE | AMBER | AMBLE | AMEND | AMIDE | AMIGO |
| AMISS | AMITY | AMONG | AMPLE | AMPLY | AMUSE |
| EMAIL | EMBED | EMBER | EMCEE | EMEND | EMPTY |
| IMAGE | IMBED | IMBUE | IMPEL | OMEGA | SMACK |
| SMALL | SMART | SMASH | SMEAR | SMELL | SMELT |
| SMILE | SMIRK | SMITH | SMOKE | SMOKY | UMBER |
| UMBRA | ANENT | ANGEL | ANGER | ANGLE | ANGRY |
| ANION | ANISE | ANKLE | ANNEX | ANNOY | ANNUL |
| ANODE | ANTIC | ANVIL | ENACT | ENDED | ENDOW |
| ENEMY | ENJOY | ENSUE | ENTER | ENTRY | ENVOY |
| GNARL | GNASH | GNOME | INANE | INAPT | INCUR |
| INDEX | INEPT | INERT | INFER | INFIX | INFRA |
| INGOT | INLAY | INLET | INNER | INPUT | INSET |
| INTER | INURE | KNACK | KNEAD | KNEEL | KNELL |
| KNELT | KNIFE | KNOCK | KNOLL | KNOWN | KNURL |
| ONION | ONSET | SNACK | SNAFU | SNAIL | SNAKE |
| SNARE | SNARL | SNEAK | SNEER | SNELL | SNICK |
| SNIFF | SNIPE | SNOOK | SNOOP | SNORE | SNORT |
| SNOUT | SNOWY | SNUFF | UNCLE | UNDER | UNDID |
| UNIFY | UNION | UNITE | UNITY | UNTIL | AORTA |
| BOARD | BOAST | BOBBY | BOGEY | BOGGY | BOGUS |
| BONGO | BONUS | BONZE | BOOBY | BOOST | BOOTH |
| BOOTY | BOOZE | BORAX | BORED | BORIC | BORNE |

| | | | | | |
|---|---|---|---|---|---|
| BORON | BOSOM | BOSON | BOSSY | BOTCH | BOUGH |
| BOUND | BOURN | BOWEL | BOXED | BOXER | BOXES |
| BOYAR | COACH | COAST | COBRA | COCKY | COCOA |
| CODED | COLON | COLZA | COMBO | COMET | COMIC |
| COMMA | CONCH | CONEY | CONIC | COPED | COPRA |
| CORAL | CORNY | CORPS | COSEC | COTTA | COUCH |
| COUGH | COULD | COUNT | COUPE | COURT | COVER |
| COVET | COWRY | COYPU | COZEN | DODGE | DOGMA |
| DOING | DOLCE | DOLLY | DONOR | DOTTY | DOUBT |
| DOUGH | DOUSE | DOWEL | DOWRY | DOWSE | DOZEN |
| FOAMY | FOCAL | FOCUS | FOGGY | FOIST | FOLIO |
| FOLLY | FORAY | FORCE | FORGE | FORGO | FORTE |
| FORTH | FORTY | FORUM | FOUND | FOUNT | FOVEA |
| FOYER | GOING | GOLLY | GOODY | GOOFY | GOOSE |
| GORGE | GORSE | GOUGE | GOURD | HOARD | HOBBY |
| HOCUS | HOLLY | HONEY | HOOCH | HORDE | HORNY |
| HORSE | HOTEL | HOUGH | HOUND | HOUSE | HOVEL |
| HOVER | HOWDY | IONIC | JOINT | JOKER | JOLLY |
| JOULE | JOUST | KOALA | LOAMY | LOATH | LOBAR |
| LOBBY | LOCAL | LOCUS | LODGE | LOESS | LOFTY |
| LOGIC | LOOSE | LORRY | LOTUS | LOUSE | LOUSY |
| LOVER | LOWER | LOYAL | MODAL | MODEL | MODEM |
| MODUS | MOIST | MOLAR | MOMMY | MONAD | MONEY |
| MONTE | MONTH | MOODY | MOOSE | MORAL | MOREL |
| MORON | MOSSY | MOTET | MOTIF | MOTOR | MOTTO |
| MOULD | MOULT | MOUND | MOUNT | MOURN | MOUSE |
| MOUSY | MOUTH | MOVED | MOVIE | NOBLE | NODAL |
| NOISE | NOISY | NOMAD | NONCE | NOOSE | NORTH |
| NOTCH | NOTED | NOVEL | POACH | PODIA | POESY |
| POINT | POISE | POLAR | POLKA | POPPY | PORCH |
| POSIT | POSSE | POUCH | POUND | POWER | ROACH |
| ROAST | ROBIN | ROCKY | RODEO | ROGUE | RONDO |
| ROOMY | ROOST | ROTOR | ROUGE | ROUGH | ROUND |
| ROUSE | ROUTE | ROWDY | ROWED | ROYAL | SOAPY |
| SOBER | SOGGY | SOLAR | SOLED | SOLID | SOLVE |
| SONAR | SONIC | SOOTH | SORRY | SOUGH | SOUND |
| SOUTH | TOADY | TOAST | TODAY | TOKEN | TOMMY |
| TONED | TONIC | TOOTH | TOPAZ | TOPIC | TOQUE |
| TORCH | TORSO | TOTAL | TOTEM | TOUCH | TOUGH |
| TOWEL | TOWER | TOXIC | TOXIN | VOCAL | VODKA |
| VOGUE | VOICE | VOMIT | VOUCH | VOWEL | WOMAN |
| WOMEN | WOODY | WORDY | WORLD | WORMY | WORRY |
| WORSE | WORST | WORTH | WOULD | WOUND | WOVEN |
| YODEL | YOKEL | YOUNG | YOUTH | ZONED | APACE |
| APART | APHID | APPAL | APPLE | APPLY | APRIL |
| APRON | EPOCH | EPOXY | OPERA | OPINE | OPIUM |
| OPTIC | SPACE | SPADE | SPARE | SPARK | SPASM |
| SPATE | SPAWN | SPEAK | SPEAR | SPECK | SPEED |

# 5 letters

| | | | | | |
|---|---|---|---|---|---|
| SPELL | SPEND | SPENT | SPERM | SPICE | SPICY |
| SPIKE | SPIKY | SPILL | SPILT | SPINE | SPINY |
| SPIRE | SPITE | SPITZ | SPLAY | SPLIT | SPOIL |
| SPOKE | SPOOF | SPOOK | SPOOL | SPOON | SPORE |
| SPORT | SPOUT | SPRAY | SPREE | SPRIG | SPUME |
| SPUNK | SPURN | SPURT | UPEND | UPPER | UPSET |
| EQUAL | EQUIP | SQUAD | SQUAT | SQUAW | SQUID |
| ARENA | ARGON | ARGOT | ARGUE | ARISE | ARMED |
| AROMA | AROSE | ARRAY | ARROW | ARSON | BRACE |
| BRACT | BRAID | BRAIN | BRAKE | BRAND | BRANT |
| BRASH | BRASS | BRAVE | BRAVO | BRAWL | BREAD |
| BREAK | BREAM | BREED | BRIAR | BRIBE | BRICK |
| BRIDE | BRIEF | BRINE | BRING | BRINK | BRINY |
| BRISK | BROAD | BROIL | BROKE | BROOD | BROOK |
| BROOM | BROTH | BROWN | BRUIT | BRUNT | BRUSH |
| BRUTE | CRACK | CRAFT | CRAMP | CRANE | CRANK |
| CRASH | CRASS | CRATE | CRAVE | CRAWL | CRAZE |
| CRAZY | CREAK | CREAM | CREDO | CREED | CREEK |
| CREEP | CREPE | CREPT | CRESS | CREST | CRIED |
| CRIME | CRIMP | CRISP | CROAK | CROCK | CROFT |
| CRONE | CRONY | CROOK | CROON | CROSS | CROWD |
| CROWN | CRUDE | CRUEL | CRUMB | CRUMP | CRUSH |
| CRUST | CRYPT | DRAFT | DRAIN | DRAKE | DRAMA |
| DRANK | DRAPE | DRAWL | DRAWN | DREAD | DREAM |
| DRESS | DRIED | DRIER | DRIFT | DRILL | DRINK |
| DRIVE | DROLL | DRONE | DROOL | DROOP | DROSS |
| DROVE | DROWN | DRUNK | DRYAD | DRYER | ERASE |
| ERECT | ERODE | ERROR | ERUPT | FRAIL | FRAME |
| FRANC | FRANK | FRAUD | FREAK | FREED | FREER |
| FRESH | FRIAR | FRIED | FRILL | FROCK | FRONT |
| FROST | FROTH | FROWN | FROZE | FRUIT | GRACE |
| GRADE | GRAFT | GRAIL | GRAIN | GRAND | GRANT |
| GRAPE | GRAPH | GRASP | GRASS | GRATE | GRAVE |
| GRAVY | GRAZE | GREAT | GREBE | GREED | GREEN |
| GREET | GRIEF | GRILL | GRIME | GRIND | GRIPE |
| GRIST | GROAN | GROIN | GROOM | GROPE | GROSS |
| GROUP | GROUT | GROVE | GROWL | GROWN | GRUFF |
| GRUNT | IRATE | IRONY | KRAFT | KRAUT | ORATE |
| ORBIT | ORDER | ORGAN | PRANK | PRAWN | PREEN |
| PRESS | PRICE | PRICK | PRIDE | PRIMA | PRIME |
| PRIMP | PRINT | PRIOR | PRISM | PRIVY | PRIZE |
| PROBE | PRONE | PRONG | PROOF | PROSE | PROUD |
| PROVE | PROWL | PROXY | PRUNE | TRACE | TRACK |
| TRACT | TRADE | TRAIL | TRAIN | TRAIT | TRAMP |
| TRASH | TRAWL | TREAD | TREAT | TREND | TRESS |
| TRIAD | TRIAL | TRIBE | TRICK | TRIED | TRILL |
| TRIPE | TRITE | TROLL | TROOP | TROUT | TRUCE |
| TRUCK | TRULY | TRUMP | TRUNK | TRUSS | TRUST |

| | | | | | |
|---|---|---|---|---|---|
| TRUTH | URBAN | URGED | URINE | WRACK | WRATH |
| WREAK | WRECK | WREST | WRING | WRIST | WRITE |
| WRONG | WROTE | ASCII | ASHEN | ASIAN | ASIDE |
| ASKED | ASKEW | ASPEN | ASSAI | ASSAY | ASSET |
| ASTER | ESSAY | ESTER | ISSUE | OSIER | PSALM |
| USAGE | USHER | USING | USUAL | USURP | USURY |
| ATLAS | ATOLL | ATONE | ATTIC | ETHER | ETHIC |
| ETHOS | ETHYL | OTHER | OTTER | STACK | STAFF |
| STAGE | STAGY | STAID | STAIN | STAIR | STAKE |
| STALE | STALK | STALL | STAMP | STAND | STANK |
| STARE | STARK | START | STASH | STATE | STAVE |
| STEAD | STEAK | STEAL | STEAM | STEED | STEEL |
| STEEP | STEER | STEIN | STERN | STICK | STIFF |
| STILE | STILL | STILT | STING | STINK | STINT |
| STOCK | STOIC | STOKE | STOLE | STOMP | STONE |
| STONY | STOOD | STOOL | STOOP | STORE | STORK |
| STORM | STORY | STOUT | STOVE | STRAP | STRAW |
| STRAY | STRIP | STROP | STRUM | STRUT | STUCK |
| STUDY | STUFF | STUMP | STUNG | STUNK | STUNT |
| STYLE | UTILE | UTTER | AUDIO | AUDIT | AUGER |
| AUGUR | AUNTY | AURAL | BUDDY | BUDGE | BUGGY |
| BUGLE | BUILD | BUILT | BULGE | BULKY | BULLY |
| BUNCH | BUNNY | BURLY | BURNT | BURRO | BURRY |
| BURST | BUSHY | BUTCH | BUTTE | BUTYL | BUXOM |
| BUYER | CUBIC | CUMIN | CURED | CURIA | CURIO |
| CURLY | CURRY | CURSE | CURVE | DUCAT | DULLY |
| DUMMY | DUMPY | DUNCE | DUPED | DUSKY | DUSTY |
| FUDGE | FUGUE | FULLY | FUNGI | FUNNY | FURRY |
| FURZE | FUSSY | FUSTY | FUZZY | GUANO | GUARD |
| GUESS | GUEST | GUIDE | GUILD | GUILE | GUILT |
| GUISE | GULES | GULLY | GUMBO | GUMMY | GUNNY |
| GUSTO | GUSTY | GUTSY | HUBBY | HUMAN | HUMID |
| HUMUS | HUNCH | HURRY | HUSKY | HUTCH | JUDGE |
| JUICE | JUICY | JULEP | JUMBO | JUMPY | JUNCO |
| JUNTA | JUROR | KUDZU | KULAK | LUCID | LUCKY |
| LUCRE | LUMEN | LUMPY | LUNAR | LUNCH | LUNGE |
| LURCH | LURED | LURID | LUSTY | MUCUS | MUDDY |
| MUGGY | MULCH | MULCT | MULTI | MUMMY | MUMPS |
| MUNCH | MURAL | MURKY | MUSHY | MUSIC | MUSTY |
| NUDGE | NURSE | OUGHT | OUNCE | OUTER | OUZEL |
| PUFFY | PULSE | PUNCH | PUPIL | PUPPY | PURGE |
| PURSE | PUSSY | PUTTY | QUACK | QUAFF | QUAIL |
| QUAKE | QUALM | QUARK | QUART | QUASH | QUASI |
| QUEEN | QUEER | QUELL | QUERY | QUEST | QUEUE |
| QUICK | QUIET | QUILL | QUILT | QUIRK | QUIRT |
| QUITE | QUOTA | QUOTE | RUDDY | RULED | RULES |
| RUMEN | RUMMY | RUNIC | RUNTY | RUPEE | RURAL |
| RUSTY | RUTTY | SUAVE | SUGAR | SUITE | SULKY |

## 5 letters

| | | | | | |
|---|---|---|---|---|---|
| SULLY | SUMAC | SUNNY | SUPER | SUPRA | SURGE |
| SUSHI | TULIP | TULLE | TUNIC | TUTOR | YUCCA |
| AVAIL | AVERT | AVOID | EVADE | EVENT | EVERY |
| EVICT | EVOKE | IVORY | OVARY | OVATE | OVERT |
| AWAIT | AWAKE | AWARD | AWARE | AWASH | AWFUL |
| AWOKE | DWARF | DWELL | DWELT | OWING | OWNED |
| SWAGE | SWAIN | SWAMP | SWANK | SWARM | SWART |
| SWATH | SWEAR | SWEAT | SWEEP | SWEET | SWELL |
| SWEPT | SWIFT | SWINE | SWING | SWIPE | SWIRL |
| SWISH | SWOON | SWOOP | SWORD | SWORE | SWORN |
| SWUNG | TWAIN | TWEAK | TWEED | TWICE | TWILL |
| TWINE | TWIRL | TWIST | AXIAL | AXIOM | EXACT |
| EXALT | EXCEL | EXERT | EXILE | EXIST | EXPEL |
| EXTOL | EXTRA | EXUDE | EXULT | OXEYE | OXIDE |
| BYLAW | BYWAY | CYCAD | CYCLE | CYNIC | DYING |
| GYPSY | HYDRA | HYDRO | HYENA | HYMEN | LYING |
| LYMPH | LYNCH | LYRIC | MYRRH | NYLON | NYMPH |
| PYGMY | SYNOD | SYRUP | TYING | TYPED | VYING |
| XYLEM | AZURE | OZONE | | | |

## By 3rd letter

| | | | | | |
|---|---|---|---|---|---|
| ABACK | ABASE | ABASH | ABATE | ADAGE | ADAPT |
| AGAIN | ALARM | AMASS | AMAZE | APACE | APART |
| AVAIL | AWAIT | AWAKE | AWARD | AWARE | AWASH |
| BEACH | BEADY | BEARD | BEAST | BEAUX | BLACK |
| BLADE | BLAME | BLAND | BLANK | BLARE | BLAST |
| BLAZE | BOARD | BOAST | BRACE | BRACT | BRAID |
| BRAIN | BRAKE | BRAND | BRANT | BRASH | BRASS |
| BRAVE | BRAVO | BRAWL | CEASE | CHAFE | CHAFF |
| CHAIN | CHAIR | CHALK | CHAMP | CHANT | CHAOS |
| CHARD | CHARM | CHART | CHASE | CHASM | CLAIM |
| CLAMP | CLANG | CLANK | CLASH | CLASP | CLASS |
| COACH | COAST | CRACK | CRAFT | CRAMP | CRANE |
| CRANK | CRASH | CRASS | CRATE | CRAVE | CRAWL |
| CRAZE | CRAZY | DEALT | DEATH | DIARY | DRAFT |
| DRAIN | DRAKE | DRAMA | DRANK | DRAPE | DRAWL |
| DRAWN | DWARF | ELATE | EMAIL | ENACT | ERASE |
| EVADE | EXACT | EXALT | FEAST | FLACK | FLAIL |
| FLAIR | FLAKE | FLAKY | FLAME | FLANK | FLARE |
| FLASH | FLASK | FOAMY | FRAIL | FRAME | FRANC |
| FRANK | FRAUD | GIANT | GLADE | GLAND | GLARE |
| GLASS | GLAZE | GNARL | GNASH | GRACE | GRADE |
| GRAFT | GRAIL | GRAIN | GRAND | GRANT | GRAPE |
| GRAPH | GRASP | GRASS | GRATE | GRAVE | GRAVY |
| GRAZE | GUANO | GUARD | HEADY | HEARD | HEART |
| HEATH | HEAVE | HEAVY | HOARD | IMAGE | INANE |
| INAPT | IRATE | KHAKI | KNACK | KOALA | KRAFT |
| KRAUT | LEACH | LEAFY | LEAKY | LEAPT | LEARN |

| | | | | | |
|---|---|---|---|---|---|
| LEASE | LEASH | LEAST | LEAVE | LOAMY | LOATH |
| MEALY | MEANT | MEATY | ORATE | OVARY | OVATE |
| PEACE | PEACH | PEAKY | PEARL | PHAGE | PHASE |
| PIANO | PLACE | PLAID | PLAIN | PLANE | PLANK |
| PLANT | PLATE | PLAYA | PLAZA | POACH | PRANK |
| PRAWN | PSALM | QUACK | QUAFF | QUAIL | QUAKE |
| QUALM | QUARK | QUART | QUASH | QUASI | REACH |
| READY | REALM | ROACH | ROAST | SCALD | SCALE |
| SCALP | SCAMP | SCANT | SCARE | SCARF | SCARY |
| SEAMY | SHACK | SHADE | SHADY | SHAFT | SHAKE |
| SHAKO | SHAKY | SHALE | SHALL | SHAME | SHANK |
| SHAPE | SHARD | SHARE | SHARK | SHARP | SHAVE |
| SHAWL | SKATE | SLACK | SLAIN | SLAKE | SLANG |
| SLANT | SLASH | SLATE | SLAVE | SMACK | SMALL |
| SMART | SMASH | SNACK | SNAFU | SNAIL | SNAKE |
| SNARE | SNARL | SOAPY | SPACE | SPADE | SPARE |
| SPARK | SPASM | SPATE | SPAWN | STACK | STAFF |
| STAGE | STAGY | STAID | STAIN | STAIR | STAKE |
| STALE | STALK | STALL | STAMP | STAND | STANK |
| STARE | STARK | START | STASH | STATE | STAVE |
| SUAVE | SWAGE | SWAIN | SWAMP | SWANK | SWARM |
| SWART | SWATH | TEACH | TEASE | THANK | TOADY |
| TOAST | TRACE | TRACK | TRACT | TRADE | TRAIL |
| TRAIN | TRAIT | TRAMP | TRASH | TRAWL | TWAIN |
| USAGE | WEARY | WEAVE | WHACK | WHALE | WHARF |
| WRACK | WRATH | YEARN | YEAST | ABBEY | ABBOT |
| ALBUM | AMBER | AMBLE | BIBLE | BOBBY | CABAL |
| CABIN | CABLE | COBRA | CUBIC | DEBAR | DEBIT |
| DEBUG | DEBUT | ELBOW | EMBED | EMBER | FABLE |
| FIBRE | GABLE | HABIT | HOBBY | HUBBY | IMBED |
| IMBUE | LABEL | LABIA | LIBEL | LOBAR | LOBBY |
| NOBLE | ORBIT | RABAT | RABBI | RABID | REBEL |
| REBUT | ROBIN | SABLE | SIBYL | SOBER | TABLE |
| TABOO | TIBIA | UMBER | UMBRA | URBAN | WEBER |
| ZEBRA | ASCII | BACON | CACAO | CACHE | CACTI |
| COCKY | COCOA | CYCAD | CYCLE | DECAY | DECOR |
| DECOY | DECRY | DICTA | DUCAT | EMCEE | EXCEL |
| FACED | FACET | FICHE | FOCAL | FOCUS | GECKO |
| HOCUS | INCUR | LOCAL | LOCUS | LUCID | LUCKY |
| LUCRE | MACHO | MACRO | MICRO | MUCUS | NICHE |
| OCCUR | PECAN | RECUR | ROCKY | TACIT | TACKY |
| ULCER | UNCLE | VICAR | VOCAL | WACKY | YACHT |
| YUCCA | ADDED | ADDER | ADDLE | AIDED | ALDER |
| AUDIO | AUDIT | BADGE | BADLY | BEDIM | BIDDY |
| BUDDY | BUDGE | CADDY | CADET | CADRE | CEDAR |
| CIDER | CODED | DADDY | DODGE | EIDER | ELDER |
| ENDED | ENDOW | FADED | FUDGE | GIDDY | HEDGE |
| HYDRA | HYDRO | INDEX | JADED | JUDGE | KUDZU |

## 5 letters

| | | | | | |
|---|---|---|---|---|---|
| LADEN | LADLE | LEDGE | LODGE | MADAM | MEDAL |
| MEDIA | MEDIC | MIDGE | MIDST | MODAL | MODEL |
| MODEM | MODUS | MUDDY | NADIR | NODAL | NUDGE |
| OLDEN | ORDER | PADDY | PADRE | PEDAL | PODIA |
| RADAR | RADII | RADIO | RADIX | RADON | RIDGE |
| RODEO | RUDDY | SEDAN | SEDGE | SIDED | SIDLE |
| TIDAL | TODAY | UNDER | UNDID | VIDEO | VODKA |
| WEDGE | WIDEN | WIDOW | WIDTH | YODEL | ADEPT |
| AGENT | AHEAD | ALERT | AMEND | ANENT | ARENA |
| AVERT | BEECH | BEEFY | BLEAK | BLEAT | BLEED |
| BLEEP | BLEND | BLESS | BLEST | BREAD | BREAK |
| BREAM | BREED | CHEAP | CHEAT | CHECK | CHEEK |
| CHEER | CHESS | CHEST | CHEVY | CLEAN | CLEAR |
| CLEAT | CLEFT | CLERK | CREAK | CREAM | CREDO |
| CREED | CREEK | CREEP | CREPE | CREPT | CRESS |
| CREST | DREAD | DREAM | DRESS | DWELL | DWELT |
| EJECT | ELECT | ELEGY | EMEND | ENEMY | ERECT |
| EVENT | EVERY | EXERT | FIELD | FIEND | FIERY |
| FLECK | FLEET | FLESH | FREAK | FREED | FREER |
| FRESH | GEESE | GLEAM | GLEAN | GREAT | GREBE |
| GREED | GREEN | GREET | GUESS | GUEST | HYENA |
| IDEAL | ILEUM | INEPT | INERT | KNEAD | KNEEL |
| KNELL | KNELT | LEECH | LEERY | LOESS | NEEDY |
| NIECE | OBESE | OCEAN | OMEGA | OPERA | OVERT |
| OXEYE | PAEAN | PIECE | PIETY | PLEAD | PLEAT |
| POESY | PREEN | PRESS | QUEEN | QUEER | QUELL |
| QUERY | QUEST | QUEUE | REEDY | REEVE | RHEUM |
| SCENE | SCENT | SEEDY | SHEAF | SHEAR | SHEEN |
| SHEEP | SHEER | SHEET | SHEIK | SHELF | SHELL |
| SIEGE | SIEVE | SKEET | SLEEK | SLEEP | SLEET |
| SLEPT | SMEAR | SMELL | SMELT | SNEAK | SNEER |
| SNELL | SPEAK | SPEAR | SPECK | SPEED | SPELL |
| SPEND | SPENT | SPERM | STEAD | STEAK | STEAL |
| STEAM | STEED | STEEL | STEEP | STEER | STEIN |
| STERN | SWEAR | SWEAT | SWEEP | SWEET | SWELL |
| SWEPT | TEETH | THEFT | THEIR | THEME | THERE |
| THESE | THETA | TREAD | TREAT | TREND | TRESS |
| TWEAK | TWEED | UPEND | WEEDY | WHEAT | WHEEL |
| WHELK | WHELM | WHELP | WHERE | WIELD | WREAK |
| WRECK | WREST | YIELD | AFFIX | AWFUL | BEFIT |
| BEFOG | DEFER | ELFIN | FIFTH | FIFTY | GAFFE |
| HEFTY | INFER | INFIX | INFRA | JIFFY | LEFTY |
| LOFTY | MAFIA | OFFAL | OFFER | PUFFY | REFER |
| RIFLE | TAFFY | WAFER | AEGIS | ALGAE | ALGAL |
| ANGEL | ANGER | ANGLE | ANGRY | ARGON | ARGOT |
| ARGUE | AUGER | AUGUR | BAGEL | BAGGY | BEGAN |
| BEGET | BEGIN | BEGUN | BIGOT | BOGEY | BOGGY |
| BOGUS | BUGGY | BUGLE | CIGAR | DIGIT | DOGMA |

| | | | | | |
|---|---|---|---|---|---|
| EAGER | EAGLE | EDGED | EIGHT | FIGHT | FOGGY |
| FUGUE | INGOT | LAGER | LEGAL | LEGGY | LEGIT |
| LIGHT | LOGIC | MAGIC | MAGMA | MIGHT | MUGGY |
| NEGRO | NIGHT | ORGAN | OUGHT | PAGAN | PIGGY |
| PYGMY | REGAL | RIGHT | RIGID | RIGOR | ROGUE |
| SIGHT | SIGMA | SOGGY | SUGAR | TIGER | TIGHT |
| URGED | VAGUE | VIGIL | VOGUE | ACHED | APHID |
| ASHEN | ETHER | ETHIC | ETHOS | ETHYL | OTHER |
| USHER | ABIDE | ADIEU | ADIOS | AFIRE | AGILE |
| AGING | ALIAS | ALIBI | ALIEN | ALIGN | ALIKE |
| ALIVE | AMIDE | AMIGO | AMISS | AMITY | ANION |
| ANISE | ARISE | ASIAN | ASIDE | AXIAL | AXIOM |
| BEIGE | BEING | BLIND | BLINK | BLISS | BLITZ |
| BRIAR | BRIBE | BRICK | BRIDE | BRIEF | BRINE |
| BRING | BRINK | BRINY | BRISK | BUILD | BUILT |
| CAIRN | CHICK | CHIDE | CHIEF | CHILD | CHILL |
| CHIME | CHINA | CHINE | CHINK | CHIRP | CHIVE |
| CLICK | CLIFF | CLIMB | CLIME | CLING | CLINK |
| CRIED | CRIME | CRIMP | CRISP | DAILY | DAIRY |
| DAISY | DEIFY | DEIGN | DEITY | DOING | DRIED |
| DRIER | DRIFT | DRILL | DRINK | DRIVE | DYING |
| EDICT | EDIFY | ELIDE | ELITE | EVICT | EXILE |
| EXIST | FAINT | FAIRY | FAITH | FEIGN | FEINT |
| FLICK | FLIER | FLING | FLINT | FLIRT | FOIST |
| FRIAR | FRIED | FRILL | GLIDE | GLINT | GOING |
| GRIEF | GRILL | GRIME | GRIND | GRIPE | GRIST |
| GUIDE | GUILD | GUILE | GUILT | GUISE | HAIKU |
| HAIRY | ICING | IDIOM | IDIOT | ILIAC | JOINT |
| JUICE | JUICY | KNIFE | LAITY | LYING | MAIZE |
| MOIST | NAIAD | NAIVE | NOISE | NOISY | ODIUM |
| OLIVE | ONION | OPINE | OPIUM | OSIER | OWING |
| OXIDE | PAINT | POINT | POISE | PRICE | PRICK |
| PRIDE | PRIMA | PRIME | PRIMP | PRINT | PRIOR |
| PRISM | PRIVY | PRIZE | QUICK | QUIET | QUILL |
| QUILT | QUIRK | QUIRT | QUITE | RAINY | RAISE |
| REIGN | RHINO | SAINT | SCION | SEIZE | SHIED |
| SHIFT | SHILL | SHINE | SHINY | SHIRE | SHIRK |
| SHIRT | SKIED | SKIFF | SKILL | SKIMP | SKIRT |
| SLICE | SLICK | SLIDE | SLIME | SLIMY | SLING |
| SMILE | SMIRK | SMITH | SNICK | SNIFF | SNIPE |
| SPICE | SPICY | SPIKE | SPIKY | SPILL | SPILT |
| SPINE | SPINY | SPIRE | SPITE | SPITZ | STICK |
| STIFF | STILE | STILL | STILT | STING | STINK |
| STINT | SUITE | SWIFT | SWINE | SWING | SWIPE |
| SWIRL | SWISH | TAINT | THICK | THIEF | THIGH |
| THING | THINK | THIRD | TRIAD | TRIAL | TRIBE |
| TRICK | TRIED | TRILL | TRIPE | TRITE | TWICE |
| TWILL | TWINE | TWIRL | TWIST | TYING | UNIFY |

## 5 letters

| | | | | | |
|---|---|---|---|---|---|
| UNION | UNITE | UNITY | URINE | USING | UTILE |
| VOICE | VYING | WAIST | WAIVE | WEIGH | WEIRD |
| WHICH | WHIFF | WHILE | WHINE | WHIRL | WHISH |
| WHISK | WHITE | WRING | WRIST | WRITE | ENJOY |
| MAJOR | RAJAH | ANKLE | ASKED | ASKEW | BAKED |
| BAKER | BIKER | FAKED | HIKED | JOKER | LIKEN |
| MAKER | NAKED | OAKEN | TAKEN | TOKEN | WAKEN |
| YOKEL | ALLAH | ALLAY | ALLEY | ALLOT | ALLOW |
| ALLOY | ATLAS | BALDY | BALKY | BALMY | BALSA |
| BELCH | BELIE | BELLE | BELLY | BELOW | BILGE |
| BILLY | BULGE | BULKY | BULLY | BYLAW | CALLA |
| CALVE | CILIA | COLON | COLZA | DALLY | DELAY |
| DELTA | DELVE | DOLCE | DOLLY | DULLY | FALSE |
| FELON | FILCH | FILED | FILET | FILLY | FILMY |
| FILTH | FOLIO | FOLLY | FULLY | GOLLY | GULES |
| GULLY | HALVE | HELIX | HELLO | HILLY | HOLLY |
| IGLOO | INLAY | INLET | JELLY | JOLLY | JULEP |
| KULAK | LILAC | MELON | MILKY | MOLAR | MULCH |
| MULCT | MULTI | NYLON | PALSY | PHLOX | PILOT |
| POLAR | POLKA | PULSE | RALLY | RELIC | RULED |
| RULES | SALAD | SALLY | SALON | SALTY | SALVE |
| SALVO | SILKY | SILLY | SOLAR | SOLED | SOLID |
| SOLVE | SPLAY | SPLIT | SULKY | SULLY | TALLY |
| TALON | TALUS | TILDE | TULIP | TULLE | VALET |
| VALID | VALUE | VALVE | VELAR | VELDT | VILLA |
| WALLY | WALTZ | WELSH | XYLEM | ADMIT | ADMIX |
| AIMED | ARMED | CAMEL | CAMEO | COMBO | COMET |
| COMIC | COMMA | CUMIN | DEMIT | DEMON | DEMUR |
| DUMMY | DUMPY | FAMED | FEMUR | GAMIN | GAMMA |
| GAMUT | GUMBO | GUMMY | HUMAN | HUMID | HUMUS |
| HYMEN | JAMES | JIMMY | JUMBO | JUMPY | LEMMA |
| LEMON | LIMBO | LIMIT | LUMEN | LUMPY | LYMPH |
| MAMBO | MAMMA | MIMIC | MOMMY | MUMMY | MUMPS |
| NAMED | NOMAD | NYMPH | REMIT | RUMEN | RUMMY |
| SAMBA | SUMAC | TEMPO | TEMPT | TIMED | TIMER |
| TIMID | TOMMY | VOMIT | WOMAN | WOMEN | ANNEX |
| ANNOY | ANNUL | AUNTY | BANAL | BANDY | BANJO |
| BENCH | BINGE | BINGO | BONGO | BONUS | BONZE |
| BUNCH | BUNNY | CANAL | CANDY | CANNY | CANOE |
| CANON | CANTO | CINCH | CONCH | CONEY | CONIC |
| CYNIC | DANCE | DANDY | DENIM | DENSE | DINED |
| DINER | DINGO | DINGY | DONOR | DUNCE | FANCY |
| FENCE | FINAL | FINCH | FINED | FINNY | FUNGI |
| FUNNY | GENIE | GENII | GENRE | GENUS | GUNNY |
| HANDY | HENCE | HENRY | HINGE | HONEY | HUNCH |
| INNER | IONIC | JENNY | JUNCO | JUNTA | KINKY |
| LANCE | LANKY | LINED | LINEN | LINGO | LUNAR |
| LUNCH | LUNGE | LYNCH | MANGE | MANGO | MANIA |

| | | | | | |
|---|---|---|---|---|---|
| MANIC | MANNA | MANOR | MANSE | MINCE | MINIM |
| MINOR | MINUS | MONAD | MONEY | MONTE | MONTH |
| MUNCH | NANNY | NINTH | NONCE | OUNCE | OWNED |
| PANDA | PANEL | PANIC | PANSY | PENAL | PENCE |
| PENIS | PENNY | PINCH | PINTO | PUNCH | RANCH |
| RANGE | RANGY | RENAL | RENEW | RINSE | RONDO |
| RUNIC | RUNTY | SANDY | SENSE | SINCE | SINEW |
| SINGE | SINUS | SONAR | SONIC | SUNNY | SYNOD |
| TANGO | TANSY | TENET | TENOR | TENSE | TENTH |
| TINGE | TONED | TONIC | TUNIC | VENAL | VENOM |
| VINYL | WINCE | WINCH | WINDY | XENON | ZONED |
| ABODE | ABORT | ABOUT | ABOVE | ACORN | ADOBE |
| ADOPT | ADORE | ADORN | AFOOT | AFORE | AFOUL |
| AGONY | ALOFT | ALOHA | ALONE | ALONG | ALOOF |
| ALOUD | AMONG | ANODE | AROMA | AROSE | ATOLL |
| ATONE | AVOID | AWOKE | BLOAT | BLOCK | BLOND |
| BLOOD | BLOOM | BLOWN | BOOBY | BOOST | BOOTH |
| BOOTY | BOOZE | BROAD | BROIL | BROKE | BROOD |
| BROOK | BROOM | BROTH | BROWN | CHOCK | CHOIR |
| CHOKE | CHOMP | CHORD | CHORE | CHOSE | CLOAK |
| CLOCK | CLOMP | CLONE | CLOSE | CLOTH | CLOUD |
| CLOUT | CLOVE | CLOWN | CROAK | CROCK | CROFT |
| CRONE | CRONY | CROOK | CROON | CROSS | CROWD |
| CROWN | DROLL | DRONE | DROOL | DROOP | DROSS |
| DROVE | DROWN | EBONY | ELOPE | EPOCH | EPOXY |
| ERODE | EVOKE | FJORD | FLOAT | FLOCK | FLOOD |
| FLOOR | FLORA | FLOUR | FLOUT | FLOWN | FROCK |
| FRONT | FROST | FROTH | FROWN | FROZE | GHOST |
| GHOUL | GLOAT | GLOBE | GLOOM | GLORY | GLOSS |
| GLOVE | GNOME | GOODY | GOOFY | GOOSE | GROAN |
| GROIN | GROOM | GROPE | GROSS | GROUP | GROUT |
| GROVE | GROWL | GROWN | HOOCH | IRONY | IVORY |
| KIOSK | KNOCK | KNOLL | KNOWN | LOOSE | MOODY |
| MOOSE | NOOSE | ODOUR | OZONE | PEONY | PHONE |
| PHOTO | PIOUS | PROBE | PRONE | PRONG | PROOF |
| PROSE | PROUD | PROVE | PROWL | PROXY | QUOTA |
| QUOTE | ROOMY | ROOST | SCOFF | SCOLD | SCOOP |
| SCOOT | SCOPE | SCORE | SCORN | SCOUR | SCOUT |
| SCOWL | SHOAL | SHOCK | SHONE | SHOOK | SHOOT |
| SHORE | SHORT | SHOUT | SHOVE | SHOWN | SHOWY |
| SLOOP | SLOPE | SLOSH | SLOTH | SMOKE | SMOKY |
| SNOOK | SNOOP | SNORE | SNORT | SNOUT | SNOWY |
| SOOTH | SPOIL | SPOKE | SPOOF | SPOOK | SPOOL |
| SPOON | SPORE | SPORT | SPOUT | STOCK | STOIC |
| STOKE | STOLE | STOMP | STONE | STONY | STOOD |
| STOOL | STOOP | STORE | STORK | STORM | STORY |
| STOUT | STOVE | SWOON | SWOOP | SWORD | SWORE |
| SWORN | THONG | THORN | THOSE | TOOTH | TROLL |

## 5 letters

| | | | | | |
|---|---|---|---|---|---|
| TROOP | TROUT | VIOLA | WHOLE | WHOOP | WHORE |
| WHOSE | WOODY | WRONG | WROTE | ZLOTY | ALPHA |
| AMPLE | AMPLY | APPAL | APPLE | APPLY | ASPEN |
| CAPER | COPED | COPRA | DEPOT | DEPTH | DUPED |
| EMPTY | EXPEL | GIPSY | GYPSY | HAPPY | HIPPO |
| IMPEL | INPUT | KAPOK | LAPEL | LAPSE | LEPER |
| LIPID | MAPLE | NAPPY | PAPAL | PAPAW | PAPER |
| PAPPY | PEPPY | POPPY | PUPIL | PUPPY | RAPID |
| REPAY | REPEL | REPLY | RIPEN | RUPEE | SAPPY |
| SEPAL | SEPIA | SEPTA | SUPER | SUPRA | TAPER |
| TAPIR | TEPEE | TEPID | TIPSY | TOPAZ | TOPIC |
| TYPED | UPPER | VAPID | WIPED | WIPER | PIQUE |
| TOQUE | ACRID | AGREE | AIRED | AORTA | APRIL |
| APRON | ARRAY | ARROW | AURAL | BARGE | BARON |
| BERRY | BERTH | BERYL | BIRCH | BIRTH | BORAX |
| BORED | BORIC | BORNE | BORON | BURLY | BURNT |
| BURRO | BURRY | BURST | CARAT | CARED | CARET |
| CARGO | CAROB | CAROL | CARRY | CARTE | CARVE |
| CIRCA | CORAL | CORNY | CORPS | CURED | CURIA |
| CURIO | CURLY | CURRY | CURSE | CURVE | DARED |
| DERBY | DIRGE | DIRTY | EARLY | EARTH | EERIE |
| EGRET | ERROR | FARAD | FARCE | FERRY | FIRED |
| FIRST | FORAY | FORCE | FORGE | FORGO | FORTE |
| FORTH | FORTY | FORUM | FURRY | FURZE | GIRTH |
| GORGE | GORSE | HARDY | HAREM | HARRY | HARSH |
| HERON | HERTZ | HORDE | HORNY | HORSE | HURRY |
| JERKY | JERRY | JUROR | KARMA | LARCH | LARGE |
| LARVA | LORRY | LURCH | LURED | LURID | LYRIC |
| MARCH | MARIA | MARRY | MARSH | MERCY | MERGE |
| MERIT | MERRY | MIRTH | MORAL | MOREL | MORON |
| MURAL | MURKY | MYRRH | NERVE | NORTH | NURSE |
| PARCH | PARRY | PARSE | PARTS | PARTY | PERCH |
| PERIL | PERKY | PORCH | PURGE | PURSE | RERAN |
| RERUN | RURAL | SCRAM | SCRAP | SCREW | SCRIM |
| SCRUB | SERGE | SERUM | SERVE | SERVO | SHRED |
| SHREW | SHRUB | SHRUG | SIREN | SORRY | SPRAY |
| SPREE | SPRIG | STRAP | STRAW | STRAY | STRIP |
| STROP | STRUM | STRUT | SURGE | SYRUP | TARDY |
| TARRY | TERRY | TERSE | THREE | THREW | THROB |
| THROW | THRUM | TORCH | TORSO | VERGE | VERSE |
| VERVE | VIRUS | WARTY | WORDY | WORLD | WORMY |
| WORRY | WORSE | WORST | WORTH | XEROX | AISLE |
| ARSON | ASSAI | ASSAY | ASSET | BASAL | BASED |
| BASES | BASIC | BASIL | BASIN | BASIS | BASSO |
| BASTE | BESET | BISON | BOSOM | BOSON | BOSSY |
| BUSHY | CASED | CASTE | COSEC | DISCO | DUSKY |
| DUSTY | EASED | EASEL | ENSUE | ESSAY | FISHY |
| FUSSY | FUSTY | GASES | GASSY | GUSTO | GUSTY |

| | | | | | |
|---|---|---|---|---|---|
| HASTE | HASTY | HUSKY | INSET | ISSUE | LASER |
| LASSO | LISLE | LUSTY | MASER | MASON | MESON |
| MISER | MISTY | MOSSY | MUSHY | MUSIC | MUSTY |
| NASAL | NASTY | OASES | OASIS | ONSET | PASHA |
| PASTE | PASTY | POSIT | POSSE | PUSSY | RESET |
| RESIN | RISEN | RISKY | RUSTY | SISAL | SUSHI |
| TASTE | TASTY | TESTY | UPSET | VISIT | VISOR |
| VISTA | WASHY | WASTE | ACTED | ACTOR | AFTER |
| ALTAR | ALTER | ANTIC | ASTER | ATTIC | BATCH |
| BATHE | BATIK | BATON | BETEL | BITCH | BOTCH |
| BUTCH | BUTTE | BUTYL | CATCH | CATER | CITED |
| COTTA | DATED | DATER | DATUM | DETER | DITCH |
| DITTO | DITTY | DOTTY | EATEN | EATER | ENTER |
| ENTRY | ESTER | EXTOL | EXTRA | FATAL | FATTY |
| FETCH | FETID | GUTSY | HATCH | HATER | HITCH |
| HOTEL | HUTCH | INTER | JETTY | KETCH | KITTY |
| LATCH | LATER | LATEX | LATHE | LITHE | LOTUS |
| MATCH | MATER | MATTE | METAL | METER | MOTET |
| MOTIF | MOTOR | MOTTO | NATAL | NATTY | NOTCH |
| NOTED | OCTAL | OCTET | OFTEN | OPTIC | OTTER |
| OUTER | PATCH | PATIO | PATTY | PETAL | PETIT |
| PETTY | PITCH | PITHY | PUTTY | RATED | RATIO |
| RATTY | RETCH | ROTOR | RUTTY | SATIN | SATYR |
| SETUP | TATER | TATTY | TITHE | TITLE | TOTAL |
| TOTEM | TUTOR | ULTRA | UNTIL | UTTER | VETCH |
| VITAL | WATCH | WATER | WITCH | WITHY | WITTY |
| ABUSE | ACUTE | ADULT | AMUSE | AZURE | BLUFF |
| BLUNT | BLURB | BLURT | BLUSH | BOUGH | BOUND |
| BOURN | BRUIT | BRUNT | BRUSH | BRUTE | CAULK |
| CAUSE | CHUCK | CHUFF | CHUMP | CHUNK | CHURN |
| CHUTE | CLUCK | CLUMP | CLUNG | COUCH | COUGH |
| COULD | COUNT | COUPE | COURT | CRUDE | CRUEL |
| CRUMB | CRUMP | CRUSH | CRUST | DAUNT | DEUCE |
| DOUBT | DOUGH | DOUSE | DRUNK | ELUDE | ELUTE |
| EQUAL | EQUIP | ERUPT | EXUDE | EXULT | FAULT |
| FAUNA | FLUFF | FLUID | FLUKE | FLUNG | FLUNK |
| FLUSH | FLUTE | FOUND | FOUNT | FRUIT | GAUDY |
| GAUGE | GAUNT | GAUSS | GAUZE | GLUED | GLUEY |
| GOUGE | GOURD | GRUFF | GRUNT | HAUNT | HOUGH |
| HOUND | HOUSE | INURE | JOULE | JOUST | KNURL |
| LAUGH | LAURA | LOUSE | LOUSY | MAUVE | MOULD |
| MOULT | MOUND | MOUNT | MOURN | MOUSE | MOUSY |
| MOUTH | PAUSE | PLUCK | PLUMB | PLUME | PLUMP |
| PLUNK | PLUSH | POUCH | POUND | PRUNE | ROUGE |
| ROUGH | ROUND | ROUSE | ROUTE | SAUCE | SAUCY |
| SCUBA | SCUFF | SCULL | SHUCK | SHUNT | SKULK |
| SKULL | SKUNK | SLUMP | SLUNG | SLURP | SNUFF |
| SOUGH | SOUND | SOUTH | SPUME | SPUNK | SPURN |

## 5 letters

| | | | | | |
|---|---|---|---|---|---|
| SPURT | SQUAD | SQUAT | SQUAW | SQUID | STUCK |
| STUDY | STUFF | STUMP | STUNG | STUNK | STUNT |
| SWUNG | TAUNT | THUMB | THUMP | TOUCH | TOUGH |
| TRUCE | TRUCK | TRULY | TRUMP | TRUNK | TRUSS |
| TRUST | TRUTH | USUAL | USURP | USURY | VAULT |
| VAUNT | VOUCH | WOULD | WOUND | YOUNG | YOUTH |
| ANVIL | BEVEL | CAVIL | CIVET | CIVIC | CIVIL |
| COVER | COVET | DAVIT | DEVIL | DIVAN | DIVER |
| ELVES | ENVOY | FEVER | FOVEA | GAVEL | GIVEN |
| GIVER | HAVEN | HAVOC | HOVEL | HOVER | LEVEE |
| LEVEL | LEVER | LIVER | LIVES | LIVID | LOVER |
| MOVED | MOVIE | NAVAL | NAVEL | NEVER | NOVEL |
| PIVOT | RAVED | RAVEL | RAVEN | REVEL | RIVAL |
| RIVER | RIVET | SAVED | SAVOY | SAVVY | SEVEN |
| SEVER | VIVID | WOVEN | BAWDY | BOWEL | BYWAY |
| COWRY | DOWEL | DOWRY | DOWSE | FEWER | GAWKY |
| HOWDY | JEWEL | LEWIS | LOWER | NEWEL | PEWEE |
| POWER | ROWDY | ROWED | TAWNY | TOWEL | TOWER |
| VOWEL | BOXED | BOXER | BOXES | BUXOM | FIXED |
| MAXIM | MIXED | SIXTH | SIXTY | TOXIC | TOXIN |
| VIXEN | WAXEN | ABYSS | BAYED | BAYOU | BOYAR |
| BUYER | COYPU | CRYPT | DRYAD | DRYER | FLYER |
| FOYER | GLYPH | KEYED | LAYER | LOYAL | MAYBE |
| MAYOR | PHYLA | RHYME | ROYAL | STYLE | THYME |
| BEZEL | COZEN | DAZED | DIZZY | DOZEN | FUZZY |
| GAZED | HAZEL | JAZZY | KAZOO | MEZZO | OUZEL |
| PIZZA | RAZOR | SIZED | | | |

## By last letter

| | | | | | |
|---|---|---|---|---|---|
| ALOHA | ALPHA | AORTA | ARENA | AROMA | BALSA |
| CALLA | CHINA | CILIA | CIRCA | COBRA | COCOA |
| COLZA | COMMA | COPRA | COTTA | CURIA | DELTA |
| DICTA | DOGMA | DRAMA | EXTRA | FAUNA | FLORA |
| FOVEA | GAMMA | HYDRA | HYENA | INFRA | JUNTA |
| KARMA | KOALA | LABIA | LARVA | LAURA | LEMMA |
| MAFIA | MAGMA | MAMMA | MANIA | MANNA | MARIA |
| MEDIA | OMEGA | OPERA | PANDA | PASHA | PHYLA |
| PIZZA | PLAYA | PLAZA | PODIA | POLKA | PRIMA |
| QUOTA | SAMBA | SCUBA | SEPIA | SEPTA | SIGMA |
| SUPRA | THETA | TIBIA | ULTRA | UMBRA | VILLA |
| VIOLA | VISTA | VODKA | YUCCA | ZEBRA | BLURB |
| CAROB | CLIMB | CRUMB | PLUMB | SCRUB | SHRUB |
| THROB | THUMB | ANTIC | ATTIC | BASIC | BORIC |
| CIVIC | COMIC | CONIC | COSEC | CUBIC | CYNIC |
| ETHIC | FRANC | HAVOC | ILIAC | IONIC | LILAC |
| LOGIC | LYRIC | MAGIC | MANIC | MEDIC | MIMIC |
| MUSIC | OPTIC | PANIC | RELIC | RUNIC | SONIC |
| STOIC | SUMAC | TONIC | TOPIC | TOXIC | TUNIC |

| | | | | | |
|---|---|---|---|---|---|
| ACHED | ACRID | ACTED | ADDED | AHEAD | AIDED |
| AIMED | AIRED | ALOUD | AMEND | APHID | ARMED |
| ASKED | AVOID | AWARD | BAKED | BASED | BAYED |
| BEARD | BLAND | BLEED | BLEND | BLIND | BLOND |
| BLOOD | BOARD | BORED | BOUND | BOXED | BRAID |
| BRAND | BREAD | BREED | BROAD | BROOD | BUILD |
| CARED | CASED | CHARD | CHILD | CHORD | CITED |
| CLOUD | CODED | COPED | COULD | CREED | CRIED |
| CROWD | CURED | CYCAD | DARED | DATED | DAZED |
| DINED | DREAD | DRIED | DRYAD | DUPED | EASED |
| EDGED | EMBED | EMEND | ENDED | FACED | FADED |
| FAKED | FAMED | FARAD | FETID | FIELD | FIEND |
| FILED | FINED | FIRED | FIXED | FJORD | FLOOD |
| FLUID | FOUND | FRAUD | FREED | FRIED | GAZED |
| GLAND | GLUED | GOURD | GRAND | GREED | GRIND |
| GUARD | GUILD | HEARD | HIKED | HOARD | HOUND |
| HUMID | IMBED | JADED | KEYED | KNEAD | LINED |
| LIPID | LIVID | LUCID | LURED | LURID | MIXED |
| MONAD | MOULD | MOUND | MOVED | NAIAD | NAKED |
| NAMED | NOMAD | NOTED | OWNED | PLAID | PLEAD |
| POUND | PROUD | RABID | RAPID | RATED | RAVED |
| RIGID | ROUND | ROWED | RULED | SALAD | SAVED |
| SCALD | SCOLD | SHARD | SHIED | SHRED | SIDED |
| SIZED | SKIED | SOLED | SOLID | SOUND | SPEED |
| SPEND | SQUAD | SQUID | STAID | STAND | STEAD |
| STEED | STOOD | SWORD | SYNOD | TEPID | THIRD |
| TIMED | TIMID | TONED | TREAD | TREND | TRIAD |
| TRIED | TWEED | TYPED | UNDID | UPEND | URGED |
| VALID | VAPID | VIVID | WEIRD | WIELD | WIPED |
| WORLD | WOULD | WOUND | YIELD | ZONED | ABASE |
| ABATE | ABIDE | ABODE | ABOVE | ABUSE | ACUTE |
| ADAGE | ADDLE | ADOBE | ADORE | AFIRE | AFORE |
| AGILE | AGREE | AISLE | ALGAE | ALIKE | ALIVE |
| ALONE | AMAZE | AMBLE | AMIDE | AMPLE | AMUSE |
| ANGLE | ANISE | ANKLE | ANODE | APACE | APPLE |
| ARGUE | ARISE | AROSE | ASIDE | ATONE | AWAKE |
| AWARE | AWOKE | AZURE | BADGE | BARGE | BASTE |
| BATHE | BEIGE | BELIE | BELLE | BIBLE | BILGE |
| BINGE | BLADE | BLAME | BLARE | BLAZE | BONZE |
| BOOZE | BORNE | BRACE | BRAKE | BRAVE | BRIBE |
| BRIDE | BRINE | BROKE | BRUTE | BUDGE | BUGLE |
| BULGE | BUTTE | CABLE | CACHE | CADRE | CALVE |
| CANOE | CARTE | CARVE | CASTE | CAUSE | CEASE |
| CHAFE | CHASE | CHIDE | CHIME | CHINE | CHIVE |
| CHOKE | CHORE | CHOSE | CHUTE | CLIME | CLONE |
| CLOSE | CLOVE | COUPE | CRANE | CRATE | CRAVE |
| CRAZE | CREPE | CRIME | CRONE | CRUDE | CURSE |
| CURVE | CYCLE | DANCE | DELVE | DENSE | DEUCE |

## 5 letters

| | | | | | |
|---|---|---|---|---|---|
| DIRGE | DODGE | DOLCE | DOUSE | DOWSE | DRAKE |
| DRAPE | DRIVE | DRONE | DROVE | DUNCE | EAGLE |
| EERIE | ELATE | ELIDE | ELITE | ELOPE | ELUDE |
| ELUTE | EMCEE | ENSUE | ERASE | ERODE | EVADE |
| EVOKE | EXILE | EXUDE | FABLE | FALSE | FARCE |
| FENCE | FIBRE | FICHE | FLAKE | FLAME | FLARE |
| FLUKE | FLUTE | FORCE | FORGE | FORTE | FRAME |
| FROZE | FUDGE | FUGUE | FURZE | GABLE | GAFFE |
| GAUGE | GAUZE | GEESE | GENIE | GENRE | GLADE |
| GLARE | GLAZE | GLIDE | GLOBE | GLOVE | GNOME |
| GOOSE | GORGE | GORSE | GOUGE | GRACE | GRADE |
| GRAPE | GRATE | GRAVE | GRAZE | GREBE | GRIME |
| GRIPE | GROPE | GROVE | GUIDE | GUILE | GUISE |
| HALVE | HASTE | HEAVE | HEDGE | HENCE | HINGE |
| HORDE | HORSE | HOUSE | IMAGE | IMBUE | INANE |
| INURE | IRATE | ISSUE | JOULE | JUDGE | JUICE |
| KNIFE | LADLE | LANCE | LAPSE | LARGE | LATHE |
| LEASE | LEAVE | LEDGE | LEVEE | LISLE | LITHE |
| LODGE | LOOSE | LOUSE | LUCRE | LUNGE | MAIZE |
| MANGE | MANSE | MAPLE | MATTE | MAUVE | MAYBE |
| MERGE | MIDGE | MINCE | MONTE | MOOSE | MOUSE |
| MOVIE | NAIVE | NERVE | NICHE | NIECE | NOBLE |
| NOISE | NONCE | NOOSE | NUDGE | NURSE | OBESE |
| OLIVE | OPINE | ORATE | OUNCE | OVATE | OXEYE |
| OXIDE | OZONE | PADRE | PARSE | PASTE | PAUSE |
| PEACE | PENCE | PEWEE | PHAGE | PHASE | PHONE |
| PIECE | PIQUE | PLACE | PLANE | PLATE | PLUME |
| POISE | POSSE | PRICE | PRIDE | PRIME | PRIZE |
| PROBE | PRONE | PROSE | PROVE | PRUNE | PULSE |
| PURGE | PURSE | QUAKE | QUEUE | QUITE | QUOTE |
| RAISE | RANGE | REEVE | RHYME | RIDGE | RIFLE |
| RINSE | ROGUE | ROUGE | ROUSE | ROUTE | RUPEE |
| SABLE | SALVE | SAUCE | SCALE | SCARE | SCENE |
| SCOPE | SCORE | SEDGE | SEIZE | SENSE | SERGE |
| SERVE | SHADE | SHAKE | SHALE | SHAME | SHAPE |
| SHARE | SHAVE | SHINE | SHIRE | SHONE | SHORE |
| SHOVE | SIDLE | SIEGE | SIEVE | SINCE | SINGE |
| SKATE | SLAKE | SLATE | SLAVE | SLICE | SLIDE |
| SLIME | SLOPE | SMILE | SMOKE | SNAKE | SNARE |
| SNIPE | SNORE | SOLVE | SPACE | SPADE | SPARE |
| SPATE | SPICE | SPIKE | SPINE | SPIRE | SPITE |
| SPOKE | SPORE | SPREE | SPUME | STAGE | STAKE |
| STALE | STARE | STATE | STAVE | STILE | STOKE |
| STOLE | STONE | STORE | STOVE | STYLE | SUAVE |
| SUITE | SURGE | SWAGE | SWINE | SWIPE | SWORE |
| TABLE | TASTE | TEASE | TENSE | TEPEE | TERSE |
| THEME | THERE | THESE | THOSE | THREE | THYME |
| TILDE | TINGE | TITHE | TITLE | TOQUE | TRACE |

| | | | | | |
|---|---|---|---|---|---|
| TRADE | TRIBE | TRIPE | TRITE | TRUCE | TULLE |
| TWICE | TWINE | UNCLE | UNITE | URINE | USAGE |
| UTILE | VAGUE | VALUE | VALVE | VERGE | VERSE |
| VERVE | VOGUE | VOICE | WAIVE | WASTE | WEAVE |
| WEDGE | WHALE | WHERE | WHILE | WHINE | WHITE |
| WHOLE | WHORE | WHOSE | WINCE | WORSE | WRITE |
| WROTE | ALOOF | BLUFF | BRIEF | CHAFF | CHIEF |
| CHUFF | CLIFF | DWARF | FLUFF | GRIEF | GRUFF |
| MOTIF | PROOF | QUAFF | SCARF | SCOFF | SCUFF |
| SHEAF | SHELF | SKIFF | SNIFF | SNUFF | SPOOF |
| STAFF | STIFF | STUFF | THIEF | WHARF | WHIFF |
| AGING | ALONG | AMONG | BEFOG | BEING | BRING |
| CLANG | CLING | CLUNG | DEBUG | DOING | DYING |
| FLING | FLUNG | GOING | ICING | LYING | OWING |
| PRONG | SHRUG | SLANG | SLING | SLUNG | SPRIG |
| STING | STUNG | SWING | SWUNG | THING | THONG |
| TYING | USING | VYING | WRING | WRONG | YOUNG |
| ABASH | ALLAH | AWASH | BATCH | BEACH | BEECH |
| BELCH | BENCH | BERTH | BIRCH | BIRTH | BITCH |
| BLUSH | BOOTH | BOTCH | BOUGH | BRASH | BROTH |
| BRUSH | BUNCH | BUTCH | CATCH | CINCH | CLASH |
| CLOTH | COACH | CONCH | COUCH | COUGH | CRASH |
| CRUSH | DEATH | DEPTH | DITCH | DOUGH | EARTH |
| EPOCH | FAITH | FETCH | FIFTH | FILCH | FILTH |
| FINCH | FLASH | FLESH | FLUSH | FORTH | FRESH |
| FROTH | GIRTH | GLYPH | GNASH | GRAPH | HARSH |
| HATCH | HEATH | HITCH | HOOCH | HOUGH | HUNCH |
| HUTCH | KETCH | LARCH | LATCH | LAUGH | LEACH |
| LEASH | LEECH | LOATH | LUNCH | LURCH | LYMPH |
| LYNCH | MARCH | MARSH | MATCH | MIRTH | MONTH |
| MOUTH | MULCH | MUNCH | MYRRH | NINTH | NORTH |
| NOTCH | NYMPH | PARCH | PATCH | PEACH | PERCH |
| PINCH | PITCH | PLUSH | POACH | PORCH | POUCH |
| PUNCH | QUASH | RAJAH | RANCH | REACH | RETCH |
| ROACH | ROUGH | SIXTH | SLASH | SLOSH | SLOTH |
| SMASH | SMITH | SOOTH | SOUGH | SOUTH | STASH |
| SWATH | SWISH | TEACH | TEETH | TENTH | THIGH |
| TOOTH | TORCH | TOUCH | TOUGH | TRASH | TRUTH |
| VETCH | VOUCH | WATCH | WEIGH | WELSH | WHICH |
| WHISH | WIDTH | WINCH | WITCH | WORTH | WRATH |
| YOUTH | ALIBI | ASCII | ASSAI | CACTI | FUNGI |
| GENII | KHAKI | MULTI | QUASI | RABBI | RADII |
| SUSHI | ABACK | BATIK | BLACK | BLANK | BLEAK |
| BLINK | BLOCK | BREAK | BRICK | BRINK | BRISK |
| BROOK | CAULK | CHALK | CHECK | CHEEK | CHICK |
| CHINK | CHOCK | CHUCK | CHUNK | CLANK | CLERK |
| CLICK | CLINK | CLOAK | CLOCK | CLUCK | CRACK |
| CRANK | CREAK | CREEK | CROAK | CROCK | CROOK |

## 5 letters

| | | | | | |
|---|---|---|---|---|---|
| DRANK | DRINK | DRUNK | FLACK | FLANK | FLASK |
| FLECK | FLICK | FLOCK | FLUNK | FRANK | FREAK |
| FROCK | KAPOK | KIOSK | KNACK | KNOCK | KULAK |
| PLANK | PLUCK | PLUNK | PRANK | PRICK | QUACK |
| QUARK | QUICK | QUIRK | SHACK | SHANK | SHARK |
| SHEIK | SHIRK | SHOCK | SHOOK | SHUCK | SKULK |
| SKUNK | SLACK | SLEEK | SLICK | SMACK | SMIRK |
| SNACK | SNEAK | SNICK | SNOOK | SPARK | SPEAK |
| SPECK | SPOOK | SPUNK | STACK | STALK | STANK |
| STARK | STEAK | STICK | STINK | STOCK | STORK |
| STUCK | STUNK | SWANK | THANK | THICK | THINK |
| TRACK | TRICK | TRUCK | TRUNK | TWEAK | WHACK |
| WHELK | WHISK | WRACK | WREAK | WRECK | AFOUL |
| ALGAL | ANGEL | ANNUL | ANVIL | APPAL | APRIL |
| ATOLL | AURAL | AVAIL | AWFUL | AXIAL | BAGEL |
| BANAL | BASAL | BASIL | BERYL | BETEL | BEVEL |
| BEZEL | BOWEL | BRAWL | BROIL | BUTYL | CABAL |
| CAMEL | CANAL | CAROL | CAVIL | CHILL | CIVIL |
| CORAL | CRAWL | CRUEL | DEVIL | DOWEL | DRAWL |
| DRILL | DROLL | DROOL | DWELL | EASEL | EMAIL |
| EQUAL | ETHYL | EXCEL | EXPEL | EXTOL | FATAL |
| FINAL | FLAIL | FOCAL | FRAIL | FRILL | GAVEL |
| GHOUL | GNARL | GRAIL | GRILL | GROWL | HAZEL |
| HOTEL | HOVEL | IDEAL | IMPEL | JEWEL | KNEEL |
| KNELL | KNOLL | KNURL | LABEL | LAPEL | LEGAL |
| LEVEL | LIBEL | LOCAL | LOYAL | MEDAL | METAL |
| MODAL | MODEL | MORAL | MOREL | MURAL | NASAL |
| NATAL | NAVAL | NAVEL | NEWEL | NODAL | NOVEL |
| OCTAL | OFFAL | OUZEL | PANEL | PAPAL | PEARL |
| PEDAL | PENAL | PERIL | PETAL | PROWL | PUPIL |
| QUAIL | QUELL | QUILL | RAVEL | REBEL | REGAL |
| RENAL | REPEL | REVEL | RIVAL | ROYAL | RURAL |
| SCOWL | SCULL | SEPAL | SHALL | SHAWL | SHELL |
| SHILL | SHOAL | SIBYL | SISAL | SKILL | SKULL |
| SMALL | SMELL | SNAIL | SNARL | SNELL | SPELL |
| SPILL | SPOIL | SPOOL | STALL | STEAL | STEEL |
| STILL | STOOL | SWELL | SWIRL | TIDAL | TOTAL |
| TOWEL | TRAIL | TRAWL | TRIAL | TRILL | TROLL |
| TWILL | TWIRL | UNTIL | USUAL | VENAL | VIGIL |
| VINYL | VITAL | VOCAL | VOWEL | WHEEL | WHIRL |
| YODEL | YOKEL | ALARM | ALBUM | AXIOM | BEDIM |
| BLOOM | BOSOM | BREAM | BROOM | BUXOM | CHARM |
| CHASM | CLAIM | CREAM | DATUM | DENIM | DREAM |
| FORUM | GLEAM | GLOOM | GROOM | HAREM | IDIOM |
| ILEUM | MADAM | MAXIM | MINIM | MODEM | ODIUM |
| OPIUM | PRISM | PSALM | QUALM | REALM | RHEUM |
| SCRAM | SCRIM | SERUM | SPASM | SPERM | STEAM |
| STORM | STRUM | SWARM | THRUM | TOTEM | VENOM |

| | | | | | |
|---|---|---|---|---|---|
| WHELM | XYLEM | ACORN | ADORN | AGAIN | ALIEN |
| ALIGN | ANION | APRON | ARGON | ARSON | ASHEN |
| ASIAN | ASPEN | BACON | BARON | BASIN | BATON |
| BEGAN | BEGIN | BEGUN | BISON | BLOWN | BORON |
| BOSON | BOURN | BRAIN | BROWN | CABIN | CAIRN |
| CANON | CHAIN | CHURN | CLEAN | CLOWN | COLON |
| COZEN | CROON | CROWN | CUMIN | DEIGN | DEMON |
| DIVAN | DOZEN | DRAIN | DRAWN | DROWN | EATEN |
| ELFIN | FEIGN | FELON | FLOWN | FROWN | GAMIN |
| GIVEN | GLEAN | GRAIN | GREEN | GROAN | GROIN |
| GROWN | HAVEN | HERON | HUMAN | HYMEN | KNOWN |
| LADEN | LEARN | LEMON | LIKEN | LINEN | LUMEN |
| MASON | MELON | MESON | MORON | MOURN | NYLON |
| OAKEN | OCEAN | OFTEN | OLDEN | ONION | ORGAN |
| PAEAN | PAGAN | PECAN | PLAIN | PRAWN | PREEN |
| QUEEN | RADON | RAVEN | REIGN | RERAN | RERUN |
| RESIN | RIPEN | RISEN | ROBIN | RUMEN | SALON |
| SATIN | SCION | SCORN | SEDAN | SEVEN | SHEEN |
| SHOWN | SIREN | SLAIN | SPAWN | SPOON | SPURN |
| STAIN | STEIN | STERN | SWAIN | SWOON | SWORN |
| TAKEN | TALON | THORN | TOKEN | TOXIN | TRAIN |
| TWAIN | UNION | URBAN | VIXEN | WAKEN | WAXEN |
| WIDEN | WOMAN | WOMEN | WOVEN | XENON | YEARN |
| AMIGO | AUDIO | BANJO | BASSO | BINGO | BONGO |
| BRAVO | BURRO | CACAO | CAMEO | CANTO | CARGO |
| COMBO | CREDO | CURIO | DINGO | DISCO | DITTO |
| FOLIO | FORGO | GECKO | GUANO | GUMBO | GUSTO |
| HELLO | HIPPO | HYDRO | IGLOO | JUMBO | JUNCO |
| KAZOO | LASSO | LIMBO | LINGO | MACHO | MACRO |
| MAMBO | MANGO | MEZZO | MICRO | MOTTO | NEGRO |
| PATIO | PHOTO | PIANO | PINTO | RADIO | RATIO |
| RHINO | RODEO | RONDO | SALVO | SERVO | SHAKO |
| TABOO | TANGO | TEMPO | TORSO | VIDEO | BLEEP |
| CHAMP | CHEAP | CHIRP | CHOMP | CHUMP | CLAMP |
| CLASP | CLOMP | CLUMP | CRAMP | CREEP | CRIMP |
| CRISP | CRUMP | DROOP | EQUIP | GRASP | GROUP |
| JULEP | PLUMP | PRIMP | SCALP | SCAMP | SCOOP |
| SCRAP | SETUP | SHARP | SHEEP | SKIMP | SLEEP |
| SLOOP | SLUMP | SLURP | SNOOP | STAMP | STEEP |
| STOMP | STOOP | STRAP | STRIP | STROP | STUMP |
| SWAMP | SWEEP | SWOOP | SYRUP | THUMP | TRAMP |
| TROOP | TRUMP | TULIP | USURP | WHELP | WHOOP |
| ACTOR | ADDER | AFTER | ALDER | ALTAR | ALTER |
| AMBER | ANGER | ASTER | AUGER | AUGUR | BAKER |
| BIKER | BOXER | BOYAR | BRIAR | BUYER | CAPER |
| CATER | CEDAR | CHAIR | CHEER | CHOIR | CIDER |
| CIGAR | CLEAR | COVER | DATER | DEBAR | DECOR |
| DEFER | DEMUR | DETER | DINER | DIVER | DONOR |

## 5 letters

| | | | | | |
|---|---|---|---|---|---|
| DRIER | DRYER | EAGER | EATER | EIDER | ELDER |
| EMBER | ENTER | ERROR | ESTER | ETHER | FEMUR |
| FEVER | FEWER | FLAIR | FLIER | FLOOR | FLOUR |
| FLYER | FOYER | FREER | FRIAR | GIVER | HATER |
| HOVER | INCUR | INFER | INNER | INTER | JOKER |
| JUROR | LAGER | LASER | LATER | LAYER | LEPER |
| LEVER | LIVER | LOBAR | LOVER | LOWER | LUNAR |
| MAJOR | MAKER | MANOR | MASER | MATER | MAYOR |
| METER | MINOR | MISER | MOLAR | MOTOR | NADIR |
| NEVER | OCCUR | ODOUR | OFFER | ORDER | OSIER |
| OTHER | OTTER | OUTER | PAPER | POLAR | POWER |
| PRIOR | QUEER | RADAR | RAZOR | RECUR | REFER |
| RIGOR | RIVER | ROTOR | SATYR | SCOUR | SEVER |
| SHEAR | SHEER | SMEAR | SNEER | SOBER | SOLAR |
| SONAR | SPEAR | STAIR | STEER | SUGAR | SUPER |
| SWEAR | TAPER | TAPIR | TATER | TENOR | THEIR |
| TIGER | TIMER | TOWER | TUTOR | ULCER | UMBER |
| UNDER | UPPER | USHER | UTTER | VELAR | VICAR |
| VISOR | WAFER | WATER | WEBER | WIPER | ABYSS |
| ADIOS | AEGIS | ALIAS | AMASS | AMISS | ATLAS |
| BASES | BASIS | BLESS | BLISS | BOGUS | BONUS |
| BOXES | BRASS | CHAOS | CHESS | CLASS | CORPS |
| CRASS | CRESS | CROSS | DRESS | DROSS | ELVES |
| ETHOS | FOCUS | GASES | GAUSS | GENUS | GLASS |
| GLOSS | GRASS | GROSS | GUESS | GULES | HOCUS |
| HUMUS | JAMES | LEWIS | LIVES | LOCUS | LOESS |
| LOTUS | MINUS | MODUS | MUCUS | MUMPS | OASES |
| OASIS | PARTS | PENIS | PIOUS | PRESS | RULES |
| SINUS | TALUS | TRESS | TRUSS | VIRUS | ABBOT |
| ABORT | ABOUT | ADAPT | ADEPT | ADMIT | ADOPT |
| ADULT | AFOOT | AGENT | ALERT | ALLOT | ALOFT |
| ANENT | APART | ARGOT | ASSET | AUDIT | AVERT |
| AWAIT | BEAST | BEFIT | BEGET | BESET | BIGOT |
| BLAST | BLEAT | BLEST | BLOAT | BLUNT | BLURT |
| BOAST | BOOST | BRACT | BRANT | BRUIT | BRUNT |
| BUILT | BURNT | BURST | CADET | CARAT | CARET |
| CHANT | CHART | CHEAT | CHEST | CIVET | CLEAT |
| CLEFT | CLOUT | COAST | COMET | COUNT | COURT |
| COVET | CRAFT | CREPT | CREST | CROFT | CRUST |
| CRYPT | DAUNT | DAVIT | DEALT | DEBIT | DEBUT |
| DEMIT | DEPOT | DIGIT | DOUBT | DRAFT | DRIFT |
| DUCAT | DWELT | EDICT | EGRET | EIGHT | EJECT |
| ELECT | ENACT | ERECT | ERUPT | EVENT | EVICT |
| EXACT | EXALT | EXERT | EXIST | EXULT | FACET |
| FAINT | FAULT | FEAST | FEINT | FIGHT | FILET |
| FIRST | FLEET | FLINT | FLIRT | FLOAT | FLOUT |
| FOIST | FOUNT | FRONT | FROST | FRUIT | GAMUT |
| GAUNT | GHOST | GIANT | GLINT | GLOAT | GRAFT |

| | | | | | |
|---|---|---|---|---|---|
| GRANT | GREAT | GREET | GRIST | GROUT | GRUNT |
| GUEST | GUILT | HABIT | HAUNT | HEART | IDIOT |
| INAPT | INEPT | INERT | INGOT | INLET | INPUT |
| INSET | JOINT | JOUST | KNELT | KRAFT | KRAUT |
| LEAPT | LEAST | LEGIT | LIGHT | LIMIT | MEANT |
| MERIT | MIDST | MIGHT | MOIST | MOTET | MOULT |
| MOUNT | MULCT | NIGHT | OCTET | ONSET | ORBIT |
| OUGHT | OVERT | PAINT | PETIT | PILOT | PIVOT |
| PLANT | PLEAT | POINT | POSIT | PRINT | QUART |
| QUEST | QUIET | QUILT | QUIRT | RABAT | REBUT |
| REMIT | RESET | RIGHT | RIVET | ROAST | ROOST |
| SAINT | SCANT | SCENT | SCOOT | SCOUT | SHAFT |
| SHEET | SHIFT | SHIRT | SHOOT | SHORT | SHOUT |
| SHUNT | SIGHT | SKEET | SKIRT | SLANT | SLEET |
| SLEPT | SMART | SMELT | SNORT | SNOUT | SPENT |
| SPILT | SPLIT | SPORT | SPOUT | SPURT | SQUAT |
| START | STILT | STINT | STOUT | STRUT | STUNT |
| SWART | SWEAT | SWEET | SWEPT | SWIFT | TACIT |
| TAINT | TAUNT | TEMPT | TENET | THEFT | TIGHT |
| TOAST | TRACT | TRAIT | TREAT | TROUT | TRUST |
| TWIST | UPSET | VALET | VAULT | VAUNT | VELDT |
| VISIT | VOMIT | WAIST | WHEAT | WORST | WREST |
| WRIST | YACHT | YEAST | ADIEU | BAYOU | COYPU |
| HAIKU | KUDZU | SNAFU | ALLOW | ARROW | ASKEW |
| BELOW | BYLAW | ELBOW | ENDOW | PAPAW | RENEW |
| SCREW | SHREW | SINEW | SQUAW | STRAW | THREW |
| THROW | WIDOW | ADMIX | AFFIX | ANNEX | BEAUX |
| BORAX | HELIX | INDEX | INFIX | LATEX | PHLOX |
| RADIX | XEROX | ABBEY | AGONY | ALLAY | ALLEY |
| ALLOY | AMITY | AMPLY | ANGRY | ANNOY | APPLY |
| ARRAY | ASSAY | AUNTY | BADLY | BAGGY | BALDY |
| BALKY | BALMY | BANDY | BAWDY | BEADY | BEEFY |
| BELLY | BERRY | BIDDY | BILLY | BOBBY | BOGEY |
| BOGGY | BOOBY | BOOTY | BOSSY | BRINY | BUDDY |
| BUGGY | BULKY | BULLY | BUNNY | BURLY | BURRY |
| BUSHY | BYWAY | CADDY | CANDY | CANNY | CARRY |
| CHEVY | COCKY | CONEY | CORNY | COWRY | CRAZY |
| CRONY | CURLY | CURRY | DADDY | DAILY | DAIRY |
| DAISY | DALLY | DANDY | DECAY | DECOY | DECRY |
| DEIFY | DEITY | DELAY | DERBY | DIARY | DINGY |
| DIRTY | DITTY | DIZZY | DOLLY | DOTTY | DOWRY |
| DULLY | DUMMY | DUMPY | DUSKY | DUSTY | EARLY |
| EBONY | EDIFY | ELEGY | EMPTY | ENEMY | ENJOY |
| ENTRY | ENVOY | EPOXY | ESSAY | EVERY | FAIRY |
| FANCY | FATTY | FERRY | FIERY | FIFTY | FILLY |
| FILMY | FINNY | FISHY | FLAKY | FOAMY | FOGGY |
| FOLLY | FORAY | FORTY | FULLY | FUNNY | FURRY |
| FUSSY | FUSTY | FUZZY | GASSY | GAUDY | GAWKY |

**5 letters**

| | | | | | |
|---|---|---|---|---|---|
| GIDDY | GIPSY | GLORY | GLUEY | GOLLY | GOODY |
| GOOFY | GRAVY | GULLY | GUMMY | GUNNY | GUSTY |
| GUTSY | GYPSY | HAIRY | HANDY | HAPPY | HARDY |
| HARRY | HASTY | HEADY | HEAVY | HEFTY | HENRY |
| HILLY | HOBBY | HOLLY | HONEY | HORNY | HOWDY |
| HUBBY | HURRY | HUSKY | INLAY | IRONY | IVORY |
| JAZZY | JELLY | JENNY | JERKY | JERRY | JETTY |
| JIFFY | JIMMY | JOLLY | JUICY | JUMPY | KINKY |
| KITTY | LAITY | LANKY | LEAFY | LEAKY | LEERY |
| LEFTY | LEGGY | LOAMY | LOBBY | LOFTY | LORRY |
| LOUSY | LUCKY | LUMPY | LUSTY | MARRY | MEALY |
| MEATY | MERCY | MERRY | MILKY | MISTY | MOMMY |
| MONEY | MOODY | MOSSY | MOUSY | MUDDY | MUGGY |
| MUMMY | MURKY | MUSHY | MUSTY | NANNY | NAPPY |
| NASTY | NATTY | NEEDY | NOISY | OVARY | PADDY |
| PALSY | PANSY | PAPPY | PARRY | PARTY | PASTY |
| PATTY | PEAKY | PENNY | PEONY | PEPPY | PERKY |
| PETTY | PIETY | PIGGY | PITHY | POESY | POPPY |
| PRIVY | PROXY | PUFFY | PUPPY | PUSSY | PUTTY |
| PYGMY | QUERY | RAINY | RALLY | RANGY | RATTY |
| READY | REEDY | REPAY | REPLY | RISKY | ROCKY |
| ROOMY | ROWDY | RUDDY | RUMMY | RUNTY | RUSTY |
| RUTTY | SALLY | SALTY | SANDY | SAPPY | SAUCY |
| SAVOY | SAVVY | SCARY | SEAMY | SEEDY | SHADY |
| SHAKY | SHINY | SHOWY | SILKY | SILLY | SIXTY |
| SLIMY | SMOKY | SNOWY | SOAPY | SOGGY | SORRY |
| SPICY | SPIKY | SPINY | SPLAY | SPRAY | STAGY |
| STONY | STORY | STRAY | STUDY | SULKY | SULLY |
| SUNNY | TACKY | TAFFY | TALLY | TANSY | TARDY |
| TARRY | TASTY | TATTY | TAWNY | TERRY | TESTY |
| TIPSY | TOADY | TODAY | TOMMY | TRULY | UNIFY |
| UNITY | USURY | WACKY | WALLY | WARTY | WASHY |
| WEARY | WEEDY | WINDY | WITHY | WITTY | WOODY |
| WORDY | WORMY | WORRY | ZLOTY | BLITZ | HERTZ |
| SPITZ | TOPAZ | WALTZ | | | |

# 6 letters

## By 1st letter

| | | | | | |
|---|---|---|---|---|---|
| ABACUS | ABDUCT | ABJECT | ABLAZE | ABOARD | ABOUND |
| ABRADE | ABROAD | ABRUPT | ABSENT | ABSORB | ABSURD |
| ACCEDE | ACCENT | ACCEPT | ACCESS | ACCORD | ACCOST |
| ACCRUE | ACCUSE | ACETIC | ACHING | ACIDIC | ACQUIT |
| ACROSS | ACTION | ACTIVE | ACTUAL | ACUITY | ACUMEN |
| ADAGIO | ADDEND | ADDICT | ADDUCE | ADHERE | ADJOIN |
| ADJUST | ADMIRE | ADRIFT | ADROIT | ADVENT | ADVERB |
| ADVERT | ADVICE | ADVISE | AERATE | AERIAL | AFFAIR |
| AFFECT | AFFIRM | AFFORD | AFFRAY | AFLAME | AFLOAT |
| AFRAID | AFRESH | AGENDA | AGHAST | AGLEAM | AGREED |
| AIRMAN | AIRWAY | ALBEIT | ALCOVE | ALIGHT | ALKALI |
| ALLEGE | ALLIED | ALLUDE | ALLURE | ALMOND | ALMOST |
| ALPINE | ALUMNA | ALUMNI | AMBUSH | AMIDST | AMOEBA |
| AMORAL | AMOUNT | AMPERE | AMULET | ANCHOR | ANGLED |
| ANIMAL | ANNEAL | ANNUAL | ANNULI | ANODIC | ANOMIE |
| ANSWER | ANTHEM | ANTHER | ANTLER | ANYHOW | ANYONE |
| ANYWAY | APACHE | APATHY | APICES | APIECE | APLOMB |
| APOGEE | APPEAL | APPEAR | APPEND | ARCADE | ARCANE |
| ARCTIC | ARDENT | ARISEN | ARMADA | ARMFUL | ARMPIT |
| AROUND | AROUSE | ARRACK | ARREAR | ARREST | ARRIVE |
| ARROYO | ARSINE | ARTERY | ARTFUL | ASCEND | ASCENT |
| ASHORE | ASLEEP | ASPECT | ASPIRE | ASSAIL | ASSENT |
| ASSERT | ASSESS | ASSIGN | ASSIST | ASSORT | ASSUME |
| ASSURE | ASTHMA | ASTRAL | ASTRAY | ASTUTE | ASYLUM |
| ATOMIC | ATONAL | ATRIUM | ATTACH | ATTACK | ATTAIN |
| ATTEND | ATTEST | ATTIRE | ATTUNE | AUBURN | AUGUST |
| AUNTIE | AURORA | AUTHOR | AUTISM | AUTUMN | AVENGE |
| AVENUE | AVERSE | AVIARY | AVIATE | AVOCET | AVOWAL |
| AWAKEN | AWHILE | AZALEA | BABBLE | BABOON | BACKUP |
| BAFFLE | BAKERY | BALEEN | BALLAD | BALLED | BALLET |
| BALLOT | BALSAM | BAMBOO | BANANA | BANDIT | BANGLE |
| BANISH | BANTAM | BANTER | BARBER | BARFLY | BARIUM |
| BARLEY | BARONY | BARRED | BARREL | BARREN | BARROW |
| BARTER | BASALT | BASING | BASKET | BATEAU | BATHOS |
| BATTEN | BATTLE | BAUBLE | BAZAAR | BEACON | BEADLE |
| BEATEN | BEATER | BEAUTY | BEAVER | BECALM | BECAME |
| BECKET | BECKON | BECOME | BEDBUG | BEDLAM | BEETLE |
| BEFALL | BEFELL | BEFORE | BEFOUL | BEGGAR | BEHALF |
| BEHAVE | BEHEAD | BEHELD | BEHEST | BEHIND | BEHOLD |
| BELFRY | BELIEF | BELLOW | BELONG | BEMOAN | BEMUSE |
| BENIGN | BERATE | BEREFT | BESIDE | BESTIR | BESTOW |
| BETHEL | BETIDE | BETONY | BETRAY | BETTOR | BEWAIL |
| BEWARE | BEYOND | BICEPS | BICKER | BIDDEN | BIGGER |

## 6 letters

| | | | | | |
|---|---|---|---|---|---|
| BIKINI | BILLET | BILLOW | BINARY | BIOTIC | BIRDIE |
| BISECT | BISHOP | BISQUE | BITTEN | BLANCH | BLAZON |
| BLEACH | BLEARY | BLIGHT | BLITHE | BLONDE | BLOODY |
| BLOTCH | BLOUSE | BLUISH | BLURRY | BOBBIN | BOBBLE |
| BOBCAT | BODICE | BODIED | BODIES | BOGGLE | BONITO |
| BONNET | BOOGIE | BOOKIE | BORATE | BORDER | BORROW |
| BOSSES | BOTANY | BOTFLY | BOTTLE | BOTTOM | BOUGHT |
| BOUNCE | BOUNCY | BOUNTY | BOVINE | BOWFIN | BOWMAN |
| BOWMEN | BOYISH | BRAINY | BRANCH | BRANDY | BRASSY |
| BRAZEN | BREACH | BREAST | BREATH | BREECH | BREEZE |
| BREEZY | BREVET | BRIDAL | BRIDGE | BRIDLE | BRIGHT |
| BROACH | BROKEN | BRONCO | BRONZE | BRONZY | BROODY |
| BROWSE | BRUISE | BRUSHY | BRUTAL | BUBBLE | BUCKET |
| BUCKLE | BUDGET | BUFFET | BULLET | BUMBLE | BUNDLE |
| BUNGLE | BURDEN | BUREAU | BURIAL | BURIED | BURLAP |
| BURLEY | BURROW | BUSHEL | BUSTLE | BUTANE | BUTLER |
| BUTTON | BUZZER | BYGONE | BYLINE | BYPASS | BYPATH |
| BYROAD | BYWORD | CABANA | CACKLE | CACTUS | CADDIS |
| CADENT | CAIMAN | CAJOLE | CALICO | CALIPH | CALLER |
| CALLUS | CAMBER | CAMERA | CAMPUS | CANARY | CANCEL |
| CANCER | CANDID | CANDLE | CANINE | CANKER | CANNEL |
| CANNON | CANNOT | CANOPY | CANTLE | CANTON | CANTOR |
| CANVAS | CANYON | CAPITA | CAPPED | CAPTOR | CARBON |
| CARBOY | CAREEN | CAREER | CARESS | CARNAL | CARNEY |
| CARPET | CARREL | CARROT | CARTEL | CARTON | CARVEN |
| CASEIN | CASHEW | CASING | CASINO | CASKET | CASTLE |
| CASTOR | CASUAL | CATCHY | CATKIN | CATNIP | CATSUP |
| CATTLE | CAUCUS | CAUGHT | CAUSAL | CAUSED | CAVEAT |
| CAVERN | CAVIAR | CAVORT | CEASED | CELERY | CELLAR |
| CEMENT | CENSOR | CENSUS | CENTRE | CEREAL | CERISE |
| CERIUM | CERVIX | CHAISE | CHALET | CHALKY | CHANCE |
| CHANCY | CHANGE | CHAPEL | CHARGE | CHASTE | CHATTY |
| CHEEKY | CHEERY | CHEESE | CHEESY | CHEMIC | CHERRY |
| CHERUB | CHILLI | CHILLY | CHINCH | CHISEL | CHOICE |
| CHOOSE | CHOPPY | CHORAL | CHORUS | CHOSEN | CHROME |
| CHUBBY | CHUNKY | CHURCH | CICADA | CINDER | CINEMA |
| CIPHER | CIRCLE | CIRCUS | CITING | CITRIC | CITRON |
| CITRUS | CLAMMY | CLARET | CLASSY | CLAUSE | CLEAVE |
| CLENCH | CLERGY | CLERIC | CLEVER | CLIENT | CLIMAX |
| CLINCH | CLINIC | CLIQUE | CLONED | CLOSED | CLOSER |
| CLOSET | CLOTHE | CLOUDY | CLOVEN | CLUMSY | CLUTCH |
| COARSE | COBALT | COBBLE | COBWEB | COCKLE | COCOON |
| CODDLE | CODIFY | CODING | COERCE | COFFEE | COFFER |
| COFFIN | COGENT | COHERE | COHORT | COLEUS | COLLAR |
| COLLIE | COLONY | COLOUR | COLUMN | COMBAT | COMEDY |
| COMMIT | COMMON | COMPEL | COMPLY | CONCUR | CONFER |
| CONSUL | CONVEX | CONVEY | CONVOY | COOKIE | COPIED |
| COPIES | CORBEL | CORDON | CORNEA | CORNET | CORONA |

| | | | | | |
|---|---|---|---|---|---|
| CORPSE | CORPUS | CORRAL | CORSET | CORTEX | COSINE |
| COSMIC | COSMOS | COTTON | COUGAR | COUNTY | COUPLE |
| COUPON | COURSE | COUSIN | COVERT | COWARD | COWBOY |
| COWPOX | COYOTE | CRADLE | CRAFTY | CRAGGY | CRANIA |
| CRANKY | CRANNY | CRATER | CRAVAT | CRAVEN | CRAYON |
| CREAKY | CREAMY | CREASE | CREATE | CREDIT | CREEPY |
| CRETIN | CREWEL | CRINGE | CRISES | CRISIS | CRITIC |
| CROCUS | CROTCH | CROUCH | CRUDDY | CRUISE | CRUMMY |
| CRUNCH | CRUSTY | CRUTCH | CUCKOO | CUDDLE | CUDDLY |
| CUDGEL | CUPFUL | CUPRIC | CURATE | CURDLE | CURFEW |
| CURING | CURIUM | CURLEW | CURSOR | CUSTOM | CUTLER |
| CUTLET | CUTOFF | CYANIC | CYCLED | CYCLIC | DABBLE |
| DACTYL | DAGGER | DAHLIA | DAINTY | DAMAGE | DAMASK |
| DAMPEN | DAMSEL | DANGER | DANGLE | DAPPER | DAPPLE |
| DARKEN | DARKLE | DAZZLE | DEACON | DEADEN | DEAFEN |
| DEARTH | DEBASE | DEBATE | DEBRIS | DEBTOR | DECADE |
| DECANT | DECEIT | DECENT | DECIDE | DECODE | DECREE |
| DEDUCE | DEDUCT | DEEPEN | DEFACE | DEFEAT | DEFECT |
| DEFEND | DEFINE | DEFORM | DEFRAY | DEFUSE | DEGREE |
| DEJECT | DELETE | DELUDE | DELUGE | DEMAND | DEMARK |
| DEMEAN | DEMISE | DEMOTE | DEMURE | DENIAL | DENIED |
| DENOTE | DENTAL | DENUDE | DEPART | DEPEND | DEPICT |
| DEPLOY | DEPORT | DEPOSE | DEPUTE | DEPUTY | DERAIL |
| DERIDE | DERIVE | DESERT | DESIGN | DESIRE | DESIST |
| DESPOT | DETACH | DETAIL | DETAIN | DETECT | DETENT |
| DETEST | DETOUR | DEVICE | DEVISE | DEVOID | DEVOTE |
| DEVOUR | DEVOUT | DEXTER | DIADEM | DIALOG | DIAPER |
| DIATOM | DIBBLE | DICKEY | DICTUM | DIDDLE | DIESEL |
| DIFFER | DIGEST | DILATE | DILUTE | DIMMED | DIMMER |
| DIMPLE | DINGHY | DIPOLE | DIRECT | DISCUS | DISMAL |
| DISPEL | DISTAL | DITHER | DIVERT | DIVEST | DIVIDE |
| DIVINE | DOCILE | DOCKET | DOCTOR | DOLLAR | DOLLOP |
| DOMAIN | DOMINO | DONATE | DONKEY | DOODLE | DOSAGE |
| DOUBLE | DRAGON | DREAMT | DREAMY | DREARY | DREDGE |
| DRENCH | DRESSY | DRIPPY | DRIVEN | DROWSE | DROWSY |
| DRUDGE | DUFFEL | DUGOUT | DULCET | DUPING | DUPLEX |
| DURESS | DURING | DYADIC | DYEING | DYNAMO | DYNAST |
| EARTHY | EARWIG | EASIER | EASILY | ECHOES | EDGING |
| EDIBLE | EDITOR | EERILY | EFFACE | EFFECT | EFFETE |
| EFFORT | EGRESS | EIGHTH | EIGHTY | EITHER | ELAPSE |
| ELDEST | ELEVEN | ELICIT | EMBALM | EMBANK | EMBARK |
| EMBLEM | EMBODY | EMBOSS | EMBRYO | EMERGE | EMPIRE |
| EMPLOY | ENABLE | ENAMEL | ENCORE | ENDURE | ENERGY |
| ENFANT | ENGAGE | ENGINE | ENIGMA | ENMITY | ENOUGH |
| ENSURE | ENTICE | ENTIRE | ENTITY | ENZYME | EQUATE |
| EQUINE | EQUITY | ERASED | ERBIUM | EROTIC | ERRAND |
| ERRANT | ERRATA | ERSATZ | ESCAPE | ESCHEW | ESCORT |
| ESCROW | ESCUDO | ESPRIT | ESTATE | ESTEEM | ETHANE |

## 6 letters

| | | | | | |
|---|---|---|---|---|---|
| ETHNIC | EULOGY | EUREKA | EVENTS | EVINCE | EVOLVE |
| EXCEED | EXCEPT | EXCESS | EXCISE | EXCITE | EXCUSE |
| EXEMPT | EXEUNT | EXHALE | EXHORT | EXHUME | EXODUS |
| EXOTIC | EXPAND | EXPECT | EXPEND | EXPERT | EXPIRE |
| EXPORT | EXPOSE | EXTANT | EXTEND | EXTENT | EXTORT |
| EYEFUL | EYELET | EYELID | FABRIC | FACADE | FACIAL |
| FACILE | FACTOR | FALCON | FALLEN | FALLOW | FALTER |
| FAMILY | FAMINE | FAMISH | FAMOUS | FANTOD | FARINA |
| FASTEN | FATHER | FATHOM | FATTEN | FAUCET | FAULTY |
| FAVOUR | FEALTY | FECUND | FEEBLE | FELINE | FELLOW |
| FELONY | FEMALE | FENNEL | FERRET | FERRIC | FESCUE |
| FETISH | FETTER | FETTLE | FEUDAL | FIASCO | FIBRIN |
| FICKLE | FIDDLE | FIDGET | FIERCE | FIESTA | FIGURE |
| FILIAL | FILING | FILLED | FILLER | FILLET | FILLIP |
| FILTER | FILTHY | FINALE | FINERY | FINGER | FINIAL |
| FINISH | FINITE | FISCAL | FITFUL | FIZZLE | FLABBY |
| FLANGE | FLASHY | FLATUS | FLAUNT | FLAXEN | FLEDGE |
| FLEECE | FLESHY | FLETCH | FLIGHT | FLIMSY | FLINCH |
| FLINTY | FLOPPY | FLORAL | FLORID | FLORIN | FLOURY |
| FLOWER | FLUENT | FLUFFY | FLURRY | FODDER | FOETAL |
| FOETUS | FOIBLE | FOLDER | FOLKSY | FOLLOW | FONDLE |
| FONDLY | FORAGE | FORBID | FORCED | FOREST | FORGET |
| FORGOT | FORMAL | FORMAT | FORMER | FORMIC | FOSSIL |
| FOSTER | FOUGHT | FOURTH | FRAYED | FREEZE | FRENCH |
| FRENZY | FRESCO | FRIEND | FRIEZE | FRIGHT | FRIGID |
| FRILLY | FRINGE | FRISKY | FROLIC | FROSTY | FROTHY |
| FROWZY | FROZEN | FRUGAL | FULFIL | FUMBLE | FUNGAL |
| FUNGUS | FUNNEL | FURROW | FUSION | FUTILE | FUTURE |
| GABBLE | GADFLY | GADGET | GAGGLE | GAIETY | GALAXY |
| GALENA | GALLEY | GALLON | GALLOP | GAMBIT | GAMBLE |
| GAMBOL | GANDER | GANNET | GANTRY | GARAGE | GARBLE |
| GARDEN | GARGLE | GARISH | GARLIC | GARNER | GARNET |
| GARTER | GASKET | GATHER | GAUCHE | GAZING | GEISHA |
| GENDER | GENERA | GENIAL | GENIUS | GENTLE | GENTRY |
| GERBIL | GERMAN | GERUND | GEYSER | GHETTO | GIBBET |
| GIBBON | GIBLET | GIGGLE | GINGER | GINKGO | GIRDLE |
| GIRLIE | GLACIS | GLANCE | GLASSY | GLOBAL | GLOOMY |
| GLOSSY | GLUING | GLYCOL | GNEISS | GNOMON | GOBBLE |
| GOBLET | GODSON | GODWIT | GOGGLE | GOLDEN | GOOBER |
| GOPHER | GORGON | GOSPEL | GOSSIP | GOTTEN | GOVERN |
| GRADED | GRAINY | GRANNY | GRASSY | GRATER | GRATIS |
| GRAVEL | GRAVEN | GRAVID | GREASE | GREASY | GREEDY |
| GRIEVE | GRILLE | GRIPPE | GRISLY | GRITTY | GROCER |
| GROGGY | GROOVE | GROUND | GROVEL | GROWTH | GRUBBY |
| GRUDGE | GUFFAW | GUILTY | GUINEA | GUITAR | GULLET |
| GURGLE | GUSSET | GUZZLE | GYPSUM | GYRATE | HACKLE |
| HAGGLE | HALIDE | HALITE | HALLOW | HALTER | HAMLET |
| HAMPER | HANDLE | HANGAR | HANSOM | HAPPEN | HARASS |

| | | | | | |
|---|---|---|---|---|---|
| HARDEN | HARMED | HARROW | HASSLE | HASTEN | HATRED |
| HAUNCH | HAZARD | HEALTH | HEARSE | HEARTH | HEARTY |
| HEATER | HEAVEN | HECKLE | HECTIC | HECTOR | HEIGHT |
| HELIUM | HELMET | HERALD | HEREBY | HEREIN | HEREOF |
| HERESY | HERETO | HEROES | HEROIC | HEROIN | HERPES |
| HEXANE | HEYDAY | HIATUS | HIDDEN | HIDING | HIJACK |
| HITHER | HOARSE | HOBBLE | HOCKEY | HOLDEN | HOLDUP |
| HOLLER | HOLLOW | HOMAGE | HOMILY | HONEST | HOOVES |
| HOPPLE | HORNET | HORRID | HORROR | HOTBED | HOYDEN |
| HUBBUB | HUBRIS | HUDDLE | HUMANE | HUMBLE | HUNGRY |
| HURDLE | HURRAH | HURRAY | HURTLE | HUSTLE | HUZZAH |
| HYBRID | HYMNAL | HYPHEN | IAMBIC | ICICLE | IDEATE |
| IDIOCY | IGNITE | IGNORE | ILLUME | IMBIBE | IMBRUE |
| IMMUNE | IMPACT | IMPAIR | IMPALE | IMPART | IMPEDE |
| IMPEND | IMPORT | IMPOSE | IMPOST | IMPUGN | IMPURE |
| IMPUTE | INBORN | INBRED | INCEST | INCISE | INCITE |
| INCOME | INCUBI | INDEED | INDENT | INDICT | INDIGO |
| INDIUM | INDOOR | INDUCE | INDUCT | INFAMY | INFANT |
| INFECT | INFEST | INFIRM | INFLOW | INFLUX | INFORM |
| INFUSE | INGEST | INHALE | INHERE | INJECT | INJURE |
| INJURY | INLAID | INLAND | INMATE | INNATE | INROAD |
| INSANE | INSECT | INSERT | INSIDE | INSIST | INSTEP |
| INSTIL | INSULT | INSURE | INTACT | INTAKE | INTEND |
| INTENT | INTERN | INTONE | INTUIT | INVADE | INVENT |
| INVERT | INVEST | INVITE | INVOKE | INWARD | IODIDE |
| IODINE | IPECAC | IRONIC | ISLAND | ISOMER | ITALIC |
| ITSELF | JACKET | JAGUAR | JALOPY | JAMMED | JANGLE |
| JARGON | JASPER | JAUNTY | JEJUNE | JERSEY | JIGGLE |
| JIGSAW | JINGLE | JITTER | JOCKEY | JOCOSE | JOCUND |
| JOGGLE | JOSTLE | JOUNCE | JOVIAL | JOYFUL | JOYOUS |
| JUDGED | JUGGLE | JUJUBE | JUMBLE | JUNGLE | JUNIOR |
| KAISER | KALMIA | KAOLIN | KARATE | KENNEL | KERNEL |
| KETTLE | KIDNAP | KIDNEY | KILLED | KIMONO | KINDLE |
| KITTEN | KITTLE | KLAXON | KNIGHT | KNIVES | KNOTTY |
| KOSHER | LABIAL | LABILE | LABOUR | LACKEY | LACUNA |
| LAGOON | LAMBDA | LAMENT | LANDAU | LAPPET | LAPTOP |
| LARIAT | LARVAE | LARVAL | LARYNX | LASCAR | LATENT |
| LATTER | LAUNCH | LAUREL | LAVISH | LAWFUL | LAWYER |
| LAYMAN | LAYMEN | LAYOUT | LEADEN | LEAGUE | LEAVEN |
| LECHER | LEEWAY | LEGACY | LEGATE | LEGATO | LEGEND |
| LEGION | LEGUME | LENGTH | LENTIL | LESION | LESSEE |
| LESSEN | LESSON | LETHAL | LETTER | LEVITY | LIABLE |
| LICHEN | LIGNUM | LIMPET | LIMPID | LINDEN | LINEAL |
| LINEAR | LINEUP | LINGER | LINGUA | LINING | LINKUP |
| LIQUID | LIQUOR | LISTEN | LITANY | LITMUS | LITTER |
| LITTLE | LIVERY | LIZARD | LOADED | LOATHE | LOAVES |
| LOBULE | LOCALE | LOCATE | LOCKUP | LOCUST | LOGGED |
| LOITER | LOOSEN | LOQUAT | LOTION | LOUNGE | LOUVER |

## 6 letters

| | | | | | |
|---|---|---|---|---|---|
| LOWBOY | LUMBAR | LUMBER | LUMMOX | LUNACY | LUPINE |
| LUXURY | MADCAP | MADDEN | MADMAN | MADMEN | MAGGOT |
| MAGNET | MAGNUM | MAGPIE | MAIDEN | MAKEUP | MALADY |
| MALICE | MALIGN | MALLET | MALLOW | MAMMAL | MANAGE |
| MANGLE | MANIAC | MANTEL | MANTIC | MANTIS | MANTLE |
| MANUAL | MANURE | MARAUD | MARBLE | MARGIN | MARINE |
| MARKER | MARKET | MARLIN | MARMOT | MAROON | MARROW |
| MARTEN | MARTIN | MARTYR | MARVEL | MASQUE | MASTIC |
| MATRIX | MATRON | MATURE | MAYHEM | MEADOW | MEAGRE |
| MEDDLE | MEDIAL | MEDIAN | MEDICO | MEDIUM | MEDLEY |
| MELLOW | MELODY | MEMBER | MEMOIR | MEMORY | MENACE |
| MENIAL | MENTAL | MENTOR | MERCER | MERLIN | MESCAL |
| METEOR | METHOD | METHYL | METRIC | METTLE | MIASMA |
| MICRON | MIDDAY | MIDDLE | MIDGET | MIDWAY | MIGHTY |
| MIGNON | MILDEW | MILIEU | MILLER | MILLET | MILORD |
| MINGLE | MINIMA | MINION | MINNOW | MINUET | MINUTE |
| MIRAGE | MIRROR | MISERY | MISSES | MITTEN | MOBILE |
| MOCKUP | MODERN | MODEST | MODIFY | MODISH | MODULE |
| MOIETY | MOLEST | MOLTEN | MOMENT | MONKEY | MORALE |
| MORASS | MORBID | MORGUE | MOROSE | MORRIS | MORROW |
| MORSEL | MORTAL | MORTAR | MOSAIC | MOSQUE | MOTHER |
| MOTION | MOTIVE | MOTLEY | MOTTLE | MOVING | MUDDLE |
| MUFFIN | MUFFLE | MULISH | MULLAH | MULLER | MUMBLE |
| MURDER | MURMUR | MUSCLE | MUSEUM | MUSKET | MUSLIN |
| MUSSEL | MUTANT | MUTATE | MUTINY | MUTTER | MUTTON |
| MUTUAL | MUZZLE | MYOPIA | MYOPIC | MYOSIN | MYRIAD |
| MYRTLE | MYSELF | MYSTIC | MYTHIC | NAMING | NAPKIN |
| NARROW | NATION | NATIVE | NATURE | NAUSEA | NEARBY |
| NEARED | NEBULA | NECTAR | NEEDLE | NEPHEW | NESTLE |
| NETHER | NETTED | NETTLE | NEURAL | NEURON | NEUTER |
| NEWTON | NIBBLE | NICETY | NICKEL | NIGGER | NIMBLE |
| NIMBUS | NINETY | NIPPLE | NITRIC | NOBODY | NODULE |
| NOODLE | NORMAL | NOTARY | NOTATE | NOTICE | NOTIFY |
| NOTION | NOVICE | NOWISE | NOZZLE | NUANCE | NUBILE |
| NUCLEI | NUGGET | NUMBER | NUTMEG | NUTRIA | NUZZLE |
| OBJECT | OBLATE | OBLIGE | OBLONG | OBOIST | OBSESS |
| OBTAIN | OCCULT | OCCUPY | OCELOT | OCTANE | OCTANT |
| OCTAVE | OCULAR | ODIOUS | OFFEND | OFFICE | OFFSET |
| OGRESS | OILMAN | OILMEN | OLEFIN | ONRUSH | ONWARD |
| OPAQUE | OPIATE | OPPOSE | OPTION | ORACLE | ORANGE |
| ORCHID | ORDAIN | ORDEAL | ORGASM | ORIENT | ORIGIN |
| ORIOLE | ORNATE | ORNERY | ORPHAN | OSMIUM | OSPREY |
| OSSIFY | OTIOSE | OUTPUT | OUTSET | OVERLY | OXALIC |
| OXCART | OXYGEN | OYSTER | PACIFY | PACKET | PADDLE |
| PAGODA | PALACE | PALATE | PALLET | PALLID | PALTRY |
| PAMPER | PANAMA | PANDER | PANTRY | PAPACY | PAPERY |
| PAPYRI | PARADE | PARCEL | PARDON | PARENT | PARIAH |
| PARISH | PARLAY | PARLEY | PARODY | PAROLE | PARROT |

| | | | | | |
|---|---|---|---|---|---|
| PARSON | PASSER | PASTEL | PASTOR | PASTRY | PATCHY |
| PATENT | PATHOS | PATINA | PATROL | PATRON | PAUNCH |
| PAUPER | PAUSED | PAYDAY | PAYOUT | PEANUT | PEBBLE |
| PEDANT | PEDDLE | PELLET | PELVIC | PELVIS | PENCIL |
| PENMAN | PENMEN | PENURY | PEOPLE | PERIOD | PERISH |
| PERMIT | PERSON | PERUSE | PESETA | PESTLE | PETITE |
| PETREL | PETROL | PEWTER | PHENOL | PHENYL | PHLOEM |
| PHOBIC | PHOEBE | PHONEY | PHONIC | PHOTON | PHRASE |
| PHYSIC | PIAZZA | PICKET | PICKLE | PICNIC | PIDDLE |
| PIDGIN | PIECED | PIERCE | PIGEON | PIGPEN | PILFER |
| PILLAR | PILLOW | PIMPLE | PINION | PINKIE | PIRACY |
| PIRATE | PISTOL | PISTON | PITMAN | PLACED | PLACID |
| PLAGUE | PLANET | PLAQUE | PLASMA | PLATEN | PLEASE |
| PLEDGE | PLENTY | PLENUM | PLEURA | PLIANT | PLIERS |
| PLIGHT | PLOUGH | PLOVER | PLUCKY | PLUNGE | PLURAL |
| POCKET | PODIUM | POETIC | POETRY | POISON | POLICE |
| POLICY | POLISH | POLITE | POLITY | POLLEN | POMADE |
| POMPON | PONCHO | PONDER | POODLE | POPISH | POPLAR |
| POPLIN | POROUS | PORTAL | POSEUR | POSSUM | POSTAL |
| POTASH | POTATO | POTENT | POTION | POUNCE | POWDER |
| PRAISE | PRANCE | PRAYER | PREACH | PREFAB | PREFER |
| PREFIX | PRESET | PRESTO | PRETTY | PRIEST | PRIMAL |
| PRINCE | PRIORY | PRISON | PRISSY | PRIVET | PROFIT |
| PROLIX | PROMPT | PROPEL | PROPER | PROVEN | PSEUDO |
| PSYCHE | PSYCHO | PUBLIC | PUDDLE | PUEBLO | PUFFED |
| PUFFIN | PULLED | PULLEY | PULPIT | PUMICE | PUMMEL |
| PUNDIT | PUNISH | PUPATE | PUPPET | PURIFY | PURPLE |
| PURSUE | PURVEY | PUZZLE | PYRITE | PYTHON | QUAHOG |
| QUAINT | QUANTA | QUARRY | QUARTZ | QUASAR | QUAVER |
| QUEASY | QUENCH | QUINCE | QUIRKY | QUIVER | QUORUM |
| RABBET | RABBIT | RABBLE | RABIES | RACIAL | RACKET |
| RADIAL | RADIAN | RADISH | RADIUM | RADIUS | RAFFIA |
| RAFFLE | RAFTER | RAGGED | RAGOUT | RAISED | RAISIN |
| RAKING | RAKISH | RAMBLE | RAMIFY | RAMROD | RANCHO |
| RANCID | RANDOM | RANGED | RANKLE | RANSOM | RAPIER |
| RAREFY | RASCAL | RASTER | RATHER | RATIFY | RATING |
| RATTLE | RAVAGE | RAVINE | RAVISH | REALTY | REASON |
| REBUKE | RECALL | RECENT | RECESS | RECIPE | RECKON |
| RECORD | RECTOR | REDACT | REDDEN | REDIAL | REDTOP |
| REDUCE | REFUGE | REFUSE | REFUTE | REGAIN | REGALE |
| REGARD | REGENT | REGIME | REGION | REGRET | REJECT |
| RELATE | RELICT | RELIEF | RELISH | RELOAD | REMAND |
| REMARK | REMEDY | REMISS | REMOTE | REMOVE | RENAME |
| RENDER | RENOWN | RENTAL | REOPEN | REPAIR | REPEAL |
| REPEAT | REPENT | REPLAY | REPORT | REPUTE | RESCUE |
| RESENT | RESIDE | RESIGN | RESIST | RESIZE | RESORT |
| RESULT | RESUME | RETAIL | RETAIN | RETARD | RETINA |
| RETIRE | RETORT | RETURN | REVEAL | REVERE | REVERT |

# 6 letters

| | | | | | |
|---|---|---|---|---|---|
| REVILE | REVISE | REVIVE | REVOKE | REVOLT | REWARD |
| RHESUS | RHYTHM | RIBALD | RIBBON | RIBOSE | RIDDEN |
| RIDDLE | RIFFLE | RIPPLE | RITUAL | ROBUST | ROCKET |
| ROCOCO | RODENT | ROSARY | ROSTER | ROTARY | ROTATE |
| ROTTEN | ROTUND | ROUTED | RUBBLE | RUBRIC | RUCKUS |
| RUDDER | RUEFUL | RUFFLE | RULING | RUMBLE | RUMOUR |
| RUMPLE | RUMPUS | RUNWAY | RUSSET | RUSSIA | RUSTIC |
| RUSTLE | SACHEM | SACRAL | SACRED | SADDEN | SADDLE |
| SADIST | SAFARI | SAFETY | SAILOR | SALAMI | SALARY |
| SALINE | SALIVA | SALLOW | SALMON | SALOON | SALUTE |
| SAMPLE | SANDAL | SATIRE | SAVAGE | SAVANT | SAVING |
| SAWYER | SCALAR | SCALED | SCANTY | SCARCE | SCATHE |
| SCENIC | SCHEMA | SCHEME | SCHISM | SCHIST | SCHOOL |
| SCORCH | SCORIA | SCOTCH | SCRAPE | SCRAWL | SCREAM |
| SCREED | SCREEN | SCRIBE | SCRIPT | SCROLL | SCURRY |
| SCURVY | SCYTHE | SEAMAN | SEAMEN | SEARCH | SEASON |
| SECANT | SECEDE | SECOND | SECRET | SECTOR | SECURE |
| SEDATE | SEDUCE | SEEING | SEETHE | SELDOM | SELECT |
| SELLER | SELVES | SENATE | SENILE | SENIOR | SENSED |
| SENSOR | SENTRY | SEPTIC | SEPTUM | SEQUEL | SEQUIN |
| SERAPE | SERENE | SERIAL | SERIES | SERINE | SERMON |
| SERVER | SESAME | SETTLE | SEVERE | SEWAGE | SEXTET |
| SEXTON | SEXUAL | SHABBY | SHADOW | SHAGGY | SHAKEN |
| SHALOM | SHANTY | SHARED | SHAVEN | SHEATH | SHEAVE |
| SHELVE | SHERRY | SHIELD | SHIFTY | SHIMMY | SHIVER |
| SHODDY | SHOULD | SHOVED | SHOVEL | SHRANK | SHREWD |
| SHRIEK | SHRIFT | SHRIKE | SHRILL | SHRIMP | SHRINE |
| SHRINK | SHRIVE | SHROUD | SHROVE | SHRUNK | SICKEN |
| SICKLE | SIDING | SIENNA | SIERRA | SIESTA | SIGNAL |
| SIGNET | SILAGE | SILENT | SILICA | SILKEN | SILVER |
| SIMILE | SIMMER | SIMPER | SIMPLE | SIMPLY | SINEWY |
| SINFUL | SINGLE | SINGLY | SINTER | SISTER | SIZING |
| SIZZLE | SKATER | SKETCH | SKIMPY | SKINNY | SLATER |
| SLEDGE | SLEEPY | SLEETY | SLEEVE | SLEIGH | SLEUTH |
| SLIGHT | SLIVER | SLOGAN | SLOPED | SLOPPY | SLOUCH |
| SLOUGH | SLUDGE | SLUICE | SMITHY | SMOOCH | SMOOTH |
| SMUDGE | SMUDGY | SMUTTY | SNAPPY | SNATCH | SNAZZY |
| SNEAKY | SNEEZE | SNIPPY | SNIVEL | SNOOPY | SNOTTY |
| SOCCER | SOCIAL | SOCKET | SODDEN | SODIUM | SOFTEN |
| SOLACE | SOLDER | SOLEMN | SOLUTE | SOLVED | SOMBRE |
| SONANT | SONATA | SONNET | SOOTHE | SOPHIA | SORDID |
| SORREL | SORROW | SORTIE | SOUGHT | SOURCE | SOVIET |
| SPACED | SPARSE | SPAVIN | SPAYED | SPECIE | SPEECH |
| SPEEDY | SPHERE | SPHINX | SPIDER | SPIGOT | SPINAL |
| SPIRAL | SPIRIT | SPLASH | SPLEEN | SPLICE | SPLINT |
| SPOKEN | SPONGE | SPONGY | SPORTY | SPOTTY | SPOUSE |
| SPRAIN | SPRANG | SPRAWL | SPREAD | SPRING | SPRINT |
| SPRITE | SPROUT | SPRUCE | SPRUNG | SPURGE | SQUALL |

| | | | | | |
|---|---|---|---|---|---|
| SQUARE | SQUASH | SQUAWK | SQUEAK | SQUEAL | SQUINT |
| SQUIRE | SQUIRM | SQUIRT | SQUISH | STABLE | STAMEN |
| STANCE | STANCH | STANZA | STAPLE | STARCH | STARVE |
| STASIS | STATED | STATIC | STATOR | STATUE | STATUS |
| STAYED | STEADY | STEAMY | STEELY | STENCH | STEPPE |
| STEREO | STICKY | STIFLE | STIGMA | STINGY | STITCH |
| STOCKY | STODGY | STOLEN | STOLID | STOOGE | STORED |
| STORMY | STRAIN | STRAIT | STRAND | STRATA | STREAK |
| STREAM | STREET | STRESS | STREWN | STRICT | STRIDE |
| STRIFE | STRIKE | STRING | STRIPE | STRIVE | STRODE |
| STROKE | STROLL | STRONG | STROVE | STRUCK | STRUNG |
| STUBBY | STUCCO | STUDIO | STUFFY | STUMPY | STUPID |
| STUPOR | STURDY | STYLED | STYLUS | STYMIE | SUBMIT |
| SUBSET | SUBTLE | SUBTLY | SUBURB | SUDDEN | SUFFER |
| SUFFIX | SUITOR | SULFUR | SULLEN | SULPHA | SULTAN |
| SULTRY | SUMMED | SUMMIT | SUMMON | SUNDER | SUNDRY |
| SUNKEN | SUNLIT | SUNSET | SUNTAN | SUPERB | SUPINE |
| SUPPLE | SUPPLY | SURETY | SURREY | SURTAX | SURVEY |
| SUTURE | SVELTE | SWAMPY | SWANKY | SWATCH | SWATHE |
| SWEATY | SWERVE | SWISHY | SWITCH | SWIVEL | SYLVAN |
| SYMBOL | SYNDIC | SYNTAX | SYRUPY | SYSTEM | TABBED |
| TABLET | TACKLE | TACTIC | TAILOR | TAKING | TALCUM |
| TALENT | TALKIE | TALLOW | TAMALE | TAMPON | TANDEM |
| TANGLE | TANNED | TANNER | TANNIN | TAPPET | TARGET |
| TARIFF | TARPON | TARTAR | TASSEL | TATTLE | TATTOO |
| TAUGHT | TAVERN | TAWDRY | TEACUP | TEAPOT | TEASEL |
| TEDIUM | TEEING | TEETER | TEETHE | TELLER | TEMPER |
| TEMPLE | TENANT | TENDON | TENNIS | TENSOR | TENURE |
| TERROR | TESTES | TETHER | THATCH | THEISM | THEIST |
| THENCE | THEORY | THESIS | THIRST | THIRTY | THORNY |
| THOUGH | THRALL | THRASH | THREAD | THREAT | THRESH |
| THRICE | THRIFT | THRILL | THRIVE | THROAT | THROES |
| THRONE | THRONG | THROWN | THRUSH | THRUST | THWACK |
| THWART | THYMUS | TICKET | TICKLE | TIMBER | TIMBRE |
| TIMING | TINDER | TINGLE | TINKER | TINKLE | TINSEL |
| TIPPED | TIPPLE | TIPTOE | TIRADE | TISSUE | TITBIT |
| TITIAN | TITLED | TODDLE | TOFFEE | TOGGLE | TOILET |
| TOMATO | TONGUE | TONING | TONSIL | TOPPED | TOPPLE |
| TORPID | TORPOR | TORQUE | TORRID | TOUCHY | TOUSLE |
| TOWARD | TOWHEE | TRACED | TRACER | TRAGIC | TRANCE |
| TRASHY | TRAUMA | TRAVEL | TREATY | TREBLE | TREMOR |
| TRENCH | TRIBAL | TRICKY | TRIFLE | TRIPLE | TRIPOD |
| TRITON | TRIUNE | TROIKA | TROPHY | TROPIC | TROUGH |
| TROUPE | TRUANT | TRUDGE | TRUISM | TUBULE | TUMBLE |
| TUMULT | TUNDRA | TUNNEL | TUPELO | TURBAN | TURBID |
| TURGID | TURKEY | TURNIP | TURRET | TURTLE | TUSSLE |
| TUXEDO | TWEEDY | TWEEZE | TWELVE | TWENTY | TWINGE |
| TWITCH | TYCOON | TYPHUS | TYPIFY | TYPING | TYRANT |

## 6 letters

| | | | | | |
|---|---|---|---|---|---|
| UMLAUT | UMPIRE | UNDONE | UNIQUE | UNISEX | UNISON |
| UNITED | UNLIKE | UNLOAD | UNLOCK | UNRULY | UPBEAT |
| UPDATE | UPHELD | UPHILL | UPHOLD | UPKEEP | UPLAND |
| UPLIFT | UPROAR | UPROOT | UPSHOT | UPSIDE | UPTAKE |
| UPTOWN | UPTURN | UPWARD | UPWIND | URBANE | URCHIN |
| URGENT | URGING | URINAL | USABLE | USEFUL | USURER |
| UTERUS | UTMOST | UTOPIA | VACANT | VACATE | VACUUM |
| VAGARY | VAGINA | VALLEY | VALUED | VANDAL | VANISH |
| VANITY | VASSAL | VECTOR | VELLUM | VELVET | VENDOR |
| VENEER | VENIAL | VENOUS | VERBAL | VERIFY | VERITY |
| VERMIN | VERNAL | VERSUS | VERTEX | VESPER | VESSEL |
| VESTAL | VESTRY | VICTIM | VICTOR | VIEWER | VILIFY |
| VIOLET | VIOLIN | VIRGIN | VIRILE | VIRTUE | VISAGE |
| VISION | VISUAL | VIVIFY | VOLLEY | VOLUME | VOODOO |
| VORTEX | VOTARY | VOTIVE | VOYAGE | VULGAR | WADDLE |
| WAFFLE | WAGGLE | WALLET | WALLOP | WALLOW | WALNUT |
| WALRUS | WANDER | WANGLE | WANTON | WAPITI | WARBLE |
| WARDEN | WARMTH | WARREN | WATERY | WATTLE | WAYLAY |
| WEAKEN | WEALTH | WEAPON | WEASEL | WEBBED | WEDDED |
| WEEKLY | WEIGHT | WHEEZE | WHEEZY | WHENCE | WHINNY |
| WHITEN | WHOLLY | WHOOSH | WICKET | WIGGLE | WIGWAM |
| WILFUL | WILLOW | WINDOW | WINDUP | WINERY | WINKLE |
| WINNOW | WINTER | WINTRY | WIPING | WISDOM | WITHAL |
| WITHER | WITHIN | WIZARD | WOBBLE | WOEFUL | WOMBAT |
| WONDER | WOODEN | WORKER | WORSEN | WORTHY | WRAITH |
| WREATH | WRENCH | WRETCH | WRIGHT | WRITER | WRITHE |
| YARROW | YEARLY | YEASTY | YELLOW | YEOMAN | YOGURT |
| ZEALOT | ZENITH | ZEROES | ZIGZAG | ZIRCON | ZODIAC |
| ZOMBIE | ZOUNDS | | | | |

## By 2<sup>nd</sup> letter

| | | | | | |
|---|---|---|---|---|---|
| BABBLE | BABOON | BACKUP | BAFFLE | BAKERY | BALEEN |
| BALLAD | BALLED | BALLET | BALLOT | BALSAM | BAMBOO |
| BANANA | BANDIT | BANGLE | BANISH | BANTAM | BANTER |
| BARBER | BARFLY | BARIUM | BARLEY | BARONY | BARRED |
| BARREL | BARREN | BARROW | BARTER | BASALT | BASING |
| BASKET | BATEAU | BATHOS | BATTEN | BATTLE | BAUBLE |
| BAZAAR | CABANA | CACKLE | CACTUS | CADDIS | CADENT |
| CAIMAN | CAJOLE | CALICO | CALIPH | CALLER | CALLUS |
| CAMBER | CAMERA | CAMPUS | CANARY | CANCEL | CANCER |
| CANDID | CANDLE | CANINE | CANKER | CANNEL | CANNON |
| CANNOT | CANOPY | CANTLE | CANTON | CANTOR | CANVAS |
| CANYON | CAPITA | CAPPED | CAPTOR | CARBON | CARBOY |
| CAREEN | CAREER | CARESS | CARNAL | CARNEY | CARPET |
| CARREL | CARROT | CARTEL | CARTON | CARVEN | CASEIN |
| CASHEW | CASING | CASINO | CASKET | CASTLE | CASTOR |
| CASUAL | CATCHY | CATKIN | CATNIP | CATSUP | CATTLE |
| CAUCUS | CAUGHT | CAUSAL | CAUSED | CAVEAT | CAVERN |

| | | | | | |
|---|---|---|---|---|---|
| CAVIAR | CAVORT | DABBLE | DACTYL | DAGGER | DAHLIA |
| DAINTY | DAMAGE | DAMASK | DAMPEN | DAMSEL | DANGER |
| DANGLE | DAPPER | DAPPLE | DARKEN | DARKLE | DAZZLE |
| EARTHY | EARWIG | EASIER | EASILY | FABRIC | FACADE |
| FACIAL | FACILE | FACTOR | FALCON | FALLEN | FALLOW |
| FALTER | FAMILY | FAMINE | FAMISH | FAMOUS | FANTOD |
| FARINA | FASTEN | FATHER | FATHOM | FATTEN | FAUCET |
| FAULTY | FAVOUR | GABBLE | GADFLY | GADGET | GAGGLE |
| GAIETY | GALAXY | GALENA | GALLEY | GALLON | GALLOP |
| GAMBIT | GAMBLE | GAMBOL | GANDER | GANNET | GANTRY |
| GARAGE | GARBLE | GARDEN | GARGLE | GARISH | GARLIC |
| GARNER | GARNET | GARTER | GASKET | GATHER | GAUCHE |
| GAZING | HACKLE | HAGGLE | HALIDE | HALITE | HALLOW |
| HALTER | HAMLET | HAMPER | HANDLE | HANGAR | HANSOM |
| HAPPEN | HARASS | HARDEN | HARMED | HARROW | HASSLE |
| HASTEN | HATRED | HAUNCH | HAZARD | IAMBIC | JACKET |
| JAGUAR | JALOPY | JAMMED | JANGLE | JARGON | JASPER |
| JAUNTY | KAISER | KALMIA | KAOLIN | KARATE | LABIAL |
| LABILE | LABOUR | LACKEY | LACUNA | LAGOON | LAMBDA |
| LAMENT | LANDAU | LAPPET | LAPTOP | LARIAT | LARVAE |
| LARVAL | LARYNX | LASCAR | LATENT | LATTER | LAUNCH |
| LAUREL | LAVISH | LAWFUL | LAWYER | LAYMAN | LAYMEN |
| LAYOUT | MADCAP | MADDEN | MADMAN | MADMEN | MAGGOT |
| MAGNET | MAGNUM | MAGPIE | MAIDEN | MAKEUP | MALADY |
| MALICE | MALIGN | MALLET | MALLOW | MAMMAL | MANAGE |
| MANGLE | MANIAC | MANTEL | MANTIC | MANTIS | MANTLE |
| MANUAL | MANURE | MARAUD | MARBLE | MARGIN | MARINE |
| MARKER | MARKET | MARLIN | MARMOT | MAROON | MARROW |
| MARTEN | MARTIN | MARTYR | MARVEL | MASQUE | MASTIC |
| MATRIX | MATRON | MATURE | MAYHEM | NAMING | NAPKIN |
| NARROW | NATION | NATIVE | NATURE | NAUSEA | PACIFY |
| PACKET | PADDLE | PAGODA | PALACE | PALATE | PALLET |
| PALLID | PALTRY | PAMPER | PANAMA | PANDER | PANTRY |
| PAPACY | PAPERY | PAPYRI | PARADE | PARCEL | PARDON |
| PARENT | PARIAH | PARISH | PARLAY | PARLEY | PARODY |
| PAROLE | PARROT | PARSON | PASSER | PASTEL | PASTOR |
| PASTRY | PATCHY | PATENT | PATHOS | PATINA | PATROL |
| PATRON | PAUNCH | PAUPER | PAUSED | PAYDAY | PAYOUT |
| RABBET | RABBIT | RABBLE | RABIES | RACIAL | RACKET |
| RADIAL | RADIAN | RADISH | RADIUM | RADIUS | RAFFIA |
| RAFFLE | RAFTER | RAGGED | RAGOUT | RAISED | RAISIN |
| RAKING | RAKISH | RAMBLE | RAMIFY | RAMROD | RANCHO |
| RANCID | RANDOM | RANGED | RANKLE | RANSOM | RAPIER |
| RAREFY | RASCAL | RASTER | RATHER | RATIFY | RATING |
| RATTLE | RAVAGE | RAVINE | RAVISH | SACHEM | SACRAL |
| SACRED | SADDEN | SADDLE | SADIST | SAFARI | SAFETY |
| SAILOR | SALAMI | SALARY | SALINE | SALIVA | SALLOW |
| SALMON | SALOON | SALUTE | SAMPLE | SANDAL | SATIRE |

# 6 letters

| | | | | | |
|---|---|---|---|---|---|
| SAVAGE | SAVANT | SAVING | SAWYER | TABBED | TABLET |
| TACKLE | TACTIC | TAILOR | TAKING | TALCUM | TALENT |
| TALKIE | TALLOW | TAMALE | TAMPON | TANDEM | TANGLE |
| TANNED | TANNER | TANNIN | TAPPET | TARGET | TARIFF |
| TARPON | TARTAR | TASSEL | TATTLE | TATTOO | TAUGHT |
| TAVERN | TAWDRY | VACANT | VACATE | VACUUM | VAGARY |
| VAGINA | VALLEY | VALUED | VANDAL | VANISH | VANITY |
| VASSAL | WADDLE | WAFFLE | WAGGLE | WALLET | WALLOP |
| WALLOW | WALNUT | WALRUS | WANDER | WANGLE | WANTON |
| WAPITI | WARBLE | WARDEN | WARMTH | WARREN | WATERY |
| WATTLE | WAYLAY | YARROW | ABACUS | ABDUCT | ABJECT |
| ABLAZE | ABOARD | ABOUND | ABRADE | ABROAD | ABRUPT |
| ABSENT | ABSORB | ABSURD | OBJECT | OBLATE | OBLIGE |
| OBLONG | OBOIST | OBSESS | OBTAIN | ACCEDE | ACCENT |
| ACCEPT | ACCESS | ACCORD | ACCOST | ACCRUE | ACCUSE |
| ACETIC | ACHING | ACIDIC | ACQUIT | ACROSS | ACTION |
| ACTIVE | ACTUAL | ACUITY | ACUMEN | ECHOES | ICICLE |
| OCCULT | OCCUPY | OCELOT | OCTANE | OCTANT | OCTAVE |
| OCULAR | SCALAR | SCALED | SCANTY | SCARCE | SCATHE |
| SCENIC | SCHEMA | SCHEME | SCHISM | SCHIST | SCHOOL |
| SCORCH | SCORIA | SCOTCH | SCRAPE | SCRAWL | SCREAM |
| SCREED | SCREEN | SCRIBE | SCRIPT | SCROLL | SCURRY |
| SCURVY | SCYTHE | ADAGIO | ADDEND | ADDICT | ADDUCE |
| ADHERE | ADJOIN | ADJUST | ADMIRE | ADRIFT | ADROIT |
| ADVENT | ADVERB | ADVERT | ADVICE | ADVISE | EDGING |
| EDIBLE | EDITOR | IDEATE | IDIOCY | ODIOUS | AERATE |
| AERIAL | BEACON | BEADLE | BEATEN | BEATER | BEAUTY |
| BEAVER | BECALM | BECAME | BECKET | BECKON | BECOME |
| BEDBUG | BEDLAM | BEETLE | BEFALL | BEFELL | BEFORE |
| BEFOUL | BEGGAR | BEHALF | BEHAVE | BEHEAD | BEHELD |
| BEHEST | BEHIND | BEHOLD | BELFRY | BELIEF | BELLOW |
| BELONG | BEMOAN | BEMUSE | BENIGN | BERATE | BEREFT |
| BESIDE | BESTIR | BESTOW | BETHEL | BETIDE | BETONY |
| BETRAY | BETTOR | BEWAIL | BEWARE | BEYOND | CEASED |
| CELERY | CELLAR | CEMENT | CENSOR | CENSUS | CENTRE |
| CEREAL | CERISE | CERIUM | CERVIX | DEACON | DEADEN |
| DEAFEN | DEARTH | DEBASE | DEBATE | DEBRIS | DEBTOR |
| DECADE | DECANT | DECEIT | DECENT | DECIDE | DECODE |
| DECREE | DEDUCE | DEDUCT | DEEPEN | DEFACE | DEFEAT |
| DEFECT | DEFEND | DEFINE | DEFORM | DEFRAY | DEFUSE |
| DEGREE | DEJECT | DELETE | DELUDE | DELUGE | DEMAND |
| DEMARK | DEMEAN | DEMISE | DEMOTE | DEMURE | DENIAL |
| DENIED | DENOTE | DENTAL | DENUDE | DEPART | DEPEND |
| DEPICT | DEPLOY | DEPORT | DEPOSE | DEPUTE | DEPUTY |
| DERAIL | DERIDE | DERIVE | DESERT | DESIGN | DESIRE |
| DESIST | DESPOT | DETACH | DETAIL | DETAIN | DETECT |
| DETENT | DETEST | DETOUR | DEVICE | DEVISE | DEVOID |
| DEVOTE | DEVOUR | DEVOUT | DEXTER | EERILY | FEALTY |

| | | | | | |
|---|---|---|---|---|---|
| FECUND | FEEBLE | FELINE | FELLOW | FELONY | FEMALE |
| FENNEL | FERRET | FERRIC | FESCUE | FETISH | FETTER |
| FETTLE | FEUDAL | GEISHA | GENDER | GENERA | GENIAL |
| GENIUS | GENTLE | GENTRY | GERBIL | GERMAN | GERUND |
| GEYSER | HEALTH | HEARSE | HEARTH | HEARTY | HEATER |
| HEAVEN | HECKLE | HECTIC | HECTOR | HEIGHT | HELIUM |
| HELMET | HERALD | HEREBY | HEREIN | HEREOF | HERESY |
| HERETO | HEROES | HEROIC | HEROIN | HERPES | HEXANE |
| HEYDAY | JEJUNE | JERSEY | KENNEL | KERNEL | KETTLE |
| LEADEN | LEAGUE | LEAVEN | LECHER | LEEWAY | LEGACY |
| LEGATE | LEGATO | LEGEND | LEGION | LEGUME | LENGTH |
| LENTIL | LESION | LESSEE | LESSEN | LESSON | LETHAL |
| LETTER | LEVITY | MEADOW | MEAGRE | MEDDLE | MEDIAL |
| MEDIAN | MEDICO | MEDIUM | MEDLEY | MELLOW | MELODY |
| MEMBER | MEMOIR | MEMORY | MENACE | MENIAL | MENTAL |
| MENTOR | MERCER | MERLIN | MESCAL | METEOR | METHOD |
| METHYL | METRIC | METTLE | NEARBY | NEARED | NEBULA |
| NECTAR | NEEDLE | NEPHEW | NESTLE | NETHER | NETTED |
| NETTLE | NEURAL | NEURON | NEUTER | NEWTON | PEANUT |
| PEBBLE | PEDANT | PEDDLE | PELLET | PELVIC | PELVIS |
| PENCIL | PENMAN | PENMEN | PENURY | PEOPLE | PERIOD |
| PERISH | PERMIT | PERSON | PERUSE | PESETA | PESTLE |
| PETITE | PETREL | PETROL | PEWTER | REALTY | REASON |
| REBUKE | RECALL | RECENT | RECESS | RECIPE | RECKON |
| RECORD | RECTOR | REDACT | REDDEN | REDIAL | REDTOP |
| REDUCE | REFUGE | REFUSE | REFUTE | REGAIN | REGALE |
| REGARD | REGENT | REGIME | REGION | REGRET | REJECT |
| RELATE | RELICT | RELIEF | RELISH | RELOAD | REMAND |
| REMARK | REMEDY | REMISS | REMOTE | REMOVE | RENAME |
| RENDER | RENOWN | RENTAL | REOPEN | REPAIR | REPEAL |
| REPEAT | REPENT | REPLAY | REPORT | REPUTE | RESCUE |
| RESENT | RESIDE | RESIGN | RESIST | RESIZE | RESORT |
| RESULT | RESUME | RETAIL | RETAIN | RETARD | RETINA |
| RETIRE | RETORT | RETURN | REVEAL | REVERE | REVERT |
| REVILE | REVISE | REVIVE | REVOKE | REVOLT | REWARD |
| SEAMAN | SEAMEN | SEARCH | SEASON | SECANT | SECEDE |
| SECOND | SECRET | SECTOR | SECURE | SEDATE | SEDUCE |
| SEEING | SEETHE | SELDOM | SELECT | SELLER | SELVES |
| SENATE | SENILE | SENIOR | SENSED | SENSOR | SENTRY |
| SEPTIC | SEPTUM | SEQUEL | SEQUIN | SERAPE | SERENE |
| SERIAL | SERIES | SERINE | SERMON | SERVER | SESAME |
| SETTLE | SEVERE | SEWAGE | SEXTET | SEXTON | SEXUAL |
| TEACUP | TEAPOT | TEASEL | TEDIUM | TEEING | TEETER |
| TEETHE | TELLER | TEMPER | TEMPLE | TENANT | TENDON |
| TENNIS | TENSOR | TENURE | TERROR | TESTES | TETHER |
| VECTOR | VELLUM | VELVET | VENDOR | VENEER | VENIAL |
| VENOUS | VERBAL | VERIFY | VERITY | VERMIN | VERNAL |
| VERSUS | VERTEX | VESPER | VESSEL | VESTAL | VESTRY |

# 6 letters

| | | | | | |
|---|---|---|---|---|---|
| WEAKEN | WEALTH | WEAPON | WEASEL | WEBBED | WEDDED |
| WEEKLY | WEIGHT | YEARLY | YEASTY | YELLOW | YEOMAN |
| ZEALOT | ZENITH | ZEROES | AFFAIR | AFFECT | AFFIRM |
| AFFORD | AFFRAY | AFLAME | AFLOAT | AFRAID | AFRESH |
| EFFACE | EFFECT | EFFETE | EFFORT | OFFEND | OFFICE |
| OFFSET | AGENDA | AGHAST | AGLEAM | AGREED | EGRESS |
| IGNITE | IGNORE | OGRESS | CHAISE | CHALET | CHALKY |
| CHANCE | CHANCY | CHANGE | CHAPEL | CHARGE | CHASTE |
| CHATTY | CHEEKY | CHEERY | CHEESE | CHEESY | CHEMIC |
| CHERRY | CHERUB | CHILLI | CHILLY | CHINCH | CHISEL |
| CHOICE | CHOOSE | CHOPPY | CHORAL | CHORUS | CHOSEN |
| CHROME | CHUBBY | CHUNKY | CHURCH | GHETTO | PHENOL |
| PHENYL | PHLOEM | PHOBIC | PHOEBE | PHONEY | PHONIC |
| PHOTON | PHRASE | PHYSIC | RHESUS | RHYTHM | SHABBY |
| SHADOW | SHAGGY | SHAKEN | SHALOM | SHANTY | SHARED |
| SHAVEN | SHEATH | SHEAVE | SHELVE | SHERRY | SHIELD |
| SHIFTY | SHIMMY | SHIVER | SHODDY | SHOULD | SHOVED |
| SHOVEL | SHRANK | SHREWD | SHRIEK | SHRIFT | SHRIKE |
| SHRILL | SHRIMP | SHRINE | SHRINK | SHRIVE | SHROUD |
| SHROVE | SHRUNK | THATCH | THEISM | THEIST | THENCE |
| THEORY | THESIS | THIRST | THIRTY | THORNY | THOUGH |
| THRALL | THRASH | THREAD | THREAT | THRESH | THRICE |
| THRIFT | THRILL | THRIVE | THROAT | THROES | THRONE |
| THRONG | THROWN | THRUSH | THRUST | THWACK | THWART |
| THYMUS | WHEEZE | WHEEZY | WHENCE | WHINNY | WHITEN |
| WHOLLY | WHOOSH | AIRMAN | AIRWAY | BICEPS | BICKER |
| BIDDEN | BIGGER | BIKINI | BILLET | BILLOW | BINARY |
| BIOTIC | BIRDIE | BISECT | BISHOP | BISQUE | BITTEN |
| CICADA | CINDER | CINEMA | CIPHER | CIRCLE | CIRCUS |
| CITING | CITRIC | CITRON | CITRUS | DIADEM | DIALOG |
| DIAPER | DIATOM | DIBBLE | DICKEY | DICTUM | DIDDLE |
| DIESEL | DIFFER | DIGEST | DILATE | DILUTE | DIMMED |
| DIMMER | DIMPLE | DINGHY | DIPOLE | DIRECT | DISCUS |
| DISMAL | DISPEL | DISTAL | DITHER | DIVERT | DIVEST |
| DIVIDE | DIVINE | EIGHTH | EIGHTY | EITHER | FIASCO |
| FIBRIN | FICKLE | FIDDLE | FIDGET | FIERCE | FIESTA |
| FIGURE | FILIAL | FILING | FILLED | FILLER | FILLET |
| FILLIP | FILTER | FILTHY | FINALE | FINERY | FINGER |
| FINIAL | FINISH | FINITE | FISCAL | FITFUL | FIZZLE |
| GIBBET | GIBBON | GIBLET | GIGGLE | GINGER | GINKGO |
| GIRDLE | GIRLIE | HIATUS | HIDDEN | HIDING | HIJACK |
| HITHER | JIGGLE | JIGSAW | JINGLE | JITTER | KIDNAP |
| KIDNEY | KILLED | KIMONO | KINDLE | KITTEN | KITTLE |
| LIABLE | LICHEN | LIGNUM | LIMPET | LIMPID | LINDEN |
| LINEAL | LINEAR | LINEUP | LINGER | LINGUA | LINING |
| LINKUP | LIQUID | LIQUOR | LISTEN | LITANY | LITMUS |
| LITTER | LITTLE | LIVERY | LIZARD | MIASMA | MICRON |
| MIDDAY | MIDDLE | MIDGET | MIDWAY | MIGHTY | MIGNON |

| | | | | | |
|---|---|---|---|---|---|
| MILDEW | MILIEU | MILLER | MILLET | MILORD | MINGLE |
| MINIMA | MINION | MINNOW | MINUET | MINUTE | MIRAGE |
| MIRROR | MISERY | MISSES | MITTEN | NIBBLE | NICETY |
| NICKEL | NIGGER | NIMBLE | NIMBUS | NINETY | NIPPLE |
| NITRIC | OILMAN | OILMEN | PIAZZA | PICKET | PICKLE |
| PICNIC | PIDDLE | PIDGIN | PIECED | PIERCE | PIGEON |
| PIGPEN | PILFER | PILLAR | PILLOW | PIMPLE | PINION |
| PINKIE | PIRACY | PIRATE | PISTOL | PISTON | PITMAN |
| RIBALD | RIBBON | RIBOSE | RIDDEN | RIDDLE | RIFFLE |
| RIPPLE | RITUAL | SICKEN | SICKLE | SIDING | SIENNA |
| SIERRA | SIESTA | SIGNAL | SIGNET | SILAGE | SILENT |
| SILICA | SILKEN | SILVER | SIMILE | SIMMER | SIMPER |
| SIMPLE | SIMPLY | SINEWY | SINFUL | SINGLE | SINGLY |
| SINTER | SISTER | SIZING | SIZZLE | TICKET | TICKLE |
| TIMBER | TIMBRE | TIMING | TINDER | TINGLE | TINKER |
| TINKLE | TINSEL | TIPPED | TIPPLE | TIPTOE | TIRADE |
| TISSUE | TITBIT | TITIAN | TITLED | VICTIM | VICTOR |
| VIEWER | VILIFY | VIOLET | VIOLIN | VIRGIN | VIRILE |
| VIRTUE | VISAGE | VISION | VISUAL | VIVIFY | WICKET |
| WIGGLE | WIGWAM | WILFUL | WILLOW | WINDOW | WINDUP |
| WINERY | WINKLE | WINNOW | WINTER | WINTRY | WIPING |
| WISDOM | WITHAL | WITHER | WITHIN | WIZARD | ZIGZAG |
| ZIRCON | SKATER | SKETCH | SKIMPY | SKINNY | ALBEIT |
| ALCOVE | ALIGHT | ALKALI | ALLEGE | ALLIED | ALLUDE |
| ALLURE | ALMOND | ALMOST | ALPINE | ALUMNA | ALUMNI |
| BLANCH | BLAZON | BLEACH | BLEARY | BLIGHT | BLITHE |
| BLONDE | BLOODY | BLOTCH | BLOUSE | BLUISH | BLURRY |
| CLAMMY | CLARET | CLASSY | CLAUSE | CLEAVE | CLENCH |
| CLERGY | CLERIC | CLEVER | CLIENT | CLIMAX | CLINCH |
| CLINIC | CLIQUE | CLONED | CLOSED | CLOSER | CLOSET |
| CLOTHE | CLOUDY | CLOVEN | CLUMSY | CLUTCH | ELAPSE |
| ELDEST | ELEVEN | ELICIT | FLABBY | FLANGE | FLASHY |
| FLATUS | FLAUNT | FLAXEN | FLEDGE | FLEECE | FLESHY |
| FLETCH | FLIGHT | FLIMSY | FLINCH | FLINTY | FLOPPY |
| FLORAL | FLORID | FLORIN | FLOURY | FLOWER | FLUENT |
| FLUFFY | FLURRY | GLACIS | GLANCE | GLASSY | GLOBAL |
| GLOOMY | GLOSSY | GLUING | GLYCOL | ILLUME | KLAXON |
| OLEFIN | PLACED | PLACID | PLAGUE | PLANET | PLAQUE |
| PLASMA | PLATEN | PLEASE | PLEDGE | PLENTY | PLENUM |
| PLEURA | PLIANT | PLIERS | PLIGHT | PLOUGH | PLOVER |
| PLUCKY | PLUNGE | PLURAL | SLATER | SLEDGE | SLEEPY |
| SLEETY | SLEEVE | SLEIGH | SLEUTH | SLIGHT | SLIVER |
| SLOGAN | SLOPED | SLOPPY | SLOUCH | SLOUGH | SLUDGE |
| SLUICE | AMBUSH | AMIDST | AMOEBA | AMORAL | AMOUNT |
| AMPERE | AMULET | EMBALM | EMBANK | EMBARK | EMBLEM |
| EMBODY | EMBOSS | EMBRYO | EMERGE | EMPIRE | EMPLOY |
| IMBIBE | IMBRUE | IMMUNE | IMPACT | IMPAIR | IMPALE |
| IMPART | IMPEDE | IMPEND | IMPORT | IMPOSE | IMPOST |

# 6 letters

IMPUGN IMPURE IMPUTE SMITHY SMOOCH SMOOTH
SMUDGE SMUDGY SMUTTY UMLAUT UMPIRE ANCHOR
ANGLED ANIMAL ANNEAL ANNUAL ANNULI ANODIC
ANOMIE ANSWER ANTHEM ANTHER ANTLER ANYHOW
ANYONE ANYWAY ENABLE ENAMEL ENCORE ENDURE
ENERGY ENFANT ENGAGE ENGINE ENIGMA ENMITY
ENOUGH ENSURE ENTICE ENTIRE ENTITY ENZYME
GNEISS GNOMON INBORN INBRED INCEST INCISE
INCITE INCOME INCUBI INDEED INDENT INDICT
INDIGO INDIUM INDOOR INDUCE INDUCT INFAMY
INFANT INFECT INFEST INFIRM INFLOW INFLUX
INFORM INFUSE INGEST INHALE INHERE INJECT
INJURE INJURY INLAID INLAND INMATE INNATE
INROAD INSANE INSECT INSERT INSIDE INSIST
INSTEP INSTIL INSULT INSURE INTACT INTAKE
INTEND INTENT INTERN INTONE INTUIT INVADE
INVENT INVERT INVEST INVITE INVOKE INWARD
KNIGHT KNIVES KNOTTY ONRUSH ONWARD SNAPPY
SNATCH SNAZZY SNEAKY SNEEZE SNIPPY SNIVEL
SNOOPY SNOTTY UNDONE UNIQUE UNISEX UNISON
UNITED UNLIKE UNLOAD UNLOCK UNRULY BOBBIN
BOBBLE BOBCAT BODICE BODIED BODIES BOGGLE
BONITO BONNET BOOGIE BOOKIE BORATE BORDER
BORROW BOSSES BOTANY BOTFLY BOTTLE BOTTOM
BOUGHT BOUNCE BOUNCY BOUNTY BOVINE BOWFIN
BOWMAN BOWMEN BOYISH COARSE COBALT COBBLE
COBWEB COCKLE COCOON CODDLE CODIFY CODING
COERCE COFFEE COFFER COFFIN COGENT COHERE
COHORT COLEUS COLLAR COLLIE COLONY COLOUR
COLUMN COMBAT COMEDY COMMIT COMMON COMPEL
COMPLY CONCUR CONFER CONSUL CONVEX CONVEY
CONVOY COOKIE COPIED COPIES CORBEL CORDON
CORNEA CORNET CORONA CORPSE CORPUS CORRAL
CORSET CORTEX COSINE COSMIC COSMOS COTTON
COUGAR COUNTY COUPLE COUPON COURSE COUSIN
COVERT COWARD COWBOY COWPOX COYOTE DOCILE
DOCKET DOCTOR DOLLAR DOLLOP DOMAIN DOMINO
DONATE DONKEY DOODLE DOSAGE DOUBLE FODDER
FOETAL FOETUS FOIBLE FOLDER FOLKSY FOLLOW
FONDLE FONDLY FORAGE FORBID FORCED FOREST
FORGET FORGOT FORMAL FORMAT FORMER FORMIC
FOSSIL FOSTER FOUGHT FOURTH GOBBLE GOBLET
GODSON GODWIT GOGGLE GOLDEN GOOBER GOPHER
GORGON GOSPEL GOSSIP GOTTEN GOVERN HOARSE
HOBBLE HOCKEY HOLDEN HOLDUP HOLLER HOLLOW
HOMAGE HOMILY HONEST HOOVES HOPPLE HORNET
HORRID HORROR HOTBED HOYDEN IODIDE IODINE
JOCKEY JOCOSE JOCUND JOGGLE JOSTLE JOUNCE

| | | | | | |
|---|---|---|---|---|---|
| JOVIAL | JOYFUL | JOYOUS | KOSHER | LOADED | LOATHE |
| LOAVES | LOBULE | LOCALE | LOCATE | LOCKUP | LOCUST |
| LOGGED | LOITER | LOOSEN | LOQUAT | LOTION | LOUNGE |
| LOUVER | LOWBOY | MOBILE | MOCKUP | MODERN | MODEST |
| MODIFY | MODISH | MODULE | MOIETY | MOLEST | MOLTEN |
| MOMENT | MONKEY | MORALE | MORASS | MORBID | MORGUE |
| MOROSE | MORRIS | MORROW | MORSEL | MORTAL | MORTAR |
| MOSAIC | MOSQUE | MOTHER | MOTION | MOTIVE | MOTLEY |
| MOTTLE | MOVING | NOBODY | NODULE | NOODLE | NORMAL |
| NOTARY | NOTATE | NOTICE | NOTIFY | NOTION | NOVICE |
| NOWISE | NOZZLE | POCKET | PODIUM | POETIC | POETRY |
| POISON | POLICE | POLICY | POLISH | POLITE | POLITY |
| POLLEN | POMADE | POMPON | PONCHO | PONDER | POODLE |
| POPISH | POPLAR | POPLIN | POROUS | PORTAL | POSEUR |
| POSSUM | POSTAL | POTASH | POTATO | POTENT | POTION |
| POUNCE | POWDER | ROBUST | ROCKET | ROCOCO | RODENT |
| ROSARY | ROSTER | ROTARY | ROTATE | ROTTEN | ROTUND |
| ROUTED | SOCCER | SOCIAL | SOCKET | SODDEN | SODIUM |
| SOFTEN | SOLACE | SOLDER | SOLEMN | SOLUTE | SOLVED |
| SOMBRE | SONANT | SONATA | SONNET | SOOTHE | SOPHIA |
| SORDID | SORREL | SORROW | SORTIE | SOUGHT | SOURCE |
| SOVIET | TODDLE | TOFFEE | TOGGLE | TOILET | TOMATO |
| TONGUE | TONING | TONSIL | TOPPED | TOPPLE | TORPID |
| TORPOR | TORQUE | TORRID | TOUCHY | TOUSLE | TOWARD |
| TOWHEE | VOLLEY | VOLUME | VOODOO | VORTEX | VOTARY |
| VOTIVE | VOYAGE | WOBBLE | WOEFUL | WOMBAT | WONDER |
| WOODEN | WORKER | WORSEN | WORTHY | YOGURT | ZODIAC |
| ZOMBIE | ZOUNDS | APACHE | APATHY | APICES | APIECE |
| APLOMB | APOGEE | APPEAL | APPEAR | APPEND | IPECAC |
| OPAQUE | OPIATE | OPPOSE | OPTION | SPACED | SPARSE |
| SPAVIN | SPAYED | SPECIE | SPEECH | SPEEDY | SPHERE |
| SPHINX | SPIDER | SPIGOT | SPINAL | SPIRAL | SPIRIT |
| SPLASH | SPLEEN | SPLICE | SPLINT | SPOKEN | SPONGE |
| SPONGY | SPORTY | SPOTTY | SPOUSE | SPRAIN | SPRANG |
| SPRAWL | SPREAD | SPRING | SPRINT | SPRITE | SPROUT |
| SPRUCE | SPRUNG | SPURGE | UPBEAT | UPDATE | UPHELD |
| UPHILL | UPHOLD | UPKEEP | UPLAND | UPLIFT | UPROAR |
| UPROOT | UPSHOT | UPSIDE | UPTAKE | UPTOWN | UPTURN |
| UPWARD | UPWIND | EQUATE | EQUINE | EQUITY | SQUALL |
| SQUARE | SQUASH | SQUAWK | SQUEAK | SQUEAL | SQUINT |
| SQUIRE | SQUIRM | SQUIRT | SQUISH | ARCADE | ARCANE |
| ARCTIC | ARDENT | ARISEN | ARMADA | ARMFUL | ARMPIT |
| AROUND | AROUSE | ARRACK | ARREAR | ARREST | ARRIVE |
| ARROYO | ARSINE | ARTERY | ARTFUL | BRAINY | BRANCH |
| BRANDY | BRASSY | BRAZEN | BREACH | BREAST | BREATH |
| BREECH | BREEZE | BREEZY | BREVET | BRIDAL | BRIDGE |
| BRIDLE | BRIGHT | BROACH | BROKEN | BRONCO | BRONZE |
| BRONZY | BROODY | BROWSE | BRUISE | BRUSHY | BRUTAL |

## 6 letters

| | | | | | |
|---|---|---|---|---|---|
| CRADLE | CRAFTY | CRAGGY | CRANIA | CRANKY | CRANNY |
| CRATER | CRAVAT | CRAVEN | CRAYON | CREAKY | CREAMY |
| CREASE | CREATE | CREDIT | CREEPY | CRETIN | CREWEL |
| CRINGE | CRISES | CRISIS | CRITIC | CROCUS | CROTCH |
| CROUCH | CRUDDY | CRUISE | CRUMMY | CRUNCH | CRUSTY |
| CRUTCH | DRAGON | DREAMT | DREAMY | DREARY | DREDGE |
| DRENCH | DRESSY | DRIPPY | DRIVEN | DROWSE | DROWSY |
| DRUDGE | ERASED | ERBIUM | EROTIC | ERRAND | ERRANT |
| ERRATA | ERSATZ | FRAYED | FREEZE | FRENCH | FRENZY |
| FRESCO | FRIEND | FRIEZE | FRIGHT | FRIGID | FRILLY |
| FRINGE | FRISKY | FROLIC | FROSTY | FROTHY | FROWZY |
| FROZEN | FRUGAL | GRADED | GRAINY | GRANNY | GRASSY |
| GRATER | GRATIS | GRAVEL | GRAVEN | GRAVID | GREASE |
| GREASY | GREEDY | GRIEVE | GRILLE | GRIPPE | GRISLY |
| GRITTY | GROCER | GROGGY | GROOVE | GROUND | GROVEL |
| GROWTH | GRUBBY | GRUDGE | IRONIC | ORACLE | ORANGE |
| ORCHID | ORDAIN | ORDEAL | ORGASM | ORIENT | ORIGIN |
| ORIOLE | ORNATE | ORNERY | ORPHAN | PRAISE | PRANCE |
| PRAYER | PREACH | PREFAB | PREFER | PREFIX | PRESET |
| PRESTO | PRETTY | PRIEST | PRIMAL | PRINCE | PRIORY |
| PRISON | PRISSY | PRIVET | PROFIT | PROLIX | PROMPT |
| PROPEL | PROPER | PROVEN | TRACED | TRACER | TRAGIC |
| TRANCE | TRASHY | TRAUMA | TRAVEL | TREATY | TREBLE |
| TREMOR | TRENCH | TRIBAL | TRICKY | TRIFLE | TRIPLE |
| TRIPOD | TRITON | TRIUNE | TROIKA | TROPHY | TROPIC |
| TROUGH | TROUPE | TRUANT | TRUDGE | TRUISM | URBANE |
| URCHIN | URGENT | URGING | URINAL | WRAITH | WREATH |
| WRENCH | WRETCH | WRIGHT | WRITER | WRITHE | ASCEND |
| ASCENT | ASHORE | ASLEEP | ASPECT | ASPIRE | ASSAIL |
| ASSENT | ASSERT | ASSESS | ASSIGN | ASSIST | ASSORT |
| ASSUME | ASSURE | ASTHMA | ASTRAL | ASTRAY | ASTUTE |
| ASYLUM | ESCAPE | ESCHEW | ESCORT | ESCROW | ESCUDO |
| ESPRIT | ESTATE | ESTEEM | ISLAND | ISOMER | OSMIUM |
| OSPREY | OSSIFY | PSEUDO | PSYCHE | PSYCHO | USABLE |
| USEFUL | USURER | ATOMIC | ATONAL | ATRIUM | ATTACH |
| ATTACK | ATTAIN | ATTEND | ATTEST | ATTIRE | ATTUNE |
| ETHANE | ETHNIC | ITALIC | ITSELF | OTIOSE | STABLE |
| STAMEN | STANCE | STANCH | STANZA | STAPLE | STARCH |
| STARVE | STASIS | STATED | STATIC | STATOR | STATUE |
| STATUS | STAYED | STEADY | STEAMY | STEELY | STENCH |
| STEPPE | STEREO | STICKY | STIFLE | STIGMA | STINGY |
| STITCH | STOCKY | STODGY | STOLEN | STOLID | STOOGE |
| STORED | STORMY | STRAIN | STRAIT | STRAND | STRATA |
| STREAK | STREAM | STREET | STRESS | STREWN | STRICT |
| STRIDE | STRIFE | STRIKE | STRING | STRIPE | STRIVE |
| STRODE | STROKE | STROLL | STRONG | STROVE | STRUCK |
| STRUNG | STUBBY | STUCCO | STUDIO | STUFFY | STUMPY |
| STUPID | STUPOR | STURDY | STYLED | STYLUS | STYMIE |

| | | | | | |
|---|---|---|---|---|---|
| UTERUS | UTMOST | UTOPIA | AUBURN | AUGUST | AUNTIE |
| AURORA | AUTHOR | AUTISM | AUTUMN | BUBBLE | BUCKET |
| BUCKLE | BUDGET | BUFFET | BULLET | BUMBLE | BUNDLE |
| BUNGLE | BURDEN | BUREAU | BURIAL | BURIED | BURLAP |
| BURLEY | BURROW | BUSHEL | BUSTLE | BUTANE | BUTLER |
| BUTTON | BUZZER | CUCKOO | CUDDLE | CUDDLY | CUDGEL |
| CUPFUL | CUPRIC | CURATE | CURDLE | CURFEW | CURING |
| CURIUM | CURLEW | CURSOR | CUSTOM | CUTLER | CUTLET |
| CUTOFF | DUFFEL | DUGOUT | DULCET | DUPING | DUPLEX |
| DURESS | DURING | EULOGY | EUREKA | FULFIL | FUMBLE |
| FUNGAL | FUNGUS | FUNNEL | FURROW | FUSION | FUTILE |
| FUTURE | GUFFAW | GUILTY | GUINEA | GUITAR | GULLET |
| GURGLE | GUSSET | GUZZLE | HUBBUB | HUBRIS | HUDDLE |
| HUMANE | HUMBLE | HUNGRY | HURDLE | HURRAH | HURRAY |
| HURTLE | HUSTLE | HUZZAH | JUDGED | JUGGLE | JUJUBE |
| JUMBLE | JUNGLE | JUNIOR | LUMBAR | LUMBER | LUMMOX |
| LUNACY | LUPINE | LUXURY | MUDDLE | MUFFIN | MUFFLE |
| MULISH | MULLAH | MULLER | MUMBLE | MURDER | MURMUR |
| MUSCLE | MUSEUM | MUSKET | MUSLIN | MUSSEL | MUTANT |
| MUTATE | MUTINY | MUTTER | MUTTON | MUTUAL | MUZZLE |
| NUANCE | NUBILE | NUCLEI | NUGGET | NUMBER | NUTMEG |
| NUTRIA | NUZZLE | OUTPUT | OUTSET | PUBLIC | PUDDLE |
| PUEBLO | PUFFED | PUFFIN | PULLED | PULLEY | PULPIT |
| PUMICE | PUMMEL | PUNDIT | PUNISH | PUPATE | PUPPET |
| PURIFY | PURPLE | PURSUE | PURVEY | PUZZLE | QUAHOG |
| QUAINT | QUANTA | QUARRY | QUARTZ | QUASAR | QUAVER |
| QUEASY | QUENCH | QUINCE | QUIRKY | QUIVER | QUORUM |
| RUBBLE | RUBRIC | RUCKUS | RUDDER | RUEFUL | RUFFLE |
| RULING | RUMBLE | RUMOUR | RUMPLE | RUMPUS | RUNWAY |
| RUSSET | RUSSIA | RUSTIC | RUSTLE | SUBMIT | SUBSET |
| SUBTLE | SUBTLY | SUBURB | SUDDEN | SUFFER | SUFFIX |
| SUITOR | SULFUR | SULLEN | SULPHA | SULTAN | SULTRY |
| SUMMED | SUMMIT | SUMMON | SUNDER | SUNDRY | SUNKEN |
| SUNLIT | SUNSET | SUNTAN | SUPERB | SUPINE | SUPPLE |
| SUPPLY | SURETY | SURREY | SURTAX | SURVEY | SUTURE |
| TUBULE | TUMBLE | TUMULT | TUNDRA | TUNNEL | TUPELO |
| TURBAN | TURBID | TURGID | TURKEY | TURNIP | TURRET |
| TURTLE | TUSSLE | TUXEDO | VULGAR | AVENGE | AVENUE |
| AVERSE | AVIARY | AVIATE | AVOCET | AVOWAL | EVENTS |
| EVINCE | EVOLVE | OVERLY | SVELTE | AWAKEN | AWHILE |
| SWAMPY | SWANKY | SWATCH | SWATHE | SWEATY | SWERVE |
| SWISHY | SWITCH | SWIVEL | TWEEDY | TWEEZE | TWELVE |
| TWENTY | TWINGE | TWITCH | EXCEED | EXCEPT | EXCESS |
| EXCISE | EXCITE | EXCUSE | EXEMPT | EXEUNT | EXHALE |
| EXHORT | EXHUME | EXODUS | EXOTIC | EXPAND | EXPECT |
| EXPEND | EXPERT | EXPIRE | EXPORT | EXPOSE | EXTANT |
| EXTEND | EXTENT | EXTORT | OXALIC | OXCART | OXYGEN |
| BYGONE | BYLINE | BYPASS | BYPATH | BYROAD | BYWORD |

## 6 letters

| | | | | | |
|---|---|---|---|---|---|
| CYANIC | CYCLED | CYCLIC | DYADIC | DYEING | DYNAMO |
| DYNAST | EYEFUL | EYELET | EYELID | GYPSUM | GYRATE |
| HYBRID | HYMNAL | HYPHEN | MYOPIA | MYOPIC | MYOSIN |
| MYRIAD | MYRTLE | MYSELF | MYSTIC | MYTHIC | OYSTER |
| PYRITE | PYTHON | SYLVAN | SYMBOL | SYNDIC | SYNTAX |
| SYRUPY | SYSTEM | TYCOON | TYPHUS | TYPIFY | TYPING |
| TYRANT | AZALEA | | | | |

## By 3<sup>rd</sup> letter

| | | | | | |
|---|---|---|---|---|---|
| ABACUS | ADAGIO | APACHE | APATHY | AWAKEN | AZALEA |
| BEACON | BEADLE | BEATEN | BEATER | BEAUTY | BEAVER |
| BLANCH | BLAZON | BRAINY | BRANCH | BRANDY | BRASSY |
| BRAZEN | CEASED | CHAISE | CHALET | CHALKY | CHANCE |
| CHANCY | CHANGE | CHAPEL | CHARGE | CHASTE | CHATTY |
| CLAMMY | CLARET | CLASSY | CLAUSE | COARSE | CRADLE |
| CRAFTY | CRAGGY | CRANIA | CRANKY | CRANNY | CRATER |
| CRAVAT | CRAVEN | CRAYON | CYANIC | DEACON | DEADEN |
| DEAFEN | DEARTH | DIADEM | DIALOG | DIAPER | DIATOM |
| DRAGON | DYADIC | ELAPSE | ENABLE | ENAMEL | ERASED |
| FEALTY | FIASCO | FLABBY | FLANGE | FLASHY | FLATUS |
| FLAUNT | FLAXEN | FRAYED | GLACIS | GLANCE | GLASSY |
| GRADED | GRAINY | GRANNY | GRASSY | GRATER | GRATIS |
| GRAVEL | GRAVEN | GRAVID | HEALTH | HEARSE | HEARTH |
| HEARTY | HEATER | HEAVEN | HIATUS | HOARSE | ITALIC |
| KLAXON | LEADEN | LEAGUE | LEAVEN | LIABLE | LOADED |
| LOATHE | LOAVES | MEADOW | MEAGRE | MIASMA | NEARBY |
| NEARED | NUANCE | OPAQUE | ORACLE | ORANGE | OXALIC |
| PEANUT | PIAZZA | PLACED | PLACID | PLAGUE | PLANET |
| PLAQUE | PLASMA | PLATEN | PRAISE | PRANCE | PRAYER |
| QUAHOG | QUAINT | QUANTA | QUARRY | QUARTZ | QUASAR |
| QUAVER | REALTY | REASON | SCALAR | SCALED | SCANTY |
| SCARCE | SCATHE | SEAMAN | SEAMEN | SEARCH | SEASON |
| SHABBY | SHADOW | SHAGGY | SHAKEN | SHALOM | SHANTY |
| SHARED | SHAVEN | SKATER | SLATER | SNAPPY | SNATCH |
| SNAZZY | SPACED | SPARSE | SPAVIN | SPAYED | STABLE |
| STAMEN | STANCE | STANCH | STANZA | STAPLE | STARCH |
| STARVE | STASIS | STATED | STATIC | STATOR | STATUE |
| STATUS | STAYED | SWAMPY | SWANKY | SWATCH | SWATHE |
| TEACUP | TEAPOT | TEASEL | THATCH | TRACED | TRACER |
| TRAGIC | TRANCE | TRASHY | TRAUMA | TRAVEL | USABLE |
| WEAKEN | WEALTH | WEAPON | WEASEL | WRAITH | YEARLY |
| YEASTY | ZEALOT | ALBEIT | AMBUSH | AUBURN | BABBLE |
| BABOON | BOBBIN | BOBBLE | BOBCAT | BUBBLE | CABANA |
| COBALT | COBBLE | COBWEB | DABBLE | DEBASE | DEBATE |
| DEBRIS | DEBTOR | DIBBLE | EMBALM | EMBANK | EMBARK |
| EMBLEM | EMBODY | EMBOSS | EMBRYO | ERBIUM | FABRIC |

| | | | | | |
|---|---|---|---|---|---|
| FIBRIN | GABBLE | GIBBET | GIBBON | GIBLET | GOBBLE |
| GOBLET | HOBBLE | HUBBUB | HUBRIS | HYBRID | IMBIBE |
| IMBRUE | INBORN | INBRED | LABIAL | LABILE | LABOUR |
| LOBULE | MOBILE | NEBULA | NIBBLE | NOBODY | NUBILE |
| PEBBLE | PUBLIC | RABBET | RABBIT | RABBLE | RABIES |
| REBUKE | RIBALD | RIBBON | RIBOSE | ROBUST | RUBBLE |
| RUBRIC | SUBMIT | SUBSET | SUBTLE | SUBTLY | SUBURB |
| TABBED | TABLET | TUBULE | UPBEAT | URBANE | WEBBED |
| WOBBLE | ACCEDE | ACCENT | ACCEPT | ACCESS | ACCORD |
| ACCOST | ACCRUE | ACCUSE | ALCOVE | ANCHOR | ARCADE |
| ARCANE | ARCTIC | ASCEND | ASCENT | BACKUP | BECALM |
| BECAME | BECKET | BECKON | BECOME | BICEPS | BICKER |
| BUCKET | BUCKLE | CACKLE | CACTUS | CICADA | COCKLE |
| COCOON | CUCKOO | CYCLED | CYCLIC | DACTYL | DECADE |
| DECANT | DECEIT | DECENT | DECIDE | DECODE | DECREE |
| DICKEY | DICTUM | DOCILE | DOCKET | DOCTOR | ENCORE |
| ESCAPE | ESCHEW | ESCORT | ESCROW | ESCUDO | EXCEED |
| EXCEPT | EXCESS | EXCISE | EXCITE | EXCUSE | FACADE |
| FACIAL | FACILE | FACTOR | FECUND | FICKLE | HACKLE |
| HECKLE | HECTIC | HECTOR | HOCKEY | INCEST | INCISE |
| INCITE | INCOME | INCUBI | JACKET | JOCKEY | JOCOSE |
| JOCUND | LACKEY | LACUNA | LECHER | LICHEN | LOCALE |
| LOCATE | LOCKUP | LOCUST | MICRON | MOCKUP | NECTAR |
| NICETY | NICKEL | NUCLEI | OCCULT | OCCUPY | ORCHID |
| OXCART | PACIFY | PACKET | PICKET | PICKLE | PICNIC |
| POCKET | RACIAL | RACKET | RECALL | RECENT | RECESS |
| RECIPE | RECKON | RECORD | RECTOR | ROCKET | ROCOCO |
| RUCKUS | SACHEM | SACRAL | SACRED | SECANT | SECEDE |
| SECOND | SECRET | SECTOR | SECURE | SICKEN | SICKLE |
| SOCCER | SOCIAL | SOCKET | TACKLE | TACTIC | TICKET |
| TICKLE | TYCOON | URCHIN | VACANT | VACATE | VACUUM |
| VECTOR | VICTIM | VICTOR | WICKET | ABDUCT | ADDEND |
| ADDICT | ADDUCE | ARDENT | BEDBUG | BEDLAM | BIDDEN |
| BODICE | BODIED | BODIES | BUDGET | CADDIS | CADENT |
| CODDLE | CODIFY | CODING | CUDDLE | CUDDLY | CUDGEL |
| DEDUCE | DEDUCT | DIDDLE | ELDEST | ENDURE | FIDDLE |
| FIDGET | FODDER | GADFLY | GADGET | GODSON | GODWIT |
| HIDDEN | HIDING | HUDDLE | INDEED | INDENT | INDICT |
| INDIGO | INDIUM | INDOOR | INDUCE | INDUCT | IODIDE |
| IODINE | JUDGED | KIDNAP | KIDNEY | MADCAP | MADDEN |
| MADMAN | MADMEN | MEDDLE | MEDIAL | MEDIAN | MEDICO |
| MEDIUM | MEDLEY | MIDDAY | MIDDLE | MIDGET | MIDWAY |
| MODERN | MODEST | MODIFY | MODISH | MODULE | MUDDLE |
| NODULE | ORDAIN | ORDEAL | PADDLE | PEDANT | PEDDLE |
| PIDDLE | PIDGIN | PODIUM | PUDDLE | RADIAL | RADIAN |
| RADISH | RADIUM | RADIUS | REDACT | REDDEN | REDIAL |
| REDTOP | REDUCE | RIDDEN | RIDDLE | RODENT | RUDDER |
| SADDEN | SADDLE | SADIST | SEDATE | SEDUCE | SIDING |

# 6 letters

| | | | | | |
|---|---|---|---|---|---|
| SODDEN | SODIUM | SUDDEN | TEDIUM | TODDLE | UNDONE |
| UPDATE | WADDLE | WEDDED | ZODIAC | ACETIC | AGENDA |
| AVENGE | AVENUE | AVERSE | BEETLE | BLEACH | BLEARY |
| BREACH | BREAST | BREATH | BREECH | BREEZE | BREEZY |
| BREVET | CHEEKY | CHEERY | CHEESE | CHEESY | CHEMIC |
| CHERRY | CHERUB | CLEAVE | CLENCH | CLERGY | CLERIC |
| CLEVER | COERCE | CREAKY | CREAMY | CREASE | CREATE |
| CREDIT | CREEPY | CRETIN | CREWEL | DEEPEN | DIESEL |
| DREAMT | DREAMY | DREARY | DREDGE | DRENCH | DRESSY |
| DYEING | ELEVEN | EMERGE | ENERGY | EVENTS | EXEMPT |
| EXEUNT | EYEFUL | EYELET | EYELID | FEEBLE | FIERCE |
| FIESTA | FLEDGE | FLEECE | FLESHY | FLETCH | FOETAL |
| FOETUS | FREEZE | FRENCH | FRENZY | FRESCO | GHETTO |
| GNEISS | GREASE | GREASY | GREEDY | IDEATE | IPECAC |
| LEEWAY | NEEDLE | OCELOT | OLEFIN | OVERLY | PHENOL |
| PHENYL | PIECED | PIERCE | PLEASE | PLEDGE | PLENTY |
| PLENUM | PLEURA | POETIC | POETRY | PREACH | PREFAB |
| PREFER | PREFIX | PRESET | PRESTO | PRETTY | PSEUDO |
| PUEBLO | QUEASY | QUENCH | RHESUS | RUEFUL | SCENIC |
| SEEING | SEETHE | SHEATH | SHEAVE | SHELVE | SHERRY |
| SIENNA | SIERRA | SIESTA | SKETCH | SLEDGE | SLEEPY |
| SLEETY | SLEEVE | SLEIGH | SLEUTH | SNEAKY | SNEEZE |
| SPECIE | SPEECH | SPEEDY | STEADY | STEAMY | STEELY |
| STENCH | STEPPE | STEREO | SVELTE | SWEATY | SWERVE |
| TEEING | TEETER | TEETHE | THEISM | THEIST | THENCE |
| THEORY | THESIS | TREATY | TREBLE | TREMOR | TRENCH |
| TWEEDY | TWEEZE | TWELVE | TWENTY | USEFUL | UTERUS |
| VIEWER | WEEKLY | WHEEZE | WHEEZY | WHENCE | WOEFUL |
| WREATH | WRENCH | WRETCH | AFFAIR | AFFECT | AFFIRM |
| AFFORD | AFFRAY | BAFFLE | BEFALL | BEFELL | BEFORE |
| BEFOUL | BUFFET | COFFEE | COFFER | COFFIN | DEFACE |
| DEFEAT | DEFECT | DEFEND | DEFINE | DEFORM | DEFRAY |
| DEFUSE | DIFFER | DUFFEL | EFFACE | EFFECT | EFFETE |
| EFFORT | ENFANT | GUFFAW | INFAMY | INFANT | INFECT |
| INFEST | INFIRM | INFLOW | INFLUX | INFORM | INFUSE |
| MUFFIN | MUFFLE | OFFEND | OFFICE | OFFSET | PUFFED |
| PUFFIN | RAFFIA | RAFFLE | RAFTER | REFUGE | REFUSE |
| REFUTE | RIFFLE | RUFFLE | SAFARI | SAFETY | SOFTEN |
| SUFFER | SUFFIX | TOFFEE | WAFFLE | ANGLED | AUGUST |
| BEGGAR | BIGGER | BOGGLE | BYGONE | COGENT | DAGGER |
| DEGREE | DIGEST | DUGOUT | EDGING | EIGHTH | EIGHTY |
| ENGAGE | ENGINE | FIGURE | GAGGLE | GIGGLE | GOGGLE |
| HAGGLE | INGEST | JAGUAR | JIGGLE | JIGSAW | JOGGLE |
| JUGGLE | LAGOON | LEGACY | LEGATE | LEGATO | LEGEND |
| LEGION | LEGUME | LIGNUM | LOGGED | MAGGOT | MAGNET |
| MAGNUM | MAGPIE | MIGHTY | MIGNON | NIGGER | NUGGET |
| ORGASM | PAGODA | PIGEON | PIGPEN | RAGGED | RAGOUT |
| REGAIN | REGALE | REGARD | REGENT | REGIME | REGION |

REGRET SIGNAL SIGNET TOGGLE URGENT URGING
VAGARY VAGINA WAGGLE WIGGLE WIGWAM YOGURT
ZIGZAG ACHING ADHERE AGHAST ASHORE AWHILE
BEHALF BEHAVE BEHEAD BEHELD BEHEST BEHIND
BEHOLD COHERE COHORT DAHLIA ECHOES ETHANE
ETHNIC EXHALE EXHORT EXHUME INHALE INHERE
SCHEMA SCHEME SCHISM SCHIST SCHOOL SPHERE
SPHINX UPHELD UPHILL UPHOLD ACIDIC ALIGHT
AMIDST ANIMAL APICES APIECE ARISEN AVIARY
AVIATE BLIGHT BLITHE BRIDAL BRIDGE BRIDLE
BRIGHT CAIMAN CHILLI CHILLY CHINCH CHISEL
CLIENT CLIMAX CLINCH CLINIC CLIQUE CRINGE
CRISES CRISIS CRITIC DAINTY DRIPPY DRIVEN
EDIBLE EDITOR ELICIT ENIGMA EVINCE FLIGHT
FLIMSY FLINCH FLINTY FOIBLE FRIEND FRIEZE
FRIGHT FRIGID FRILLY FRINGE FRISKY GAIETY
GEISHA GRIEVE GRILLE GRIPPE GRISLY GRITTY
GUILTY GUINEA GUITAR HEIGHT ICICLE IDIOCY
KAISER KNIGHT KNIVES LOITER MAIDEN MOIETY
ODIOUS OPIATE ORIENT ORIGIN ORIOLE OTIOSE
PLIANT PLIERS PLIGHT POISON PRIEST PRIMAL
PRINCE PRIORY PRISON PRISSY PRIVET QUINCE
QUIRKY QUIVER RAISED RAISIN SAILOR SHIELD
SHIFTY SHIMMY SHIVER SKIMPY SKINNY SLIGHT
SLIVER SMITHY SNIPPY SNIVEL SPIDER SPIGOT
SPINAL SPIRAL SPIRIT STICKY STIFLE STIGMA
STINGY STITCH SUITOR SWISHY SWITCH SWIVEL
TAILOR THIRST THIRTY TOILET TRIBAL TRICKY
TRIFLE TRIPLE TRIPOD TRITON TRIUNE TWINGE
TWITCH UNIQUE UNISEX UNISON UNITED URINAL
WEIGHT WHINNY WHITEN WRIGHT WRITER WRITHE
ABJECT ADJOIN ADJUST CAJOLE DEJECT HIJACK
INJECT INJURE INJURY JEJUNE JUJUBE OBJECT
REJECT ALKALI BAKERY BIKINI MAKEUP RAKING
RAKISH TAKING UPKEEP ABLAZE AFLAME AFLOAT
AGLEAM ALLEGE ALLIED ALLUDE ALLURE APLOMB
ASLEEP BALEEN BALLAD BALLED BALLET BALLOT
BALSAM BELFRY BELIEF BELLOW BELONG BILLET
BILLOW BULLET BYLINE CALICO CALIPH CALLER
CALLUS CELERY CELLAR COLEUS COLLAR COLLIE
COLONY COLOUR COLUMN DELETE DELUDE DELUGE
DILATE DILUTE DOLLAR DOLLOP DULCET EULOGY
FALCON FALLEN FALLOW FALTER FELINE FELLOW
FELONY FILIAL FILING FILLED FILLER FILLET
FILLIP FILTER FILTHY FOLDER FOLKSY FOLLOW
FULFIL GALAXY GALENA GALLEY GALLON GALLOP
GOLDEN GULLET HALIDE HALITE HALLOW HALTER
HELIUM HELMET HOLDEN HOLDUP HOLLER HOLLOW

## 6 letters

| | | | | | |
|---|---|---|---|---|---|
| ILLUME | INLAID | INLAND | ISLAND | JALOPY | KALMIA |
| KILLED | MALADY | MALICE | MALIGN | MALLET | MALLOW |
| MELLOW | MELODY | MILDEW | MILIEU | MILLER | MILLET |
| MILORD | MOLEST | MOLTEN | MULISH | MULLAH | MULLER |
| OBLATE | OBLIGE | OBLONG | OILMAN | OILMEN | PALACE |
| PALATE | PALLET | PALLID | PALTRY | PELLET | PELVIC |
| PELVIS | PHLOEM | PILFER | PILLAR | PILLOW | POLICE |
| POLICY | POLISH | POLITE | POLITY | POLLEN | PULLED |
| PULLEY | PULPIT | RELATE | RELICT | RELIEF | RELISH |
| RELOAD | RULING | SALAMI | SALARY | SALINE | SALIVA |
| SALLOW | SALMON | SALOON | SALUTE | SELDOM | SELECT |
| SELLER | SELVES | SILAGE | SILENT | SILICA | SILKEN |
| SILVER | SOLACE | SOLDER | SOLEMN | SOLUTE | SOLVED |
| SPLASH | SPLEEN | SPLICE | SPLINT | SULFUR | SULLEN |
| SULPHA | SULTAN | SULTRY | SYLVAN | TALCUM | TALENT |
| TALKIE | TALLOW | TELLER | UMLAUT | UNLIKE | UNLOAD |
| UNLOCK | UPLAND | UPLIFT | VALLEY | VALUED | VELLUM |
| VELVET | VILIFY | VOLLEY | VOLUME | VULGAR | WALLET |
| WALLOP | WALLOW | WALNUT | WALRUS | WILFUL | WILLOW |
| YELLOW | ADMIRE | ALMOND | ALMOST | ARMADA | ARMFUL |
| ARMPIT | BAMBOO | BEMOAN | BEMUSE | BUMBLE | CAMBER |
| CAMERA | CAMPUS | CEMENT | COMBAT | COMEDY | COMMIT |
| COMMON | COMPEL | COMPLY | DAMAGE | DAMASK | DAMPEN |
| DAMSEL | DEMAND | DEMARK | DEMEAN | DEMISE | DEMOTE |
| DEMURE | DIMMED | DIMMER | DIMPLE | DOMAIN | DOMINO |
| ENMITY | FAMILY | FAMINE | FAMISH | FAMOUS | FEMALE |
| FUMBLE | GAMBIT | GAMBLE | GAMBOL | HAMLET | HAMPER |
| HOMAGE | HOMILY | HUMANE | HUMBLE | HYMNAL | IAMBIC |
| IMMUNE | INMATE | JAMMED | JUMBLE | KIMONO | LAMBDA |
| LAMENT | LIMPET | LIMPID | LUMBAR | LUMBER | LUMMOX |
| MAMMAL | MEMBER | MEMOIR | MEMORY | MOMENT | MUMBLE |
| NAMING | NIMBLE | NIMBUS | NUMBER | OSMIUM | PAMPER |
| PIMPLE | POMADE | POMPON | PUMICE | PUMMEL | RAMBLE |
| RAMIFY | RAMROD | REMAND | REMARK | REMEDY | REMISS |
| REMOTE | REMOVE | RUMBLE | RUMOUR | RUMPLE | RUMPUS |
| SAMPLE | SIMILE | SIMMER | SIMPER | SIMPLE | SIMPLY |
| SOMBRE | SUMMED | SUMMIT | SUMMON | SYMBOL | TAMALE |
| TAMPON | TEMPER | TEMPLE | TIMBER | TIMBRE | TIMING |
| TOMATO | TUMBLE | TUMULT | UTMOST | WOMBAT | ZOMBIE |
| ANNEAL | ANNUAL | ANNULI | AUNTIE | BANANA | BANDIT |
| BANGLE | BANISH | BANTAM | BANTER | BENIGN | BINARY |
| BONITO | BONNET | BUNDLE | BUNGLE | CANARY | CANCEL |
| CANCER | CANDID | CANDLE | CANINE | CANKER | CANNEL |
| CANNON | CANNOT | CANOPY | CANTLE | CANTON | KANTOR |
| CANVAS | CANYON | CENSOR | CENSUS | CENTRE | CINDER |
| CINEMA | CONCUR | CONFER | CONSUL | CONVEX | CONVEY |
| CONVOY | DANGER | DANGLE | DENIAL | DENIED | DENOTE |
| DENTAL | DENUDE | DINGHY | DONATE | DONKEY | DYNAMO |

| | | | | | |
|---|---|---|---|---|---|
| DYNAST | FANTOD | FENNEL | FINALE | FINERY | FINGER |
| FINIAL | FINISH | FINITE | FONDLE | FONDLY | FUNGAL |
| FUNGUS | FUNNEL | GANDER | GANNET | GANTRY | GENDER |
| GENERA | GENIAL | GENIUS | GENTLE | GENTRY | GINGER |
| GINKGO | HANDLE | HANGAR | HANSOM | HONEST | HUNGRY |
| IGNITE | IGNORE | INNATE | JANGLE | JINGLE | JUNGLE |
| JUNIOR | KENNEL | KINDLE | LANDAU | LENGTH | LENTIL |
| LINDEN | LINEAL | LINEAR | LINEUP | LINGER | LINGUA |
| LINING | LINKUP | LUNACY | MANAGE | MANGLE | MANIAC |
| MANTEL | MANTIC | MANTIS | MANTLE | MANUAL | MANURE |
| MENACE | MENIAL | MENTAL | MENTOR | MINGLE | MINIMA |
| MINION | MINNOW | MINUET | MINUTE | MONKEY | NINETY |
| ORNATE | ORNERY | PANAMA | PANDER | PANTRY | PENCIL |
| PENMAN | PENMEN | PENURY | PINION | PINKIE | PONCHO |
| PONDER | PUNDIT | PUNISH | RANCHO | RANCID | RANDOM |
| RANGED | RANKLE | RANSOM | RENAME | RENDER | RENOWN |
| RENTAL | RUNWAY | SANDAL | SENATE | SENILE | SENIOR |
| SENSED | SENSOR | SENTRY | SINEWY | SINFUL | SINGLE |
| SINGLY | SINTER | SONANT | SONATA | SONNET | SUNDER |
| SUNDRY | SUNKEN | SUNLIT | SUNSET | SUNTAN | SYNDIC |
| SYNTAX | TANDEM | TANGLE | TANNED | TANNER | TANNIN |
| TENANT | TENDON | TENNIS | TENSOR | TENURE | TINDER |
| TINGLE | TINKER | TINKLE | TINSEL | TONGUE | TONING |
| TONSIL | TUNDRA | TUNNEL | VANDAL | VANISH | VANITY |
| VENDOR | VENEER | VENIAL | VENOUS | WANDER | WANGLE |
| WANTON | WINDOW | WINDUP | WINERY | WINKLE | WINNOW |
| WINTER | WINTRY | WONDER | ZENITH | ABOARD | ABOUND |
| AMOEBA | AMORAL | AMOUNT | ANODIC | ANOMIE | APOGEE |
| AROUND | AROUSE | ATOMIC | ATONAL | AVOCET | AVOWAL |
| BIOTIC | BLONDE | BLOODY | BLOTCH | BLOUSE | BOOGIE |
| BOOKIE | BROACH | BROKEN | BRONCO | BRONZE | BRONZY |
| BROODY | BROWSE | CHOICE | CHOOSE | CHOPPY | CHORAL |
| CHORUS | CHOSEN | CLONED | CLOSED | CLOSER | CLOSET |
| CLOTHE | CLOUDY | CLOVEN | COOKIE | CROCUS | CROTCH |
| CROUCH | DOODLE | DROWSE | DROWSY | ENOUGH | EROTIC |
| EVOLVE | EXODUS | EXOTIC | FLOPPY | FLORAL | FLORID |
| FLORIN | FLOURY | FLOWER | FROLIC | FROSTY | FROTHY |
| FROWZY | FROZEN | GLOBAL | GLOOMY | GLOSSY | GNOMON |
| GOOBER | GROCER | GROGGY | GROOVE | GROUND | GROVEL |
| GROWTH | HOOVES | IRONIC | ISOMER | KAOLIN | KNOTTY |
| LOOSEN | MYOPIA | MYOPIC | MYOSIN | NOODLE | OBOIST |
| PEOPLE | PHOBIC | PHOEBE | PHONEY | PHONIC | PHOTON |
| PLOUGH | PLOVER | POODLE | PROFIT | PROLIX | PROMPT |
| PROPEL | PROPER | PROVEN | QUORUM | REOPEN | SCORCH |
| SCORIA | SCOTCH | SHODDY | SHOULD | SHOVED | SHOVEL |
| SLOGAN | SLOPED | SLOPPY | SLOUCH | SLOUGH | SMOOCH |
| SMOOTH | SNOOPY | SNOTTY | SOOTHE | SPOKEN | SPONGE |
| SPONGY | SPORTY | SPOTTY | SPOUSE | STOCKY | STODGY |

## 6 letters

| | | | | | |
|---|---|---|---|---|---|
| STOLEN | STOLID | STOOGE | STORED | STORMY | THORNY |
| THOUGH | TROIKA | TROPHY | TROPIC | TROUGH | TROUPE |
| UTOPIA | VIOLET | VIOLIN | VOODOO | WHOLLY | WHOOSH |
| WOODEN | YEOMAN | ALPINE | AMPERE | APPEAL | APPEAR |
| APPEND | ASPECT | ASPIRE | BYPASS | BYPATH | CAPITA |
| CAPPED | CAPTOR | CIPHER | COPIED | COPIES | CUPFUL |
| CUPRIC | DAPPER | DAPPLE | DEPART | DEPEND | DEPICT |
| DEPLOY | DEPORT | DEPOSE | DEPUTE | DEPUTY | DIPOLE |
| DUPING | DUPLEX | EMPIRE | EMPLOY | ESPRIT | EXPAND |
| EXPECT | EXPEND | EXPERT | EXPIRE | EXPORT | EXPOSE |
| GOPHER | GYPSUM | HAPPEN | HOPPLE | HYPHEN | IMPACT |
| IMPAIR | IMPALE | IMPART | IMPEDE | IMPEND | IMPORT |
| IMPOSE | IMPOST | IMPUGN | IMPURE | IMPUTE | LAPPET |
| LAPTOP | LUPINE | NAPKIN | NEPHEW | NIPPLE | OPPOSE |
| ORPHAN | OSPREY | PAPACY | PAPERY | PAPYRI | POPISH |
| POPLAR | POPLIN | PUPATE | PUPPET | RAPIER | REPAIR |
| REPEAL | REPEAT | REPENT | REPLAY | REPORT | REPUTE |
| RIPPLE | SEPTIC | SEPTUM | SOPHIA | SUPERB | SUPINE |
| SUPPLE | SUPPLY | TAPPET | TIPPED | TIPPLE | TIPTOE |
| TOPPED | TOPPLE | TUPELO | TYPHUS | TYPIFY | TYPING |
| UMPIRE | WAPITI | WIPING | ACQUIT | LIQUID | LIQUOR |
| LOQUAT | SEQUEL | SEQUIN | ABRADE | ABROAD | ABRUPT |
| ACROSS | ADRIFT | ADROIT | AERATE | AERIAL | AFRAID |
| AFRESH | AGREED | AIRMAN | AIRWAY | ARRACK | ARREAR |
| ARREST | ARRIVE | ARROYO | ATRIUM | AURORA | BARBER |
| BARFLY | BARIUM | BARLEY | BARONY | BARRED | BARREL |
| BARREN | BARROW | BARTER | BERATE | BEREFT | BIRDIE |
| BORATE | BORDER | BORROW | BURDEN | BUREAU | BURIAL |
| BURIED | BURLAP | BURLEY | BURROW | BYROAD | CARBON |
| CARBOY | CAREEN | CAREER | CARESS | CARNAL | CARNEY |
| CARPET | CARREL | CARROT | CARTEL | CARTON | CARVEN |
| CEREAL | CERISE | CERIUM | CERVIX | CHROME | CIRCLE |
| CIRCUS | CORBEL | CORDON | CORNEA | CORNET | CORONA |
| CORPSE | CORPUS | CORRAL | CORSET | CORTEX | CURATE |
| CURDLE | CURFEW | CURING | CURIUM | CURLEW | CURSOR |
| DARKEN | DARKLE | DERAIL | DERIDE | DERIVE | DIRECT |
| DURESS | DURING | EARTHY | EARWIG | EERILY | EGRESS |
| ERRAND | ERRANT | ERRATA | EUREKA | FARINA | FERRET |
| FERRIC | FORAGE | FORBID | FORCED | FOREST | FORGET |
| FORGOT | FORMAL | FORMAT | FORMER | FORMIC | FURROW |
| GARAGE | GARBLE | GARDEN | GARGLE | GARISH | GARLIC |
| GARNER | GARNET | GARTER | GERBIL | GERMAN | GERUND |
| GIRDLE | GIRLIE | GORGON | GURGLE | GYRATE | HARASS |
| HARDEN | HARMED | HARROW | HERALD | HEREBY | HEREIN |
| HEREOF | HERESY | HERETO | HEROES | HEROIC | HEROIN |
| HERPES | HORNET | HORRID | HORROR | HURDLE | HURRAH |
| HURRAY | HURTLE | INROAD | JARGON | JERSEY | KARATE |
| KERNEL | LARIAT | LARVAE | LARVAL | LARYNX | MARAUD |

| | | | | | |
|---|---|---|---|---|---|
| MARBLE | MARGIN | MARINE | MARKER | MARKET | MARLIN |
| MARMOT | MAROON | MARROW | MARTEN | MARTIN | MARTYR |
| MARVEL | MERCER | MERLIN | MIRAGE | MIRROR | MORALE |
| MORASS | MORBID | MORGUE | MOROSE | MORRIS | MORROW |
| MORSEL | MORTAL | MORTAR | MURDER | MURMUR | MYRIAD |
| MYRTLE | NARROW | NORMAL | OGRESS | ONRUSH | PARADE |
| PARCEL | PARDON | PARENT | PARIAH | PARISH | PARLAY |
| PARLEY | PARODY | PAROLE | PARROT | PARSON | PERIOD |
| PERISH | PERMIT | PERSON | PERUSE | PHRASE | PIRACY |
| PIRATE | POROUS | PORTAL | PURIFY | PURPLE | PURSUE |
| PURVEY | PYRITE | RAREFY | SCRAPE | SCRAWL | SCREAM |
| SCREED | SCREEN | SCRIBE | SCRIPT | SCROLL | SERAPE |
| SERENE | SERIAL | SERIES | SERINE | SERMON | SERVER |
| SHRANK | SHREWD | SHRIEK | SHRIFT | SHRIKE | SHRILL |
| SHRIMP | SHRINE | SHRINK | SHRIVE | SHROUD | SHROVE |
| SHRUNK | SORDID | SORREL | SORROW | SORTIE | SPRAIN |
| SPRANG | SPRAWL | SPREAD | SPRING | SPRINT | SPRITE |
| SPROUT | SPRUCE | SPRUNG | STRAIN | STRAIT | STRAND |
| STRATA | STREAK | STREAM | STREET | STRESS | STREWN |
| STRICT | STRIDE | STRIFE | STRIKE | STRING | STRIPE |
| STRIVE | STRODE | STROKE | STROLL | STRONG | STROVE |
| STRUCK | STRUNG | SURETY | SURREY | SURTAX | SURVEY |
| SYRUPY | TARGET | TARIFF | TARPON | TARTAR | TERROR |
| THRALL | THRASH | THREAD | THREAT | THRESH | THRICE |
| THRIFT | THRILL | THRIVE | THROAT | THROES | THRONE |
| THRONG | THROWN | THRUSH | THRUST | TIRADE | TORPID |
| TORPOR | TORQUE | TORRID | TURBAN | TURBID | TURGID |
| TURKEY | TURNIP | TURRET | TURTLE | TYRANT | UNRULY |
| UPROAR | UPROOT | VERBAL | VERIFY | VERITY | VERMIN |
| VERNAL | VERSUS | VERTEX | VIRGIN | VIRILE | VIRTUE |
| VORTEX | WARBLE | WARDEN | WARMTH | WARREN | WORKER |
| WORSEN | WORTHY | YARROW | ZEROES | ZIRCON | ABSENT |
| ABSORB | ABSURD | ANSWER | ARSINE | ASSAIL | ASSENT |
| ASSERT | ASSESS | ASSIGN | ASSIST | ASSORT | ASSUME |
| ASSURE | BASALT | BASING | BASKET | BESIDE | BESTIR |
| BESTOW | BISECT | BISHOP | BISQUE | BOSSES | BUSHEL |
| BUSTLE | CASEIN | CASHEW | CASING | CASINO | CASKET |
| CASTLE | CASTOR | CASUAL | COSINE | COSMIC | COSMOS |
| CUSTOM | DESERT | DESIGN | DESIRE | DESIST | DESPOT |
| DISCUS | DISMAL | DISPEL | DISTAL | DOSAGE | EASIER |
| EASILY | ENSURE | ERSATZ | FASTEN | FESCUE | FISCAL |
| FOSSIL | FOSTER | FUSION | GASKET | GOSPEL | GOSSIP |
| GUSSET | HASSLE | HASTEN | HUSTLE | INSANE | INSECT |
| INSERT | INSIDE | INSIST | INSTEP | INSTIL | INSULT |
| INSURE | ITSELF | JASPER | JOSTLE | KOSHER | LASCAR |
| LESION | LESSEE | LESSEN | LESSON | LISTEN | MASQUE |
| MASTIC | MESCAL | MISERY | MISSES | MOSAIC | MOSQUE |
| MUSCLE | MUSEUM | MUSKET | MUSLIN | MUSSEL | MYSELF |

# 6 letters

| | | | | | |
|---|---|---|---|---|---|
| MYSTIC | NESTLE | OBSESS | OSSIFY | OYSTER | PASSER |
| PASTEL | PASTOR | PASTRY | PESETA | PESTLE | PISTOL |
| PISTON | POSEUR | POSSUM | POSTAL | RASCAL | RASTER |
| RESCUE | RESENT | RESIDE | RESIGN | RESIST | RESIZE |
| RESORT | RESULT | RESUME | ROSARY | ROSTER | RUSSET |
| RUSSIA | RUSTIC | RUSTLE | SESAME | SISTER | SYSTEM |
| TASSEL | TESTES | TISSUE | TUSSLE | UPSHOT | UPSIDE |
| VASSAL | VESPER | VESSEL | VESTAL | VESTRY | VISAGE |
| VISION | VISUAL | WISDOM | ACTION | ACTIVE | ACTUAL |
| ANTHEM | ANTHER | ANTLER | ARTERY | ARTFUL | ASTHMA |
| ASTRAL | ASTRAY | ASTUTE | ATTACH | ATTACK | ATTAIN |
| ATTEND | ATTEST | ATTIRE | ATTUNE | AUTHOR | AUTISM |
| AUTUMN | BATEAU | BATHOS | BATTEN | BATTLE | BETHEL |
| BETIDE | BETONY | BETRAY | BETTOR | BITTEN | BOTANY |
| BOTFLY | BOTTLE | BOTTOM | BUTANE | BUTLER | BUTTON |
| CATCHY | CATKIN | CATNIP | CATSUP | CATTLE | CITING |
| CITRIC | CITRON | CITRUS | COTTON | CUTLER | CUTLET |
| CUTOFF | DETACH | DETAIL | DETAIN | DETECT | DETENT |
| DETEST | DETOUR | DITHER | EITHER | ENTICE | ENTIRE |
| ENTITY | ESTATE | ESTEEM | EXTANT | EXTEND | EXTENT |
| EXTORT | FATHER | FATHOM | FATTEN | FETISH | FETTER |
| FETTLE | FITFUL | FUTILE | FUTURE | GATHER | GOTTEN |
| HATRED | HITHER | HOTBED | INTACT | INTAKE | INTEND |
| INTENT | INTERN | INTONE | INTUIT | JITTER | KETTLE |
| KITTEN | KITTLE | LATENT | LATTER | LETHAL | LETTER |
| LITANY | LITMUS | LITTER | LITTLE | LOTION | MATRIX |
| MATRON | MATURE | METEOR | METHOD | METHYL | METRIC |
| METTLE | MITTEN | MOTHER | MOTION | MOTIVE | MOTLEY |
| MOTTLE | MUTANT | MUTATE | MUTINY | MUTTER | MUTTON |
| MUTUAL | MYTHIC | NATION | NATIVE | NATURE | NETHER |
| NETTED | NETTLE | NITRIC | NOTARY | NOTATE | NOTICE |
| NOTIFY | NOTION | NUTMEG | NUTRIA | OBTAIN | OCTANE |
| OCTANT | OCTAVE | OPTION | OUTPUT | OUTSET | PATCHY |
| PATENT | PATHOS | PATINA | PATROL | PATRON | PETITE |
| PETREL | PETROL | PITMAN | POTASH | POTATO | POTENT |
| POTION | PYTHON | RATHER | RATIFY | RATING | RATTLE |
| RETAIL | RETAIN | RETARD | RETINA | RETIRE | RETORT |
| RETURN | RITUAL | ROTARY | ROTATE | ROTTEN | ROTUND |
| SATIRE | SETTLE | SUTURE | TATTLE | TATTOO | TETHER |
| TITBIT | TITIAN | TITLED | UPTAKE | UPTOWN | UPTURN |
| VOTARY | VOTIVE | WATERY | WATTLE | WITHAL | WITHER |
| WITHIN | ACUITY | ACUMEN | ALUMNA | ALUMNI | AMULET |
| BAUBLE | BLUISH | BLURRY | BOUGHT | BOUNCE | BOUNCY |
| BOUNTY | BRUISE | BRUSHY | BRUTAL | CAUCUS | CAUGHT |
| CAUSAL | CAUSED | CHUBBY | CHUNKY | CHURCH | CLUMSY |
| CLUTCH | COUGAR | COUNTY | COUPLE | COUPON | COURSE |
| COUSIN | CRUDDY | CRUISE | CRUMMY | CRUNCH | CRUSTY |
| CRUTCH | DOUBLE | DRUDGE | EQUATE | EQUINE | EQUITY |

| | | | | | |
|---|---|---|---|---|---|
| FAUCET | FAULTY | FEUDAL | FLUENT | FLUFFY | FLURRY |
| FOUGHT | FOURTH | FRUGAL | GAUCHE | GLUING | GRUBBY |
| GRUDGE | HAUNCH | JAUNTY | JOUNCE | LAUNCH | LAUREL |
| LOUNGE | LOUVER | NAUSEA | NEURAL | NEURON | NEUTER |
| OCULAR | PAUNCH | PAUPER | PAUSED | PLUCKY | PLUNGE |
| PLURAL | POUNCE | ROUTED | SCURRY | SCURVY | SLUDGE |
| SLUICE | SMUDGE | SMUDGY | SMUTTY | SOUGHT | SOURCE |
| SPURGE | SQUALL | SQUARE | SQUASH | SQUAWK | SQUEAK |
| SQUEAL | SQUINT | SQUIRE | SQUIRM | SQUIRT | SQUISH |
| STUBBY | STUCCO | STUDIO | STUFFY | STUMPY | STUPID |
| STUPOR | STURDY | TAUGHT | TOUCHY | TOUSLE | TRUANT |
| TRUDGE | TRUISM | USURER | ZOUNDS | ADVENT | ADVERB |
| ADVERT | ADVICE | ADVISE | BOVINE | CAVEAT | CAVERN |
| CAVIAR | CAVORT | COVERT | DEVICE | DEVISE | DEVOID |
| DEVOTE | DEVOUR | DEVOUT | DIVERT | DIVEST | DIVIDE |
| DIVINE | FAVOUR | GOVERN | INVADE | INVENT | INVERT |
| INVEST | INVITE | INVOKE | JOVIAL | LAVISH | LEVITY |
| LIVERY | MOVING | NOVICE | RAVAGE | RAVINE | RAVISH |
| REVEAL | REVERE | REVERT | REVILE | REVISE | REVIVE |
| REVOKE | REVOLT | SAVAGE | SAVANT | SAVING | SEVERE |
| SOVIET | TAVERN | VIVIFY | BEWAIL | BEWARE | BOWFIN |
| BOWMAN | BOWMEN | BYWORD | COWARD | COWBOY | COWPOX |
| INWARD | LAWFUL | LAWYER | LOWBOY | NEWTON | NOWISE |
| ONWARD | PEWTER | POWDER | REWARD | SAWYER | SEWAGE |
| TAWDRY | THWACK | THWART | TOWARD | TOWHEE | UPWARD |
| UPWIND | DEXTER | HEXANE | LUXURY | SEXTET | SEXTON |
| SEXUAL | TUXEDO | ANYHOW | ANYONE | ANYWAY | ASYLUM |
| BEYOND | BOYISH | COYOTE | GEYSER | GLYCOL | HEYDAY |
| HOYDEN | JOYFUL | JOYOUS | LAYMAN | LAYMEN | LAYOUT |
| MAYHEM | OXYGEN | PAYDAY | PAYOUT | PHYSIC | PSYCHE |
| PSYCHO | RHYTHM | SCYTHE | STYLED | STYLUS | STYMIE |
| THYMUS | VOYAGE | WAYLAY | BAZAAR | BUZZER | DAZZLE |
| ENZYME | FIZZLE | GAZING | GUZZLE | HAZARD | HUZZAH |
| LIZARD | MUZZLE | NOZZLE | NUZZLE | PUZZLE | SIZING |
| SIZZLE | WIZARD | | | | |

## By last letter

| | | | | | |
|---|---|---|---|---|---|
| AGENDA | ALUMNA | AMOEBA | ARMADA | ASTHMA | AURORA |
| AZALEA | BANANA | CABANA | CAMERA | CAPITA | CICADA |
| CINEMA | CORNEA | CORONA | CRANIA | DAHLIA | ENIGMA |
| ERRATA | EUREKA | FARINA | FIESTA | GALENA | GEISHA |
| GENERA | GUINEA | KALMIA | LACUNA | LAMBDA | LINGUA |
| MIASMA | MINIMA | MYOPIA | NAUSEA | NEBULA | NUTRIA |
| PAGODA | PANAMA | PATINA | PESETA | PIAZZA | PLASMA |
| PLEURA | QUANTA | RAFFIA | RETINA | RUSSIA | SALIVA |
| SCHEMA | SCORIA | SIENNA | SIERRA | SIESTA | SILICA |
| SONATA | SOPHIA | STANZA | STIGMA | STRATA | SULPHA |
| TRAUMA | TROIKA | TUNDRA | UTOPIA | VAGINA | ABSORB |

# 6 letters

| | | | | | |
|---|---|---|---|---|---|
| ADVERB | APLOMB | CHERUB | COBWEB | HUBBUB | PREFAB |
| SUBURB | SUPERB | ACETIC | ACIDIC | ANODIC | ARCTIC |
| ATOMIC | BIOTIC | CHEMIC | CITRIC | CLERIC | CLINIC |
| COSMIC | CRITIC | CUPRIC | CYANIC | CYCLIC | DYADIC |
| EROTIC | ETHNIC | EXOTIC | FABRIC | FERRIC | FORMIC |
| FROLIC | GARLIC | HECTIC | HEROIC | IAMBIC | IPECAC |
| IRONIC | ITALIC | MANIAC | MANTIC | MASTIC | METRIC |
| MOSAIC | MYOPIC | MYSTIC | MYTHIC | NITRIC | OXALIC |
| PELVIC | PHOBIC | PHONIC | PHYSIC | PICNIC | POETIC |
| PUBLIC | RUBRIC | RUSTIC | SCENIC | SEPTIC | STATIC |
| SYNDIC | TACTIC | TRAGIC | TROPIC | ZODIAC | ABOARD |
| ABOUND | ABROAD | ABSURD | ACCORD | ADDEND | AFFORD |
| AFRAID | AGREED | ALLIED | ALMOND | ANGLED | APPEND |
| AROUND | ASCEND | ATTEND | BALLAD | BALLED | BARRED |
| BEHEAD | BEHELD | BEHIND | BEHOLD | BEYOND | BODIED |
| BURIED | BYROAD | BYWORD | CANDID | CAPPED | CAUSED |
| CEASED | CLONED | CLOSED | COPIED | COWARD | CYCLED |
| DEFEND | DEMAND | DENIED | DEPEND | DEVOID | DIMMED |
| ERASED | ERRAND | EXCEED | EXPAND | EXPEND | EXTEND |
| EYELID | FANTOD | FECUND | FILLED | FLORID | FORBID |
| FORCED | FRAYED | FRIEND | FRIGID | GERUND | GRADED |
| GRAVID | GROUND | HARMED | HATRED | HAZARD | HERALD |
| HORRID | HOTBED | HYBRID | IMPEND | INBRED | INDEED |
| INLAID | INLAND | INROAD | INTEND | INWARD | ISLAND |
| JAMMED | JOCUND | JUDGED | KILLED | LEGEND | LIMPID |
| LIQUID | LIZARD | LOADED | LOGGED | MARAUD | METHOD |
| MILORD | MORBID | MYRIAD | NEARED | NETTED | OFFEND |
| ONWARD | ORCHID | PALLID | PAUSED | PERIOD | PIECED |
| PLACED | PLACID | PUFFED | PULLED | RAGGED | RAISED |
| RAMROD | RANCID | RANGED | RECORD | REGARD | RELOAD |
| REMAND | RETARD | REWARD | RIBALD | ROTUND | ROUTED |
| SACRED | SCALED | SCREED | SECOND | SENSED | SHARED |
| SHIELD | SHOULD | SHOVED | SHREWD | SHROUD | SLOPED |
| SOLVED | SORDID | SPACED | SPAYED | SPREAD | STATED |
| STAYED | STOLID | STORED | STRAND | STUPID | STYLED |
| SUMMED | TABBED | TANNED | THREAD | TIPPED | TITLED |
| TOPPED | TORPID | TORRID | TOWARD | TRACED | TRIPOD |
| TURBID | TURGID | UNITED | UNLOAD | UPHELD | UPHOLD |
| UPLAND | UPWARD | UPWIND | VALUED | WEBBED | WEDDED |
| WIZARD | ABLAZE | ABRADE | ACCEDE | ACCRUE | ACCUSE |
| ACTIVE | ADDUCE | ADHERE | ADMIRE | ADVICE | ADVISE |
| AERATE | AFLAME | ALCOVE | ALLEGE | ALLUDE | ALLURE |
| ALPINE | AMPERE | ANOMIE | ANYONE | APACHE | APIECE |
| APOGEE | ARCADE | ARCANE | AROUSE | ARRIVE | ARSINE |
| ASHORE | ASPIRE | ASSUME | ASSURE | ASTUTE | ATTIRE |
| ATTUNE | AUNTIE | AVENGE | AVENUE | AVERSE | AVIATE |
| AWHILE | BABBLE | BAFFLE | BANGLE | BATTLE | BAUBLE |
| BEADLE | BECAME | BECOME | BEETLE | BEFORE | BEHAVE |

| | | | | | |
|---|---|---|---|---|---|
| BEMUSE | BERATE | BESIDE | BETIDE | BEWARE | BIRDIE |
| BISQUE | BLITHE | BLONDE | BLOUSE | BOBBLE | BODICE |
| BOGGLE | BOOGIE | BOOKIE | BORATE | BOTTLE | BOUNCE |
| BOVINE | BREEZE | BRIDGE | BRIDLE | BRONZE | BROWSE |
| BRUISE | BUBBLE | BUCKLE | BUMBLE | BUNDLE | BUNGLE |
| BUSTLE | BUTANE | BYGONE | BYLINE | CACKLE | CAJOLE |
| CANDLE | CANINE | CANTLE | CASTLE | CATTLE | CENTRE |
| CERISE | CHAISE | CHANCE | CHANGE | CHARGE | CHASTE |
| CHEESE | CHOICE | CHOOSE | CHROME | CIRCLE | CLAUSE |
| CLEAVE | CLIQUE | CLOTHE | COARSE | COBBLE | COCKLE |
| CODDLE | COERCE | COFFEE | COHERE | COLLIE | COOKIE |
| CORPSE | COSINE | COUPLE | COURSE | COYOTE | CRADLE |
| CREASE | CREATE | CRINGE | CRUISE | CUDDLE | CURATE |
| CURDLE | DABBLE | DAMAGE | DANGLE | DAPPLE | DARKLE |
| DAZZLE | DEBASE | DEBATE | DECADE | DECIDE | DECODE |
| DECREE | DEDUCE | DEFACE | DEFINE | DEFUSE | DEGREE |
| DELETE | DELUDE | DELUGE | DEMISE | DEMOTE | DEMURE |
| DENOTE | DENUDE | DEPOSE | DEPUTE | DERIDE | DERIVE |
| DESIRE | DEVICE | DEVISE | DEVOTE | DIBBLE | DIDDLE |
| DILATE | DILUTE | DIMPLE | DIPOLE | DIVIDE | DIVINE |
| DOCILE | DONATE | DOODLE | DOSAGE | DOUBLE | DREDGE |
| DROWSE | DRUDGE | EDIBLE | EFFACE | EFFETE | ELAPSE |
| EMERGE | EMPIRE | ENABLE | ENCORE | ENDURE | ENGAGE |
| ENGINE | ENSURE | ENTICE | ENTIRE | ENZYME | EQUATE |
| EQUINE | ESCAPE | ESTATE | ETHANE | EVINCE | EVOLVE |
| EXCISE | EXCITE | EXCUSE | EXHALE | EXHUME | EXPIRE |
| EXPOSE | FACADE | FACILE | FAMINE | FEEBLE | FELINE |
| FEMALE | FESCUE | FETTLE | FICKLE | FIDDLE | FIERCE |
| FIGURE | FINALE | FINITE | FIZZLE | FLANGE | FLEDGE |
| FLEECE | FOIBLE | FONDLE | FORAGE | FREEZE | FRIEZE |
| FRINGE | FUMBLE | FUTILE | FUTURE | GABBLE | GAGGLE |
| GAMBLE | GARAGE | GARBLE | GARGLE | GAUCHE | GENTLE |
| GIGGLE | GIRDLE | GIRLIE | GLANCE | GOBBLE | GOGGLE |
| GREASE | GRIEVE | GRILLE | GRIPPE | GROOVE | GRUDGE |
| GURGLE | GUZZLE | GYRATE | HACKLE | HAGGLE | HALIDE |
| HALITE | HANDLE | HASSLE | HEARSE | HECKLE | HEXANE |
| HOARSE | HOBBLE | HOMAGE | HOPPLE | HUDDLE | HUMANE |
| HUMBLE | HURDLE | HURTLE | HUSTLE | ICICLE | IDEATE |
| IGNITE | IGNORE | ILLUME | IMBIBE | IMBRUE | IMMUNE |
| IMPALE | IMPEDE | IMPOSE | IMPURE | IMPUTE | INCISE |
| INCITE | INCOME | INDUCE | INFUSE | INHALE | INHERE |
| INJURE | INMATE | INNATE | INSANE | INSIDE | INSURE |
| INTAKE | INTONE | INVADE | INVITE | INVOKE | IODIDE |
| IODINE | JANGLE | JEJUNE | JIGGLE | JINGLE | JOCOSE |
| JOGGLE | JOSTLE | JOUNCE | JUGGLE | JUJUBE | JUMBLE |
| JUNGLE | KARATE | KETTLE | KINDLE | KITTLE | LABILE |
| LARVAE | LEAGUE | LEGATE | LEGUME | LESSEE | LIABLE |
| LITTLE | LOATHE | LOBULE | LOCALE | LOCATE | LOUNGE |

## 6 letters

| | | | | | |
|---|---|---|---|---|---|
| LUPINE | MAGPIE | MALICE | MANAGE | MANGLE | MANTLE |
| MANURE | MARBLE | MARINE | MASQUE | MATURE | MEAGRE |
| MEDDLE | MENACE | METTLE | MIDDLE | MINGLE | MINUTE |
| MIRAGE | MOBILE | MODULE | MORALE | MORGUE | MOROSE |
| MOSQUE | MOTIVE | MOTTLE | MUDDLE | MUFFLE | MUMBLE |
| MUSCLE | MUTATE | MUZZLE | MYRTLE | NATIVE | NATURE |
| NEEDLE | NESTLE | NETTLE | NIBBLE | NIMBLE | NIPPLE |
| NODULE | NOODLE | NOTATE | NOTICE | NOVICE | NOWISE |
| NOZZLE | NUANCE | NUBILE | NUZZLE | OBLATE | OBLIGE |
| OCTANE | OCTAVE | OFFICE | OPAQUE | OPIATE | OPPOSE |
| ORACLE | ORANGE | ORIOLE | ORNATE | OTIOSE | PADDLE |
| PALACE | PALATE | PARADE | PAROLE | PEBBLE | PEDDLE |
| PEOPLE | PERUSE | PESTLE | PETITE | PHOEBE | PHRASE |
| PICKLE | PIDDLE | PIERCE | PIMPLE | PINKIE | PIRATE |
| PLAGUE | PLAQUE | PLEASE | PLEDGE | PLUNGE | POLICE |
| POLITE | POMADE | POODLE | POUNCE | PRAISE | PRANCE |
| PRINCE | PSYCHE | PUDDLE | PUMICE | PUPATE | PURPLE |
| PURSUE | PUZZLE | PYRITE | QUINCE | RABBLE | RAFFLE |
| RAMBLE | RANKLE | RATTLE | RAVAGE | RAVINE | REBUKE |
| RECIPE | REDUCE | REFUGE | REFUSE | REFUTE | REGALE |
| REGIME | RELATE | REMOTE | REMOVE | RENAME | REPUTE |
| RESCUE | RESIDE | RESIZE | RESUME | RETIRE | REVERE |
| REVILE | REVISE | REVIVE | REVOKE | RIBOSE | RIDDLE |
| RIFFLE | RIPPLE | ROTATE | RUBBLE | RUFFLE | RUMBLE |
| RUMPLE | RUSTLE | SADDLE | SALINE | SALUTE | SAMPLE |
| SATIRE | SAVAGE | SCARCE | SCATHE | SCHEME | SCRAPE |
| SCRIBE | SCYTHE | SECEDE | SECURE | SEDATE | SEDUCE |
| SEETHE | SENATE | SENILE | SERAPE | SERENE | SERINE |
| SESAME | SETTLE | SEVERE | SEWAGE | SHEAVE | SHELVE |
| SHRIKE | SHRINE | SHRIVE | SHROVE | SICKLE | SILAGE |
| SIMILE | SIMPLE | SINGLE | SIZZLE | SLEDGE | SLEEVE |
| SLUDGE | SLUICE | SMUDGE | SNEEZE | SOLACE | SOLUTE |
| SOMBRE | SOOTHE | SORTIE | SOURCE | SPARSE | SPECIE |
| SPHERE | SPLICE | SPONGE | SPOUSE | SPRITE | SPRUCE |
| SPURGE | SQUARE | SQUIRE | STABLE | STANCE | STAPLE |
| STARVE | STATUE | STEPPE | STIFLE | STOOGE | STRIDE |
| STRIFE | STRIKE | STRIPE | STRIVE | STRODE | STROKE |
| STROVE | STYMIE | SUBTLE | SUPINE | SUPPLE | SUTURE |
| SVELTE | SWATHE | SWERVE | TACKLE | TALKIE | TAMALE |
| TANGLE | TATTLE | TEETHE | TEMPLE | TENURE | THENCE |
| THRICE | THRIVE | THRONE | TICKLE | TIMBRE | TINGLE |
| TINKLE | TIPPLE | TIPTOE | TIRADE | TISSUE | TODDLE |
| TOFFEE | TOGGLE | TONGUE | TOPPLE | TORQUE | TOUSLE |
| TOWHEE | TRANCE | TREBLE | TRIFLE | TRIPLE | TRIUNE |
| TROUPE | TRUDGE | TUBULE | TUMBLE | TURTLE | TUSSLE |
| TWEEZE | TWELVE | TWINGE | UMPIRE | UNDONE | UNIQUE |
| UNLIKE | UPDATE | UPSIDE | UPTAKE | URBANE | USABLE |
| VACATE | VIRILE | VIRTUE | VISAGE | VOLUME | VOTIVE |

| | | | | | |
|---|---|---|---|---|---|
| VOYAGE | WADDLE | WAFFLE | WAGGLE | WANGLE | WARBLE |
| WATTLE | WHEEZE | WHENCE | WIGGLE | WINKLE | WOBBLE |
| WRITHE | ZOMBIE | BEHALF | BELIEF | CUTOFF | HEREOF |
| ITSELF | MYSELF | RELIEF | TARIFF | ACHING | BASING |
| BEDBUG | BELONG | CASING | CITING | CODING | CURING |
| DIALOG | DUPING | DURING | DYEING | EARWIG | EDGING |
| FILING | GAZING | GLUING | HIDING | LINING | MOVING |
| NAMING | NUTMEG | OBLONG | QUAHOG | RAKING | RATING |
| RULING | SAVING | SEEING | SIDING | SIZING | SPRANG |
| SPRING | SPRUNG | STRING | STRONG | STRUNG | TAKING |
| TEEING | THRONG | TIMING | TONING | TYPING | URGING |
| WIPING | ZIGZAG | AFRESH | AMBUSH | ATTACH | BANISH |
| BLANCH | BLEACH | BLOTCH | BLUISH | BOYISH | BRANCH |
| BREACH | BREATH | BREECH | BROACH | BYPATH | CALIPH |
| CHINCH | CHURCH | CLENCH | CLINCH | CLUTCH | CROTCH |
| CROUCH | CRUNCH | CRUTCH | DEARTH | DETACH | DRENCH |
| EIGHTH | ENOUGH | FAMISH | FETISH | FINISH | FLETCH |
| FLINCH | FOURTH | FRENCH | GARISH | GROWTH | HAUNCH |
| HEALTH | HEARTH | HURRAH | HUZZAH | LAUNCH | LAVISH |
| LENGTH | MODISH | MULISH | MULLAH | ONRUSH | PARIAH |
| PARISH | PAUNCH | PERISH | PLOUGH | POLISH | POPISH |
| POTASH | PREACH | PUNISH | QUENCH | RADISH | RAKISH |
| RAVISH | RELISH | SCORCH | SCOTCH | SEARCH | SHEATH |
| SKETCH | SLEIGH | SLEUTH | SLOUCH | SLOUGH | SMOOCH |
| SMOOTH | SNATCH | SPEECH | SPLASH | SQUASH | SQUISH |
| STANCH | STARCH | STENCH | STITCH | SWATCH | SWITCH |
| THATCH | THOUGH | THRASH | THRESH | THRUSH | TRENCH |
| TROUGH | TWITCH | VANISH | WARMTH | WEALTH | WHOOSH |
| WRAITH | WREATH | WRENCH | WRETCH | ZENITH | ALKALI |
| ALUMNI | ANNULI | BIKINI | CHILLI | INCUBI | NUCLEI |
| PAPYRI | SAFARI | SALAMI | WAPITI | ARRACK | ATTACK |
| DAMASK | DEMARK | EMBANK | EMBARK | HIJACK | REMARK |
| SHRANK | SHRIEK | SHRINK | SHRUNK | SQUAWK | SQUEAK |
| STREAK | STRUCK | THWACK | UNLOCK | ACTUAL | AERIAL |
| AMORAL | ANIMAL | ANNEAL | ANNUAL | APPEAL | ARMFUL |
| ARTFUL | ASSAIL | ASTRAL | ATONAL | AVOWAL | BARREL |
| BEFALL | BEFELL | BEFOUL | BETHEL | BEWAIL | BRIDAL |
| BRUTAL | BURIAL | BUSHEL | CANCEL | CANNEL | CARNAL |
| CARREL | CARTEL | CASUAL | CAUSAL | CEREAL | CHAPEL |
| CHISEL | CHORAL | COMPEL | CONSUL | CORBEL | CORRAL |
| CREWEL | CUDGEL | CUPFUL | DACTYL | DAMSEL | DENIAL |
| DENTAL | DERAIL | DETAIL | DIESEL | DISMAL | DISPEL |
| DISTAL | DUFFEL | ENAMEL | EYEFUL | FACIAL | FENNEL |
| FEUDAL | FILIAL | FINIAL | FISCAL | FITFUL | FLORAL |
| FOETAL | FORMAL | FOSSIL | FRUGAL | FULFIL | FUNGAL |
| FUNNEL | GAMBOL | GENIAL | GERBIL | GLOBAL | GLYCOL |
| GOSPEL | GRAVEL | GROVEL | HYMNAL | INSTIL | JOVIAL |
| JOYFUL | KENNEL | KERNEL | LABIAL | LARVAL | LAUREL |

## 6 letters

| | | | | | |
|---|---|---|---|---|---|
| LAWFUL | LENTIL | LETHAL | LINEAL | MAMMAL | MANTEL |
| MANUAL | MARVEL | MEDIAL | MENIAL | MENTAL | MESCAL |
| METHYL | MORSEL | MORTAL | MUSSEL | MUTUAL | NEURAL |
| NICKEL | NORMAL | ORDEAL | PARCEL | PASTEL | PATROL |
| PENCIL | PETREL | PETROL | PHENOL | PHENYL | PISTOL |
| PLURAL | PORTAL | POSTAL | PRIMAL | PROPEL | PUMMEL |
| RACIAL | RADIAL | RASCAL | RECALL | REDIAL | RENTAL |
| REPEAL | RETAIL | REVEAL | RITUAL | RUEFUL | SACRAL |
| SANDAL | SCHOOL | SCRAWL | SCROLL | SEQUEL | SERIAL |
| SEXUAL | SHOVEL | SHRILL | SIGNAL | SINFUL | SNIVEL |
| SOCIAL | SORREL | SPINAL | SPIRAL | SPRAWL | SQUALL |
| SQUEAL | STROLL | SWIVEL | SYMBOL | TASSEL | TEASEL |
| THRALL | THRILL | TINSEL | TONSIL | TRAVEL | TRIBAL |
| TUNNEL | UPHILL | URINAL | USEFUL | VANDAL | VASSAL |
| VENIAL | VERBAL | VERNAL | VESSEL | VESTAL | VISUAL |
| WEASEL | WILFUL | WITHAL | WOEFUL | AFFIRM | AGLEAM |
| ANTHEM | ASYLUM | ATRIUM | AUTISM | BALSAM | BANTAM |
| BARIUM | BECALM | BEDLAM | BOTTOM | CERIUM | CURIUM |
| CUSTOM | DEFORM | DIADEM | DIATOM | DICTUM | EMBALM |
| EMBLEM | ERBIUM | ESTEEM | FATHOM | GYPSUM | HANSOM |
| HELIUM | INDIUM | INFIRM | INFORM | LIGNUM | MAGNUM |
| MAYHEM | MEDIUM | MUSEUM | ORGASM | OSMIUM | PHLOEM |
| PLENUM | PODIUM | POSSUM | QUORUM | RADIUM | RANDOM |
| RANSOM | RHYTHM | SACHEM | SCHISM | SCREAM | SELDOM |
| SEPTUM | SHALOM | SODIUM | SQUIRM | STREAM | SYSTEM |
| TALCUM | TANDEM | TEDIUM | THEISM | TRUISM | VACUUM |
| VELLUM | VICTIM | WIGWAM | WISDOM | ACTION | ACUMEN |
| ADJOIN | AIRMAN | ARISEN | ASSIGN | ATTAIN | AUBURN |
| AUTUMN | AWAKEN | BABOON | BALEEN | BARREN | BATTEN |
| BEACON | BEATEN | BECKON | BEMOAN | BENIGN | BIDDEN |
| BITTEN | BLAZON | BOBBIN | BOWFIN | BOWMAN | BOWMEN |
| BRAZEN | BROKEN | BURDEN | BUTTON | CAIMAN | CANNON |
| CANTON | CANYON | CARBON | CAREEN | CARTON | CARVEN |
| CASEIN | CATKIN | CAVERN | CHOSEN | CITRON | CLOVEN |
| COCOON | COFFIN | COLUMN | COMMON | CORDON | COTTON |
| COUPON | COUSIN | CRAVEN | CRAYON | CRETIN | DAMPEN |
| DARKEN | DEACON | DEADEN | DEAFEN | DEEPEN | DEMEAN |
| DESIGN | DETAIN | DOMAIN | DRAGON | DRIVEN | ELEVEN |
| FALCON | FALLEN | FASTEN | FATTEN | FIBRIN | FLAXEN |
| FLORIN | FROZEN | FUSION | GALLON | GARDEN | GERMAN |
| GIBBON | GNOMON | GODSON | GOLDEN | GORGON | GOTTEN |
| GOVERN | GRAVEN | HAPPEN | HARDEN | HASTEN | HEAVEN |
| HEREIN | HEROIN | HIDDEN | HOLDEN | HOYDEN | HYPHEN |
| IMPUGN | INBORN | INTERN | JARGON | KAOLIN | KITTEN |
| KLAXON | LAGOON | LAYMAN | LAYMEN | LEADEN | LEAVEN |
| LEGION | LESION | LESSEN | LESSON | LICHEN | LINDEN |
| LISTEN | LOOSEN | LOTION | MADDEN | MADMAN | MADMEN |
| MAIDEN | MALIGN | MARGIN | MARLIN | MAROON | MARTEN |

| | | | | | |
|---|---|---|---|---|---|
| MARTIN | MATRON | MEDIAN | MERLIN | MICRON | MIGNON |
| MINION | MITTEN | MODERN | MOLTEN | MOTION | MUFFIN |
| MUSLIN | MUTTON | MYOSIN | NAPKIN | NATION | NEURON |
| NEWTON | NOTION | OBTAIN | OILMAN | OILMEN | OLEFIN |
| OPTION | ORDAIN | ORIGIN | ORPHAN | OXYGEN | PARDON |
| PARSON | PATRON | PENMAN | PENMEN | PERSON | PHOTON |
| PIDGIN | PIGEON | PIGPEN | PINION | PISTON | PITMAN |
| PLATEN | POISON | POLLEN | POMPON | POPLIN | POTION |
| PRISON | PROVEN | PUFFIN | PYTHON | RADIAN | RAISIN |
| REASON | RECKON | REDDEN | REGAIN | REGION | RENOWN |
| REOPEN | RESIGN | RETAIN | RETURN | RIBBON | RIDDEN |
| ROTTEN | SADDEN | SALMON | SALOON | SCREEN | SEAMAN |
| SEAMEN | SEASON | SEQUIN | SERMON | SEXTON | SHAKEN |
| SHAVEN | SICKEN | SILKEN | SLOGAN | SODDEN | SOFTEN |
| SOLEMN | SPAVIN | SPLEEN | SPOKEN | SPRAIN | STAMEN |
| STOLEN | STRAIN | STREWN | SUDDEN | SULLEN | SULTAN |
| SUMMON | SUNKEN | SUNTAN | SYLVAN | TAMPON | TANNIN |
| TARPON | TAVERN | TENDON | THROWN | TITIAN | TRITON |
| TURBAN | TYCOON | UNISON | UPTOWN | UPTURN | URCHIN |
| VERMIN | VIOLIN | VIRGIN | VISION | WANTON | WARDEN |
| WARREN | WEAKEN | WEAPON | WHITEN | WITHIN | WOODEN |
| WORSEN | YEOMAN | ZIRCON | ADAGIO | ARROYO | BAMBOO |
| BONITO | BRONCO | CALICO | CASINO | CUCKOO | DOMINO |
| DYNAMO | EMBRYO | ESCUDO | FIASCO | FRESCO | GHETTO |
| GINKGO | HERETO | INDIGO | KIMONO | LEGATO | MEDICO |
| PONCHO | POTATO | PRESTO | PSEUDO | PSYCHO | PUEBLO |
| RANCHO | ROCOCO | STEREO | STUCCO | STUDIO | TATTOO |
| TOMATO | TUPELO | TUXEDO | VOODOO | ASLEEP | BACKUP |
| BISHOP | BURLAP | CATNIP | CATSUP | DOLLOP | FILLIP |
| GALLOP | GOSSIP | HOLDUP | INSTEP | KIDNAP | LAPTOP |
| LINEUP | LINKUP | LOCKUP | MADCAP | MAKEUP | MOCKUP |
| REDTOP | SHRIMP | TEACUP | TURNIP | UPKEEP | WALLOP |
| WINDUP | AFFAIR | ANCHOR | ANSWER | ANTHER | ANTLER |
| APPEAR | ARREAR | AUTHOR | BANTER | BARBER | BARTER |
| BAZAAR | BEATER | BEAVER | BEGGAR | BESTIR | BETTOR |
| BICKER | BIGGER | BORDER | BUTLER | BUZZER | CALLER |
| CAMBER | CANCER | CANKER | CANTOR | CAPTOR | CAREER |
| CASTOR | CAVIAR | CELLAR | CENSOR | CINDER | CIPHER |
| CLEVER | CLOSER | COFFER | COLLAR | COLOUR | CONCUR |
| CONFER | COUGAR | CRATER | CURSOR | CUTLER | DAGGER |
| DANGER | DAPPER | DEBTOR | DETOUR | DEVOUR | DEXTER |
| DIAPER | DIFFER | DIMMER | DITHER | DOCTOR | DOLLAR |
| EASIER | EDITOR | EITHER | FACTOR | FALTER | FATHER |
| FAVOUR | FETTER | FILLER | FILTER | FINGER | FLOWER |
| FODDER | FOLDER | FORMER | FOSTER | GANDER | GARNER |
| GARTER | GATHER | GENDER | GEYSER | GINGER | GOOBER |
| GOPHER | GRATER | GROCER | GUITAR | HALTER | HAMPER |
| HANGAR | HEATER | HECTOR | HITHER | HOLLER | HORROR |

## 6 letters

| | | | | | |
|---|---|---|---|---|---|
| IMPAIR | INDOOR | ISOMER | JAGUAR | JASPER | JITTER |
| JUNIOR | KAISER | KOSHER | LABOUR | LASCAR | LATTER |
| LAWYER | LECHER | LETTER | LINEAR | LINGER | LIQUOR |
| LITTER | LOITER | LOUVER | LUMBAR | LUMBER | MARKER |
| MARTYR | MEMBER | MEMOIR | MENTOR | MERCER | METEOR |
| MILLER | MIRROR | MORTAR | MOTHER | MULLER | MURDER |
| MURMUR | MUTTER | NECTAR | NETHER | NEUTER | NIGGER |
| NUMBER | OCULAR | OYSTER | PAMPER | PANDER | PASSER |
| PASTOR | PAUPER | PEWTER | PILFER | PILLAR | PLOVER |
| PONDER | POPLAR | POSEUR | POWDER | PRAYER | PREFER |
| PROPER | QUASAR | QUAVER | QUIVER | RAFTER | RAPIER |
| RASTER | RATHER | RECTOR | RENDER | REPAIR | ROSTER |
| RUDDER | RUMOUR | SAILOR | SAWYER | SCALAR | SECTOR |
| SELLER | SENIOR | SENSOR | SERVER | SHIVER | SILVER |
| SIMMER | SIMPER | SINTER | SISTER | SKATER | SLATER |
| SLIVER | SOCCER | SOLDER | SPIDER | STATOR | STUPOR |
| SUFFER | SUITOR | SULFUR | SUNDER | TAILOR | TANNER |
| TARTAR | TEETER | TELLER | TEMPER | TENSOR | TERROR |
| TETHER | TIMBER | TINDER | TINKER | TORPOR | TRACER |
| TREMOR | UPROAR | USURER | VECTOR | VENDOR | VENEER |
| VESPER | VICTOR | VIEWER | VULGAR | WANDER | WINTER |
| WITHER | WONDER | WORKER | WRITER | ABACUS | ACCESS |
| ACROSS | APICES | ASSESS | BATHOS | BICEPS | BODIES |
| BOSSES | BYPASS | CACTUS | CADDIS | CALLUS | CAMPUS |
| CANVAS | CARESS | CAUCUS | CENSUS | CHORUS | CIRCUS |
| CITRUS | COLEUS | COPIES | CORPUS | COSMOS | CRISES |
| CRISIS | CROCUS | DEBRIS | DISCUS | DURESS | ECHOES |
| EGRESS | EMBOSS | EVENTS | EXCESS | EXODUS | FAMOUS |
| FLATUS | FOETUS | FUNGUS | GENIUS | GLACIS | GNEISS |
| GRATIS | HARASS | HEROES | HERPES | HIATUS | HOOVES |
| HUBRIS | JOYOUS | KNIVES | LITMUS | LOAVES | MANTIS |
| MISSES | MORASS | MORRIS | NIMBUS | OBSESS | ODIOUS |
| OGRESS | PATHOS | PELVIS | PLIERS | POROUS | RABIES |
| RADIUS | RECESS | REMISS | RHESUS | RUCKUS | RUMPUS |
| SELVES | SERIES | STASIS | STATUS | STRESS | STYLUS |
| TENNIS | TESTES | THESIS | THROES | THYMUS | TYPHUS |
| UTERUS | VENOUS | VERSUS | WALRUS | ZEROES | ZOUNDS |
| ABDUCT | ABJECT | ABRUPT | ABSENT | ACCENT | ACCEPT |
| ACCOST | ACQUIT | ADDICT | ADJUST | ADRIFT | ADROIT |
| ADVENT | ADVERT | AFFECT | AFLOAT | AGHAST | ALBEIT |
| ALIGHT | ALMOST | AMIDST | AMOUNT | AMULET | ARDENT |
| ARMPIT | ARREST | ASCENT | ASPECT | ASSENT | ASSERT |
| ASSIST | ASSORT | ATTEST | AUGUST | AVOCET | BALLET |
| BALLOT | BANDIT | BASALT | BASKET | BECKET | BEHEST |
| BEREFT | BILLET | BISECT | BLIGHT | BOBCAT | BONNET |
| BOUGHT | BREAST | BREVET | BRIGHT | BUCKET | BUDGET |
| BUFFET | BULLET | CADENT | CANNOT | CARPET | CARROT |
| CASKET | CAUGHT | CAVEAT | CAVORT | CEMENT | CHALET |

| | | | | | |
|---|---|---|---|---|---|
| CLARET | CLIENT | CLOSET | COBALT | COGENT | COHORT |
| COMBAT | COMMIT | CORNET | CORSET | COVERT | CRAVAT |
| CREDIT | CUTLET | DECANT | DECEIT | DECENT | DEDUCT |
| DEFEAT | DEFECT | DEJECT | DEPART | DEPICT | DEPORT |
| DESERT | DESIST | DESPOT | DETECT | DETENT | DETEST |
| DEVOUT | DIGEST | DIRECT | DIVERT | DIVEST | DOCKET |
| DREAMT | DUGOUT | DULCET | DYNAST | EFFECT | EFFORT |
| ELDEST | ELICIT | ENFANT | ERRANT | ESCORT | ESPRIT |
| EXCEPT | EXEMPT | EXEUNT | EXHORT | EXPECT | EXPERT |
| EXPORT | EXTANT | EXTENT | EXTORT | EYELET | FAUCET |
| FERRET | FIDGET | FILLET | FLAUNT | FLIGHT | FLUENT |
| FOREST | FORGET | FORGOT | FORMAT | FOUGHT | FRIGHT |
| GADGET | GAMBIT | GANNET | GARNET | GASKET | GIBBET |
| GIBLET | GOBLET | GODWIT | GULLET | GUSSET | HAMLET |
| HEIGHT | HELMET | HONEST | HORNET | IMPACT | IMPART |
| IMPORT | IMPOST | INCEST | INDENT | INDICT | INDUCT |
| INFANT | INFECT | INFEST | INGEST | INJECT | INSECT |
| INSERT | INSIST | INSULT | INTACT | INTENT | INTUIT |
| INVENT | INVERT | INVEST | JACKET | KNIGHT | LAMENT |
| LAPPET | LARIAT | LATENT | LAYOUT | LIMPET | LOCUST |
| LOQUAT | MAGGOT | MAGNET | MALLET | MARKET | MARMOT |
| MIDGET | MILLET | MINUET | MODEST | MOLEST | MOMENT |
| MUSKET | MUTANT | NUGGET | OBJECT | OBOIST | OCCULT |
| OCELOT | OCTANT | OFFSET | ORIENT | OUTPUT | OUTSET |
| OXCART | PACKET | PALLET | PARENT | PARROT | PATENT |
| PAYOUT | PEANUT | PEDANT | PELLET | PERMIT | PICKET |
| PLANET | PLIANT | PLIGHT | POCKET | POTENT | PRESET |
| PRIEST | PRIVET | PROFIT | PROMPT | PULPIT | PUNDIT |
| PUPPET | QUAINT | RABBET | RABBIT | RACKET | RAGOUT |
| RECENT | REDACT | REGENT | REGRET | REJECT | RELICT |
| REPEAT | REPENT | REPORT | RESENT | RESIST | RESORT |
| RESULT | RETORT | REVERT | REVOLT | ROBUST | ROCKET |
| RODENT | RUSSET | SADIST | SAVANT | SCHIST | SCRIPT |
| SECANT | SECRET | SELECT | SEXTET | SHRIFT | SIGNET |
| SILENT | SLIGHT | SOCKET | SONANT | SONNET | SOUGHT |
| SOVIET | SPIGOT | SPIRIT | SPLINT | SPRINT | SPROUT |
| SQUINT | SQUIRT | STRAIT | STREET | STRICT | SUBMIT |
| SUBSET | SUMMIT | SUNLIT | SUNSET | TABLET | TALENT |
| TAPPET | TARGET | TAUGHT | TEAPOT | TENANT | THEIST |
| THIRST | THREAT | THRIFT | THROAT | THRUST | THWART |
| TICKET | TITBIT | TOILET | TRUANT | TUMULT | TURRET |
| TYRANT | UMLAUT | UPBEAT | UPLIFT | UPROOT | UPSHOT |
| URGENT | UTMOST | VACANT | VELVET | VIOLET | WALLET |
| WALNUT | WEIGHT | WICKET | WOMBAT | WRIGHT | YOGURT |
| ZEALOT | BATEAU | BUREAU | LANDAU | MILIEU | ANYHOW |
| BARROW | BELLOW | BESTOW | BILLOW | BORROW | BURROW |
| CASHEW | CURFEW | CURLEW | ESCHEW | ESCROW | FALLOW |
| FELLOW | FOLLOW | FURROW | GUFFAW | HALLOW | HARROW |

## 6 letters

| | | | | | |
|---|---|---|---|---|---|
| HOLLOW | INFLOW | JIGSAW | MALLOW | MARROW | MEADOW |
| MELLOW | MILDEW | MINNOW | MORROW | NARROW | NEPHEW |
| PILLOW | SALLOW | SHADOW | SORROW | TALLOW | WALLOW |
| WILLOW | WINDOW | WINNOW | YARROW | YELLOW | CERVIX |
| CLIMAX | CONVEX | CORTEX | COWPOX | DUPLEX | INFLUX |
| LARYNX | LUMMOX | MATRIX | PREFIX | PROLIX | SPHINX |
| SUFFIX | SURTAX | SYNTAX | UNISEX | VERTEX | VORTEX |
| ACUITY | AFFRAY | AIRWAY | ANYWAY | APATHY | ARTERY |
| ASTRAY | AVIARY | BAKERY | BARFLY | BARLEY | BARONY |
| BEAUTY | BELFRY | BETONY | BETRAY | BINARY | BLEARY |
| BLOODY | BLURRY | BOTANY | BOTFLY | BOUNCY | BOUNTY |
| BRAINY | BRANDY | BRASSY | BREEZY | BRONZY | BROODY |
| BRUSHY | BURLEY | CANARY | CANOPY | CARBOY | CARNEY |
| CATCHY | CELERY | CHALKY | CHANCY | CHATTY | CHEEKY |
| CHEERY | CHEESY | CHERRY | CHILLY | CHOPPY | CHUBBY |
| CHUNKY | CLAMMY | CLASSY | CLERGY | CLOUDY | CLUMSY |
| CODIFY | COLONY | COMEDY | COMPLY | CONVEY | CONVOY |
| COUNTY | COWBOY | CRAFTY | CRAGGY | CRANKY | CRANNY |
| CREAKY | CREAMY | CREEPY | CRUDDY | CRUMMY | CRUSTY |
| CUDDLY | DAINTY | DEFRAY | DEPLOY | DEPUTY | DICKEY |
| DINGHY | DONKEY | DREAMY | DREARY | DRESSY | DRIPPY |
| DROWSY | EARTHY | EASILY | EERILY | EIGHTY | EMBODY |
| EMPLOY | ENERGY | ENMITY | ENTITY | EQUITY | EULOGY |
| FAMILY | FAULTY | FEALTY | FELONY | FILTHY | FINERY |
| FLABBY | FLASHY | FLESHY | FLIMSY | FLINTY | FLOPPY |
| FLOURY | FLUFFY | FLURRY | FOLKSY | FONDLY | FRENZY |
| FRILLY | FRISKY | FROSTY | FROTHY | FROWZY | GADFLY |
| GAIETY | GALAXY | GALLEY | GANTRY | GENTRY | GLASSY |
| GLOOMY | GLOSSY | GRAINY | GRANNY | GRASSY | GREASY |
| GREEDY | GRISLY | GRITTY | GROGGY | GRUBBY | GUILTY |
| HEARTY | HEREBY | HERESY | HEYDAY | HOCKEY | HOMILY |
| HUNGRY | HURRAY | IDIOCY | INFAMY | INJURY | JALOPY |
| JAUNTY | JERSEY | JOCKEY | KIDNEY | KNOTTY | LACKEY |
| LEEWAY | LEGACY | LEVITY | LITANY | LIVERY | LOWBOY |
| LUNACY | LUXURY | MALADY | MEDLEY | MELODY | MEMORY |
| MIDDAY | MIDWAY | MIGHTY | MISERY | MODIFY | MOIETY |
| MONKEY | MOTLEY | MUTINY | NEARBY | NICETY | NINETY |
| NOBODY | NOTARY | NOTIFY | OCCUPY | ORNERY | OSPREY |
| OSSIFY | OVERLY | PACIFY | PALTRY | PANTRY | PAPACY |
| PAPERY | PARLAY | PARLEY | PARODY | PASTRY | PATCHY |
| PAYDAY | PENURY | PHONEY | PIRACY | PLENTY | PLUCKY |
| POETRY | POLICY | POLITY | PRETTY | PRIORY | PRISSY |
| PULLEY | PURIFY | PURVEY | QUARRY | QUEASY | QUIRKY |
| RAMIFY | RAREFY | RATIFY | REALTY | REMEDY | REPLAY |
| ROSARY | ROTARY | RUNWAY | SAFETY | SALARY | SCANTY |
| SCURRY | SCURVY | SENTRY | SHABBY | SHAGGY | SHANTY |
| SHERRY | SHIFTY | SHIMMY | SHODDY | SIMPLY | SINEWY |
| SINGLY | SKIMPY | SKINNY | SLEEPY | SLEETY | SLOPPY |

| | | | | | |
|---|---|---|---|---|---|
| SMITHY | SMUDGY | SMUTTY | SNAPPY | SNAZZY | SNEAKY |
| SNIPPY | SNOOPY | SNOTTY | SPEEDY | SPONGY | SPORTY |
| SPOTTY | STEADY | STEAMY | STEELY | STICKY | STINGY |
| STOCKY | STODGY | STORMY | STUBBY | STUFFY | STUMPY |
| STURDY | SUBTLY | SULTRY | SUNDRY | SUPPLY | SURETY |
| SURREY | SURVEY | SWAMPY | SWANKY | SWEATY | SWISHY |
| SYRUPY | TAWDRY | THEORY | THIRTY | THORNY | TOUCHY |
| TRASHY | TREATY | TRICKY | TROPHY | TURKEY | TWEEDY |
| TWENTY | TYPIFY | UNRULY | VAGARY | VALLEY | VANITY |
| VERIFY | VERITY | VESTRY | VILIFY | VIVIFY | VOLLEY |
| VOTARY | WATERY | WAYLAY | WEEKLY | WHEEZY | WHINNY |
| WHOLLY | WINERY | WINTRY | WORTHY | YEARLY | YEASTY |
| ERSATZ | QUARTZ | | | | |

# 7 letters

## By 1st letter

ABANDON  ABDOMEN  ABETTED  ABEYANT  ABOLISH  ABORTED
ABREACT  ABREAST  ABRIDGE  ABSCESS  ABSENCE  ABSOLVE
ABSTAIN  ABUTTED  ABYSMAL  ACADEMY  ACCLAIM  ACCOUNT
ACCRUAL  ACERBIC  ACETATE  ACETONE  ACHIEVE  ACOLYTE
ACQUIRE  ACREAGE  ACROBAT  ACRONYM  ACRYLIC  ACTIONS
ACTRESS  ACTUATE  ADAMANT  ADDENDA  ADDRESS  ADJOURN
ADJUDGE  ADJUNCT  ADMIRAL  ADRENAL  ADULATE  ADVANCE
ADVERSE  ADVISOR  AEOLIAN  AEROBIC  AFFABLE  AFFAIRS
AFFLICT  AFFRONT  AGAINST  AGITATE  AILERON  AIRDROP
AIRFOIL  AIRLIFT  AIRLINE  AIRMAIL  AIRPORT  ALBUMIN
ALCHEMY  ALCOHOL  ALEWIFE  ALFALFA  ALGEBRA  ALIMONY
ALIQUOT  ALLEGRO  ALMANAC  ALREADY  ALUMNAE  ALUMNUS
ALVEOLI  ALYSSUM  AMALGAM  AMANITA  AMATEUR  AMATORY
AMBIENT  AMBLING  AMMETER  AMMONIA  AMNESIA  AMOEBAE
AMONGST  AMOROUS  AMPLIFY  AMPUTEE  ANAGRAM  ANALOGY
ANALYSE  ANALYST  ANALYZE  ANARCHY  ANATOMY  ANCHOVY
ANCIENT  ANDIRON  ANEMONE  ANGELIC  ANGLING  ANGUISH
ANGULAR  ANILINE  ANIMATE  ANIMISM  ANNUITY  ANNULAR
ANNULUS  ANOMALY  ANOTHER  ANTACID  ANTENNA  ANTIQUE
ANTONYM  ANXIETY  ANXIOUS  ANYBODY  APHASIA  APHASIC
APOLOGY  APOSTLE  APPAREL  APPEASE  APPLAUD  APPLIED
APPOINT  APPRISE  APPROVE  APRICOT  APROPOS  AQUATIC
AQUEOUS  ARBITER  ARBUTUS  ARCHAIC  ARCHERY  ARCHING
ARCHIVE  ARDENCY  ARDUOUS  ARMHOLE  AROUSAL  ARRAIGN
ARRANGE  ARRIVAL  ARSENAL  ARSENIC  ARTICLE  ARTISAN
ASCETIC  ASCRIBE  ASEPTIC  ASEXUAL  ASHAMED  ASININE
ASKANCE  ASPHALT  ASPIRIN  ASSAULT  ASSUAGE  ASSUMED
ASTOUND  ASTRIDE  ASUNDER  ATAVISM  ATHEISM  ATHEIST
ATHLETE  ATHWART  ATROPHY  ATTEMPT  ATTRACT  AUCTION
AUDIBLE  AUDITOR  AUGMENT  AUROCHS  AUSTERE  AUTOPSY
AVARICE  AVERAGE  AVERRED  AVIONIC  AVOCADO  AWESOME
AWKWARD  AXOLOTL  AZIMUTH  BABBITT  BACILLI  BACKLOG
BAGGAGE  BAGGING  BAGPIPE  BAILIFF  BALANCE  BALCONY
BALEFUL  BALLAST  BALLOON  BANDAGE  BANEFUL  BANQUET
BANSHEE  BAPTISM  BARGAIN  BARONET  BAROQUE  BARRACK
BARRAGE  BARRIER  BARRING  BASEMAN  BASHFUL  BASILAR
BASTARD  BASTION  BATTERY  BATWING  BAUXITE  BAYONET
BEARISH  BEASTIE  BEATIFY  BECAUSE  BECLOUD  BEDEVIL
BEDPOST  BEDROCK  BEDROOM  BEDSIDE  BEDTIME  BEEHIVE
BEGGARY  BEGGING  BEGONIA  BEGUILE  BEHAVED  BELIEVE
BELLMAN  BELYING  BENEATH  BENEFIT  BENZENE  BEQUEST
BEREAVE  BERSERK  BESEECH  BESIEGE  BESPEAK  BESPOKE
BESTIAL  BETOKEN  BETROTH  BETWEEN  BETWIXT  BEWITCH

| | | | | | |
|---|---|---|---|---|---|
| BIAXIAL | BICYCLE | BIFOCAL | BIGGEST | BIGOTRY | BILLION |
| BIMODAL | BINDERY | BIOLOGY | BIPLANE | BIPOLAR | BISCUIT |
| BISMUTH | BITTERN | BITUMEN | BIVALVE | BIVOUAC | BIZARRE |
| BLACKEN | BLADDER | BLANKET | BLATANT | BLATHER | BLEMISH |
| BLISTER | BLOSSOM | BLUBBER | BLUNDER | BLUSTER | BOATMAN |
| BOATMEN | BOGGING | BOLETUS | BOLIVAR | BOLSTER | BOMBARD |
| BOMBAST | BONANZA | BONDAGE | BONFIRE | BOOKISH | BOOKLET |
| BOORISH | BOOTLEG | BOREDOM | BOROUGH | BOTANIC | BOULDER |
| BOUQUET | BOURBON | BOWLINE | BOXWOOD | BOYCOTT | BOYHOOD |
| BRACKEN | BRACKET | BRAMBLE | BRAVADO | BRAVERY | BRAVURA |
| BRAZIER | BREADTH | BREATHE | BREATHY | BREVITY | BREWERY |
| BRIBERY | BRIGADE | BRIMFUL | BRINDLE | BRISTLE | BRITTLE |
| BROADEN | BROCADE | BROMIDE | BROMINE | BRONCHI | BROTHEL |
| BROTHER | BROUGHT | BROWNIE | BROWSED | BROWSER | BRUSQUE |
| BUCOLIC | BUFFALO | BUFFOON | BUGABOO | BULLDOG | BULLISH |
| BULLOCK | BULRUSH | BULWARK | BUOYANT | BURDOCK | BURETTE |
| BURGEON | BURGESS | BURGHER | BURGLAR | BURNISH | BUSTARD |
| BUTTERY | BUTTOCK | BUTYRIC | BUZZING | CABARET | CABBAGE |
| CABINET | CADAVER | CADENZA | CADMIUM | CAESIUM | CALCIFY |
| CALCITE | CALCIUM | CALCULI | CALDRON | CALIBRE | CALLING |
| CALLOUS | CALORIC | CALORIE | CALUMNY | CALYPSO | CAMBRIC |
| CANDELA | CANNERY | CANONIC | CANTEEN | CAPITAL | CAPRICE |
| CAPSIZE | CAPSTAN | CAPSULE | CAPTAIN | CAPTION | CAPTIVE |
| CAPTURE | CARAMEL | CARAVAN | CARAWAY | CARBIDE | CARBINE |
| CARCASS | CARDIAC | CAREFUL | CARGOES | CARIBOU | CARLOAD |
| CARMINE | CARNAGE | CAROUSE | CARPORT | CARRIED | CARRIES |
| CARRION | CARTOON | CASCADE | CASCARA | CASHIER | CASSOCK |
| CATALPA | CATAWBA | CATBIRD | CATCALL | CATFISH | CATHODE |
| CAUSING | CAUSTIC | CAUTION | CAVALRY | CAYENNE | CEDILLA |
| CELESTA | CENSURE | CENTAUR | CENTRAL | CENTRIC | CENTURY |
| CERAMIC | CERTAIN | CERTIFY | CESSION | CHAGRIN | CHALICE |
| CHAMBER | CHAMFER | CHAMOIS | CHANCEL | CHANGED | CHANNEL |
| CHANSON | CHANTEY | CHANTRY | CHAOTIC | CHAPTER | CHARIOT |
| CHARITY | CHASSIS | CHATTEL | CHEATER | CHECKER | CHEETAH |
| CHEMISE | CHEMIST | CHERISH | CHEVRON | CHICKEN | CHICORY |
| CHIFFON | CHIGNON | CHIMERA | CHIMNEY | CHOLERA | CHORINE |
| CHORTLE | CHOWDER | CHROMIC | CHRONIC | CHUCKLE | CHUTNEY |
| CILIATE | CIRCLED | CIRCLET | CIRCUIT | CISTERN | CITADEL |
| CITIZEN | CITRATE | CLAMBER | CLARIFY | CLARITY | CLASSES |
| CLASSIC | CLATTER | CLEANSE | CLEARER | CLEMENT | CLIMATE |
| CLONING | CLOSING | CLOSURE | CLOTURE | CLUSTER | CLUTTER |
| COARSEN | COASTAL | COAXIAL | COCAINE | COCHLEA | COCKEYE |
| COCKING | COCKPIT | COCONUT | CODFISH | CODICIL | COEQUAL |
| COEXIST | COGNATE | COINAGE | COLICKY | COLLAGE | COLLARD |
| COLLATE | COLLECT | COLLEGE | COLLIDE | COLLUDE | COLONEL |
| COLOSSI | COLTISH | COMBINE | COMFORT | COMMAND | COMMEND |
| COMMENT | COMMUNE | COMMUTE | COMPACT | COMPANY | COMPARE |
| COMPASS | COMPETE | COMPILE | COMPLEX | COMPORT | COMPOSE |

## 7 letters

| | | | | | |
|---|---|---|---|---|---|
| COMPOST | COMPOTE | COMPUTE | COMRADE | CONCAVE | CONCEAL |
| CONCEDE | CONCEIT | CONCEPT | CONCERN | CONCERT | CONCISE |
| CONCOCT | CONCORD | CONDEMN | CONDONE | CONDUCE | CONDUCT |
| CONDUIT | CONFECT | CONFESS | CONFIDE | CONFINE | CONFIRM |
| CONFORM | CONFUSE | CONFUTE | CONGEAL | CONGEST | CONIFER |
| CONJOIN | CONJURE | CONNECT | CONNIVE | CONNOTE | CONQUER |
| CONSENT | CONSIGN | CONSIST | CONSOLE | CONSORT | CONSULT |
| CONSUME | CONTACT | CONTAIN | CONTEND | CONTENT | CONTEST |
| CONTEXT | CONTORT | CONTOUR | CONTROL | CONVENE | CONVENT |
| CONVERT | CONVICT | CONVOKE | COOKERY | COOLANT | COPIOUS |
| COPPERY | COQUINA | CORDAGE | CORDIAL | CORDITE | CORONER |
| CORONET | CORPORA | CORRECT | CORRODE | CORRUPT | CORSAGE |
| COSTUME | COTTAGE | COTTONY | COULOMB | COUNCIL | COUNSEL |
| COUNTRY | COURAGE | COURIER | COWBIRD | COWGIRL | COWHAND |
| COWHERD | COWHIDE | COWLICK | COWPOKE | COWSLIP | COXCOMB |
| CRACKLE | CRANIUM | CRAPPIE | CREATED | CREDENT | CREMATE |
| CREVICE | CRICKET | CRIMSON | CRINKLE | CRIPPLE | CROCHET |
| CROQUET | CRUCIAL | CRUCIFY | CRUELTY | CRUMBLE | CRUMPLE |
| CRUPPER | CRUSADE | CRYPTIC | CRYSTAL | CUISINE | CULPRIT |
| CULTURE | CULVERT | CUMULUS | CUNNING | CUPROUS | CURIOUS |
| CURRANT | CURRENT | CURSIVE | CURSORY | CURTAIL | CURTAIN |
| CURTSEY | CUSHION | CUSTODY | CUTBACK | CUTLASS | CUTWORM |
| CYANIDE | CYCLING | CYCLIST | CYCLONE | CYPRESS | CZARINA |
| DAILIES | DARLING | DASTARD | DAUPHIN | DAYTIME | DEBACLE |
| DEBATER | DEBAUCH | DECEASE | DECEIVE | DECIBEL | DECIDED |
| DECIMAL | DECLAIM | DECLARE | DECLINE | DECORUM | DECRYPT |
| DEFAULT | DEFIANT | DEFICIT | DEFINED | DEFLATE | DEFLECT |
| DEFRAUD | DEFROST | DEFUNCT | DEGRADE | DELETED | DELIGHT |
| DELIMIT | DELIVER | DELOUSE | DELTOID | DEMERIT | DEMIGOD |
| DEMONIC | DENIZEN | DENOTED | DENTURE | DEPLETE | DEPLORE |
| DEPOSIT | DEPRAVE | DEPRESS | DEPRIVE | DERANGE | DERIVED |
| DERRICK | DERVISH | DESCANT | DESCEND | DESCENT | DESERVE |
| DESPAIR | DESPISE | DESPITE | DESPOIL | DESPOND | DESSERT |
| DESTINE | DESTINY | DESTROY | DETRACT | DEVELOP | DEVIANT |
| DEVIATE | DEVIOUS | DEVISEE | DEVOLVE | DEVOTEE | DIAGRAM |
| DIALECT | DIAMOND | DICKENS | DICTATE | DICTION | DIETARY |
| DIFFUSE | DIGGING | DIGITAL | DIGNIFY | DIGNITY | DIGRESS |
| DILEMMA | DIMMING | DIOCESE | DIORAMA | DIORITE | DIOXIDE |
| DIPLOID | DIPLOMA | DISABLE | DISCARD | DISCERN | DISCOID |
| DISDAIN | DISPLAY | DISPOSE | DISPUTE | DISRUPT | DISTAFF |
| DISTANT | DISTORT | DISTURB | DIURNAL | DIVERGE | DIVERSE |
| DIVIDED | DIVISOR | DIVORCE | DIVULGE | DOGBANE | DOGFISH |
| DOGGING | DOGGONE | DOGWOOD | DOLEFUL | DOLPHIN | DOLTISH |
| DOORWAY | DORMANT | DOSSIER | DOUBLED | DOUBLET | DOVEKIE |
| DOWAGER | DRACHMA | DRAGOON | DRAPERY | DRASTIC | DRIBBLE |
| DRIZZLE | DRIZZLY | DROPLET | DROPPED | DROUGHT | DRUMLIN |
| DRUNKEN | DUALISM | DUBIOUS | DUCHESS | DUCTILE | DUELLER |
| DUKEDOM | DUNGEON | DURABLE | DURANCE | DUTIFUL | DWINDLE |

| | | | | | |
|---|---|---|---|---|---|
| DYNAMIC | DYNASTY | EARDRUM | EARLIER | EARMARK | EARNEST |
| EARRING | EARTHEN | EASTERN | ECHELON | ECHIDNA | ECLIPSE |
| ECLOGUE | ECOLOGY | ECONOMY | ECSTASY | EDIFICE | EDITING |
| EDITION | EDUCATE | EGOTISM | EGOTIST | EJECTOR | ELAPSED |
| ELASTIC | ELECTOR | ELECTRO | ELEGANT | ELEGIAC | ELEMENT |
| ELEVATE | ELLIPSE | ELUSIVE | ELUTION | EMANATE | EMBARGO |
| EMBASSY | EMBOWER | EMBRACE | EMBROIL | EMERALD | EMERITI |
| EMINENT | EMIRATE | EMITTED | EMOTION | EMPATHY | EMPEROR |
| EMPIRIC | EMPLACE | EMPOWER | EMPRESS | EMPTIED | EMPTIER |
| EMPTIES | EMULATE | ENABLED | ENCLAVE | ENCLOSE | ENDEMIC |
| ENDORSE | ENHANCE | ENLARGE | ENLIVEN | ENQUIRE | ENQUIRY |
| ENTHRAL | ENTRANT | ENTRIES | ENTROPY | ENVELOP | ENVIOUS |
| ENVIRON | EPAULET | EPICURE | EPIGRAM | EPISODE | EPISTLE |
| EPITAPH | EPITHET | EPITOME | EPOCHAL | EPSILON | EQUABLE |
| EQUINOX | ERASING | ERASURE | EROSION | EROSIVE | ERRATIC |
| ERRATUM | ERUDITE | ESCAPED | ESCAPEE | ESCHEAT | ESPOUSE |
| ESQUIRE | ESSENCE | ESTUARY | ETERNAL | ETHANOL | EUGENIC |
| EVANGEL | EVASION | EVASIVE | EVIDENT | EVOCATE | EXACTER |
| EXAMINE | EXAMPLE | EXCERPT | EXCLAIM | EXCLUDE | EXCRETE |
| EXECUTE | EXEGETE | EXHAUST | EXHIBIT | EXIGENT | EXOGAMY |
| EXPANSE | EXPENSE | EXPIATE | EXPLAIN | EXPLODE | EXPLOIT |
| EXPLORE | EXPOSED | EXPOUND | EXPRESS | EXPUNGE | EXTINCT |
| EXTRACT | EXTREME | EXTRUDE | EYEBALL | EYEBROW | EYELASH |
| EYESORE | FACTORY | FACTUAL | FACULTY | FAILURE | FAIRWAY |
| FALLACY | FALLOUT | FALSIFY | FANATIC | FANFARE | FANGLED |
| FANTASY | FARTHER | FASCISM | FASHION | FATEFUL | FATIGUE |
| FATUOUS | FEARFUL | FEATHER | FEATURE | FEBRILE | FEDERAL |
| FERMENT | FERMIUM | FERNERY | FERRITE | FERROUS | FERRULE |
| FERTILE | FERVENT | FESTIVE | FIBROUS | FICTION | FICTIVE |
| FIFTEEN | FIGURAL | FILBERT | FINANCE | FINESSE | FINICKY |
| FIREARM | FIREFLY | FIREMAN | FIREMEN | FISHERY | FISSILE |
| FISSION | FISSURE | FIXTURE | FLAGGED | FLANNEL | FLATBED |
| FLATTEN | FLATTER | FLEEING | FLEXURE | FLIPPED | FLOPPED |
| FLORIST | FLOUNCE | FLOWERY | FLUENCY | FLUSTER | FLUTTER |
| FLUVIAL | FOCUSED | FOGGING | FOLIAGE | FOLIATE | FOOLISH |
| FOOTMAN | FOOTMEN | FOOTPAD | FOPPISH | FORBADE | FORBEAR |
| FORBORE | FORCING | FOREIGN | FOREVER | FORFEIT | FORGAVE |
| FORGERY | FORGIVE | FORLORN | FORMULA | FORSAKE | FORSOOK |
| FORTIFY | FORTUNE | FORWARD | FORWENT | FOUNDRY | FOXHOLE |
| FRAGILE | FRAILTY | FRANTIC | FRAUGHT | FRAZZLE | FRECKLE |
| FREEDOM | FREEING | FREEMAN | FREEMEN | FREIGHT | FRESHEN |
| FRIABLE | FRIGATE | FRITTER | FRIZZLE | FRONTAL | FRUSTUM |
| FULCRUM | FULSOME | FUNERAL | FURBISH | FURIOUS | FURLONG |
| FURNACE | FURNISH | FURRIER | FURTHER | FURTIVE | FUSIBLE |
| GADWALL | GAGGING | GAINFUL | GALLANT | GALLERY | GALLIUM |
| GALLOWS | GANGWAY | GANTLET | GARBAGE | GARLAND | GASEOUS |
| GASOHOL | GATEWAY | GAZELLE | GAZETTE | GENERAL | GENERIC |
| GENESIS | GENETIC | GENITAL | GENTEEL | GENTIAN | GENTILE |

## 7 letters

| | | | | | |
|---|---|---|---|---|---|
| GENUINE | GEODESY | GEOLOGY | GERMANE | GESTALT | GESTURE |
| GETAWAY | GETTING | GHASTLY | GHERKIN | GHOSTLY | GIBBOUS |
| GILBERT | GINGHAM | GINSENG | GIRAFFE | GIRLISH | GLACIAL |
| GLACIER | GLADDEN | GLAMOUR | GLEEFUL | GLIMMER | GLIMPSE |
| GLISTEN | GLITTER | GLOBULE | GLORIFY | GLOSSED | GLOTTAL |
| GLOTTIS | GLUCOSE | GLUTTON | GNOSTIC | GODDESS | GODHEAD |
| GODLIKE | GODSEND | GONDOLA | GORILLA | GOSHAWK | GOSLING |
| GOURMET | GRACKLE | GRADATE | GRADUAL | GRAMMAR | GRANARY |
| GRANDMA | GRANDPA | GRANITE | GRANTEE | GRANTOR | GRANULE |
| GRAPHIC | GRAPPLE | GRATIFY | GREATER | GRENADE | GREYISH |
| GRIDDLE | GRIFFIN | GRILLED | GRIMACE | GRIZZLE | GRIZZLY |
| GROCERY | GROMMET | GRUMBLE | GUERDON | GUIDING | GUILDER |
| GUMDROP | GUNFIRE | GUNNERY | GUNPLAY | GUNSHOT | GYMNAST |
| HABITAT | HACKNEY | HADDOCK | HAFNIUM | HAGGARD | HAIRCUT |
| HAIRPIN | HALCYON | HALFWAY | HALIBUT | HALLWAY | HALOGEN |
| HAMMOCK | HAMSTER | HANDBAG | HANDFUL | HANDLED | HANDSET |
| HANGMAN | HANGMEN | HAPLOID | HARMFUL | HARMONY | HARNESS |
| HARPOON | HARVEST | HASHISH | HATCHET | HATEFUL | HAUGHTY |
| HAULAGE | HAYWARD | HEADWAY | HEALTHY | HEARKEN | HEARSAY |
| HEARTEN | HEATHEN | HEIRESS | HELICAL | HELLISH | HELPFUL |
| HEMLOCK | HENBANE | HENPECK | HERETIC | HEROINE | HEROISM |
| HERSELF | HEXAGON | HIBACHI | HICKORY | HIDALGO | HIDEOUS |
| HIGHBOY | HIGHEST | HIGHWAY | HILLOCK | HILLTOP | HIMSELF |
| HIRSUTE | HISTORY | HOGGING | HOLIDAY | HOLMIUM | HOLSTER |
| HOMONYM | HONESTY | HOODLUM | HOPEFUL | HORIZON | HORMONE |
| HORRIFY | HOSIERY | HOSPICE | HOSTAGE | HOSTESS | HOSTILE |
| HOTSHOT | HOWEVER | HUGGING | HUMMOCK | HUNDRED | HURRIED |
| HURRIES | HUSBAND | HUSTLER | HYALINE | HYDRANT | HYDRATE |
| HYDRIDE | HYDROUS | HYGIENE | ICEBERG | IDIOTIC | IDYLLIC |
| IGNEOUS | IGNOBLE | ILLEGAL | ILLICIT | IMAGERY | IMAGINE |
| IMITATE | IMMENSE | IMMERSE | IMMORAL | IMPASSE | IMPEACH |
| IMPERIL | IMPETUS | IMPIETY | IMPINGE | IMPIOUS | IMPLANT |
| IMPLORE | IMPOSED | IMPOUND | IMPRESS | IMPRINT | IMPROVE |
| IMPULSE | INBOARD | INBREED | INCENSE | INCLINE | INCLUDE |
| INCUBUS | INDICES | INDORSE | INDULGE | INDWELL | INERTIA |
| INEXACT | INFANCY | INFARCT | INFERNO | INFIDEL | INFIELD |
| INFLAME | INFLATE | INFLECT | INFLICT | INFRACT | INGRATE |
| INGROWN | INHABIT | INHERIT | INHIBIT | INHUMAN | INITIAL |
| INKLING | INQUEST | INQUIRE | INQUIRY | INSHORE | INSIGHT |
| INSIPID | INSPECT | INSPIRE | INSTALL | INSTANT | INSTEAD |
| INSULAR | INSULIN | INTEGER | INTENSE | INTERIM | INTROIT |
| INTRUDE | INVALID | INVEIGH | INVERSE | INVOICE | INVOKED |
| INVOLVE | IRIDIUM | IRKSOME | ISOLATE | ISSUANT | ITERATE |
| JACKASS | JACKDAW | JAGGING | JAMMING | JANITOR | JAVELIN |
| JAWBONE | JEALOUS | JEJUNUM | JIGGING | JOCULAR | JOGGING |
| JONQUIL | JOURNAL | JOURNEY | JUBILEE | JUDGING | JUGGING |
| JUNIPER | JUSTICE | JUSTIFY | KEELSON | KERNING | KESTREL |
| KETCHUP | KEYHOLE | KEYNOTE | KILLJOY | KINDRED | KINETIC |

| | | | | | |
|---|---|---|---|---|---|
| KINGDOM | KINGLET | KISSING | KITCHEN | KNEECAP | KNOBBLY |
| KNUCKLE | KRYPTON | KUMQUAT | LACONIC | LACQUER | LACTATE |
| LACTOSE | LACUNAE | LAGGING | LAMBERT | LAMINAR | LAMPOON |
| LAMPREY | LANGUID | LANGUOR | LANTERN | LARCENY | LATERAL |
| LATTICE | LAUNDER | LAUNDRY | LAWSUIT | LAYETTE | LEADING |
| LEAFLET | LEAKAGE | LEATHER | LEAVING | LECHERY | LECTERN |
| LECTURE | LEEWARD | LEGATEE | LEGGING | LEGHORN | LEGIBLE |
| LEISURE | LEMMING | LENGTHY | LENIENT | LEONINE | LEOPARD |
| LEPROSY | LESBIAN | LETTING | LETTUCE | LEXICAL | LEXICON |
| LIAISON | LIBERAL | LIBERTY | LIBRARY | LIGHTEN | LIGNITE |
| LIMPKIN | LINEAGE | LINEMAN | LINEMEN | LINGUAL | LINKAGE |
| LINSEED | LIONESS | LIQUEFY | LIQUEUR | LITERAL | LITHIUM |
| LITURGY | LOBSTER | LOBULAR | LOCALLY | LOCATED | LOCKNUT |
| LOCKOUT | LOGGING | LOGICAL | LONGISH | LOOKOUT | LOOPING |
| LOSABLE | LOTTERY | LOWLAND | LOYALTY | LOZENGE | LUGGAGE |
| LUGGING | LULLABY | LUMPISH | LUNATIC | LUSTFUL | MACAQUE |
| MACHINE | MAESTRO | MAGENTA | MAGGOTY | MAGNATE | MAGNETO |
| MAGNIFY | MAJESTY | MALAISE | MALARIA | MALLARD | MALTOSE |
| MAMMOTH | MANATEE | MANDATE | MANDREL | MANGLED | MANHOLE |
| MANHOOD | MANIKIN | MANKIND | MANSION | MANTRAP | MANUMIT |
| MARIMBA | MARITAL | MARQUEE | MARQUIS | MARRIED | MARSHAL |
| MARTIAL | MASCARA | MASONRY | MASSAGE | MASSEUR | MASSIVE |
| MASTERY | MASTIFF | MATTOCK | MAUDLIN | MAWKISH | MAXIMAL |
| MAXIMUM | MAYORAL | MAZURKA | MEANDER | MEANING | MEASURE |
| MEDIATE | MEGABIT | MEGATON | MEIOSIS | MELANIN | MELODIC |
| MEMENTO | MENTION | MERCURY | MERGING | MERMAID | MESSAGE |
| METHANE | MIASMAL | MIDLAND | MIDWIFE | MIGRANT | MIGRATE |
| MILEAGE | MILITIA | MILLION | MIMESIS | MIMETIC | MINARET |
| MINDFUL | MINERAL | MINIMAL | MINIMUM | MINUEND | MIRACLE |
| MISSILE | MISSING | MISSION | MISSIVE | MISTAKE | MISTOOK |
| MITOSIS | MIXTURE | MOCKERY | MOCKING | MODESTY | MODICUM |
| MODULAR | MODULUS | MOISTEN | MOLLIFY | MOLLUSC | MONADIC |
| MONARCH | MONITOR | MONKISH | MONSOON | MONSTER | MONTHLY |
| MOONLIT | MORAINE | MORTIFY | MORTISE | MUEZZIN | MULATTO |
| MULLEIN | MULLION | MUNDANE | MUSKRAT | MUSTANG | MUSTARD |
| MYELOID | MYSTERY | MYSTIFY | NAGGING | NARRATE | NASCENT |
| NATURAL | NAUGHTY | NEBULAE | NEBULAR | NECKTIE | NEEDFUL |
| NEGLECT | NEITHER | NEMESIS | NERVOUS | NETTING | NETWORK |
| NEUTRAL | NEUTRON | NEWBORN | NEWSBOY | NEWSMAN | NEWSMEN |
| NIOBIUM | NIRVANA | NITPICK | NITRATE | NITRIDE | NITRITE |
| NITROUS | NODULAR | NOMADIC | NOMINAL | NOMINEE | NOSEBAG |
| NOSTRIL | NOTHING | NOURISH | NOUVEAU | NOVELTY | NOWHERE |
| NOXIOUS | NUCLEAR | NUCLEUS | NULLIFY | NUMERAL | NUMERIC |
| NUPTIAL | NURSERY | NURTURE | OATMEAL | OBELISK | OBLIQUE |
| OBSCENE | OBSCURE | OBSEQUY | OBSERVE | OBTRUDE | OBVERSE |
| OBVIATE | OBVIOUS | OCARINA | OCCLUDE | OCEANIC | OCTAGON |
| OCTOPUS | ODOROUS | OFFENCE | OFFHAND | OLDSTER | OLIVINE |
| OMICRON | OMINOUS | OMITTED | OMNIBUS | ONEROUS | ONESELF |

## 7 letters

| | | | | | |
|---|---|---|---|---|---|
| ONGOING | OPACITY | OPERAND | OPERANT | OPERATE | OPINION |
| OPOSSUM | OPPRESS | OPTIMAL | OPTIMUM | OPULENT | ORATORY |
| ORBITAL | ORCHARD | ORDERED | ORDERLY | ORDINAL | ORGANIC |
| ORIFICE | OSMOSIS | OSMOTIC | OSSEOUS | OSTRICH | OUTCOME |
| OUTSIDE | OUTWARD | OVIFORM | OXALATE | PACIFIC | PACKAGE |
| PADDOCK | PADLOCK | PAGEANT | PAINFUL | PALETTE | PALFREY |
| PALMATE | PANACEA | PANCAKE | PANICLE | PANOPLY | PANTHER |
| PAPOOSE | PAPRIKA | PAPYRUS | PARADOX | PARAGON | PARAPET |
| PARASOL | PARBOIL | PARKWAY | PARQUET | PARSLEY | PARSNIP |
| PARTAKE | PARTIAL | PARTNER | PARTOOK | PARVENU | PASCHAL |
| PASSAGE | PASSING | PASSION | PASSIVE | PASTIME | PASTURE |
| PATHWAY | PATIENT | PATRIOT | PATTERN | PAUCITY | PAUNCHY |
| PAUSING | PAYMENT | PEACOCK | PEAFOWL | PEASANT | PECCARY |
| PEGGING | PELICAN | PENALTY | PENANCE | PENDANT | PENGUIN |
| PENNANT | PENSION | PENSIVE | PENTANE | PEOPLED | PEPPERY |
| PEPTIDE | PERCENT | PERCEPT | PERFECT | PERFIDY | PERFORM |
| PERFUME | PERFUSE | PERHAPS | PERJURE | PERJURY | PERMUTE |
| PERPLEX | PERSIST | PERSONA | PERTAIN | PERTURB | PERUSAL |
| PERVADE | PERVERT | PETRIFY | PETUNIA | PHALANX | PHANTOM |
| PHOENIX | PHONEME | PIANIST | PICCOLO | PICKAXE | PICTURE |
| PIECING | PIETISM | PIGGING | PIGGISH | PIGMENT | PIGSKIN |
| PIGTAIL | PILGRIM | PILLAGE | PILLORY | PINBALL | PINHOLE |
| PINKISH | PINNATE | PINTAIL | PIONEER | PIPETTE | PIQUANT |
| PIROGUE | PITEOUS | PITFALL | PITIFUL | PIVOTAL | PLACATE |
| PLACEBO | PLACING | PLAGUED | PLAITED | PLANNER | PLASTER |
| PLASTIC | PLATEAU | PLATOON | PLAYBOY | PLAYFUL | PLENARY |
| PLEURAL | PLIABLE | PLIANCY | PLOTTED | PLOTTER | PLUMAGE |
| PLUMMET | PLUNDER | PLYWOOD | POACHER | POINTER | POLECAT |
| POLEMIC | POLITIC | POLLOCK | POLLUTE | POLYGON | POLYMER |
| POMPANO | POMPOUS | PONTIFF | POPCORN | POPULAR | PORCINE |
| PORTAGE | PORTEND | PORTENT | PORTICO | PORTION | PORTRAY |
| POSSESS | POSTAGE | POSTFIX | POSTMAN | POSTMEN | POSTURE |
| POTABLE | POTHOLE | POTTERY | POULTRY | POVERTY | POWDERY |
| PRAIRIE | PRECEDE | PRECEPT | PRECISE | PREDICT | PREFACE |
| PREFECT | PRELUDE | PREMIER | PREMISE | PREMIUM | PREPARE |
| PRESAGE | PRESENT | PRESIDE | PRESUME | PRETEND | PRETEXT |
| PREVAIL | PREVENT | PREVIEW | PRICKLE | PRIMACY | PRIMARY |
| PRIMATE | PRINTER | PRIVACY | PRIVATE | PROBATE | PROBITY |
| PROBLEM | PROCEED | PROCESS | PROCTOR | PROCURE | PRODIGY |
| PRODUCE | PRODUCT | PROFANE | PROFESS | PROFFER | PROFILE |
| PROFUSE | PROGENY | PROGRAM | PROJECT | PROLONG | PROMISE |
| PROMOTE | PRONOUN | PROPANE | PROPHET | PROPOSE | PRORATE |
| PROSAIC | PROSODY | PROSPER | PROTEAN | PROTECT | PROTEIN |
| PROTEST | PROVERB | PROVIDE | PROVISO | PROVOKE | PROVOST |
| PROWESS | PRUDENT | PSYCHIC | PUBERTY | PUBLISH | PUCKISH |
| PUDDING | PUERILE | PUFFERY | PULSATE | PUMPKIN | PUNGENT |
| PUNSTER | PURLOIN | PURPORT | PURPOSE | PURSUER | PURSUIT |
| PURVIEW | PUTTING | PYRAMID | QUADRIC | QUALIFY | QUALITY |

| | | | | | |
|---|---|---|---|---|---|
| QUANTUM | QUARREL | QUARTER | QUARTET | QUERIED | QUERIES |
| QUETZAL | QUIBBLE | QUICKEN | QUICKLY | QUIETUS | QUININE |
| QUINTET | RACCOON | RACKETY | RADIANT | RADIATE | RADICAL |
| RADICES | RAFFISH | RAGGING | RAGWEED | RAILWAY | RAINBOW |
| RAISING | RAMPAGE | RAMPANT | RAMPART | RANGING | RANSACK |
| RAPPORT | RAPTURE | RAUCOUS | RAWHIDE | READIES | REALISM |
| REBUILD | RECEIPT | RECEIVE | RECITAL | RECLINE | RECLUSE |
| RECOUNT | RECOVER | RECRUIT | RECTIFY | RECTORY | REDBIRD |
| REDCOAT | REDDISH | REDOUND | REDPOLL | REDUCED | REDWOOD |
| REFEREE | REFLECT | REFRACT | REFRAIN | REFUGEE | REFUSAL |
| REFUSED | REGALIA | REGATTA | REGIMEN | REGRESS | REGROUP |
| REGULAR | REJOICE | RELEASE | RELIANT | RELIEVE | REMAINS |
| REMNANT | REMORSE | REMOVAL | REMOVED | RENEWAL | REORDER |
| REPLACE | REPLETE | REPLICA | REPRINT | REPRISE | REPTILE |
| REQUEST | REQUIRE | REROUTE | RESCIND | RESCUED | RESERVE |
| RESIDED | RESIDUE | RESOLVE | RESPECT | RESPIRE | RESPITE |
| RESPOND | RESTART | RESTFUL | RESTIVE | RESTORE | RESUMED |
| RETINAL | RETINUE | RETIREE | RETRACT | RETURNS | REVELRY |
| REVENGE | REVENUE | REVERIE | REVERSE | REVIVAL | REVOKED |
| REVOLVE | RHENIUM | RHODIUM | RHOMBIC | RHOMBUS | RHUBARB |
| RICKETS | RICKETY | RIGGING | RIGIDLY | RINGLET | RIOTOUS |
| RISIBLE | RIVALRY | RIVULET | ROADWAY | ROBBERY | ROBOTIC |
| ROEBUCK | ROISTER | ROMANCE | ROOFTOP | ROOMFUL | ROSETTE |
| ROSTRUM | ROTATED | ROTUNDA | ROUGHEN | ROUNDED | ROUTINE |
| ROUTING | ROWBOAT | ROYALTY | RUBBERY | RUBBISH | RUBDOWN |
| RUFFIAN | RUINOUS | RUMMAGE | RUNAWAY | RUNNING | RUPTURE |
| SACCADE | SAFFRON | SAGGING | SALIENT | SALVAGE | SAMOVAR |
| SANDBAG | SANDMAN | SAPIENT | SAPLING | SARCASM | SARCOMA |
| SARDINE | SATANIC | SATIATE | SATIETY | SATIRIC | SATISFY |
| SAUSAGE | SAWDUST | SCALING | SCALLOP | SCANDAL | SCAPULA |
| SCARIFY | SCARLET | SCARVES | SCENERY | SCEPTIC | SCHERZO |
| SCHOLAR | SCIENCE | SCISSOR | SCOURGE | SCRAPPY | SCRATCH |
| SCRAWNY | SCREECH | SCROOGE | SCROTUM | SCRUPLE | SCUFFLE |
| SCUTTLE | SEAPORT | SEASIDE | SEAWARD | SEAWEED | SECLUDE |
| SECRECY | SECRETE | SECTION | SECULAR | SECURED | SEEDBED |
| SEEPAGE | SEETHED | SEGMENT | SEISMIC | SEIZURE | SELFISH |
| SELTZER | SEMINAL | SEMINAR | SENSATE | SENSING | SENSORY |
| SENSUAL | SEQUENT | SERFDOM | SERIOUS | SERPENT | SERRATE |
| SERVANT | SERVICE | SERVILE | SESSION | SETBACK | SETTING |
| SEVENTH | SEVENTY | SEVERAL | SHACKLE | SHADOWY | SHALLOT |
| SHALLOW | SHAMBLE | SHAMPOO | SHARING | SHARPEN | SHATTER |
| SHEATHE | SHELTER | SHERBET | SHERIFF | SHINGLE | SHIPMAN |
| SHIPMEN | SHIVERY | SHORTEN | SHOTGUN | SHOVING | SHOWMAN |
| SHOWMEN | SHRILLY | SHRIVEL | SHUDDER | SHUFFLE | SHUTOFF |
| SHUTTLE | SIBLING | SICKISH | SIDECAR | SIDEMAN | SIGNIFY |
| SILICON | SILVERY | SIMILAR | SIMPLER | SIMPLEX | SINCERE |
| SINGLED | SINUOUS | SITUATE | SIXTEEN | SKETCHY | SKILFUL |
| SKILLET | SKIPPED | SKITTLE | SKYLARK | SKYWARD | SLACKEN |

# 7 letters

| | | | | | |
|---|---|---|---|---|---|
| SLANDER | SLAVERY | SLAVISH | SLEIGHT | SLENDER | SLIPPED |
| SLITHER | SLOPING | SLUMBER | SMATTER | SMITTEN | SMOTHER |
| SMUGGLE | SNIFFLE | SNIFTER | SNIGGER | SNIPPET | SNORKEL |
| SNUFFER | SNUFFLE | SNUGGLE | SOCIETY | SOCKEYE | SOJOURN |
| SOLDIER | SOLICIT | SOLUBLE | SOLVATE | SOLVENT | SOLVING |
| SOMATIC | SOMEHOW | SOMEONE | SOPHISM | SOPRANO | SORCERY |
| SORGHUM | SOULFUL | SPANGLE | SPANIEL | SPARKLE | SPARROW |
| SPASTIC | SPATIAL | SPATULA | SPEAKER | SPECIAL | SPECIFY |
| SPECKLE | SPECTRA | SPECTRE | SPIDERY | SPINACH | SPINDLE |
| SPITTLE | SPLASHY | SPLOTCH | SPLURGE | SPONSOR | SPOTTED |
| SPRINGY | SPUMONI | SPUTNIK | SPUTTER | SQUALID | SQUARED |
| SQUASHY | SQUEEZE | SQUELCH | STABILE | STADIUM | STAMINA |
| STAMMER | STANDBY | STANNIC | STARCHY | STARDOM | STARTLE |
| STATING | STATION | STATURE | STATUTE | STAUNCH | STEALTH |
| STEEPLE | STELLAR | STEMMED | STENCIL | STEPSON | STERILE |
| STERNUM | STEWARD | STICKER | STICKLE | STIFFEN | STIMULI |
| STIPEND | STIPPLE | STIRRUP | STOMACH | STOPPED | STORAGE |
| STORING | STOWAGE | STRANGE | STRATUM | STRETCH | STRIATE |
| STRINGY | STRIVEN | STROPHE | STUBBLE | STUDENT | STUDIED |
| STUDIES | STUMBLE | STUPEFY | STUTTER | STYLING | STYLISH |
| SUBJECT | SUBSIDY | SUBSIST | SUBSUME | SUBVERT | SUCCEED |
| SUCCESS | SUCCOUR | SUCCUMB | SUCROSE | SUCTION | SUFFICE |
| SUFFUSE | SUGGEST | SUICIDE | SULPHUR | SUMMARY | SUMMING |
| SUNBURN | SUNDIAL | SUNDOWN | SUNFISH | SUNRISE | SUPPORT |
| SUPPOSE | SUPREME | SURFACE | SURFEIT | SURGEON | SURGERY |
| SURMISE | SURNAME | SURPASS | SURPLUS | SURREAL | SURVIVE |
| SUSPECT | SUSPEND | SUSTAIN | SWALLOW | SWAPPED | SWARTHY |
| SWEATER | SWEETEN | SWELTER | SWINDLE | SWIZZLE | SWOLLEN |
| SYLLABI | SYMPTOM | SYNAPSE | SYNERGY | SYNONYM | TABLEAU |
| TABLING | TABLOID | TABULAR | TACTFUL | TACTILE | TACTUAL |
| TADPOLE | TAFFETA | TAGGING | TALLIED | TALLIES | TANAGER |
| TANGENT | TANNING | TANTRUM | TARNISH | TASTING | TATTLER |
| TAXIWAY | TEARFUL | TEDIOUS | TEENAGE | TEETHED | TEMPERA |
| TEMPEST | TENABLE | TENFOLD | TENSILE | TENSION | TENUOUS |
| TERBIUM | TERMINI | TERMITE | TERNARY | TERRACE | TERRAIN |
| TERRIER | TERRIFY | TESTATE | TESTIFY | TETANUS | TEXTILE |
| TEXTUAL | TEXTURE | THEOREM | THERAPY | THEREAT | THEREBY |
| THEREIN | THEREOF | THEREON | THERETO | THERMAL | THICKEN |
| THICKET | THIEVES | THIMBLE | THIRSTY | THISTLE | THITHER |
| THORIUM | THOUGHT | THRIFTY | THROATY | THROUGH | THULIUM |
| THUNDER | THYROID | TIGHTEN | TIGRESS | TIMOTHY | TINTYPE |
| TIPPING | TITANIC | TITLING | TITULAR | TOBACCO | TOCCATA |
| TOLUENE | TONIGHT | TONNAGE | TOOLBOX | TOPMOST | TOPPING |
| TORNADO | TORPEDO | TORRENT | TORSION | TORTURE | TOTEMIC |
| TOWBOAT | TRACERY | TRACHEA | TRACING | TRACTOR | TRAFFIC |
| TRAGEDY | TRAIPSE | TRAITOR | TRAMMEL | TRAMPLE | TRAMWAY |
| TRANSIT | TRANSOM | TRAVAIL | TREADLE | TREASON | TREETOP |
| TREFOIL | TRELLIS | TREMBLE | TRESTLE | TRIBUNE | TRIBUTE |

| | | | | | |
|---|---|---|---|---|---|
| TRICKLE | TRIDENT | TRIGGER | TRILOGY | TRIMMED | TRIMMER |
| TRINITY | TRINKET | TRIPLET | TRIPLEX | TRIPOLI | TRIUMPH |
| TRIVIAL | TRODDEN | TROLLEY | TROLLOP | TROUBLE | TROUNCE |
| TROUSER | TRUANCY | TRUMPET | TRUNDLE | TRUSTEE | TSARINA |
| TSUNAMI | TUBULAR | TUGGING | TUITION | TUMBREL | TUNEFUL |
| TURBINE | TURMOIL | TURNERY | TURNKEY | TWADDLE | TWELFTH |
| TWIDDLE | TWINKLE | TWOFOLD | TWOSOME | TYPESET | TYPHOID |
| TYPHOON | TYPICAL | TYRANNY | UMBRAGE | UNBLOCK | UNCANNY |
| UNCOUTH | UNCOVER | UNCTION | UNEQUAL | UNICORN | UNIFORM |
| UNITARY | UNITING | UNKEMPT | UPBRAID | UPGRADE | UPRAISE |
| UPRIGHT | UPRIVER | UPSILON | UPSTART | UPSTATE | UPSURGE |
| URAEMIA | URANIUM | URETHRA | URGENCY | URINARY | UTENSIL |
| UTERINE | UTILITY | UTOPIAN | VACCINE | VACUOLE | VACUOUS |
| VAGINAL | VAGRANT | VALIANT | VALUING | VAMPIRE | VANILLA |
| VANTAGE | VARIANT | VARIETY | VARIOUS | VARNISH | VARSITY |
| VEHICLE | VELVETY | VENISON | VENTURE | VERANDA | VERBENA |
| VERBOSE | VERDANT | VERDICT | VERMEIL | VERSION | VERTIGO |
| VESTIGE | VETERAN | VIADUCT | VIBRANT | VIBRATE | VICEROY |
| VICINAL | VICIOUS | VICTORY | VICTUAL | VILLAGE | VILLAIN |
| VINEGAR | VINTAGE | VINTNER | VIOLATE | VIOLENT | VIRGULE |
| VIRTUAL | VISCERA | VISCOUS | VISIBLE | VISITOR | VITAMIN |
| VITIATE | VITRIFY | VITRIOL | VOCALIC | VOLCANO | VOLTAGE |
| VOLTAIC | VOLUBLE | VULPINE | VULTURE | WAGGING | WAKEFUL |
| WALLABY | WARFARE | WARHEAD | WARLIKE | WARMISH | WARRANT |
| WARRIOR | WASPISH | WASTAGE | WASTREL | WATCHES | WATTAGE |
| WAVELET | WAXWORK | WAYLAID | WAYSIDE | WAYWARD | WEALTHY |
| WEARIED | WEATHER | WEBBING | WEDDING | WEDLOCK | WEEKEND |
| WEIGHTY | WELCOME | WELFARE | WESTERN | WHARVES | WHATNOT |
| WHEEDLE | WHEREAS | WHEREBY | WHEREIN | WHEREOF | WHEREON |
| WHETHER | WHIMPER | WHIPSAW | WHISPER | WHISTLE | WHITHER |
| WHITTLE | WHOEVER | WIDGEON | WIGGING | WILLOWY | WINSOME |
| WIPEOUT | WIRETAP | WISHFUL | WISTFUL | WITHOUT | WITNESS |
| WOLFISH | WOODCUT | WORKING | WORKMAN | WORKMEN | WORKOUT |
| WORSHIP | WRANGLE | WREATHE | WRESTLE | WRIGGLE | WRINKLE |
| WRITING | WRITTEN | WROUGHT | YESHIVA | YTTRIUM | ZEALOUS |
| ZOOLOGY | | | | | |

## By 2<sup>nd</sup> letter

| | | | | | |
|---|---|---|---|---|---|
| BABBITT | BACILLI | BACKLOG | BAGGAGE | BAGGING | BAGPIPE |
| BAILIFF | BALANCE | BALCONY | BALEFUL | BALLAST | BALLOON |
| BANDAGE | BANEFUL | BANQUET | BANSHEE | BAPTISM | BARGAIN |
| BARONET | BAROQUE | BARRACK | BARRAGE | BARRIER | BARRING |
| BASEMAN | BASHFUL | BASILAR | BASTARD | BASTION | BATTERY |
| BATWING | BAUXITE | BAYONET | CABARET | CABBAGE | CABINET |
| CADAVER | CADENZA | CADMIUM | CAESIUM | CALCIFY | CALCITE |
| CALCIUM | CALCULI | CALDRON | CALIBRE | CALLING | CALLOUS |

## 7 letters

| | | | | | |
|---|---|---|---|---|---|
| CALORIC | CALORIE | CALUMNY | CALYPSO | CAMBRIC | CANDELA |
| CANNERY | CANONIC | CANTEEN | CAPITAL | CAPRICE | CAPSIZE |
| CAPSTAN | CAPSULE | CAPTAIN | CAPTION | CAPTIVE | CAPTURE |
| CARAMEL | CARAVAN | CARAWAY | CARBIDE | CARBINE | CARCASS |
| CARDIAC | CAREFUL | CARGOES | CARIBOU | CARLOAD | CARMINE |
| CARNAGE | CAROUSE | CARPORT | CARRIED | CARRIES | CARRION |
| CARTOON | CASCADE | CASCARA | CASHIER | CASSOCK | CATALPA |
| CATAWBA | CATBIRD | CATCALL | CATFISH | CATHODE | CAUSING |
| CAUSTIC | CAUTION | CAVALRY | CAYENNE | DAILIES | DARLING |
| DASTARD | DAUPHIN | DAYTIME | EARDRUM | EARLIER | EARMARK |
| EARNEST | EARRING | EARTHEN | EASTERN | FACTORY | FACTUAL |
| FACULTY | FAILURE | FAIRWAY | FALLACY | FALLOUT | FALSIFY |
| FANATIC | FANFARE | FANGLED | FANTASY | FARTHER | FASCISM |
| FASHION | FATEFUL | FATIGUE | FATUOUS | GADWALL | GAGGING |
| GAINFUL | GALLANT | GALLERY | GALLIUM | GALLOWS | GANGWAY |
| GANTLET | GARBAGE | GARLAND | GASEOUS | GASOHOL | GATEWAY |
| GAZELLE | GAZETTE | HABITAT | HACKNEY | HADDOCK | HAFNIUM |
| HAGGARD | HAIRCUT | HAIRPIN | HALCYON | HALFWAY | HALIBUT |
| HALLWAY | HALOGEN | HAMMOCK | HAMSTER | HANDBAG | HANDFUL |
| HANDLED | HANDSET | HANGMAN | HANGMEN | HAPLOID | HARMFUL |
| HARMONY | HARNESS | HARPOON | HARVEST | HASHISH | HATCHET |
| HATEFUL | HAUGHTY | HAULAGE | HAYWARD | JACKASS | JACKDAW |
| JAGGING | JAMMING | JANITOR | JAVELIN | JAWBONE | LACONIC |
| LACQUER | LACTATE | LACTOSE | LACUNAE | LAGGING | LAMBERT |
| LAMINAR | LAMPOON | LAMPREY | LANGUID | LANGUOR | LANTERN |
| LARCENY | LATERAL | LATTICE | LAUNDER | LAUNDRY | LAWSUIT |
| LAYETTE | MACAQUE | MACHINE | MAESTRO | MAGENTA | MAGGOTY |
| MAGNATE | MAGNETO | MAGNIFY | MAJESTY | MALAISE | MALARIA |
| MALLARD | MALTOSE | MAMMOTH | MANATEE | MANDATE | MANDREL |
| MANGLED | MANHOLE | MANHOOD | MANIKIN | MANKIND | MANSION |
| MANTRAP | MANUMIT | MARIMBA | MARITAL | MARQUEE | MARQUIS |
| MARRIED | MARSHAL | MARTIAL | MASCARA | MASONRY | MASSAGE |
| MASSEUR | MASSIVE | MASTERY | MASTIFF | MATTOCK | MAUDLIN |
| MAWKISH | MAXIMAL | MAXIMUM | MAYORAL | MAZURKA | NAGGING |
| NARRATE | NASCENT | NATURAL | NAUGHTY | OATMEAL | PACIFIC |
| PACKAGE | PADDOCK | PADLOCK | PAGEANT | PAINFUL | PALETTE |
| PALFREY | PALMATE | PANACEA | PANCAKE | PANICLE | PANOPLY |
| PANTHER | PAPOOSE | PAPRIKA | PAPYRUS | PARADOX | PARAGON |
| PARAPET | PARASOL | PARBOIL | PARKWAY | PARQUET | PARSLEY |
| PARSNIP | PARTAKE | PARTIAL | PARTNER | PARTOOK | PARVENU |
| PASCHAL | PASSAGE | PASSING | PASSION | PASSIVE | PASTIME |
| PASTURE | PATHWAY | PATIENT | PATRIOT | PATTERN | PAUCITY |
| PAUNCHY | PAUSING | PAYMENT | RACCOON | RACKETY | RADIANT |
| RADIATE | RADICAL | RADICES | RAFFISH | RAGGING | RAGWEED |
| RAILWAY | RAINBOW | RAISING | RAMPAGE | RAMPANT | RAMPART |
| RANGING | RANSACK | RAPPORT | RAPTURE | RAUCOUS | RAWHIDE |
| SACCADE | SAFFRON | SAGGING | SALIENT | SALVAGE | SAMOVAR |
| SANDBAG | SANDMAN | SAPIENT | SAPLING | SARCASM | SARCOMA |

| | | | | | |
|---|---|---|---|---|---|
| SARDINE | SATANIC | SATIATE | SATIETY | SATIRIC | SATISFY |
| SAUSAGE | SAWDUST | TABLEAU | TABLING | TABLOID | TABULAR |
| TACTFUL | TACTILE | TACTUAL | TADPOLE | TAFFETA | TAGGING |
| TALLIED | TALLIES | TANAGER | TANGENT | TANNING | TANTRUM |
| TARNISH | TASTING | TATTLER | TAXIWAY | VACCINE | VACUOLE |
| VACUOUS | VAGINAL | VAGRANT | VALIANT | VALUING | VAMPIRE |
| VANILLA | VANTAGE | VARIANT | VARIETY | VARIOUS | VARNISH |
| VARSITY | WAGGING | WAKEFUL | WALLABY | WARFARE | WARHEAD |
| WARLIKE | WARMISH | WARRANT | WARRIOR | WASPISH | WASTAGE |
| WASTREL | WATCHES | WATTAGE | WAVELET | WAXWORK | WAYLAID |
| WAYSIDE | WAYWARD | ABANDON | ABDOMEN | ABETTED | ABEYANT |
| ABOLISH | ABORTED | ABREACT | ABREAST | ABRIDGE | ABSCESS |
| ABSENCE | ABSOLVE | ABSTAIN | ABUTTED | ABYSMAL | OBELISK |
| OBLIQUE | OBSCENE | OBSCURE | OBSEQUY | OBSERVE | OBTRUDE |
| OBVERSE | OBVIATE | OBVIOUS | ACADEMY | ACCLAIM | ACCOUNT |
| ACCRUAL | ACERBIC | ACETATE | ACETONE | ACHIEVE | ACOLYTE |
| ACQUIRE | ACREAGE | ACROBAT | ACRONYM | ACRYLIC | ACTIONS |
| ACTRESS | ACTUATE | ECHELON | ECHIDNA | ECLIPSE | ECLOGUE |
| ECOLOGY | ECONOMY | ECSTASY | ICEBERG | OCARINA | OCCLUDE |
| OCEANIC | OCTAGON | OCTOPUS | SCALING | SCALLOP | SCANDAL |
| SCAPULA | SCARIFY | SCARLET | SCARVES | SCENERY | SCEPTIC |
| SCHERZO | SCHOLAR | SCIENCE | SCISSOR | SCOURGE | SCRAPPY |
| SCRATCH | SCRAWNY | SCREECH | SCROOGE | SCROTUM | SCRUPLE |
| SCUFFLE | SCUTTLE | ADAMANT | ADDENDA | ADDRESS | ADJOURN |
| ADJUDGE | ADJUNCT | ADMIRAL | ADRENAL | ADULATE | ADVANCE |
| ADVERSE | ADVISOR | EDIFICE | EDITING | EDITION | EDUCATE |
| IDIOTIC | IDYLLIC | ODOROUS | AEOLIAN | AEROBIC | BEARISH |
| BEASTIE | BEATIFY | BECAUSE | BECLOUD | BEDEVIL | BEDPOST |
| BEDROCK | BEDROOM | BEDSIDE | BEDTIME | BEEHIVE | BEGGARY |
| BEGGING | BEGONIA | BEGUILE | BEHAVED | BELIEVE | BELLMAN |
| BELYING | BENEATH | BENEFIT | BENZENE | BEQUEST | BEREAVE |
| BERSERK | BESEECH | BESIEGE | BESPEAK | BESPOKE | BESTIAL |
| BETOKEN | BETROTH | BETWEEN | BETWIXT | BEWITCH | CEDILLA |
| CELESTA | CENSURE | CENTAUR | CENTRAL | CENTRIC | CENTURY |
| CERAMIC | CERTAIN | CERTIFY | CESSION | DEBACLE | DEBATER |
| DEBAUCH | DECEASE | DECEIVE | DECIBEL | DECIDED | DECIMAL |
| DECLAIM | DECLARE | DECLINE | DECORUM | DECRYPT | DEFAULT |
| DEFIANT | DEFICIT | DEFINED | DEFLATE | DEFLECT | DEFRAUD |
| DEFROST | DEFUNCT | DEGRADE | DELETED | DELIGHT | DELIMIT |
| DELIVER | DELOUSE | DELTOID | DEMERIT | DEMIGOD | DEMONIC |
| DENIZEN | DENOTED | DENTURE | DEPLETE | DEPLORE | DEPOSIT |
| DEPRAVE | DEPRESS | DEPRIVE | DERANGE | DERIVED | DERRICK |
| DERVISH | DESCANT | DESCEND | DESCENT | DESERVE | DESPAIR |
| DESPISE | DESPITE | DESPOIL | DESPOND | DESSERT | DESTINE |
| DESTINY | DESTROY | DETRACT | DEVELOP | DEVIANT | DEVIATE |
| DEVIOUS | DEVISEE | DEVOLVE | DEVOTEE | FEARFUL | FEATHER |
| FEATURE | FEBRILE | FEDERAL | FERMENT | FERMIUM | FERNERY |
| FERRITE | FERROUS | FERRULE | FERTILE | FERVENT | FESTIVE |

## 7 letters

| | | | | | |
|---|---|---|---|---|---|
| GENERAL | GENERIC | GENESIS | GENETIC | GENITAL | GENTEEL |
| GENTIAN | GENTILE | GENUINE | GEODESY | GEOLOGY | GERMANE |
| GESTALT | GESTURE | GETAWAY | GETTING | HEADWAY | HEALTHY |
| HEARKEN | HEARSAY | HEARTEN | HEATHEN | HEIRESS | HELICAL |
| HELLISH | HELPFUL | HEMLOCK | HENBANE | HENPECK | HERETIC |
| HEROINE | HEROISM | HERSELF | HEXAGON | JEALOUS | JEJUNUM |
| KEELSON | KERNING | KESTREL | KETCHUP | KEYHOLE | KEYNOTE |
| LEADING | LEAFLET | LEAKAGE | LEATHER | LEAVING | LECHERY |
| LECTERN | LECTURE | LEEWARD | LEGATEE | LEGGING | LEGHORN |
| LEGIBLE | LEISURE | LEMMING | LENGTHY | LENIENT | LEONINE |
| LEOPARD | LEPROSY | LESBIAN | LETTING | LETTUCE | LEXICAL |
| LEXICON | MEANDER | MEANING | MEASURE | MEDIATE | MEGABIT |
| MEGATON | MEIOSIS | MELANIN | MELODIC | MEMENTO | MENTION |
| MERCURY | MERGING | MERMAID | MESSAGE | METHANE | NEBULAE |
| NEBULAR | NECKTIE | NEEDFUL | NEGLECT | NEITHER | NEMESIS |
| NERVOUS | NETTING | NETWORK | NEUTRAL | NEUTRON | NEWBORN |
| NEWSBOY | NEWSMAN | NEWSMEN | PEACOCK | PEAFOWL | PEASANT |
| PECCARY | PEGGING | PELICAN | PENALTY | PENANCE | PENDANT |
| PENGUIN | PENNANT | PENSION | PENSIVE | PENTANE | PEOPLED |
| PEPPERY | PEPTIDE | PERCENT | PERCEPT | PERFECT | PERFIDY |
| PERFORM | PERFUME | PERFUSE | PERHAPS | PERJURE | PERJURY |
| PERMUTE | PERPLEX | PERSIST | PERSONA | PERTAIN | PERTURB |
| PERUSAL | PERVADE | PERVERT | PETRIFY | PETUNIA | READIES |
| REALISM | REBUILD | RECEIPT | RECEIVE | RECITAL | RECLINE |
| RECLUSE | RECOUNT | RECOVER | RECRUIT | RECTIFY | RECTORY |
| REDBIRD | REDCOAT | REDDISH | REDOUND | REDPOLL | REDUCED |
| REDWOOD | REFEREE | REFLECT | REFRACT | REFRAIN | REFUGEE |
| REFUSAL | REFUSED | REGALIA | REGATTA | REGIMEN | REGRESS |
| REGROUP | REGULAR | REJOICE | RELEASE | RELIANT | RELIEVE |
| REMAINS | REMNANT | REMORSE | REMOVAL | REMOVED | RENEWAL |
| REORDER | REPLACE | REPLETE | REPLICA | REPRINT | REPRISE |
| REPTILE | REQUEST | REQUIRE | REROUTE | RESCIND | RESCUED |
| RESERVE | RESIDED | RESIDUE | RESOLVE | RESPECT | RESPIRE |
| RESPITE | RESPOND | RESTART | RESTFUL | RESTIVE | RESTORE |
| RESUMED | RETINAL | RETINUE | RETIREE | RETRACT | RETURNS |
| REVELRY | REVENGE | REVENUE | REVERIE | REVERSE | REVIVAL |
| REVOKED | REVOLVE | SEAPORT | SEASIDE | SEAWARD | SEAWEED |
| SECLUDE | SECRECY | SECRETE | SECTION | SECULAR | SECURED |
| SEEDBED | SEEPAGE | SEETHED | SEGMENT | SEISMIC | SEIZURE |
| SELFISH | SELTZER | SEMINAL | SEMINAR | SENSATE | SENSING |
| SENSORY | SENSUAL | SEQUENT | SERFDOM | SERIOUS | SERPENT |
| SERRATE | SERVANT | SERVICE | SERVILE | SESSION | SETBACK |
| SETTING | SEVENTH | SEVENTY | SEVERAL | TEARFUL | TEDIOUS |
| TEENAGE | TEETHED | TEMPERA | TEMPEST | TENABLE | TENFOLD |
| TENSILE | TENSION | TENUOUS | TERBIUM | TERMINI | TERMITE |
| TERNARY | TERRACE | TERRAIN | TERRIER | TERRIFY | TESTATE |
| TESTIFY | TETANUS | TEXTILE | TEXTUAL | TEXTURE | VEHICLE |
| VELVETY | VENISON | VENTURE | VERANDA | VERBENA | VERBOSE |

| | | | | | |
|---|---|---|---|---|---|
| VERDANT | VERDICT | VERMEIL | VERSION | VERTIGO | VESTIGE |
| VETERAN | WEALTHY | WEARIED | WEATHER | WEBBING | WEDDING |
| WEDLOCK | WEEKEND | WEIGHTY | WELCOME | WELFARE | WESTERN |
| YESHIVA | ZEALOUS | AFFABLE | AFFAIRS | AFFLICT | AFFRONT |
| OFFENCE | OFFHAND | AGAINST | AGITATE | EGOTISM | EGOTIST |
| IGNEOUS | IGNOBLE | CHAGRIN | CHALICE | CHAMBER | CHAMFER |
| CHAMOIS | CHANCEL | CHANGED | CHANNEL | CHANSON | CHANTEY |
| CHANTRY | CHAOTIC | CHAPTER | CHARIOT | CHARITY | CHASSIS |
| CHATTEL | CHEATER | CHECKER | CHEETAH | CHEMISE | CHEMIST |
| CHERISH | CHEVRON | CHICKEN | CHICORY | CHIFFON | CHIGNON |
| CHIMERA | CHIMNEY | CHOLERA | CHORINE | CHORTLE | CHOWDER |
| CHROMIC | CHRONIC | CHUCKLE | CHUTNEY | GHASTLY | GHERKIN |
| GHOSTLY | PHALANX | PHANTOM | PHOENIX | PHONEME | RHENIUM |
| RHODIUM | RHOMBIC | RHOMBUS | RHUBARB | SHACKLE | SHADOWY |
| SHALLOT | SHALLOW | SHAMBLE | SHAMPOO | SHARING | SHARPEN |
| SHATTER | SHEATHE | SHELTER | SHERBET | SHERIFF | SHINGLE |
| SHIPMAN | SHIPMEN | SHIVERY | SHORTEN | SHOTGUN | SHOVING |
| SHOWMAN | SHOWMEN | SHRILLY | SHRIVEL | SHUDDER | SHUFFLE |
| SHUTOFF | SHUTTLE | THEOREM | THERAPY | THEREAT | THEREBY |
| THEREIN | THEREOF | THEREON | THERETO | THERMAL | THICKEN |
| THICKET | THIEVES | THIMBLE | THIRSTY | THISTLE | THITHER |
| THORIUM | THOUGHT | THRIFTY | THROATY | THROUGH | THULIUM |
| THUNDER | THYROID | WHARVES | WHATNOT | WHEEDLE | WHEREAS |
| WHEREBY | WHEREIN | WHEREOF | WHEREON | WHETHER | WHIMPER |
| WHIPSAW | WHISPER | WHISTLE | WHITHER | WHITTLE | WHOEVER |
| AILERON | AIRDROP | AIRFOIL | AIRLIFT | AIRLINE | AIRMAIL |
| AIRPORT | BIAXIAL | BICYCLE | BIFOCAL | BIGGEST | BIGOTRY |
| BILLION | BIMODAL | BINDERY | BIOLOGY | BIPLANE | BIPOLAR |
| BISCUIT | BISMUTH | BITTERN | BITUMEN | BIVALVE | BIVOUAC |
| BIZARRE | CILIATE | CIRCLED | CIRCLET | CIRCUIT | CISTERN |
| CITADEL | CITIZEN | CITRATE | DIAGRAM | DIALECT | DIAMOND |
| DICKENS | DICTATE | DICTION | DIETARY | DIFFUSE | DIGGING |
| DIGITAL | DIGNIFY | DIGNITY | DIGRESS | DILEMMA | DIMMING |
| DIOCESE | DIORAMA | DIORITE | DIOXIDE | DIPLOID | DIPLOMA |
| DISABLE | DISCARD | DISCERN | DISCOID | DISDAIN | DISPLAY |
| DISPOSE | DISPUTE | DISRUPT | DISTAFF | DISTANT | DISTORT |
| DISTURB | DIURNAL | DIVERGE | DIVERSE | DIVIDED | DIVISOR |
| DIVORCE | DIVULGE | FIBROUS | FICTION | FICTIVE | FIFTEEN |
| FIGURAL | FILBERT | FINANCE | FINESSE | FINICKY | FIREARM |
| FIREFLY | FIREMAN | FIREMEN | FISHERY | FISSILE | FISSION |
| FISSURE | FIXTURE | GIBBOUS | GILBERT | GINGHAM | GINSENG |
| GIRAFFE | GIRLISH | HIBACHI | HICKORY | HIDALGO | HIDEOUS |
| HIGHBOY | HIGHEST | HIGHWAY | HILLOCK | HILLTOP | HIMSELF |
| HIRSUTE | HISTORY | JIGGING | KILLJOY | KINDRED | KINETIC |
| KINGDOM | KINGLET | KISSING | KITCHEN | LIAISON | LIBERAL |
| LIBERTY | LIBRARY | LIGHTEN | LIGNITE | LIMPKIN | LINEAGE |
| LINEMAN | LINEMEN | LINGUAL | LINKAGE | LINSEED | LIONESS |
| LIQUEFY | LIQUEUR | LITERAL | LITHIUM | LITURGY | MIASMAL |

## 7 letters

| | | | | | |
|---|---|---|---|---|---|
| MIDLAND | MIDWIFE | MIGRANT | MIGRATE | MILEAGE | MILITIA |
| MILLION | MIMESIS | MIMETIC | MINARET | MINDFUL | MINERAL |
| MINIMAL | MINIMUM | MINUEND | MIRACLE | MISSILE | MISSING |
| MISSION | MISSIVE | MISTAKE | MISTOOK | MITOSIS | MIXTURE |
| NIOBIUM | NIRVANA | NITPICK | NITRATE | NITRIDE | NITRITE |
| NITROUS | PIANIST | PICCOLO | PICKAXE | PICTURE | PIECING |
| PIETISM | PIGGING | PIGGISH | PIGMENT | PIGSKIN | PIGTAIL |
| PILGRIM | PILLAGE | PILLORY | PINBALL | PINHOLE | PINKISH |
| PINNATE | PINTAIL | PIONEER | PIPETTE | PIQUANT | PIROGUE |
| PITEOUS | PITFALL | PITIFUL | PIVOTAL | RICKETS | RICKETY |
| RIGGING | RIGIDLY | RINGLET | RIOTOUS | RISIBLE | RIVALRY |
| RIVULET | SIBLING | SICKISH | SIDECAR | SIDEMAN | SIGNIFY |
| SILICON | SILVERY | SIMILAR | SIMPLER | SIMPLEX | SINCERE |
| SINGLED | SINUOUS | SITUATE | SIXTEEN | TIGHTEN | TIGRESS |
| TIMOTHY | TINTYPE | TIPPING | TITANIC | TITLING | TITULAR |
| VIADUCT | VIBRANT | VIBRATE | VICEROY | VICINAL | VICIOUS |
| VICTORY | VICTUAL | VILLAGE | VILLAIN | VINEGAR | VINTAGE |
| VINTNER | VIOLATE | VIOLENT | VIRGULE | VIRTUAL | VISCERA |
| VISCOUS | VISIBLE | VISITOR | VITAMIN | VITIATE | VITRIFY |
| VITRIOL | WIDGEON | WIGGING | WILLOWY | WINSOME | WIPEOUT |
| WIRETAP | WISHFUL | WISTFUL | WITHOUT | WITNESS | EJECTOR |
| SKETCHY | SKILFUL | SKILLET | SKIPPED | SKITTLE | SKYLARK |
| SKYWARD | ALBUMIN | ALCHEMY | ALCOHOL | ALEWIFE | ALFALFA |
| ALGEBRA | ALIMONY | ALIQUOT | ALLEGRO | ALMANAC | ALREADY |
| ALUMNAE | ALUMNUS | ALVEOLI | ALYSSUM | BLACKEN | BLADDER |
| BLANKET | BLATANT | BLATHER | BLEMISH | BLISTER | BLOSSOM |
| BLUBBER | BLUNDER | BLUSTER | CLAMBER | CLARIFY | CLARITY |
| CLASSES | CLASSIC | CLATTER | CLEANSE | CLEARER | CLEMENT |
| CLIMATE | CLONING | CLOSING | CLOSURE | CLOTURE | CLUSTER |
| CLUTTER | ELAPSED | ELASTIC | ELECTOR | ELECTRO | ELEGANT |
| ELEGIAC | ELEMENT | ELEVATE | ELLIPSE | ELUSIVE | ELUTION |
| FLAGGED | FLANNEL | FLATBED | FLATTEN | FLATTER | FLEEING |
| FLEXURE | FLIPPED | FLOPPED | FLORIST | FLOUNCE | FLOWERY |
| FLUENCY | FLUSTER | FLUTTER | FLUVIAL | GLACIAL | GLACIER |
| GLADDEN | GLAMOUR | GLEEFUL | GLIMMER | GLIMPSE | GLISTEN |
| GLITTER | GLOBULE | GLORIFY | GLOSSED | GLOTTAL | GLOTTIS |
| GLUCOSE | GLUTTON | ILLEGAL | ILLICIT | OLDSTER | OLIVINE |
| PLACATE | PLACEBO | PLACING | PLAGUED | PLAITED | PLANNER |
| PLASTER | PLASTIC | PLATEAU | PLATOON | PLAYBOY | PLAYFUL |
| PLENARY | PLEURAL | PLIABLE | PLIANCY | PLOTTED | PLOTTER |
| PLUMAGE | PLUMMET | PLUNDER | PLYWOOD | SLACKEN | SLANDER |
| SLAVERY | SLAVISH | SLEIGHT | SLENDER | SLIPPED | SLITHER |
| SLOPING | SLUMBER | AMALGAM | AMANITA | AMATEUR | AMATORY |
| AMBIENT | AMBLING | AMMETER | AMMONIA | AMNESIA | AMOEBAE |
| AMONGST | AMOROUS | AMPLIFY | AMPUTEE | EMANATE | EMBARGO |
| EMBASSY | EMBOWER | EMBRACE | EMBROIL | EMERALD | EMERITI |
| EMINENT | EMIRATE | EMITTED | EMOTION | EMPATHY | EMPEROR |
| EMPIRIC | EMPLACE | EMPOWER | EMPRESS | EMPTIED | EMPTIER |

| | | | | | |
|---|---|---|---|---|---|
| EMPTIES | EMULATE | IMAGERY | IMAGINE | IMITATE | IMMENSE |
| IMMERSE | IMMORAL | IMPASSE | IMPEACH | IMPERIL | IMPETUS |
| IMPIETY | IMPINGE | IMPIOUS | IMPLANT | IMPLORE | IMPOSED |
| IMPOUND | IMPRESS | IMPRINT | IMPROVE | IMPULSE | OMICRON |
| OMINOUS | OMITTED | OMNIBUS | SMATTER | SMITTEN | SMOTHER |
| SMUGGLE | UMBRAGE | ANAGRAM | ANALOGY | ANALYSE | ANALYST |
| ANALYZE | ANARCHY | ANATOMY | ANCHOVY | ANCIENT | ANDIRON |
| ANEMONE | ANGELIC | ANGLING | ANGUISH | ANGULAR | ANILINE |
| ANIMATE | ANIMISM | ANNUITY | ANNULAR | ANNULUS | ANOMALY |
| ANOTHER | ANTACID | ANTENNA | ANTIQUE | ANTONYM | ANXIETY |
| ANXIOUS | ANYBODY | ENABLED | ENCLAVE | ENCLOSE | ENDEMIC |
| ENDORSE | ENHANCE | ENLARGE | ENLIVEN | ENQUIRE | ENQUIRY |
| ENTHRAL | ENTRANT | ENTRIES | ENTROPY | ENVELOP | ENVIOUS |
| ENVIRON | GNOSTIC | INBOARD | INBREED | INCENSE | INCLINE |
| INCLUDE | INCUBUS | INDICES | INDORSE | INDULGE | INDWELL |
| INERTIA | INEXACT | INFANCY | INFARCT | INFERNO | INFIDEL |
| INFIELD | INFLAME | INFLATE | INFLECT | INFLICT | INFRACT |
| INGRATE | INGROWN | INHABIT | INHERIT | INHIBIT | INHUMAN |
| INITIAL | INKLING | INQUEST | INQUIRE | INQUIRY | INSHORE |
| INSIGHT | INSIPID | INSPECT | INSPIRE | INSTALL | INSTANT |
| INSTEAD | INSULAR | INSULIN | INTEGER | INTENSE | INTERIM |
| INTROIT | INTRUDE | INVALID | INVEIGH | INVERSE | INVOICE |
| INVOKED | INVOLVE | KNEECAP | KNOBBLY | KNUCKLE | ONEROUS |
| ONESELF | ONGOING | SNIFFLE | SNIFTER | SNIGGER | SNIPPET |
| SNORKEL | SNUFFER | SNUFFLE | SNUGGLE | UNBLOCK | UNCANNY |
| UNCOUTH | UNCOVER | UNCTION | UNEQUAL | UNICORN | UNIFORM |
| UNITARY | UNITING | UNKEMPT | BOATMAN | BOATMEN | BOGGING |
| BOLETUS | BOLIVAR | BOLSTER | BOMBARD | BOMBAST | BONANZA |
| BONDAGE | BONFIRE | BOOKISH | BOOKLET | BOORISH | BOOTLEG |
| BOREDOM | BOROUGH | BOTANIC | BOULDER | BOUQUET | BOURBON |
| BOWLINE | BOXWOOD | BOYCOTT | BOYHOOD | COARSEN | COASTAL |
| COAXIAL | COCAINE | COCHLEA | COCKEYE | COCKING | COCKPIT |
| COCONUT | CODFISH | CODICIL | COEQUAL | COEXIST | COGNATE |
| COINAGE | COLICKY | COLLAGE | COLLARD | COLLATE | COLLECT |
| COLLEGE | COLLIDE | COLLUDE | COLONEL | COLOSSI | COLTISH |
| COMBINE | COMFORT | COMMAND | COMMEND | COMMENT | COMMUNE |
| COMMUTE | COMPACT | COMPANY | COMPARE | COMPASS | COMPETE |
| COMPILE | COMPLEX | COMPORT | COMPOSE | COMPOST | COMPOTE |
| COMPUTE | COMRADE | CONCAVE | CONCEAL | CONCEDE | CONCEIT |
| CONCEPT | CONCERN | CONCERT | CONCISE | CONCOCT | CONCORD |
| CONDEMN | CONDONE | CONDUCE | CONDUCT | CONDUIT | CONFECT |
| CONFESS | CONFIDE | CONFINE | CONFIRM | CONFORM | CONFUSE |
| CONFUTE | CONGEAL | CONGEST | CONIFER | CONJOIN | CONJURE |
| CONNECT | CONNIVE | CONNOTE | CONQUER | CONSENT | CONSIGN |
| CONSIST | CONSOLE | CONSORT | CONSULT | CONSUME | CONTACT |
| CONTAIN | CONTEND | CONTENT | CONTEST | CONTEXT | CONTORT |
| CONTOUR | CONTROL | CONVENE | CONVENT | CONVERT | CONVICT |
| CONVOKE | COOKERY | COOLANT | COPIOUS | COPPERY | COQUINA |

## 7 letters

| | | | | | |
|---|---|---|---|---|---|
| CORDAGE | CORDIAL | CORDITE | CORONER | CORONET | CORPORA |
| CORRECT | CORRODE | CORRUPT | CORSAGE | COSTUME | COTTAGE |
| COTTONY | COULOMB | COUNCIL | COUNSEL | COUNTRY | COURAGE |
| COURIER | COWBIRD | COWGIRL | COWHAND | COWHERD | COWHIDE |
| COWLICK | COWPOKE | COWSLIP | COXCOMB | DOGBANE | DOGFISH |
| DOGGING | DOGGONE | DOGWOOD | DOLEFUL | DOLPHIN | DOLTISH |
| DOORWAY | DORMANT | DOSSIER | DOUBLED | DOUBLET | DOVEKIE |
| DOWAGER | FOCUSED | FOGGING | FOLIAGE | FOLIATE | FOOLISH |
| FOOTMAN | FOOTMEN | FOOTPAD | FOPPISH | FORBADE | FORBEAR |
| FORBORE | FORCING | FOREIGN | FOREVER | FORFEIT | FORGAVE |
| FORGERY | FORGIVE | FORLORN | FORMULA | FORSAKE | FORSOOK |
| FORTIFY | FORTUNE | FORWARD | FORWENT | FOUNDRY | FOXHOLE |
| GODDESS | GODHEAD | GODLIKE | GODSEND | GONDOLA | GORILLA |
| GOSHAWK | GOSLING | GOURMET | HOGGING | HOLIDAY | HOLMIUM |
| HOLSTER | HOMONYM | HONESTY | HOODLUM | HOPEFUL | HORIZON |
| HORMONE | HORRIFY | HOSIERY | HOSPICE | HOSTAGE | HOSTESS |
| HOSTILE | HOTSHOT | HOWEVER | JOCULAR | JOGGING | JONQUIL |
| JOURNAL | JOURNEY | LOBSTER | LOBULAR | LOCALLY | LOCATED |
| LOCKNUT | LOCKOUT | LOGGING | LOGICAL | LONGISH | LOOKOUT |
| LOOPING | LOSABLE | LOTTERY | LOWLAND | LOYALTY | LOZENGE |
| MOCKERY | MOCKING | MODESTY | MODICUM | MODULAR | MODULUS |
| MOISTEN | MOLLIFY | MOLLUSC | MONADIC | MONARCH | MONITOR |
| MONKISH | MONSOON | MONSTER | MONTHLY | MOONLIT | MORAINE |
| MORTIFY | MORTISE | NODULAR | NOMADIC | NOMINAL | NOMINEE |
| NOSEBAG | NOSTRIL | NOTHING | NOURISH | NOUVEAU | NOVELTY |
| NOWHERE | NOXIOUS | POACHER | POINTER | POLECAT | POLEMIC |
| POLITIC | POLLOCK | POLLUTE | POLYGON | POLYMER | POMPANO |
| POMPOUS | PONTIFF | POPCORN | POPULAR | PORCINE | PORTAGE |
| PORTEND | PORTENT | PORTICO | PORTION | PORTRAY | POSSESS |
| POSTAGE | POSTFIX | POSTMAN | POSTMEN | POSTURE | POTABLE |
| POTHOLE | POTTERY | POULTRY | POVERTY | POWDERY | ROADWAY |
| ROBBERY | ROBOTIC | ROEBUCK | ROISTER | ROMANCE | ROOFTOP |
| ROOMFUL | ROSETTE | ROSTRUM | ROTATED | ROTUNDA | ROUGHEN |
| ROUNDED | ROUTINE | ROUTING | ROWBOAT | ROYALTY | SOCIETY |
| SOCKEYE | SOJOURN | SOLDIER | SOLICIT | SOLUBLE | SOLVATE |
| SOLVENT | SOLVING | SOMATIC | SOMEHOW | SOMEONE | SOPHISM |
| SOPRANO | SORCERY | SORGHUM | SOULFUL | TOBACCO | TOCCATA |
| TOLUENE | TONIGHT | TONNAGE | TOOLBOX | TOPMOST | TOPPING |
| TORNADO | TORPEDO | TORRENT | TORSION | TORTURE | TOTEMIC |
| TOWBOAT | VOCALIC | VOLCANO | VOLTAGE | VOLTAIC | VOLUBLE |
| WOLFISH | WOODCUT | WORKING | WORKMAN | WORKMEN | WORKOUT |
| WORSHIP | ZOOLOGY | APHASIA | APHASIC | APOLOGY | APOSTLE |
| APPAREL | APPEASE | APPLAUD | APPLIED | APPOINT | APPRISE |
| APPROVE | APRICOT | APROPOS | EPAULET | EPICURE | EPIGRAM |
| EPISODE | EPISTLE | EPITAPH | EPITHET | EPITOME | EPOCHAL |
| EPSILON | OPACITY | OPERAND | OPERANT | OPERATE | OPINION |
| OPOSSUM | OPPRESS | OPTIMAL | OPTIMUM | OPULENT | SPANGLE |
| SPANIEL | SPARKLE | SPARROW | SPASTIC | SPATIAL | SPATULA |

| | | | | | |
|---|---|---|---|---|---|
| SPEAKER | SPECIAL | SPECIFY | SPECKLE | SPECTRA | SPECTRE |
| SPIDERY | SPINACH | SPINDLE | SPITTLE | SPLASHY | SPLOTCH |
| SPLURGE | SPONSOR | SPOTTED | SPRINGY | SPUMONI | SPUTNIK |
| SPUTTER | UPBRAID | UPGRADE | UPRAISE | UPRIGHT | UPRIVER |
| UPSILON | UPSTART | UPSTATE | UPSURGE | AQUATIC | AQUEOUS |
| EQUABLE | EQUINOX | SQUALID | SQUARED | SQUASHY | SQUEEZE |
| SQUELCH | ARBITER | ARBUTUS | ARCHAIC | ARCHERY | ARCHING |
| ARCHIVE | ARDENCY | ARDUOUS | ARMHOLE | AROUSAL | ARRAIGN |
| ARRANGE | ARRIVAL | ARSENAL | ARSENIC | ARTICLE | ARTISAN |
| BRACKEN | BRACKET | BRAMBLE | BRAVADO | BRAVERY | BRAVURA |
| BRAZIER | BREADTH | BREATHE | BREATHY | BREVITY | BREWERY |
| BRIBERY | BRIGADE | BRIMFUL | BRINDLE | BRISTLE | BRITTLE |
| BROADEN | BROCADE | BROMIDE | BROMINE | BRONCHI | BROTHEL |
| BROTHER | BROUGHT | BROWNIE | BROWSED | BROWSER | BRUSQUE |
| CRACKLE | CRANIUM | CRAPPIE | CREATED | CREDENT | CREMATE |
| CREVICE | CRICKET | CRIMSON | CRINKLE | CRIPPLE | CROCHET |
| CROQUET | CRUCIAL | CRUCIFY | CRUELTY | CRUMBLE | CRUMPLE |
| CRUPPER | CRUSADE | CRYPTIC | CRYSTAL | DRACHMA | DRAGOON |
| DRAPERY | DRASTIC | DRIBBLE | DRIZZLE | DRIZZLY | DROPLET |
| DROPPED | DROUGHT | DRUMLIN | DRUNKEN | ERASING | ERASURE |
| EROSION | EROSIVE | ERRATIC | ERRATUM | ERUDITE | FRAGILE |
| FRAILTY | FRANTIC | FRAUGHT | FRAZZLE | FRECKLE | FREEDOM |
| FREEING | FREEMAN | FREEMEN | FREIGHT | FRESHEN | FRIABLE |
| FRIGATE | FRITTER | FRIZZLE | FRONTAL | FRUSTUM | GRACKLE |
| GRADATE | GRADUAL | GRAMMAR | GRANARY | GRANDMA | GRANDPA |
| GRANITE | GRANTEE | GRANTOR | GRANULE | GRAPHIC | GRAPPLE |
| GRATIFY | GREATER | GRENADE | GREYISH | GRIDDLE | GRIFFIN |
| GRILLED | GRIMACE | GRIZZLE | GRIZZLY | GROCERY | GROMMET |
| GRUMBLE | IRIDIUM | IRKSOME | KRYPTON | ORATORY | ORBITAL |
| ORCHARD | ORDERED | ORDERLY | ORDINAL | ORGANIC | ORIFICE |
| PRAIRIE | PRECEDE | PRECEPT | PRECISE | PREDICT | PREFACE |
| PREFECT | PRELUDE | PREMIER | PREMISE | PREMIUM | PREPARE |
| PRESAGE | PRESENT | PRESIDE | PRESUME | PRETEND | PRETEXT |
| PREVAIL | PREVENT | PREVIEW | PRICKLE | PRIMACY | PRIMARY |
| PRIMATE | PRINTER | PRIVACY | PRIVATE | PROBATE | PROBITY |
| PROBLEM | PROCEED | PROCESS | PROCTOR | PROCURE | PRODIGY |
| PRODUCE | PRODUCT | PROFANE | PROFESS | PROFFER | PROFILE |
| PROFUSE | PROGENY | PROGRAM | PROJECT | PROLONG | PROMISE |
| PROMOTE | PRONOUN | PROPANE | PROPHET | PROPOSE | PRORATE |
| PROSAIC | PROSODY | PROSPER | PROTEAN | PROTECT | PROTEIN |
| PROTEST | PROVERB | PROVIDE | PROVISO | PROVOKE | PROVOST |
| PROWESS | PRUDENT | TRACERY | TRACHEA | TRACING | TRACTOR |
| TRAFFIC | TRAGEDY | TRAIPSE | TRAITOR | TRAMMEL | TRAMPLE |
| TRAMWAY | TRANSIT | TRANSOM | TRAVAIL | TREADLE | TREASON |
| TREETOP | TREFOIL | TRELLIS | TREMBLE | TRESTLE | TRIBUNE |
| TRIBUTE | TRICKLE | TRIDENT | TRIGGER | TRILOGY | TRIMMED |
| TRIMMER | TRINITY | TRINKET | TRIPLET | TRIPLEX | TRIPOLI |
| TRIUMPH | TRIVIAL | TRODDEN | TROLLEY | TROLLOP | TROUBLE |

## 7 letters

| | | | | | |
|---|---|---|---|---|---|
| TROUNCE | TROUSER | TRUANCY | TRUMPET | TRUNDLE | TRUSTEE |
| URAEMIA | URANIUM | URETHRA | URGENCY | URINARY | WRANGLE |
| WREATHE | WRESTLE | WRIGGLE | WRINKLE | WRITING | WRITTEN |
| WROUGHT | ASCETIC | ASCRIBE | ASEPTIC | ASEXUAL | ASHAMED |
| ASININE | ASKANCE | ASPHALT | ASPIRIN | ASSAULT | ASSUAGE |
| ASSUMED | ASTOUND | ASTRIDE | ASUNDER | ESCAPED | ESCAPEE |
| ESCHEAT | ESPOUSE | ESQUIRE | ESSENCE | ESTUARY | ISOLATE |
| ISSUANT | OSMOSIS | OSMOTIC | OSSEOUS | OSTRICH | PSYCHIC |
| TSARINA | TSUNAMI | ATAVISM | ATHEISM | ATHEIST | ATHLETE |
| ATHWART | ATROPHY | ATTEMPT | ATTRACT | ETERNAL | ETHANOL |
| ITERATE | STABILE | STADIUM | STAMINA | STAMMER | STANDBY |
| STANNIC | STARCHY | STARDOM | STARTLE | STATING | STATION |
| STATURE | STATUTE | STAUNCH | STEALTH | STEEPLE | STELLAR |
| STEMMED | STENCIL | STEPSON | STERILE | STERNUM | STEWARD |
| STICKER | STICKLE | STIFFEN | STIMULI | STIPEND | STIPPLE |
| STIRRUP | STOMACH | STOPPED | STORAGE | STORING | STOWAGE |
| STRANGE | STRATUM | STRETCH | STRIATE | STRINGY | STRIVEN |
| STROPHE | STUBBLE | STUDENT | STUDIED | STUDIES | STUMBLE |
| STUPEFY | STUTTER | STYLING | STYLISH | UTENSIL | UTERINE |
| UTILITY | UTOPIAN | YTTRIUM | AUCTION | AUDIBLE | AUDITOR |
| AUGMENT | AUROCHS | AUSTERE | AUTOPSY | BUCOLIC | BUFFALO |
| BUFFOON | BUGABOO | BULLDOG | BULLISH | BULLOCK | BULRUSH |
| BULWARK | BUOYANT | BURDOCK | BURETTE | BURGEON | BURGESS |
| BURGHER | BURGLAR | BURNISH | BUSTARD | BUTTERY | BUTTOCK |
| BUTYRIC | BUZZING | CUISINE | CULPRIT | CULTURE | CULVERT |
| CUMULUS | CUNNING | CUPROUS | CURIOUS | CURRANT | CURRENT |
| CURSIVE | CURSORY | CURTAIL | CURTAIN | CURTSEY | CUSHION |
| CUSTODY | CUTBACK | CUTLASS | CUTWORM | DUALISM | DUBIOUS |
| DUCHESS | DUCTILE | DUELLER | DUKEDOM | DUNGEON | DURABLE |
| DURANCE | DUTIFUL | EUGENIC | FULCRUM | FULSOME | FUNERAL |
| FURBISH | FURIOUS | FURLONG | FURNACE | FURNISH | FURRIER |
| FURTHER | FURTIVE | FUSIBLE | GUERDON | GUIDING | GUILDER |
| GUMDROP | GUNFIRE | GUNNERY | GUNPLAY | GUNSHOT | HUGGING |
| HUMMOCK | HUNDRED | HURRIED | HURRIES | HUSBAND | HUSTLER |
| JUBILEE | JUDGING | JUGGING | JUNIPER | JUSTICE | JUSTIFY |
| KUMQUAT | LUGGAGE | LUGGING | LULLABY | LUMPISH | LUNATIC |
| LUSTFUL | MUEZZIN | MULATTO | MULLEIN | MULLION | MUNDANE |
| MUSKRAT | MUSTANG | MUSTARD | NUCLEAR | NUCLEUS | NULLIFY |
| NUMERAL | NUMERIC | NUPTIAL | NURSERY | NURTURE | OUTCOME |
| OUTSIDE | OUTWARD | PUBERTY | PUBLISH | PUCKISH | PUDDING |
| PUERILE | PUFFERY | PULSATE | PUMPKIN | PUNGENT | PUNSTER |
| PURLOIN | PURPORT | PURPOSE | PURSUER | PURSUIT | PURVIEW |
| PUTTING | QUADRIC | QUALIFY | QUALITY | QUANTUM | QUARREL |
| QUARTER | QUARTET | QUERIED | QUERIES | QUETZAL | QUIBBLE |
| QUICKEN | QUICKLY | QUIETUS | QUININE | QUINTET | RUBBERY |
| RUBBISH | RUBDOWN | RUFFIAN | RUINOUS | RUMMAGE | RUNAWAY |
| RUNNING | RUPTURE | SUBJECT | SUBSIDY | SUBSIST | SUBSUME |
| SUBVERT | SUCCEED | SUCCESS | SUCCOUR | SUCCUMB | SUCROSE |

| | | | | | |
|---|---|---|---|---|---|
| SUCTION | SUFFICE | SUFFUSE | SUGGEST | SUICIDE | SULPHUR |
| SUMMARY | SUMMING | SUNBURN | SUNDIAL | SUNDOWN | SUNFISH |
| SUNRISE | SUPPORT | SUPPOSE | SUPREME | SURFACE | SURFEIT |
| SURGEON | SURGERY | SURMISE | SURNAME | SURPASS | SURPLUS |
| SURREAL | SURVIVE | SUSPECT | SUSPEND | SUSTAIN | TUBULAR |
| TUGGING | TUITION | TUMBREL | TUNEFUL | TURBINE | TURMOIL |
| TURNERY | TURNKEY | VULPINE | VULTURE | AVARICE | AVERAGE |
| AVERRED | AVIONIC | AVOCADO | EVANGEL | EVASION | EVASIVE |
| EVIDENT | EVOCATE | OVIFORM | AWESOME | AWKWARD | DWINDLE |
| SWALLOW | SWAPPED | SWARTHY | SWEATER | SWEETEN | SWELTER |
| SWINDLE | SWIZZLE | SWOLLEN | TWADDLE | TWELFTH | TWIDDLE |
| TWINKLE | TWOFOLD | TWOSOME | AXOLOTL | EXACTER | EXAMINE |
| EXAMPLE | EXCERPT | EXCLAIM | EXCLUDE | EXCRETE | EXECUTE |
| EXEGETE | EXHAUST | EXHIBIT | EXIGENT | EXOGAMY | EXPANSE |
| EXPENSE | EXPIATE | EXPLAIN | EXPLODE | EXPLOIT | EXPLORE |
| EXPOSED | EXPOUND | EXPRESS | EXPUNGE | EXTINCT | EXTRACT |
| EXTREME | EXTRUDE | OXALATE | CYANIDE | CYCLING | CYCLIST |
| CYCLONE | CYPRESS | DYNAMIC | DYNASTY | EYEBALL | EYEBROW |
| EYELASH | EYESORE | GYMNAST | HYALINE | HYDRANT | HYDRATE |
| HYDRIDE | HYDROUS | HYGIENE | MYELOID | MYSTERY | MYSTIFY |
| PYRAMID | SYLLABI | SYMPTOM | SYNAPSE | SYNERGY | SYNONYM |
| TYPESET | TYPHOID | TYPHOON | TYPICAL | TYRANNY | AZIMUTH |
| CZARINA | | | | | |

# By 3<sup>rd</sup> letter

| | | | | | |
|---|---|---|---|---|---|
| ABANDON | ACADEMY | ADAMANT | AGAINST | AMALGAM | AMANITA |
| AMATEUR | AMATORY | ANAGRAM | ANALOGY | ANALYSE | ANALYST |
| ANALYZE | ANARCHY | ANATOMY | ATAVISM | AVARICE | BEARISH |
| BEASTIE | BEATIFY | BIAXIAL | BLACKEN | BLADDER | BLANKET |
| BLATANT | BLATHER | BOATMAN | BOATMEN | BRACKEN | BRACKET |
| BRAMBLE | BRAVADO | BRAVERY | BRAVURA | BRAZIER | CHAGRIN |
| CHALICE | CHAMBER | CHAMFER | CHAMOIS | CHANCEL | CHANGED |
| CHANNEL | CHANSON | CHANTEY | CHANTRY | CHAOTIC | CHAPTER |
| CHARIOT | CHARITY | CHASSIS | CHATTEL | CLAMBER | CLARIFY |
| CLARITY | CLASSES | CLASSIC | CLATTER | COARSEN | COASTAL |
| COAXIAL | CRACKLE | CRANIUM | CRAPPIE | CYANIDE | CZARINA |
| DIAGRAM | DIALECT | DIAMOND | DRACHMA | DRAGOON | DRAPERY |
| DRASTIC | DUALISM | ELAPSED | ELASTIC | EMANATE | ENABLED |
| EPAULET | ERASING | ERASURE | EVANGEL | EVASION | EVASIVE |
| EXACTER | EXAMINE | EXAMPLE | FEARFUL | FEATHER | FEATURE |
| FLAGGED | FLANNEL | FLATBED | FLATTEN | FLATTER | FRAGILE |
| FRAILTY | FRANTIC | FRAUGHT | FRAZZLE | GHASTLY | GLACIAL |
| GLACIER | GLADDEN | GLAMOUR | GRACKLE | GRADATE | GRADUAL |
| GRAMMAR | GRANARY | GRANDMA | GRANDPA | GRANITE | GRANTEE |
| GRANTOR | GRANULE | GRAPHIC | GRAPPLE | GRATIFY | HEADWAY |
| HEALTHY | HEARKEN | HEARSAY | HEARTEN | HEATHEN | HYALINE |

## 7 letters

| | | | | | |
|---|---|---|---|---|---|
| IMAGERY | IMAGINE | JEALOUS | LEADING | LEAFLET | LEAKAGE |
| LEATHER | LEAVING | LIAISON | MEANDER | MEANING | MEASURE |
| MIASMAL | OCARINA | OPACITY | ORATORY | OXALATE | PEACOCK |
| PEAFOWL | PEASANT | PHALANX | PHANTOM | PIANIST | PLACATE |
| PLACEBO | PLACING | PLAGUED | PLAITED | PLANNER | PLASTER |
| PLASTIC | PLATEAU | PLATOON | PLAYBOY | PLAYFUL | POACHER |
| PRAIRIE | QUADRIC | QUALIFY | QUALITY | QUANTUM | QUARREL |
| QUARTER | QUARTET | READIES | REALISM | ROADWAY | SCALING |
| SCALLOP | SCANDAL | SCAPULA | SCARIFY | SCARLET | SCARVES |
| SEAPORT | SEASIDE | SEAWARD | SEAWEED | SHACKLE | SHADOWY |
| SHALLOT | SHALLOW | SHAMBLE | SHAMPOO | SHARING | SHARPEN |
| SHATTER | SLACKEN | SLANDER | SLAVERY | SLAVISH | SMATTER |
| SPANGLE | SPANIEL | SPARKLE | SPARROW | SPASTIC | SPATIAL |
| SPATULA | STABILE | STADIUM | STAMINA | STAMMER | STANDBY |
| STANNIC | STARCHY | STARDOM | STARTLE | STATING | STATION |
| STATURE | STATUTE | STAUNCH | SWALLOW | SWAPPED | SWARTHY |
| TEARFUL | TRACERY | TRACHEA | TRACING | TRACTOR | TRAFFIC |
| TRAGEDY | TRAIPSE | TRAITOR | TRAMMEL | TRAMPLE | TRAMWAY |
| TRANSIT | TRANSOM | TRAVAIL | TSARINA | TWADDLE | URAEMIA |
| URANIUM | VIADUCT | WEALTHY | WEARIED | WEATHER | WHARVES |
| WHATNOT | WRANGLE | ZEALOUS | ALBUMIN | AMBIENT | AMBLING |
| ARBITER | ARBUTUS | BABBITT | CABARET | CABBAGE | CABINET |
| DEBACLE | DEBATER | DEBAUCH | DUBIOUS | EMBARGO | EMBASSY |
| EMBOWER | EMBRACE | EMBROIL | FEBRILE | FIBROUS | GIBBOUS |
| HABITAT | HIBACHI | INBOARD | INBREED | JUBILEE | LIBERAL |
| LIBERTY | LIBRARY | LOBSTER | LOBULAR | NEBULAE | NEBULAR |
| ORBITAL | PUBERTY | PUBLISH | REBUILD | ROBBERY | ROBOTIC |
| RUBBERY | RUBBISH | RUBDOWN | SIBLING | SUBJECT | SUBSIDY |
| SUBSIST | SUBSUME | SUBVERT | TABLEAU | TABLING | TABLOID |
| TABULAR | TOBACCO | TUBULAR | UMBRAGE | UNBLOCK | UPBRAID |
| VIBRANT | VIBRATE | WEBBING | ACCLAIM | ACCOUNT | ACCRUAL |
| ALCHEMY | ALCOHOL | ANCHOVY | ANCIENT | ARCHAIC | ARCHERY |
| ARCHING | ARCHIVE | ASCETIC | ASCRIBE | AUCTION | BACILLI |
| BACKLOG | BECAUSE | BECLOUD | BICYCLE | BUCOLIC | COCAINE |
| COCHLEA | COCKEYE | COCKING | COCKPIT | COCONUT | CYCLING |
| CYCLIST | CYCLONE | DECEASE | DECEIVE | DECIBEL | DECIDED |
| DECIMAL | DECLAIM | DECLARE | DECLINE | DECORUM | DECRYPT |
| DICKENS | DICTATE | DICTION | DUCHESS | DUCTILE | ENCLAVE |
| ENCLOSE | ESCAPED | ESCAPEE | ESCHEAT | EXCERPT | EXCLAIM |
| EXCLUDE | EXCRETE | FACTORY | FACTUAL | FACULTY | FICTION |
| FICTIVE | FOCUSED | HACKNEY | HICKORY | INCENSE | INCLINE |
| INCLUDE | INCUBUS | JACKASS | JACKDAW | JOCULAR | LACONIC |
| LACQUER | LACTATE | LACTOSE | LACUNAE | LECHERY | LECTERN |
| LECTURE | LOCALLY | LOCATED | LOCKNUT | LOCKOUT | MACAQUE |
| MACHINE | MOCKERY | MOCKING | NECKTIE | NUCLEAR | NUCLEUS |
| OCCLUDE | ORCHARD | PACIFIC | PACKAGE | PECCARY | PICCOLO |
| PICKAXE | PICTURE | PUCKISH | RACCOON | RACKETY | RECEIPT |
| RECEIVE | RECITAL | RECLINE | RECLUSE | RECOUNT | RECOVER |

| | | | | | |
|---|---|---|---|---|---|
| RECRUIT | RECTIFY | RECTORY | RICKETS | RICKETY | SACCADE |
| SECLUDE | SECRECY | SECRETE | SECTION | SECULAR | SECURED |
| SICKISH | SOCIETY | SOCKEYE | SUCCEED | SUCCESS | SUCCOUR |
| SUCCUMB | SUCROSE | SUCTION | TACTFUL | TACTILE | TACTUAL |
| TOCCATA | UNCANNY | UNCOUTH | UNCOVER | UNCTION | VACCINE |
| VACUOLE | VACUOUS | VICEROY | VICINAL | VICIOUS | VICTORY |
| VICTUAL | VOCALIC | ABDOMEN | ADDENDA | ADDRESS | ANDIRON |
| ARDENCY | ARDUOUS | AUDIBLE | AUDITOR | BEDEVIL | BEDPOST |
| BEDROCK | BEDROOM | BEDSIDE | BEDTIME | CADAVER | CADENZA |
| CADMIUM | CEDILLA | CODFISH | CODICIL | ENDEMIC | ENDORSE |
| FEDERAL | GADWALL | GODDESS | GODHEAD | GODLIKE | GODSEND |
| HADDOCK | HIDALGO | HIDEOUS | HYDRANT | HYDRATE | HYDRIDE |
| HYDROUS | INDICES | INDORSE | INDULGE | INDWELL | JUDGING |
| MEDIATE | MIDLAND | MIDWIFE | MODESTY | MODICUM | MODULAR |
| MODULUS | NODULAR | OLDSTER | ORDERED | ORDERLY | ORDINAL |
| PADDOCK | PADLOCK | PUDDING | RADIANT | RADIATE | RADICAL |
| RADICES | REDBIRD | REDCOAT | REDDISH | REDOUND | REDPOLL |
| REDUCED | REDWOOD | SIDECAR | SIDEMAN | TADPOLE | TEDIOUS |
| WEDDING | WEDLOCK | WIDGEON | ABETTED | ABEYANT | ACERBIC |
| ACETATE | ACETONE | ALEWIFE | ANEMONE | ASEPTIC | ASEXUAL |
| AVERAGE | AVERRED | AWESOME | BEEHIVE | BLEMISH | BREADTH |
| BREATHE | BREATHY | BREVITY | BREWERY | CAESIUM | CHEATER |
| CHECKER | CHEETAH | CHEMISE | CHEMIST | CHERISH | CHEVRON |
| CLEANSE | CLEARER | CLEMENT | COEQUAL | COEXIST | CREATED |
| CREDENT | CREMATE | CREVICE | DIETARY | DUELLER | EJECTOR |
| ELECTOR | ELECTRO | ELEGANT | ELEGIAC | ELEMENT | ELEVATE |
| EMERALD | EMERITI | ETERNAL | EXECUTE | EXEGETE | EYEBALL |
| EYEBROW | EYELASH | EYESORE | FLEEING | FLEXURE | FRECKLE |
| FREEDOM | FREEING | FREEMAN | FREEMEN | FREIGHT | FRESHEN |
| GHERKIN | GLEEFUL | GREATER | GRENADE | GREYISH | GUERDON |
| ICEBERG | INERTIA | INEXACT | ITERATE | KEELSON | KNEECAP |
| LEEWARD | MAESTRO | MUEZZIN | MYELOID | NEEDFUL | OBELISK |
| OCEANIC | ONEROUS | ONESELF | OPERAND | OPERANT | OPERATE |
| PIECING | PIETISM | PLENARY | PLEURAL | PRECEDE | PRECEPT |
| PRECISE | PREDICT | PREFACE | PREFECT | PRELUDE | PREMIER |
| PREMISE | PREMIUM | PREPARE | PRESAGE | PRESENT | PRESIDE |
| PRESUME | PRETEND | PRETEXT | PREVAIL | PREVENT | PREVIEW |
| PUERILE | QUERIED | QUERIES | QUETZAL | RHENIUM | ROEBUCK |
| SCENERY | SCEPTIC | SEEDBED | SEEPAGE | SEETHED | SHEATHE |
| SHELTER | SHERBET | SHERIFF | SKETCHY | SLEIGHT | SLENDER |
| SPEAKER | SPECIAL | SPECIFY | SPECKLE | SPECTRA | SPECTRE |
| STEALTH | STEEPLE | STELLAR | STEMMED | STENCIL | STEPSON |
| STERILE | STERNUM | STEWARD | SWEATER | SWEETEN | SWELTER |
| TEENAGE | TEETHED | THEOREM | THERAPY | THREAT | THEREBY |
| THEREIN | THEREOF | THEREON | THERETO | THERMAL | TREADLE |
| TREASON | TREETOP | TREFOIL | TRELLIS | TREMBLE | TRESTLE |
| TWELFTH | UNEQUAL | URETHRA | UTENSIL | UTERINE | WEEKEND |
| WHEEDLE | WHEREAS | WHEREBY | WHEREIN | WHEREOF | WHEREON |

# 7 letters

| | | | | | |
|---|---|---|---|---|---|
| WHETHER | WREATHE | WRESTLE | AFFABLE | AFFAIRS | AFFLICT |
| AFFRONT | ALFALFA | BIFOCAL | BUFFALO | BUFFOON | DEFAULT |
| DEFIANT | DEFICIT | DEFINED | DEFLATE | DEFLECT | DEFRAUD |
| DEFROST | DEFUNCT | DIFFUSE | FIFTEEN | HAFNIUM | INFANCY |
| INFARCT | INFERNO | INFIDEL | INFIELD | INFLAME | INFLATE |
| INFLECT | INFLICT | INFRACT | OFFENCE | OFFHAND | PUFFERY |
| RAFFISH | REFEREE | REFLECT | REFRACT | REFRAIN | REFUGEE |
| REFUSAL | REFUSED | RUFFIAN | SAFFRON | SUFFICE | SUFFUSE |
| TAFFETA | ALGEBRA | ANGELIC | ANGLING | ANGUISH | ANGULAR |
| AUGMENT | BAGGAGE | BAGGING | BAGPIPE | BEGGARY | BEGGING |
| BEGONIA | BEGUILE | BIGGEST | BIGOTRY | BOGGING | BUGABOO |
| COGNATE | DEGRADE | DIGGING | DIGITAL | DIGNIFY | DIGNITY |
| DIGRESS | DOGBANE | DOGFISH | DOGGING | DOGGONE | DOGWOOD |
| EUGENIC | FIGURAL | FOGGING | GAGGING | HAGGARD | HIGHBOY |
| HIGHEST | HIGHWAY | HOGGING | HUGGING | HYGIENE | INGRATE |
| INGROWN | JAGGING | JIGGING | JOGGING | JUGGING | LAGGING |
| LEGATEE | LEGGING | LEGHORN | LEGIBLE | LIGHTEN | LIGNITE |
| LOGGING | LOGICAL | LUGGAGE | LUGGING | MAGENTA | MAGGOTY |
| MAGNATE | MAGNETO | MAGNIFY | MEGABIT | MEGATON | MIGRANT |
| MIGRATE | NAGGING | NEGLECT | ONGOING | ORGANIC | PAGEANT |
| PEGGING | PIGGING | PIGGISH | PIGMENT | PIGSKIN | PIGTAIL |
| RAGGING | RAGWEED | REGALIA | REGATTA | REGIMEN | REGRESS |
| REGROUP | REGULAR | RIGGING | RIGIDLY | SAGGING | SEGMENT |
| SIGNIFY | SUGGEST | TAGGING | TIGHTEN | TIGRESS | TUGGING |
| UPGRADE | URGENCY | VAGINAL | VAGRANT | WAGGING | WIGGING |
| ACHIEVE | APHASIA | APHASIC | ASHAMED | ATHEISM | ATHEIST |
| ATHLETE | ATHWART | BEHAVED | ECHELON | ECHIDNA | ENHANCE |
| ETHANOL | EXHAUST | EXHIBIT | INHABIT | INHERIT | INHIBIT |
| INHUMAN | SCHERZO | SCHOLAR | VEHICLE | AGITATE | ALIMONY |
| ALIQUOT | ANILINE | ANIMATE | ANIMISM | ASININE | AVIONIC |
| AZIMUTH | BAILIFF | BLISTER | BRIBERY | BRIGADE | BRIMFUL |
| BRINDLE | BRISTLE | BRITTLE | CHICKEN | CHICORY | CHIFFON |
| CHIGNON | CHIMERA | CHIMNEY | CLIMATE | COINAGE | CRICKET |
| CRIMSON | CRINKLE | CRIPPLE | CUISINE | DAILIES | DRIBBLE |
| DRIZZLE | DRIZZLY | DWINDLE | EDIFICE | EDITING | EDITION |
| EMINENT | EMIRATE | EMITTED | EPICURE | EPIGRAM | EPISODE |
| EPISTLE | EPITAPH | EPITHET | EPITOME | EVIDENT | EXIGENT |
| FAILURE | FAIRWAY | FLIPPED | FRIABLE | FRIGATE | FRITTER |
| FRIZZLE | GAINFUL | GLIMMER | GLIMPSE | GLISTEN | GLITTER |
| GRIDDLE | GRIFFIN | GRILLED | GRIMACE | GRIZZLE | GRIZZLY |
| GUIDING | GUILDER | HAIRCUT | HAIRPIN | HEIRESS | IDIOTIC |
| IMITATE | INITIAL | IRIDIUM | LEISURE | MEIOSIS | MOISTEN |
| NEITHER | OLIVINE | OMICRON | OMINOUS | OMITTED | OPINION |
| ORIFICE | OVIFORM | PAINFUL | PLIABLE | PLIANCY | POINTER |
| PRICKLE | PRIMACY | PRIMARY | PRIMATE | PRINTER | PRIVACY |
| PRIVATE | QUIBBLE | QUICKEN | QUICKLY | QUIETUS | QUININE |
| QUINTET | RAILWAY | RAINBOW | RAISING | ROISTER | RUINOUS |
| SCIENCE | SCISSOR | SEISMIC | SEIZURE | SHINGLE | SHIPMAN |

| | | | | | |
|---|---|---|---|---|---|
| SHIPMEN | SHIVERY | SKILFUL | SKILLET | SKIPPED | SKITTLE |
| SLIPPED | SLITHER | SMITTEN | SNIFFLE | SNIFTER | SNIGGER |
| SNIPPET | SPIDERY | SPINACH | SPINDLE | SPITTLE | STICKER |
| STICKLE | STIFFEN | STIMULI | STIPEND | STIPPLE | STIRRUP |
| SUICIDE | SWINDLE | SWIZZLE | THICKEN | THICKET | THIEVES |
| THIMBLE | THIRSTY | THISTLE | THITHER | TRIBUNE | TRIBUTE |
| TRICKLE | TRIDENT | TRIGGER | TRILOGY | TRIMMED | TRIMMER |
| TRINITY | TRINKET | TRIPLET | TRIPLEX | TRIPOLI | TRIUMPH |
| TRIVIAL | TUITION | TWIDDLE | TWINKLE | UNICORN | UNIFORM |
| UNITARY | UNITING | URINARY | UTILITY | WEIGHTY | WHIMPER |
| WHIPSAW | WHISPER | WHISTLE | WHITHER | WHITTLE | WRIGGLE |
| WRINKLE | WRITING | WRITTEN | ADJOURN | ADJUDGE | ADJUNCT |
| JEJUNUM | MAJESTY | REJOICE | SOJOURN | ASKANCE | AWKWARD |
| DUKEDOM | INKLING | IRKSOME | UNKEMPT | WAKEFUL | AILERON |
| ALLEGRO | BALANCE | BALCONY | BALEFUL | BALLAST | BALLOON |
| BELIEVE | BELLMAN | BELYING | BILLION | BOLETUS | BOLIVAR |
| BOLSTER | BULLDOG | BULLISH | BULLOCK | BULRUSH | BULWARK |
| CALCIFY | CALCITE | CALCIUM | CALCULI | CALDRON | CALIBRE |
| CALLING | CALLOUS | CALORIC | CALORIE | CALUMNY | CALYPSO |
| CELESTA | CILIATE | COLICKY | COLLAGE | COLLARD | COLLATE |
| COLLECT | COLLEGE | COLLIDE | COLLUDE | COLONEL | COLOSSI |
| COLTISH | CULPRIT | CULTURE | CULVERT | DELETED | DELIGHT |
| DELIMIT | DELIVER | DELOUSE | DELTOID | DILEMMA | DOLEFUL |
| DOLPHIN | DOLTISH | ECLIPSE | ECLOGUE | ELLIPSE | ENLARGE |
| ENLIVEN | FALLACY | FALLOUT | FALSIFY | FILBERT | FOLIAGE |
| FOLIATE | FULCRUM | FULSOME | GALLANT | GALLERY | GALLIUM |
| GALLOWS | GILBERT | HALCYON | HALFWAY | HALIBUT | HALLWAY |
| HALOGEN | HELICAL | HELLISH | HELPFUL | HILLOCK | HILLTOP |
| HOLIDAY | HOLMIUM | HOLSTER | ILLEGAL | ILLICIT | KILLJOY |
| LULLABY | MALAISE | MALARIA | MALLARD | MALTOSE | MELANIN |
| MELODIC | MILEAGE | MILITIA | MILLION | MOLLIFY | MOLLUSC |
| MULATTO | MULLEIN | MULLION | NULLIFY | OBLIQUE | PALETTE |
| PALFREY | PALMATE | PELICAN | PILGRIM | PILLAGE | PILLORY |
| POLECAT | POLEMIC | POLITIC | POLLOCK | POLLUTE | POLYGON |
| POLYMER | PULSATE | RELEASE | RELIANT | RELIEVE | SALIENT |
| SALVAGE | SELFISH | SELTZER | SILICON | SILVERY | SOLDIER |
| SOLICIT | SOLUBLE | SOLVATE | SOLVENT | SOLVING | SPLASHY |
| SPLOTCH | SPLURGE | SULPHUR | SYLLABI | TALLIED | TALLIES |
| TOLUENE | VALIANT | VALUING | VELVETY | VILLAGE | VILLAIN |
| VOLCANO | VOLTAGE | VOLTAIC | VOLUBLE | VULPINE | VULTURE |
| WALLABY | WELCOME | WELFARE | WILLOWY | WOLFISH | ADMIRAL |
| ALMANAC | AMMETER | AMMONIA | ARMHOLE | BIMODAL | BOMBARD |
| BOMBAST | CAMBRIC | COMBINE | COMFORT | COMMAND | COMMEND |
| COMMENT | COMMUNE | COMMUTE | COMPACT | COMPANY | COMPARE |
| COMPASS | COMPETE | COMPILE | COMPLEX | COMPORT | COMPOSE |
| COMPOST | COMPOTE | COMPUTE | COMRADE | CUMULUS | DEMERIT |
| DEMIGOD | DEMONIC | DIMMING | GUMDROP | GYMNAST | HAMMOCK |
| HAMSTER | HEMLOCK | HIMSELF | HOMONYM | HUMMOCK | IMMENSE |

# 7 letters

| | | | | | |
|---|---|---|---|---|---|
| IMMERSE | IMMORAL | JAMMING | KUMQUAT | LAMBERT | LAMINAR |
| LAMPOON | LAMPREY | LEMMING | LIMPKIN | LUMPISH | MAMMOTH |
| MEMENTO | MIMESIS | MIMETIC | NEMESIS | NOMADIC | NOMINAL |
| NOMINEE | NUMERAL | NUMERIC | OSMOSIS | OSMOTIC | POMPANO |
| POMPOUS | PUMPKIN | RAMPAGE | RAMPANT | RAMPART | REMAINS |
| REMNANT | REMORSE | REMOVAL | REMOVED | ROMANCE | RUMMAGE |
| SAMOVAR | SEMINAL | SEMINAR | SIMILAR | SIMPLER | SIMPLEX |
| SOMATIC | SOMEHOW | SOMEONE | SUMMARY | SUMMING | SYMPTOM |
| TEMPERA | TEMPEST | TIMOTHY | TUMBREL | VAMPIRE | AMNESIA |
| ANNUITY | ANNULAR | ANNULUS | BANDAGE | BANEFUL | BANQUET |
| BANSHEE | BENEATH | BENEFIT | BENZENE | BINDERY | BONANZA |
| BONDAGE | BONFIRE | CANDELA | CANNERY | CANONIC | CANTEEN |
| CENSURE | CENTAUR | CENTRAL | CENTRIC | CENTURY | CONCAVE |
| CONCEAL | CONCEDE | CONCEIT | CONCEPT | CONCERN | CONCERT |
| CONCISE | CONCOCT | CONCORD | CONDEMN | CONDONE | CONDUCE |
| CONDUCT | CONDUIT | CONFECT | CONFESS | CONFIDE | CONFINE |
| CONFIRM | CONFORM | CONFUSE | CONFUTE | CONGEAL | CONGEST |
| CONIFER | CONJOIN | CONJURE | CONNECT | CONNIVE | CONNOTE |
| CONQUER | CONSENT | CONSIGN | CONSIST | CONSOLE | CONSORT |
| CONSULT | CONSUME | CONTACT | CONTAIN | CONTEND | CONTENT |
| CONTEST | CONTEXT | CONTORT | CONTOUR | CONTROL | CONVENE |
| CONVENT | CONVERT | CONVICT | CONVOKE | CUNNING | DENIZEN |
| DENOTED | DENTURE | DUNGEON | DYNAMIC | DYNASTY | FANATIC |
| FANFARE | FANGLED | FANTASY | FINANCE | FINESSE | FINICKY |
| FUNERAL | GANGWAY | GANTLET | GENERAL | GENERIC | GENESIS |
| GENETIC | GENITAL | GENTEEL | GENTIAN | GENTILE | GENUINE |
| GINGHAM | GINSENG | GONDOLA | GUNFIRE | GUNNERY | GUNPLAY |
| GUNSHOT | HANDBAG | HANDFUL | HANDLED | HANDSET | HANGMAN |
| HANGMEN | HENBANE | HENPECK | HONESTY | HUNDRED | IGNEOUS |
| IGNOBLE | JANITOR | JONQUIL | JUNIPER | KINDRED | KINETIC |
| KINGDOM | KINGLET | LANGUID | LANGUOR | LANTERN | LENGTHY |
| LENIENT | LINEAGE | LINEMAN | LINEMEN | LINGUAL | LINKAGE |
| LINSEED | LONGISH | LUNATIC | MANATEE | MANDATE | MANDREL |
| MANGLED | MANHOLE | MANHOOD | MANIKIN | MANKIND | MANSION |
| MANTRAP | MANUMIT | MENTION | MINARET | MINDFUL | MINERAL |
| MINIMAL | MINIMUM | MINUEND | MONADIC | MONARCH | MONITOR |
| MONKISH | MONSOON | MONSTER | MONTHLY | MUNDANE | OMNIBUS |
| PANACEA | PANCAKE | PANICLE | PANOPLY | PANTHER | PENALTY |
| PENANCE | PENDANT | PENGUIN | PENNANT | PENSION | PENSIVE |
| PENTANE | PINBALL | PINHOLE | PINKISH | PINNATE | PINTAIL |
| PONTIFF | PUNGENT | PUNSTER | RANGING | RANSACK | RENEWAL |
| RINGLET | RUNAWAY | RUNNING | SANDBAG | SANDMAN | SENSATE |
| SENSING | SENSORY | SENSUAL | SINCERE | SINGLED | SINUOUS |
| SUNBURN | SUNDIAL | SUNDOWN | SUNFISH | SUNRISE | SYNAPSE |
| SYNERGY | SYNONYM | TANAGER | TANGENT | TANNING | TANTRUM |
| TENABLE | TENFOLD | TENSILE | TENSION | TENUOUS | TINTYPE |
| TONIGHT | TONNAGE | TUNEFUL | VANILLA | VANTAGE | VENISON |
| VENTURE | VINEGAR | VINTAGE | VINTNER | WINSOME | ABOLISH |

| | | | | | |
|---|---|---|---|---|---|
| ABORTED | ACOLYTE | AEOLIAN | AMOEBAE | AMONGST | AMOROUS |
| ANOMALY | ANOTHER | APOLOGY | APOSTLE | AROUSAL | AVOCADO |
| AXOLOTL | BIOLOGY | BLOSSOM | BOOKISH | BOOKLET | BOORISH |
| BOOTLEG | BROADEN | BROCADE | BROMIDE | BROMINE | BRONCHI |
| BROTHEL | BROTHER | BROUGHT | BROWNIE | BROWSED | BROWSER |
| BUOYANT | CHOLERA | CHORINE | CHORTLE | CHOWDER | CLONING |
| CLOSING | CLOSURE | CLOTURE | COOKERY | COOLANT | CROCHET |
| CROQUET | DIOCESE | DIORAMA | DIORITE | DIOXIDE | DOORWAY |
| DROPLET | DROPPED | DROUGHT | ECOLOGY | ECONOMY | EGOTISM |
| EGOTIST | EMOTION | EPOCHAL | EROSION | EROSIVE | EVOCATE |
| EXOGAMY | FLOPPED | FLORIST | FLOUNCE | FLOWERY | FOOLISH |
| FOOTMAN | FOOTMEN | FOOTPAD | FRONTAL | GEODESY | GEOLOGY |
| GHOSTLY | GLOBULE | GLORIFY | GLOSSED | GLOTTAL | GLOTTIS |
| GNOSTIC | GROCERY | GROMMET | HOODLUM | ISOLATE | KNOBBLY |
| LEONINE | LEOPARD | LIONESS | LOOKOUT | LOOPING | MOONLIT |
| NIOBIUM | ODOROUS | OPOSSUM | PEOPLED | PHOENIX | PHONEME |
| PIONEER | PLOTTED | PLOTTER | PROBATE | PROBITY | PROBLEM |
| PROCEED | PROCESS | PROCTOR | PROCURE | PRODIGY | PRODUCE |
| PRODUCT | PROFANE | PROFESS | PROFFER | PROFILE | PROFUSE |
| PROGENY | PROGRAM | PROJECT | PROLONG | PROMISE | PROMOTE |
| PRONOUN | PROPANE | PROPHET | PROPOSE | PRORATE | PROSAIC |
| PROSODY | PROSPER | PROTEAN | PROTECT | PROTEIN | PROTEST |
| PROVERB | PROVIDE | PROVISO | PROVOKE | PROVOST | PROWESS |
| REORDER | RHODIUM | RHOMBIC | RHOMBUS | RIOTOUS | ROOFTOP |
| ROOMFUL | SCOURGE | SHORTEN | SHOTGUN | SHOVING | SHOWMAN |
| SHOWMEN | SLOPING | SMOTHER | SNORKEL | SPONSOR | SPOTTED |
| STOMACH | STOPPED | STORAGE | STORING | STOWAGE | SWOLLEN |
| THORIUM | THOUGHT | TOOLBOX | TRODDEN | TROLLEY | TROLLOP |
| TROUBLE | TROUNCE | TROUSER | TWOFOLD | TWOSOME | UTOPIAN |
| VIOLATE | VIOLENT | WHOEVER | WOODCUT | WROUGHT | ZOOLOGY |
| AMPLIFY | AMPUTEE | APPAREL | APPEASE | APPLAUD | APPLIED |
| APPOINT | APPRISE | APPROVE | ASPHALT | ASPIRIN | BAPTISM |
| BIPLANE | BIPOLAR | CAPITAL | CAPRICE | CAPSIZE | CAPSTAN |
| CAPSULE | CAPTAIN | CAPTION | CAPTIVE | CAPTURE | COPIOUS |
| COPPERY | CUPROUS | CYPRESS | DEPLETE | DEPLORE | DEPOSIT |
| DEPRAVE | DEPRESS | DEPRIVE | DIPLOID | DIPLOMA | EMPATHY |
| EMPEROR | EMPIRIC | EMPLACE | EMPOWER | EMPRESS | EMPTIED |
| EMPTIER | EMPTIES | ESPOUSE | EXPANSE | EXPENSE | EXPIATE |
| EXPLAIN | EXPLODE | EXPLOIT | EXPLORE | EXPOSED | EXPOUND |
| EXPRESS | EXPUNGE | FOPPISH | HAPLOID | HOPEFUL | IMPASSE |
| IMPEACH | IMPERIL | IMPETUS | IMPIETY | IMPINGE | IMPIOUS |
| IMPLANT | IMPLORE | IMPOSED | IMPOUND | IMPRESS | IMPRINT |
| IMPROVE | IMPULSE | LEPROSY | NUPTIAL | OPPRESS | PAPOOSE |
| PAPRIKA | PAPYRUS | PEPPERY | PEPTIDE | PIPETTE | POPCORN |
| POPULAR | RAPPORT | RAPTURE | REPLACE | REPLETE | REPLICA |
| REPRINT | REPRISE | REPTILE | RUPTURE | SAPIENT | SAPLING |
| SOPHISM | SOPRANO | SUPPORT | SUPPOSE | SUPREME | TIPPING |
| TOPMOST | TOPPING | TYPESET | TYPHOID | TYPHOON | TYPICAL |

## 7 letters

| | | | | | |
|---|---|---|---|---|---|
| WIPEOUT | ACQUIRE | BEQUEST | COQUINA | ENQUIRE | ENQUIRY |
| ESQUIRE | INQUEST | INQUIRE | INQUIRY | LIQUEFY | LIQUEUR |
| PIQUANT | REQUEST | REQUIRE | SEQUENT | ABREACT | ABREAST |
| ABRIDGE | ACREAGE | ACROBAT | ACRONYM | ACRYLIC | ADRENAL |
| AEROBIC | AIRDROP | AIRFOIL | AIRLIFT | AIRLINE | AIRMAIL |
| AIRPORT | ALREADY | APRICOT | APROPOS | ARRAIGN | ARRANGE |
| ARRIVAL | ATROPHY | AUROCHS | BARGAIN | BARONET | BAROQUE |
| BARRACK | BARRAGE | BARRIER | BARRING | BEREAVE | BERSERK |
| BOREDOM | BOROUGH | BURDOCK | BURETTE | BURGEON | BURGESS |
| BURGHER | BURGLAR | BURNISH | CARAMEL | CARAVAN | CARAWAY |
| CARBIDE | CARBINE | CARCASS | CARDIAC | CAREFUL | CARGOES |
| CARIBOU | CARLOAD | CARMINE | CARNAGE | CAROUSE | CARPORT |
| CARRIED | CARRIES | CARRION | CARTOON | CERAMIC | CERTAIN |
| CERTIFY | CHROMIC | CHRONIC | CIRCLED | CIRCLET | CIRCUIT |
| CORDAGE | CORDIAL | CORDITE | CORONER | CORONET | CORPORA |
| CORRECT | CORRODE | CORRUPT | CORSAGE | CURIOUS | CURRANT |
| CURRENT | CURSIVE | CURSORY | CURTAIL | CURTAIN | CURTSEY |
| DARLING | DERANGE | DERIVED | DERRICK | DERVISH | DORMANT |
| DURABLE | DURANCE | EARDRUM | EARLIER | EARMARK | EARNEST |
| EARRING | EARTHEN | ERRATIC | ERRATUM | FARTHER | FERMENT |
| FERMIUM | FERNERY | FERRITE | FERROUS | FERRULE | FERTILE |
| FERVENT | FIREARM | FIREFLY | FIREMAN | FIREMEN | FORBADE |
| FORBEAR | FORBORE | FORCING | FOREIGN | FOREVER | FORFEIT |
| FORGAVE | FORGERY | FORGIVE | FORLORN | FORMULA | FORSAKE |
| FORSOOK | FORTIFY | FORTUNE | FORWARD | FORWENT | FURBISH |
| FURIOUS | FURLONG | FURNACE | FURNISH | FURRIER | FURTHER |
| FURTIVE | GARBAGE | GARLAND | GERMANE | GIRAFFE | GIRLISH |
| GORILLA | HARMFUL | HARMONY | HARNESS | HARPOON | HARVEST |
| HERETIC | HEROINE | HEROISM | HERSELF | HIRSUTE | HORIZON |
| HORMONE | HORRIFY | HURRIED | HURRIES | KERNING | LARCENY |
| MARIMBA | MARITAL | MARQUEE | MARQUIS | MARRIED | MARSHAL |
| MARTIAL | MERCURY | MERGING | MERMAID | MIRACLE | MORAINE |
| MORTIFY | MORTISE | NARRATE | NERVOUS | NIRVANA | NURSERY |
| NURTURE | PARADOX | PARAGON | PARAPET | PARASOL | PARBOIL |
| PARKWAY | PARQUET | PARSLEY | PARSNIP | PARTAKE | PARTIAL |
| PARTNER | PARTOOK | PARVENU | PERCENT | PERCEPT | PERFECT |
| PERFIDY | PERFORM | PERFUME | PERFUSE | PERHAPS | PERJURE |
| PERJURY | PERMUTE | PERPLEX | PERSIST | PERSONA | PERTAIN |
| PERTURB | PERUSAL | PERVADE | PERVERT | PIROGUE | PORCINE |
| PORTAGE | PORTEND | PORTENT | PORTICO | PORTION | PORTRAY |
| PURLOIN | PURPORT | PURPOSE | PURSUER | PURSUIT | PURVIEW |
| PYRAMID | REROUTE | SARCASM | SARCOMA | SARDINE | SCRAPPY |
| SCRATCH | SCRAWNY | SCREECH | SCROOGE | SCROTUM | SCRUPLE |
| SERFDOM | SERIOUS | SERPENT | SERRATE | SERVANT | SERVICE |
| SERVILE | SHRILLY | SHRIVEL | SORCERY | SORGHUM | SPRINGY |
| STRANGE | STRATUM | STRETCH | STRIATE | STRINGY | STRIVEN |
| STROPHE | SURFACE | SURFEIT | SURGEON | SURGERY | SURMISE |
| SURNAME | SURPASS | SURPLUS | SURREAL | SURVIVE | TARNISH |

| | | | | | |
|---|---|---|---|---|---|
| TERBIUM | TERMINI | TERMITE | TERNARY | TERRACE | TERRAIN |
| TERRIER | TERRIFY | THRIFTY | THROATY | THROUGH | TORNADO |
| TORPEDO | TORRENT | TORSION | TORTURE | TURBINE | TURMOIL |
| TURNERY | TURNKEY | TYRANNY | UPRAISE | UPRIGHT | UPRIVER |
| VARIANT | VARIETY | VARIOUS | VARNISH | VARSITY | VERANDA |
| VERBENA | VERBOSE | VERDANT | VERDICT | VERMEIL | VERSION |
| VERTIGO | VIRGULE | VIRTUAL | WARFARE | WARHEAD | WARLIKE |
| WARMISH | WARRANT | WARRIOR | WIRETAP | WORKING | WORKMAN |
| WORKMEN | WORKOUT | WORSHIP | ABSCESS | ABSENCE | ABSOLVE |
| ABSTAIN | ARSENAL | ARSENIC | ASSAULT | ASSUAGE | ASSUMED |
| AUSTERE | BASEMAN | BASHFUL | BASILAR | BASTARD | BASTION |
| BESEECH | BESIEGE | BESPEAK | BESPOKE | BESTIAL | BISCUIT |
| BISMUTH | BUSTARD | CASCADE | CASCARA | CASHIER | CASSOCK |
| CESSION | CISTERN | COSTUME | CUSHION | CUSTODY | DASTARD |
| DESCANT | DESCEND | DESCENT | DESERVE | DESPAIR | DESPISE |
| DESPITE | DESPOIL | DESPOND | DESSERT | DESTINE | DESTINY |
| DESTROY | DISABLE | DISCARD | DISCERN | DISCOID | DISDAIN |
| DISPLAY | DISPOSE | DISPUTE | DISRUPT | DISTAFF | DISTANT |
| DISTORT | DISTURB | DOSSIER | EASTERN | ECSTASY | EPSILON |
| ESSENCE | FASCISM | FASHION | FESTIVE | FISHERY | FISSILE |
| FISSION | FISSURE | FUSIBLE | GASEOUS | GASOHOL | GESTALT |
| GESTURE | GOSHAWK | GOSLING | HASHISH | HISTORY | HOSIERY |
| HOSPICE | HOSTAGE | HOSTESS | HOSTILE | HUSBAND | HUSTLER |
| INSHORE | INSIGHT | INSIPID | INSPECT | INSPIRE | INSTALL |
| INSTANT | INSTEAD | INSULAR | INSULIN | ISSUANT | JUSTICE |
| JUSTIFY | KESTREL | KISSING | LESBIAN | LOSABLE | LUSTFUL |
| MASCARA | MASONRY | MASSAGE | MASSEUR | MASSIVE | MASTERY |
| MASTIFF | MESSAGE | MISSILE | MISSING | MISSION | MISSIVE |
| MISTAKE | MISTOOK | MUSKRAT | MUSTANG | MUSTARD | MYSTERY |
| MYSTIFY | NASCENT | NOSEBAG | NOSTRIL | OBSCENE | OBSCURE |
| OBSEQUY | OBSERVE | OSSEOUS | PASCHAL | PASSAGE | PASSING |
| PASSION | PASSIVE | PASTIME | PASTURE | POSSESS | POSTAGE |
| POSTFIX | POSTMAN | POSTMEN | POSTURE | RESCIND | RESCUED |
| RESERVE | RESIDED | RESIDUE | RESOLVE | RESPECT | RESPIRE |
| RESPITE | RESPOND | RESTART | RESTFUL | RESTIVE | RESTORE |
| RESUMED | RISIBLE | ROSETTE | ROSTRUM | SESSION | SUSPECT |
| SUSPEND | SUSTAIN | TASTING | TESTATE | TESTIFY | UPSILON |
| UPSTART | UPSTATE | UPSURGE | VESTIGE | VISCERA | VISCOUS |
| VISIBLE | VISITOR | WASPISH | WASTAGE | WASTREL | WESTERN |
| WISHFUL | WISTFUL | YESHIVA | ACTIONS | ACTRESS | ACTUATE |
| ANTACID | ANTENNA | ANTIQUE | ANTONYM | ARTICLE | ARTISAN |
| ASTOUND | ASTRIDE | ATTEMPT | ATTRACT | AUTOPSY | BATTERY |
| BATWING | BETOKEN | BETROTH | BETWEEN | BETWIXT | BITTERN |
| BITUMEN | BOTANIC | BUTTERY | BUTTOCK | BUTYRIC | CATALPA |
| CATAWBA | CATBIRD | CATCALL | CATFISH | CATHODE | CITADEL |
| CITIZEN | CITRATE | COTTAGE | COTTONY | CUTBACK | CUTLASS |
| CUTWORM | DETRACT | DUTIFUL | ENTHRAL | ENTRANT | ENTRIES |
| ENTROPY | ESTUARY | EXTINCT | EXTRACT | EXTREME | EXTRUDE |

## 7 letters

| | | | | | |
|---|---|---|---|---|---|
| FATEFUL | FATIGUE | FATUOUS | GATEWAY | GETAWAY | GETTING |
| HATCHET | HATEFUL | HOTSHOT | INTEGER | INTENSE | INTERIM |
| INTROIT | INTRUDE | KETCHUP | KITCHEN | LATERAL | LATTICE |
| LETTING | LETTUCE | LITERAL | LITHIUM | LITURGY | LOTTERY |
| MATTOCK | METHANE | MITOSIS | NATURAL | NETTING | NETWORK |
| NITPICK | NITRATE | NITRIDE | NITRITE | NITROUS | NOTHING |
| OATMEAL | OBTRUDE | OCTAGON | OCTOPUS | OPTIMAL | OPTIMUM |
| OSTRICH | OUTCOME | OUTSIDE | OUTWARD | PATHWAY | PATIENT |
| PATRIOT | PATTERN | PETRIFY | PETUNIA | PITEOUS | PITFALL |
| PITIFUL | POTABLE | POTHOLE | POTTERY | PUTTING | RETINAL |
| RETINUE | RETIREE | RETRACT | RETURNS | ROTATED | ROTUNDA |
| SATANIC | SATIATE | SATIETY | SATIRIC | SATISFY | SETBACK |
| SETTING | SITUATE | TATTLER | TETANUS | TITANIC | TITLING |
| TITULAR | TOTEMIC | VETERAN | VITAMIN | VITIATE | VITRIFY |
| VITRIOL | WATCHES | WATTAGE | WITHOUT | WITNESS | YTTRIUM |
| ABUTTED | ADULATE | ALUMNAE | ALUMNUS | AQUATIC | AQUEOUS |
| ASUNDER | BAUXITE | BLUBBER | BLUNDER | BLUSTER | BOULDER |
| BOUQUET | BOURBON | BRUSQUE | CAUSING | CAUSTIC | CAUTION |
| CHUCKLE | CHUTNEY | CLUSTER | CLUTTER | COULOMB | COUNCIL |
| COUNSEL | COUNTRY | COURAGE | COURIER | CRUCIAL | CRUCIFY |
| CRUELTY | CRUMBLE | CRUMPLE | CRUPPER | CRUSADE | DAUPHIN |
| DIURNAL | DOUBLED | DOUBLET | DRUMLIN | DRUNKEN | EDUCATE |
| ELUSIVE | ELUTION | EMULATE | EQUABLE | EQUINOX | ERUDITE |
| FLUENCY | FLUSTER | FLUTTER | FLUVIAL | FOUNDRY | FRUSTUM |
| GLUCOSE | GLUTTON | GOURMET | GRUMBLE | HAUGHTY | HAULAGE |
| JOURNAL | JOURNEY | KNUCKLE | LAUNDER | LAUNDRY | MAUDLIN |
| NAUGHTY | NEUTRAL | NEUTRON | NOURISH | NOUVEAU | OPULENT |
| PAUCITY | PAUNCHY | PAUSING | PLUMAGE | PLUMMET | PLUNDER |
| POULTRY | PRUDENT | RAUCOUS | RHUBARB | ROUGHEN | ROUNDED |
| ROUTINE | ROUTING | SAUSAGE | SCUFFLE | SCUTTLE | SHUDDER |
| SHUFFLE | SHUTOFF | SHUTTLE | SLUMBER | SMUGGLE | SNUFFER |
| SNUFFLE | SNUGGLE | SOULFUL | SPUMONI | SPUTNIK | SPUTTER |
| SQUALID | SQUARED | SQUASHY | SQUEEZE | SQUELCH | STUBBLE |
| STUDENT | STUDIED | STUDIES | STUMBLE | STUPEFY | STUTTER |
| THULIUM | THUNDER | TRUANCY | TRUMPET | TRUNDLE | TRUSTEE |
| TSUNAMI | ADVANCE | ADVERSE | ADVISOR | ALVEOLI | BIVALVE |
| BIVOUAC | CAVALRY | DEVELOP | DEVIANT | DEVIATE | DEVIOUS |
| DEVISEE | DEVOLVE | DEVOTEE | DIVERGE | DIVERSE | DIVIDED |
| DIVISOR | DIVORCE | DIVULGE | DOVEKIE | ENVELOP | ENVIOUS |
| ENVIRON | INVALID | INVEIGH | INVERSE | INVOICE | INVOKED |
| INVOLVE | JAVELIN | NOVELTY | OBVERSE | OBVIATE | OBVIOUS |
| PIVOTAL | POVERTY | REVELRY | REVENGE | REVENUE | REVERIE |
| REVERSE | REVIVAL | REVOKED | REVOLVE | RIVALRY | RIVULET |
| SEVENTH | SEVENTY | SEVERAL | WAVELET | BEWITCH | BOWLINE |
| COWBIRD | COWGIRL | COWHAND | COWHERD | COWHIDE | COWLICK |
| COWPOKE | COWSLIP | DOWAGER | HOWEVER | JAWBONE | LAWSUIT |
| LOWLAND | MAWKISH | NEWBORN | NEWSBOY | NEWSMAN | NEWSMEN |
| NOWHERE | POWDERY | RAWHIDE | ROWBOAT | SAWDUST | TOWBOAT |

| | | | | | |
|---|---|---|---|---|---|
| ANXIETY | ANXIOUS | BOXWOOD | COXCOMB | FIXTURE | FOXHOLE |
| HEXAGON | LEXICAL | LEXICON | MAXIMAL | MAXIMUM | MIXTURE |
| NOXIOUS | SIXTEEN | TAXIWAY | TEXTILE | TEXTUAL | TEXTURE |
| WAXWORK | ABYSMAL | ALYSSUM | ANYBODY | BAYONET | BOYCOTT |
| BOYHOOD | CAYENNE | CRYPTIC | CRYSTAL | DAYTIME | HAYWARD |
| IDYLLIC | KEYHOLE | KEYNOTE | KRYPTON | LAYETTE | LOYALTY |
| MAYORAL | PAYMENT | PLYWOOD | PSYCHIC | ROYALTY | SKYLARK |
| SKYWARD | STYLING | STYLISH | THYROID | WAYLAID | WAYSIDE |
| WAYWARD | BIZARRE | BUZZING | GAZELLE | GAZETTE | LOZENGE |
| MAZURKA | | | | | |

## By last letter

| | | | | | |
|---|---|---|---|---|---|
| ADDENDA | ALFALFA | ALGEBRA | AMANITA | AMMONIA | AMNESIA |
| ANTENNA | APHASIA | BEGONIA | BONANZA | BRAVURA | CADENZA |
| CANDELA | CASCARA | CATALPA | CATAWBA | CEDILLA | CELESTA |
| CHIMERA | CHOLERA | COCHLEA | COQUINA | CORPORA | CZARINA |
| DILEMMA | DIORAMA | DIPLOMA | DRACHMA | ECHIDNA | FORMULA |
| GONDOLA | GORILLA | GRANDMA | GRANDPA | INERTIA | MAGENTA |
| MALARIA | MARIMBA | MASCARA | MAZURKA | MILITIA | NIRVANA |
| OCARINA | PANACEA | PAPRIKA | PERSONA | PETUNIA | REGALIA |
| REGATTA | REPLICA | ROTUNDA | SARCOMA | SCAPULA | SPATULA |
| SPECTRA | STAMINA | TAFFETA | TEMPERA | TOCCATA | TRACHEA |
| TSARINA | URAEMIA | URETHRA | VANILLA | VERANDA | VERBENA |
| VISCERA | YESHIVA | COULOMB | COXCOMB | DISTURB | PERTURB |
| PROVERB | RHUBARB | SUCCUMB | ACERBIC | ACRYLIC | AEROBIC |
| ALMANAC | ANGELIC | APHASIC | AQUATIC | ARCHAIC | ARSENIC |
| ASCETIC | ASEPTIC | AVIONIC | BIVOUAC | BOTANIC | BUCOLIC |
| BUTYRIC | CALORIC | CAMBRIC | CANONIC | CARDIAC | CAUSTIC |
| CENTRIC | CERAMIC | CHAOTIC | CHROMIC | CHRONIC | CLASSIC |
| CRYPTIC | DEMONIC | DRASTIC | DYNAMIC | ELASTIC | ELEGIAC |
| EMPIRIC | ENDEMIC | ERRATIC | EUGENIC | FANATIC | FRANTIC |
| GENERIC | GENETIC | GNOSTIC | GRAPHIC | HERETIC | IDIOTIC |
| IDYLLIC | KINETIC | LACONIC | LUNATIC | MELODIC | MIMETIC |
| MOLLUSC | MONADIC | NOMADIC | NUMERIC | OCEANIC | ORGANIC |
| OSMOTIC | PACIFIC | PLASTIC | POLEMIC | POLITIC | PROSAIC |
| PSYCHIC | QUADRIC | RHOMBIC | ROBOTIC | SATANIC | SATIRIC |
| SCEPTIC | SEISMIC | SOMATIC | SPASTIC | STANNIC | TITANIC |
| TOTEMIC | TRAFFIC | VOCALIC | VOLTAIC | ABETTED | ABORTED |
| ABUTTED | ANTACID | APPLAUD | APPLIED | ASHAMED | ASSUMED |
| ASTOUND | AVERRED | AWKWARD | BASTARD | BECLOUD | BEHAVED |
| BOMBARD | BOXWOOD | BOYHOOD | BROWSED | BUSTARD | CARLOAD |
| CARRIED | CATBIRD | CHANGED | CIRCLED | COLLARD | COMMAND |
| COMMEND | CONCORD | CONTEND | COWBIRD | COWHAND | COWHERD |
| CREATED | DASTARD | DECIDED | DEFINED | DEFRAUD | DELETED |
| DELTOID | DEMIGOD | DENOTED | DERIVED | DESCEND | DESPOND |
| DIAMOND | DIPLOID | DISCARD | DISCOID | DIVIDED | DOGWOOD |

## 7 letters

| | | | | | |
|---|---|---|---|---|---|
| DOUBLED | DROPPED | ELAPSED | EMERALD | EMITTED | EMPTIED |
| ENABLED | ESCAPED | EXPOSED | EXPOUND | FANGLED | FLAGGED |
| FLATBED | FLIPPED | FLOPPED | FOCUSED | FOOTPAD | FORWARD |
| GARLAND | GLOSSED | GODHEAD | GODSEND | GRILLED | HAGGARD |
| HANDLED | HAPLOID | HAYWARD | HUNDRED | HURRIED | HUSBAND |
| IMPOSED | IMPOUND | INBOARD | INBREED | INFIELD | INSIPID |
| INSTEAD | INVALID | INVOKED | KINDRED | LANGUID | LEEWARD |
| LEOPARD | LINSEED | LOCATED | LOWLAND | MALLARD | MANGLED |
| MANHOOD | MANKIND | MARRIED | MERMAID | MIDLAND | MINUEND |
| MUSTARD | MYELOID | OFFHAND | OMITTED | OPERAND | ORCHARD |
| ORDERED | OUTWARD | PEOPLED | PLAGUED | PLAITED | PLOTTED |
| PLYWOOD | PORTEND | PRETEND | PROCEED | PYRAMID | QUERIED |
| RAGWEED | REBUILD | REDBIRD | REDOUND | REDUCED | REDWOOD |
| REFUSED | REMOVED | RESCIND | RESCUED | RESIDED | RESPOND |
| RESUMED | REVOKED | ROTATED | ROUNDED | SEAWARD | SEAWEED |
| SECURED | SEEDBED | SEETHED | SINGLED | SKIPPED | SKYWARD |
| SLIPPED | SPOTTED | SQUALID | SQUARED | STEMMED | STEWARD |
| STIPEND | STOPPED | STUDIED | SUCCEED | SUSPEND | SWAPPED |
| TABLOID | TALLIED | TEETHED | TENFOLD | THYROID | TRIMMED |
| TWOFOLD | TYPHOID | UPBRAID | WARHEAD | WAYLAID | WAYWARD |
| WEARIED | WEEKEND | ABRIDGE | ABSENCE | ABSOLVE | ACETATE |
| ACETONE | ACHIEVE | ACOLYTE | ACQUIRE | ACREAGE | ACTUATE |
| ADJUDGE | ADULATE | ADVANCE | ADVERSE | AFFABLE | AGITATE |
| AIRLINE | ALEWIFE | ALUMNAE | AMOEBAE | AMPUTEE | ANALYSE |
| ANALYZE | ANEMONE | ANILINE | ANIMATE | ANTIQUE | APOSTLE |
| APPEASE | APPRISE | APPROVE | ARCHIVE | ARMHOLE | ARRANGE |
| ARTICLE | ASCRIBE | ASININE | ASKANCE | ASSUAGE | ASTRIDE |
| ATHLETE | AUDIBLE | AUSTERE | AVARICE | AVERAGE | AWESOME |
| BAGGAGE | BAGPIPE | BALANCE | BANDAGE | BANSHEE | BAROQUE |
| BARRAGE | BAUXITE | BEASTIE | BECAUSE | BEDSIDE | BEDTIME |
| BEEHIVE | BEGUILE | BELIEVE | BENZENE | BEREAVE | BESIEGE |
| BESPOKE | BICYCLE | BIPLANE | BIVALVE | BIZARRE | BONDAGE |
| BONFIRE | BOWLINE | BRAMBLE | BREATHE | BRIGADE | BRINDLE |
| BRISTLE | BRITTLE | BROCADE | BROMIDE | BROMINE | BROWNIE |
| BRUSQUE | BURETTE | CABBAGE | CALCITE | CALIBRE | CALORIE |
| CAPRICE | CAPSIZE | CAPSULE | CAPTIVE | CAPTURE | CARBIDE |
| CARBINE | CARMINE | CARNAGE | CAROUSE | CASCADE | CATHODE |
| CAYENNE | CENSURE | CHALICE | CHEMISE | CHORINE | CHORTLE |
| CHUCKLE | CILIATE | CITRATE | CLEANSE | CLIMATE | CLOSURE |
| CLOTURE | COCAINE | COCKEYE | COGNATE | COINAGE | COLLAGE |
| COLLATE | COLLEGE | COLLIDE | COLLUDE | COMBINE | COMMUNE |
| COMMUTE | COMPARE | COMPETE | COMPILE | COMPOSE | COMPOTE |
| COMPUTE | COMRADE | CONCAVE | CONCEDE | CONCISE | CONDONE |
| CONDUCE | CONFIDE | CONFINE | CONFUSE | CONFUTE | CONJURE |
| CONNIVE | CONNOTE | CONSOLE | CONSUME | CONVENE | CONVOKE |
| CORDAGE | CORDITE | CORRODE | CORSAGE | COSTUME | COTTAGE |
| COURAGE | COWHIDE | COWPOKE | CRACKLE | CRAPPIE | CREMATE |
| CREVICE | CRINKLE | CRIPPLE | CRUMBLE | CRUMPLE | CRUSADE |

CUISINE CULTURE CURSIVE CYANIDE CYCLONE DAYTIME
DEBACLE DECEASE DECEIVE DECLARE DECLINE DEFLATE
DEGRADE DELOUSE DENTURE DEPLETE DEPLORE DEPRAVE
DEPRIVE DERANGE DESERVE DESPISE DESPITE DESTINE
DEVIATE DEVISEE DEVOLVE DEVOTEE DICTATE DIFFUSE
DIOCESE DIORITE DIOXIDE DISABLE DISPOSE DISPUTE
DIVERGE DIVERSE DIVORCE DIVULGE DOGBANE DOGGONE
DOVEKIE DRIBBLE DRIZZLE DUCTILE DURABLE DURANCE
DWINDLE ECLIPSE ECLOGUE EDIFICE EDUCATE ELEVATE
ELLIPSE ELUSIVE EMANATE EMBRACE EMIRATE EMPLACE
EMULATE ENCLAVE ENCLOSE ENDORSE ENHANCE ENLARGE
ENQUIRE EPICURE EPISODE EPISTLE EPITOME EQUABLE
ERASURE EROSIVE ERUDITE ESCAPEE ESPOUSE ESQUIRE
ESSENCE EVASIVE EVOCATE EXAMINE EXAMPLE EXCLUDE
EXCRETE EXECUTE EXEGETE EXPANSE EXPENSE EXPIATE
EXPLODE EXPLORE EXPUNGE EXTREME EXTRUDE EYESORE
FAILURE FANFARE FATIGUE FEATURE FEBRILE FERRITE
FERRULE FERTILE FESTIVE FICTIVE FINANCE FINESSE
FISSILE FISSURE FIXTURE FLEXURE FLOUNCE FOLIAGE
FOLIATE FORBADE FORBORE FORGAVE FORGIVE FORSAKE
FORTUNE FOXHOLE FRAGILE FRAZZLE FRECKLE FRIABLE
FRIGATE FRIZZLE FULSOME FURNACE FURTIVE FUSIBLE
GARBAGE GAZELLE GAZETTE GENTILE GENUINE GERMANE
GESTURE GIRAFFE GLIMPSE GLOBULE GLUCOSE GODLIKE
GRACKLE GRADATE GRANITE GRANTEE GRANULE GRAPPLE
GRENADE GRIDDLE GRIMACE GRIZZLE GRUMBLE GUNFIRE
HAULAGE HENBANE HEROINE HIRSUTE HORMONE HOSPICE
HOSTAGE HOSTILE HYALINE HYDRATE HYDRIDE HYGIENE
IGNOBLE IMAGINE IMITATE IMMENSE IMMERSE IMPASSE
IMPINGE IMPLORE IMPROVE IMPULSE INCENSE INCLINE
INCLUDE INDORSE INDULGE INFLAME INFLATE INGRATE
INQUIRE INSHORE INSPIRE INTENSE INTRUDE INVERSE
INVOICE INVOLVE IRKSOME ISOLATE ITERATE JAWBONE
JUBILEE JUSTICE KEYHOLE KEYNOTE KNUCKLE LACTATE
LACTOSE LACUNAE LATTICE LAYETTE LEAKAGE LECTURE
LEGATEE LEGIBLE LEISURE LEONINE LETTUCE LIGNITE
LINEAGE LINKAGE LOSABLE LOZENGE LUGGAGE MACAQUE
MACHINE MAGNATE MALAISE MALTOSE MANATEE MANDATE
MANHOLE MARQUEE MASSAGE MASSIVE MEASURE MEDIATE
MESSAGE METHANE MIDWIFE MIGRATE MILEAGE MIRACLE
MISSILE MISSIVE MISTAKE MIXTURE MORAINE MORTISE
MUNDANE NARRATE NEBULAE NECKTIE NITRATE NITRIDE
NITRITE NOMINEE NOWHERE NURTURE OBLIQUE OBSCENE
OBSCURE OBSERVE OBTRUDE OBVERSE OBVIATE OCCLUDE
OFFENCE OLIVINE OPERATE ORIFICE OUTCOME OUTSIDE
OXALATE PACKAGE PALETTE PALMATE PANCAKE PANICLE
PAPOOSE PARTAKE PASSAGE PASSIVE PASTIME PASTURE
PENANCE PENSIVE PENTANE PEPTIDE PERFUME PERFUSE

## 7 letters

| | | | | | |
|---|---|---|---|---|---|
| PERJURE | PERMUTE | PERVADE | PHONEME | PICKAXE | PICTURE |
| PILLAGE | PINHOLE | PINNATE | PIPETTE | PIROGUE | PLACATE |
| PLIABLE | PLUMAGE | POLLUTE | PORCINE | PORTAGE | POSTAGE |
| POSTURE | POTABLE | POTHOLE | PRAIRIE | PRECEDE | PRECISE |
| PREFACE | PRELUDE | PREMISE | PREPARE | PRESAGE | PRESIDE |
| PRESUME | PRICKLE | PRIMATE | PRIVATE | PROBATE | PROCURE |
| PRODUCE | PROFANE | PROFILE | PROFUSE | PROMISE | PROMOTE |
| PROPANE | PROPOSE | PRORATE | PROVIDE | PROVOKE | PUERILE |
| PULSATE | PURPOSE | QUIBBLE | QUININE | RADIATE | RAMPAGE |
| RAPTURE | RAWHIDE | RECEIVE | RECLINE | RECLUSE | REFEREE |
| REFUGEE | REJOICE | RELEASE | RELIEVE | REMORSE | REPLACE |
| REPLETE | REPRISE | REPTILE | REQUIRE | REROUTE | RESERVE |
| RESIDUE | RESOLVE | RESPIRE | RESPITE | RESTIVE | RESTORE |
| RETINUE | RETIREE | REVENGE | REVENUE | REVERIE | REVERSE |
| REVOLVE | RISIBLE | ROMANCE | ROSETTE | ROUTINE | RUMMAGE |
| RUPTURE | SACCADE | SALVAGE | SARDINE | SATIATE | SAUSAGE |
| SCIENCE | SCOURGE | SCROOGE | SCRUPLE | SCUFFLE | SCUTTLE |
| SEASIDE | SECLUDE | SECRETE | SEEPAGE | SEIZURE | SENSATE |
| SERRATE | SERVICE | SERVILE | SHACKLE | SHAMBLE | SHEATHE |
| SHINGLE | SHUFFLE | SHUTTLE | SINCERE | SITUATE | SKITTLE |
| SMUGGLE | SNIFFLE | SNUFFLE | SNUGGLE | SOCKEYE | SOLUBLE |
| SOLVATE | SOMEONE | SPANGLE | SPARKLE | SPECKLE | SPECTRE |
| SPINDLE | SPITTLE | SPLURGE | SQUEEZE | STABILE | STARTLE |
| STATURE | STATUTE | STEEPLE | STERILE | STICKLE | STIPPLE |
| STORAGE | STOWAGE | STRANGE | STRIATE | STROPHE | STUBBLE |
| STUMBLE | SUBSUME | SUCROSE | SUFFICE | SUFFUSE | SUICIDE |
| SUNRISE | SUPPOSE | SUPREME | SURFACE | SURMISE | SURNAME |
| SURVIVE | SWINDLE | SWIZZLE | SYNAPSE | TACTILE | TADPOLE |
| TEENAGE | TENABLE | TENSILE | TERMITE | TERRACE | TESTATE |
| TEXTILE | TEXTURE | THIMBLE | THISTLE | TINTYPE | TOLUENE |
| TONNAGE | TORTURE | TRAIPSE | TRAMPLE | TREADLE | TREMBLE |
| TRESTLE | TRIBUNE | TRIBUTE | TRICKLE | TROUBLE | TROUNCE |
| TRUNDLE | TRUSTEE | TURBINE | TWADDLE | TWIDDLE | TWINKLE |
| TWOSOME | UMBRAGE | UPGRADE | UPRAISE | UPSTATE | UPSURGE |
| UTERINE | VACCINE | VACUOLE | VAMPIRE | VANTAGE | VEHICLE |
| VENTURE | VERBOSE | VESTIGE | VIBRATE | VILLAGE | VINTAGE |
| VIOLATE | VIRGULE | VISIBLE | VITIATE | VOLTAGE | VOLUBLE |
| VULPINE | VULTURE | WARFARE | WARLIKE | WASTAGE | WATTAGE |
| WAYSIDE | WELCOME | WELFARE | WHEEDLE | WHISTLE | WHITTLE |
| WINSOME | WRANGLE | WREATHE | WRESTLE | WRIGGLE | WRINKLE |
| BAILIFF | DISTAFF | HERSELF | HIMSELF | MASTIFF | ONESELF |
| PONTIFF | SHERIFF | SHUTOFF | THEREOF | WHEREOF | AMBLING |
| ANGLING | ARCHING | BACKLOG | BAGGING | BARRING | BATWING |
| BEGGING | BELYING | BOGGING | BOOTLEG | BULLDOG | BUZZING |
| CALLING | CAUSING | CLONING | CLOSING | COCKING | CUNNING |
| CYCLING | DARLING | DIGGING | DIMMING | DOGGING | EARRING |
| EDITING | ERASING | FLEEING | FOGGING | FORCING | FREEING |
| FURLONG | GAGGING | GETTING | GINSENG | GOSLING | GUIDING |

HANDBAG HOGGING HUGGING ICEBERG INKLING JAGGING
JAMMING JIGGING JOGGING JUDGING JUGGING KERNING
KISSING LAGGING LEADING LEAVING LEGGING LEMMING
LETTING LOGGING LOOPING LUGGING MEANING MERGING
MISSING MOCKING MUSTANG NAGGING NETTING NOSEBAG
NOTHING ONGOING PASSING PAUSING PEGGING PIECING
PIGGING PLACING PROLONG PUDDING PUTTING RAGGING
RAISING RANGING RIGGING ROUTING RUNNING SAGGING
SANDBAG SAPLING SCALING SENSING SETTING SHARING
SHOVING SIBLING SLOPING SOLVING STATING STORING
STYLING SUMMING TABLING TAGGING TANNING TASTING
TIPPING TITLING TOPPING TRACING TUGGING UNITING
VALUING WAGGING WEBBING WEDDING WIGGING WORKING
WRITING ABOLISH ANGUISH AZIMUTH BEARISH BENEATH
BESEECH BETROTH BEWITCH BISMUTH BLEMISH BOOKISH
BOORISH BOROUGH BREADTH BULLISH BULRUSH BURNISH
CATFISH CHEETAH CHERISH CODFISH COLTISH DEBAUCH
DERVISH DOGFISH DOLTISH EPITAPH EYELASH FOOLISH
FOPPISH FURBISH FURNISH GIRLISH GREYISH HASHISH
HELLISH IMPEACH INVEIGH LONGISH LUMPISH MAMMOTH
MAWKISH MONARCH MONKISH NOURISH OSTRICH PIGGISH
PINKISH PUBLISH PUCKISH RAFFISH REDDISH RUBBISH
SCRATCH SCREECH SELFISH SEVENTH SICKISH SLAVISH
SPINACH SPLOTCH SQUELCH STAUNCH STEALTH STOMACH
STRETCH STYLISH SUNFISH TARNISH THROUGH TRIUMPH
TWELFTH UNCOUTH VARNISH WARMISH WASPISH WOLFISH
ALVEOLI BACILLI BRONCHI CALCULI COLOSSI EMERITI
HIBACHI SPUMONI STIMULI SYLLABI TERMINI TRIPOLI
TSUNAMI BARRACK BEDROCK BERSERK BESPEAK BULLOCK
BULWARK BURDOCK BUTTOCK CASSOCK COWLICK CUTBACK
DERRICK EARMARK FORSOOK GOSHAWK HADDOCK HAMMOCK
HEMLOCK HENPECK HILLOCK HUMMOCK MATTOCK MISTOOK
NETWORK NITPICK OBELISK PADDOCK PADLOCK PARTOOK
PEACOCK POLLOCK RANSACK ROEBUCK SETBACK SKYLARK
SPUTNIK UNBLOCK WAXWORK WEDLOCK ABYSMAL ACCRUAL
ADMIRAL ADRENAL AIRFOIL AIRMAIL ALCOHOL APPAREL
AROUSAL ARRIVAL ARSENAL ASEXUAL AXOLOTL BALEFUL
BANEFUL BASHFUL BEDEVIL BESTIAL BIAXIAL BIFOCAL
BIMODAL BRIMFUL BROTHEL CAPITAL CARAMEL CAREFUL
CATCALL CENTRAL CHANCEL CHANNEL CHATTEL CITADEL
COASTAL COAXIAL CODICIL COEQUAL COLONEL CONCEAL
CONGEAL CONTROL CORDIAL COUNCIL COUNSEL COWGIRL
CRUCIAL CRYSTAL CURTAIL DECIBEL DECIMAL DESPOIL
DIGITAL DIURNAL DOLEFUL DUTIFUL EMBROIL ENTHRAL
EPOCHAL ETERNAL ETHANOL EVANGEL EYEBALL FACTUAL
FATEFUL FEARFUL FEDERAL FIGURAL FLANNEL FLUVIAL
FRONTAL FUNERAL GADWALL GAINFUL GASOHOL GENERAL
GENITAL GENTEEL GLACIAL GLEEFUL GLOTTAL GRADUAL

## 7 letters

| | | | | | |
|---|---|---|---|---|---|
| HANDFUL | HARMFUL | HATEFUL | HELICAL | HELPFUL | HOPEFUL |
| ILLEGAL | IMMORAL | IMPERIL | INDWELL | INFIDEL | INITIAL |
| INSTALL | JONQUIL | JOURNAL | KESTREL | LATERAL | LEXICAL |
| LIBERAL | LINGUAL | LITERAL | LOGICAL | LUSTFUL | MANDREL |
| MARITAL | MARSHAL | MARTIAL | MAXIMAL | MAYORAL | MIASMAL |
| MINDFUL | MINERAL | MINIMAL | NATURAL | NEEDFUL | NEUTRAL |
| NOMINAL | NOSTRIL | NUMERAL | NUPTIAL | OATMEAL | OPTIMAL |
| ORBITAL | ORDINAL | PAINFUL | PARASOL | PARBOIL | PARTIAL |
| PASCHAL | PEAFOWL | PERUSAL | PIGTAIL | PINBALL | PINTAIL |
| PITFALL | PITIFUL | PIVOTAL | PLAYFUL | PLEURAL | PREVAIL |
| QUARREL | QUETZAL | RADICAL | RECITAL | REDPOLL | REFUSAL |
| REMOVAL | RENEWAL | RESTFUL | RETINAL | REVIVAL | ROOMFUL |
| SCANDAL | SEMINAL | SENSUAL | SEVERAL | SHRIVEL | SKILFUL |
| SNORKEL | SOULFUL | SPANIEL | SPATIAL | SPECIAL | STENCIL |
| SUNDIAL | SURREAL | TACTFUL | TACTUAL | TEARFUL | TEXTUAL |
| THERMAL | TRAMMEL | TRAVAIL | TREFOIL | TRIVIAL | TUMBREL |
| TUNEFUL | TURMOIL | TYPICAL | UNEQUAL | UTENSIL | VAGINAL |
| VERMEIL | VICINAL | VICTUAL | VIRTUAL | VITRIOL | WAKEFUL |
| WASTREL | WISHFUL | WISTFUL | ACCLAIM | ACRONYM | ALYSSUM |
| AMALGAM | ANAGRAM | ANIMISM | ANTONYM | ATAVISM | ATHEISM |
| BAPTISM | BEDROOM | BLOSSOM | BOREDOM | CADMIUM | CAESIUM |
| CALCIUM | CONFIRM | CONFORM | CRANIUM | CUTWORM | DECLAIM |
| DECORUM | DIAGRAM | DUALISM | DUKEDOM | EARDRUM | EGOTISM |
| EPIGRAM | ERRATUM | EXCLAIM | FASCISM | FERMIUM | FIREARM |
| FREEDOM | FRUSTUM | FULCRUM | GALLIUM | GINGHAM | HAFNIUM |
| HEROISM | HOLMIUM | HOMONYM | HOODLUM | INTERIM | IRIDIUM |
| JEJUNUM | KINGDOM | LITHIUM | MAXIMUM | MINIMUM | MODICUM |
| NIOBIUM | OPOSSUM | OPTIMUM | OVIFORM | PERFORM | PHANTOM |
| PIETISM | PILGRIM | PREMIUM | PROBLEM | PROGRAM | QUANTUM |
| REALISM | RHENIUM | RHODIUM | ROSTRUM | SARCASM | SCROTUM |
| SERFDOM | SOPHISM | SORGHUM | STADIUM | STARDOM | STERNUM |
| STRATUM | SYMPTOM | SYNONYM | TANTRUM | TERBIUM | THEOREM |
| THORIUM | THULIUM | TRANSOM | UNIFORM | URANIUM | YTTRIUM |
| ABANDON | ABDOMEN | ABSTAIN | ADJOURN | AEOLIAN | AILERON |
| ALBUMIN | ANDIRON | ARRAIGN | ARTISAN | ASPIRIN | AUCTION |
| BALLOON | BARGAIN | BASEMAN | BASTION | BELLMAN | BETOKEN |
| BETWEEN | BILLION | BITTERN | BITUMEN | BLACKEN | BOATMAN |
| BOATMEN | BOURBON | BRACKEN | BROADEN | BUFFOON | BURGEON |
| CALDRON | CANTEEN | CAPSTAN | CAPTAIN | CAPTION | CARAVAN |
| CARRION | CARTOON | CAUTION | CERTAIN | CESSION | CHAGRIN |
| CHANSON | CHEVRON | CHICKEN | CHIFFON | CHIGNON | CISTERN |
| CITIZEN | COARSEN | CONCERN | CONDEMN | CONJOIN | CONSIGN |
| CONTAIN | CRIMSON | CURTAIN | CUSHION | DAUPHIN | DENIZEN |
| DICTION | DISCERN | DISDAIN | DOLPHIN | DRAGOON | DRUMLIN |
| DRUNKEN | DUNGEON | EARTHEN | EASTERN | ECHELON | EDITION |
| ELUTION | EMOTION | ENLIVEN | ENVIRON | EPSILON | EROSION |
| EVASION | EXPLAIN | FASHION | FICTION | FIFTEEN | FIREMAN |
| FIREMEN | FISSION | FLATTEN | FOOTMAN | FOOTMEN | FOREIGN |

| | | | | | |
|---|---|---|---|---|---|
| FORLORN | FREEMAN | FREEMEN | FRESHEN | GENTIAN | GHERKIN |
| GLADDEN | GLISTEN | GLUTTON | GRIFFIN | GUERDON | HAIRPIN |
| HALCYON | HALOGEN | HANGMAN | HANGMEN | HARPOON | HEARKEN |
| HEARTEN | HEATHEN | HEXAGON | HORIZON | INGROWN | INHUMAN |
| INSULIN | JAVELIN | KEELSON | KITCHEN | KRYPTON | LAMPOON |
| LANTERN | LECTERN | LEGHORN | LESBIAN | LEXICON | LIAISON |
| LIGHTEN | LIMPKIN | LINEMAN | LINEMEN | MANIKIN | MANSION |
| MAUDLIN | MEGATON | MELANIN | MENTION | MILLION | MISSION |
| MOISTEN | MONSOON | MUEZZIN | MULLEIN | MULLION | NEUTRON |
| NEWBORN | NEWSMAN | NEWSMEN | OCTAGON | OMICRON | OPINION |
| PARAGON | PASSION | PATTERN | PELICAN | PENGUIN | PENSION |
| PERTAIN | PIGSKIN | PLATOON | POLYGON | POPCORN | PORTION |
| POSTMAN | POSTMEN | PRONOUN | PROTEAN | PROTEIN | PUMPKIN |
| PURLOIN | QUICKEN | RACCOON | REFRAIN | REGIMEN | ROUGHEN |
| RUBDOWN | RUFFIAN | SAFFRON | SANDMAN | SECTION | SESSION |
| SHARPEN | SHIPMAN | SHIPMEN | SHORTEN | SHOTGUN | SHOWMAN |
| SHOWMEN | SIDEMAN | SILICON | SIXTEEN | SLACKEN | SMITTEN |
| SOJOURN | STATION | STEPSON | STIFFEN | STRIVEN | SUCTION |
| SUNBURN | SUNDOWN | SURGEON | SUSTAIN | SWEETEN | SWOLLEN |
| TENSION | TERRAIN | THEREIN | THEREON | THICKEN | TIGHTEN |
| TORSION | TREASON | TRODDEN | TUITION | TYPHOON | UNCTION |
| UNICORN | UPSILON | UTOPIAN | VENISON | VERSION | VETERAN |
| VILLAIN | VITAMIN | WESTERN | WHEREIN | WHEREON | WIDGEON |
| WORKMAN | WORKMEN | WRITTEN | ALLEGRO | AVOCADO | BRAVADO |
| BUFFALO | BUGABOO | CALYPSO | ELECTRO | EMBARGO | HIDALGO |
| INFERNO | MAESTRO | MAGNETO | MEMENTO | MULATTO | PICCOLO |
| PLACEBO | POMPANO | PORTICO | PROVISO | SCHERZO | SHAMPOO |
| SOPRANO | THERETO | TOBACCO | TORNADO | TORPEDO | VERTIGO |
| VOLCANO | AIRDROP | COWSLIP | DEVELOP | ENVELOP | GUMDROP |
| HILLTOP | KETCHUP | KNEECAP | MANTRAP | PARSNIP | REGROUP |
| ROOFTOP | SCALLOP | STIRRUP | TREETOP | TROLLOP | WIRETAP |
| WORSHIP | ADVISOR | AMATEUR | AMMETER | ANGULAR | ANNULAR |
| ANOTHER | ARBITER | ASUNDER | AUDITOR | BARRIER | BASILAR |
| BIPOLAR | BLADDER | BLATHER | BLISTER | BLUBBER | BLUNDER |
| BLUSTER | BOLIVAR | BOLSTER | BOULDER | BRAZIER | BROTHER |
| BROWSER | BURGHER | BURGLAR | CADAVER | CASHIER | CENTAUR |
| CHAMBER | CHAMFER | CHAPTER | CHEATER | CHECKER | CHOWDER |
| CLAMBER | CLATTER | CLEARER | CLUSTER | CLUTTER | CONIFER |
| CONQUER | CONTOUR | CORONER | COURIER | CRUPPER | DEBATER |
| DELIVER | DESPAIR | DIVISOR | DOSSIER | DOWAGER | DUELLER |
| EARLIER | EJECTOR | ELECTOR | EMBOWER | EMPEROR | EMPOWER |
| EMPTIER | EXACTER | FARTHER | FEATHER | FLATTER | FLUSTER |
| FLUTTER | FORBEAR | FOREVER | FRITTER | FURRIER | FURTHER |
| GLACIER | GLAMOUR | GLIMMER | GLITTER | GRAMMAR | GRANTOR |
| GREATER | GUILDER | HAMSTER | HOLSTER | HOWEVER | HUSTLER |
| INSULAR | INTEGER | JANITOR | JOCULAR | JUNIPER | LACQUER |
| LAMINAR | LANGUOR | LAUNDER | LEATHER | LIQUEUR | LOBSTER |
| LOBULAR | MASSEUR | MEANDER | MODULAR | MONITOR | MONSTER |

## 7 letters

| | | | | | |
|---|---|---|---|---|---|
| NEBULAR | NEITHER | NODULAR | NUCLEAR | OLDSTER | PANTHER |
| PARTNER | PIONEER | PLANNER | PLASTER | PLOTTER | PLUNDER |
| POACHER | POINTER | POLYMER | POPULAR | PREMIER | PRINTER |
| PROCTOR | PROFFER | PROSPER | PUNSTER | PURSUER | QUARTER |
| RECOVER | REGULAR | REORDER | ROISTER | SAMOVAR | SCHOLAR |
| SCISSOR | SECULAR | SELTZER | SEMINAR | SHATTER | SHELTER |
| SHUDDER | SIDECAR | SIMILAR | SIMPLER | SLANDER | SLENDER |
| SLITHER | SLUMBER | SMATTER | SMOTHER | SNIFTER | SNIGGER |
| SNUFFER | SOLDIER | SPEAKER | SPONSOR | SPUTTER | STAMMER |
| STELLAR | STICKER | STUTTER | SUCCOUR | SULPHUR | SWEATER |
| SWELTER | TABULAR | TANAGER | TATTLER | TERRIER | THITHER |
| THUNDER | TITULAR | TRACTOR | TRAITOR | TRIGGER | TRIMMER |
| TROUSER | TUBULAR | UNCOVER | UPRIVER | VINEGAR | VINTNER |
| VISITOR | WARRIOR | WEATHER | WHETHER | WHIMPER | WHISPER |
| WHITHER | WHOEVER | ABSCESS | ACTIONS | ACTRESS | ADDRESS |
| AFFAIRS | ALUMNUS | AMOROUS | ANNULUS | ANXIOUS | APROPOS |
| AQUEOUS | ARBUTUS | ARDUOUS | AUROCHS | BOLETUS | BURGESS |
| CALLOUS | CARCASS | CARGOES | CARRIES | CHAMOIS | CHASSIS |
| CLASSES | COMPASS | CONFESS | COPIOUS | CUMULUS | CUPROUS |
| CURIOUS | CUTLASS | CYPRESS | DAILIES | DEPRESS | DEVIOUS |
| DICKENS | DIGRESS | DUBIOUS | DUCHESS | EMPRESS | EMPTIES |
| ENTRIES | ENVIOUS | EXPRESS | FATUOUS | FERROUS | FIBROUS |
| FURIOUS | GALLOWS | GASEOUS | GENESIS | GIBBOUS | GLOTTIS |
| GODDESS | HARNESS | HEIRESS | HIDEOUS | HOSTESS | HURRIES |
| HYDROUS | IGNEOUS | IMPETUS | IMPIOUS | IMPRESS | INCUBUS |
| INDICES | JACKASS | JEALOUS | LIONESS | MARQUIS | MEIOSIS |
| MIMESIS | MITOSIS | MODULUS | NEMESIS | NERVOUS | NITROUS |
| NOXIOUS | NUCLEUS | OBVIOUS | OCTOPUS | ODOROUS | OMINOUS |
| OMNIBUS | ONEROUS | OPPRESS | OSMOSIS | OSSEOUS | PAPYRUS |
| PERHAPS | PITEOUS | POMPOUS | POSSESS | PROCESS | PROFESS |
| PROWESS | QUERIES | QUIETUS | RADICES | RAUCOUS | READIES |
| REGRESS | REMAINS | RETURNS | RHOMBUS | RICKETS | RIOTOUS |
| RUINOUS | SCARVES | SERIOUS | SINUOUS | STUDIES | SUCCESS |
| SURPASS | SURPLUS | TALLIES | TEDIOUS | TENUOUS | TETANUS |
| THIEVES | TIGRESS | TRELLIS | VACUOUS | VARIOUS | VICIOUS |
| VISCOUS | WATCHES | WHARVES | WHEREAS | WITNESS | ZEALOUS |
| ABEYANT | ABREACT | ABREAST | ACCOUNT | ACROBAT | ADAMANT |
| ADJUNCT | AFFLICT | AFFRONT | AGAINST | AIRLIFT | AIRPORT |
| ALIQUOT | AMBIENT | AMONGST | ANALYST | ANCIENT | APPOINT |
| APRICOT | ASPHALT | ASSAULT | ATHEIST | ATHWART | ATTEMPT |
| ATTRACT | AUGMENT | BABBITT | BALLAST | BANQUET | BARONET |
| BAYONET | BEDPOST | BENEFIT | BEQUEST | BETWIXT | BIGGEST |
| BISCUIT | BLANKET | BLATANT | BOMBAST | BOOKLET | BOUQUET |
| BOYCOTT | BRACKET | BROUGHT | BUOYANT | CABARET | CABINET |
| CARPORT | CHARIOT | CHEMIST | CIRCLET | CIRCUIT | CLEMENT |
| COCKPIT | COCONUT | COEXIST | COLLECT | COMFORT | COMMENT |
| COMPACT | COMPORT | COMPOST | CONCEIT | CONCEPT | CONCERT |
| CONCOCT | CONDUCT | CONDUIT | CONFECT | CONGEST | CONNECT |

| | | | | | |
|---|---|---|---|---|---|
| CONSENT | CONSIST | CONSORT | CONSULT | CONTACT | CONTENT |
| CONTEST | CONTEXT | CONTORT | CONVENT | CONVERT | CONVICT |
| COOLANT | CORONET | CORRECT | CORRUPT | CREDENT | CRICKET |
| CROCHET | CROQUET | CULPRIT | CULVERT | CURRANT | CURRENT |
| CYCLIST | DECRYPT | DEFAULT | DEFIANT | DEFICIT | DEFLECT |
| DEFROST | DEFUNCT | DELIGHT | DELIMIT | DEMERIT | DEPOSIT |
| DESCANT | DESCENT | DESSERT | DETRACT | DEVIANT | DIALECT |
| DISRUPT | DISTANT | DISTORT | DORMANT | DOUBLET | DROPLET |
| DROUGHT | EARNEST | EGOTIST | ELEGANT | ELEMENT | EMINENT |
| ENTRANT | EPAULET | EPITHET | ESCHEAT | EVIDENT | EXCERPT |
| EXHAUST | EXHIBIT | EXIGENT | EXPLOIT | EXTINCT | EXTRACT |
| FALLOUT | FERMENT | FERVENT | FILBERT | FLORIST | FORFEIT |
| FORWENT | FRAUGHT | FREIGHT | GALLANT | GANTLET | GESTALT |
| GILBERT | GOURMET | GROMMET | GUNSHOT | GYMNAST | HABITAT |
| HAIRCUT | HALIBUT | HANDSET | HARVEST | HATCHET | HIGHEST |
| HOTSHOT | HYDRANT | ILLICIT | IMPLANT | IMPRINT | INEXACT |
| INFARCT | INFLECT | INFLICT | INFRACT | INHABIT | INHERIT |
| INHIBIT | INQUEST | INSIGHT | INSPECT | INSTANT | INTROIT |
| ISSUANT | KINGLET | KUMQUAT | LAMBERT | LAWSUIT | LEAFLET |
| LENIENT | LOCKNUT | LOCKOUT | LOOKOUT | MANUMIT | MEGABIT |
| MIGRANT | MINARET | MOONLIT | MUSKRAT | NASCENT | NEGLECT |
| OPERANT | OPULENT | PAGEANT | PARAPET | PARQUET | PATIENT |
| PATRIOT | PAYMENT | PEASANT | PENDANT | PENNANT | PERCENT |
| PERCEPT | PERFECT | PERSIST | PERVERT | PIANIST | PIGMENT |
| PIQUANT | PLUMMET | POLECAT | PORTENT | PRECEPT | PREDICT |
| PREFECT | PRESENT | PRETEXT | PREVENT | PRODUCT | PROJECT |
| PROPHET | PROTECT | PROTEST | PROVOST | PRUDENT | PUNGENT |
| PURPORT | PURSUIT | QUARTET | QUINTET | RADIANT | RAMPANT |
| RAMPART | RAPPORT | RECEIPT | RECOUNT | RECRUIT | REDCOAT |
| REFLECT | REFRACT | RELIANT | REMNANT | REPRINT | REQUEST |
| RESPECT | RESTART | RETRACT | RINGLET | RIVULET | ROWBOAT |
| SALIENT | SAPIENT | SAWDUST | SCARLET | SEAPORT | SEGMENT |
| SEQUENT | SERPENT | SERVANT | SHALLOT | SHERBET | SKILLET |
| SLEIGHT | SNIPPET | SOLICIT | SOLVENT | STUDENT | SUBJECT |
| SUBSIST | SUBVERT | SUGGEST | SUPPORT | SURFEIT | SUSPECT |
| TANGENT | TEMPEST | THEREAT | THICKET | THOUGHT | TONIGHT |
| TOPMOST | TORRENT | TOWBOAT | TRANSIT | TRIDENT | TRINKET |
| TRIPLET | TRUMPET | TYPESET | UNKEMPT | UPRIGHT | UPSTART |
| VAGRANT | VALIANT | VARIANT | VERDANT | VERDICT | VIADUCT |
| VIBRANT | VIOLENT | WARRANT | WAVELET | WHATNOT | WIPEOUT |
| WITHOUT | WOODCUT | WORKOUT | WROUGHT | CARIBOU | NOUVEAU |
| PARVENU | PLATEAU | TABLEAU | EYEBROW | JACKDAW | PREVIEW |
| PURVIEW | RAINBOW | SHALLOW | SOMEHOW | SPARROW | SWALLOW |
| WHIPSAW | COMPLEX | EQUINOX | PARADOX | PERPLEX | PHALANX |
| PHOENIX | POSTFIX | SIMPLEX | TOOLBOX | TRIPLEX | ACADEMY |
| ALCHEMY | ALIMONY | ALREADY | AMATORY | AMPLIFY | ANALOGY |
| ANARCHY | ANATOMY | ANCHOVY | ANNUITY | ANOMALY | ANXIETY |
| ANYBODY | APOLOGY | ARCHERY | ARDENCY | ATROPHY | AUTOPSY |

# 7 letters

| | | | | | |
|---|---|---|---|---|---|
| BALCONY | BATTERY | BEATIFY | BEGGARY | BIGOTRY | BINDERY |
| BIOLOGY | BRAVERY | BREATHY | BREVITY | BREWERY | BRIBERY |
| BUTTERY | CALCIFY | CALUMNY | CANNERY | CARAWAY | CAVALRY |
| CENTURY | CERTIFY | CHANTEY | CHANTRY | CHARITY | CHICORY |
| CHIMNEY | CHUTNEY | CLARIFY | CLARITY | COLICKY | COMPANY |
| COOKERY | COPPERY | COTTONY | COUNTRY | CRUCIFY | CRUELTY |
| CURSORY | CURTSEY | CUSTODY | DESTINY | DESTROY | DIETARY |
| DIGNIFY | DIGNITY | DISPLAY | DOORWAY | DRAPERY | DRIZZLY |
| DYNASTY | ECOLOGY | ECONOMY | ECSTASY | EMBASSY | EMPATHY |
| ENQUIRY | ENTROPY | ESTUARY | EXOGAMY | FACTORY | FACULTY |
| FAIRWAY | FALLACY | FALSIFY | FANTASY | FERNERY | FINICKY |
| FIREFLY | FISHERY | FLOWERY | FLUENCY | FORGERY | FORTIFY |
| FOUNDRY | FRAILTY | GALLERY | GANGWAY | GATEWAY | GEODESY |
| GEOLOGY | GETAWAY | GHASTLY | GHOSTLY | GLORIFY | GRANARY |
| GRATIFY | GRIZZLY | GROCERY | GUNNERY | GUNPLAY | HACKNEY |
| HALFWAY | HALLWAY | HARMONY | HAUGHTY | HEADWAY | HEALTHY |
| HEARSAY | HICKORY | HIGHBOY | HIGHWAY | HISTORY | HOLIDAY |
| HONESTY | HORRIFY | HOSIERY | IMAGERY | IMPIETY | INFANCY |
| INQUIRY | JOURNEY | JUSTIFY | KILLJOY | KNOBBLY | LAMPREY |
| LARCENY | LAUNDRY | LECHERY | LENGTHY | LEPROSY | LIBERTY |
| LIBRARY | LIQUEFY | LITURGY | LOCALLY | LOTTERY | LOYALTY |
| LULLABY | MAGGOTY | MAGNIFY | MAJESTY | MASONRY | MASTERY |
| MERCURY | MOCKERY | MODESTY | MOLLIFY | MONTHLY | MORTIFY |
| MYSTERY | MYSTIFY | NAUGHTY | NEWSBOY | NOVELTY | NULLIFY |
| NURSERY | OBSEQUY | OPACITY | ORATORY | ORDERLY | PALFREY |
| PANOPLY | PARKWAY | PARSLEY | PATHWAY | PAUCITY | PAUNCHY |
| PECCARY | PENALTY | PEPPERY | PERFIDY | PERJURY | PETRIFY |
| PILLORY | PLAYBOY | PLENARY | PLIANCY | PORTRAY | POTTERY |
| POULTRY | POVERTY | POWDERY | PRIMACY | PRIMARY | PRIVACY |
| PROBITY | PRODIGY | PROGENY | PROSODY | PUBERTY | PUFFERY |
| QUALIFY | QUALITY | QUICKLY | RACKETY | RAILWAY | RECTIFY |
| RECTORY | REVELRY | RICKETY | RIGIDLY | RIVALRY | ROADWAY |
| ROBBERY | ROYALTY | RUBBERY | RUNAWAY | SATIETY | SATISFY |
| SCARIFY | SCENERY | SCRAPPY | SCRAWNY | SECRECY | SENSORY |
| SEVENTY | SHADOWY | SHIVERY | SHRILLY | SIGNIFY | SILVERY |
| SKETCHY | SLAVERY | SOCIETY | SORCERY | SPECIFY | SPIDERY |
| SPLASHY | SPRINGY | SQUASHY | STANDBY | STARCHY | STRINGY |
| STUPEFY | SUBSIDY | SUMMARY | SURGERY | SWARTHY | SYNERGY |
| TAXIWAY | TERNARY | TERRIFY | TESTIFY | THERAPY | THEREBY |
| THIRSTY | THRIFTY | THROATY | TIMOTHY | TRACERY | TRAGEDY |
| TRAMWAY | TRILOGY | TRINITY | TROLLEY | TRUANCY | TURNERY |
| TURNKEY | TYRANNY | UNCANNY | UNITARY | URGENCY | URINARY |
| UTILITY | VARIETY | VARSITY | VELVETY | VICEROY | VICTORY |
| VITRIFY | WALLABY | WEALTHY | WEIGHTY | WHEREBY | WILLOWY |
| ZOOLOGY | | | | | |

# 8 letters

## By 1st letter

| | | | | |
|---|---|---|---|---|
| AARDVARK | ABDICATE | ABERRANT | ABETTING | ABEYANCE |
| ABHORRED | ABLUTION | ABNORMAL | ABORTION | ABRASION |
| ABRASIVE | ABROGATE | ABSCISSA | ABSENTEE | ABSOLUTE |
| ABSTRACT | ABSTRUSE | ABUNDANT | ABUTTING | ACADEMIC |
| ACCEPTOR | ACCIDENT | ACCOLADE | ACCOUNTS | ACCREDIT |
| ACCURACY | ACCURATE | ACCUSTOM | ACERBITY | ACHIEVED |
| ACOUSTIC | ACQUAINT | ACRIMONY | ACTIVATE | ACTIVITY |
| ADAPTIVE | ADDENDUM | ADDITION | ADDITIVE | ADEQUACY |
| ADEQUATE | ADHERENT | ADHESION | ADHESIVE | ADJACENT |
| ADJUTANT | ADMITTED | ADMONISH | ADOPTION | ADOPTIVE |
| ADULTERY | ADVISORY | ADVOCACY | ADVOCATE | AESTHETE |
| AFFERENT | AFFIANCE | AFFINITY | AFFLUENT | AFFOREST |
| AGGRIEVE | AGNOSTIC | AGRARIAN | AGREEING | AIRBORNE |
| AIRCRAFT | AIRFIELD | AIRPLANE | AIRSPACE | AIRSPEED |
| AIRSTRIP | AIRTIGHT | ALACRITY | ALBACORE | ALDERMAN |
| ALDERMEN | ALFRESCO | ALGINATE | ALIENATE | ALIZARIN |
| ALKALINE | ALKALOID | ALLEGORY | ALLERGIC | ALLEYWAY |
| ALLIANCE | ALLOCATE | ALLOTTED | ALLSPICE | ALLUSION |
| ALLUSIVE | ALLUVIAL | ALLUVIUM | ALMIGHTY | ALPHABET |
| ALTHOUGH | ALTITUDE | ALTRUISM | ALTRUIST | ALVEOLAR |
| ALVEOLUS | AMARANTH | AMBIANCE | AMBITION | AMBROSIA |
| AMBULANT | AMBULATE | AMETHYST | AMICABLE | AMMONIAC |
| AMMONIUM | AMPERAGE | AMPUTATE | ANACONDA | ANAGLYPH |
| ANALOGUE | ANALYSES | ANALYSIS | ANALYTIC | ANALYZED |
| ANARCHIC | ANATHEMA | ANATOMIC | ANCESTOR | ANCESTRY |
| ANDESINE | ANECDOTE | ANNOTATE | ANNOUNCE | ANNULLED |
| ANOREXIA | ANORTHIC | ANTEDATE | ANTELOPE | ANTENNAE |
| ANTERIOR | ANTEROOM | ANTIMONY | ANTIPODE | ANYPLACE |
| ANYTHING | ANYWHERE | APERTURE | APHELION | APHORISM |
| APOLOGIA | APOSTATE | APOTHEGM | APPARENT | APPENDIX |
| APPETITE | APPLAUSE | APPOSITE | APPRAISE | APPROACH |
| APPROVAL | APTITUDE | AQUARIUM | AQUEDUCT | ARACHNID |
| ARBOREAL | ARCHAISM | ARCHIVAL | ARGUMENT | ARMAMENT |
| ARMATURE | ARMCHAIR | AROMATIC | ARPEGGIO | ARROGANT |
| ARROGATE | ARSENATE | ARTEFACT | ARTERIAL | ARTIFICE |
| ARTISTRY | ASBESTOS | ASPERITY | ASPIRANT | ASPIRATE |
| ASSASSIN | ASSEMBLE | ASSEMBLY | ASSESSOR | ASSIGNEE |
| ASSONANT | ASSUMING | ASTATINE | ASTERISK | ASTEROID |
| ASTONISH | ATHLETIC | ATROCITY | ATTITUDE | ATTORNEY |
| AUDACITY | AUDIENCE | AUDITION | AUDITORY | AUSPICES |
| AUTISTIC | AUTOCRAT | AUTOMATA | AUTOMATE | AUTONOMY |
| AUTUMNAL | AVERRING | AVERSION | AVIATRIX | AVOIDING |
| AXIOLOGY | BABYHOOD | BACCARAT | BACHELOR | BACILLUS |

## 8 letters

| | | | | |
|---|---|---|---|---|
| BACKBONE | BACKDROP | BACKFILL | BACKHAND | BACKLASH |
| BACKPACK | BACKSIDE | BACKSTOP | BACKWARD | BACKYARD |
| BACTERIA | BADINAGE | BALANCED | BALDPATE | BALLYHOO |
| BANISTER | BANKRUPT | BARBARIC | BARBECUE | BARBERRY |
| BARBITAL | BAREFOOT | BARITONE | BARNACLE | BARNYARD |
| BARONESS | BARONIAL | BARRETTE | BASEBALL | BASILISK |
| BASSINET | BASSWOOD | BATHROOM | BAYBERRY | BEARINGS |
| BEATIFIC | BEAUTIFY | BEDAZZLE | BEDIMMED | BEDSTRAW |
| BEFALLEN | BEFUDDLE | BEGINNER | BEGOTTEN | BEGRUDGE |
| BEHAVING | BELITTLE | BENEFICE | BEQUEATH | BERGAMOT |
| BERIBERI | BESMIRCH | BESOTTED | BESTOWAL | BETRAYAL |
| BETRAYER | BEVERAGE | BEWILDER | BIBLICAL | BIDDABLE |
| BIENNIAL | BILABIAL | BILLFOLD | BILLIARD | BINAURAL |
| BINDWEED | BINOMIAL | BIOMETRY | BIRDLIKE | BIRDSEED |
| BIRTHDAY | BISEXUAL | BLACKOUT | BLANDISH | BLASTULA |
| BLISSFUL | BLIZZARD | BLOCKADE | BLOCKAGE | BLOWBACK |
| BLUDGEON | BLUEBIRD | BLUEFISH | BLUEGILL | BOASTFUL |
| BOBOLINK | BONDSMAN | BONDSMEN | BOOKCASE | BORDELLO |
| BOTANIST | BOUNDARY | BRACELET | BRACKISH | BRAGGART |
| BRAGGING | BRAKEMAN | BRANCHES | BRANDISH | BREAKAGE |
| BREECHES | BRETHREN | BRICKBAT | BRIGHTEN | BRITCHES |
| BROCCOLI | BROCHURE | BRONCHUS | BROUHAHA | BROWNISH |
| BROWSING | BRUNETTE | BUCKHORN | BUCKSHOT | BUCKSKIN |
| BUILDING | BULKHEAD | BULLDOZE | BULLETIN | BULLFROG |
| BULLHEAD | BUNGALOW | BURGLARY | BURSITIS | BUSINESS |
| BUTCHERY | BUTTRESS | BUTYRATE | CACHALOT | CALAMITY |
| CALCULUS | CALENDAR | CALFSKIN | CALLIPER | CAMELLIA |
| CAMPAIGN | CAMPSITE | CANISTER | CANNABIS | CANNIBAL |
| CANTICLE | CAPACITY | CAPSTONE | CAPTIOUS | CAPYBARA |
| CARBONIC | CARBONYL | CARDAMOM | CARDINAL | CAREFREE |
| CAREWORN | CARNIVAL | CARRIAGE | CARYATID | CASHMERE |
| CASSETTE | CASTANET | CASUALTY | CATAPULT | CATARACT |
| CATEGORY | CATHEDRA | CATHETER | CATHOLIC | CAUTIOUS |
| CAVALIER | CELERITY | CELIBACY | CELLULAR | CEMETERY |
| CENTRIST | CEREBRAL | CEREMONY | CERULEAN | CHAIRMAN |
| CHAIRMEN | CHAMPION | CHANDLER | CHANGING | CHAPERON |
| CHAPLAIN | CHARCOAL | CHASTISE | CHASTITY | CHECKING |
| CHECKOUT | CHEERFUL | CHENILLE | CHERUBIM | CHESTNUT |
| CHILDISH | CHILDREN | CHIPMUNK | CHIVALRY | CHLORATE |
| CHLORIDE | CHLORINE | CHOOSING | CHORDATE | CHRISTEN |
| CHROMATE | CHROMIUM | CINNABAR | CINNAMON | CIRCLING |
| CIRCULAR | CITATION | CIVILIAN | CLAIMANT | CLANNISH |
| CLARINET | CLASSIFY | CLEAVAGE | CLIMATIC | CLINGING |
| CLITORIS | CLODDISH | CLOGGING | CLOISTER | CLOTHIER |
| CLUBROOM | COACHMAN | COACHMEN | COALESCE | COATTAIL |
| COCKATOO | COCKSURE | COCKTAIL | COERCION | COERCIVE |
| COGITATE | COHERENT | COHESION | COHESIVE | COIFFURE |
| COINCIDE | COLANDER | COLISEUM | COLLAGEN | COLLAPSE |

| | | | | |
|---|---|---|---|---|
| COLLOQUY | COLONIAL | COLONIST | COLOSSAL | COLOSSUS |
| COLUMNAR | COMATOSE | COMBINED | COMEDIAN | COMMANDO |
| COMMENCE | COMMERCE | COMMUNAL | COMPARED | COMPILED |
| COMPILER | COMPLAIN | COMPLETE | COMPOSED | COMPOUND |
| COMPRESS | COMPRISE | COMPUTED | COMPUTER | CONCEIVE |
| CONCERTO | CONCLAVE | CONCLUDE | CONCRETE | CONDENSE |
| CONFEREE | CONFLICT | CONFOUND | CONFRONT | CONGENER |
| CONGRESS | CONJOINT | CONJUGAL | CONJUNCT | CONJUROR |
| CONQUEST | CONSERVE | CONSIDER | CONSPIRE | CONSTANT |
| CONSTRUE | CONSULAR | CONTEMPT | CONTINUE | CONTINUO |
| CONTRACT | CONTRARY | CONTRAST | CONTRITE | CONTRIVE |
| CONVERGE | CONVERSE | CONVEYOR | CONVINCE | CONVOLVE |
| CONVULSE | COPPERAS | COQUETTE | CORDUROY | CORONARY |
| CORONATE | CORPORAL | CORRIDOR | CORTICAL | CORUNDUM |
| CORVETTE | COSMETIC | COURTESY | COURTIER | COUSCOUS |
| COVALENT | COVENANT | COVERAGE | COVERLET | COVETOUS |
| CRACKPOT | CRAYFISH | CREAMERY | CREATING | CREATION |
| CREATURE | CREDIBLE | CREDITOR | CREOSOTE | CRESCENT |
| CRIMINAL | CRITERIA | CRITIQUE | CROCKERY | CROSSBAR |
| CROSSBOW | CROSSCUT | CROSSWAY | CROUPIER | CROWFOOT |
| CRUCIBLE | CRUCIFIX | CRYOSTAT | CUCUMBER | CULINARY |
| CULPABLE | CULTURAL | CUMULATE | CUPBOARD | CUPIDITY |
| CURLICUE | CURRENCY | CYLINDER | CYTOLOGY | DACTYLIC |
| DAFFODIL | DAIRYMAN | DAIRYMEN | DATABASE | DATELINE |
| DAUGHTER | DAUPHINE | DAYBREAK | DAYDREAM | DAYLIGHT |
| DEADHEAD | DEADLINE | DEADLOCK | DEBILITY | DEBONAIR |
| DEBUGGER | DECADENT | DECEDENT | DECIDING | DECIMATE |
| DECIPHER | DECISION | DECISIVE | DECLARED | DECLINED |
| DECORATE | DECOROUS | DECOUPLE | DECREASE | DEDICATE |
| DEERSKIN | DEFECATE | DEFERENT | DEFERRED | DEFINING |
| DEFINITE | DEFOREST | DEGREASE | DELEGATE | DELETING |
| DELETION | DELICACY | DELICATE | DELIRIUM | DELIVERY |
| DELUSION | DELUSIVE | DEMENTED | DEMENTIA | DEMIJOHN |
| DEMITTED | DEMOCRAT | DEMOLISH | DEMONIAC | DEMURRED |
| DEMURRER | DENATURE | DENDRITE | DENIABLE | DENOTING |
| DENOUNCE | DEPORTEE | DERELICT | DERISION | DERISIVE |
| DERIVATE | DERIVING | DEROGATE | DESCRIBE | DESELECT |
| DESIROUS | DESOLATE | DESPOTIC | DESTRUCT | DETECTOR |
| DETERRED | DETONATE | DETOXIFY | DEUTERON | DEVILISH |
| DEVOTION | DEXTROSE | DIABETES | DIABETIC | DIABOLIC |
| DIAGNOSE | DIAGONAL | DIALOGUE | DIALYSIS | DIAMETER |
| DIATOMIC | DIATONIC | DIATRIBE | DIDACTIC | DIETETIC |
| DIFFRACT | DIHEDRAL | DILATORY | DILIGENT | DILUTION |
| DIMINISH | DINOSAUR | DIOCESAN | DIPLOMAT | DIRECTOR |
| DISABLED | DISALLOW | DISBURSE | DISCIPLE | DISCOUNT |
| DISCREET | DISCRETE | DISHEVEL | DISKETTE | DISPENSE |
| DISPERSE | DISPOSAL | DISPOSED | DISSOLVE | DISSUADE |
| DISTINCT | DISTRICT | DIVALENT | DIVIDEND | DIVIDING |

# 8 letters

| | | | | |
|---|---|---|---|---|
| DIVISION | DIVISIVE | DOCKSIDE | DOCKYARD | DOCTORAL |
| DOCTRINE | DOCUMENT | DOGBERRY | DOGMATIC | DOGTOOTH |
| DOLDRUMS | DOLOMITE | DOMESTIC | DOMICILE | DOMINANT |
| DOMINATE | DOMINEER | DOMINION | DOOMSDAY | DOORBELL |
| DOORSTEP | DOUBLOON | DOUBTFUL | DOUGHNUT | DOVETAIL |
| DOWNBEAT | DOWNFALL | DOWNHILL | DOWNPLAY | DOWNPOUR |
| DOWNSIDE | DOWNWARD | DOWNWIND | DRAGGING | DRAINAGE |
| DRAMATIC | DRAWBACK | DREADFUL | DRIVEWAY | DROPPING |
| DRUDGERY | DRUGGING | DRUMHEAD | DRUNKARD | DUCKLING |
| DURATION | DUTIABLE | DYNAMISM | DYNAMITE | DYNASTIC |
| EARPHONE | EASTWARD | ECLECTIC | ECLIPTIC | ECONOMIC |
| ECSTATIC | ECTODERM | EDGEWISE | EDUCABLE | EELGRASS |
| EFFERENT | EFFICACY | EFFLUENT | EFFLUVIA | EFFUSION |
| EFFUSIVE | EGGSHELL | EIGHTEEN | ELAPSING | ELECTRIC |
| ELECTRON | ELEPHANT | ELEVATED | ELEVENTH | ELIGIBLE |
| ELLIPSIS | ELLIPTIC | ELONGATE | ELOQUENT | EMACIATE |
| EMBATTLE | EMBEDDED | EMBEZZLE | EMBLAZON | EMBODIED |
| EMBOLDEN | EMERGENT | EMERITUS | EMIGRANT | EMIGRATE |
| EMISSARY | EMISSION | EMITTING | EMPHASES | EMPHASIS |
| EMPHATIC | EMPLOYED | EMPLOYEE | EMPLOYER | EMPORIUM |
| EMULSIFY | EMULSION | ENABLING | ENCIRCLE | ENCLOSED |
| ENCOMIUM | ENCROACH | ENCUMBER | ENDODERM | ENDOGAMY |
| ENERVATE | ENGINEER | ENLARGED | ENORMITY | ENORMOUS |
| ENSCONCE | ENSEMBLE | ENSURING | ENTHALPY | ENTIRETY |
| ENVELOPE | ENVIABLE | EPICYCLE | EPIDEMIC | EPIGRAPH |
| EPILOGUE | EPISODIC | EQUALIZE | EQUATION | EQUIPPED |
| ERASABLE | ERRANTRY | ERUPTION | ESCALATE | ESCAPADE |
| ESCAPING | ESOTERIC | ESPECIAL | ESPOUSAL | ESTIMATE |
| ESTRANGE | ETERNITY | ETHEREAL | ETHYLENE | EUROPIUM |
| EUTECTIC | EVACUATE | EVALUATE | EVENSONG | EVENTFUL |
| EVENTIDE | EVENTUAL | EVERYDAY | EVERYONE | EVIDENCE |
| EVOCABLE | EXCAVATE | EXCELLED | EXCHANGE | EXCISION |
| EXCLUDED | EXCURSUS | EXECRATE | EXECUTED | EXECUTOR |
| EXEGESIS | EXEMPLAR | EXERCISE | EXISTENT | EXORCISE |
| EXORCISM | EXORCIST | EXPANDED | EXPECTED | EXPEDITE |
| EXPELLED | EXPIABLE | EXPLICIT | EXPLODED | EXPLORER |
| EXPONENT | EXPOSING | EXPOSURE | EXTENSOR | EXTERIOR |
| EXTERNAL | EXTOLLED | EXTOLLER | EXULTANT | EYEGLASS |
| EYESIGHT | FABULOUS | FACTIOUS | FAITHFUL | FALCONRY |
| FALLIBLE | FAMILIAL | FAMILIAR | FANCIFUL | FANTASIA |
| FARCICAL | FAREWELL | FARTHEST | FASCICLE | FEARSOME |
| FEASIBLE | FEATHERY | FEDERATE | FELDSPAR | FELICITY |
| FEMININE | FEMINIST | FEROCITY | FESTIVAL | FEVERISH |
| FIDELITY | FIENDISH | FIFTIETH | FIGURATE | FIGURINE |
| FILAMENT | FILENAME | FILIGREE | FILTRATE | FINALIZE |
| FINANCED | FINESSED | FIRESIDE | FIREWALL | FIREWOOD |
| FIREWORK | FIVEFOLD | FLAGGING | FLAGPOLE | FLAGRANT |
| FLAMINGO | FLATHEAD | FLATIRON | FLATTERY | FLATWARE |

| | | | | |
|---|---|---|---|---|
| FLAUTIST | FLEAWORT | FLEXIBLE | FLEXURAL | FLIPPANT |
| FLIPPING | FLOGGING | FLOPPING | FLOTILLA | FLOUNDER |
| FLOURISH | FLUORIDE | FLUORINE | FLUORITE | FOLKLORE |
| FOLLICLE | FOOTBALL | FOOTFALL | FOOTHILL | FOOTNOTE |
| FOOTPATH | FOOTSTEP | FOOTWEAR | FORBORNE | FORCEFUL |
| FORCIBLE | FORENSIC | FORESTRY | FORGIVEN | FORMULAE |
| FORSAKEN | FORSWEAR | FORTIETH | FORTRESS | FOUNTAIN |
| FOURFOLD | FOURSOME | FOURTEEN | FOXGLOVE | FOXHOUND |
| FRACTION | FRACTURE | FRAGMENT | FRAGRANT | FRANCIUM |
| FRANKLIN | FREAKISH | FREEBOOT | FREEDMEN | FREEHOLD |
| FREEZING | FRENETIC | FREQUENT | FRESCOES | FRESHMAN |
| FRESHMEN | FRICTION | FRIGHTEN | FRONTAGE | FRONTIER |
| FRUCTIFY | FRUCTOSE | FRUITFUL | FRUITION | FUGITIVE |
| FULLBACK | FUMIGANT | FUMIGATE | FUNCTION | FUNEREAL |
| FUNGIBLE | FURLOUGH | FURTHEST | FUSELAGE | GALACTIC |
| GALVANIC | GAMECOCK | GAMESMAN | GANGLION | GARDENIA |
| GARRISON | GASLIGHT | GASOLINE | GAUNTLET | GELATINE |
| GEMINATE | GEMSTONE | GENERATE | GENEROUS | GENITIVE |
| GENOTYPE | GEODESIC | GEODETIC | GEOMETER | GERANIUM |
| GERMINAL | GHOULISH | GIANTESS | GIGANTIC | GIVEAWAY |
| GLACIATE | GLAUCOMA | GLISSADE | GLOBULAR | GLOBULIN |
| GLORIOUS | GLOSSARY | GLYCEROL | GLYCOGEN | GNOMONIC |
| GOATHERD | GOLDFISH | GOODWILL | GORGEOUS | GOSSAMER |
| GOVERNOR | GRACEFUL | GRACIOUS | GRADIENT | GRADUATE |
| GRANDEUR | GRANDSON | GRANULAR | GRAPHEME | GRAPHITE |
| GRATEFUL | GRATUITY | GREENERY | GREENISH | GRIDIRON |
| GRIEVOUS | GROSBEAK | GRUESOME | GUARANTY | GUARDIAN |
| GUERNSEY | GUIDANCE | GULLIBLE | GUMPTION | GUNFIGHT |
| GUNFLINT | GUTTURAL | HABITANT | HABITUAL | HACIENDA |
| HALLMARK | HANDBOOK | HANDCUFF | HANDICAP | HANDLING |
| HANDMADE | HANDSOME | HANGOVER | HARANGUE | HARDTACK |
| HARDWARE | HARMONIC | HATCHWAY | HAWTHORN | HAYFIELD |
| HAYSTACK | HAZELNUT | HEADACHE | HEADLAND | HEADLINE |
| HEADROOM | HEADSMAN | HEADSMEN | HECATOMB | HEDGEHOG |
| HEDONISM | HEGEMONY | HEIGHTEN | HELMSMAN | HELMSMEN |
| HELPMATE | HEMATITE | HENCHMAN | HERDSMAN | HEREDITY |
| HEREUNTO | HEREWITH | HERITAGE | HERMETIC | HESITANT |
| HESITATE | HIDEAWAY | HIERATIC | HIGHBALL | HIGHLAND |
| HIGHROAD | HILARITY | HILLSIDE | HINDMOST | HIRELING |
| HISTORIC | HITHERTO | HOLOGRAM | HOMELAND | HOMESICK |
| HOMEWARD | HOMICIDE | HOMOLOGY | HONORARY | HOOKWORM |
| HOOLIGAN | HORNBEAM | HORNTAIL | HORNWORT | HOROLOGY |
| HORRIBLE | HORSEFLY | HORSEMAN | HORSEMEN | HOSPITAL |
| HOSTELRY | HOTHOUSE | HUCKSTER | HUMIDIFY | HUMILITY |
| HUMOROUS | HUMPBACK | HYACINTH | HYDROGEN | HYDROXYL |
| HYPNOSIS | HYPNOTIC | HYSTERIA | HYSTERIC | IDENTIFY |
| IDENTITY | IDEOLOGY | IDOLATRY | IGNITION | IGNORANT |
| ILLUMINE | ILLUSION | ILLUSIVE | ILLUSORY | IMBECILE |

## 8 letters

| | | | | |
|---|---|---|---|---|
| IMITABLE | IMMANENT | IMMATURE | IMMINENT | IMMOBILE |
| IMMODEST | IMMORTAL | IMPELLED | IMPELLER | IMPERIAL |
| IMPLICIT | IMPOLITE | IMPOSING | IMPOTENT | IMPRISON |
| IMPROPER | IMPUDENT | IMPUNITY | INACTION | INACTIVE |
| INASMUCH | INCEPTOR | INCIDENT | INCISIVE | INCLINED |
| INCLUDED | INCREASE | INCUBATE | INCURRED | INDEBTED |
| INDECENT | INDICANT | INDICATE | INDIGENE | INDIGENT |
| INDIRECT | INDOLENT | INDUCTOR | INDUSTRY | INEQUITY |
| INERTIAL | INEXPERT | INFAMOUS | INFANTRY | INFERIOR |
| INFERNAL | INFERRED | INFINITE | INFINITY | INFLUENT |
| INFORMAL | INFRINGE | INFUSION | INHERENT | INHUMANE |
| INIMICAL | INIQUITY | INITIATE | INNOCENT | INNOVATE |
| INNUENDO | INSCRIBE | INSECURE | INSIGNIA | INSOLENT |
| INSOMNIA | INSTABLE | INSTANCE | INSTINCT | INSTRUCT |
| INSULATE | INTEGRAL | INTERACT | INTEREST | INTERIOR |
| INTERMIT | INTERNAL | INTERNET | INTERVAL | INTIMACY |
| INTIMATE | INTONATE | INTRANET | INTREPID | INTRIGUE |
| INUNDATE | INVASION | INVASIVE | INVEIGLE | INVENTOR |
| INVESTOR | INVOCATE | INVOKING | INVOLVED | IRONWOOD |
| IRRIGATE | IRRITANT | IRRITATE | ISOTHERM | ISOTOPIC |
| ISOTROPY | ISSUANCE | ITERATED | JACKBOOT | JAUNDICE |
| JEALOUSY | JEOPARDY | JETTISON | JUBILANT | JUDICIAL |
| JUNCTION | JUNCTURE | JUVENILE | KAMIKAZE | KANGAROO |
| KERCHIEF | KEROSENE | KEYBOARD | KEYPUNCH | KEYSTONE |
| KILLDEER | KNAPSACK | KNOCKOUT | KOHLRABI | LABOURER |
| LACERATE | LACROSSE | LADYLIKE | LAKESIDE | LAMELLAR |
| LAMINATE | LANDFILL | LANDLORD | LANDMARK | LANGUAGE |
| LANGUISH | LAPELLED | LAPIDARY | LARGESSE | LARKSPUR |
| LATITUDE | LAUDANUM | LAUGHTER | LAUREATE | LAVATORY |
| LAVENDER | LAWGIVER | LAXATIVE | LEADSMAN | LEADSMEN |
| LEAPFROG | LEATHERY | LEFTMOST | LEFTOVER | LEFTWARD |
| LEMONADE | LENGTHEN | LETHARGY | LEVERAGE | LEVITATE |
| LIBATION | LIBERATE | LIBRETTO | LICENSEE | LIFEBOAT |
| LIFELIKE | LIFELONG | LIFESPAN | LIFETIME | LIGAMENT |
| LIGATURE | LIKEWISE | LINGERIE | LINGUIST | LINIMENT |
| LINOLEUM | LITERACY | LITERARY | LITERATE | LITIGANT |
| LITIGATE | LITTORAL | LOBLOLLY | LOBOTOMY | LOCALIZE |
| LOCATING | LOCATION | LOCKSTEP | LOCUTION | LOGICIAN |
| LOGISTIC | LOLLIPOP | LONESOME | LONGHAND | LONGHORN |
| LOOPHOLE | LOPSIDED | LOVELORN | LUKEWARM | LUMINARY |
| LUMINOUS | LUNCHEON | LUSCIOUS | LUSTROUS | LUTETIUM |
| LYMPHOMA | LYRICISM | MACHISMO | MACKEREL | MADHOUSE |
| MADRIGAL | MAGAZINE | MAGICIAN | MAGNESIA | MAGNETIC |
| MAGNOLIA | MAHOGANY | MAINLAND | MAINSTAY | MAINTAIN |
| MAJESTIC | MALARIAL | MALTREAT | MANCIPLE | MANDAMUS |
| MANDARIN | MANDRILL | MANIACAL | MANIFEST | MANIFOLD |
| MANDRAKE | MANTISSA | MARATHON | MARAUDER | MARGINAL |
| MANPOWER | MARINADE | MARINATE | MARITIME | MARJORAM |

| | | | | |
|---|---|---|---|---|
| MARIGOLD | MARKSMEN | MARRIAGE | MASSACRE | MASTHEAD |
| MARKSMAN | MATERIAL | MATERNAL | MATRICES | MATTRESS |
| MASTODON | MAVERICK | MEANTIME | MECHANIC | MEDICATE |
| MATURATE | MEDIOCRE | MEDITATE | MEGAWATT | MELAMINE |
| MEDICINE | MELTDOWN | MEMBRANE | MEMORIAL | MEMORIES |
| MELANOMA | MENHADEN | MENISCUS | MERCHANT | MERCIFUL |
| MENARCHE | MERIDIAN | MERINGUE | MESODERM | MESQUITE |
| MERCURIC | METAPHOR | METEORIC | METHANOL | MIDNIGHT |
| METALLIC | MIGRATED | MILITANT | MILITARY | MILITATE |
| MIDWIVES | MINIMIZE | MINISTRY | MINSTREL | MINUTIAE |
| MIMICKED | MISNOMER | MISOGYNY | MISTAKEN | MISTRESS |
| MISCIBLE | MNEMONIC | MOBILITY | MOCCASIN | MODERATE |
| MITIGATE | MODULATE | MOISTURE | MOLASSES | MOLECULE |
| MODIFIED | MONARCHY | MONASTIC | MONAURAL | MONETARY |
| MOMENTUM | MONITORY | MONOGAMY | MONOLITH | MONOMIAL |
| MONGOOSE | MONOXIDE | MONSIEUR | MONUMENT | MOREOVER |
| MONOPOLY | MORPHINE | MORTGAGE | MOSQUITO | MOTIVATE |
| MORIBUND | MOURNFUL | MOUTHFUL | MOVEMENT | MUCILAGE |
| MOUNTAIN | MULLIGAN | MULTIPLE | MULTIPLY | MUSCULAR |
| MULBERRY | MUSICALE | MUSICIAN | MUTILATE | MUTINEER |
| MUSHROOM | NAMESAKE | NARCOSIS | NARCOTIC | NAUSEATE |
| MYCOLOGY | NAUTILUS | NAVIGATE | NEBULOUS | NECKLACE |
| NAUTICAL | NECROPSY | NECROSIS | NECROTIC | NEGATIVE |
| NECKLINE | NEONATAL | NEOPHYTE | NEPENTHE | NEURITIS |
| NEGLIGEE | NEUROTIC | NEWCOMER | NEWSCAST | NICKNAME |
| NEUROSIS | NIGHTCAP | NIHILISM | NIHILIST | NINETEEN |
| NICOTINE | NOBELIUM | NOBLEMAN | NOBLEMEN | NOBLESSE |
| NITROGEN | NOMINATE | NORMALCY | NORTHERN | NOTATION |
| NOCTURNE | NOWADAYS | NUCLEATE | NUCLEOLI | NUGATORY |
| NOTEBOOK | NUMERATE | NUMEROUS | NUTHATCH | NUTRIENT |
| NUISANCE | OBDURACY | OBDURATE | OBEDIENT | OBEISANT |
| NUTSHELL | OBJECTOR | OBLIGATE | OBLIVION | OBSCURED |
| OBITUARY | OBSOLETE | OBSTACLE | OBSTRUCT | OCCASION |
| OBSIDIAN | OCCUPANT | OCCURRED | OCTOROON | ODOMETER |
| OCCIDENT | OFFPRINT | OFFSHOOT | OFFSHORE | OHMMETER |
| OFFICIAL | OILSTONE | OINTMENT | OLEANDER | OMELETTE |
| OILCLOTH | OMITTING | ONCOLOGY | ONCOMING | ONTOGENY |
| OMISSION | OPERABLE | OPERATIC | OPERATOR | OPERETTA |
| ONTOLOGY | OPPOSITE | OPTIMISM | OPTIMIST | OPTIONAL |
| OPPONENT | ORATORIO | ORDINARY | ORDINATE | ORDNANCE |
| ORACULAR | ORIENTAL | ORIGINAL | ORNAMENT | ORNATELY |
| ORGANDIE | OUTLAWRY | OVERHANG | OVERHEAD | OVERTURE |
| ORTHODOX | PAGINATE | PALISADE | PALLIATE | PALMETTO |
| PACIFISM | PAMPHLET | PANCREAS | PANDEMIC | PANORAMA |
| PALPABLE | PARABOLA | PARADIGM | PARADISE | PARAFFIN |
| PANTHEON | PARALLAX | PARALLEL | PARANOIA | PARANOID |
| PARAKEET | PARENTAL | PARLANCE | PARTICLE | PARTISAN |
| PARASITE | PASSWORD | PASTICHE | PASTORAL | PATENTEE |

## 8 letters

| | | | | |
|---|---|---|---|---|
| PASSPORT | PATHETIC | PATHOGEN | PAVILION | PEACEFUL |
| PATERNAL | PECULATE | PECULIAR | PEDAGOGY | PEDANTIC |
| PECTORAL | PEDESTAL | PEDIGREE | PEDIMENT | PEGBOARD |
| PEDANTRY | PEMMICAN | PENCHANT | PENDULUM | PENITENT |
| PELLAGRA | PENUMBRA | PERCEIVE | PERFORCE | PERILOUS |
| PENTAGON | PERMEATE | PEROXIDE | PERSONAL | PERSPIRE |
| PERIODIC | PERVERSE | PETITION | PETULANT | PHARMACY |
| PERSUADE | PHONETIC | PHOSGENE | PHOSPHOR | PHYSICAL |
| PHEASANT | PICAYUNE | PICKEREL | PINAFORE | PINNACLE |
| PHYSIQUE | PINPOINT | PIPELINE | PITIABLE | PLACENTA |
| PINOCHLE | PLANTAIN | PLASTRON | PLATELET | PLATFORM |
| PLANKTON | PLATONIC | PLATYPUS | PLAYMATE | PLAYROOM |
| PLATINUM | PLEASANT | PLEASURE | PLEBEIAN | PLETHORA |
| PLAYTIME | PLUGGING | POACHING | POIGNANT | POLITICO |
| PLOTTING | POLONIUM | POLYGLOT | POPULACE | POPULATE |
| POLLSTER | POPULIST | POPULOUS | POROSITY | PORPHYRY |
| POPULISM | PORRIDGE | PORTABLE | PORTLAND | PORTRAIT |
| PORPOISE | POSITIVE | POSITRON | POSSIBLE | POSTCARD |
| POSITION | POSTMARK | POSTPONE | POTATOES | POTLATCH |
| POSTLUDE | POWERFUL | PRACTICE | PREAMBLE | PRECEDED |
| POULTICE | PRECIOUS | PRECLUDE | PREGNANT | PREMIERE |
| PRECINCT | PRESENCE | PRESERVE | PRESSURE | PRESTIGE |
| PREPARED | PRETENCE | PREVIOUS | PRIGGISH | PRIMEVAL |
| PRESUMED | PRINCESS | PRIORITY | PRISTINE | PROCAINE |
| PRIMROSE | PRODIGAL | PRODUCED | PROFILED | PROFOUND |
| PROCLAIM | PROHIBIT | PROLIFIC | PROLOGUE | PROPERTY |
| PROGRESS | PROPHESY | PROPOSAL | PROPOUND | PROROGUE |
| PROPHECY | PROSTATE | PROTOCOL | PROTRACT | PROTRUDE |
| PROSPECT | PROVIDED | PROVINCE | PROXIMAL | PRURIENT |
| PROVERBS | PUFFBALL | PUISSANT | PUNCTUAL | PUNCTURE |
| PSALTERY | PUPPYISH | PURCHASE | PURSUANT | PURVEYOR |
| PUNITIVE | PYRIDINE | PYROXENE | QUACKERY | QUADRANT |
| PUTATIVE | QUANDARY | QUANTIFY | QUANTITY | QUARTILE |
| QUAGMIRE | QUESTION | QUIPPING | QUITTING | QUIXOTIC |
| QUATRAIN | RAILLERY | RAILROAD | RAINDROP | RAINFALL |
| QUOTIENT | RAWBONED | REACTANT | READABLE | REAPPEAR |
| RAVENOUS | REATTACH | REBELLED | REBUTTAL | REBUTTED |
| REASSIGN | RECREATE | RECURRED | RECUSANT | REDACTOR |
| RECOVERY | REDUCING | REEDBUCK | REFERENT | REFERRAL |
| REDIRECT | REFINERY | REFUSING | REGIMENT | REGIONAL |
| REFERRED | REGULATE | REHEARSE | REINDEER | REINVEST |
| REGISTRY | RELEASED | RELEVANT | RELIGION | REMEDIAL |
| REJECTER | REMINDER | REMITTED | REMOVING | RENOUNCE |
| REMEMBER | REPARTEE | REPEATER | REPELLED | REPRIEVE |
| RENOVATE | REPROACH | REPUBLIC | REQUIRED | REQUITED |
| REPRISAL | RESEMBLE | RESERVED | RESIDENT | RESIDING |
| RESCUING | RESIDUUM | RESOLUTE | RESOLVED | RESONANT |
| RESIDUAL | RESTORED | RESTRAIN | RESTRICT | RESUMING |

| | | | | |
|---|---|---|---|---|
| RESPONSE | RETICENT | RETRIEVE | RETROFIT | REVEREND |
| RETAINED | REVERSAL | REVERSED | REVIEWER | REVISION |
| REVERENT | REVOLVED | RHAPSODY | RHEOSTAT | RHETORIC |
| REVOKING | RICKSHAW | RICOCHET | RIDDANCE | RIDICULE |
| RHYTHMIC | RIGHTFUL | RIGOROUS | RINGSIDE | RIPARIAN |
| RIFLEMAN | ROADSTER | ROCKAWAY | ROMANTIC | ROSEMARY |
| ROADSIDE | ROTATION | ROUGHISH | ROULETTE | RUBICUND |
| ROTATING | RUDIMENT | RUMINANT | RUMINATE | RUSTLING |
| RUBIDIUM | SABOTAGE | SAGACITY | SALARIED | SALESMAN |
| RUTHLESS | SALIVARY | SALIVATE | SALUTARY | SAMARIUM |
| SALESMEN | SANCTIFY | SANCTION | SANCTITY | SANDWICH |
| SAMPLING | SANITARY | SAPPHIRE | SARDONIC | SATURATE |
| SANGUINE | SAVAGERY | SCABBARD | SCABROUS | SCAFFOLD |
| SAUCEPAN | SCAPULAR | SCAVENGE | SCENARIO | SCHEDULE |
| SCANDIUM | SCHIZOID | SCHNAPPS | SCHOONER | SCIATICA |
| SCHEMATA | SCORNFUL | SCORPION | SCRABBLE | SCRAMBLE |
| SCIMITAR | SCREECHY | SCRIBBLE | SCRUTINY | SCULPTOR |
| SCRATCHY | SEAQUAKE | SEASONAL | SECURING | SEDIMENT |
| SEABOARD | SEDULOUS | SEEDLING | SEETHING | SELECTED |
| SEDITION | SELENIUM | SEMANTIC | SEMESTER | SEMINARY |
| SELECTOR | SENSUOUS | SENTENCE | SENTIENT | SENTINEL |
| SENSIBLE | SEQUENCE | SERAGLIO | SERAPHIM | SERENADE |
| SEPARATE | SERGEANT | SERIATIM | SERVITOR | SEWERAGE |
| SERENITY | SHAGGING | SHAMEFUL | SHAMROCK | SHEPHERD |
| SEXTUPLE | SHIPYARD | SHOEHORN | SHOELACE | SHOPWORN |
| SHIPMATE | SHORTCUT | SHOULDER | SHOWCASE | SHOWROOM |
| SHORTAGE | SHREWISH | SHRUNKEN | SHUTTING | SIBILANT |
| SHRAPNEL | SIDEREAL | SIDERITE | SIDEWALK | SIDEWISE |
| SIDELONG | SIGNPOST | SILICATE | SILKWORM | SIMPLIFY |
| SIGHTSEE | SINGLING | SINGSONG | SINGULAR | SINISTER |
| SIMULATE | SIXTIETH | SKELETAL | SKELETON | SKIPJACK |
| SINUSOID | SKIRLING | SKIRMISH | SKYLIGHT | SLIPPAGE |
| SKIPPING | SLIPPING | SLOTHFUL | SLUGGING | SLUGGISH |
| SLIPPERY | SMALLPOX | SMOULDER | SNAGGING | SNAPPISH |
| SMALLISH | SNOBBERY | SNOBBISH | SNOWBALL | SNOWFALL |
| SNAPSHOT | SOCIABLE | SOFTBALL | SOFTWARE | SOLDIERY |
| SOBRIETY | SOLENOID | SOLIDIFY | SOLITARY | SOLITUDE |
| SOLECISM | SOLUTION | SOMEBODY | SOMETIME | SOMEWHAT |
| SOLSTICE | SONORITY | SONOROUS | SOOTHSAY | SORORITY |
| SONOGRAM | SOUTHPAW | SOUVENIR | SPACIOUS | SPANDREL |
| SOUTHERN | SPECIMEN | SPECIOUS | SPECTRAL | SPECTRUM |
| SPECIFIC | SPHERULE | SPINNING | SPINSTER | SPITEFUL |
| SPHEROID | SPLENDID | SPLOTCHY | SPLUTTER | SPOONFUL |
| SPITFIRE | SPOTTING | SPRINKLE | SPROCKET | SPURIOUS |
| SPORADIC | SQUABBLE | SQUADRON | SQUANDER | SQUARING |
| SPYGLASS | SQUATTER | SQUEEGEE | SQUEEZED | SQUIRREL |
| SQUATTED | STAGNANT | STAGNATE | STAIRWAY | STALLION |
| STACCATO | STAMPEDE | STANDARD | STANNOUS | STARFISH |

## 8 letters

| | | | | |
|---|---|---|---|---|
| STALWART | STATUARY | STEALTHY | STEMMING | STEPWISE |
| STARLING | STIFLING | STIGMATA | STILETTO | STIMULUS |
| STERLING | STOPPAGE | STOPPING | STOWAWAY | STRADDLE |
| STOCKADE | STRAIGHT | STRANGLE | STRATEGY | STRATIFY |
| STRAGGLE | STRICKEN | STRICTLY | STRIDENT | STRUGGLE |
| STRENGTH | STUDIOUS | STULTIFY | STUMPAGE | STURGEON |
| STUBBORN | SUBTLETY | SUBTRACT | SUBURBIA | SUCCINCT |
| SUBPOENA | SUCKLING | SUFFRAGE | SUICIDAL | SULPHATE |
| SUCCUBUS | SUNLIGHT | SUNSHINE | SUNSHINY | SUPERBLY |
| SULPHIDE | SUPPLANT | SUPPLIED | SUPPLIES | SUPPRESS |
| SUPERIOR | SURGICAL | SURMOUNT | SURPRISE | SURROUND |
| SURCEASE | SURVIVAL | SURVIVOR | SUSPENSE | SUZERAIN |
| SURVEYOR | SWAPPING | SWASTIKA | SWEETISH | SYBARITE |
| SWANLIKE | SYLLABIC | SYLLABLE | SYLLABUS | SYMBOLIC |
| SYCAMORE | SYMPATHY | SYMPHONY | SYMPOSIA | SYNDROME |
| SYMMETRY | SYNOPSES | SYNOPSIS | SYNOPTIC | SYSTEMIC |
| SYNONYMY | TABULATE | TAILWIND | TALISMAN | TAMARACK |
| TABLEAUX | TANGIBLE | TANTALUM | TAPESTRY | TAPEWORM |
| TAMARIND | TAXATION | TAXONOMY | TEAMSTER | TEASPOON |
| TASTEFUL | TEETHING | TEETOTAL | TELEGRAM | TELETHON |
| TECTONIC | TEMERITY | TEMPLATE | TEMPORAL | TENACITY |
| TELLTALE | TENEMENT | TENTACLE | TERMINAL | TERMINUS |
| TENDENCY | TERRIBLE | TERRIFIC | TERTIARY | TESTICLE |
| TERRAPIN | THALLIUM | THANKFUL | THEMATIC | THEOLOGY |
| TEXTURAL | THESPIAN | THIEVING | THIRTEEN | THOROUGH |
| THEORIST | THREATEN | THROTTLE | TICKLISH | TIDELAND |
| THOUSAND | TIRESOME | TITANIUM | TITMOUSE | TOGETHER |
| TINCTURE | TOLERANT | TOLERATE | TOLLGATE | TOMATOES |
| TOILSOME | TOPOLOGY | TORTOISE | TORTUOUS | TOWNSMAN |
| TOMORROW | TRANQUIL | TRANSACT | TRANSECT | TRANSEPT |
| TOWNSMEN | TRANSFIX | TRANSHIP | TRANSMIT | TRAVERSE |
| TRANSFER | TREASURE | TREASURY | TREATISE | TRESPASS |
| TRAVESTY | TRIBUNAL | TRICKERY | TRILLION | TRIMMING |
| TRIANGLE | TRIPTYCH | TROMBONE | TROUBLED | TRUMPERY |
| TRIOXIDE | TRUSTFUL | TRUTHFUL | TUNGSTEN | TURNOVER |
| TRUNCATE | TUTELAGE | TUTORIAL | TWIGGING | TWILIGHT |
| TURNPIKE | TYROSINE | UBIQUITY | ULCERATE | ULTERIOR |
| TYPOLOGY | UMBRELLA | UNBIDDEN | UNDULATE | UNFREEZE |
| ULTIMATE | UNNEEDED | UNWIELDY | UPHEAVAL | UPPERCUT |
| UNIVERSE | URETHANE | USURIOUS | VAGABOND | VALIDATE |
| UPSTREAM | VANADIUM | VANGUARD | VANQUISH | VAPOROUS |
| VALIDITY | VASCULAR | VEGETATE | VEHEMENT | VELOCITY |
| VARIABLE | VENDIBLE | VENERATE | VENEREAL | VENGEFUL |
| VENDETTA | VERACITY | VERBATIM | VERBIAGE | VERIFIED |
| VENOMOUS | VERTICAL | VERTICES | VEXATION | VICINITY |
| VERTEBRA | VIGNETTE | VIGOROUS | VINEYARD | VIRGINAL |
| VIGILANT | VIRTUOSO | VIRTUOUS | VIRULENT | VISCERAL |
| VIRTUOSI | VITREOUS | VIVACITY | VOLATILE | VOLCANIC |

| | | | | |
|---|---|---|---|---|
| VISCOUNT | VORACITY | VORTICES | WAINSCOT | WAITRESS |
| VOLITION | WARDROBE | WARDROOM | WARPLANE | WARRANTY |
| WALTZING | WATCHFUL | WATCHMAN | WATCHMEN | WATERWAY |
| WASTEFUL | WEAPONRY | WEEKLIES | WESTERLY | WESTWARD |
| WAVEFORM | WHENEVER | WHEREVER | WHIPLASH | WHIZZING |
| WHATEVER | WILDFIRE | WILDLIFE | WINDFALL | WINDMILL |
| WIDENESS | WINDWARD | WINGSPAN | WISEACRE | WISHBONE |
| WINDSURF | WITHDREW | WITHHELD | WITHHOLD | WONDROUS |
| WITHDRAW | WOODLAND | WOODRUFF | WOODSHED | WOODWARD |
| WOODCOCK | WOODWORK | WORKADAY | WORKBOOK | WORKLOAD |
| WOODWIND | WRATHFUL | WRECKAGE | WRONGFUL | YEOMANRY |
| WORKSHOP | YOURSELF | YOUTHFUL | ZODIACAL | ZUCCHINI |
| YOUNGISH | | | | |

# By 2nd letter

| | | | | |
|---|---|---|---|---|
| AARDVARK | BABYHOOD | BACCARAT | BACHELOR | BACILLUS |
| BACKBONE | BACKDROP | BACKFILL | BACKHAND | BACKLASH |
| BACKPACK | BACKSIDE | BACKSTOP | BACKWARD | BACKYARD |
| BACTERIA | BADINAGE | BALANCED | BALDPATE | BALLYHOO |
| BANISTER | BANKRUPT | BARBARIC | BARBECUE | BARBERRY |
| BARBITAL | BAREFOOT | BARITONE | BARNACLE | BARNYARD |
| BARONESS | BARONIAL | BARRETTE | BASEBALL | BASILISK |
| BASSINET | BASSWOOD | BATHROOM | BAYBERRY | CACHALOT |
| CALAMITY | CALCULUS | CALENDAR | CALFSKIN | CALLIPER |
| CAMELLIA | CAMPAIGN | CAMPSITE | CANISTER | CANNABIS |
| CANNIBAL | CANTICLE | CAPACITY | CAPSTONE | CAPTIOUS |
| CAPYBARA | CARBONIC | CARBONYL | CARDAMOM | CARDINAL |
| CAREFREE | CAREWORN | CARNIVAL | CARRIAGE | CARYATID |
| CASHMERE | CASSETTE | CASTANET | CASUALTY | CATAPULT |
| CATARACT | CATEGORY | CATHEDRA | CATHETER | CATHOLIC |
| CAUTIOUS | CAVALIER | DACTYLIC | DAFFODIL | DAIRYMAN |
| DAIRYMEN | DATABASE | DATELINE | DAUGHTER | DAUPHINE |
| DAYBREAK | DAYDREAM | DAYLIGHT | EARPHONE | EASTWARD |
| FABULOUS | FACTIOUS | FAITHFUL | FALCONRY | FALLIBLE |
| FAMILIAL | FAMILIAR | FANCIFUL | FANTASIA | FARCICAL |
| FAREWELL | FARTHEST | FASCICLE | GALACTIC | GALVANIC |
| GAMECOCK | GAMESMAN | GANGLION | GARDENIA | GARRISON |
| GASLIGHT | GASOLINE | GAUNTLET | HABITANT | HABITUAL |
| HACIENDA | HALLMARK | HANDBOOK | HANDCUFF | HANDICAP |
| HANDLING | HANDMADE | HANDSOME | HANGOVER | HARANGUE |
| HARDTACK | HARDWARE | HARMONIC | HATCHWAY | HAWTHORN |
| HAYFIELD | HAYSTACK | HAZELNUT | JACKBOOT | JAUNDICE |
| KAMIKAZE | KANGAROO | LABOURER | LACERATE | LACROSSE |
| LADYLIKE | LAKESIDE | LAMELLAR | LAMINATE | LANDFILL |
| LANDLORD | LANDMARK | LANGUAGE | LANGUISH | LAPELLED |

## 8 letters

| | | | | |
|---|---|---|---|---|
| LAPIDARY | LARGESSE | LARKSPUR | LATITUDE | LAUDANUM |
| LAUGHTER | LAUREATE | LAVATORY | LAVENDER | LAWGIVER |
| LAXATIVE | MACHISMO | MACKEREL | MADHOUSE | MADRIGAL |
| MAGAZINE | MAGICIAN | MAGNESIA | MAGNETIC | MAGNOLIA |
| MAHOGANY | MAINLAND | MAINSTAY | MAINTAIN | MAJESTIC |
| MALARIAL | MALTREAT | MANDAMUS | MANDARIN | MANDRAKE |
| MANDRILL | MANIACAL | MANIFEST | MANIFOLD | MANPOWER |
| MANTISSA | MARATHON | MARAUDER | MARGINAL | MARIGOLD |
| MARINADE | MARINATE | MARITIME | MARJORAM | MARKSMAN |
| MARKSMEN | MARRIAGE | MASSACRE | MASTHEAD | MASTODON |
| MATERIAL | MATERNAL | MATRICES | MATTRESS | MATURATE |
| MAVERICK | NAMESAKE | NARCOSIS | NARCOTIC | NAUSEATE |
| NAUTICAL | NAUTILUS | NAVIGATE | PACIFISM | PAGINATE |
| PALISADE | PALLIATE | PALMETTO | PALPABLE | PAMPHLET |
| PANCREAS | PANDEMIC | PANORAMA | PANTHEON | PARABOLA |
| PARADIGM | PARADISE | PARAFFIN | PARAKEET | PARALLAX |
| PARALLEL | PARANOIA | PARANOID | PARASITE | PARENTAL |
| PARLANCE | PARTICLE | PARTISAN | PASSPORT | PASSWORD |
| PASTICHE | PASTORAL | PATENTEE | PATERNAL | PATHETIC |
| PATHOGEN | PAVILION | RAILLERY | RAILROAD | RAINDROP |
| RAINFALL | RAVENOUS | RAWBONED | SABOTAGE | SAGACITY |
| SALARIED | SALESMAN | SALESMEN | SALIVARY | SALIVATE |
| SALUTARY | SAMARIUM | SAMPLING | SANCTIFY | SANCTION |
| SANCTITY | SANDWICH | SANGUINE | SANITARY | SAPPHIRE |
| SARDONIC | SATURATE | SAUCEPAN | SAVAGERY | TABLEAUX |
| TABULATE | TAILWIND | TALISMAN | TAMARACK | TAMARIND |
| TANGIBLE | TANTALUM | TAPESTRY | TAPEWORM | TASTEFUL |
| TAXATION | TAXONOMY | VAGABOND | VALIDATE | VALIDITY |
| VANADIUM | VANGUARD | VANQUISH | VAPOROUS | VARIABLE |
| VASCULAR | WAINSCOT | WAITRESS | WALTZING | WARDROBE |
| WARDROOM | WARPLANE | WARRANTY | WASTEFUL | WATCHFUL |
| WATCHMAN | WATCHMEN | WATERWAY | WAVEFORM | ABDICATE |
| ABERRANT | ABETTING | ABEYANCE | ABHORRED | ABLUTION |
| ABNORMAL | ABORTION | ABRASION | ABRASIVE | ABROGATE |
| ABSCISSA | ABSENTEE | ABSOLUTE | ABSTRACT | ABSTRUSE |
| ABUNDANT | ABUTTING | OBDURACY | OBDURATE | OBEDIENT |
| OBEISANT | OBITUARY | OBJECTOR | OBLIGATE | OBLIVION |
| OBSCURED | OBSIDIAN | OBSOLETE | OBSTACLE | OBSTRUCT |
| UBIQUITY | ACADEMIC | ACCEPTOR | ACCIDENT | ACCOLADE |
| ACCOUNTS | ACCREDIT | ACCURACY | ACCURATE | ACCUSTOM |
| ACERBITY | ACHIEVED | ACOUSTIC | ACQUAINT | ACRIMONY |
| ACTIVATE | ACTIVITY | ECLECTIC | ECLIPTIC | ECONOMIC |
| ECSTATIC | ECTODERM | OCCASION | OCCIDENT | OCCUPANT |
| OCCURRED | OCTOROON | SCABBARD | SCABROUS | SCAFFOLD |
| SCANDIUM | SCAPULAR | SCAVENGE | SCENARIO | SCHEDULE |
| SCHEMATA | SCHIZOID | SCHNAPPS | SCHOONER | SCIATICA |
| SCIMITAR | SCORNFUL | SCORPION | SCRABBLE | SCRAMBLE |
| SCRATCHY | SCREECHY | SCRIBBLE | SCRUTINY | SCULPTOR |

ADAPTIVE ADDENDUM ADDITION ADDITIVE ADEQUACY
ADEQUATE ADHERENT ADHESION ADHESIVE ADJACENT
ADJUTANT ADMITTED ADMONISH ADOPTION ADOPTIVE
ADULTERY ADVISORY ADVOCACY ADVOCATE EDGEWISE
EDUCABLE IDENTIFY IDENTITY IDEOLOGY IDOLATRY
ODOMETER AESTHETE BEARINGS BEATIFIC BEAUTIFY
BEDAZZLE BEDIMMED BEDSTRAW BEFALLEN BEFUDDLE
BEGINNER BEGOTTEN BEGRUDGE BEHAVING BELITTLE
BENEFICE BEQUEATH BERGAMOT BERIBERI BESMIRCH
BESOTTED BESTOWAL BETRAYAL BETRAYER BEVERAGE
BEWILDER CELERITY CELIBACY CELLULAR CEMETERY
CENTRIST CEREBRAL CEREMONY CERULEAN DEADHEAD
DEADLINE DEADLOCK DEBILITY DEBONAIR DEBUGGER
DECADENT DECEDENT DECIDING DECIMATE DECIPHER
DECISION DECISIVE DECLARED DECLINED DECORATE
DECOROUS DECOUPLE DECREASE DEDICATE DEERSKIN
DEFECATE DEFERENT DEFERRED DEFINING DEFINITE
DEFOREST DEGREASE DELEGATE DELETING DELETION
DELICACY DELICATE DELIRIUM DELIVERY DELUSION
DELUSIVE DEMENTED DEMENTIA DEMIJOHN DEMITTED
DEMOCRAT DEMOLISH DEMONIAC DEMURRED DEMURRER
DENATURE DENDRITE DENIABLE DENOTING DENOUNCE
DEPORTEE DERELICT DERISION DERISIVE DERIVATE
DERIVING DEROGATE DESCRIBE DESELECT DESIROUS
DESOLATE DESPOTIC DESTRUCT DETECTOR DETERRED
DETONATE DETOXIFY DEUTERON DEVILISH DEVOTION
DEXTROSE EELGRASS FEARSOME FEASIBLE FEATHERY
FEDERATE FELDSPAR FELICITY FEMININE FEMINIST
FEROCITY FESTIVAL FEVERISH GELATINE GEMINATE
GEMSTONE GENERATE GENEROUS GENITIVE GENOTYPE
GEODESIC GEODETIC GEOMETER GERANIUM GERMINAL
HEADACHE HEADLAND HEADLINE HEADROOM HEADSMAN
HEADSMEN HECATOMB HEDGEHOG HEDONISM HEGEMONY
HEIGHTEN HELMSMAN HELMSMEN HELPMATE HEMATITE
HENCHMAN HERDSMAN HEREDITY HEREUNTO HEREWITH
HERITAGE HERMETIC HESITANT HESITATE JEALOUSY
JEOPARDY JETTISON KERCHIEF KEROSENE KEYBOARD
KEYPUNCH KEYSTONE LEADSMAN LEADSMEN LEAPFROG
LEATHERY LEFTMOST LEFTOVER LEFTWARD LEMONADE
LENGTHEN LETHARGY LEVERAGE LEVITATE MEANTIME
MECHANIC MEDICATE MEDICINE MEDIOCRE MEDITATE
MEGAWATT MELAMINE MELANOMA MELTDOWN MEMBRANE
MEMORIAL MEMORIES MENARCHE MENHADEN MENISCUS
MERCHANT MERCIFUL MERCURIC MERIDIAN MERINGUE
MESODERM MESQUITE METALLIC METAPHOR METEORIC
METHANOL NEBULOUS NECKLACE NECKLINE NECROPSY
NECROSIS NECROTIC NEGATIVE NEGLIGEE NEONATAL
NEOPHYTE NEPENTHE NEURITIS NEUROSIS NEUROTIC

# 8 letters

| | | | | |
|---|---|---|---|---|
| NEWCOMER | NEWSCAST | PEACEFUL | PECTORAL | PECULATE |
| PECULIAR | PEDAGOGY | PEDANTIC | PEDANTRY | PEDESTAL |
| PEDIGREE | PEDIMENT | PEGBOARD | PELLAGRA | PEMMICAN |
| PENCHANT | PENDULUM | PENITENT | PENTAGON | PENUMBRA |
| PERCEIVE | PERFORCE | PERILOUS | PERIODIC | PERMEATE |
| PEROXIDE | PERSONAL | PERSPIRE | PERSUADE | PERVERSE |
| PETITION | PETULANT | REACTANT | READABLE | REAPPEAR |
| REASSIGN | REATTACH | REBELLED | REBUTTAL | REBUTTED |
| RECOVERY | RECREATE | RECURRED | RECUSANT | REDACTOR |
| REDIRECT | REDUCING | REEDBUCK | REFERENT | REFERRAL |
| REFERRED | REFINERY | REFUSING | REGIMENT | REGIONAL |
| REGISTRY | REGULATE | REHEARSE | REINDEER | REINVEST |
| REJECTER | RELEASED | RELEVANT | RELIGION | REMEDIAL |
| REMEMBER | REMINDER | REMITTED | REMOVING | RENOUNCE |
| RENOVATE | REPARTEE | REPEATER | REPELLED | REPRIEVE |
| REPRISAL | REPROACH | REPUBLIC | REQUIRED | REQUITED |
| RESCUING | RESEMBLE | RESERVED | RESIDENT | RESIDING |
| RESIDUAL | RESIDUUM | RESOLUTE | RESOLVED | RESONANT |
| RESPONSE | RESTORED | RESTRAIN | RESTRICT | RESUMING |
| RETAINED | RETICENT | RETRIEVE | RETROFIT | REVEREND |
| REVERENT | REVERSAL | REVERSED | REVIEWER | REVISION |
| REVOKING | REVOLVED | SEABOARD | SEAQUAKE | SEASONAL |
| SECURING | SEDIMENT | SEDITION | SEDULOUS | SEEDLING |
| SEETHING | SELECTED | SELECTOR | SELENIUM | SELL-OUT |
| SEMANTIC | SEMESTER | SEMINARY | SENSIBLE | SENSUOUS |
| SENTENCE | SENTIENT | SENTINEL | SEPARATE | SEQUENCE |
| SERAGLIO | SERAPHIM | SERENADE | SERENITY | SERGEANT |
| SERIATIM | SERVITOR | SEWERAGE | SEXTUPLE | TEAMSTER |
| TEASPOON | TECTONIC | TEETHING | TEETOTAL | TELEGRAM |
| TELETHON | TELLTALE | TEMERITY | TEMPLATE | TEMPORAL |
| TENACITY | TENDENCY | TENEMENT | TENTACLE | TERMINAL |
| TERMINUS | TERRAPIN | TERRIBLE | TERRIFIC | TERTIARY |
| TESTICLE | TEXTURAL | VEGETATE | VEHEMENT | VELOCITY |
| VENDETTA | VENDIBLE | VENERATE | VENEREAL | VENGEFUL |
| VENOMOUS | VERACITY | VERBATIM | VERBIAGE | VERIFIED |
| VERTEBRA | VERTICAL | VERTICES | VEXATION | WEAPONRY |
| WEEKLIES | WESTERLY | WESTWARD | YEOMANRY | AFFERENT |
| AFFIANCE | AFFINITY | AFFLUENT | AFFOREST | EFFERENT |
| EFFICACY | EFFLUENT | EFFLUVIA | EFFUSION | EFFUSIVE |
| OFFICIAL | OFFPRINT | OFFSHOOT | OFFSHORE | AGGRIEVE |
| AGNOSTIC | AGRARIAN | AGREEING | EGGSHELL | IGNITION |
| IGNORANT | CHAIRMAN | CHAIRMEN | CHAMPION | CHANDLER |
| CHANGING | CHAPERON | CHAPLAIN | CHARCOAL | CHASTISE |
| CHASTITY | CHECKING | CHECKOUT | CHEERFUL | CHENILLE |
| CHERUBIM | CHESTNUT | CHILDISH | CHILDREN | CHIPMUNK |
| CHIVALRY | CHLORATE | CHLORIDE | CHLORINE | CHOOSING |
| CHORDATE | CHRISTEN | CHROMATE | CHROMIUM | GHOULISH |
| OHMMETER | PHARMACY | PHEASANT | PHONETIC | PHOSGENE |

| | | | | |
|---|---|---|---|---|
| PHOSPHOR | PHYSICAL | PHYSIQUE | RHAPSODY | RHEOSTAT |
| RHETORIC | RHYTHMIC | SHAGGING | SHAMEFUL | SHAMROCK |
| SHEPHERD | SHIPMATE | SHIPYARD | SHOEHORN | SHOELACE |
| SHOPWORN | SHORTAGE | SHORTCUT | SHOULDER | SHOWCASE |
| SHOWROOM | SHRAPNEL | SHREWISH | SHRUNKEN | SHUTTING |
| THALLIUM | THANKFUL | THEMATIC | THEOLOGY | THEORIST |
| THESPIAN | THIEVING | THIRTEEN | THOROUGH | THOUSAND |
| THREATEN | THROTTLE | WHATEVER | WHENEVER | WHEREVER |
| WHIPLASH | WHIZZING | AIRBORNE | AIRCRAFT | AIRFIELD |
| AIRPLANE | AIRSPACE | AIRSPEED | AIRSTRIP | AIRTIGHT |
| BIBLICAL | BIDDABLE | BIENNIAL | BILABIAL | BILLFOLD |
| BILLIARD | BINAURAL | BINDWEED | BINOMIAL | BIOMETRY |
| BIRDLIKE | BIRDSEED | BIRTHDAY | BISEXUAL | CINNABAR |
| CINNAMON | CIRCLING | CIRCULAR | CITATION | CIVILIAN |
| DIABETES | DIABETIC | DIABOLIC | DIAGNOSE | DIAGONAL |
| DIALOGUE | DIALYSIS | DIAMETER | DIATOMIC | DIATONIC |
| DIATRIBE | DIDACTIC | DIETETIC | DIFFRACT | DIHEDRAL |
| DILATORY | DILIGENT | DILUTION | DIMINISH | DINOSAUR |
| DIOCESAN | DIPLOMAT | DIRECTOR | DISABLED | DISALLOW |
| DISBURSE | DISCIPLE | DISCOUNT | DISCREET | DISCRETE |
| DISHEVEL | DISKETTE | DISPENSE | DISPERSE | DISPOSAL |
| DISPOSED | DISSOLVE | DISSUADE | DISTINCT | DISTRICT |
| DIVALENT | DIVIDEND | DIVIDING | DIVISION | DIVISIVE |
| EIGHTEEN | FIDELITY | FIENDISH | FIFTIETH | FIGURATE |
| FIGURINE | FILAMENT | FILENAME | FILIGREE | FILTRATE |
| FINALIZE | FINANCED | FINESSED | FIRESIDE | FIREWALL |
| FIREWOOD | FIREWORK | FIVEFOLD | GIANTESS | GIGANTIC |
| GIVEAWAY | HIDEAWAY | HIERATIC | HIGHBALL | HIGHLAND |
| HIGHROAD | HILARITY | HILLSIDE | HINDMOST | HIRELING |
| HISTORIC | HITHERTO | KILLDEER | LIBATION | LIBERATE |
| LIBRETTO | LICENSEE | LIFEBOAT | LIFELIKE | LIFELONG |
| LIFESPAN | LIFETIME | LIGAMENT | LIGATURE | LIKEWISE |
| LINGERIE | LINGUIST | LINIMENT | LINOLEUM | LITERACY |
| LITERARY | LITERATE | LITIGANT | LITIGATE | LITTORAL |
| MIDNIGHT | MIDWIVES | MIGRATED | MILITANT | MILITARY |
| MILITATE | MIMICKED | MINIMIZE | MINISTRY | MINSTREL |
| MINUTIAE | MISCIBLE | MISNOMER | MISOGYNY | MISTAKEN |
| MISTRESS | MITIGATE | NICKNAME | NICOTINE | NIGHTCAP |
| NIHILISM | NIHILIST | NINETEEN | NITROGEN | OILCLOTH |
| OILSTONE | OINTMENT | PICAYUNE | PICKEREL | PINAFORE |
| PINNACLE | PINOCHLE | PINPOINT | PIPELINE | PITIABLE |
| RICKSHAW | RICOCHET | RIDDANCE | RIDICULE | RIFLEMAN |
| RIGHTFUL | RIGOROUS | RINGSIDE | RIPARIAN | SIBILANT |
| SIDELONG | SIDEREAL | SIDERITE | SIDEWALK | SIDEWISE |
| SIGHTSEE | SIGNPOST | SILICATE | SILKWORM | SIMPLIFY |
| SIMULATE | SINGLING | SINGSONG | SINGULAR | SINISTER |
| SINUSOID | SIXTIETH | TICKLISH | TIDELAND | TINCTURE |
| TIRESOME | TITANIUM | TITMOUSE | VICINITY | VIGILANT |

## 8 letters

VIGNETTE | VIGOROUS | VINEYARD | VIRGINAL | VIRTUOSI
VIRTUOSO | VIRTUOUS | VIRULENT | VISCERAL | VISCOUNT
VITREOUS | VIVACITY | WIDENESS | WILDFIRE | WILDLIFE
WINDFALL | WINDMILL | WINDSURF | WINDWARD | WINGSPAN
WISEACRE | WISHBONE | WITHDRAW | WITHDREW | WITHHELD
WITHHOLD | SKELETAL | SKELETON | SKIPJACK | SKIPPING
SKIRLING | SKIRMISH | SKYLIGHT | ALACRITY | ALBACORE
ALDERMAN | ALDERMEN | ALFRESCO | ALGINATE | ALIENATE
ALIZARIN | ALKALINE | ALKALOID | ALLEGORY | ALLERGIC
ALLEYWAY | ALLIANCE | ALLOCATE | ALLOTTED | ALLSPICE
ALLUSION | ALLUSIVE | ALLUVIAL | ALLUVIUM | ALMIGHTY
ALPHABET | ALTHOUGH | ALTITUDE | ALTRUISM | ALTRUIST
ALVEOLAR | ALVEOLUS | BLACKOUT | BLANDISH | BLASTULA
BLISSFUL | BLIZZARD | BLOCKADE | BLOCKAGE | BLOWBACK
BLUDGEON | BLUEBIRD | BLUEFISH | BLUEGILL | CLAIMANT
CLANNISH | CLARINET | CLASSIFY | CLEAVAGE | CLIMATIC
CLINGING | CLITORIS | CLODDISH | CLOGGING | CLOISTER
CLOTHIER | CLUBROOM | ELAPSING | ELECTRIC | ELECTRON
ELEPHANT | ELEVATED | ELEVENTH | ELIGIBLE | ELLIPSIS
ELLIPTIC | ELONGATE | ELOQUENT | FLAGGING | FLAGPOLE
FLAGRANT | FLAMINGO | FLATHEAD | FLATIRON | FLATTERY
FLATWARE | FLAUTIST | FLEAWORT | FLEXIBLE | FLEXURAL
FLIPPANT | FLIPPING | FLOGGING | FLOPPING | FLOTILLA
FLOUNDER | FLOURISH | FLUORIDE | FLUORINE | FLUORITE
GLACIATE | GLAUCOMA | GLISSADE | GLOBULAR | GLOBULIN
GLORIOUS | GLOSSARY | GLYCEROL | GLYCOGEN | ILLUMINE
ILLUSION | ILLUSIVE | ILLUSORY | OLEANDER | PLACENTA
PLANKTON | PLANTAIN | PLASTRON | PLATELET | PLATFORM
PLATINUM | PLATONIC | PLATYPUS | PLAYMATE | PLAYROOM
PLAYTIME | PLEASANT | PLEASURE | PLEBEIAN | PLETHORA
PLOTTING | PLUGGING | SLIPPAGE | SLIPPERY | SLIPPING
SLOTHFUL | SLUGGING | SLUGGISH | ULCERATE | ULTERIOR
ULTIMATE | AMARANTH | AMBIANCE | AMBITION | AMBROSIA
AMBULANT | AMBULATE | AMETHYST | AMICABLE | AMMONIAC
AMMONIUM | AMPERAGE | AMPUTATE | EMACIATE | EMBATTLE
EMBEDDED | EMBEZZLE | EMBLAZON | EMBODIED | EMBOLDEN
EMERGENT | EMERITUS | EMIGRANT | EMIGRATE | EMISSARY
EMISSION | EMITTING | EMPHASES | EMPHASIS | EMPHATIC
EMPLOYED | EMPLOYEE | EMPLOYER | EMPORIUM | EMULSIFY
EMULSION | IMBECILE | IMITABLE | IMMANENT | IMMATURE
IMMINENT | IMMOBILE | IMMODEST | IMMORTAL | IMPELLED
IMPELLER | IMPERIAL | IMPLICIT | IMPOLITE | IMPOSING
IMPOTENT | IMPRISON | IMPROPER | IMPUDENT | IMPUNITY
OMELETTE | OMISSION | OMITTING | SMALLISH | SMALLPOX
SMOULDER | UMBRELLA | ANACONDA | ANAGLYPH | ANALOGUE
ANALYSES | ANALYSIS | ANALYTIC | ANALYZED | ANARCHIC
ANATHEMA | ANATOMIC | ANCESTOR | ANCESTRY | ANDESINE
ANECDOTE | ANNOTATE | ANNOUNCE | ANNULLED | ANOREXIA

ANORTHIC ANTEDATE ANTELOPE ANTENNAE ANTERIOR
ANTEROOM ANTIMONY ANTIPODE ANYPLACE ANYTHING
ANYWHERE ENABLING ENCIRCLE ENCLOSED ENCOMIUM
ENCROACH ENCUMBER ENDODERM ENDOGAMY ENERVATE
ENGINEER ENLARGED ENORMITY ENORMOUS ENSCONCE
ENSEMBLE ENSURING ENTHALPY ENTIRETY ENVELOPE
ENVIABLE GNOMONIC INACTION INACTIVE INASMUCH
INCEPTOR INCIDENT INCISIVE INCLINED INCLUDED
INCREASE INCUBATE INCURRED INDEBTED INDECENT
INDICANT INDICATE INDIGENE INDIGENT INDIRECT
INDOLENT INDUCTOR INDUSTRY INEQUITY INERTIAL
INEXPERT INFAMOUS INFANTRY INFERIOR INFERNAL
INFERRED INFINITE INFINITY INFLUENT INFORMAL
INFRINGE INFUSION INHERENT INHUMANE INIMICAL
INIQUITY INITIATE INNOCENT INNOVATE INNUENDO
INSCRIBE INSECURE INSIGNIA INSOLENT INSOMNIA
INSTABLE INSTANCE INSTINCT INSTRUCT INSULATE
INTEGRAL INTERACT INTEREST INTERIOR INTERMIT
INTERNAL INTERNET INTERVAL INTIMACY INTIMATE
INTONATE INTRANET INTREPID INTRIGUE INUNDATE
INVASION INVASIVE INVEIGLE INVENTOR INVESTOR
INVOCATE INVOKING INVOLVED KNAPSACK KNOCKOUT
MNEMONIC ONCOLOGY ONCOMING ONTOGENY ONTOLOGY
SNAGGING SNAPPISH SNAPSHOT SNOBBERY SNOBBISH
SNOWBALL SNOWFALL UNBIDDEN UNDULATE UNFREEZE
UNIVERSE UNNEEDED UNWIELDY BOASTFUL BOBOLINK
BONDSMAN BONDSMEN BOOKCASE BORDELLO BOTANIST
BOUNDARY COACHMAN COACHMEN COALESCE COATTAIL
COCKATOO COCKSURE COCKTAIL COERCION COERCIVE
COGITATE COHERENT COHESION COHESIVE COIFFURE
COINCIDE COLANDER COLISEUM COLLAGEN COLLAPSE
COLLOQUY COLONIAL COLONIST COLOSSAL COLOSSUS
COLUMNAR COMATOSE COMBINED COMEDIAN COMMANDO
COMMENCE COMMERCE COMMUNAL COMPARED COMPILED
COMPILER COMPLAIN COMPLETE COMPOSED COMPOUND
COMPRESS COMPRISE COMPUTED COMPUTER CONCEIVE
CONCERTO CONCLAVE CONCLUDE CONCRETE CONDENSE
CONFEREE CONFLICT CONFOUND CONFRONT CONGENER
CONGRESS CONJOINT CONJUGAL CONJUNCT CONJUROR
CONQUEST CONSERVE CONSIDER CONSPIRE CONSTANT
CONSTRUE CONSULAR CONTEMPT CONTINUE CONTINUO
CONTRACT CONTRARY CONTRAST CONTRITE CONTRIVE
CONVERGE CONVERSE CONVEYOR CONVINCE CONVOLVE
CONVULSE COPPERAS COQUETTE CORDUROY CORONARY
CORONATE CORPORAL CORRIDOR CORTICAL CORUNDUM
CORVETTE COSMETIC COURTESY COURTIER COUSCOUS
COVALENT COVENANT COVERAGE COVERLET COVETOUS
DOCKSIDE DOCKYARD DOCTORAL DOCTRINE DOCUMENT

## 8 letters

| | | | | |
|---|---|---|---|---|
| DOGBERRY | DOGMATIC | DOGTOOTH | DOLDRUMS | DOLOMITE |
| DOMESTIC | DOMICILE | DOMINANT | DOMINATE | DOMINEER |
| DOMINION | DOOMSDAY | DOORBELL | DOORSTEP | DOUBLOON |
| DOUBTFUL | DOUGHNUT | DOVETAIL | DOWNBEAT | DOWNFALL |
| DOWNHILL | DOWNPLAY | DOWNPOUR | DOWNSIDE | DOWNWARD |
| DOWNWIND | FOLKLORE | FOLLICLE | FOOTBALL | FOOTFALL |
| FOOTHILL | FOOTNOTE | FOOTPATH | FOOTSTEP | FOOTWEAR |
| FORBORNE | FORCEFUL | FORCIBLE | FORENSIC | FORESTRY |
| FORGIVEN | FORMULAE | FORSAKEN | FORSWEAR | FORTIETH |
| FORTRESS | FOUNTAIN | FOURFOLD | FOURSOME | FOURTEEN |
| FOXGLOVE | FOXHOUND | GOATHERD | GOLDFISH | GOODWILL |
| GORGEOUS | GOSSAMER | GOVERNOR | HOLOGRAM | HOMELAND |
| HOMESICK | HOMEWARD | HOMICIDE | HOMOLOGY | HONORARY |
| HOOKWORM | HOOLIGAN | HORNBEAM | HORNTAIL | HORNWORT |
| HOROLOGY | HORRIBLE | HORSEFLY | HORSEMAN | HORSEMEN |
| HOSPITAL | HOSTELRY | HOTHOUSE | KOHLRABI | LOBLOLLY |
| LOBOTOMY | LOCALIZE | LOCATING | LOCATION | LOCKSTEP |
| LOCUTION | LOGICIAN | LOGISTIC | LOLLIPOP | LONESOME |
| LONGHAND | LONGHORN | LOOPHOLE | LOPSIDED | LOVELORN |
| MOBILITY | MOCCASIN | MODERATE | MODIFIED | MODULATE |
| MOISTURE | MOLASSES | MOLECULE | MOMENTUM | MONARCHY |
| MONASTIC | MONAURAL | MONETARY | MONGOOSE | MONITORY |
| MONOGAMY | MONOLITH | MONOMIAL | MONOPOLY | MONOXIDE |
| MONSIEUR | MONUMENT | MOREOVER | MORIBUND | MORPHINE |
| MORTGAGE | MOSQUITO | MOTIVATE | MOUNTAIN | MOURNFUL |
| MOUTHFUL | MOVEMENT | NOBELIUM | NOBLEMAN | NOBLEMEN |
| NOBLESSE | NOCTURNE | NOMINATE | NORMALCY | NORTHERN |
| NOTATION | NOTEBOOK | NOWADAYS | POACHING | POIGNANT |
| POLITICO | POLLSTER | POLONIUM | POLYGLOT | POPULACE |
| POPULATE | POPULISM | POPULIST | POPULOUS | POROSITY |
| PORPHYRY | PORPOISE | PORRIDGE | PORTABLE | PORTLAND |
| PORTRAIT | POSITION | POSITIVE | POSITRON | POSSIBLE |
| POSTCARD | POSTLUDE | POSTMARK | POSTPONE | POTATOES |
| POTLATCH | POULTICE | POWERFUL | ROADSIDE | ROADSTER |
| ROCKAWAY | ROMANTIC | ROSEMARY | ROTATING | ROTATION |
| ROUGHISH | ROULETTE | SOBRIETY | SOCIABLE | SOFTBALL |
| SOFTWARE | SOLDIERY | SOLECISM | SOLENOID | SOLIDIFY |
| SOLITARY | SOLITUDE | SOLSTICE | SOLUTION | SOMEBODY |
| SOMETIME | SOMEWHAT | SONOGRAM | SONORITY | SONOROUS |
| SOOTHSAY | SORORITY | SOUTHERN | SOUTHPAW | SOUVENIR |
| TOGETHER | TOILSOME | TOLERANT | TOLERATE | TOLLGATE |
| TOMATOES | TOMORROW | TOPOLOGY | TORTOISE | TORTUOUS |
| TOWNSMAN | TOWNSMEN | VOLATILE | VOLCANIC | VOLITION |
| VORACITY | VORTICES | WONDROUS | WOODCOCK | WOODLAND |
| WOODRUFF | WOODSHED | WOODWARD | WOODWIND | WOODWORK |
| WORKADAY | WORKBOOK | WORKLOAD | WORKSHOP | YOUNGISH |
| YOURSELF | YOUTHFUL | ZODIACAL | APERTURE | APHELION |
| APHORISM | APOLOGIA | APOSTATE | APOTHEGM | APPARENT |

| | | | | |
|---|---|---|---|---|
| APPENDIX | APPETITE | APPLAUSE | APPOSITE | APPRAISE |
| APPROACH | APPROVAL | APTITUDE | EPICYCLE | EPIDEMIC |
| EPIGRAPH | EPILOGUE | EPISODIC | OPERABLE | OPERATIC |
| OPERATOR | OPERETTA | OPPONENT | OPPOSITE | OPTIMISM |
| OPTIMIST | OPTIONAL | SPACIOUS | SPANDREL | SPECIFIC |
| SPECIMEN | SPECIOUS | SPECTRAL | SPECTRUM | SPHEROID |
| SPHERULE | SPINNING | SPINSTER | SPITEFUL | SPITFIRE |
| SPLENDID | SPLOTCHY | SPLUTTER | SPOONFUL | SPORADIC |
| SPOTTING | SPRINKLE | SPROCKET | SPURIOUS | SPYGLASS |
| UPHEAVAL | UPPERCUT | UPSTREAM | AQUARIUM | AQUEDUCT |
| EQUALIZE | EQUATION | EQUIPPED | SQUABBLE | SQUADRON |
| SQUANDER | SQUARING | SQUATTED | SQUATTER | SQUEEGEE |
| SQUEEZED | SQUIRREL | ARACHNID | ARBOREAL | ARCHAISM |
| ARCHIVAL | ARGUMENT | ARMAMENT | ARMATURE | ARMCHAIR |
| AROMATIC | ARPEGGIO | ARROGANT | ARROGATE | ARSENATE |
| ARTEFACT | ARTERIAL | ARTIFICE | ARTISTRY | BRACELET |
| BRACKISH | BRAGGART | BRAGGING | BRAKEMAN | BRANCHES |
| BRANDISH | BREAKAGE | BREECHES | BRETHREN | BRICKBAT |
| BRIGHTEN | BRITCHES | BROCCOLI | BROCHURE | BRONCHUS |
| BROUHAHA | BROWNISH | BROWSING | BRUNETTE | CRACKPOT |
| CRAYFISH | CREAMERY | CREATING | CREATION | CREATURE |
| CREDIBLE | CREDITOR | CREOSOTE | CRESCENT | CRIMINAL |
| CRITERIA | CRITIQUE | CROCKERY | CROSSBAR | CROSSBOW |
| CROSSCUT | CROSSWAY | CROUPIER | CROWFOOT | CRUCIBLE |
| CRUCIFIX | CRYOSTAT | DRAGGING | DRAINAGE | DRAMATIC |
| DRAWBACK | DREADFUL | DRIVEWAY | DROPPING | DRUDGERY |
| DRUGGING | DRUMHEAD | DRUNKARD | ERASABLE | ERRANTRY |
| ERUPTION | FRACTION | FRACTURE | FRAGMENT | FRAGRANT |
| FRANCIUM | FRANKLIN | FREAKISH | FREEBOOT | FREEDMEN |
| FREEHOLD | FREEZING | FRENETIC | FREQUENT | FRESCOES |
| FRESHMAN | FRESHMEN | FRICTION | FRIGHTEN | FRONTAGE |
| FRONTIER | FRUCTIFY | FRUCTOSE | FRUITFUL | FRUITION |
| GRACEFUL | GRACIOUS | GRADIENT | GRADUATE | GRANDEUR |
| GRANDSON | GRANULAR | GRAPHEME | GRAPHITE | GRATEFUL |
| GRATUITY | GREENERY | GREENISH | GRIDIRON | GRIEVOUS |
| GROSBEAK | GRUESOME | IRONWOOD | IRRIGATE | IRRITANT |
| IRRITATE | ORACULAR | ORATORIO | ORDINARY | ORDINATE |
| ORDNANCE | ORGANDIE | ORIENTAL | ORIGINAL | ORNAMENT |
| ORNATELY | ORTHODOX | PRACTICE | PREAMBLE | PRECEDED |
| PRECINCT | PRECIOUS | PRECLUDE | PREGNANT | PREMIERE |
| PREPARED | PRESENCE | PRESERVE | PRESSURE | PRESTIGE |
| PRESUMED | PRETENCE | PREVIOUS | PRIGGISH | PRIMEVAL |
| PRIMROSE | PRINCESS | PRIORITY | PRISTINE | PROCAINE |
| PROCLAIM | PRODIGAL | PRODUCED | PROFILED | PROFOUND |
| PROGRESS | PROHIBIT | PROLIFIC | PROLOGUE | PROPERTY |
| PROPHECY | PROPHESY | PROPOSAL | PROPOUND | PROROGUE |
| PROSPECT | PROSTATE | PROTOCOL | PROTRACT | PROTRUDE |
| PROVERBS | PROVIDED | PROVINCE | PROXIMAL | PRURIENT |

## 8 letters

| | | | | |
|---|---|---|---|---|
| TRANQUIL | TRANSACT | TRANSECT | TRANSEPT | TRANSFER |
| TRANSFIX | TRANSHIP | TRANSMIT | TRAVERSE | TRAVESTY |
| TREASURE | TREASURY | TREATISE | TRESPASS | TRIANGLE |
| TRIBUNAL | TRICKERY | TRILLION | TRIMMING | TRIOXIDE |
| TRIPTYCH | TROMBONE | TROUBLED | TRUMPERY | TRUNCATE |
| TRUSTFUL | TRUTHFUL | URETHANE | WRATHFUL | WRECKAGE |
| WRONGFUL | ASBESTOS | ASPERITY | ASPIRANT | ASPIRATE |
| ASSASSIN | ASSEMBLE | ASSEMBLY | ASSESSOR | ASSIGNEE |
| ASSONANT | ASSUMING | ASTATINE | ASTERISK | ASTEROID |
| ASTONISH | ESCALATE | ESCAPADE | ESCAPING | ESOTERIC |
| ESPECIAL | ESPOUSAL | ESTIMATE | ESTRANGE | ISOTHERM |
| ISOTOPIC | ISOTROPY | ISSUANCE | PSALTERY | USURIOUS |
| ATHLETIC | ATROCITY | ATTITUDE | ATTORNEY | ETERNITY |
| ETHEREAL | ETHYLENE | ITERATED | STACCATO | STAGNANT |
| STAGNATE | STAIRWAY | STALLION | STALWART | STAMPEDE |
| STANDARD | STANNOUS | STARFISH | STARLING | STATUARY |
| STEALTHY | STEMMING | STEPWISE | STERLING | STIFLING |
| STIGMATA | STILETTO | STIMULUS | STOCKADE | STOPPAGE |
| STOPPING | STOWAWAY | STRADDLE | STRAGGLE | STRAIGHT |
| STRANGLE | STRATEGY | STRATIFY | STRENGTH | STRICKEN |
| STRICTLY | STRIDENT | STRUGGLE | STUBBORN | STUDIOUS |
| STULTIFY | STUMPAGE | STURGEON | AUDACITY | AUDIENCE |
| AUDITION | AUDITORY | AUSPICES | AUTISTIC | AUTOCRAT |
| AUTOMATA | AUTOMATE | AUTONOMY | AUTUMNAL | BUCKHORN |
| BUCKSHOT | BUCKSKIN | BUILDING | BULKHEAD | BULLDOZE |
| BULLETIN | BULLFROG | BULLHEAD | BUNGALOW | BURGLARY |
| BURSITIS | BUSINESS | BUTCHERY | BUTTRESS | BUTYRATE |
| CUCUMBER | CULINARY | CULPABLE | CULTURAL | CUMULATE |
| CUPBOARD | CUPIDITY | CURLICUE | CURRENCY | DUCKLING |
| DURATION | DUTIABLE | EUROPIUM | EUTECTIC | FUGITIVE |
| FULLBACK | FUMIGANT | FUMIGATE | FUNCTION | FUNEREAL |
| FUNGIBLE | FURLOUGH | FURTHEST | FUSELAGE | GUARANTY |
| GUARDIAN | GUERNSEY | GUIDANCE | GULLIBLE | GUMPTION |
| GUNFIGHT | GUNFLINT | GUTTURAL | HUCKSTER | HUMIDIFY |
| HUMILITY | HUMOROUS | HUMPBACK | JUBILANT | JUDICIAL |
| JUNCTION | JUNCTURE | JUVENILE | LUKEWARM | LUMINARY |
| LUMINOUS | LUNCHEON | LUSCIOUS | LUSTROUS | LUTETIUM |
| MUCILAGE | MULBERRY | MULLIGAN | MULTIPLE | MULTIPLY |
| MUSCULAR | MUSHROOM | MUSICALE | MUSICIAN | MUTILATE |
| MUTINEER | NUCLEATE | NUCLEOLI | NUGATORY | NUISANCE |
| NUMERATE | NUMEROUS | NUTHATCH | NUTRIENT | NUTSHELL |
| OUTLAWRY | PUFFBALL | PUISSANT | PUNCTUAL | PUNCTURE |
| PUNITIVE | PUPPYISH | PURCHASE | PURSUANT | PURVEYOR |
| PUTATIVE | QUACKERY | QUADRANT | QUAGMIRE | QUANDARY |
| QUANTIFY | QUANTITY | QUARTILE | QUATRAIN | QUESTION |
| QUIPPING | QUITTING | QUIXOTIC | QUOTIENT | RUBICUND |
| RUBIDIUM | RUDIMENT | RUMINANT | RUMINATE | RUSTLING |
| RUTHLESS | SUBPOENA | SUBTLETY | SUBTRACT | SUBURBIA |

## 8 letters

| | | | | |
|---|---|---|---|---|
| SUCCINCT | SUCCUBUS | SUCKLING | SUFFRAGE | SUICIDAL |
| SULPHATE | SULPHIDE | SUNLIGHT | SUNSHINE | SUNSHINY |
| SUPERBLY | SUPERIOR | SUPPLANT | SUPPLIED | SUPPLIES |
| SUPPRESS | SURCEASE | SURGICAL | SURMOUNT | SURPRISE |
| SURROUND | SURVEYOR | SURVIVAL | SURVIVOR | SUSPENSE |
| SUZERAIN | TUNGSTEN | TURNOVER | TURNPIKE | TUTELAGE |
| TUTORIAL | ZUCCHINI | AVERRING | AVERSION | AVIATRIX |
| AVOIDING | EVACUATE | EVALUATE | EVENSONG | EVENTFUL |
| EVENTIDE | EVENTUAL | EVERYDAY | EVERYONE | EVIDENCE |
| EVOCABLE | OVERHANG | OVERHEAD | OVERTURE | SWANLIKE |
| SWAPPING | SWASTIKA | SWEETISH | TWIGGING | TWILIGHT |
| AXIOLOGY | EXCAVATE | EXCELLED | EXCHANGE | EXCISION |
| EXCLUDED | EXCURSUS | EXECRATE | EXECUTED | EXECUTOR |
| EXEGESIS | EXEMPLAR | EXERCISE | EXISTENT | EXORCISE |
| EXORCISM | EXORCIST | EXPANDED | EXPECTED | EXPEDITE |
| EXPELLED | EXPIABLE | EXPLICIT | EXPLODED | EXPLORER |
| EXPONENT | EXPOSING | EXPOSURE | EXTENSOR | EXTERIOR |
| EXTERNAL | EXTOLLED | EXTOLLER | EXULTANT | CYLINDER |
| CYTOLOGY | DYNAMISM | DYNAMITE | DYNASTIC | EYEGLASS |
| EYESIGHT | HYACINTH | HYDROGEN | HYDROXYL | HYPNOSIS |
| HYPNOTIC | HYSTERIA | HYSTERIC | LYMPHOMA | LYRICISM |
| MYCOLOGY | PYRIDINE | PYROXENE | SYBARITE | SYCAMORE |
| SYLLABIC | SYLLABLE | SYLLABUS | SYMBOLIC | SYMMETRY |
| SYMPATHY | SYMPHONY | SYMPOSIA | SYNDROME | SYNONYMY |
| SYNOPSES | SYNOPSIS | SYNOPTIC | SYSTEMIC | TYPOLOGY |
| TYROSINE | | | | |

## By 3rd letter

| | | | | |
|---|---|---|---|---|
| ACADEMIC | ADAPTIVE | ALACRITY | AMARANTH | ANACONDA |
| ANAGLYPH | ANALOGUE | ANALYSES | ANALYSIS | ANALYTIC |
| ANALYZED | ANARCHIC | ANATHEMA | ANATOMIC | ARACHNID |
| BEARINGS | BEATIFIC | BEAUTIFY | BLACKOUT | BLANDISH |
| BLASTULA | BOASTFUL | BRACELET | BRACKISH | BRAGGART |
| BRAGGING | BRAKEMAN | BRANCHES | BRANDISH | CHAIRMAN |
| CHAIRMEN | CHAMPION | CHANDLER | CHANGING | CHAPERON |
| CHAPLAIN | CHARCOAL | CHASTISE | CHASTITY | CLAIMANT |
| CLANNISH | CLARINET | CLASSIFY | COACHMAN | COACHMEN |
| COALESCE | COATTAIL | CRACKPOT | CRAYFISH | DEADHEAD |
| DEADLINE | DEADLOCK | DIABETES | DIABETIC | DIABOLIC |
| DIAGNOSE | DIAGONAL | DIALOGUE | DIALYSIS | DIAMETER |
| DIATOMIC | DIATONIC | DIATRIBE | DRAGGING | DRAINAGE |
| DRAMATIC | DRAWBACK | ELAPSING | EMACIATE | ENABLING |
| ERASABLE | EVACUATE | EVALUATE | FEARSOME | FEASIBLE |
| FEATHERY | FLAGGING | FLAGPOLE | FLAGRANT | FLAMINGO |
| FLATHEAD | FLATIRON | FLATTERY | FLATWARE | FLAUTIST |

167

## 8 letters

| | | | | |
|---|---|---|---|---|
| FRACTION | FRACTURE | FRAGMENT | FRAGRANT | FRANCIUM |
| FRANKLIN | GIANTESS | GLACIATE | GLAUCOMA | GOATHERD |
| GRACEFUL | GRACIOUS | GRADIENT | GRADUATE | GRANDEUR |
| GRANDSON | GRANULAR | GRAPHEME | GRAPHITE | GRATEFUL |
| GRATUITY | GUARANTY | GUARDIAN | HEADACHE | HEADLAND |
| HEADLINE | HEADROOM | HEADSMAN | HEADSMEN | HYACINTH |
| INACTION | INACTIVE | INASMUCH | JEALOUSY | KNAPSACK |
| LEADSMAN | LEADSMEN | LEAPFROG | LEATHERY | MEANTIME |
| ORACULAR | ORATORIO | PEACEFUL | PHARMACY | PLACENTA |
| PLANKTON | PLANTAIN | PLASTRON | PLATELET | PLATFORM |
| PLATINUM | PLATONIC | PLATYPUS | PLAYMATE | PLAYROOM |
| PLAYTIME | POACHING | PRACTICE | PSALTERY | QUACKERY |
| QUADRANT | QUAGMIRE | QUANDARY | QUANTIFY | QUANTITY |
| QUARTILE | QUATRAIN | REACTANT | READABLE | REAPPEAR |
| REASSIGN | REATTACH | RHAPSODY | ROADSIDE | ROADSTER |
| SCABBARD | SCABROUS | SCAFFOLD | SCANDIUM | SCAPULAR |
| SCAVENGE | SEABOARD | SEAQUAKE | SEASONAL | SHAGGING |
| SHAMEFUL | SHAMROCK | SMALLISH | SMALLPOX | SNAGGING |
| SNAPPISH | SNAPSHOT | SPACIOUS | SPANDREL | STACCATO |
| STAGNANT | STAGNATE | STAIRWAY | STALLION | STALWART |
| STAMPEDE | STANDARD | STANNOUS | STARFISH | STARLING |
| STATUARY | SWANLIKE | SWAPPING | SWASTIKA | TEAMSTER |
| TEASPOON | THALLIUM | THANKFUL | TRANQUIL | TRANSACT |
| TRANSECT | TRANSEPT | TRANSFER | TRANSFIX | TRANSHIP |
| TRANSMIT | TRAVERSE | TRAVESTY | WEAPONRY | WHATEVER |
| WRATHFUL | ALBACORE | AMBIANCE | AMBITION | AMBROSIA |
| AMBULANT | AMBULATE | ARBOREAL | ASBESTOS | BABYHOOD |
| BIBLICAL | BOBOLINK | DEBILITY | DEBONAIR | DEBUGGER |
| EMBATTLE | EMBEDDED | EMBEZZLE | EMBLAZON | EMBODIED |
| EMBOLDEN | FABULOUS | HABITANT | HABITUAL | IMBECILE |
| JUBILANT | LABOURER | LIBATION | LIBERATE | LIBRETTO |
| LOBLOLLY | LOBOTOMY | MOBILITY | NEBULOUS | NOBELIUM |
| NOBLEMAN | NOBLEMEN | NOBLESSE | REBELLED | REBUTTAL |
| REBUTTED | RUBICUND | RUBIDIUM | SABOTAGE | SIBILANT |
| SOBRIETY | SUBPOENA | SUBTLETY | SUBTRACT | SUBURBIA |
| SYBARITE | TABLEAUX | TABULATE | UMBRELLA | UNBIDDEN |
| ACCEPTOR | ACCIDENT | ACCOLADE | ACCOUNTS | ACCREDIT |
| ACCURACY | ACCURATE | ACCUSTOM | ANCESTOR | ANCESTRY |
| ARCHAISM | ARCHIVAL | BACCARAT | BACHELOR | BACILLUS |
| BACKBONE | BACKDROP | BACKFILL | BACKHAND | BACKLASH |
| BACKPACK | BACKSIDE | BACKSTOP | BACKWARD | BACKYARD |
| BACTERIA | BUCKHORN | BUCKSHOT | BUCKSKIN | CACHALOT |
| COCKATOO | COCKSURE | COCKTAIL | CUCUMBER | DACTYLIC |
| DECADENT | DECEDENT | DECIDING | DECIMATE | DECIPHER |
| DECISION | DECISIVE | DECLARED | DECLINED | DECORATE |
| DECOROUS | DECOUPLE | DECREASE | DOCKSIDE | DOCKYARD |
| DOCTORAL | DOCTRINE | DOCUMENT | DUCKLING | ENCIRCLE |
| ENCLOSED | ENCOMIUM | ENCROACH | ENCUMBER | ESCALATE |

8 letters

ESCAPADE ESCAPING EXCAVATE EXCELLED EXCHANGE
EXCISION EXCLUDED EXCURSUS FACTIOUS HACIENDA
HECATOMB HUCKSTER INCEPTOR INCIDENT INCISIVE
INCLINED INCLUDED INCREASE INCUBATE INCURRED
JACKBOOT LACERATE LACROSSE LICENSEE LOCALIZE
LOCATING LOCATION LOCKSTEP LOCUTION MACHISMO
MACKEREL MECHANIC MOCCASIN MUCILAGE MYCOLOGY
NECKLACE NECKLINE NECROPSY NECROSIS NECROTIC
NICKNAME NICOTINE NOCTURNE NUCLEATE NUCLEOLI
OCCASION OCCIDENT OCCUPANT OCCURRED ONCOLOGY
ONCOMING PACIFISM PECTORAL PECULATE PECULIAR
PICAYUNE PICKEREL RECOVERY RECREATE RECURRED
RECUSANT RICKSHAW RICOCHET ROCKAWAY SECURING
SOCIABLE SUCCINCT SUCCUBUS SUCKLING SYCAMORE
TECTONIC TICKLISH ULCERATE VICINITY ZUCCHINI
ABDICATE ADDENDUM ADDITION ADDITIVE ALDERMAN
ALDERMEN ANDESINE AUDACITY AUDIENCE AUDITION
AUDITORY BADINAGE BEDAZZLE BEDIMMED BEDSTRAW
BIDDABLE DEDICATE DIDACTIC ENDODERM ENDOGAMY
FEDERATE FIDELITY HEDGEHOG HEDONISM HIDEAWAY
HYDROGEN HYDROXYL INDEBTED INDECENT INDICANT
INDICATE INDIGENE INDIGENT INDIRECT INDOLENT
INDUCTOR INDUSTRY JUDICIAL LADYLIKE MADHOUSE
MADRIGAL MEDICATE MEDICINE MEDIOCRE MEDITATE
MIDNIGHT MIDWIVES MODERATE MODIFIED MODULATE
OBDURACY OBDURATE ORDINARY ORDINATE ORDNANCE
PEDAGOGY PEDANTIC PEDANTRY PEDESTAL PEDIGREE
PEDIMENT REDACTOR REDIRECT REDUCING RIDDANCE
RIDICULE RUDIMENT SEDIMENT SEDITION SEDULOUS
SIDELONG SIDEREAL SIDERITE SIDEWALK SIDEWISE
TIDELAND UNDULATE WIDENESS ZODIACAL ABERRANT
ABETTING ABEYANCE ACERBITY ADEQUACY ADEQUATE
AMETHYST ANECDOTE APERTURE AVERRING AVERSION
BIENNIAL BREAKAGE BREECHES BRETHREN CHECKING
CHECKOUT CHEERFUL CHENILLE CHERUBIM CHESTNUT
CLEAVAGE COERCION COERCIVE CREAMERY CREATING
CREATION CREATURE CREDIBLE CREDITOR CREOSOTE
CRESCENT DEERSKIN DIETETIC DREADFUL ELECTRIC
ELECTRON ELEPHANT ELEVATED ELEVENTH EMERGENT
EMERITUS ENERVATE ETERNITY EVENSONG EVENTFUL
EVENTIDE EVENTUAL EVERYDAY EVERYONE EXECRATE
EXECUTED EXECUTOR EXEGESIS EXEMPLAR EXERCISE
EYEGLASS EYESIGHT FIENDISH FLEAWORT FLEXIBLE
FLEXURAL FREAKISH FREEBOOT FREEDMEN FREEHOLD
FREEZING FRENETIC FREQUENT FRESCOES FRESHMAN
FRESHMEN GREENERY GREENISH GUERNSEY HIERATIC
IDENTIFY IDENTITY IDEOLOGY INEQUITY INERTIAL
INEXPERT ITERATED MNEMONIC OBEDIENT OBEISANT

## 8 letters

| | | | | |
|---|---|---|---|---|
| OLEANDER | OMELETTE | OPERABLE | OPERATIC | OPERATOR |
| OPERETTA | OVERHANG | OVERHEAD | OVERTURE | PHEASANT |
| PLEASANT | PLEASURE | PLEBEIAN | PLETHORA | PREAMBLE |
| PRECEDED | PRECINCT | PRECIOUS | PRECLUDE | PREGNANT |
| PREMIERE | PREPARED | PRESENCE | PRESERVE | PRESSURE |
| PRESTIGE | PRESUMED | PRETENCE | PREVIOUS | QUESTION |
| REEDBUCK | RHEOSTAT | RHETORIC | SCENARIO | SEEDLING |
| SEETHING | SHEPHERD | SKELETAL | SKELETON | SPECIFIC |
| SPECIMEN | SPECIOUS | SPECTRAL | SPECTRUM | STEALTHY |
| STEMMING | STEPWISE | STERLING | SWEETISH | TEETHING |
| TEETOTAL | THEMATIC | THEOLOGY | THEORIST | THESPIAN |
| TREASURE | TREASURY | TREATISE | TRESPASS | URETHANE |
| WEEKLIES | WHENEVER | WHEREVER | WRECKAGE | AFFERENT |
| AFFIANCE | AFFINITY | AFFLUENT | AFFOREST | ALFRESCO |
| BEFALLEN | BEFUDDLE | DAFFODIL | DEFECATE | DEFERENT |
| DEFERRED | DEFINING | DEFINITE | DEFOREST | DIFFRACT |
| EFFERENT | EFFICACY | EFFLUENT | EFFLUVIA | EFFUSION |
| EFFUSIVE | FIFTIETH | INFAMOUS | INFANTRY | INFERIOR |
| INFERNAL | INFERRED | INFINITE | INFINITY | INFLUENT |
| INFORMAL | INFRINGE | INFUSION | LEFTMOST | LEFTOVER |
| LEFTWARD | LIFEBOAT | LIFELIKE | LIFELONG | LIFESPAN |
| LIFETIME | OFFICIAL | OFFPRINT | OFFSHOOT | OFFSHORE |
| PUFFBALL | REFERENT | REFERRAL | REFERRED | REFINERY |
| REFUSING | RIFLEMAN | SOFTBALL | SOFTWARE | SUFFRAGE |
| UNFREEZE | AGGRIEVE | ALGINATE | ARGUMENT | BEGINNER |
| BEGOTTEN | BEGRUDGE | COGITATE | DEGREASE | DOGBERRY |
| DOGMATIC | DOGTOOTH | EDGEWISE | EGGSHELL | EIGHTEEN |
| ENGINEER | FIGURATE | FIGURINE | FUGITIVE | GIGANTIC |
| HEGEMONY | HIGHBALL | HIGHLAND | HIGHROAD | LIGAMENT |
| LIGATURE | LOGICIAN | LOGISTIC | MAGAZINE | MAGICIAN |
| MAGNESIA | MAGNETIC | MAGNOLIA | MEGAWATT | MIGRATED |
| NEGATIVE | NEGLIGEE | NIGHTCAP | NUGATORY | ORGANDIE |
| PAGINATE | PEGBOARD | REGIMENT | REGIONAL | REGISTRY |
| REGULATE | RIGHTFUL | RIGOROUS | SAGACITY | SIGHTSEE |
| SIGNPOST | TOGETHER | VAGABOND | VEGETATE | VIGILANT |
| VIGNETTE | VIGOROUS | ABHORRED | ACHIEVED | ADHERENT |
| ADHESION | ADHESIVE | APHELION | APHORISM | ATHLETIC |
| BEHAVING | COHERENT | COHESION | COHESIVE | DIHEDRAL |
| ETHEREAL | ETHYLENE | INHERENT | INHUMANE | KOHLRABI |
| MAHOGANY | NIHILISM | NIHILIST | REHEARSE | SCHEDULE |
| SCHEMATA | SCHIZOID | SCHNAPPS | SCHOONER | SPHEROID |
| SPHERULE | UPHEAVAL | VEHEMENT | ALIENATE | ALIZARIN |
| AMICABLE | AVIATRIX | AXIOLOGY | BLISSFUL | BLIZZARD |
| BRICKBAT | BRIGHTEN | BRITCHES | BUILDING | CHILDISH |
| CHILDREN | CHIPMUNK | CHIVALRY | CLIMATIC | CLINGING |
| CLITORIS | COIFFURE | COINCIDE | CRIMINAL | CRITERIA |
| CRITIQUE | DAIRYMAN | DAIRYMEN | DRIVEWAY | ELIGIBLE |
| EMIGRANT | EMIGRATE | EMISSARY | EMISSION | EMITTING |

| | | | | |
|---|---|---|---|---|
| EPICYCLE | EPIDEMIC | EPIGRAPH | EPILOGUE | EPISODIC |
| EVIDENCE | EXISTENT | FAITHFUL | FLIPPANT | FLIPPING |
| FRICTION | FRIGHTEN | GLISSADE | GRIDIRON | GRIEVOUS |
| GUIDANCE | HEIGHTEN | IMITABLE | INIMICAL | INIQUITY |
| INITIATE | MAINLAND | MAINSTAY | MAINTAIN | MOISTURE |
| NUISANCE | OBITUARY | OMISSION | OMITTING | ORIENTAL |
| ORIGINAL | POIGNANT | PRIGGISH | PRIMEVAL | PRIMROSE |
| PRINCESS | PRIORITY | PRISTINE | PUISSANT | QUIPPING |
| QUITTING | QUIXOTIC | RAILLERY | RAILROAD | RAINDROP |
| RAINFALL | REINDEER | REINVEST | SCIATICA | SCIMITAR |
| SHIPMATE | SHIPYARD | SKIPJACK | SKIPPING | SKIRLING |
| SKIRMISH | SLIPPAGE | SLIPPERY | SLIPPING | SPINNING |
| SPINSTER | SPITEFUL | SPITFIRE | STIFLING | STIGMATA |
| STILETTO | STIMULUS | SUICIDAL | TAILWIND | THIEVING |
| THIRTEEN | TOILSOME | TRIANGLE | TRIBUNAL | TRICKERY |
| TRILLION | TRIMMING | TRIOXIDE | TRIPTYCH | TWIGGING |
| TWILIGHT | UBIQUITY | UNIVERSE | WAINSCOT | WAITRESS |
| WHIPLASH | WHIZZING | ADJACENT | ADJUTANT | MAJESTIC |
| OBJECTOR | REJECTER | ALKALINE | ALKALOID | LAKESIDE |
| LIKEWISE | LUKEWARM | ABLUTION | ALLEGORY | ALLERGIC |
| ALLEYWAY | ALLIANCE | ALLOCATE | ALLOTTED | ALLSPICE |
| ALLUSION | ALLUSIVE | ALLUVIAL | ALLUVIUM | BALANCED |
| BALDPATE | BALLYHOO | BELITTLE | BILABIAL | BILLFOLD |
| BILLIARD | BULKHEAD | BULLDOZE | BULLETIN | BULLFROG |
| BULLHEAD | CALAMITY | CALCULUS | CALENDAR | CALFSKIN |
| CALLIPER | CELERITY | CELIBACY | CELLULAR | CHLORATE |
| CHLORIDE | CHLORINE | COLANDER | COLISEUM | COLLAGEN |
| COLLAPSE | COLLOQUY | COLONIAL | COLONIST | COLOSSAL |
| COLOSSUS | COLUMNAR | CULINARY | CULPABLE | CULTURAL |
| CYLINDER | DELEGATE | DELETING | DELETION | DELICACY |
| DELICATE | DELIRIUM | DELIVERY | DELUSION | DELUSIVE |
| DILATORY | DILIGENT | DILUTION | DOLDRUMS | DOLOMITE |
| ECLECTIC | ECLIPTIC | EELGRASS | ELLIPSIS | ELLIPTIC |
| ENLARGED | FALCONRY | FALLIBLE | FELDSPAR | FELICITY |
| FILAMENT | FILENAME | FILIGREE | FILTRATE | FOLKLORE |
| FOLLICLE | FULLBACK | GALACTIC | GALVANIC | GELATINE |
| GOLDFISH | GULLIBLE | HALLMARK | HELMSMAN | HELMSMEN |
| HELPMATE | HILARITY | HILLSIDE | HOLOGRAM | ILLUMINE |
| ILLUSION | ILLUSIVE | ILLUSORY | KILLDEER | LOLLIPOP |
| MALARIAL | MALTREAT | MELAMINE | MELANOMA | MELTDOWN |
| MILITANT | MILITARY | MILITATE | MOLASSES | MOLECULE |
| MULBERRY | MULLIGAN | MULTIPLE | MULTIPLY | OBLIGATE |
| OBLIVION | OILCLOTH | OILSTONE | PALISADE | PALLIATE |
| PALMETTO | PALPABLE | PELLAGRA | POLITICO | POLLSTER |
| POLONIUM | POLYGLOT | RELEASED | RELEVANT | RELIGION |
| SALARIED | SALESMAN | SALESMEN | SALIVARY | SALIVATE |
| SALUTARY | SELECTED | SELECTOR | SELENIUM | SELL-OUT |
| SILICATE | SILKWORM | SOLDIERY | SOLECISM | SOLENOID |

| | | | | |
|---|---|---|---|---|
| SOLIDIFY | SOLITARY | SOLITUDE | SOLSTICE | SOLUTION |
| SPLENDID | SPLOTCHY | SPLUTTER | SULPHATE | SULPHIDE |
| SYLLABIC | SYLLABLE | SYLLABUS | TALISMAN | TELEGRAM |
| TELETHON | TELLTALE | TOLERANT | TOLERATE | TOLLGATE |
| VALIDATE | VALIDITY | VELOCITY | VOLATILE | VOLCANIC |
| VOLITION | WALTZING | WILDFIRE | WILDLIFE | ADMITTED |
| ADMONISH | ALMIGHTY | AMMONIAC | AMMONIUM | ARMAMENT |
| ARMATURE | ARMCHAIR | CAMELLIA | CAMPAIGN | CAMPSITE |
| CEMETERY | COMATOSE | COMBINED | COMEDIAN | COMMANDO |
| COMMENCE | COMMERCE | COMMUNAL | COMPARED | COMPILED |
| COMPILER | COMPLAIN | COMPLETE | COMPOSED | COMPOUND |
| COMPRESS | COMPRISE | COMPUTED | COMPUTER | CUMULATE |
| DEMENTED | DEMENTIA | DEMIJOHN | DEMITTED | DEMOCRAT |
| DEMOLISH | DEMONIAC | DEMURRED | DEMURRER | DIMINISH |
| DOMESTIC | DOMICILE | DOMINANT | DOMINATE | DOMINEER |
| DOMINION | FAMILIAL | FAMILIAR | FEMININE | FEMINIST |
| FUMIGANT | FUMIGATE | GAMECOCK | GAMESMAN | GEMINATE |
| GEMSTONE | GUMPTION | HEMATITE | HOMELAND | HOMESICK |
| HOMEWARD | HOMICIDE | HOMOLOGY | HUMIDIFY | HUMILITY |
| HUMOROUS | HUMPBACK | IMMANENT | IMMATURE | IMMINENT |
| IMMOBILE | IMMODEST | IMMORTAL | KAMIKAZE | LAMELLAR |
| LAMINATE | LEMONADE | LUMINARY | LUMINOUS | LYMPHOMA |
| MEMBRANE | MEMORIAL | MEMORIES | MIMICKED | MOMENTUM |
| NAMESAKE | NOMINATE | NUMERATE | NUMEROUS | OHMMETER |
| PAMPHLET | PEMMICAN | REMEDIAL | REMEMBER | REMINDER |
| REMITTED | REMOVING | ROMANTIC | RUMINANT | RUMINATE |
| SAMARIUM | SAMPLING | SEMANTIC | SEMESTER | SEMINARY |
| SIMPLIFY | SIMULATE | SOMEBODY | SOMETIME | SOMEWHAT |
| SYMBOLIC | SYMMETRY | SYMPATHY | SYMPHONY | SYMPOSIA |
| TAMARACK | TAMARIND | TEMERITY | TEMPLATE | TEMPORAL |
| TOMATOES | TOMORROW | ABNORMAL | AGNOSTIC | ANNOTATE |
| ANNOUNCE | ANNULLED | BANISTER | BANKRUPT | BENEFICE |
| BINAURAL | BINDWEED | BINOMIAL | BONDSMAN | BONDSMEN |
| BUNGALOW | CANISTER | CANNABIS | CANNIBAL | CANTICLE |
| CENTRIST | CINNABAR | CINNAMON | CONCEIVE | CONCERTO |
| CONCLAVE | CONCLUDE | CONCRETE | CONDENSE | CONFEREE |
| CONFLICT | CONFOUND | CONFRONT | CONGENER | CONGRESS |
| CONJOINT | CONJUGAL | CONJUNCT | CONJUROR | CONQUEST |
| CONSERVE | CONSIDER | CONSPIRE | CONSTANT | CONSTRUE |
| CONSULAR | CONTEMPT | CONTINUE | CONTINUO | CONTRACT |
| CONTRARY | CONTRAST | CONTRITE | CONTRIVE | CONVERGE |
| CONVERSE | CONVEYOR | CONVINCE | CONVOLVE | CONVULSE |
| DENATURE | DENDRITE | DENIABLE | DENOTING | DENOUNCE |
| DINOSAUR | DYNAMISM | DYNAMITE | DYNASTIC | FANCIFUL |
| FANTASIA | FINALIZE | FINANCED | FINESSED | FUNCTION |
| FUNEREAL | FUNGIBLE | GANGLION | GENERATE | GENEROUS |
| GENITIVE | GENOTYPE | GUNFIGHT | GUNFLINT | HANDBOOK |
| HANDCUFF | HANDICAP | HANDLING | HANDMADE | HANDSOME |

| | | | | |
|---|---|---|---|---|
| HANGOVER | HENCHMAN | HINDMOST | HONORARY | IGNITION |
| IGNORANT | INNOCENT | INNOVATE | INNUENDO | JUNCTION |
| JUNCTURE | KANGAROO | LANDFILL | LANDLORD | LANDMARK |
| LANGUAGE | LANGUISH | LENGTHEN | LINGERIE | LINGUIST |
| LINIMENT | LINOLEUM | LONESOME | LONGHAND | LONGHORN |
| LUNCHEON | MANDAMUS | MANDARIN | MANDRAKE | MANDRILL |
| MANIACAL | MANIFEST | MANIFOLD | MANPOWER | MANTISSA |
| MENARCHE | MENHADEN | MENISCUS | MINIMIZE | MINISTRY |
| MINSTREL | MINUTIAE | MONARCHY | MONASTIC | MONAURAL |
| MONETARY | MONGOOSE | MONITORY | MONOGAMY | MONOLITH |
| MONOMIAL | MONOPOLY | MONOXIDE | MONSIEUR | MONUMENT |
| NINETEEN | OINTMENT | ORNAMENT | ORNATELY | PANCREAS |
| PANDEMIC | PANORAMA | PANTHEON | PENCHANT | PENDULUM |
| PENITENT | PENTAGON | PENUMBRA | PINAFORE | PINNACLE |
| PINOCHLE | PINPOINT | PUNCTUAL | PUNCTURE | PUNITIVE |
| RENOUNCE | RENOVATE | RINGSIDE | SANCTIFY | SANCTION |
| SANCTITY | SANDWICH | SANGUINE | SANITARY | SENSIBLE |
| SENSUOUS | SENTENCE | SENTIENT | SENTINEL | SINGLING |
| SINGSONG | SINGULAR | SINISTER | SINUSOID | SONOGRAM |
| SONORITY | SONOROUS | SUNLIGHT | SUNSHINE | SUNSHINY |
| SYNDROME | SYNONYMY | SYNOPSES | SYNOPSIS | SYNOPTIC |
| TANGIBLE | TANTALUM | TENACITY | TENDENCY | TENEMENT |
| TENTACLE | TINCTURE | TUNGSTEN | UNNEEDED | VANADIUM |
| VANGUARD | VANQUISH | VENDETTA | VENDIBLE | VENERATE |
| VENEREAL | VENGEFUL | VENOMOUS | VINEYARD | WINDFALL |
| WINDMILL | WINDSURF | WINDWARD | WINGSPAN | WONDROUS |
| ABORTION | ACOUSTIC | ADOPTION | ADOPTIVE | ANOREXIA |
| ANORTHIC | APOLOGIA | APOSTATE | APOTHEGM | AROMATIC |
| AVOIDING | BIOMETRY | BLOCKADE | BLOCKAGE | BLOWBACK |
| BOOKCASE | BROCCOLI | BROCHURE | BRONCHUS | BROUHAHA |
| BROWNISH | BROWSING | CHOOSING | CHORDATE | CLODDISH |
| CLOGGING | CLOISTER | CLOTHIER | CROCKERY | CROSSBAR |
| CROSSBOW | CROSSCUT | CROSSWAY | CROUPIER | CROWFOOT |
| DIOCESAN | DOOMSDAY | DOORBELL | DOORSTEP | DROPPING |
| ECONOMIC | ELONGATE | ELOQUENT | ENORMITY | ENORMOUS |
| ESOTERIC | EVOCABLE | EXORCISE | EXORCISM | EXORCIST |
| FLOGGING | FLOPPING | FLOTILLA | FLOUNDER | FLOURISH |
| FOOTBALL | FOOTFALL | FOOTHILL | FOOTNOTE | FOOTPATH |
| FOOTSTEP | FOOTWEAR | FRONTAGE | FRONTIER | GEODESIC |
| GEODETIC | GEOMETER | GHOULISH | GLOBULAR | GLOBULIN |
| GLORIOUS | GLOSSARY | GNOMONIC | GOODWILL | GROSBEAK |
| HOOKWORM | HOOLIGAN | IDOLATRY | IRONWOOD | ISOTHERM |
| ISOTOPIC | ISOTROPY | JEOPARDY | KNOCKOUT | LOOPHOLE |
| NEONATAL | NEOPHYTE | ODOMETER | PHONETIC | PHOSGENE |
| PHOSPHOR | PLOTTING | PROCAINE | PROCLAIM | PRODIGAL |
| PRODUCED | PROFILED | PROFOUND | PROGRESS | PROHIBIT |
| PROLIFIC | PROLOGUE | PROPERTY | PROPHECY | PROPHESY |
| PROPOSAL | PROPOUND | PROROGUE | PROSPECT | PROSTATE |

## 8 letters

| | | | | |
|---|---|---|---|---|
| PROTOCOL | PROTRACT | PROTRUDE | PROVERBS | PROVIDED |
| PROVINCE | PROXIMAL | QUOTIENT | SCORNFUL | SCORPION |
| SHOEHORN | SHOELACE | SHOPWORN | SHORTAGE | SHORTCUT |
| SHOULDER | SHOWCASE | SHOWROOM | SLOTHFUL | SMOULDER |
| SNOBBERY | SNOBBISH | SNOWBALL | SNOWFALL | SOOTHSAY |
| SPOONFUL | SPORADIC | SPOTTING | STOCKADE | STOPPAGE |
| STOPPING | STOWAWAY | THOROUGH | THOUSAND | TROMBONE |
| TROUBLED | WOODCOCK | WOODLAND | WOODRUFF | WOODSHED |
| WOODWARD | WOODWIND | WOODWORK | WRONGFUL | YEOMANRY |
| ALPHABET | AMPERAGE | AMPUTATE | APPARENT | APPENDIX |
| APPETITE | APPLAUSE | APPOSITE | APPRAISE | APPROACH |
| APPROVAL | ARPEGGIO | ASPERITY | ASPIRANT | ASPIRATE |
| CAPACITY | CAPSTONE | CAPTIOUS | CAPYBARA | COPPERAS |
| CUPBOARD | CUPIDITY | DEPORTEE | DIPLOMAT | EMPHASES |
| EMPHASIS | EMPHATIC | EMPLOYED | EMPLOYEE | EMPLOYER |
| EMPORIUM | ESPECIAL | ESPOUSAL | EXPANDED | EXPECTED |
| EXPEDITE | EXPELLED | EXPIABLE | EXPLICIT | EXPLODED |
| EXPLORER | EXPONENT | EXPOSING | EXPOSURE | HYPNOSIS |
| HYPNOTIC | IMPELLED | IMPELLER | IMPERIAL | IMPLICIT |
| IMPOLITE | IMPOSING | IMPOTENT | IMPRISON | IMPROPER |
| IMPUDENT | IMPUNITY | LAPELLED | LAPIDARY | LOPSIDED |
| NEPENTHE | OPPONENT | OPPOSITE | PIPELINE | POPULACE |
| POPULATE | POPULISM | POPULIST | POPULOUS | PUPPYISH |
| REPARTEE | REPEATER | REPELLED | REPRIEVE | REPRISAL |
| REPROACH | REPUBLIC | RIPARIAN | SAPPHIRE | SEPARATE |
| SUPERBLY | SUPERIOR | SUPPLANT | SUPPLIED | SUPPLIES |
| SUPPRESS | TAPESTRY | TAPEWORM | TOPOLOGY | TYPOLOGY |
| UPPERCUT | VAPOROUS | ACQUAINT | BEQUEATH | COQUETTE |
| REQUIRED | REQUITED | SEQUENCE | AARDVARK | ABRASION |
| ABRASIVE | ABROGATE | ACRIMONY | AGRARIAN | AGREEING |
| AIRBORNE | AIRCRAFT | AIRFIELD | AIRPLANE | AIRSPACE |
| AIRSPEED | AIRSTRIP | AIRTIGHT | ARROGANT | ARROGATE |
| ATROCITY | BARBARIC | BARBECUE | BARBERRY | BARBITAL |
| BAREFOOT | BARITONE | BARNACLE | BARNYARD | BARONESS |
| BARONIAL | BARRETTE | BERGAMOT | BERIBERI | BIRDLIKE |
| BIRDSEED | BIRTHDAY | BORDELLO | BURGLARY | BURSITIS |
| CARBONIC | CARBONYL | CARDAMOM | CARDINAL | CAREFREE |
| CAREWORN | CARNIVAL | CARRIAGE | CARYATID | CEREBRAL |
| CEREMONY | CERULEAN | CHRISTEN | CHROMATE | CHROMIUM |
| CIRCLING | CIRCULAR | CORDUROY | CORONARY | CORONATE |
| CORPORAL | CORRIDOR | CORTICAL | CORUNDUM | CORVETTE |
| CURLICUE | CURRENCY | DERELICT | DERISION | DERISIVE |
| DERIVATE | DERIVING | DEROGATE | DIRECTOR | DURATION |
| EARPHONE | ERRANTRY | EUROPIUM | FARCICAL | FAREWELL |
| FARTHEST | FEROCITY | FIRESIDE | FIREWALL | FIREWOOD |
| FIREWORK | FORBORNE | FORCEFUL | FORCIBLE | FORENSIC |
| FORESTRY | FORGIVEN | FORMULAE | FORSAKEN | FORSWEAR |
| FORTIETH | FORTRESS | FURLOUGH | FURTHEST | GARDENIA |

GARRISON GERANIUM GERMINAL GORGEOUS HARANGUE
HARDTACK HARDWARE HARMONIC HERDSMAN HEREDITY
HEREUNTO HEREWITH HERITAGE HERMETIC HIRELING
HORNBEAM HORNTAIL HORNWORT HOROLOGY HORRIBLE
HORSEFLY HORSEMAN HORSEMEN IRRIGATE IRRITANT
IRRITATE KERCHIEF KEROSENE LARGESSE LARKSPUR
LYRICISM MARATHON MARAUDER MARGINAL MARIGOLD
MARINADE MARINATE MARITIME MARJORAM MARKSMAN
MARKSMEN MARRIAGE MERCHANT MERCIFUL MERCURIC
MERIDIAN MERINGUE MOREOVER MORIBUND MORPHINE
MORTGAGE NARCOSIS NARCOTIC NORMALCY NORTHERN
PARABOLA PARADIGM PARADISE PARAFFIN PARAKEET
PARALLAX PARALLEL PARANOIA PARANOID PARASITE
PARENTAL PARLANCE PARTICLE PARTISAN PERCEIVE
PERFORCE PERILOUS PERIODIC PERMEATE PEROXIDE
PERSONAL PERSPIRE PERSUADE PERVERSE POROSITY
PORPHYRY PORPOISE PORRIDGE PORTABLE PORTLAND
PORTRAIT PURCHASE PURSUANT PURVEYOR PYRIDINE
PYROXENE SARDONIC SCRABBLE SCRAMBLE SCRATCHY
SCREECHY SCRIBBLE SCRUTINY SERAGLIO SERAPHIM
SERENADE SERENITY SERGEANT SERIATIM SERVITOR
SHRAPNEL SHREWISH SHRUNKEN SORORITY SPRINKLE
SPROCKET STRADDLE STRAGGLE STRAIGHT STRANGLE
STRATEGY STRATIFY STRENGTH STRICKEN STRICTLY
STRIDENT STRUGGLE SURCEASE SURGICAL SURMOUNT
SURPRISE SURROUND SURVEYOR SURVIVAL SURVIVOR
TERMINAL TERMINUS TERRAPIN TERRIBLE TERRIFIC
TERTIARY THREATEN THROTTLE TIRESOME TORTOISE
TORTUOUS TURNOVER TURNPIKE TYROSINE VARIABLE
VERACITY VERBATIM VERBIAGE VERIFIED VERTEBRA
VERTICAL VERTICES VIRGINAL VIRTUOSI VIRTUOSO
VIRTUOUS VIRULENT VORACITY VORTICES WARDROBE
WARDROOM WARPLANE WARRANTY WORKADAY WORKBOOK
WORKLOAD WORKSHOP ABSCISSA ABSENTEE ABSOLUTE
ABSTRACT ABSTRUSE AESTHETE ARSENATE ASSASSIN
ASSEMBLE ASSEMBLY ASSESSOR ASSIGNEE ASSONANT
ASSUMING AUSPICES BASEBALL BASILISK BASSINET
BASSWOOD BESMIRCH BESOTTED BESTOWAL BISEXUAL
BUSINESS CASHMERE CASSETTE CASTANET CASUALTY
COSMETIC DESCRIBE DESELECT DESIROUS DESOLATE
DESPOTIC DESTRUCT DISABLED DISALLOW DISBURSE
DISCIPLE DISCOUNT DISCREET DISCRETE DISHEVEL
DISKETTE DISPENSE DISPERSE DISPOSAL DISPOSED
DISSOLVE DISSUADE DISTINCT DISTRICT EASTWARD
ECSTATIC ENSCONCE ENSEMBLE ENSURING FASCICLE
FESTIVAL FUSELAGE GASLIGHT GASOLINE GOSSAMER
HESITANT HESITATE HISTORIC HOSPITAL HOSTELRY
HYSTERIA HYSTERIC INSCRIBE INSECURE INSIGNIA

## 8 letters

| | | | | |
|---|---|---|---|---|
| INSOLENT | INSOMNIA | INSTABLE | INSTANCE | INSTINCT |
| INSTRUCT | INSULATE | ISSUANCE | LUSCIOUS | LUSTROUS |
| MASSACRE | MASTHEAD | MASTODON | MESODERM | MESQUITE |
| MISCIBLE | MISNOMER | MISOGYNY | MISTAKEN | MISTRESS |
| MOSQUITO | MUSCULAR | MUSHROOM | MUSICALE | MUSICIAN |
| OBSCURED | OBSIDIAN | OBSOLETE | OBSTACLE | OBSTRUCT |
| PASSPORT | PASSWORD | PASTICHE | PASTORAL | POSITION |
| POSITIVE | POSITRON | POSSIBLE | POSTCARD | POSTLUDE |
| POSTMARK | POSTPONE | RESCUING | RESEMBLE | RESERVED |
| RESIDENT | RESIDING | RESIDUAL | RESIDUUM | RESOLUTE |
| RESOLVED | RESONANT | RESPONSE | RESTORED | RESTRAIN |
| RESTRICT | RESUMING | ROSEMARY | RUSTLING | SUSPENSE |
| SYSTEMIC | TASTEFUL | TESTICLE | UPSTREAM | VASCULAR |
| VISCERAL | VISCOUNT | WASTEFUL | WESTERLY | WESTWARD |
| WISEACRE | WISHBONE | ACTIVATE | ACTIVITY | ALTHOUGH |
| ALTITUDE | ALTRUISM | ALTRUIST | ANTEDATE | ANTELOPE |
| ANTENNAE | ANTERIOR | ANTEROOM | ANTIMONY | ANTIPODE |
| APTITUDE | ARTEFACT | ARTERIAL | ARTIFICE | ARTISTRY |
| ASTATINE | ASTERISK | ASTEROID | ASTONISH | ATTITUDE |
| ATTORNEY | AUTISTIC | AUTOCRAT | AUTOMATA | AUTOMATE |
| AUTONOMY | AUTUMNAL | BATHROOM | BETRAYAL | BETRAYER |
| BOTANIST | BUTCHERY | BUTTRESS | BUTYRATE | CATAPULT |
| CATARACT | CATEGORY | CATHEDRA | CATHETER | CATHOLIC |
| CITATION | CYTOLOGY | DATABASE | DATELINE | DETECTOR |
| DETERRED | DETONATE | DETOXIFY | DUTIABLE | ECTODERM |
| ENTHALPY | ENTIRETY | ESTIMATE | ESTRANGE | EUTECTIC |
| EXTENSOR | EXTERIOR | EXTERNAL | EXTOLLED | EXTOLLER |
| GUTTURAL | HATCHWAY | HITHERTO | HOTHOUSE | INTEGRAL |
| INTERACT | INTEREST | INTERIOR | INTERMIT | INTERNAL |
| INTERNET | INTERVAL | INTIMACY | INTIMATE | INTONATE |
| INTRANET | INTREPID | INTRIGUE | JETTISON | LATITUDE |
| LETHARGY | LITERACY | LITERARY | LITERATE | LITIGANT |
| LITIGATE | LITTORAL | LUTETIUM | MATERIAL | MATERNAL |
| MATRICES | MATTRESS | MATURATE | METALLIC | METAPHOR |
| METEORIC | METHANOL | MITIGATE | MOTIVATE | MUTILATE |
| MUTINEER | NITROGEN | NOTATION | NOTEBOOK | NUTHATCH |
| NUTRIENT | NUTSHELL | OCTOROON | ONTOGENY | ONTOLOGY |
| OPTIMISM | OPTIMIST | OPTIONAL | ORTHODOX | OUTLAWRY |
| PATENTEE | PATERNAL | PATHETIC | PATHOGEN | PETITION |
| PETULANT | PITIABLE | POTATOES | POTLATCH | PUTATIVE |
| RETAINED | RETICENT | RETRIEVE | RETROFIT | ROTATING |
| ROTATION | RUTHLESS | SATURATE | TITANIUM | TITMOUSE |
| TUTELAGE | TUTORIAL | ULTERIOR | ULTIMATE | VITREOUS |
| WATCHFUL | WATCHMAN | WATCHMEN | WATERWAY | WITHDRAW |
| WITHDREW | WITHHELD | WITHHOLD | ABUNDANT | ABUTTING |
| ADULTERY | AQUARIUM | AQUEDUCT | BLUDGEON | BLUEBIRD |
| BLUEFISH | BLUEGILL | BOUNDARY | BRUNETTE | CAUTIOUS |
| CLUBROOM | COURTESY | COURTIER | COUSCOUS | CRUCIBLE |

| | | | | |
|---|---|---|---|---|
| CRUCIFIX | DAUGHTER | DAUPHINE | DEUTERON | DOUBLOON |
| DOUBTFUL | DOUGHNUT | DRUDGERY | DRUGGING | DRUMHEAD |
| DRUNKARD | EDUCABLE | EMULSIFY | EMULSION | EQUALIZE |
| EQUATION | EQUIPPED | ERUPTION | EXULTANT | FLUORIDE |
| FLUORINE | FLUORITE | FOUNTAIN | FOURFOLD | FOURSOME |
| FOURTEEN | FRUCTIFY | FRUCTOSE | FRUITFUL | FRUITION |
| GAUNTLET | GRUESOME | INUNDATE | JAUNDICE | LAUDANUM |
| LAUGHTER | LAUREATE | MOUNTAIN | MOURNFUL | MOUTHFUL |
| NAUSEATE | NAUTICAL | NAUTILUS | NEURITIS | NEUROSIS |
| NEUROTIC | PLUGGING | POULTICE | PRURIENT | ROUGHISH |
| ROULETTE | SAUCEPAN | SCULPTOR | SHUTTING | SLUGGING |
| SLUGGISH | SOUTHERN | SOUTHPAW | SOUVENIR | SPURIOUS |
| SQUABBLE | SQUADRON | SQUANDER | SQUARING | SQUATTED |
| SQUATTER | SQUEEGEE | SQUEEZED | SQUIRREL | STUBBORN |
| STUDIOUS | STULTIFY | STUMPAGE | STURGEON | TRUMPERY |
| TRUNCATE | TRUSTFUL | TRUTHFUL | USURIOUS | YOUNGISH |
| YOURSELF | YOUTHFUL | ADVISORY | ADVOCACY | ADVOCATE |
| ALVEOLAR | ALVEOLUS | BEVERAGE | CAVALIER | CIVILIAN |
| COVALENT | COVENANT | COVERAGE | COVERLET | COVETOUS |
| DEVILISH | DEVOTION | DIVALENT | DIVIDEND | DIVIDING |
| DIVISION | DIVISIVE | DOVETAIL | ENVELOPE | ENVIABLE |
| FEVERISH | FIVEFOLD | GIVEAWAY | GOVERNOR | INVASION |
| INVASIVE | INVEIGLE | INVENTOR | INVESTOR | INVOCATE |
| INVOKING | INVOLVED | JUVENILE | LAVATORY | LAVENDER |
| LEVERAGE | LEVITATE | LOVELORN | MAVERICK | MOVEMENT |
| NAVIGATE | PAVILION | RAVENOUS | REVEREND | REVERENT |
| REVERSAL | REVERSED | REVIEWER | REVISION | REVOKING |
| REVOLVED | SAVAGERY | VIVACITY | WAVEFORM | BEWILDER |
| DOWNBEAT | DOWNFALL | DOWNHILL | DOWNPLAY | DOWNPOUR |
| DOWNSIDE | DOWNWARD | DOWNWIND | HAWTHORN | LAWGIVER |
| NEWCOMER | NEWSCAST | NOWADAYS | POWERFUL | RAWBONED |
| SEWERAGE | TOWNSMAN | TOWNSMEN | UNWIELDY | DEXTROSE |
| FOXGLOVE | FOXHOUND | LAXATIVE | SEXTUPLE | SIXTIETH |
| TAXATION | TAXONOMY | TEXTURAL | VEXATION | ANYPLACE |
| ANYTHING | ANYWHERE | BAYBERRY | CRYOSTAT | DAYBREAK |
| DAYDREAM | DAYLIGHT | GLYCEROL | GLYCOGEN | HAYFIELD |
| HAYSTACK | KEYBOARD | KEYPUNCH | KEYSTONE | PHYSICAL |
| PHYSIQUE | RHYTHMIC | SKYLIGHT | SPYGLASS | HAZELNUT |
| SUZERAIN | | | | |

## By last letter

| | | | | |
|---|---|---|---|---|
| ABSCISSA | AMBROSIA | ANACONDA | ANATHEMA | ANOREXIA |
| APOLOGIA | AUTOMATA | BACTERIA | BLASTULA | BROUHAHA |
| CAMELLIA | CAPYBARA | CATHEDRA | CRITERIA | DEMENTIA |
| EFFLUVIA | FANTASIA | FLOTILLA | GARDENIA | GLAUCOMA |

# 8 letters

| | | | | |
|---|---|---|---|---|
| HACIENDA | HYSTERIA | INSIGNIA | INSOMNIA | LYMPHOMA |
| MAGNESIA | MAGNOLIA | MANTISSA | MELANOMA | OPERETTA |
| PANORAMA | PARABOLA | PARANOIA | PELLAGRA | PENUMBRA |
| PLACENTA | PLETHORA | SCHEMATA | SCIATICA | STIGMATA |
| SUBPOENA | SUBURBIA | SWASTIKA | SYMPOSIA | UMBRELLA |
| VENDETTA | VERTEBRA | HECATOMB | ACADEMIC | ACOUSTIC |
| AGNOSTIC | ALLERGIC | AMMONIAC | ANALYTIC | ANARCHIC |
| ANATOMIC | ANORTHIC | AROMATIC | ATHLETIC | AUTISTIC |
| BARBARIC | BEATIFIC | CARBONIC | CATHOLIC | CLIMATIC |
| COSMETIC | DACTYLIC | DEMONIAC | DESPOTIC | DIABETIC |
| DIABOLIC | DIATOMIC | DIATONIC | DIDACTIC | DIETETIC |
| DOGMATIC | DOMESTIC | DRAMATIC | DYNASTIC | ECLECTIC |
| ECLIPTIC | ECONOMIC | ECSTATIC | ELECTRIC | ELLIPTIC |
| EMPHATIC | EPIDEMIC | EPISODIC | ESOTERIC | EUTECTIC |
| FORENSIC | FRENETIC | GALACTIC | GALVANIC | GEODESIC |
| GEODETIC | GIGANTIC | GNOMONIC | HARMONIC | HERMETIC |
| HIERATIC | HISTORIC | HYPNOTIC | HYSTERIC | ISOTOPIC |
| LOGISTIC | MAGNETIC | MAJESTIC | MECHANIC | MERCURIC |
| METALLIC | METEORIC | MNEMONIC | MONASTIC | NARCOTIC |
| NECROTIC | NEUROTIC | OPERATIC | PANDEMIC | PATHETIC |
| PEDANTIC | PERIODIC | PHONETIC | PLATONIC | PROLIFIC |
| QUIXOTIC | REPUBLIC | RHETORIC | RHYTHMIC | ROMANTIC |
| SARDONIC | SEMANTIC | SPECIFIC | SPORADIC | SYLLABIC |
| SYMBOLIC | SYNOPTIC | SYSTEMIC | TECTONIC | TERRIFIC |
| THEMATIC | VOLCANIC | ABHORRED | ACHIEVED | ADMITTED |
| AIRFIELD | AIRSPEED | ALKALOID | ALLOTTED | ANALYZED |
| ANNULLED | ARACHNID | ASTEROID | BABYHOOD | BACKHAND |
| BACKWARD | BACKYARD | BALANCED | BARNYARD | BASSWOOD |
| BEDIMMED | BESOTTED | BILLFOLD | BILLIARD | BINDWEED |
| BIRDSEED | BLIZZARD | BLUEBIRD | BULKHEAD | BULLHEAD |
| CARYATID | COMBINED | COMPARED | COMPILED | COMPOSED |
| COMPOUND | COMPUTED | CONFOUND | CUPBOARD | DEADHEAD |
| DECLARED | DECLINED | DEFERRED | DEMENTED | DEMITTED |
| DEMURRED | DETERRED | DISABLED | DISPOSED | DIVIDEND |
| DOCKYARD | DOWNWARD | DOWNWIND | DRUMHEAD | DRUNKARD |
| EASTWARD | ELEVATED | EMBEDDED | EMBODIED | EMPLOYED |
| ENCLOSED | ENLARGED | EQUIPPED | EXCELLED | EXCLUDED |
| EXECUTED | EXPANDED | EXPECTED | EXPELLED | EXPLODED |
| EXTOLLED | FINANCED | FINESSED | FIREWOOD | FIVEFOLD |
| FLATHEAD | FOURFOLD | FOXHOUND | FREEHOLD | GOATHERD |
| HAYFIELD | HEADLAND | HIGHLAND | HIGHROAD | HOMELAND |
| HOMEWARD | IMPELLED | INCLINED | INCLUDED | INCURRED |
| INDEBTED | INFERRED | INTREPID | INVOLVED | IRONWOOD |
| ITERATED | KEYBOARD | LANDLORD | LAPELLED | LEFTWARD |
| LONGHAND | LOPSIDED | MAINLAND | MANIFOLD | MARIGOLD |
| MASTHEAD | MIGRATED | MIMICKED | MODIFIED | MORIBUND |
| OBSCURED | OCCURRED | OVERHEAD | PARANOID | PASSWORD |
| PEGBOARD | PORTLAND | POSTCARD | PRECEDED | PREPARED |

PRESUMED PRODUCED PROFILED PROFOUND PROPOUND
PROVIDED RAILROAD RAWBONED REBELLED REBUTTED
RECURRED REFERRED RELEASED REMITTED REPELLED
REQUIRED REQUITED RESERVED RESOLVED RESTORED
RETAINED REVEREND REVERSED REVOLVED RUBICUND
SALARIED SCABBARD SCAFFOLD SCHIZOID SEABOARD
SELECTED SHEPHERD SHIPYARD SINUSOID SOLENOID
SPHEROID SPLENDID SQUATTED SQUEEZED STANDARD
SUPPLIED SURROUND TAILWIND TAMARIND THOUSAND
TIDELAND TROUBLED UNNEEDED VAGABOND VANGUARD
VERIFIED VINEYARD WESTWARD WINDWARD WITHHELD
WITHHOLD WOODLAND WOODSHED WOODWARD WOODWIND
WORKLOAD ABDICATE ABEYANCE ABRASIVE ABROGATE
ABSENTEE ABSOLUTE ABSTRUSE ACCOLADE ACCURATE
ACTIVATE ADAPTIVE ADDITIVE ADEQUATE ADHESIVE
ADOPTIVE ADVOCATE AESTHETE AFFIANCE AGGRIEVE
AIRBORNE AIRPLANE AIRSPACE ALBACORE ALGINATE
ALIENATE ALKALINE ALLIANCE ALLOCATE ALLSPICE
ALLUSIVE ALTITUDE AMBIANCE AMBULATE AMICABLE
AMPERAGE AMPUTATE ANALOGUE ANDESINE ANECDOTE
ANNOTATE ANNOUNCE ANTEDATE ANTELOPE ANTENNAE
ANTIPODE ANYPLACE ANYWHERE APERTURE APOSTATE
APPETITE APPLAUSE APPOSITE APPRAISE APTITUDE
ARMATURE ARROGATE ARSENATE ARTIFICE ASPIRATE
ASSEMBLE ASSIGNEE ASTATINE ATTITUDE AUDIENCE
AUTOMATE BACKBONE BACKSIDE BADINAGE BALDPATE
BARBECUE BARITONE BARNACLE BARRETTE BEDAZZLE
BEFUDDLE BEGRUDGE BELITTLE BENEFICE BEVERAGE
BIDDABLE BIRDLIKE BLOCKADE BLOCKAGE BOOKCASE
BREAKAGE BROCHURE BRUNETTE BULLDOZE BUTYRATE
CAMPSITE CANTICLE CAPSTONE CAREFREE CARRIAGE
CASHMERE CASSETTE CHASTISE CHENILLE CHLORATE
CHLORIDE CHLORINE CHORDATE CHROMATE CLEAVAGE
COALESCE COCKSURE COERCIVE COGITATE COHESIVE
COIFFURE COINCIDE COLLAPSE COMATOSE COMMENCE
COMMERCE COMPLETE COMPRISE CONCEIVE CONCLAVE
CONCLUDE CONCRETE CONDENSE CONFEREE CONSERVE
CONSPIRE CONSTRUE CONTINUE CONTRITE CONTRIVE
CONVERGE CONVERSE CONVINCE CONVOLVE CONVULSE
COQUETTE CORONATE CORVETTE COVERAGE CREATURE
CREDIBLE CREOSOTE CRITIQUE CRUCIBLE CULPABLE
CUMULATE CURLICUE DATABASE DATELINE DAUPHINE
DEADLINE DECIMATE DECISIVE DECORATE DECOUPLE
DECREASE DEDICATE DEFECATE DEFINITE DEGREASE
DELEGATE DELICATE DELUSIVE DENATURE DENDRITE
DENIABLE DENOUNCE DEPORTEE DERISIVE DERIVATE
DEROGATE DESCRIBE DESOLATE DETONATE DEXTROSE
DIAGNOSE DIALOGUE DIATRIBE DISBURSE DISCIPLE

## 8 letters

| | | | | |
|---|---|---|---|---|
| DISCRETE | DISKETTE | DISPENSE | DISPERSE | DISSOLVE |
| DISSUADE | DIVISIVE | DOCKSIDE | DOCTRINE | DOLOMITE |
| DOMICILE | DOMINATE | DOWNSIDE | DRAINAGE | DUTIABLE |
| DYNAMITE | EARPHONE | EDGEWISE | EDUCABLE | EFFUSIVE |
| ELIGIBLE | ELONGATE | EMACIATE | EMBATTLE | EMBEZZLE |
| EMIGRATE | EMPLOYEE | ENCIRCLE | ENERVATE | ENSCONCE |
| ENSEMBLE | ENVELOPE | ENVIABLE | EPICYCLE | EPILOGUE |
| EQUALIZE | ERASABLE | ESCALATE | ESCAPADE | ESTIMATE |
| ESTRANGE | ETHYLENE | EVACUATE | EVALUATE | EVENTIDE |
| EVERYONE | EVIDENCE | EVOCABLE | EXCAVATE | EXCHANGE |
| EXECRATE | EXERCISE | EXORCISE | EXPEDITE | EXPIABLE |
| EXPOSURE | FALLIBLE | FASCICLE | FEARSOME | FEASIBLE |
| FEDERATE | FEMININE | FIGURATE | FIGURINE | FILENAME |
| FILIGREE | FILTRATE | FINALIZE | FIRESIDE | FLAGPOLE |
| FLATWARE | FLEXIBLE | FLUORIDE | FLUORINE | FLUORITE |
| FOLKLORE | FOLLICLE | FOOTNOTE | FORBORNE | FORCIBLE |
| FORMULAE | FOURSOME | FOXGLOVE | FRACTURE | FRONTAGE |
| FRUCTOSE | FUGITIVE | FUMIGATE | FUNGIBLE | FUSELAGE |
| GASOLINE | GELATINE | GEMINATE | GEMSTONE | GENERATE |
| GENITIVE | GENOTYPE | GLACIATE | GLISSADE | GRADUATE |
| GRAPHEME | GRAPHITE | GRUESOME | GUIDANCE | GULLIBLE |
| HANDMADE | HANDSOME | HARANGUE | HARDWARE | HEADACHE |
| HEADLINE | HELPMATE | HEMATITE | HERITAGE | HESITATE |
| HILLSIDE | HOMICIDE | HORRIBLE | HOTHOUSE | ILLUMINE |
| ILLUSIVE | IMBECILE | IMITABLE | IMMATURE | IMMOBILE |
| IMPOLITE | INACTIVE | INCISIVE | INCREASE | INCUBATE |
| INDICATE | INDIGENE | INFINITE | INFRINGE | INHUMANE |
| INITIATE | INNOVATE | INSCRIBE | INSECURE | INSTABLE |
| INSTANCE | INSULATE | INTIMATE | INTONATE | INTRIGUE |
| INUNDATE | INVASIVE | INVEIGLE | INVOCATE | IRRIGATE |
| IRRITATE | ISSUANCE | JAUNDICE | JUNCTURE | JUVENILE |
| KAMIKAZE | KEROSENE | KEYSTONE | LACERATE | LACROSSE |
| LADYLIKE | LAKESIDE | LAMINATE | LANGUAGE | LARGESSE |
| LATITUDE | LAUREATE | LAXATIVE | LEMONADE | LEVERAGE |
| LEVITATE | LIBERATE | LICENSEE | LIFELIKE | LIFETIME |
| LIGATURE | LIKEWISE | LINGERIE | LITERATE | LITIGATE |
| LOCALIZE | LONESOME | LOOPHOLE | MADHOUSE | MAGAZINE |
| MANDRAKE | MARINADE | MARINATE | MARITIME | MARRIAGE |
| MASSACRE | MATURATE | MEANTIME | MEDICATE | MEDICINE |
| MEDIOCRE | MEDITATE | MELAMINE | MEMBRANE | MENARCHE |
| MERINGUE | MESQUITE | MILITATE | MINIMIZE | MINUTIAE |
| MISCIBLE | MITIGATE | MODERATE | MODULATE | MOISTURE |
| MOLECULE | MONGOOSE | MONOXIDE | MORPHINE | MORTGAGE |
| MOTIVATE | MUCILAGE | MULTIPLE | MUSICALE | MUTILATE |
| NAMESAKE | NAUSEATE | NAVIGATE | NECKLACE | NECKLINE |
| NEGATIVE | NEGLIGEE | NEOPHYTE | NEPENTHE | NICKNAME |
| NICOTINE | NOBLESSE | NOCTURNE | NOMINATE | NUCLEATE |
| NUISANCE | NUMERATE | OBDURATE | OBLIGATE | OBSOLETE |

| | | | | |
|---|---|---|---|---|
| OBSTACLE | OFFSHORE | OILSTONE | OMELETTE | OPERABLE |
| OPPOSITE | ORDINATE | ORDNANCE | ORGANDIE | OVERTURE |
| PAGINATE | PALISADE | PALLIATE | PALPABLE | PARADISE |
| PARASITE | PARLANCE | PARTICLE | PASTICHE | PATENTEE |
| PECULATE | PEDIGREE | PERCEIVE | PERFORCE | PERMEATE |
| PEROXIDE | PERSPIRE | PERSUADE | PERVERSE | PHOSGENE |
| PHYSIQUE | PICAYUNE | PINAFORE | PINNACLE | PINOCHLE |
| PIPELINE | PITIABLE | PLAYMATE | PLAYTIME | PLEASURE |
| POPULACE | POPULATE | PORPOISE | PORRIDGE | PORTABLE |
| POSITIVE | POSSIBLE | POSTLUDE | POSTPONE | POULTICE |
| PRACTICE | PREAMBLE | PRECLUDE | PREMIERE | PRESENCE |
| PRESERVE | PRESSURE | PRESTIGE | PRETENCE | PRIMROSE |
| PRISTINE | PROCAINE | PROLOGUE | PROROGUE | PROSTATE |
| PROTRUDE | PROVINCE | PUNCTURE | PUNITIVE | PURCHASE |
| PUTATIVE | PYRIDINE | PYROXENE | QUAGMIRE | QUARTILE |
| READABLE | RECREATE | REGULATE | REHEARSE | RENOUNCE |
| RENOVATE | REPARTEE | REPRIEVE | RESEMBLE | RESOLUTE |
| RESPONSE | RETRIEVE | RIDDANCE | RIDICULE | RINGSIDE |
| ROADSIDE | ROULETTE | RUMINATE | SABOTAGE | SALIVATE |
| SANGUINE | SAPPHIRE | SATURATE | SCAVENGE | SCHEDULE |
| SCRABBLE | SCRAMBLE | SCRIBBLE | SEAQUAKE | SENSIBLE |
| SENTENCE | SEPARATE | SEQUENCE | SERENADE | SEWERAGE |
| SEXTUPLE | SHIPMATE | SHOELACE | SHORTAGE | SHOWCASE |
| SIDERITE | SIDEWISE | SIGHTSEE | SILICATE | SIMULATE |
| SLIPPAGE | SOCIABLE | SOFTWARE | SOLITUDE | SOLSTICE |
| SOMETIME | SPHERULE | SPITFIRE | SPRINKLE | SQUABBLE |
| SQUEEGEE | STAGNATE | STAMPEDE | STEPWISE | STOCKADE |
| STOPPAGE | STRADDLE | STRAGGLE | STRANGLE | STRUGGLE |
| STUMPAGE | SUFFRAGE | SULPHATE | SULPHIDE | SUNSHINE |
| SURCEASE | SURPRISE | SUSPENSE | SWANLIKE | SYBARITE |
| SYCAMORE | SYLLABLE | SYNDROME | TABULATE | TANGIBLE |
| TELLTALE | TEMPLATE | TENTACLE | TERRIBLE | TESTICLE |
| THROTTLE | TINCTURE | TIRESOME | TITMOUSE | TOILSOME |
| TOLERATE | TOLLGATE | TORTOISE | TRAVERSE | TREASURE |
| TREATISE | TRIANGLE | TRIOXIDE | TROMBONE | TRUNCATE |
| TURNPIKE | TUTELAGE | TYROSINE | ULCERATE | ULTIMATE |
| UNDULATE | UNFREEZE | UNIVERSE | URETHANE | VALIDATE |
| VARIABLE | VEGETATE | VENDIBLE | VENERATE | VERBIAGE |
| VIGNETTE | VOLATILE | WARDROBE | WARPLANE | WILDFIRE |
| WILDLIFE | WISEACRE | WISHBONE | WRECKAGE | HANDCUFF |
| KERCHIEF | WINDSURF | WOODRUFF | YOURSELF | ABETTING |
| ABUTTING | AGREEING | ANYTHING | ASSUMING | AVERRING |
| AVOIDING | BEHAVING | BRAGGING | BROWSING | BUILDING |
| BULLFROG | CHANGING | CHECKING | CHOOSING | CIRCLING |
| CLINGING | CLOGGING | CREATING | DECIDING | DEFINING |
| DELETING | DENOTING | DERIVING | DIVIDING | DRAGGING |
| DROPPING | DRUGGING | DUCKLING | ELAPSING | EMITTING |
| ENABLING | ENSURING | ESCAPING | EVENSONG | EXPOSING |

# 8 letters

| | | | | |
|---|---|---|---|---|
| FLAGGING | FLIPPING | FLOGGING | FLOPPING | FREEZING |
| HANDLING | HEDGEHOG | HIRELING | IMPOSING | INVOKING |
| LEAPFROG | LIFELONG | LOCATING | OMITTING | ONCOMING |
| OVERHANG | PLOTTING | PLUGGING | POACHING | QUIPPING |
| QUITTING | REDUCING | REFUSING | REMOVING | RESCUING |
| RESIDING | RESUMING | REVOKING | ROTATING | RUSTLING |
| SAMPLING | SECURING | SEEDLING | SEETHING | SHAGGING |
| SHUTTING | SIDELONG | SINGLING | SINGSONG | SKIPPING |
| SKIRLING | SLIPPING | SLUGGING | SNAGGING | SPINNING |
| SPOTTING | SQUARING | STARLING | STEMMING | STERLING |
| STIFLING | STOPPING | SUCKLING | SWAPPING | TEETHING |
| THIEVING | TRIMMING | TWIGGING | WALTZING | WHIZZING |
| ADMONISH | ALTHOUGH | AMARANTH | ANAGLYPH | APPROACH |
| ASTONISH | BACKLASH | BEQUEATH | BESMIRCH | BLANDISH |
| BLUEFISH | BRACKISH | BRANDISH | BROWNISH | CHILDISH |
| CLANNISH | CLODDISH | CRAYFISH | DEMOLISH | DEVILISH |
| DIMINISH | DOGTOOTH | ELEVENTH | ENCROACH | EPIGRAPH |
| FEVERISH | FIENDISH | FIFTIETH | FLOURISH | FOOTPATH |
| FORTIETH | FREAKISH | FURLOUGH | GHOULISH | GOLDFISH |
| GREENISH | HEREWITH | HYACINTH | INASMUCH | KEYPUNCH |
| LANGUISH | MONOLITH | NUTHATCH | OILCLOTH | POTLATCH |
| PRIGGISH | PUPPYISH | REATTACH | REPROACH | ROUGHISH |
| SANDWICH | SHREWISH | SIXTIETH | SKIRMISH | SLUGGISH |
| SMALLISH | SNAPPISH | SNOBBISH | STARFISH | STRENGTH |
| SWEETISH | THOROUGH | TICKLISH | TRIPTYCH | VANQUISH |
| WHIPLASH | YOUNGISH | BERIBERI | BROCCOLI | KOHLRABI |
| NUCLEOLI | VIRTUOSI | ZUCCHINI | AARDVARK | ASTERISK |
| BACKPACK | BASILISK | BLOWBACK | BOBOLINK | CHIPMUNK |
| DAYBREAK | DEADLOCK | DRAWBACK | FIREWORK | FULLBACK |
| GAMECOCK | GROSBEAK | HALLMARK | HANDBOOK | HARDTACK |
| HAYSTACK | HOMESICK | HUMPBACK | KNAPSACK | LANDMARK |
| MAVERICK | NOTEBOOK | POSTMARK | REEDBUCK | SHAMROCK |
| SIDEWALK | SKIPJACK | TAMARACK | WOODCOCK | WOODWORK |
| WORKBOOK | ABNORMAL | ALLUVIAL | APPROVAL | ARBOREAL |
| ARCHIVAL | ARTERIAL | AUTUMNAL | BACKFILL | BARBITAL |
| BARONIAL | BASEBALL | BESTOWAL | BETRAYAL | BIBLICAL |
| BIENNIAL | BILABIAL | BINAURAL | BINOMIAL | BISEXUAL |
| BLISSFUL | BLUEGILL | BOASTFUL | CANNIBAL | CARBONYL |
| CARDINAL | CARNIVAL | CEREBRAL | CHARCOAL | CHEERFUL |
| COATTAIL | COCKTAIL | COLONIAL | COLOSSAL | COMMUNAL |
| CONJUGAL | CORPORAL | CORTICAL | CRIMINAL | CULTURAL |
| DAFFODIL | DIAGONAL | DIHEDRAL | DISHEVEL | DISPOSAL |
| DOCTORAL | DOORBELL | DOUBTFUL | DOVETAIL | DOWNFALL |
| DOWNHILL | DREADFUL | EGGSHELL | ESPECIAL | ESPOUSAL |
| ETHEREAL | EVENTFUL | EVENTUAL | EXTERNAL | FAITHFUL |
| FAMILIAL | FANCIFUL | FARCICAL | FAREWELL | FESTIVAL |
| FIREWALL | FLEXURAL | FOOTBALL | FOOTFALL | FOOTHILL |
| FORCEFUL | FRUITFUL | FUNEREAL | GERMINAL | GLYCEROL |

| | | | | |
|---|---|---|---|---|
| GOODWILL | GRACEFUL | GRATEFUL | GUTTURAL | HABITUAL |
| HIGHBALL | HORNTAIL | HOSPITAL | HYDROXYL | IMMORTAL |
| IMPERIAL | INERTIAL | INFERNAL | INFORMAL | INIMICAL |
| INTEGRAL | INTERNAL | INTERVAL | JUDICIAL | LANDFILL |
| LITTORAL | MACKEREL | MADRIGAL | MALARIAL | MANDRILL |
| MANIACAL | MARGINAL | MATERIAL | MATERNAL | MEMORIAL |
| MERCIFUL | METHANOL | MINSTREL | MONAURAL | MONOMIAL |
| MOURNFUL | MOUTHFUL | NAUTICAL | NEONATAL | NUTSHELL |
| OFFICIAL | OPTIONAL | ORIENTAL | ORIGINAL | PARALLEL |
| PARENTAL | PASTORAL | PATERNAL | PEACEFUL | PECTORAL |
| PEDESTAL | PERSONAL | PHYSICAL | PICKEREL | POWERFUL |
| PRIMEVAL | PRODIGAL | PROPOSAL | PROTOCOL | PROXIMAL |
| PUFFBALL | PUNCTUAL | RAINFALL | REBUTTAL | REFERRAL |
| REGIONAL | REMEDIAL | REPRISAL | RESIDUAL | REVERSAL |
| RIGHTFUL | SCORNFUL | SEASONAL | SENTINEL | SHAMEFUL |
| SHRAPNEL | SIDEREAL | SKELETAL | SLOTHFUL | SNOWBALL |
| SNOWFALL | SOFTBALL | SPANDREL | SPECTRAL | SPITEFUL |
| SPOONFUL | SQUIRREL | SUICIDAL | SURGICAL | SURVIVAL |
| TASTEFUL | TEETOTAL | TEMPORAL | TERMINAL | TEXTURAL |
| THANKFUL | TRANQUIL | TRIBUNAL | TRUSTFUL | TRUTHFUL |
| TUTORIAL | UPHEAVAL | VENEREAL | VENGEFUL | VERTICAL |
| VIRGINAL | VISCERAL | WASTEFUL | WATCHFUL | WINDFALL |
| WINDMILL | WRATHFUL | WRONGFUL | YOUTHFUL | ZODIACAL |
| ACCUSTOM | ADDENDUM | ALLUVIUM | ALTRUISM | AMMONIUM |
| ANTEROOM | APHORISM | APOTHEGM | AQUARIUM | ARCHAISM |
| BATHROOM | CARDAMOM | CHERUBIM | CHROMIUM | CLUBROOM |
| COLISEUM | CORUNDUM | DAYDREAM | DELIRIUM | DYNAMISM |
| ECTODERM | EMPORIUM | ENCOMIUM | ENDODERM | EUROPIUM |
| EXORCISM | FRANCIUM | GERANIUM | HEADROOM | HEDONISM |
| HOLOGRAM | HOOKWORM | HORNBEAM | ISOTHERM | LAUDANUM |
| LINOLEUM | LUKEWARM | LUTETIUM | LYRICISM | MARJORAM |
| MESODERM | MOMENTUM | MUSHROOM | NIHILISM | NOBELIUM |
| OPTIMISM | PACIFISM | PARADIGM | PENDULUM | PLATFORM |
| PLATINUM | PLAYROOM | POLONIUM | POPULISM | PROCLAIM |
| RESIDUUM | RUBIDIUM | SAMARIUM | SCANDIUM | SELENIUM |
| SERAPHIM | SERIATIM | SHOWROOM | SILKWORM | SOLECISM |
| SONOGRAM | SPECTRUM | TANTALUM | TAPEWORM | TELEGRAM |
| THALLIUM | TITANIUM | UPSTREAM | VANADIUM | VERBATIM |
| WARDROOM | WAVEFORM | ABLUTION | ABORTION | ABRASION |
| ADDITION | ADHESION | ADOPTION | AGRARIAN | ALDERMAN |
| ALDERMEN | ALIZARIN | ALLUSION | AMBITION | APHELION |
| ASSASSIN | AUDITION | AVERSION | BEFALLEN | BEGOTTEN |
| BLUDGEON | BONDSMAN | BONDSMEN | BRAKEMAN | BRETHREN |
| BRIGHTEN | BUCKHORN | BUCKSKIN | BULLETIN | CALFSKIN |
| CAMPAIGN | CAREWORN | CERULEAN | CHAIRMAN | CHAIRMEN |
| CHAMPION | CHAPERON | CHAPLAIN | CHILDREN | CHRISTEN |
| CINNAMON | CITATION | CIVILIAN | COACHMAN | COACHMEN |
| COERCION | COHESION | COLLAGEN | COMEDIAN | COMPLAIN |

## 8 letters

| | | | | |
|---|---|---|---|---|
| CREATION | DAIRYMAN | DAIRYMEN | DECISION | DEERSKIN |
| DELETION | DELUSION | DEMIJOHN | DERISION | DEUTERON |
| DEVOTION | DILUTION | DIOCESAN | DIVISION | DOMINION |
| DOUBLOON | DURATION | EFFUSION | EIGHTEEN | ELECTRON |
| EMBLAZON | EMBOLDEN | EMISSION | EMULSION | EQUATION |
| ERUPTION | EXCISION | FLATIRON | FORGIVEN | FORSAKEN |
| FOUNTAIN | FOURTEEN | FRACTION | FRANKLIN | FREEDMEN |
| FRESHMAN | FRESHMEN | FRICTION | FRIGHTEN | FRUITION |
| FUNCTION | GAMESMAN | GANGLION | GARRISON | GLOBULIN |
| GLYCOGEN | GRANDSON | GRIDIRON | GUARDIAN | GUMPTION |
| HAWTHORN | HEADSMAN | HEADSMEN | HEIGHTEN | HELMSMAN |
| HELMSMEN | HENCHMAN | HERDSMAN | HOOLIGAN | HORSEMAN |
| HORSEMEN | HYDROGEN | IGNITION | ILLUSION | IMPRISON |
| INACTION | INFUSION | INVASION | JETTISON | JUNCTION |
| LEADSMAN | LEADSMEN | LENGTHEN | LIBATION | LIFESPAN |
| LOCATION | LOCUTION | LOGICIAN | LONGHORN | LOVELORN |
| LUNCHEON | MAGICIAN | MAINTAIN | MANDARIN | MARATHON |
| MARKSMAN | MARKSMEN | MASTODON | MELTDOWN | MENHADEN |
| MERIDIAN | MISTAKEN | MOCCASIN | MOUNTAIN | MULLIGAN |
| MUSICIAN | NINETEEN | NITROGEN | NOBLEMAN | NOBLEMEN |
| NORTHERN | NOTATION | OBLIVION | OBSIDIAN | OCCASION |
| OCTOROON | OMISSION | PANTHEON | PARAFFIN | PARTISAN |
| PATHOGEN | PAVILION | PEMMICAN | PENTAGON | PETITION |
| PLANKTON | PLANTAIN | PLASTRON | PLEBEIAN | POSITION |
| POSITRON | QUATRAIN | QUESTION | REASSIGN | RELIGION |
| RESTRAIN | REVISION | RIFLEMAN | RIPARIAN | ROTATION |
| SALESMAN | SALESMEN | SANCTION | SAUCEPAN | SCORPION |
| SEDITION | SHOEHORN | SHOPWORN | SHRUNKEN | SKELETON |
| SOLUTION | SOUTHERN | SPECIMEN | SQUADRON | STALLION |
| STRICKEN | STUBBORN | STURGEON | SUZERAIN | TALISMAN |
| TAXATION | TEASPOON | TELETHON | TERRAPIN | THESPIAN |
| THIRTEEN | THREATEN | TOWNSMAN | TOWNSMEN | TRILLION |
| TUNGSTEN | UNBIDDEN | VEXATION | VOLITION | WATCHMAN |
| WATCHMEN | WINGSPAN | ALFRESCO | ARPEGGIO | BALLYHOO |
| BORDELLO | COCKATOO | COMMANDO | CONCERTO | CONTINUO |
| FLAMINGO | HEREUNTO | HITHERTO | INNUENDO | KANGAROO |
| LIBRETTO | MACHISMO | MOSQUITO | ORATORIO | PALMETTO |
| POLITICO | SCENARIO | SERAGLIO | STACCATO | STILETTO |
| VIRTUOSO | AIRSTRIP | BACKDROP | BACKSTOP | DOORSTEP |
| FOOTSTEP | HANDICAP | LOCKSTEP | LOLLIPOP | NIGHTCAP |
| RAINDROP | TRANSHIP | WORKSHOP | ACCEPTOR | ALVEOLAR |
| ANCESTOR | ANTERIOR | ARMCHAIR | ASSESSOR | BACHELOR |
| BANISTER | BEGINNER | BETRAYER | BEWILDER | CALENDAR |
| CALLIPER | CANISTER | CATHETER | CAVALIER | CELLULAR |
| CHANDLER | CINNABAR | CIRCULAR | CLOISTER | CLOTHIER |
| COLANDER | COLUMNAR | COMPILER | COMPUTER | CONGENER |
| CONJUROR | CONSIDER | CONSULAR | CONVEYOR | CORRIDOR |
| COURTIER | CREDITOR | CROSSBAR | CROUPIER | CUCUMBER |

| | | | | |
|---|---|---|---|---|
| CYLINDER | DAUGHTER | DEBONAIR | DEBUGGER | DECIPHER |
| DEMURRER | DETECTOR | DIAMETER | DINOSAUR | DIRECTOR |
| DOMINEER | DOWNPOUR | EMPLOYER | ENCUMBER | ENGINEER |
| EXECUTOR | EXEMPLAR | EXPLORER | EXTENSOR | EXTERIOR |
| EXTOLLER | FAMILIAR | FELDSPAR | FLOUNDER | FOOTWEAR |
| FORSWEAR | FRONTIER | GEOMETER | GLOBULAR | GOSSAMER |
| GOVERNOR | GRANDEUR | GRANULAR | HANGOVER | HUCKSTER |
| IMPELLER | IMPROPER | INCEPTOR | INDUCTOR | INFERIOR |
| INTERIOR | INVENTOR | INVESTOR | KILLDEER | LABOURER |
| LAMELLAR | LARKSPUR | LAUGHTER | LAVENDER | LAWGIVER |
| LEFTOVER | MANPOWER | MARAUDER | METAPHOR | MISNOMER |
| MONSIEUR | MOREOVER | MUSCULAR | MUTINEER | NEWCOMER |
| OBJECTOR | ODOMETER | OHMMETER | OLEANDER | OPERATOR |
| ORACULAR | PECULIAR | PHOSPHOR | POLLSTER | PURVEYOR |
| REAPPEAR | REDACTOR | REINDEER | REJECTER | REMEMBER |
| REMINDER | REPEATER | REVIEWER | ROADSTER | SCAPULAR |
| SCHOONER | SCIMITAR | SCULPTOR | SELECTOR | SEMESTER |
| SERVITOR | SHOULDER | SINGULAR | SINISTER | SMOULDER |
| SOUVENIR | SPINSTER | SPLUTTER | SQUANDER | SQUATTER |
| SUPERIOR | SURVEYOR | SURVIVOR | TEAMSTER | TOGETHER |
| TRANSFER | TURNOVER | ULTERIOR | VASCULAR | WHATEVER |
| WHENEVER | WHEREVER | ACCOUNTS | ALVEOLUS | ANALYSES |
| ANALYSIS | ASBESTOS | AUSPICES | BACILLUS | BARONESS |
| BEARINGS | BRANCHES | BREECHES | BRITCHES | BRONCHUS |
| BURSITIS | BUSINESS | BUTTRESS | CALCULUS | CANNABIS |
| CAPTIOUS | CAUTIOUS | CLITORIS | COLOSSUS | COMPRESS |
| CONGRESS | COPPERAS | COUSCOUS | COVETOUS | DECOROUS |
| DESIROUS | DIABETES | DIALYSIS | DOLDRUMS | EELGRASS |
| ELLIPSIS | EMERITUS | EMPHASES | EMPHASIS | ENORMOUS |
| EXCURSUS | EXEGESIS | EYEGLASS | FABULOUS | FACTIOUS |
| FORTRESS | FRESCOES | GENEROUS | GIANTESS | GLORIOUS |
| GORGEOUS | GRACIOUS | GRIEVOUS | HUMOROUS | HYPNOSIS |
| INFAMOUS | LUMINOUS | LUSCIOUS | LUSTROUS | MANDAMUS |
| MATRICES | MATTRESS | MEMORIES | MENISCUS | MIDWIVES |
| MISTRESS | MOLASSES | NARCOSIS | NAUTILUS | NEBULOUS |
| NECROSIS | NEURITIS | NEUROSIS | NOWADAYS | NUMEROUS |
| PANCREAS | PERILOUS | PLATYPUS | POPULOUS | POTATOES |
| PRECIOUS | PREVIOUS | PRINCESS | PROGRESS | PROVERBS |
| RAVENOUS | RIGOROUS | RUTHLESS | SCABROUS | SCHNAPPS |
| SEDULOUS | SENSUOUS | SONOROUS | SPACIOUS | SPECIOUS |
| SPURIOUS | SPYGLASS | STANNOUS | STIMULUS | STUDIOUS |
| SUCCUBUS | SUPPLIES | SUPPRESS | SYLLABUS | SYNOPSES |
| SYNOPSIS | TERMINUS | TOMATOES | TORTUOUS | TRESPASS |
| USURIOUS | VAPOROUS | VENOMOUS | VERTICES | VIGOROUS |
| VIRTUOUS | VITREOUS | VORTICES | WAITRESS | WEEKLIES |
| WIDENESS | WONDROUS | ABERRANT | ABSTRACT | ABUNDANT |
| ACCIDENT | ACCREDIT | ACQUAINT | ADHERENT | ADJACENT |
| ADJUTANT | AFFERENT | AFFLUENT | AFFOREST | AIRCRAFT |

## 8 letters

| | | | | |
|---|---|---|---|---|
| AIRTIGHT | ALPHABET | ALTRUIST | AMBULANT | AMETHYST |
| APPARENT | AQUEDUCT | ARGUMENT | ARMAMENT | ARROGANT |
| ARTEFACT | ASPIRANT | ASSONANT | AUTOCRAT | BACCARAT |
| BANKRUPT | BAREFOOT | BASSINET | BERGAMOT | BLACKOUT |
| BOTANIST | BRACELET | BRAGGART | BRICKBAT | BUCKSHOT |
| CACHALOT | CASTANET | CATAPULT | CATARACT | CENTRIST |
| CHECKOUT | CHESTNUT | CLAIMANT | CLARINET | COHERENT |
| COLONIST | CONFLICT | CONFRONT | CONJOINT | CONJUNCT |
| CONQUEST | CONSTANT | CONTEMPT | CONTRACT | CONTRAST |
| COVALENT | COVENANT | COVERLET | CRACKPOT | CRESCENT |
| CROSSCUT | CROWFOOT | CRYOSTAT | DAYLIGHT | DECADENT |
| DECEDENT | DEFERENT | DEFOREST | DEMOCRAT | DERELICT |
| DESELECT | DESTRUCT | DIFFRACT | DILIGENT | DIPLOMAT |
| DISCOUNT | DISCREET | DISTINCT | DISTRICT | DIVALENT |
| DOCUMENT | DOMINANT | DOUGHNUT | DOWNBEAT | EFFERENT |
| EFFLUENT | ELEPHANT | ELOQUENT | EMERGENT | EMIGRANT |
| EXISTENT | EXORCIST | EXPLICIT | EXPONENT | EXULTANT |
| EYESIGHT | FARTHEST | FEMINIST | FILAMENT | FLAGRANT |
| FLAUTIST | FLEAWORT | FLIPPANT | FRAGMENT | FRAGRANT |
| FREEBOOT | FREQUENT | FUMIGANT | FURTHEST | GASLIGHT |
| GAUNTLET | GRADIENT | GUNFIGHT | GUNFLINT | HABITANT |
| HAZELNUT | HESITANT | HINDMOST | HORNWORT | IGNORANT |
| IMMANENT | IMMINENT | IMMODEST | IMPLICIT | IMPOTENT |
| IMPUDENT | INCIDENT | INDECENT | INDICANT | INDIGENT |
| INDIRECT | INDOLENT | INEXPERT | INFLUENT | INHERENT |
| INNOCENT | INSOLENT | INSTINCT | INSTRUCT | INTERACT |
| INTEREST | INTERMIT | INTERNET | INTRANET | IRRITANT |
| JACKBOOT | JUBILANT | KNOCKOUT | LEFTMOST | LIFEBOAT |
| LIGAMENT | LINGUIST | LINIMENT | LITIGANT | MALTREAT |
| MANIFEST | MEGAWATT | MERCHANT | MIDNIGHT | MILITANT |
| MONUMENT | MOVEMENT | NEWSCAST | NIHILIST | NUTRIENT |
| OBEDIENT | OBEISANT | OBSTRUCT | OCCIDENT | OCCUPANT |
| OFFPRINT | OFFSHOOT | OINTMENT | OPPONENT | OPTIMIST |
| ORNAMENT | PAMPHLET | PARAKEET | PASSPORT | PEDIMENT |
| PENCHANT | PENITENT | PETULANT | PHEASANT | PINPOINT |
| PLATELET | PLEASANT | POIGNANT | POLYGLOT | POPULIST |
| PORTRAIT | PRECINCT | PREGNANT | PROHIBIT | PROSPECT |
| PROTRACT | PRURIENT | PUISSANT | PURSUANT | QUADRANT |
| QUOTIENT | REACTANT | RECUSANT | REDIRECT | REFERENT |
| REGIMENT | REINVEST | RELEVANT | RESIDENT | RESONANT |
| RESTRICT | RETICENT | RETROFIT | REVERENT | RHEOSTAT |
| RICOCHET | RUDIMENT | RUMINANT | SEDIMENT | SELL-OUT |
| SENTIENT | SERGEANT | SHORTCUT | SIBILANT | SIGNPOST |
| SKYLIGHT | SNAPSHOT | SOMEWHAT | SPROCKET | STAGNANT |
| STALWART | STRAIGHT | STRIDENT | SUBTRACT | SUCCINCT |
| SUNLIGHT | SUPPLANT | SURMOUNT | TENEMENT | THEORIST |
| TOLERANT | TRANSACT | TRANSECT | TRANSEPT | TRANSMIT |
| TWILIGHT | UPPERCUT | VEHEMENT | VIGILANT | VIRULENT |

VISCOUNT WAINSCOT BEDSTRAW BUNGALOW CROSSBOW
DISALLOW RICKSHAW SOUTHPAW TOMORROW WITHDRAW
WITHDREW APPENDIX AVIATRIX CRUCIFIX ORTHODOX
PARALLAX SMALLPOX TABLEAUX TRANSFIX ACCURACY
ACERBITY ACRIMONY ACTIVITY ADEQUACY ADULTERY
ADVISORY ADVOCACY AFFINITY ALACRITY ALLEGORY
ALLEYWAY ALMIGHTY ANCESTRY ANTIMONY ARTISTRY
ASPERITY ASSEMBLY ATROCITY ATTORNEY AUDACITY
AUDITORY AUTONOMY AXIOLOGY BARBERRY BAYBERRY
BEAUTIFY BIOMETRY BIRTHDAY BOUNDARY BURGLARY
BUTCHERY CALAMITY CAPACITY CASUALTY CATEGORY
CELERITY CELIBACY CEMETERY CEREMONY CHASTITY
CHIVALRY CLASSIFY COLLOQUY CONTRARY CORDUROY
CORONARY COURTESY CREAMERY CROCKERY CROSSWAY
CULINARY CUPIDITY CURRENCY CYTOLOGY DEBILITY
DELICACY DELIVERY DETOXIFY DILATORY DOGBERRY
DOOMSDAY DOWNPLAY DRIVEWAY DRUDGERY EFFICACY
EMISSARY EMULSIFY ENDOGAMY ENORMITY ENTHALPY
ENTIRETY ERRANTRY ETERNITY EVERYDAY FALCONRY
FEATHERY FELICITY FEROCITY FIDELITY FLATTERY
FORESTRY FRUCTIFY GIVEAWAY GLOSSARY GRATUITY
GREENERY GUARANTY GUERNSEY HATCHWAY HEGEMONY
HEREDITY HIDEAWAY HILARITY HOMOLOGY HONORARY
HOROLOGY HORSEFLY HOSTELRY HUMIDIFY HUMILITY
IDENTIFY IDENTITY IDEOLOGY IDOLATRY ILLUSORY
IMPUNITY INDUSTRY INEQUITY INFANTRY INFINITY
INIQUITY INTIMACY ISOTROPY JEALOUSY JEOPARDY
LAPIDARY LAVATORY LEATHERY LETHARGY LITERACY
LITERARY LOBLOLLY LOBOTOMY LUMINARY MAHOGANY
MAINSTAY MILITARY MINISTRY MISOGYNY MOBILITY
MONARCHY MONETARY MONITORY MONOGAMY MONOPOLY
MULBERRY MULTIPLY MYCOLOGY NECROPSY NORMALCY
NUGATORY OBDURACY OBITUARY ONCOLOGY ONTOGENY
ONTOLOGY ORDINARY ORNATELY OUTLAWRY PEDAGOGY
PEDANTRY PHARMACY POROSITY PORPHYRY PRIORITY
PROPERTY PROPHECY PROPHESY PSALTERY QUACKERY
QUANDARY QUANTIFY QUANTITY RAILLERY RECOVERY
REFINERY REGISTRY RHAPSODY ROCKAWAY ROSEMARY
SAGACITY SALIVARY SALUTARY SANCTIFY SANCTITY
SANITARY SAVAGERY SCRATCHY SCREECHY SCRUTINY
SEMINARY SERENITY SIMPLIFY SLIPPERY SNOBBERY
SOBRIETY SOLDIERY SOLIDIFY SOLITARY SOMEBODY
SONORITY SOOTHSAY SORORITY SPLOTCHY STAIRWAY
STATUARY STEALTHY STOWAWAY STRATEGY STRATIFY
STRICTLY STULTIFY SUBTLETY SUNSHINY SUPERBLY
SYMMETRY SYMPATHY SYMPHONY SYNONYMY TAPESTRY
TAXONOMY TEMERITY TENACITY TENDENCY TERTIARY
THEOLOGY TOPOLOGY TRAVESTY TREASURY TRICKERY

## 8 letters

| | | | | |
|---|---|---|---|---|
| TRUMPERY | TYPOLOGY | UBIQUITY | UNWIELDY | VALIDITY |
| VELOCITY | VERACITY | VICINITY | VIVACITY | VORACITY |
| WARRANTY | WATERWAY | WEAPONRY | WESTERLY | WORKADAY |
| YEOMANRY | | | | |

# 9 letters

## By 1<sup>st</sup> letter

| | | | | |
|---|---|---|---|---|
| ABDOMINAL | ABHORRENT | ABOLITION | ABOMINATE | ABSORBENT |
| ABSTINENT | ACCENTUAL | ACCEPTANT | ACCESSION | ACCESSORY |
| ACCLIMATE | ACCOMPANY | ACCORDANT | ACCORDION | ACCRETION |
| ACETYLENE | ACHIEVING | ACIDULOUS | ACQUIESCE | ACQUITTAL |
| ACROBATIC | ACROPOLIS | ACTUARIAL | ADDRESSEE | ADIABATIC |
| ADJECTIVE | ADMIRALTY | ADMISSION | ADMITTING | ADMIXTURE |
| ADULTHOOD | ADVANTAGE | ADVENTURE | ADVERBIAL | ADVERSARY |
| ADVERTISE | ADVISABLE | AEROSPACE | AESTHETIC | AETIOLOGY |
| AFFIDAVIT | AFFILIATE | AFFLUENCE | AFFRICATE | AFORESAID |
| AFTERMATH | AFTERNOON | AFTERWARD | AGGRAVATE | AGGREGATE |
| AGGRESSOR | AGREEABLE | AILANTHUS | ALABASTER | ALBATROSS |
| ALCOHOLIC | ALGEBRAIC | ALGORITHM | ALIGNMENT | ALIPHATIC |
| ALLEGIANT | ALLEGORIC | ALLEVIATE | ALLIGATOR | ALLOCATED |
| ALLOTTING | ALLOWABLE | ALLOWANCE | ALONGSIDE | ALTERCATE |
| ALTERNATE | ALTIMETER | AMBIGUITY | AMBIGUOUS | AMBITIOUS |
| AMBROSIAL | AMBUSCADE | AMERICIUM | AMORPHOUS | AMPERSAND |
| AMPHIBIAN | AMPHIBOLE | AMPLIFIER | AMPLITUDE | ANAEROBIC |
| ANALEPTIC | ANALGESIC | ANALOGOUS | ANALYZING | ANCESTRAL |
| ANCHORAGE | ANCHORITE | ANCILLARY | ANECDOTAL | ANHYDRIDE |
| ANHYDRITE | ANHYDROUS | ANIMOSITY | ANNOTATED | ANNOYANCE |
| ANNUITIES | ANNULLING | ANOMALOUS | ANONYMITY | ANONYMOUS |
| ANTHOLOGY | ANTIPASTO | ANTIPATHY | ANTIPODES | ANTIQUARY |
| ANTIQUITY | APARTHEID | APATHETIC | APOSTOLIC | APPARATUS |
| APPELLANT | APPELLATE | APPENDAGE | APPERTAIN | APPLIANCE |
| APPLICANT | APPOINTEE | APPORTION | APPRAISAL | APPREHEND |
| ARABESQUE | ARBITRAGE | ARBITRARY | ARBITRATE | ARBORETUM |
| ARCHANGEL | ARCHETYPE | ARCHITECT | ARGUMENTS | ARMADILLO |
| ARMISTICE | ARROWHEAD | ARROWROOT | ARTERIOLE | ARTHRITIS |
| ARTICHOKE | ARTILLERY | ASCENDANT | ASCENSION | ASCERTAIN |
| ASPARAGUS | ASPERSION | ASSAILANT | ASSEMBLED | ASSEMBLER |
| ASSIDUITY | ASSIDUOUS | ASSISTANT | ASSOCIATE | ASSURANCE |
| ASTRADDLE | ASTROLOGY | ASTRONOMY | ASYMMETRY | ASYMPTOTE |
| ATROCIOUS | ATTAINDER | ATTENDANT | ATTENTION | ATTENTIVE |
| ATTENUATE | ATTRIBUTE | ATTRITION | AUDACIOUS | AUTHENTIC |
| AUTHORIZE | AUTOCLAVE | AUTOCRACY | AUTOGRAPH | AUTOMATED |
| AUTOMATIC | AUTOMATON | AUTONOMIC | AUXILIARY | AVAILABLE |
| AVALANCHE | AVOCATION | AVOIDANCE | AVUNCULAR | AXIOMATIC |
| BACKBOARD | BACKSPACE | BACKSTAGE | BACKTRACK | BACKWATER |
| BACTERIAL | BACTERIUM | BADMINTON | BAGATELLE | BALANCING |
| BALLERINA | BANDSTAND | BANDWIDTH | BANEBERRY | BAPTISMAL |
| BARBARIAN | BARBARISM | BARBAROUS | BAREFACED | BAROMETER |
| BARRACUDA | BARRICADE | BARTENDER | BASEBOARD | BATTALION |
| BEACHHEAD | BEATITUDE | BEAUTEOUS | BEAUTIFUL | BEDIMMING |

## 9 letters

| | | | | |
|---|---|---|---|---|
| BEDRAGGLE | BEDRIDDEN | BEDSPREAD | BEEFSTEAK | BEFITTING |
| BEFOGGING | BEGETTING | BEGINNING | BEHAVIOUR | BELLICOSE |
| BELLYACHE | BELVEDERE | BENEFITED | BERKELIUM | BERYLLIUM |
| BESETTING | BETHOUGHT | BETROTHAL | BICAMERAL | BICONCAVE |
| BIFURCATE | BILATERAL | BILINGUAL | BILLBOARD | BILLIONTH |
| BIMONTHLY | BINOCULAR | BIOGRAPHY | BIPARTITE | BISHOPRIC |
| BLACKBALL | BLACKBIRD | BLACKBODY | BLACKJACK | BLACKMAIL |
| BLASPHEME | BLASPHEMY | BLINDFOLD | BLOODLINE | BLOODROOT |
| BLOODSHED | BLOODSHOT | BLUEBERRY | BLUEPRINT | BOATHOUSE |
| BOATSWAIN | BODYGUARD | BOMBASTIC | BOMBPROOF | BOOKPLATE |
| BOOKSHELF | BOOKSTORE | BOOMERANG | BOOTSTRAP | BOULEVARD |
| BOURGEOIS | BOWSTRING | BOYFRIEND | BRASSIERE | BRATWURST |
| BREADROOT | BREAKAWAY | BREAKDOWN | BREAKFAST | BRIGADIER |
| BRILLIANT | BRIMSTONE | BROADCAST | BROADSIDE | BROKERAGE |
| BRONCHIAL | BRUSHWORK | BUCKBOARD | BUCKTHORN | BUCKWHEAT |
| BUDGETARY | BULLFINCH | BUMPTIOUS | BURLESQUE | BUTTERCUP |
| BUTTERFLY | BUTTERNUT | BYSTANDER | CACOPHONY | CAFETERIA |
| CALCULATE | CALIBRATE | CALIPHATE | CAMPANILE | CANCELLED |
| CANDIDACY | CANDIDATE | CAPACIOUS | CAPACITOR | CAPILLARY |
| CAPTAINCY | CAPTIVATE | CARBONATE | CARBUNCLE | CARCINOMA |
| CARDBOARD | CARETAKER | CARNATION | CARPENTER | CARPENTRY |
| CARRAGEEN | CARTILAGE | CARTRIDGE | CASSEROLE | CASTIGATE |
| CATACLYSM | CATALOGUE | CATALYSIS | CATALYTIC | CATATONIC |
| CATCHWORD | CATECHISM | CATHARSIS | CATHEDRAL | CAUSATION |
| CAVALCADE | CAVERNOUS | CELANDINE | CELEBRANT | CELEBRATE |
| CELEBRITY | CELESTIAL | CELLULOID | CELLULOSE | CENSORIAL |
| CENTENARY | CENTIPEDE | CEREBRATE | CERTAINTY | CERTIFIED |
| CERTITUDE | CESSATION | CHALLENGE | CHAMELEON | CHAMOMILE |
| CHAMPAGNE | CHAPARRAL | CHAPERONE | CHARACTER | CHAUFFEUR |
| CHECKMATE | CHEMISTRY | CHEVALIER | CHICANERY | CHICKADEE |
| CHICKWEED | CHIEFTAIN | CHILBLAIN | CHILDHOOD | CHILDLIKE |
| CHLORDANE | CHOCOLATE | CHROMATIC | CHROMATIN | CHRONICLE |
| CHURCHMAN | CHURCHMEN | CIGARETTE | CINEMATIC | CIRCUITRY |
| CIRCULATE | CITIZENRY | CLAMOROUS | CLAPBOARD | CLASSMATE |
| CLEARANCE | CLERGYMAN | CLERGYMEN | CLIMACTIC | CLOAKROOM |
| CLOCKWISE | CLOCKWORK | CLUBHOUSE | COACHWORK | COADJUTOR |
| COAGULATE | COALITION | COCHINEAL | COCKROACH | COERCIBLE |
| COGNITION | COGNITIVE | COGNIZANT | COLLEAGUE | COLLECTED |
| COLLECTOR | COLLEGIAL | COLLEGIAN | COLLIMATE | COLLINEAR |
| COLLISION | COLLOIDAL | COLLUSION | COLONNADE | COLTSFOOT |
| COLUMBINE | COMBATANT | COMBINING | COMMENCED | COMMINGLE |
| COMMITTAL | COMMITTED | COMMITTEE | COMMODITY | COMMODORE |
| COMMOTION | COMMUNION | COMPACTER | COMPANION | COMPARING |
| COMPELLED | COMPENDIA | COMPETENT | COMPILING | COMPLAINT |
| COMPLETED | COMPLIANT | COMPONENT | COMPOSING | COMPOSITE |
| COMPOSURE | COMPRISED | COMPUTING | CONCIERGE | CONCISION |
| CONCLUDED | CONCOCTER | CONCOURSE | CONCUBINE | CONCURRED |
| CONDIMENT | CONDITION | CONDUCIVE | CONDUCTOR | CONFERRED |

CONFESSOR CONFIDANT CONFIDENT CONFIGURE CONFLUENT
CONFUSION CONGENIAL CONGRUENT CONJUGATE CONJURING
CONNECTOR CONNUBIAL CONQUEROR CONSCIOUS CONSCRIPT
CONSENSUS CONSIGNEE CONSIGNOR CONSONANT CONSTRAIN
CONSTRICT CONSTRUCT CONSULATE CONTAGION CONTINENT
CONTINUAL CONTINUED CONTRALTO CONTUMACY CONTUSION
CONUNDRUM CONVERGED CONVERTER CONVIVIAL CONVOLUTE
COOPERATE COPYRIGHT CORALLINE CORIANDER CORMORANT
CORNFIELD COROLLARY CORPORATE CORPOREAL CORPULENT
CORRECTLY CORRECTOR CORRELATE CORROSION CORROSIVE
CORRUGATE CORUSCATE COSMOLOGY COSPONSOR COTANGENT
COTILLION COTYLEDON COURTEOUS COURTESAN COURTROOM
COURTYARD COUTURIER COVARIANT COWARDICE CRAFTSMAN
CRAFTSMEN CRANBERRY CREDULITY CREDULOUS CREMATORY
CRESCENDO CRITERION CROCODILE CROSSBILL CROSSOVER
CROSSROAD CROSSWALK CROSSWISE CROSSWORD CROTCHETY
CULMINATE CULTIVATE CURIOSITY CURRICULA CURVATURE
CUSTODIAL CUSTODIAN CUSTOMARY CUSTOMIZE CYCLOPEAN
CYCLORAMA CYTOLYSIS CYTOPLASM DACHSHUND DAMNATION
DANDELION DANGEROUS DASHBOARD DAVENPORT DEACONESS
DEATHWARD DEBARRING DEBENTURE DECATHLON DECEITFUL
DECENNIAL DECEPTION DECEPTIVE DECIDUOUS DECLARING
DECLINING DECLIVITY DECOMPOSE DECONTROL DECREASED
DECREEING DECREMENT DEDUCIBLE DEFENDANT DEFENSIVE
DEFERRING DEFICIENT DEFLECTOR DEHYDRATE DELEGABLE
DELICIOUS DELINEATE DELIRIOUS DEMAGOGUE DEMARCATE
DEMITTING DEMOCRACY DEMURRING DEMYSTIFY DENIGRATE
DENTISTRY DEODORANT DEPARTURE DEPENDANT DEPENDENT
DEPLETION DEPOSITOR DEPRECATE DEPREDATE DEPRESSOR
DESCRIBED DESECRATE DESIGNATE DESOLATER DESPERADO
DESPERATE DESTITUTE DESUETUDE DESULTORY DETACHING
DETECTION DETENTION DETERGENT DETERMINE DETERRENT
DETERRING DETRIMENT DEUTERIUM DEVASTATE DEVELOPER
DEXTERITY DIACRITIC DIAGNOSIS DIALECTIC DIAPHRAGM
DIATHERMY DIATHESIS DICHOTOMY DIFFERENT DIFFICULT
DIFFIDENT DIFFUSION DIFFUSIVE DIGESTION DIGESTIVE
DIGNITARY DIMENSION DIPHTHONG DIPLOMACY DIRECTION
DIRECTIVE DIRECTORY DISABLING DISCOMFIT DISCOVERY
DISMISSAL DISPARAGE DISPARATE DISPELLED DISPERSAL
DISPLAYED DISPOSING DISPUTANT DISSEMBLE DISSIDENT
DISSIPATE DISSONANT DIVERGENT DIVERSIFY DIVERSION
DIVISIBLE DOCTORATE DOCTRINAL DOGMATISM DORMITORY
DOSIMETER DOWNGRADE DOWNRIGHT DOWNSPOUT DOWNSTATE
DRAFTSMAN DRAMATIST DROMEDARY DUBITABLE DUPLICATE
DUPLICITY DYSENTERY DYSPEPTIC EARTHWORM EAVESDROP
EBULLIENT ECCENTRIC ECONOMIST ECOSYSTEM EDELWEISS
EDITORIAL EFFECTIVE EFFECTUAL EFFICIENT EFFLUVIUM
EGREGIOUS EIGHTFOLD EIGHTIETH EJACULATE ELABORATE

# 9 letters

| | | | | |
|---|---|---|---|---|
| ELECTORAL | ELECTRIFY | ELECTRODE | ELEVATING | ELEVATION |
| ELIMINATE | ELLIPSOID | ELSEWHERE | ELUCIDATE | EMBARGOES |
| EMBARRASS | EMBEDDING | EMBELLISH | EMBROIDER | EMBRYONIC |
| EMENDABLE | EMOLUMENT | EMOTIONAL | EMPHYSEMA | EMPLOYING |
| ENCIRCLED | ENCOUNTER | ENDOSPERM | ENDURANCE | ENERGETIC |
| ENIGMATIC | ENLARGING | ENTERTAIN | ENTOURAGE | ENTRANCED |
| ENUMERATE | ENUNCIATE | EPHEMERAL | EPHEMERIS | EPIDERMIS |
| EPILEPTIC | EPIPHYSIS | EPISCOPAL | EQUALIZED | EQUIPOISE |
| EQUIPPING | EQUITABLE | EQUIVOCAL | ERADICATE | ERRONEOUS |
| ERUDITION | ESPIONAGE | ESPLANADE | ESSENTIAL | ESTABLISH |
| ESTIMABLE | ESTUARINE | ETHNOLOGY | ETIQUETTE | ETYMOLOGY |
| EUPHEMISM | EUPHORBIA | EVANGELIC | EVAPORATE | EVENTUATE |
| EVERGREEN | EVERYBODY | EVOCATION | EVOLUTION | EXACTNESS |
| EXCELLENT | EXCELLING | EXCELSIOR | EXCEPTION | EXCESSIVE |
| EXCHEQUER | EXCISABLE | EXCLUDING | EXCLUSION | EXCLUSIVE |
| EXCORIATE | EXCRETION | EXCRETORY | EXCULPATE | EXCURSION |
| EXCUSABLE | EXECRABLE | EXECUTING | EXECUTION | EXECUTIVE |
| EXECUTRIX | EXEMPLARY | EXEMPLIFY | EXEMPTION | EXHIBITOR |
| EXISTENCE | EXOGAMOUS | EXOGENOUS | EXONERATE | EXPANSION |
| EXPANSIVE | EXPATIATE | EXPECTANT | EXPEDIENT | EXPELLING |
| EXPENSIVE | EXPLETIVE | EXPLICATE | EXPLODING | EXPLOSION |
| EXPLOSIVE | EXPOSITOR | EXPULSION | EXPURGATE | EXQUISITE |
| EXTEMPORE | EXTENSION | EXTENSIVE | EXTENUATE | EXTIRPATE |
| EXTOLLING | EXTRACTOR | EXTRADITE | EXTRICATE | EXTRINSIC |
| EXTROVERT | EXTRUSION | EXTRUSIVE | EXUBERANT | EXUDATION |
| EYEBRIGHT | FABRICATE | FACETIOUS | FACSIMILE | FACTORIAL |
| FALSEHOOD | FANTASTIC | FARMHOUSE | FASCINATE | FELONIOUS |
| FENUGREEK | FEROCIOUS | FEUDATORY | FIDUCIARY | FIELDWORK |
| FIFTEENTH | FILMSTRIP | FINALIZED | FINANCIAL | FINANCIER |
| FINANCING | FINESSING | FIREHOUSE | FIRELIGHT | FIREPLACE |
| FIREPROOF | FISHERMAN | FISHERMEN | FISTICUFF | FLAGEOLET |
| FLAGSTONE | FLAMMABLE | FLATULENT | FLEDGLING | FLICKERED |
| FLINTLOCK | FLOTATION | FLOWCHART | FLOWERPOT | FLUCTUATE |
| FLUORESCE | FLUORSPAR | FOOLHARDY | FOOLPROOF | FOOTPRINT |
| FOOTSTOOL | FORBIDDEN | FOREGOING | FORGETFUL | FORGOTTEN |
| FORMATTED | FORMULATE | FORTHWITH | FORTITUDE | FORTNIGHT |
| FORTUNATE | FOUNDLING | FRACTIOUS | FRAMEWORK | FRANCHISE |
| FRATERNAL | FREESTONE | FREEWHEEL | FRICATIVE | FRIGHTFUL |
| FRIVOLITY | FRIVOLOUS | FROSTBITE | FRUSTRATE | FULMINATE |
| FUNGICIDE | FURNITURE | FUSILLADE | GABARDINE | GALLANTRY |
| GALLINULE | GALLIVANT | GALVANISM | GANGPLANK | GARRULOUS |
| GAUCHERIE | GENEALOGY | GENERATED | GENERATOR | GENTILITY |
| GENTLEMAN | GENTLEMEN | GEOGRAPHY | GEOMETRIC | GERIATRIC |
| GERMANIUM | GERMICIDE | GERMINATE | GERUNDIAL | GERUNDIVE |
| GIBBERISH | GIMMICKRY | GLADIATOR | GLADIOLUS | GLANDULAR |
| GLASSWARE | GLASSWORT | GLUTAMATE | GLUTAMINE | GLUTINOUS |
| GLYCERINE | GODFATHER | GODMOTHER | GOLDFINCH | GOLDSMITH |
| GOVERNESS | GRANDIOSE | GRANULATE | GRAPEVINE | GRAPHICAL |

| | | | | |
|---|---|---|---|---|
| GRATITUDE | GRAVEYARD | GRAVITATE | GREATCOAT | GREENWOOD |
| GREYBEARD | GREYHOUND | GRIEVANCE | GRILLWORK | GROTESQUE |
| GROUNDSEL | GUARANTEE | GUARANTOR | GUERRILLA | GUESSWORK |
| GUILDHALL | GUILLEMOT | GUNPOWDER | GYMNASIUM | GYMNASTIC |
| GYRFALCON | GYROSCOPE | HABITUATE | HACKBERRY | HACKNEYED |
| HAILSTONE | HAMBURGER | HANDIWORK | HANDLEBAR | HANDSPIKE |
| HAPHAZARD | HARBINGER | HARMONICA | HAZARDOUS | HEADLIGHT |
| HEADSTONE | HEADWATER | HEALTHFUL | HEARTFELT | HELLEBORE |
| HEPATITIS | HEREAFTER | HERITABLE | HEURISTIC | HEXAGONAL |
| HEXAMETER | HIBERNATE | HIERARCHY | HIGHLIGHT | HILARIOUS |
| HINDRANCE | HINDSIGHT | HISTAMINE | HISTOLOGY | HISTORIAN |
| HOBGOBLIN | HOLLYHOCK | HOLOCAUST | HOLYSTONE | HOMEOPATH |
| HOMESTEAD | HOMICIDAL | HOMOLOGUE | HONEYCOMB | HONEYMOON |
| HONORIFIC | HOREHOUND | HOROSCOPE | HORSEBACK | HORSEHAIR |
| HORSEPLAY | HORSESHOE | HORSETAIL | HOURGLASS | HOUSEHOLD |
| HOUSEWIFE | HOUSEWORK | HOWSOEVER | HUMILIATE | HUNDREDTH |
| HURRICANE | HUSBANDRY | HYDRANGEA | HYDRAULIC | HYDROLOGY |
| HYDROXIDE | HYPERBOLA | HYPHENATE | HYPOCRISY | HYPOCRITE |
| ICHNEUMON | IDENTICAL | IDEOLOGUE | IDIOMATIC | IGNORAMUS |
| IGNORANCE | ILLEGIBLE | IMAGINARY | IMBALANCE | IMBROGLIO |
| IMMEDIACY | IMMEDIATE | IMMERSION | IMMIGRANT | IMMIGRATE |
| IMMODESTY | IMMOVABLE | IMMUTABLE | IMPARTIAL | IMPASSION |
| IMPASSIVE | IMPATIENT | IMPEDANCE | IMPELLING | IMPERFECT |
| IMPERIOUS | IMPETUOUS | IMPLEMENT | IMPLICATE | IMPLOSION |
| IMPOLITIC | IMPORTANT | IMPORTUNE | IMPOSTURE | IMPRECATE |
| IMPROMPTU | IMPROVISE | IMPRUDENT | IMPULSIVE | INABILITY |
| INANIMATE | INAUDIBLE | INAUGURAL | INCAPABLE | INCARNATE |
| INCAUTION | INCENTIVE | INCEPTION | INCESSANT | INCIPIENT |
| INCLEMENT | INCLINING | INCLUDING | INCLUSION | INCLUSIVE |
| INCORRECT | INCREASED | INCREMENT | INCULCATE | INCUMBENT |
| INCURRING | INCURSION | INDELIBLE | INDEMNIFY | INDEMNITY |
| INDENTURE | INDICATED | INDICATOR | INDIGNANT | INDIGNITY |
| INDISPOSE | INDUCIBLE | INDULGENT | INEFFABLE | INELASTIC |
| INELEGANT | INFANTILE | INFATUATE | INFERENCE | INFERRING |
| INFERTILE | INFIRMARY | INFLUENCE | INFLUENZA | INFORMANT |
| INFURIATE | INFUSIBLE | INGENIOUS | INGENUITY | INGENUOUS |
| INGESTION | INHERITOR | INHIBITOR | INITIATED | INJECTION |
| INJURIOUS | INJUSTICE | INNERMOST | INNKEEPER | INNOCUOUS |
| INOCULATE | INORGANIC | INSIDIOUS | INSINCERE | INSINUATE |
| INSISTENT | INSOLUBLE | INSOLVENT | INSOMNIAC | INSPECTOR |
| INSTIGATE | INSTITUTE | INSURANCE | INSURGENT | INTEGRATE |
| INTEGRITY | INTELLECT | INTENSIFY | INTENSIVE | INTENTION |
| INTERCEPT | INTERDICT | INTERFACE | INTERFERE | INTERJECT |
| INTERLUDE | INTERPRET | INTERRUPT | INTERSECT | INTERVENE |
| INTESTINE | INTRICACY | INTRICATE | INTRINSIC | INTRODUCE |
| INTROVERT | INTRUSION | INTRUSIVE | INTUITION | INTUITIVE |
| INVARIANT | INVECTIVE | INVENTION | INVENTIVE | INVENTORY |
| INVERSION | INVIDIOUS | INVIOLATE | INVISIBLE | INVOLVING |

## 9 letters

| | | | | |
|---|---|---|---|---|
| IRONSTONE | IRRADIATE | IRREGULAR | IRRITABLE | IRRUPTION |
| ISINGLASS | ISOTROPIC | ITERATING | ITERATION | ITERATIVE |
| ITINERANT | ITINERARY | JANISSARY | JELLYFISH | JEWELLERY |
| JITTERBUG | JUDICABLE | JUDICIARY | JUDICIOUS | JUNKETEER |
| JUXTAPOSE | KIDNAPPED | KITTENISH | KNOWLEDGE | LABORIOUS |
| LABYRINTH | LAMPLIGHT | LANDOWNER | LANDSCAPE | LANDSLIDE |
| LANTHANUM | LARYNGEAL | LAUDATORY | LEASEHOLD | LEGENDARY |
| LEGISLATE | LEITMOTIF | LEITMOTIV | LETHARGIC | LEUKAEMIA |
| LIBELLOUS | LIBERTINE | LIBRARIAN | LIBRARIES | LIFEGUARD |
| LIGHTNING | LIMELIGHT | LIMESTONE | LIMOUSINE | LIQUIDATE |
| LIQUORICE | LITIGIOUS | LIVERWORT | LOATHSOME | LOBSCOUSE |
| LOCALIZED | LOCKSMITH | LODESTONE | LOGARITHM | LONGEVITY |
| LONGITUDE | LOQUACITY | LUBRICANT | LUBRICATE | LUCRATIVE |
| LUDICROUS | LUMBERMAN | LUMBERMEN | LUNCHROOM | LUXURIANT |
| LUXURIATE | LUXURIOUS | MACHINERY | MACINTOSH | MAGNESIUM |
| MAGNETITE | MAGNETRON | MAGNIFIED | MAGNIFIER | MAGNITUDE |
| MAKESHIFT | MALADROIT | MALICIOUS | MALIGNANT | MALLEABLE |
| MAMMALIAN | MANDATORY | MANGANESE | MANNERISM | MANOEUVRE |
| MANOMETER | MARGARINE | MARMALADE | MARSUPIAL | MARTYRDOM |
| MASCULINE | MASOCHIST | MASTERFUL | MATCHBOOK | MATERNITY |
| MATRIARCH | MATRIMONY | MAUSOLEUM | MEANWHILE | MECHANISM |
| MECHANIST | MEDALLION | MEDICINAL | MELIORATE | MELODIOUS |
| MELODRAMA | MEMORABLE | MEMORANDA | MENAGERIE | MENDACITY |
| MENOPAUSE | MERCENARY | MERCURIAL | MERGANSER | MERRIMENT |
| MESMERISE | MESSAGING | MESSENGER | MESSIEURS | METABOLIC |
| METALLOID | METEORITE | METRONOME | MEZZANINE | MICROBIAL |
| MICROCOSM | MIDDLEMAN | MIDDLEMEN | MIGRATING | MIGRATORY |
| MILESTONE | MILLINERY | MILLIONTH | MILLSTONE | MIMICKING |
| MINCEMEAT | MINIATURE | MINIMIZED | MINUSCULE | MINUTEMAN |
| MINUTEMEN | MISCREANT | MISSHAPEN | MISTAKING | MISTLETOE |
| MOLECULAR | MOMENTARY | MOMENTOUS | MONARCHIC | MONASTERY |
| MONOCULAR | MONOLOGUE | MONSTROUS | MONTHLIES | MOONLIGHT |
| MORPHEMIC | MORTGAGED | MORTGAGOR | MOUSTACHE | MULTIPLEX |
| MULTITUDE | MUNICIPAL | MURDEROUS | MUSTACHIO | MYTHOLOGY |
| NARCISSUS | NAVIGABLE | NAVIGATED | NAVIGATOR | NECESSARY |
| NECESSITY | NECTARINE | NEGLECTER | NEGLIGENT | NEGOTIATE |
| NEODYMIUM | NEOLOGISM | NEPTUNIUM | NEURALGIA | NEUROLOGY |
| NEWSPAPER | NIGGARDLY | NIGHTFALL | NIGHTGOWN | NIGHTMARE |
| NINETIETH | NOCTURNAL | NORMATIVE | NORTHERLY | NORTHWARD |
| NOSTALGIA | NOSTALGIC | NOTORIETY | NOTORIOUS | NOVITIATE |
| NUCLEOLUS | NUMERABLE | NUMERICAL | NUTRITION | NUTRITIVE |
| OBFUSCATE | OBJECTIFY | OBLIVIOUS | OBNOXIOUS | OBSCURING |
| OBSERVANT | OBSESSION | OBSESSIVE | OBSTETRIC | OBSTINACY |
| OBSTINATE | OBTRUSION | OBTRUSIVE | OCCIPITAL | OCCLUSION |
| OCCURRING | OCTAGONAL | OCTILLION | OFFENSIVE | OFFERTORY |
| OFFICIATE | OFFICIOUS | OFFSPRING | OLFACTORY | OLIGARCHY |
| ONSLAUGHT | OPERATING | OPERATION | OPPORTUNE | OPPOSABLE |
| OPPRESSOR | OPTOMETRY | ORCHESTRA | ORDINANCE | ORGANIZER |

| | | | | |
|---|---|---|---|---|
| ORGIASTIC | ORIGINATE | ORPHANAGE | ORTHODOXY | OSCILLATE |
| OSTEOPATH | OSTRACISM | OTHERWISE | OURSELVES | OUTERMOST |
| OVERSIGHT | OXYGENATE | PAGEANTRY | PALLADIUM | PANHANDLE |
| PANORAMIC | PANTHEISM | PANTHEIST | PANTOMIME | PAPERBACK |
| PAPERWORK | PAPILLARY | PARABOLIC | PARACHUTE | PARAGRAPH |
| PARALYSIS | PARAMETER | PARAMOUNT | PARANOIAC | PARASITIC |
| PAREGORIC | PARENTAGE | PAROCHIAL | PARSIMONY | PARSONAGE |
| PARTITION | PARTRIDGE | PASSENGER | PATCHWORK | PATHOLOGY |
| PATRIARCH | PATRICIAN | PATRIMONY | PATRIOTIC | PATRISTIC |
| PATROLLED | PATROLMAN | PATROLMEN | PATRONAGE | PATRONESS |
| PAYMASTER | PEACEABLE | PECUNIARY | PEDAGOGIC | PEDAGOGUE |
| PENETRATE | PENINSULA | PENTAGRAM | PENTHOUSE | PENURIOUS |
| PEPPERONI | PERCHANCE | PERCOLATE | PERDITION | PEREGRINE |
| PERENNIAL | PERFORATE | PERFUMERY | PERFUSION | PERIMETER |
| PERIPHERY | PERISCOPE | PERMANENT | PERMEABLE | PERMITTED |
| PERPETUAL | PERSECUTE | PERSEVERE | PERSIMMON | PERSONAGE |
| PERSONIFY | PERSONNEL | PERTINENT | PERVASION | PERVASIVE |
| PESSIMISM | PESSIMIST | PESTILENT | PETROLEUM | PETROLOGY |
| PETTICOAT | PHAGOCYTE | PHALAROPE | PHENOMENA | PHILOLOGY |
| PHONOLOGY | PHOSPHATE | PHOTOCOPY | PHTHALATE | PHYLOGENY |
| PHYSICIAN | PICNICKED | PICNICKER | PICTORIAL | PIECEMEAL |
| PIGGYBACK | PILFERAGE | PINEAPPLE | PIROUETTE | PISTACHIO |
| PITCHFORK | PITUITARY | PIZZICATO | PLACENTAL | PLAINTIFF |
| PLAINTIVE | PLANETARY | PLANETOID | PLATITUDE | PLAUSIBLE |
| PLAYHOUSE | PLAYTHING | PLENITUDE | PLENTIFUL | PLOUGHMAN |
| PLUTONIUM | PNEUMATIC | PNEUMONIA | POCKETFUL | POISONOUS |
| POLICEMAN | POLICEMEN | POLLINATE | POLLUTANT | POLLUTION |
| POLONAISE | POLYGONAL | POLYMERIC | POLYMORPH | POLYPHONY |
| POMPADOUR | POMPOSITY | PONDEROUS | PORCELAIN | PORCUPINE |
| PORTFOLIO | PORTRAYAL | POSSESSOR | POSTERIOR | POSTERITY |
| POSTULATE | POTASSIUM | POTENTATE | POTENTIAL | PRACTICAL |
| PRAGMATIC | PRAYERFUL | PRECEDENT | PRECEDING | PRECIPICE |
| PRECISION | PRECOCITY | PRECURSOR | PREDATORY | PREDEFINE |
| PREDICATE | PREDICTOR | PREFATORY | PREFERRED | PREJUDICE |
| PREMATURE | PREOCCUPY | PREPARING | PRESCRIBE | PRESCRIPT |
| PRESERVED | PRESIDENT | PRESUMING | PREVALENT | PRIMITIVE |
| PRINCIPAL | PRINCIPLE | PRISMATIC | PRIVILEGE | PROCEDURE |
| PROCREATE | PRODUCING | PROFESSOR | PROFILING | PROFITEER |
| PROFUSION | PROGNOSIS | PROJECTOR | PROLUSION | PROMENADE |
| PROMINENT | PROMOTION | PRONOUNCE | PROPAGATE | PROPELLED |
| PROPELLER | PROPHETIC | PROPONENT | PROPRIETY | PROPYLENE |
| PROSCRIBE | PROSECUTE | PROSTRATE | PROTECTED | PROTECTOR |
| PROTOTYPE | PROTOZOAN | PROVIDENT | PROVIDING | PROVISION |
| PROXIMATE | PROXIMITY | PSYCHOSIS | PSYCHOTIC | PTARMIGAN |
| PUBESCENT | PULMONARY | PULSATING | PUNCTUATE | PURGATION |
| PURGATIVE | PURGATORY | PURPOSIVE | PYRAMIDAL | PYROMETER |
| QUADRATIC | QUADRILLE | QUADRUPLE | QUALIFIED | QUARRYMEN |
| QUARTZITE | QUERULOUS | QUICKLIME | QUICKSAND | QUICKSTEP |

## 9 letters

| | | | | |
|---|---|---|---|---|
| QUIESCENT | QUIZZICAL | QUOTATION | RACKETEER | RADIOGRAM |
| RANCOROUS | RANDOMIZE | RAPACIOUS | RASPBERRY | RATEPAYER |
| RATIONALE | REBELLING | REBELLION | REBUTTING | RECEPTION |
| RECEPTIVE | RECESSION | RECESSIVE | RECIPIENT | RECOMBINE |
| RECONCILE | RECONDITE | RECONVERT | RECOVERED | RECREATED |
| RECTANGLE | RECTIFIED | RECTIFIER | RECTITUDE | RECUMBENT |
| RECURRENT | RECURRING | RECURSION | RECURSIVE | REDUCIBLE |
| REDUCTION | REDUNDANT | REFECTION | REFECTORY | REFERABLE |
| REFERENCE | REFERRING | REFLECTOR | REFLEXIVE | REGISTRAR |
| REGRETFUL | REGRETTED | REHEARSAL | REIMBURSE | REINFORCE |
| REINSTALL | REINSTATE | REITERATE | REJECTION | REJOINDER |
| RELEASING | RELIGIOUS | RELIQUARY | RELUCTANT | REMAINDER |
| REMISSION | REMITTING | RENDITION | REPELLENT | REPELLING |
| REPENTANT | REPERTORY | REPLENISH | REPLICATE | REPRESENT |
| REPRIMAND | REPTILIAN | REPUDIATE | REPUGNANT | REPULSION |
| REPULSIVE | REQUIRING | REQUISITE | RESENTFUL | RESERVING |
| RESERVOIR | RESIDUARY | RESILIENT | RESISTANT | RESISTIVE |
| RESOLVING | RESPECTER | RESTORING | RESTRAINT | RESULTANT |
| RESURGENT | RESURRECT | RETALIATE | RETARDANT | RETENTION |
| RETENTIVE | RETRIEVAL | RETRIEVED | RETURNING | REVERSING |
| REVERSION | REVISABLE | REVOCABLE | REVOLVING | REVULSION |
| RHAPSODIC | RHEUMATIC | RIDGEPOLE | RIGHTEOUS | RIGHTWARD |
| RIVERSIDE | ROADHOUSE | ROUGHCAST | RUINATION | RUTHENIUM |
| SACRAMENT | SACRIFICE | SACRILEGE | SAFEGUARD | SAGACIOUS |
| SAGEBRUSH | SAINTHOOD | SALACIOUS | SALESLADY | SALVATION |
| SANCTUARY | SANDBLAST | SANDPAPER | SANDPIPER | SANDSTONE |
| SARCASTIC | SASSAFRAS | SATELLITE | SATURNINE | SAXIFRAGE |
| SAXOPHONE | SCAPEGOAT | SCARECROW | SCHEDULER | SCHEMATIC |
| SCHILLING | SCHOOLBOY | SCIENTIST | SCLEROSIS | SCLEROTIC |
| SCOUNDREL | SCRIMMAGE | SCRIPTURE | SCULPTURE | SECESSION |
| SECLUSION | SECONDARY | SECRETARY | SECRETION | SECRETIVE |
| SECTARIAN | SEDENTARY | SEDITIOUS | SEDUCTION | SEDUCTIVE |
| SEGREGATE | SELECTION | SELECTIVE | SEMAPHORE | SEMBLANCE |
| SENSITIVE | SENTIMENT | SEPARABLE | SEQUESTER | SERVIETTE |
| SERVITUDE | SEVENFOLD | SEVENTEEN | SEVERALTY | SHEEPSKIN |
| SHIPBOARD | SHIPSHAPE | SHIPWRECK | SHORELINE | SHORTHAND |
| SHOWPIECE | SHRINKAGE | SHRUBBERY | SHRUGGING | SIDEBOARD |
| SIDELIGHT | SIDETRACK | SIGHTSEER | SIGNATURE | SIGNBOARD |
| SILICEOUS | SIMPLETON | SIMULATED | SIMULCAST | SINGLETON |
| SIXTEENTH | SLAPSTICK | SLAUGHTER | SNAKEBIRD | SNAKELIKE |
| SNAKEROOT | SNOWFLAKE | SNOWSTORM | SOAPSTONE | SOBRIQUET |
| SOCIOLOGY | SOLEMNITY | SOLICITOR | SOLILOQUY | SOLIPSISM |
| SOLITAIRE | SOMETHING | SOMEWHERE | SOMNOLENT | SOPHISTRY |
| SOPHOMORE | SORROWFUL | SOUTHLAND | SOUTHWARD | SOVEREIGN |
| SPAGHETTI | SPEARHEAD | SPEARMINT | SPECIALTY | SPECIFIED |
| SPECTACLE | SPECTATOR | SPECULATE | SPEEDWELL | SPIKENARD |
| SPINNAKER | SPINNERET | SPIRITUAL | SPLENETIC | SPLINTERY |
| SPLITTING | SPOKESMAN | SPOKESMEN | SPORTSMAN | SPORTSMEN |

| | | | | |
|---|---|---|---|---|
| SPOTLIGHT | SPRIGHTLY | SPROUTING | SQUATTING | SQUEAMISH |
| SQUEEZING | STAIRCASE | STALEMATE | STANCHION | STARBOARD |
| STARLIGHT | STATEMENT | STATEROOM | STATESIDE | STATESMAN |
| STATESMEN | STATUETTE | STATUTORY | STEADFAST | STEAMBOAT |
| STEPCHILD | STEVEDORE | STIMULANT | STIMULATE | STIPULATE |
| STOCKPILE | STONECROP | STONEWARE | STOREROOM | STRATAGEM |
| STRATEGIC | STREETCAR | STRENUOUS | STRESSFUL | STRICTURE |
| STRINGENT | STRONTIUM | STRUCTURE | SUBDIVIDE | SUBLIMATE |
| SUBMITTED | SUBSCRIPT | SUBSTRATE | SUCCESSOR | SUFFOCATE |
| SULPHURIC | SULTANATE | SUMMARIES | SUMMARILY | SUMMARIZE |
| SUMMATION | SUMPTUOUS | SUNFLOWER | SUNSCREEN | SUNTANNED |
| SUPERSEDE | SUPERVENE | SUPREMACY | SURCHARGE | SURRENDER |
| SURROGATE | SUSPENSOR | SUSPICION | SWITCHMAN | SWORDFISH |
| SWORDPLAY | SYCOPHANT | SYLLABIFY | SYLLOGISM | SYMBIOSIS |
| SYMBIOTIC | SYMPHONIC | SYMPOSIUM | SYNAGOGUE | SYNCHRONY |
| SYNCOPATE | SYNDICATE | SYNERGISM | SYNTACTIC | SYNTHESES |
| SYNTHESIS | SYNTHETIC | TACTICIAN | TALKATIVE | TANGERINE |
| TARANTULA | TARPAULIN | TAUTOLOGY | TAXONOMIC | TECHNICAL |
| TECHNIQUE | TELEGRAPH | TELEMETER | TELEOLOGY | TELEPATHY |
| TELEPHONE | TELEPHONY | TELESCOPE | TELLURIUM | TEMPERATE |
| TEMPORARY | TEMPTRESS | TENACIOUS | TENEBROUS | TENTATIVE |
| TERMINATE | TERRITORY | TESTAMENT | TESTIMONY | THEOCRACY |
| THEORETIC | THEREFORE | THEREUPON | THEREWITH | THESAURUS |
| THIRTIETH | THREEFOLD | THREESOME | THRESHOLD | THROWBACK |
| THUMBNAIL | TIMEPIECE | TITILLATE | TOLERABLE | TOMBSTONE |
| TOOTHPICK | TOWNHOUSE | TRACEABLE | TRADEMARK | TRADESMAN |
| TRADESMEN | TRADITION | TRAGEDIAN | TRANSCEND | TRANSFORM |
| TRANSFUSE | TRANSIENT | TRANSLATE | TRANSMUTE | TRANSPIRE |
| TRANSPORT | TRANSPOSE | TRAPEZIUM | TRAPEZOID | TRAUMATIC |
| TRAVERSAL | TREACHERY | TREADMILL | TREMULOUS | TRENCHANT |
| TRIBUTARY | TRICKSTER | TRIENNIAL | TRIHEDRAL | TRILOBITE |
| TRIMESTER | TRIUMPHAL | TRIVALENT | TROUBLING | TRUCULENT |
| TURBIDITY | TURBINATE | TURBULENT | TURNSTONE | TURNTABLE |
| TURPITUDE | TURQUOISE | TWENTIETH | TYPEWRITE | ULTIMATUM |
| UMBILICAL | UMBILICUS | UNANIMITY | UNANIMOUS | UNCERTAIN |
| UNDERLING | UNIVALENT | UNIVERSAL | UPHOLSTER | UPPERMOST |
| UPSETTING | UTTERANCE | UTTERMOST | VACCINATE | VACILLATE |
| VALENTINE | VARIATION | VARIEGATE | VASECTOMY | VEGETABLE |
| VEHICULAR | VENERABLE | VENGEANCE | VENTILATE | VENTRICLE |
| VERACIOUS | VERBOSITY | VERITABLE | VERMILION | VERSATILE |
| VERTEBRAE | VERTEBRAL | VESICULAR | VESTIBULE | VESTIGIAL |
| VEXATIOUS | VICARIOUS | VIDEOTAPE | VIEWPOINT | VINDICATE |
| VISCOSITY | VISIONARY | VISUALIZE | VITRIOLIC | VIVACIOUS |
| VOLCANISM | VOLTMETER | VOLUNTARY | VOLUNTEER | VORACIOUS |
| VOUCHSAFE | WAISTCOAT | WALLPAPER | WAREHOUSE | WARMONGER |
| WASTELAND | WATCHBAND | WATCHWORD | WATERFALL | WATERSHED |
| WATERSIDE | WEARISOME | WESTBOUND | WHEREFORE | WHEREUPON |
| WHEREWITH | WHICHEVER | WHIRLIGIG | WHIRLPOOL | WHIRLWIND |

## 9 letters

| | | | | |
|---|---|---|---|---|
| WHITEWASH | WHOLESALE | WHOLESOME | WHOSOEVER | WIDOWHOOD |
| WINDSTORM | WISECRACK | WITHDRAWN | WITHSTAND | WITHSTOOD |
| WOMANHOOD | WONDERFUL | WORKBENCH | WORKFORCE | WORKHORSE |
| WORKSHEET | WORKSPACE | WORKTABLE | WORLDWIDE | WORRISOME |
| WRISTBAND | XYLOPHONE | YACHTSMAN | YACHTSMEN | YARDSTICK |
| YELLOWISH | YESTERDAY | YOUNGSTER | YTTERBIUM | ZIRCONIUM |

## By 2$^{nd}$ letter

| | | | | |
|---|---|---|---|---|
| BACKBOARD | BACKSPACE | BACKSTAGE | BACKTRACK | BACKWATER |
| BACTERIAL | BACTERIUM | BADMINTON | BAGATELLE | BALANCING |
| BALLERINA | BANDSTAND | BANDWIDTH | BANEBERRY | BAPTISMAL |
| BARBARIAN | BARBARISM | BARBAROUS | BAREFACED | BAROMETER |
| BARRACUDA | BARRICADE | BARTENDER | BASEBOARD | BATTALION |
| CACOPHONY | CAFETERIA | CALCULATE | CALIBRATE | CALIPHATE |
| CAMPANILE | CANCELLED | CANDIDACY | CANDIDATE | CAPACIOUS |
| CAPACITOR | CAPILLARY | CAPTAINCY | CAPTIVATE | CARBONATE |
| CARBUNCLE | CARCINOMA | CARDBOARD | CARETAKER | CARNATION |
| CARPENTER | CARPENTRY | CARRAGEEN | CARTILAGE | CARTRIDGE |
| CASSEROLE | CASTIGATE | CATACLYSM | CATALOGUE | CATALYSIS |
| CATALYTIC | CATATONIC | CATCHWORD | CATECHISM | CATHARSIS |
| CATHEDRAL | CAUSATION | CAVALCADE | CAVERNOUS | DACHSHUND |
| DAMNATION | DANDELION | DANGEROUS | DASHBOARD | DAVENPORT |
| EARTHWORM | EAVESDROP | FABRICATE | FACETIOUS | FACSIMILE |
| FACTORIAL | FALSEHOOD | FANTASTIC | FARMHOUSE | FASCINATE |
| GABARDINE | GALLANTRY | GALLINULE | GALLIVANT | GALVANISM |
| GANGPLANK | GARRULOUS | GAUCHERIE | HABITUATE | HACKBERRY |
| HACKNEYED | HAILSTONE | HAMBURGER | HANDIWORK | HANDLEBAR |
| HANDSPIKE | HAPHAZARD | HARBINGER | HARMONICA | HAZARDOUS |
| JANISSARY | LABORIOUS | LABYRINTH | LAMPLIGHT | LANDOWNER |
| LANDSCAPE | LANDSLIDE | LANTHANUM | LARYNGEAL | LAUDATORY |
| MACHINERY | MACINTOSH | MAGNESIUM | MAGNETITE | MAGNETRON |
| MAGNIFIED | MAGNIFIER | MAGNITUDE | MAKESHIFT | MALADROIT |
| MALICIOUS | MALIGNANT | MALLEABLE | MAMMALIAN | MANDATORY |
| MANGANESE | MANNERISM | MANOEUVRE | MANOMETER | MARGARINE |
| MARMALADE | MARSUPIAL | MARTYRDOM | MASCULINE | MASOCHIST |
| MASTERFUL | MATCHBOOK | MATERNITY | MATRIARCH | MATRIMONY |
| MAUSOLEUM | NARCISSUS | NAVIGABLE | NAVIGATED | NAVIGATOR |
| PAGEANTRY | PALLADIUM | PANHANDLE | PANORAMIC | PANTHEISM |
| PANTHEIST | PANTOMIME | PAPERBACK | PAPERWORK | PAPILLARY |
| PARABOLIC | PARACHUTE | PARAGRAPH | PARALYSIS | PARAMETER |
| PARAMOUNT | PARANOIAC | PARASITIC | PAREGORIC | PARENTAGE |
| PAROCHIAL | PARSIMONY | PARSONAGE | PARTITION | PARTRIDGE |
| PASSENGER | PATCHWORK | PATHOLOGY | PATRIARCH | PATRICIAN |
| PATRIMONY | PATRIOTIC | PATRISTIC | PATROLLED | PATROLMAN |
| PATROLMEN | PATRONAGE | PATRONESS | PAYMASTER | RACKETEER |
| RADIOGRAM | RANCOROUS | RANDOMIZE | RAPACIOUS | RASPBERRY |

| | | | | |
|---|---|---|---|---|
| RATEPAYER | RATIONALE | SACRAMENT | SACRIFICE | SACRILEGE |
| SAFEGUARD | SAGACIOUS | SAGEBRUSH | SAINTHOOD | SALACIOUS |
| SALESLADY | SALVATION | SANCTUARY | SANDBLAST | SANDPAPER |
| SANDPIPER | SANDSTONE | SARCASTIC | SASSAFRAS | SATELLITE |
| SATURNINE | SAXIFRAGE | SAXOPHONE | TACTICIAN | TALKATIVE |
| TANGERINE | TARANTULA | TARPAULIN | TAUTOLOGY | TAXONOMIC |
| VACCINATE | VACILLATE | VALENTINE | VARIATION | VARIEGATE |
| VASECTOMY | WAISTCOAT | WALLPAPER | WAREHOUSE | WARMONGER |
| WASTELAND | WATCHBAND | WATCHWORD | WATERFALL | WATERSHED |
| WATERSIDE | YACHTSMAN | YACHTSMEN | YARDSTICK | ABDOMINAL |
| ABHORRENT | ABOLITION | ABOMINATE | ABSORBENT | ABSTINENT |
| EBULLIENT | OBFUSCATE | OBJECTIFY | OBLIVIOUS | OBNOXIOUS |
| OBSCURING | OBSERVANT | OBSESSION | OBSESSIVE | OBSTETRIC |
| OBSTINACY | OBSTINATE | OBTRUSION | OBTRUSIVE | ACCENTUAL |
| ACCEPTANT | ACCESSION | ACCESSORY | ACCLIMATE | ACCOMPANY |
| ACCORDANT | ACCORDION | ACCRETION | ACETYLENE | ACHIEVING |
| ACIDULOUS | ACQUIESCE | ACQUITTAL | ACROBATIC | ACROPOLIS |
| ACTUARIAL | ECCENTRIC | ECONOMIST | ECOSYSTEM | ICHNEUMON |
| OCCIPITAL | OCCLUSION | OCCURRING | OCTAGONAL | OCTILLION |
| SCAPEGOAT | SCARECROW | SCHEDULER | SCHEMATIC | SCHILLING |
| SCHOOLBOY | SCIENTIST | SCLEROSIS | SCLEROTIC | SCOUNDREL |
| SCRIMMAGE | SCRIPTURE | SCULPTURE | ADDRESSEE | ADIABATIC |
| ADJECTIVE | ADMIRALTY | ADMISSION | ADMITTING | ADMIXTURE |
| ADULTHOOD | ADVANTAGE | ADVENTURE | ADVERBIAL | ADVERSARY |
| ADVERTISE | ADVISABLE | EDELWEISS | EDITORIAL | IDENTICAL |
| IDEOLOGUE | IDIOMATIC | AEROSPACE | AESTHETIC | AETIOLOGY |
| BEACHHEAD | BEATITUDE | BEAUTEOUS | BEAUTIFUL | BEDIMMING |
| BEDRAGGLE | BEDRIDDEN | BEDSPREAD | BEEFSTEAK | BEFITTING |
| BEFOGGING | BEGETTING | BEGINNING | BEHAVIOUR | BELLICOSE |
| BELLYACHE | BELVEDERE | BENEFITED | BERKELIUM | BERYLLIUM |
| BESETTING | BETHOUGHT | BETROTHAL | CELANDINE | CELEBRANT |
| CELEBRATE | CELEBRITY | CELESTIAL | CELLULOID | CELLULOSE |
| CENSORIAL | CENTENARY | CENTIPEDE | CEREBRATE | CERTAINTY |
| CERTIFIED | CERTITUDE | CESSATION | DEACONESS | DEATHWARD |
| DEBARRING | DEBENTURE | DECATHLON | DECEITFUL | DECENNIAL |
| DECEPTION | DECEPTIVE | DECIDUOUS | DECLARING | DECLINING |
| DECLIVITY | DECOMPOSE | DECONTROL | DECREASED | DECREEING |
| DECREMENT | DEDUCIBLE | DEFENDANT | DEFENSIVE | DEFERRING |
| DEFICIENT | DEFLECTOR | DEHYDRATE | DELEGABLE | DELICIOUS |
| DELINEATE | DELIRIOUS | DEMAGOGUE | DEMARCATE | DEMITTING |
| DEMOCRACY | DEMURRING | DEMYSTIFY | DENIGRATE | DENTISTRY |
| DEODORANT | DEPARTURE | DEPENDANT | DEPENDENT | DEPLETION |
| DEPOSITOR | DEPRECATE | DEPREDATE | DEPRESSOR | DESCRIBED |
| DESECRATE | DESIGNATE | DESOLATER | DESPERADO | DESPERATE |
| DESTITUTE | DESUETUDE | DESULTORY | DETACHING | DETECTION |
| DETENTION | DETERGENT | DETERMINE | DETERRENT | DETERRING |
| DETRIMENT | DEUTERIUM | DEVASTATE | DEVELOPER | DEXTERITY |
| FELONIOUS | FENUGREEK | FEROCIOUS | FEUDATORY | GENEALOGY |

## 9 letters

| | | | | |
|---|---|---|---|---|
| GENERATED | GENERATOR | GENTILITY | GENTLEMAN | GENTLEMEN |
| GEOGRAPHY | GEOMETRIC | GERIATRIC | GERMANIUM | GERMICIDE |
| GERMINATE | GERUNDIAL | GERUNDIVE | HEADLIGHT | HEADSTONE |
| HEADWATER | HEALTHFUL | HEARTFELT | HELLEBORE | HEPATITIS |
| HEREAFTER | HERITABLE | HEURISTIC | HEXAGONAL | HEXAMETER |
| JELLYFISH | JEWELLERY | LEASEHOLD | LEGENDARY | LEGISLATE |
| LEITMOTIF | LEITMOTIV | LETHARGIC | LEUKAEMIA | MEANWHILE |
| MECHANISM | MECHANIST | MEDALLION | MEDICINAL | MELIORATE |
| MELODIOUS | MELODRAMA | MEMORABLE | MEMORANDA | MENAGERIE |
| MENDACITY | MENOPAUSE | MERCENARY | MERCURIAL | MERGANSER |
| MERRIMENT | MESMERISE | MESSAGING | MESSENGER | MESSIEURS |
| METABOLIC | METALLOID | METEORITE | METRONOME | MEZZANINE |
| NECESSARY | NECESSITY | NECTARINE | NEGLECTER | NEGLIGENT |
| NEGOTIATE | NEODYMIUM | NEOLOGISM | NEPTUNIUM | NEURALGIA |
| NEUROLOGY | NEWSPAPER | PEACEABLE | PECUNIARY | PEDAGOGIC |
| PEDAGOGUE | PENETRATE | PENINSULA | PENTAGRAM | PENTHOUSE |
| PENURIOUS | PEPPERONI | PERCHANCE | PERCOLATE | PERDITION |
| PEREGRINE | PERENNIAL | PERFORATE | PERFUMERY | PERFUSION |
| PERIMETER | PERIPHERY | PERISCOPE | PERMANENT | PERMEABLE |
| PERMITTED | PERPETUAL | PERSECUTE | PERSEVERE | PERSIMMON |
| PERSONAGE | PERSONIFY | PERSONNEL | PERTINENT | PERVASION |
| PERVASIVE | PESSIMISM | PESSIMIST | PESTILENT | PETROLEUM |
| PETROLOGY | PETTICOAT | REBELLING | REBELLION | REBUTTING |
| RECEPTION | RECEPTIVE | RECESSION | RECESSIVE | RECIPIENT |
| RECOMBINE | RECONCILE | RECONDITE | RECONVERT | RECOVERED |
| RECREATED | RECTANGLE | RECTIFIED | RECTIFIER | RECTITUDE |
| RECUMBENT | RECURRENT | RECURRING | RECURSION | RECURSIVE |
| REDUCIBLE | REDUCTION | REDUNDANT | REFECTION | REFECTORY |
| REFERABLE | REFERENCE | REFERRING | REFLECTOR | REFLEXIVE |
| REGISTRAR | REGRETFUL | REGRETTED | REHEARSAL | REIMBURSE |
| REINFORCE | REINSTALL | REINSTATE | REITERATE | REJECTION |
| REJOINDER | RELEASING | RELIGIOUS | RELIQUARY | RELUCTANT |
| REMAINDER | REMISSION | REMITTING | RENDITION | REPELLENT |
| REPELLING | REPENTANT | REPERTORY | REPLENISH | REPLICATE |
| REPRESENT | REPRIMAND | REPTILIAN | REPUDIATE | REPUGNANT |
| REPULSION | REPULSIVE | REQUIRING | REQUISITE | RESENTFUL |
| RESERVING | RESERVOIR | RESIDUARY | RESILIENT | RESISTANT |
| RESISTIVE | RESOLVING | RESPECTER | RESTORING | RESTRAINT |
| RESULTANT | RESURGENT | RESURRECT | RETALIATE | RETARDANT |
| RETENTION | RETENTIVE | RETRIEVAL | RETRIEVED | RETURNING |
| REVERSING | REVERSION | REVISABLE | REVOCABLE | REVOLVING |
| REVULSION | SECESSION | SECLUSION | SECONDARY | SECRETARY |
| SECRETION | SECRETIVE | SECTARIAN | SEDENTARY | SEDITIOUS |
| SEDUCTION | SEDUCTIVE | SEGREGATE | SELECTION | SELECTIVE |
| SEMAPHORE | SEMBLANCE | SENSITIVE | SENTIMENT | SEPARABLE |
| SEQUESTER | SERVIETTE | SERVITUDE | SEVENFOLD | SEVENTEEN |
| SEVERALTY | TECHNICAL | TECHNIQUE | TELEGRAPH | TELEMETER |
| TELEOLOGY | TELEPATHY | TELEPHONE | TELEPHONY | TELESCOPE |

| | | | | |
|---|---|---|---|---|
| TELLURIUM | TEMPERATE | TEMPORARY | TEMPTRESS | TENACIOUS |
| TENEBROUS | TENTATIVE | TERMINATE | TERRITORY | TESTAMENT |
| TESTIMONY | VEGETABLE | VEHICULAR | VENERABLE | VENGEANCE |
| VENTILATE | VENTRICLE | VERACIOUS | VERBOSITY | VERITABLE |
| VERMILION | VERSATILE | VERTEBRAE | VERTEBRAL | VESICULAR |
| VESTIBULE | VESTIGIAL | VEXATIOUS | WEARISOME | WESTBOUND |
| YELLOWISH | YESTERDAY | AFFIDAVIT | AFFILIATE | AFFLUENCE |
| AFFRICATE | AFORESAID | AFTERMATH | AFTERNOON | AFTERWARD |
| EFFECTIVE | EFFECTUAL | EFFICIENT | EFFLUVIUM | OFFENSIVE |
| OFFERTORY | OFFICIATE | OFFICIOUS | OFFSPRING | AGGRAVATE |
| AGGREGATE | AGGRESSOR | AGREEABLE | EGREGIOUS | IGNORAMUS |
| IGNORANCE | CHALLENGE | CHAMELEON | CHAMOMILE | CHAMPAGNE |
| CHAPARRAL | CHAPERONE | CHARACTER | CHAUFFEUR | CHECKMATE |
| CHEMISTRY | CHEVALIER | CHICANERY | CHICKADEE | CHICKWEED |
| CHIEFTAIN | CHILBLAIN | CHILDHOOD | CHILDLIKE | CHLORDANE |
| CHOCOLATE | CHROMATIC | CHROMATIN | CHRONICLE | CHURCHMAN |
| CHURCHMEN | PHAGOCYTE | PHALAROPE | PHENOMENA | PHILOLOGY |
| PHONOLOGY | PHOSPHATE | PHOTOCOPY | PHTHALATE | PHYLOGENY |
| PHYSICIAN | RHAPSODIC | RHEUMATIC | SHEEPSKIN | SHIPBOARD |
| SHIPSHAPE | SHIPWRECK | SHORELINE | SHORTHAND | SHOWPIECE |
| SHRINKAGE | SHRUBBERY | SHRUGGING | THEOCRACY | THEORETIC |
| THEREFORE | THEREUPON | THEREWITH | THESAURUS | THIRTIETH |
| THREEFOLD | THREESOME | THRESHOLD | THROWBACK | THUMBNAIL |
| WHEREFORE | WHEREUPON | WHEREWITH | WHICHEVER | WHIRLIGIG |
| WHIRLPOOL | WHIRLWIND | WHITEWASH | WHOLESALE | WHOLESOME |
| WHOSOEVER | AILANTHUS | BICAMERAL | BICONCAVE | BIFURCATE |
| BILATERAL | BILINGUAL | BILLBOARD | BILLIONTH | BIMONTHLY |
| BINOCULAR | BIOGRAPHY | BIPARTITE | BISHOPRIC | CIGARETTE |
| CINEMATIC | CIRCUITRY | CIRCULATE | CITIZENRY | DIACRITIC |
| DIAGNOSIS | DIALECTIC | DIAPHRAGM | DIATHERMY | DIATHESIS |
| DICHOTOMY | DIFFERENT | DIFFICULT | DIFFIDENT | DIFFUSION |
| DIFFUSIVE | DIGESTION | DIGESTIVE | DIGNITARY | DIMENSION |
| DIPHTHONG | DIPLOMACY | DIRECTION | DIRECTIVE | DIRECTORY |
| DISABLING | DISCOMFIT | DISCOVERY | DISMISSAL | DISPARAGE |
| DISPARATE | DISPELLED | DISPERSAL | DISPLAYED | DISPOSING |
| DISPUTANT | DISSEMBLE | DISSIDENT | DISSIPATE | DISSONANT |
| DIVERGENT | DIVERSIFY | DIVERSION | DIVISIBLE | EIGHTFOLD |
| EIGHTIETH | FIDUCIARY | FIELDWORK | FIFTEENTH | FILMSTRIP |
| FINALIZED | FINANCIAL | FINANCIER | FINANCING | FINESSING |
| FIREHOUSE | FIRELIGHT | FIREPLACE | FIREPROOF | FISHERMAN |
| FISHERMEN | FISTICUFF | GIBBERISH | GIMMICKRY | HIBERNATE |
| HIERARCHY | HIGHLIGHT | HILARIOUS | HINDRANCE | HINDSIGHT |
| HISTAMINE | HISTOLOGY | HISTORIAN | JITTERBUG | KIDNAPPED |
| KITTENISH | LIBELLOUS | LIBERTINE | LIBRARIAN | LIBRARIES |
| LIFEGUARD | LIGHTNING | LIMELIGHT | LIMESTONE | LIMOUSINE |
| LIQUIDATE | LIQUORICE | LITIGIOUS | LIVERWORT | MICROBIAL |
| MICROCOSM | MIDDLEMAN | MIDDLEMEN | MIGRATING | MIGRATORY |
| MILESTONE | MILLINERY | MILLIONTH | MILLSTONE | MIMICKING |

## 9 letters

| | | | | |
|---|---|---|---|---|
| MINCEMEAT | MINIATURE | MINIMIZED | MINUSCULE | MINUTEMAN |
| MINUTEMEN | MISCREANT | MISSHAPEN | MISTAKING | MISTLETOE |
| NIGGARDLY | NIGHTFALL | NIGHTGOWN | NIGHTMARE | NINETIETH |
| PICNICKED | PICNICKER | PICTORIAL | PIECEMEAL | PIGGYBACK |
| PILFERAGE | PINEAPPLE | PIROUETTE | PISTACHIO | PITCHFORK |
| PITUITARY | PIZZICATO | RIDGEPOLE | RIGHTEOUS | RIGHTWARD |
| RIVERSIDE | SIDEBOARD | SIDELIGHT | SIDETRACK | SIGHTSEER |
| SIGNATURE | SIGNBOARD | SILICEOUS | SIMPLETON | SIMULATED |
| SIMULCAST | SINGLETON | SIXTEENTH | TIMEPIECE | TITILLATE |
| VICARIOUS | VIDEOTAPE | VIEWPOINT | VINDICATE | VISCOSITY |
| VISIONARY | VISUALIZE | VITRIOLIC | VIVACIOUS | WIDOWHOOD |
| WINDSTORM | WISECRACK | WITHDRAWN | WITHSTAND | WITHSTOOD |
| ZIRCONIUM | EJACULATE | ALABASTER | ALBATROSS | ALCOHOLIC |
| ALGEBRAIC | ALGORITHM | ALIGNMENT | ALIPHATIC | ALLEGIANT |
| ALLEGORIC | ALLEVIATE | ALLIGATOR | ALLOCATED | ALLOTTING |
| ALLOWABLE | ALLOWANCE | ALONGSIDE | ALTERCATE | ALTERNATE |
| ALTIMETER | BLACKBALL | BLACKBIRD | BLACKBODY | BLACKJACK |
| BLACKMAIL | BLASPHEME | BLASPHEMY | BLINDFOLD | BLOODLINE |
| BLOODROOT | BLOODSHED | BLOODSHOT | BLUEBERRY | BLUEPRINT |
| CLAMOROUS | CLAPBOARD | CLASSMATE | CLEARANCE | CLERGYMAN |
| CLERGYMEN | CLIMACTIC | CLOAKROOM | CLOCKWISE | CLOCKWORK |
| CLUBHOUSE | ELABORATE | ELECTORAL | ELECTRIFY | ELECTRODE |
| ELEVATING | ELEVATION | ELIMINATE | ELLIPSOID | ELSEWHERE |
| ELUCIDATE | FLAGEOLET | FLAGSTONE | FLAMMABLE | FLATULENT |
| FLEDGLING | FLICKERED | FLINTLOCK | FLOTATION | FLOWCHART |
| FLOWERPOT | FLUCTUATE | FLUORESCE | FLUORSPAR | GLADIATOR |
| GLADIOLUS | GLANDULAR | GLASSWARE | GLASSWORT | GLUTAMATE |
| GLUTAMINE | GLUTINOUS | GLYCERINE | ILLEGIBLE | OLFACTORY |
| OLIGARCHY | PLACENTAL | PLAINTIFF | PLAINTIVE | PLANETARY |
| PLANETOID | PLATITUDE | PLAUSIBLE | PLAYHOUSE | PLAYTHING |
| PLENITUDE | PLENTIFUL | PLOUGHMAN | PLUTONIUM | SLAPSTICK |
| SLAUGHTER | ULTIMATUM | AMBIGUITY | AMBIGUOUS | AMBITIOUS |
| AMBROSIAL | AMBUSCADE | AMERICIUM | AMORPHOUS | AMPERSAND |
| AMPHIBIAN | AMPHIBOLE | AMPLIFIER | AMPLITUDE | EMBARGOES |
| EMBARRASS | EMBEDDING | EMBELLISH | EMBROIDER | EMBRYONIC |
| EMENDABLE | EMOLUMENT | EMOTIONAL | EMPHYSEMA | EMPLOYING |
| IMAGINARY | IMBALANCE | IMBROGLIO | IMMEDIACY | IMMEDIATE |
| IMMERSION | IMMIGRANT | IMMIGRATE | IMMODESTY | IMMOVABLE |
| IMMUTABLE | IMPARTIAL | IMPASSION | IMPASSIVE | IMPATIENT |
| IMPEDANCE | IMPELLING | IMPERFECT | IMPERIOUS | IMPETUOUS |
| IMPLEMENT | IMPLICATE | IMPLOSION | IMPOLITIC | IMPORTANT |
| IMPORTUNE | IMPOSTURE | IMPRECATE | IMPROMPTU | IMPROVISE |
| IMPRUDENT | IMPULSIVE | UMBILICAL | UMBILICUS | ANAEROBIC |
| ANALEPTIC | ANALGESIC | ANALOGOUS | ANALYZING | ANCESTRAL |
| ANCHORAGE | ANCHORITE | ANCILLARY | ANECDOTAL | ANHYDRIDE |
| ANHYDRITE | ANHYDROUS | ANIMOSITY | ANNOTATED | ANNOYANCE |
| ANNUITIES | ANNULLING | ANOMALOUS | ANONYMITY | ANONYMOUS |
| ANTHOLOGY | ANTIPASTO | ANTIPATHY | ANTIPODES | ANTIQUARY |

| | | | | |
|---|---|---|---|---|
| ANTIQUITY | ENCIRCLED | ENCOUNTER | ENDOSPERM | ENDURANCE |
| ENERGETIC | ENIGMATIC | ENLARGING | ENTERTAIN | ENTOURAGE |
| ENTRANCED | ENUMERATE | ENUNCIATE | INABILITY | INANIMATE |
| INAUDIBLE | INAUGURAL | INCAPABLE | INCARNATE | INCAUTION |
| INCENTIVE | INCEPTION | INCESSANT | INCIPIENT | INCLEMENT |
| INCLINING | INCLUDING | INCLUSION | INCLUSIVE | INCORRECT |
| INCREASED | INCREMENT | INCULCATE | INCUMBENT | INCURRING |
| INCURSION | INDELIBLE | INDEMNIFY | INDEMNITY | INDENTURE |
| INDICATED | INDICATOR | INDIGNANT | INDIGNITY | INDISPOSE |
| INDUCIBLE | INDULGENT | INEFFABLE | INELASTIC | INELEGANT |
| INFANTILE | INFATUATE | INFERENCE | INFERRING | INFERTILE |
| INFIRMARY | INFLUENCE | INFLUENZA | INFORMANT | INFURIATE |
| INFUSIBLE | INGENIOUS | INGENUITY | INGENUOUS | INGESTION |
| INHERITOR | INHIBITOR | INITIATED | INJECTION | INJURIOUS |
| INJUSTICE | INNERMOST | INNKEEPER | INNOCUOUS | INOCULATE |
| INORGANIC | INSIDIOUS | INSINCERE | INSINUATE | INSISTENT |
| INSOLUBLE | INSOLVENT | INSOMNIAC | INSPECTOR | INSTIGATE |
| INSTITUTE | INSURANCE | INSURGENT | INTEGRATE | INTEGRITY |
| INTELLECT | INTENSIFY | INTENSIVE | INTENTION | INTERCEPT |
| INTERDICT | INTERFACE | INTERFERE | INTERJECT | INTERLUDE |
| INTERPRET | INTERRUPT | INTERSECT | INTERVENE | INTESTINE |
| INTRICACY | INTRICATE | INTRINSIC | INTRODUCE | INTROVERT |
| INTRUSION | INTRUSIVE | INTUITION | INTUITIVE | INVARIANT |
| INVECTIVE | INVENTION | INVENTIVE | INVENTORY | INVERSION |
| INVIDIOUS | INVIOLATE | INVISIBLE | INVOLVING | KNOWLEDGE |
| ONSLAUGHT | PNEUMATIC | PNEUMONIA | SNAKEBIRD | SNAKELIKE |
| SNAKEROOT | SNOWFLAKE | SNOWSTORM | UNANIMITY | UNANIMOUS |
| UNCERTAIN | UNDERLING | UNIVALENT | UNIVERSAL | BOATHOUSE |
| BOATSWAIN | BODYGUARD | BOMBASTIC | BOMBPROOF | BOOKPLATE |
| BOOKSHELF | BOOKSTORE | BOOMERANG | BOOTSTRAP | BOULEVARD |
| BOURGEOIS | BOWSTRING | BOYFRIEND | COACHWORK | COADJUTOR |
| COAGULATE | COALITION | COCHINEAL | COCKROACH | COERCIBLE |
| COGNITION | COGNITIVE | COGNIZANT | COLLEAGUE | COLLECTED |
| COLLECTOR | COLLEGIAL | COLLEGIAN | COLLIMATE | COLLINEAR |
| COLLISION | COLLOIDAL | COLLUSION | COLONNADE | COLTSFOOT |
| COLUMBINE | COMBATANT | COMBINING | COMMENCED | COMMINGLE |
| COMMITTAL | COMMITTED | COMMITTEE | COMMODITY | COMMODORE |
| COMMOTION | COMMUNION | COMPACTER | COMPANION | COMPARING |
| COMPELLED | COMPENDIA | COMPETENT | COMPILING | COMPLAINT |
| COMPLETED | COMPLIANT | COMPONENT | COMPOSING | COMPOSITE |
| COMPOSURE | COMPRISED | COMPUTING | CONCIERGE | CONCISION |
| CONCLUDED | CONCOCTER | CONCOURSE | CONCUBINE | CONCURRED |
| CONDIMENT | CONDITION | CONDUCIVE | CONDUCTOR | CONFERRED |
| CONFESSOR | CONFIDANT | CONFIDENT | CONFIGURE | CONFLUENT |
| CONFUSION | CONGENIAL | CONGRUENT | CONJUGATE | CONJURING |
| CONNECTOR | CONNUBIAL | CONQUEROR | CONSCIOUS | CONSCRIPT |
| CONSENSUS | CONSIGNEE | CONSIGNOR | CONSONANT | CONSTRAIN |
| CONSTRICT | CONSTRUCT | CONSULATE | CONTAGION | CONTINENT |

## 9 letters

| | | | | |
|---|---|---|---|---|
| CONTINUAL | CONTINUED | CONTRALTO | CONTUMACY | CONTUSION |
| CONUNDRUM | CONVERGED | CONVERTER | CONVIVIAL | CONVOLUTE |
| COOPERATE | COPYRIGHT | CORALLINE | CORIANDER | CORMORANT |
| CORNFIELD | COROLLARY | CORPORATE | CORPOREAL | CORPULENT |
| CORRECTLY | CORRECTOR | CORRELATE | CORROSION | CORROSIVE |
| CORRUGATE | CORUSCATE | COSMOLOGY | COSPONSOR | COTANGENT |
| COTILLION | COTYLEDON | COURTEOUS | COURTESAN | COURTROOM |
| COURTYARD | COUTURIER | COVARIANT | COWARDICE | DOCTORATE |
| DOCTRINAL | DOGMATISM | DORMITORY | DOSIMETER | DOWNGRADE |
| DOWNRIGHT | DOWNSPOUT | DOWNSTATE | FOOLHARDY | FOOLPROOF |
| FOOTPRINT | FOOTSTOOL | FORBIDDEN | FOREGOING | FORGETFUL |
| FORGOTTEN | FORMATTED | FORMULATE | FORTHWITH | FORTITUDE |
| FORTNIGHT | FORTUNATE | FOUNDLING | GODFATHER | GODMOTHER |
| GOLDFINCH | GOLDSMITH | GOVERNESS | HOBGOBLIN | HOLLYHOCK |
| HOLOCAUST | HOLYSTONE | HOMEOPATH | HOMESTEAD | HOMICIDAL |
| HOMOLOGUE | HONEYCOMB | HONEYMOON | HONORIFIC | HOREHOUND |
| HOROSCOPE | HORSEBACK | HORSEHAIR | HORSEPLAY | HORSESHOE |
| HORSETAIL | HOURGLASS | HOUSEHOLD | HOUSEWIFE | HOUSEWORK |
| HOWSOEVER | LOATHSOME | LOBSCOUSE | LOCALIZED | LOCKSMITH |
| LODESTONE | LOGARITHM | LONGEVITY | LONGITUDE | LOQUACITY |
| MOLECULAR | MOMENTARY | MOMENTOUS | MONARCHIC | MONASTERY |
| MONOCULAR | MONOLOGUE | MONSTROUS | MONTHLIES | MOONLIGHT |
| MORPHEMIC | MORTGAGED | MORTGAGOR | MOUSTACHE | NOCTURNAL |
| NORMATIVE | NORTHERLY | NORTHWARD | NOSTALGIA | NOSTALGIC |
| NOTORIETY | NOTORIOUS | NOVITIATE | POCKETFUL | POISONOUS |
| POLICEMAN | POLICEMEN | POLLINATE | POLLUTANT | POLLUTION |
| POLONAISE | POLYGONAL | POLYMERIC | POLYMORPH | POLYPHONY |
| POMPADOUR | POMPOSITY | PONDEROUS | PORCELAIN | PORCUPINE |
| PORTFOLIO | PORTRAYAL | POSSESSOR | POSTERIOR | POSTERITY |
| POSTULATE | POTASSIUM | POTENTATE | POTENTIAL | ROADHOUSE |
| ROUGHCAST | SOAPSTONE | SOBRIQUET | SOCIOLOGY | SOLEMNITY |
| SOLICITOR | SOLILOQUY | SOLIPSISM | SOLITAIRE | SOMETHING |
| SOMEWHERE | SOMNOLENT | SOPHISTRY | SOPHOMORE | SORROWFUL |
| SOUTHLAND | SOUTHWARD | SOVEREIGN | TOLERABLE | TOMBSTONE |
| TOOTHPICK | TOWNHOUSE | VOLCANISM | VOLTMETER | VOLUNTARY |
| VOLUNTEER | VORACIOUS | VOUCHSAFE | WOMANHOOD | WONDERFUL |
| WORKBENCH | WORKFORCE | WORKHORSE | WORKSHEET | WORKSPACE |
| WORKTABLE | WORLDWIDE | WORRISOME | YOUNGSTER | APARTHEID |
| APATHETIC | APOSTOLIC | APPARATUS | APPELLANT | APPELLATE |
| APPENDAGE | APPERTAIN | APPLIANCE | APPLICANT | APPOINTEE |
| APPORTION | APPRAISAL | APPREHEND | EPHEMERAL | EPHEMERIS |
| EPIDERMIS | EPILEPTIC | EPIPHYSIS | EPISCOPAL | OPERATING |
| OPERATION | OPPORTUNE | OPPOSABLE | OPPRESSOR | OPTOMETRY |
| SPAGHETTI | SPEARHEAD | SPEARMINT | SPECIALTY | SPECIFIED |
| SPECTACLE | SPECTATOR | SPECULATE | SPEEDWELL | SPIKENARD |
| SPINNAKER | SPINNERET | SPIRITUAL | SPLENETIC | SPLINTERY |
| SPLITTING | SPOKESMAN | SPOKESMEN | SPORTSMAN | SPORTSMEN |
| SPOTLIGHT | SPRIGHTLY | SPROUTING | UPHOLSTER | UPPERMOST |

| | | | | |
|---|---|---|---|---|
| UPSETTING | EQUALIZED | EQUIPOISE | EQUIPPING | EQUITABLE |
| EQUIVOCAL | SQUATTING | SQUEAMISH | SQUEEZING | ARABESQUE |
| ARBITRAGE | ARBITRARY | ARBITRATE | ARBORETUM | ARCHANGEL |
| ARCHETYPE | ARCHITECT | ARGUMENTS | ARMADILLO | ARMISTICE |
| ARROWHEAD | ARROWROOT | ARTERIOLE | ARTHRITIS | ARTICHOKE |
| ARTILLERY | BRASSIERE | BRATWURST | BREADROOT | BREAKAWAY |
| BREAKDOWN | BREAKFAST | BRIGADIER | BRILLIANT | BRIMSTONE |
| BROADCAST | BROADSIDE | BROKERAGE | BRONCHIAL | BRUSHWORK |
| CRAFTSMAN | CRAFTSMEN | CRANBERRY | CREDULITY | CREDULOUS |
| CREMATORY | CRESCENDO | CRITERION | CROCODILE | CROSSBILL |
| CROSSOVER | CROSSROAD | CROSSWALK | CROSSWISE | CROSSWORD |
| CROTCHETY | DRAFTSMAN | DRAMATIST | DROMEDARY | ERADICATE |
| ERRONEOUS | ERUDITION | FRACTIOUS | FRAMEWORK | FRANCHISE |
| FRATERNAL | FREESTONE | FREEWHEEL | FRICATIVE | FRIGHTFUL |
| FRIVOLITY | FRIVOLOUS | FROSTBITE | FRUSTRATE | GRANDIOSE |
| GRANULATE | GRAPEVINE | GRAPHICAL | GRATITUDE | GRAVEYARD |
| GRAVITATE | GREATCOAT | GREENWOOD | GREYBEARD | GREYHOUND |
| GRIEVANCE | GRILLWORK | GROTESQUE | GROUNDSEL | IRONSTONE |
| IRRADIATE | IRREGULAR | IRRITABLE | IRRUPTION | ORCHESTRA |
| ORDINANCE | ORGANIZER | ORGIASTIC | ORIGINATE | ORPHANAGE |
| ORTHODOXY | PRACTICAL | PRAGMATIC | PRAYERFUL | PRECEDENT |
| PRECEDING | PRECIPICE | PRECISION | PRECOCITY | PRECURSOR |
| PREDATORY | PREDEFINE | PREDICATE | PREDICTOR | PREFATORY |
| PREFERRED | PREJUDICE | PREMATURE | PREOCCUPY | PREPARING |
| PRESCRIBE | PRESCRIPT | PRESERVED | PRESIDENT | PRESUMING |
| PREVALENT | PRIMITIVE | PRINCIPAL | PRINCIPLE | PRISMATIC |
| PRIVILEGE | PROCEDURE | PROCREATE | PRODUCING | PROFESSOR |
| PROFILING | PROFITEER | PROFUSION | PROGNOSIS | PROJECTOR |
| PROLUSION | PROMENADE | PROMINENT | PROMOTION | PRONOUNCE |
| PROPAGATE | PROPELLED | PROPELLER | PROPHETIC | PROPONENT |
| PROPRIETY | PROPYLENE | PROSCRIBE | PROSECUTE | PROSTRATE |
| PROTECTED | PROTECTOR | PROTOTYPE | PROTOZOAN | PROVIDENT |
| PROVIDING | PROVISION | PROXIMATE | PROXIMITY | TRACEABLE |
| TRADEMARK | TRADESMAN | TRADESMEN | TRADITION | TRAGEDIAN |
| TRANSCEND | TRANSFORM | TRANSFUSE | TRANSIENT | TRANSLATE |
| TRANSMUTE | TRANSPIRE | TRANSPORT | TRANSPOSE | TRAPEZIUM |
| TRAPEZOID | TRAUMATIC | TRAVERSAL | TREACHERY | TREADMILL |
| TREMULOUS | TRENCHANT | TRIBUTARY | TRICKSTER | TRIENNIAL |
| TRIHEDRAL | TRILOBITE | TRIMESTER | TRIUMPHAL | TRIVALENT |
| TROUBLING | TRUCULENT | WRISTBAND | ASCENDANT | ASCENSION |
| ASCERTAIN | ASPARAGUS | ASPERSION | ASSAILANT | ASSEMBLED |
| ASSEMBLER | ASSIDUITY | ASSIDUOUS | ASSISTANT | ASSOCIATE |
| ASSURANCE | ASTRADDLE | ASTROLOGY | ASTRONOMY | ASYMMETRY |
| ASYMPTOTE | ESPIONAGE | ESPLANADE | ESSENTIAL | ESTABLISH |
| ESTIMABLE | ESTUARINE | ISINGLASS | ISOTROPIC | OSCILLATE |
| OSTEOPATH | OSTRACISM | PSYCHOSIS | PSYCHOTIC | ATROCIOUS |
| ATTAINDER | ATTENDANT | ATTENTION | ATTENTIVE | ATTENUATE |
| ATTRIBUTE | ATTRITION | ETHNOLOGY | ETIQUETTE | ETYMOLOGY |

## 9 letters

| | | | | |
|---|---|---|---|---|
| ITERATING | ITERATION | ITERATIVE | ITINERANT | ITINERARY |
| OTHERWISE | PTARMIGAN | STAIRCASE | STALEMATE | STANCHION |
| STARBOARD | STARLIGHT | STATEMENT | STATEROOM | STATESIDE |
| STATESMAN | STATESMEN | STATUETTE | STATUTORY | STEADFAST |
| STEAMBOAT | STEPCHILD | STEVEDORE | STIMULANT | STIMULATE |
| STIPULATE | STOCKPILE | STONECROP | STONEWARE | STOREROOM |
| STRATAGEM | STRATEGIC | STREETCAR | STRENUOUS | STRESSFUL |
| STRICTURE | STRINGENT | STRONTIUM | STRUCTURE | UTTERANCE |
| UTTERMOST | YTTERBIUM | AUDACIOUS | AUTHENTIC | AUTHORIZE |
| AUTOCLAVE | AUTOCRACY | AUTOGRAPH | AUTOMATED | AUTOMATIC |
| AUTOMATON | AUTONOMIC | AUXILIARY | BUCKBOARD | BUCKTHORN |
| BUCKWHEAT | BUDGETARY | BULLFINCH | BUMPTIOUS | BURLESQUE |
| BUTTERCUP | BUTTERFLY | BUTTERNUT | CULMINATE | CULTIVATE |
| CURIOSITY | CURRICULA | CURVATURE | CUSTODIAL | CUSTODIAN |
| CUSTOMARY | CUSTOMIZE | DUBITABLE | DUPLICATE | DUPLICITY |
| EUPHEMISM | EUPHORBIA | FULMINATE | FUNGICIDE | FURNITURE |
| FUSILLADE | GUARANTEE | GUARANTOR | GUERRILLA | GUESSWORK |
| GUILDHALL | GUILLEMOT | GUNPOWDER | HUMILIATE | HUNDREDTH |
| HURRICANE | HUSBANDRY | JUDICABLE | JUDICIARY | JUDICIOUS |
| JUNKETEER | JUXTAPOSE | LUBRICANT | LUBRICATE | LUCRATIVE |
| LUDICROUS | LUMBERMAN | LUMBERMEN | LUNCHROOM | LUXURIANT |
| LUXURIATE | LUXURIOUS | MULTIPLEX | MULTITUDE | MUNICIPAL |
| MURDEROUS | MUSTACHIO | NUCLEOLUS | NUMERABLE | NUMERICAL |
| NUTRITION | NUTRITIVE | OURSELVES | OUTERMOST | PUBESCENT |
| PULMONARY | PULSATING | PUNCTUATE | PURGATION | PURGATIVE |
| PURGATORY | PURPOSIVE | QUADRATIC | QUADRILLE | QUADRUPLE |
| QUALIFIED | QUARRYMEN | QUARTZITE | QUERULOUS | QUICKLIME |
| QUICKSAND | QUICKSTEP | QUIESCENT | QUIZZICAL | QUOTATION |
| RUINATION | RUTHENIUM | SUBDIVIDE | SUBLIMATE | SUBMITTED |
| SUBSCRIPT | SUBSTRATE | SUCCESSOR | SUFFOCATE | SULPHURIC |
| SULTANATE | SUMMARIES | SUMMARILY | SUMMARIZE | SUMMATION |
| SUMPTUOUS | SUNFLOWER | SUNSCREEN | SUNTANNED | SUPERSEDE |
| SUPERVENE | SUPREMACY | SURCHARGE | SURRENDER | SURROGATE |
| SUSPENSOR | SUSPICION | TURBIDITY | TURBINATE | TURBULENT |
| TURNSTONE | TURNTABLE | TURPITUDE | TURQUOISE | AVAILABLE |
| AVALANCHE | AVOCATION | AVOIDANCE | AVUNCULAR | EVANGELIC |
| EVAPORATE | EVENTUATE | EVERGREEN | EVERYBODY | EVOCATION |
| EVOLUTION | OVERSIGHT | SWITCHMAN | SWORDFISH | SWORDPLAY |
| TWENTIETH | AXIOMATIC | EXACTNESS | EXCELLENT | EXCELLING |
| EXCELSIOR | EXCEPTION | EXCESSIVE | EXCHEQUER | EXCISABLE |
| EXCLUDING | EXCLUSION | EXCLUSIVE | EXCORIATE | EXCRETION |
| EXCRETORY | EXCULPATE | EXCURSION | EXCUSABLE | EXECRABLE |
| EXECUTING | EXECUTION | EXECUTIVE | EXECUTRIX | EXEMPLARY |
| EXEMPLIFY | EXEMPTION | EXHIBITOR | EXISTENCE | EXOGAMOUS |
| EXOGENOUS | EXONERATE | EXPANSION | EXPANSIVE | EXPATIATE |
| EXPECTANT | EXPEDIENT | EXPELLING | EXPENSIVE | EXPLETIVE |
| EXPLICATE | EXPLODING | EXPLOSION | EXPLOSIVE | EXPOSITOR |
| EXPULSION | EXPURGATE | EXQUISITE | EXTEMPORE | EXTENSION |

| | | | | |
|---|---|---|---|---|
| EXTENSIVE | EXTENUATE | EXTIRPATE | EXTOLLING | EXTRACTOR |
| EXTRADITE | EXTRICATE | EXTRINSIC | EXTROVERT | EXTRUSION |
| EXTRUSIVE | EXUBERANT | EXUDATION | OXYGENATE | BYSTANDER |
| CYCLOPEAN | CYCLORAMA | CYTOLYSIS | CYTOPLASM | DYSENTERY |
| DYSPEPTIC | EYEBRIGHT | GYMNASIUM | GYMNASTIC | GYRFALCON |
| GYROSCOPE | HYDRANGEA | HYDRAULIC | HYDROLOGY | HYDROXIDE |
| HYPERBOLA | HYPHENATE | HYPOCRISY | HYPOCRITE | MYTHOLOGY |
| PYRAMIDAL | PYROMETER | SYCOPHANT | SYLLABIFY | SYLLOGISM |
| SYMBIOSIS | SYMBIOTIC | SYMPHONIC | SYMPOSIUM | SYNAGOGUE |
| SYNCHRONY | SYNCOPATE | SYNDICATE | SYNERGISM | SYNTACTIC |
| SYNTHESES | SYNTHESIS | SYNTHETIC | TYPEWRITE | XYLOPHONE |

## By 3<sup>rd</sup> letter

| | | | | |
|---|---|---|---|---|
| ALABASTER | ARABESQUE | ANAEROBIC | AVAILABLE | ANALEPTIC |
| ANALGESIC | ANALOGOUS | ANALYZING | AVALANCHE | APARTHEID |
| APATHETIC | BEACHHEAD | BLACKBALL | BLACKBIRD | BLACKBODY |
| BLACKJACK | BLACKMAIL | BLASPHEME | BLASPHEMY | BRASSIERE |
| BEATITUDE | BOATHOUSE | BOATSWAIN | BRATWURST | BEAUTEOUS |
| BEAUTIFUL | COACHWORK | COADJUTOR | CRAFTSMAN | CRAFTSMEN |
| COAGULATE | CHALLENGE | COALITION | CHAMELEON | CHAMOMILE |
| CHAMPAGNE | CLAMOROUS | CRANBERRY | CHAPARRAL | CHAPERONE |
| CLAPBOARD | CHARACTER | CLASSMATE | CHAUFFEUR | DEACONESS |
| DIACRITIC | DRAFTSMAN | DIAGNOSIS | DIALECTIC | DRAMATIST |
| DIAPHRAGM | DEATHWARD | DIATHERMY | DIATHESIS | ELABORATE |
| EJACULATE | EXACTNESS | ERADICATE | EVANGELIC | EVAPORATE |
| FRACTIOUS | FLAGEOLET | FLAGSTONE | FLAMMABLE | FRAMEWORK |
| FRANCHISE | FLATULENT | FRATERNAL | GLADIATOR | GLADIOLUS |
| GLANDULAR | GRANDIOSE | GRANULATE | GRAPEVINE | GRAPHICAL |
| GUARANTEE | GUARANTOR | GLASSWARE | GLASSWORT | GRATITUDE |
| GRAVEYARD | GRAVITATE | HEADLIGHT | HEADSTONE | HEADWATER |
| HEALTHFUL | HEARTFELT | INABILITY | IMAGINARY | INANIMATE |
| INAUDIBLE | INAUGURAL | LEASEHOLD | LOATHSOME | MEANWHILE |
| PEACEABLE | PLACENTAL | PRACTICAL | PHAGOCYTE | PRAGMATIC |
| PLAINTIFF | PLAINTIVE | PHALAROPE | PLANETARY | PLANETOID |
| PTARMIGAN | PLATITUDE | PLAUSIBLE | PLAYHOUSE | PLAYTHING |
| PRAYERFUL | QUADRATIC | QUADRILLE | QUADRUPLE | QUALIFIED |
| QUARRYMEN | QUARTZITE | ROADHOUSE | RHAPSODIC | SPAGHETTI |
| STAIRCASE | SNAKEBIRD | SNAKELIKE | SNAKEROOT | STALEMATE |
| STANCHION | SCAPEGOAT | SLAPSTICK | SOAPSTONE | SCARECROW |
| STARBOARD | STARLIGHT | STATEMENT | STATEROOM | STATESIDE |
| STATESMAN | STATESMEN | STATUETTE | STATUTORY | SLAUGHTER |
| TRACEABLE | TRADEMARK | TRADESMAN | TRADESMEN | TRADITION |
| TRAGEDIAN | TRANSCEND | TRANSFORM | TRANSFUSE | TRANSIENT |
| TRANSLATE | TRANSMUTE | TRANSPIRE | TRANSPORT | TRANSPOSE |
| TRAPEZIUM | TRAPEZOID | TRAUMATIC | TRAVERSAL | UNANIMITY |
| UNANIMOUS | WEARISOME | ALBATROSS | AMBIGUITY | AMBIGUOUS |

## 9 letters

| | | | | |
|---|---|---|---|---|
| AMBITIOUS | ARBITRAGE | ARBITRARY | ARBITRATE | ARBORETUM |
| AMBROSIAL | AMBUSCADE | DEBARRING | DEBENTURE | DUBITABLE |
| EMBARGOES | EMBARRASS | EMBEDDING | EMBELLISH | EMBROIDER |
| EMBRYONIC | FABRICATE | GABARDINE | GIBBERISH | HIBERNATE |
| HOBGOBLIN | HABITUATE | IMBALANCE | IMBROGLIO | LIBELLOUS |
| LIBERTINE | LABORIOUS | LIBRARIAN | LIBRARIES | LUBRICANT |
| LUBRICATE | LOBSCOUSE | LABYRINTH | PUBESCENT | REBELLING |
| REBELLION | REBUTTING | SUBDIVIDE | SUBLIMATE | SUBMITTED |
| SOBRIQUET | SUBSCRIPT | SUBSTRATE | UMBILICAL | UMBILICUS |
| ACCENTUAL | ACCEPTANT | ACCESSION | ACCESSORY | ANCESTRAL |
| ASCENDANT | ASCENSION | ASCERTAIN | ANCHORAGE | ANCHORITE |
| ARCHANGEL | ARCHETYPE | ARCHITECT | ANCILLARY | ACCLIMATE |
| ACCOMPANY | ACCORDANT | ACCORDION | ALCOHOLIC | ACCRETION |
| BICAMERAL | BACKBOARD | BACKSPACE | BACKSTAGE | BACKTRACK |
| BACKWATER | BUCKBOARD | BUCKTHORN | BUCKWHEAT | BICONCAVE |
| BACTERIAL | BACTERIUM | COCHINEAL | COCKROACH | CYCLOPEAN |
| CYCLORAMA | CACOPHONY | DECATHLON | DECEITFUL | DECENNIAL |
| DECEPTION | DECEPTIVE | DACHSHUND | DICHOTOMY | DECIDUOUS |
| DECLARING | DECLINING | DECLIVITY | DECOMPOSE | DECONTROL |
| DECREASED | DECREEING | DECREMENT | DOCTORATE | DOCTRINAL |
| ECCENTRIC | EXCELLENT | EXCELLING | EXCELSIOR | EXCEPTION |
| EXCESSIVE | EXCHEQUER | ENCIRCLED | EXCISABLE | EXCLUDING |
| EXCLUSION | EXCLUSIVE | ENCOUNTER | EXCORIATE | EXCRETION |
| EXCRETORY | EXCULPATE | EXCURSION | EXCUSABLE | FACETIOUS |
| FACSIMILE | FACTORIAL | HACKBERRY | HACKNEYED | INCAPABLE |
| INCARNATE | INCAUTION | INCENTIVE | INCEPTION | INCESSANT |
| INCIPIENT | INCLEMENT | INCLINING | INCLUDING | INCLUSION |
| INCLUSIVE | INCORRECT | INCREASED | INCREMENT | INCULCATE |
| INCUMBENT | INCURRING | INCURSION | LOCALIZED | LOCKSMITH |
| LUCRATIVE | MACHINERY | MECHANISM | MECHANIST | MACINTOSH |
| MICROBIAL | MICROCOSM | NECESSARY | NECESSITY | NUCLEOLUS |
| NECTARINE | NOCTURNAL | ORCHESTRA | OCCIPITAL | OSCILLATE |
| OCCLUSION | OCCURRING | POCKETFUL | PICNICKED | PICNICKER |
| PICTORIAL | PECUNIARY | RECEPTION | RECEPTIVE | RECESSION |
| RECESSIVE | RECIPIENT | RACKETEER | RECOMBINE | RECONCILE |
| RECONDITE | RECONVERT | RECOVERED | RECREATED | RECTANGLE |
| RECTIFIED | RECTIFIER | RECTITUDE | RECUMBENT | RECURRENT |
| RECURRING | RECURSION | RECURSIVE | SUCCESSOR | SECESSION |
| SOCIOLOGY | SECLUSION | SECONDARY | SYCOPHANT | SACRAMENT |
| SACRIFICE | SACRILEGE | SECRETARY | SECRETION | SECRETIVE |
| SECTARIAN | TECHNICAL | TECHNIQUE | TACTICIAN | UNCERTAIN |
| VICARIOUS | VACCINATE | VACILLATE | YACHTSMAN | YACHTSMEN |
| AUDACIOUS | ABDOMINAL | ADDRESSEE | BUDGETARY | BEDIMMING |
| BADMINTON | BEDRAGGLE | BEDRIDDEN | BEDSPREAD | BODYGUARD |
| DEDUCIBLE | ENDOSPERM | ENDURANCE | FIDUCIARY | GODFATHER |
| GODMOTHER | HYDRANGEA | HYDRAULIC | HYDROLOGY | HYDROXIDE |
| INDELIBLE | INDEMNIFY | INDEMNITY | INDENTURE | INDICATED |
| INDICATOR | INDIGNANT | INDIGNITY | INDISPOSE | INDUCIBLE |

| | | | | |
|---|---|---|---|---|
| INDULGENT | JUDICABLE | JUDICIARY | JUDICIOUS | KIDNAPPED |
| LODESTONE | LUDICROUS | MEDALLION | MIDDLEMAN | MIDDLEMEN |
| MEDICINAL | ORDINANCE | PEDAGOGIC | PEDAGOGUE | RIDGEPOLE |
| RADIOGRAM | REDUCIBLE | REDUCTION | REDUNDANT | SEDENTARY |
| SIDEBOARD | SIDELIGHT | SIDETRACK | SEDITIOUS | SEDUCTION |
| SEDUCTIVE | UNDERLING | VIDEOTAPE | WIDOWHOOD | ANECDOTAL |
| AMERICIUM | ACETYLENE | BREADROOT | BREAKAWAY | BREAKDOWN |
| BREAKFAST | BEEFSTEAK | CLEARANCE | CHECKMATE | CREDULITY |
| CREDULOUS | CHEMISTRY | CREMATORY | CLERGYMAN | CLERGYMEN |
| COERCIBLE | CRESCENDO | CHEVALIER | EYEBRIGHT | ELECTORAL |
| ELECTRIFY | ELECTRODE | EXECRABLE | EXECUTING | EXECUTION |
| EXECUTIVE | EXECUTRIX | EDELWEISS | EXEMPLARY | EXEMPLIFY |
| EXEMPTION | EMENDABLE | EVENTUATE | ENERGETIC | EVERGREEN |
| EVERYBODY | ELEVATING | ELEVATION | FLEDGLING | FREESTONE |
| FREEWHEEL | FIELDWORK | GREATCOAT | GREENWOOD | GUERRILLA |
| GUESSWORK | GREYBEARD | GREYHOUND | HIERARCHY | INEFFABLE |
| INELASTIC | INELEGANT | IDENTICAL | IDEOLOGUE | ITERATING |
| ITERATION | ITERATIVE | OPERATING | OPERATION | OVERSIGHT |
| PIECEMEAL | PRECEDENT | PRECEDING | PRECIPICE | PRECISION |
| PRECOCITY | PRECURSOR | PREDATORY | PREDEFINE | PREDICATE |
| PREDICTOR | PREFATORY | PREFERRED | PREJUDICE | PREMATURE |
| PHENOMENA | PLENITUDE | PLENTIFUL | PREOCCUPY | PREPARING |
| PRESCRIBE | PRESCRIPT | PRESERVED | PRESIDENT | PRESUMING |
| PNEUMATIC | PNEUMONIA | PREVALENT | QUERULOUS | RHEUMATIC |
| SPEARHEAD | SPEARMINT | STEADFAST | STEAMBOAT | SPECIALTY |
| SPECIFIED | SPECTACLE | SPECTATOR | SPECULATE | SHEEPSKIN |
| SPEEDWELL | STEPCHILD | STEVEDORE | TREACHERY | TREADMILL |
| TREMULOUS | TRENCHANT | TWENTIETH | THEOCRACY | THEORETIC |
| THEREFORE | THEREUPON | THEREWITH | THESAURUS | VIEWPOINT |
| WHEREFORE | WHEREUPON | WHEREWITH | AFFIDAVIT | AFFILIATE |
| AFFLUENCE | AFFRICATE | BEFITTING | BEFOGGING | BIFURCATE |
| CAFETERIA | DEFENDANT | DEFENSIVE | DEFERRING | DIFFERENT |
| DIFFICULT | DIFFIDENT | DIFFUSION | DIFFUSIVE | DEFICIENT |
| DEFLECTOR | EFFECTIVE | EFFECTUAL | EFFICIENT | EFFLUVIUM |
| FIFTEENTH | INFANTILE | INFATUATE | INFERENCE | INFERRING |
| INFERTILE | INFIRMARY | INFLUENCE | INFLUENZA | INFORMANT |
| INFURIATE | INFUSIBLE | LIFEGUARD | OLFACTORY | OFFENSIVE |
| OFFERTORY | OFFICIATE | OFFICIOUS | OFFSPRING | OBFUSCATE |
| REFECTION | REFECTORY | REFERABLE | REFERENCE | REFERRING |
| REFLECTOR | REFLEXIVE | SAFEGUARD | SUFFOCATE | ALGEBRAIC |
| ALGORITHM | AGGRAVATE | AGGREGATE | AGGRESSOR | ARGUMENTS |
| BAGATELLE | BEGETTING | BEGINNING | CIGARETTE | COGNITION |
| COGNITIVE | COGNIZANT | DIGESTION | DIGESTIVE | DOGMATISM |
| DIGNITARY | EIGHTFOLD | EIGHTIETH | HIGHLIGHT | INGENIOUS |
| INGENUITY | INGENUOUS | INGESTION | LOGARITHM | LEGENDARY |
| LIGHTNING | LEGISLATE | MAGNESIUM | MAGNETITE | MAGNETRON |
| MAGNIFIED | MAGNIFIER | MAGNITUDE | MIGRATING | MIGRATORY |
| NIGGARDLY | NIGHTFALL | NIGHTGOWN | NIGHTMARE | NEGLECTER |

## 9 letters

| | | | | |
|---|---|---|---|---|
| NEGLIGENT | NEGOTIATE | ORGANIZER | ORGIASTIC | PAGEANTRY |
| PIGGYBACK | RIGHTEOUS | RIGHTWARD | REGISTRAR | REGRETFUL |
| REGRETTED | SAGACIOUS | SAGEBRUSH | SIGHTSEER | SIGNATURE |
| SIGNBOARD | SEGREGATE | VEGETABLE | ACHIEVING | ABHORRENT |
| ANHYDRIDE | ANHYDRITE | ANHYDROUS | BEHAVIOUR | DEHYDRATE |
| EPHEMERAL | EPHEMERIS | EXHIBITOR | ETHNOLOGY | INHERITOR |
| INHIBITOR | ICHNEUMON | OTHERWISE | REHEARSAL | SCHEDULER |
| SCHEMATIC | SCHILLING | SCHOOLBOY | UPHOLSTER | VEHICULAR |
| ADIABATIC | ACIDULOUS | ALIGNMENT | ANIMOSITY | AXIOMATIC |
| ALIPHATIC | BRIGADIER | BRILLIANT | BRIMSTONE | BLINDFOLD |
| CHICANERY | CHICKADEE | CHICKWEED | CHIEFTAIN | CHILBLAIN |
| CHILDHOOD | CHILDLIKE | CLIMACTIC | CRITERION | EPIDERMIS |
| ENIGMATIC | EPILEPTIC | ELIMINATE | EPIPHYSIS | ETIQUETTE |
| EPISCOPAL | EXISTENCE | EDITORIAL | FLICKERED | FRICATIVE |
| FRIGHTFUL | FLINTLOCK | FRIVOLITY | FRIVOLOUS | GRIEVANCE |
| GRILLWORK | GUILDHALL | GUILLEMOT | HAILSTONE | ISINGLASS |
| ITINERANT | ITINERARY | IDIOMATIC | INITIATED | LEITMOTIF |
| LEITMOTIV | OLIGARCHY | ORIGINATE | PHILOLOGY | PRIMITIVE |
| PRINCIPAL | PRINCIPLE | POISONOUS | PRISMATIC | PRIVILEGE |
| QUICKLIME | QUICKSAND | QUICKSTEP | QUIESCENT | QUIZZICAL |
| REIMBURSE | REINFORCE | REINSTALL | REINSTATE | RUINATION |
| REITERATE | SCIENTIST | SPIKENARD | STIMULANT | STIMULATE |
| SAINTHOOD | SPINNAKER | SPINNERET | SHIPBOARD | SHIPSHAPE |
| SHIPWRECK | STIPULATE | SPIRITUAL | SWITCHMAN | TRIBUTARY |
| TRICKSTER | TRIENNIAL | TRIHEDRAL | TRILOBITE | TRIMESTER |
| THIRTIETH | TRIUMPHAL | TRIVALENT | UNIVALENT | UNIVERSAL |
| WHICHEVER | WHIRLIGIG | WHIRLPOOL | WHIRLWIND | WAISTCOAT |
| WRISTBAND | WHITEWASH | ADJECTIVE | INJECTION | INJURIOUS |
| INJUSTICE | OBJECTIFY | REJECTION | REJOINDER | MAKESHIFT |
| AILANTHUS | ALLEGIANT | ALLEGORIC | ALLEVIATE | ALLIGATOR |
| ALLOCATED | ALLOTTING | ALLOWABLE | ALLOWANCE | BALANCING |
| BILATERAL | BILINGUAL | BALLERINA | BELLICOSE | BELLYACHE |
| BILLBOARD | BILLIONTH | BULLFINCH | BELVEDERE | CELANDINE |
| CALCULATE | CELEBRANT | CELEBRATE | CELEBRITY | CELESTIAL |
| CALIBRATE | CALIPHATE | CELLULOID | CELLULOSE | COLLEAGUE |
| COLLECTED | COLLECTOR | COLLEGIAL | COLLEGIAN | COLLIMATE |
| COLLINEAR | COLLISION | COLLOIDAL | COLLUSION | CULMINATE |
| CHLORDANE | COLONNADE | COLTSFOOT | CULTIVATE | COLUMBINE |
| DELEGABLE | DELICIOUS | DELINEATE | DELIRIOUS | ENLARGING |
| ELLIPSOID | FILMSTRIP | FULMINATE | FELONIOUS | FALSEHOOD |
| GOLDFINCH | GOLDSMITH | GALLANTRY | GALLINULE | GALLIVANT |
| GALVANISM | HILARIOUS | HELLEBORE | HOLLYHOCK | HOLOCAUST |
| HOLYSTONE | ILLEGIBLE | JELLYFISH | MALADROIT | MILESTONE |
| MOLECULAR | MALICIOUS | MALIGNANT | MELIORATE | MALLEABLE |
| MILLINERY | MILLIONTH | MILLSTONE | MELODIOUS | MELODRAMA |
| MULTIPLEX | MULTITUDE | OBLIVIOUS | PILFERAGE | POLICEMAN |
| POLICEMEN | PALLADIUM | POLLINATE | POLLUTANT | POLLUTION |
| PULMONARY | POLONAISE | PULSATING | POLYGONAL | POLYMERIC |

| | | | | |
|---|---|---|---|---|
| POLYMORPH | POLYPHONY | RELEASING | RELIGIOUS | RELIQUARY |
| RELUCTANT | SALACIOUS | SALESLADY | SCLEROSIS | SCLEROTIC |
| SELECTION | SELECTIVE | SOLEMNITY | SPLENETIC | SILICEOUS |
| SOLICITOR | SOLILOQUY | SOLIPSISM | SOLITAIRE | SPLINTERY |
| SPLITTING | SYLLABIFY | SYLLOGISM | SULPHURIC | SULTANATE |
| SALVATION | TELEGRAPH | TELEMETER | TELEOLOGY | TELEPATHY |
| TELEPHONE | TELEPHONY | TELESCOPE | TOLERABLE | TALKATIVE |
| TELLURIUM | VOLCANISM | VALENTINE | VOLTMETER | VOLUNTARY |
| VOLUNTEER | WALLPAPER | XYLOPHONE | YELLOWISH | ARMADILLO |
| ADMIRALTY | ADMISSION | ADMITTING | ADMIXTURE | ARMISTICE |
| BOMBASTIC | BOMBPROOF | BIMONTHLY | BUMPTIOUS | COMBATANT |
| COMBINING | COMMENCED | COMMINGLE | COMMITTAL | COMMITTED |
| COMMITTEE | COMMODITY | COMMODORE | COMMOTION | COMMUNION |
| CAMPANILE | COMPACTER | COMPANION | COMPARING | COMPELLED |
| COMPENDIA | COMPETENT | COMPILING | COMPLAINT | COMPLETED |
| COMPLIANT | COMPONENT | COMPOSING | COMPOSITE | COMPOSURE |
| COMPRISED | COMPUTING | DEMAGOGUE | DEMARCATE | DIMENSION |
| DEMITTING | DAMNATION | DEMOCRACY | DEMURRING | DEMYSTIFY |
| GIMMICKRY | GYMNASIUM | GYMNASTIC | HAMBURGER | HOMEOPATH |
| HOMESTEAD | HOMICIDAL | HUMILIATE | HOMOLOGUE | IMMEDIACY |
| IMMEDIATE | IMMERSION | IMMIGRANT | IMMIGRATE | IMMODESTY |
| IMMOVABLE | IMMUTABLE | LUMBERMAN | LUMBERMEN | LIMELIGHT |
| LIMESTONE | LIMOUSINE | LAMPLIGHT | MOMENTARY | MOMENTOUS |
| MIMICKING | MAMMALIAN | MEMORABLE | MEMORANDA | NUMERABLE |
| NUMERICAL | POMPADOUR | POMPOSITY | REMAINDER | REMISSION |
| REMITTING | SEMAPHORE | SEMBLANCE | SYMBIOSIS | SYMBIOTIC |
| SOMETHING | SOMEWHERE | SUMMARIES | SUMMARILY | SUMMARIZE |
| SUMMATION | SOMNOLENT | SIMPLETON | SUMPTUOUS | SYMPHONIC |
| SYMPOSIUM | SIMULATED | SIMULCAST | TOMBSTONE | TIMEPIECE |
| TEMPERATE | TEMPORARY | TEMPTRESS | WOMANHOOD | ANNOTATED |
| ANNOYANCE | ANNUITIES | ANNULLING | BANDSTAND | BANDWIDTH |
| BANEBERRY | BENEFITED | BINOCULAR | CANCELLED | CONCIERGE |
| CONCISION | CONCLUDED | CONCOCTER | CONCOURSE | CONCUBINE |
| CONCURRED | CANDIDACY | CANDIDATE | CONDIMENT | CONDITION |
| CONDUCIVE | CONDUCTOR | CINEMATIC | CONFERRED | CONFESSOR |
| CONFIDANT | CONFIDENT | CONFIGURE | CONFLUENT | CONFUSION |
| CONGENIAL | CONGRUENT | CONJUGATE | CONJURING | CONNECTOR |
| CONNUBIAL | CONQUEROR | CENSORIAL | CONSCIOUS | CONSCRIPT |
| CONSENSUS | CONSIGNEE | CONSIGNOR | CONSONANT | CONSTRAIN |
| CONSTRICT | CONSTRUCT | CONSULATE | CENTENARY | CENTIPEDE |
| CONTAGION | CONTINENT | CONTINUAL | CONTINUED | CONTRALTO |
| CONTUMACY | CONTUSION | CONUNDRUM | CONVERGED | CONVERTER |
| CONVIVIAL | CONVOLUTE | DANDELION | DANGEROUS | DENIGRATE |
| DENTISTRY | FINALIZED | FINANCIAL | FINANCIER | FINANCING |
| FINESSING | FUNGICIDE | FANTASTIC | FENUGREEK | GENEALOGY |
| GENERATED | GENERATOR | GANGPLANK | GUNPOWDER | GENTILITY |
| GENTLEMAN | GENTLEMEN | HANDIWORK | HANDLEBAR | HANDSPIKE |
| HINDRANCE | HINDSIGHT | HUNDREDTH | HONEYCOMB | HONEYMOON |

# 9 letters

| | | | | |
|---|---|---|---|---|
| HONORIFIC | INNERMOST | INNKEEPER | IGNORAMUS | IGNORANCE |
| INNOCUOUS | JANISSARY | JUNKETEER | LUNCHROOM | LANDOWNER |
| LANDSCAPE | LANDSLIDE | LONGEVITY | LONGITUDE | LANTHANUM |
| MENAGERIE | MONARCHIC | MONASTERY | MINCEMEAT | MANDATORY |
| MENDACITY | MANGANESE | MINIATURE | MINIMIZED | MUNICIPAL |
| MANNERISM | MANOEUVRE | MANOMETER | MENOPAUSE | MONOCULAR |
| MONOLOGUE | MONSTROUS | MONTHLIES | MINUSCULE | MINUTEMAN |
| MINUTEMEN | NINETIETH | OBNOXIOUS | PUNCTUATE | PONDEROUS |
| PENETRATE | PINEAPPLE | PANHANDLE | PENINSULA | PANORAMIC |
| PANTHEISM | PANTHEIST | PANTOMIME | PENTAGRAM | PENTHOUSE |
| PENURIOUS | RANCOROUS | RANDOMIZE | RENDITION | SYNAGOGUE |
| SANCTUARY | SYNCHRONY | SYNCOPATE | SANDBLAST | SANDPAPER |
| SANDPIPER | SANDSTONE | SYNDICATE | SYNERGISM | SUNFLOWER |
| SINGLETON | SENSITIVE | SUNSCREEN | SENTIMENT | SUNTANNED |
| SYNTACTIC | SYNTHESES | SYNTHESIS | SYNTHETIC | TENACIOUS |
| TENEBROUS | TANGERINE | TENTATIVE | VINDICATE | VENERABLE |
| VENGEANCE | VENTILATE | VENTRICLE | WINDSTORM | WONDERFUL |
| AVOCATION | AVOIDANCE | ABOLITION | ABOMINATE | ANOMALOUS |
| ALONGSIDE | ANONYMITY | ANONYMOUS | AFORESAID | AMORPHOUS |
| APOSTOLIC | BROADCAST | BROADSIDE | BIOGRAPHY | BOOKPLATE |
| BOOKSHELF | BOOKSTORE | BROKERAGE | BOOMERANG | BRONCHIAL |
| BLOODLINE | BLOODROOT | BLOODSHED | BLOODSHOT | BOOTSTRAP |
| CLOAKROOM | CHOCOLATE | CLOCKWISE | CLOCKWORK | CROCODILE |
| COOPERATE | CROSSBILL | CROSSOVER | CROSSROAD | CROSSWALK |
| CROSSWISE | CROSSWORD | CROTCHETY | DEODORANT | DROMEDARY |
| EVOCATION | EXOGAMOUS | EXOGENOUS | EMOLUMENT | EVOLUTION |
| ECONOMIST | EXONERATE | ECOSYSTEM | EMOTIONAL | FOOLHARDY |
| FOOLPROOF | FROSTBITE | FLOTATION | FOOTPRINT | FOOTSTOOL |
| FLOWCHART | FLOWERPOT | GEOGRAPHY | GEOMETRIC | GROTESQUE |
| GROUNDSEL | INOCULATE | IRONSTONE | INORGANIC | ISOTROPIC |
| KNOWLEDGE | MOONLIGHT | NEODYMIUM | NEOLOGISM | PROCEDURE |
| PROCREATE | PRODUCING | PROFESSOR | PROFILING | PROFITEER |
| PROFUSION | PROGNOSIS | PROJECTOR | PROLUSION | PROMENADE |
| PROMINENT | PROMOTION | PHONOLOGY | PRONOUNCE | PROPAGATE |
| PROPELLED | PROPELLER | PROPHETIC | PROPONENT | PROPRIETY |
| PROPYLENE | PHOSPHATE | PROSCRIBE | PROSECUTE | PROSTRATE |
| PHOTOCOPY | PROTECTED | PROTECTOR | PROTOTYPE | PROTOZOAN |
| PLOUGHMAN | PROVIDENT | PROVIDING | PROVISION | PROXIMATE |
| PROXIMITY | QUOTATION | STOCKPILE | SPOKESMAN | SPOKESMEN |
| STONECROP | STONEWARE | SHORELINE | SHORTHAND | SPORTSMAN |
| SPORTSMEN | STOREROOM | SWORDFISH | SWORDPLAY | SPOTLIGHT |
| SCOUNDREL | SHOWPIECE | SNOWFLAKE | SNOWSTORM | TOOTHPICK |
| TROUBLING | WHOLESALE | WHOLESOME | WHOSOEVER | APPARATUS |
| ASPARAGUS | AMPERSAND | APPELLANT | APPELLATE | APPENDAGE |
| APPERTAIN | ASPERSION | AMPHIBIAN | AMPHIBOLE | AMPLIFIER |
| AMPLITUDE | APPLIANCE | APPLICANT | APPOINTEE | APPORTION |
| APPRAISAL | APPREHEND | BIPARTITE | BAPTISMAL | CAPACIOUS |
| CAPACITOR | CAPILLARY | CAPTAINCY | CAPTIVATE | COPYRIGHT |

| | | | | |
|---|---|---|---|---|
| DEPARTURE | DEPENDANT | DEPENDENT | DIPHTHONG | DEPLETION |
| DIPLOMACY | DUPLICATE | DUPLICITY | DEPOSITOR | DEPRECATE |
| DEPREDATE | DEPRESSOR | EXPANSION | EXPANSIVE | EXPATIATE |
| EXPECTANT | EXPEDIENT | EXPELLING | EXPENSIVE | EMPHYSEMA |
| EUPHEMISM | EUPHORBIA | ESPIONAGE | EMPLOYING | ESPLANADE |
| EXPLETIVE | EXPLICATE | EXPLODING | EXPLOSION | EXPLOSIVE |
| EXPOSITOR | EXPULSION | EXPURGATE | HEPATITIS | HYPERBOLA |
| HAPHAZARD | HYPHENATE | HYPOCRISY | HYPOCRITE | IMPARTIAL |
| IMPASSION | IMPASSIVE | IMPATIENT | IMPEDANCE | IMPELLING |
| IMPERFECT | IMPERIOUS | IMPETUOUS | IMPLEMENT | IMPLICATE |
| IMPLOSION | IMPOLITIC | IMPORTANT | IMPORTUNE | IMPOSTURE |
| IMPRECATE | IMPROMPTU | IMPROVISE | IMPRUDENT | IMPULSIVE |
| NEPTUNIUM | ORPHANAGE | OPPORTUNE | OPPOSABLE | OPPRESSOR |
| PAPERBACK | PAPERWORK | PAPILLARY | PEPPERONI | RAPACIOUS |
| REPELLENT | REPELLING | REPENTANT | REPERTORY | REPLENISH |
| REPLICATE | REPRESENT | REPRIMAND | REPTILIAN | REPUDIATE |
| REPUGNANT | REPULSION | REPULSIVE | SEPARABLE | SUPERSEDE |
| SUPERVENE | SOPHISTRY | SOPHOMORE | SUPREMACY | TYPEWRITE |
| UPPERMOST | ACQUIESCE | ACQUITTAL | EXQUISITE | LIQUIDATE |
| LIQUORICE | LOQUACITY | REQUIRING | REQUISITE | SEQUESTER |
| AGREEABLE | ACROBATIC | ACROPOLIS | AEROSPACE | ARROWHEAD |
| ARROWROOT | ATROCIOUS | BARBARIAN | BARBARISM | BARBAROUS |
| BAREFACED | BERKELIUM | BURLESQUE | BAROMETER | BARRACUDA |
| BARRICADE | BARTENDER | BERYLLIUM | CORALLINE | CARBONATE |
| CARBUNCLE | CARCINOMA | CIRCUITRY | CIRCULATE | CARDBOARD |
| CARETAKER | CEREBRATE | CORIANDER | CURIOSITY | CORMORANT |
| CARNATION | CORNFIELD | CHROMATIC | CHROMATIN | CHRONICLE |
| COROLLARY | CARPENTER | CARPENTRY | CORPORATE | CORPOREAL |
| CORPULENT | CARRAGEEN | CORRECTLY | CORRECTOR | CORRELATE |
| CORROSION | CORROSIVE | CORRUGATE | CURRICULA | CARTILAGE |
| CARTRIDGE | CERTAINTY | CERTIFIED | CERTITUDE | CORUSCATE |
| CURVATURE | DIRECTION | DIRECTIVE | DIRECTORY | DORMITORY |
| EGREGIOUS | ERRONEOUS | EARTHWORM | FORBIDDEN | FIREHOUSE |
| FIRELIGHT | FIREPLACE | FIREPROOF | FOREGOING | FORGETFUL |
| FORGOTTEN | FARMHOUSE | FORMATTED | FORMULATE | FURNITURE |
| FEROCIOUS | FORTHWITH | FORTITUDE | FORTNIGHT | FORTUNATE |
| GYRFALCON | GERIATRIC | GERMANIUM | GERMICIDE | GERMINATE |
| GYROSCOPE | GARRULOUS | GERUNDIAL | GERUNDIVE | HARBINGER |
| HEREAFTER | HOREHOUND | HERITABLE | HARMONICA | HOROSCOPE |
| HURRICANE | HORSEBACK | HORSEHAIR | HORSEPLAY | HORSESHOE |
| HORSETAIL | IRRADIATE | IRREGULAR | IRRITABLE | IRRUPTION |
| LARYNGEAL | MERCENARY | MERCURIAL | MURDEROUS | MARGARINE |
| MERGANSER | MARMALADE | MORPHEMIC | MERRIMENT | MARSUPIAL |
| MARTYRDOM | MORTGAGED | MORTGAGOR | NARCISSUS | NORMATIVE |
| NORTHERLY | NORTHWARD | OURSELVES | PARABOLIC | PARACHUTE |
| PARAGRAPH | PARALYSIS | PARAMETER | PARAMOUNT | PARANOIAC |
| PARASITIC | PYRAMIDAL | PERCHANCE | PERCOLATE | PORCELAIN |
| PORCUPINE | PERDITION | PAREGORIC | PARENTAGE | PEREGRINE |

# 9 letters

| | | | | |
|---|---|---|---|---|
| PERENNIAL | PERFORATE | PERFUMERY | PERFUSION | PURGATION |
| PURGATIVE | PURGATORY | PERIMETER | PERIPHERY | PERISCOPE |
| PERMANENT | PERMEABLE | PERMITTED | PAROCHIAL | PIROUETTE |
| PYROMETER | PERPETUAL | PURPOSIVE | PARSIMONY | PARSONAGE |
| PERSECUTE | PERSEVERE | PERSIMMON | PERSONAGE | PERSONIFY |
| PERSONNEL | PARTITION | PARTRIDGE | PERTINENT | PORTFOLIO |
| PORTRAYAL | PERVASION | PERVASIVE | STRATAGEM | STRATEGIC |
| SARCASTIC | SURCHARGE | STREETCAR | STRENUOUS | STRESSFUL |
| SCRIMMAGE | SCRIPTURE | SHRINKAGE | SPRIGHTLY | STRICTURE |
| STRINGENT | SPROUTING | STRONTIUM | SORROWFUL | SURRENDER |
| SURROGATE | SHRUBBERY | SHRUGGING | STRUCTURE | SERVIETTE |
| SERVITUDE | TARANTULA | TURBIDITY | TURBINATE | TURBULENT |
| THREEFOLD | THREESOME | THRESHOLD | TERMINATE | TURNSTONE |
| TURNTABLE | THROWBACK | TARPAULIN | TURPITUDE | TURQUOISE |
| TERRITORY | VERACIOUS | VORACIOUS | VERBOSITY | VARIATION |
| VARIEGATE | VERITABLE | VERMILION | VERSATILE | VERTEBRAE |
| VERTEBRAL | WAREHOUSE | WORKBENCH | WORKFORCE | WORKHORSE |
| WORKSHEET | WORKSPACE | WORKTABLE | WORLDWIDE | WARMONGER |
| WORRISOME | YARDSTICK | ZIRCONIUM | ASSAILANT | ASSEMBLED |
| ASSEMBLER | ASSIDUITY | ASSIDUOUS | ASSISTANT | ABSORBENT |
| ASSOCIATE | ABSTINENT | AESTHETIC | ASSURANCE | BASEBOARD |
| BESETTING | BISHOPRIC | BYSTANDER | COSMOLOGY | COSPONSOR |
| CASSEROLE | CESSATION | CASTIGATE | CUSTODIAL | CUSTODIAN |
| CUSTOMARY | CUSTOMIZE | DISABLING | DESCRIBED | DISCOMFIT |
| DISCOVERY | DESECRATE | DYSENTERY | DASHBOARD | DESIGNATE |
| DOSIMETER | DISMISSAL | DESOLATER | DESPERADO | DESPERATE |
| DISPARAGE | DISPARATE | DISPELLED | DISPERSAL | DISPLAYED |
| DISPOSING | DISPUTANT | DYSPEPTIC | DISSEMBLE | DISSIDENT |
| DISSIPATE | DISSONANT | DESTITUTE | DESUETUDE | DESULTORY |
| ELSEWHERE | ESSENTIAL | FASCINATE | FISHERMAN | FISHERMEN |
| FUSILLADE | FISTICUFF | HUSBANDRY | HISTAMINE | HISTOLOGY |
| HISTORIAN | INSIDIOUS | INSINCERE | INSINUATE | INSISTENT |
| INSOLUBLE | INSOLVENT | INSOMNIAC | INSPECTOR | INSTIGATE |
| INSTITUTE | INSURANCE | INSURGENT | MASCULINE | MISCREANT |
| MESMERISE | MASOCHIST | MESSAGING | MESSENGER | MESSIEURS |
| MISSHAPEN | MASTERFUL | MISTAKING | MISTLETOE | MUSTACHIO |
| NOSTALGIA | NOSTALGIC | OBSCURING | OBSERVANT | OBSESSION |
| OBSESSIVE | ONSLAUGHT | OBSTETRIC | OBSTINACY | OBSTINATE |
| PASSENGER | PESSIMISM | PESSIMIST | POSSESSOR | PESTILENT |
| PISTACHIO | POSTERIOR | POSTERITY | POSTULATE | RESENTFUL |
| RESERVING | RESERVOIR | RESIDUARY | RESILIENT | RESISTANT |
| RESISTIVE | RESOLVING | RASPBERRY | RESPECTER | RESTORING |
| RESTRAINT | RESULTANT | RESURGENT | RESURRECT | SUSPENSOR |
| SUSPICION | SASSAFRAS | TESTAMENT | TESTIMONY | UPSETTING |
| VISCOSITY | VASECTOMY | VESICULAR | VISIONARY | VESTIBULE |
| VESTIGIAL | VISUALIZE | WISECRACK | WASTELAND | WESTBOUND |
| YESTERDAY | ATTAINDER | AFTERMATH | AFTERNOON | AFTERWARD |
| ALTERCATE | ALTERNATE | ARTERIOLE | ATTENDANT | ATTENTION |

| | | | | |
|---|---|---|---|---|
| ATTENTIVE | ATTENUATE | ANTHOLOGY | ARTHRITIS | AUTHENTIC |
| AUTHORIZE | AETIOLOGY | ALTIMETER | ANTIPASTO | ANTIPATHY |
| ANTIPODES | ANTIQUARY | ANTIQUITY | ARTICHOKE | ARTILLERY |
| AUTOCLAVE | AUTOCRACY | AUTOGRAPH | AUTOMATED | AUTOMATIC |
| AUTOMATON | AUTONOMIC | ASTRADDLE | ASTROLOGY | ASTRONOMY |
| ATTRIBUTE | ATTRITION | ACTUARIAL | BETHOUGHT | BETROTHAL |
| BATTALION | BUTTERCUP | BUTTERFLY | BUTTERNUT | CATACLYSM |
| CATALOGUE | CATALYSIS | CATALYTIC | CATATONIC | COTANGENT |
| CATCHWORD | CATECHISM | CATHARSIS | CATHEDRAL | CITIZENRY |
| COTILLION | CYTOLYSIS | CYTOPLASM | COTYLEDON | DETACHING |
| DETECTION | DETENTION | DETERGENT | DETERMINE | DETERRENT |
| DETERRING | DETRIMENT | ESTABLISH | ENTERTAIN | EXTEMPORE |
| EXTENSION | EXTENSIVE | EXTENUATE | ESTIMABLE | EXTIRPATE |
| ENTOURAGE | EXTOLLING | ENTRANCED | EXTRACTOR | EXTRADITE |
| EXTRICATE | EXTRINSIC | EXTROVERT | EXTRUSION | EXTRUSIVE |
| ESTUARINE | INTEGRATE | INTEGRITY | INTELLECT | INTENSIFY |
| INTENSIVE | INTENTION | INTERCEPT | INTERDICT | INTERFACE |
| INTERFERE | INTERJECT | INTERLUDE | INTERPRET | INTERRUPT |
| INTERSECT | INTERVENE | INTESTINE | INTRICACY | INTRICATE |
| INTRINSIC | INTRODUCE | INTROVERT | INTRUSION | INTRUSIVE |
| INTUITION | INTUITIVE | JITTERBUG | KITTENISH | LETHARGIC |
| LITIGIOUS | METABOLIC | METALLOID | MATCHBOOK | MATERNITY |
| METEORITE | MYTHOLOGY | MATRIARCH | MATRIMONY | METRONOME |
| NOTORIETY | NOTORIOUS | NUTRITION | NUTRITIVE | OCTAGONAL |
| OSTEOPATH | OUTERMOST | ORTHODOXY | OCTILLION | OPTOMETRY |
| OBTRUSION | OBTRUSIVE | OSTRACISM | POTASSIUM | PATCHWORK |
| PITCHFORK | POTENTATE | POTENTIAL | PATHOLOGY | PHTHALATE |
| PATRIARCH | PATRICIAN | PATRIMONY | PATRIOTIC | PATRISTIC |
| PATROLLED | PATROLMAN | PATROLMEN | PATRONAGE | PATRONESS |
| PETROLEUM | PETROLOGY | PETTICOAT | PITUITARY | RETALIATE |
| RETARDANT | RATEPAYER | RETENTION | RETENTIVE | RUTHENIUM |
| RATIONALE | RETRIEVAL | RETRIEVED | RETURNING | SATELLITE |
| SATURNINE | TITILLATE | UTTERANCE | UTTERMOST | ULTIMATUM |
| VITRIOLIC | WATCHBAND | WATCHWORD | WATERFALL | WATERSHED |
| WATERSIDE | WITHDRAWN | WITHSTAND | WITHSTOOD | YTTERBIUM |
| ADULTHOOD | AVUNCULAR | BLUEBERRY | BLUEPRINT | BOULEVARD |
| BOURGEOIS | BRUSHWORK | CLUBHOUSE | CHURCHMAN | CHURCHMEN |
| COURTEOUS | COURTESAN | COURTROOM | COURTYARD | CAUSATION |
| COUTURIER | DEUTERIUM | EQUALIZED | EXUBERANT | ELUCIDATE |
| ERUDITION | EXUDATION | EQUIPOISE | EQUIPPING | EQUITABLE |
| EQUIVOCAL | EBULLIENT | ENUMERATE | ENUNCIATE | FLUCTUATE |
| FEUDATORY | FOUNDLING | FLUORESCE | FLUORSPAR | FRUSTRATE |
| GAUCHERIE | GLUTAMATE | GLUTAMINE | GLUTINOUS | HEURISTIC |
| HOURGLASS | HOUSEHOLD | HOUSEWIFE | HOUSEWORK | LAUDATORY |
| LEUKAEMIA | MAUSOLEUM | MOUSTACHE | NEURALGIA | NEUROLOGY |
| PLUTONIUM | ROUGHCAST | SQUATTING | SQUEAMISH | SQUEEZING |
| SCULPTURE | SOUTHLAND | SOUTHWARD | TRUCULENT | THUMBNAIL |
| TAUTOLOGY | VOUCHSAFE | YOUNGSTER | ADVANTAGE | ADVENTURE |

## 9 letters

| | | | | |
|---|---|---|---|---|
| ADVERBIAL | ADVERSARY | ADVERTISE | ADVISABLE | CAVALCADE |
| COVARIANT | CAVERNOUS | DEVASTATE | DAVENPORT | DEVELOPER |
| DIVERGENT | DIVERSIFY | DIVERSION | DIVISIBLE | EAVESDROP |
| GOVERNESS | INVARIANT | INVECTIVE | INVENTION | INVENTIVE |
| INVENTORY | INVERSION | INVIDIOUS | INVIOLATE | INVISIBLE |
| INVOLVING | LIVERWORT | NAVIGABLE | NAVIGATED | NAVIGATOR |
| NOVITIATE | REVERSING | REVERSION | RIVERSIDE | REVISABLE |
| REVOCABLE | REVOLVING | REVULSION | SEVENFOLD | SEVENTEEN |
| SEVERALTY | SOVEREIGN | VIVACIOUS | BOWSTRING | COWARDICE |
| DOWNGRADE | DOWNRIGHT | DOWNSPOUT | DOWNSTATE | HOWSOEVER |
| JEWELLERY | NEWSPAPER | TOWNHOUSE | AUXILIARY | DEXTERITY |
| HEXAGONAL | HEXAMETER | JUXTAPOSE | LUXURIANT | LUXURIATE |
| LUXURIOUS | SAXIFRAGE | SAXOPHONE | SIXTEENTH | TAXONOMIC |
| VEXATIOUS | ASYMMETRY | ASYMPTOTE | BOYFRIEND | ETYMOLOGY |
| GLYCERINE | OXYGENATE | PSYCHOSIS | PSYCHOTIC | PHYLOGENY |
| PAYMASTER | PHYSICIAN | HAZARDOUS | MEZZANINE | PIZZICATO |

## By last letter

| | | | | |
|---|---|---|---|---|
| BALLERINA | BARRACUDA | CAFETERIA | CARCINOMA | COMPENDIA |
| CURRICULA | CYCLORAMA | EMPHYSEMA | EUPHORBIA | GUERRILLA |
| HARMONICA | HYDRANGEA | HYPERBOLA | INFLUENZA | LEUKAEMIA |
| MELODRAMA | MEMORANDA | NEURALGIA | NOSTALGIA | ORCHESTRA |
| PENINSULA | PHENOMENA | PNEUMONIA | TARANTULA | HONEYCOMB |
| ACROBATIC | ADIABATIC | AESTHETIC | ALCOHOLIC | ALGEBRAIC |
| ALIPHATIC | ALLEGORIC | ANAEROBIC | ANALEPTIC | ANALGESIC |
| APATHETIC | APOSTOLIC | AUTHENTIC | AUTOMATIC | AUTONOMIC |
| AXIOMATIC | BISHOPRIC | BOMBASTIC | CATALYTIC | CATATONIC |
| CHROMATIC | CINEMATIC | CLIMACTIC | DIACRITIC | DIALECTIC |
| DYSPEPTIC | ECCENTRIC | EMBRYONIC | ENERGETIC | ENIGMATIC |
| EPILEPTIC | EVANGELIC | EXTRINSIC | FANTASTIC | GEOMETRIC |
| GERIATRIC | GYMNASTIC | HEURISTIC | HONORIFIC | HYDRAULIC |
| IDIOMATIC | IMPOLITIC | INELASTIC | INORGANIC | INSOMNIAC |
| INTRINSIC | ISOTROPIC | LETHARGIC | METABOLIC | MONARCHIC |
| MORPHEMIC | NOSTALGIC | OBSTETRIC | ORGIASTIC | PANORAMIC |
| PARABOLIC | PARANOIAC | PARASITIC | PAREGORIC | PATRIOTIC |
| PATRISTIC | PEDAGOGIC | PNEUMATIC | POLYMERIC | PRAGMATIC |
| PRISMATIC | PROPHETIC | PSYCHOTIC | QUADRATIC | RHAPSODIC |
| RHEUMATIC | SARCASTIC | SCHEMATIC | SCLEROTIC | SPLENETIC |
| STRATEGIC | SULPHURIC | SYMBIOTIC | SYMPHONIC | SYNTACTIC |
| SYNTHETIC | TAXONOMIC | THEORETIC | TRAUMATIC | VITRIOLIC |
| ADULTHOOD | AFORESAID | AFTERWARD | ALLOCATED | AMPERSAND |
| ANNOTATED | APARTHEID | APPREHEND | ARROWHEAD | ASSEMBLED |
| AUTOMATED | BACKBOARD | BANDSTAND | BAREFACED | BASEBOARD |
| BEACHHEAD | BEDSPREAD | BENEFITED | BILLBOARD | BLACKBIRD |
| BLINDFOLD | BLOODSHED | BODYGUARD | BOULEVARD | BOYFRIEND |
| BUCKBOARD | CANCELLED | CARDBOARD | CATCHWORD | CELLULOID |
| CERTIFIED | CHICKWEED | CHILDHOOD | CLAPBOARD | COLLECTED |

| | | | | |
|---|---|---|---|---|
| COMMENCED | COMMITTED | COMPELLED | COMPLETED | COMPRISED |
| CONCLUDED | CONCURRED | CONFERRED | CONTINUED | CONVERGED |
| CORNFIELD | COURTYARD | CROSSROAD | CROSSWORD | DACHSHUND |
| DASHBOARD | DEATHWARD | DECREASED | DESCRIBED | DISPELLED |
| DISPLAYED | EIGHTFOLD | ELLIPSOID | ENCIRCLED | ENTRANCED |
| EQUALIZED | FALSEHOOD | FINALIZED | FLICKERED | FORMATTED |
| GENERATED | GRAVEYARD | GREENWOOD | GREYBEARD | GREYHOUND |
| HACKNEYED | HAPHAZARD | HOMESTEAD | HOREHOUND | HOUSEHOLD |
| INCREASED | INDICATED | INITIATED | KIDNAPPED | LEASEHOLD |
| LIFEGUARD | LOCALIZED | MAGNIFIED | METALLOID | MINIMIZED |
| MORTGAGED | NAVIGATED | NORTHWARD | PATROLLED | PERMITTED |
| PICNICKED | PLANETOID | PREFERRED | PRESERVED | PROPELLED |
| PROTECTED | QUALIFIED | QUICKSAND | RECOVERED | RECREATED |
| RECTIFIED | REGRETTED | REPRIMAND | RETRIEVED | RIGHTWARD |
| SAFEGUARD | SAINTHOOD | SEVENFOLD | SHIPBOARD | SHORTHAND |
| SIDEBOARD | SIGNBOARD | SIMULATED | SNAKEBIRD | SOUTHLAND |
| SOUTHWARD | SPEARHEAD | SPECIFIED | SPIKENARD | STARBOARD |
| STEPCHILD | SUBMITTED | SUNTANNED | THREEFOLD | THRESHOLD |
| TRANSCEND | TRAPEZOID | WASTELAND | WATCHBAND | WATCHWORD |
| WATERSHED | WESTBOUND | WHIRLWIND | WIDOWHOOD | WITHSTAND |
| WITHSTOOD | WOMANHOOD | WRISTBAND | ABOMINATE | ACCLIMATE |
| ACETYLENE | ACQUIESCE | ADDRESSEE | ADJECTIVE | ADMIXTURE |
| ADVANTAGE | ADVENTURE | ADVERTISE | ADVISABLE | AEROSPACE |
| AFFILIATE | AFFLUENCE | AFFRICATE | AGGRAVATE | AGGREGATE |
| AGREEABLE | ALLEVIATE | ALLOWABLE | ALLOWANCE | ALONGSIDE |
| ALTERCATE | ALTERNATE | AMBUSCADE | AMPHIBOLE | AMPLITUDE |
| ANCHORAGE | ANCHORITE | ANHYDRIDE | ANHYDRITE | ANNOYANCE |
| APPELLATE | APPENDAGE | APPLIANCE | APPOINTEE | ARABESQUE |
| ARBITRAGE | ARBITRATE | ARCHETYPE | ARMISTICE | ARTERIOLE |
| ARTICHOKE | ASSOCIATE | ASSURANCE | ASTRADDLE | ASYMPTOTE |
| ATTENTIVE | ATTENUATE | ATTRIBUTE | AUTHORIZE | AUTOCLAVE |
| AVAILABLE | AVALANCHE | AVOIDANCE | BACKSPACE | BACKSTAGE |
| BAGATELLE | BARRICADE | BEATITUDE | BEDRAGGLE | BELLICOSE |
| BELLYACHE | BELVEDERE | BICONCAVE | BIFURCATE | BIPARTITE |
| BLASPHEME | BLOODLINE | BOATHOUSE | BOOKPLATE | BOOKSTORE |
| BRASSIERE | BRIMSTONE | BROADSIDE | BROKERAGE | BURLESQUE |
| CALCULATE | CALIBRATE | CALIPHATE | CAMPANILE | CANDIDATE |
| CAPTIVATE | CARBONATE | CARBUNCLE | CARTILAGE | CARTRIDGE |
| CASSEROLE | CASTIGATE | CATALOGUE | CAVALCADE | CELANDINE |
| CELEBRATE | CELLULOSE | CENTIPEDE | CEREBRATE | CERTITUDE |
| CHALLENGE | CHAMOMILE | CHAMPAGNE | CHAPERONE | CHECKMATE |
| CHICKADEE | CHILDLIKE | CHLORDANE | CHOCOLATE | CHRONICLE |
| CIGARETTE | CIRCULATE | CLASSMATE | CLEARANCE | CLOCKWISE |
| CLUBHOUSE | COAGULATE | COERCIBLE | COGNITIVE | COLLEAGUE |
| COLLIMATE | COLONNADE | COLUMBINE | COMMINGLE | COMMITTEE |
| COMMODORE | COMPOSITE | COMPOSURE | CONCIERGE | CONCOURSE |
| CONCUBINE | CONDUCIVE | CONFIGURE | CONJUGATE | CONSIGNEE |
| CONSULATE | CONVOLUTE | COOPERATE | CORALLINE | CORPORATE |

## 9 letters

| | | | | |
|---|---|---|---|---|
| CORRELATE | CORROSIVE | CORRUGATE | CORUSCATE | COWARDICE |
| CROCODILE | CROSSWISE | CULMINATE | CULTIVATE | CURVATURE |
| CUSTOMIZE | DEBENTURE | DECEPTIVE | DECOMPOSE | DEDUCIBLE |
| DEFENSIVE | DEHYDRATE | DELEGABLE | DELINEATE | DEMAGOGUE |
| DEMARCATE | DENIGRATE | DEPARTURE | DEPRECATE | DEPREDATE |
| DESECRATE | DESIGNATE | DESPERATE | DESTITUTE | DESUETUDE |
| DETERMINE | DEVASTATE | DIFFUSIVE | DIGESTIVE | DIRECTIVE |
| DISPARAGE | DISPARATE | DISSEMBLE | DISSIPATE | DIVISIBLE |
| DOCTORATE | DOWNGRADE | DOWNSTATE | DUBITABLE | DUPLICATE |
| EFFECTIVE | EJACULATE | ELABORATE | ELECTRODE | ELIMINATE |
| ELSEWHERE | ELUCIDATE | EMENDABLE | ENDURANCE | ENTOURAGE |
| ENUMERATE | ENUNCIATE | EQUIPOISE | EQUITABLE | ERADICATE |
| ESPIONAGE | ESPLANADE | ESTIMABLE | ESTUARINE | ETIQUETTE |
| EVAPORATE | EVENTUATE | EXCESSIVE | EXCISABLE | EXCLUSIVE |
| EXCORIATE | EXCULPATE | EXCUSABLE | EXECRABLE | EXECUTIVE |
| EXISTENCE | EXONERATE | EXPANSIVE | EXPATIATE | EXPENSIVE |
| EXPLETIVE | EXPLICATE | EXPLOSIVE | EXPURGATE | EXQUISITE |
| EXTEMPORE | EXTENSIVE | EXTENUATE | EXTIRPATE | EXTRADITE |
| EXTRICATE | EXTRUSIVE | FABRICATE | FACSIMILE | FARMHOUSE |
| FASCINATE | FIREHOUSE | FIREPLACE | FLAGSTONE | FLAMMABLE |
| FLUCTUATE | FLUORESCE | FORMULATE | FORTITUDE | FORTUNATE |
| FRANCHISE | FREESTONE | FRICATIVE | FROSTBITE | FRUSTRATE |
| FULMINATE | FUNGICIDE | FURNITURE | FUSILLADE | GABARDINE |
| GALLINULE | GAUCHERIE | GERMICIDE | GERMINATE | GERUNDIVE |
| GLASSWARE | GLUTAMATE | GLUTAMINE | GLYCERINE | GRANDIOSE |
| GRANULATE | GRAPEVINE | GRATITUDE | GRAVITATE | GRIEVANCE |
| GROTESQUE | GUARANTEE | GYROSCOPE | HABITUATE | HAILSTONE |
| HANDSPIKE | HEADSTONE | HELLEBORE | HERITABLE | HIBERNATE |
| HINDRANCE | HISTAMINE | HOLYSTONE | HOMOLOGUE | HOROSCOPE |
| HORSESHOE | HOUSEWIFE | HUMILIATE | HURRICANE | HYDROXIDE |
| HYPHENATE | HYPOCRITE | IDEOLOGUE | IGNORANCE | ILLEGIBLE |
| IMBALANCE | IMMEDIATE | IMMIGRATE | IMMOVABLE | IMMUTABLE |
| IMPASSIVE | IMPEDANCE | IMPLICATE | IMPORTUNE | IMPOSTURE |
| IMPRECATE | IMPROVISE | IMPULSIVE | INANIMATE | INAUDIBLE |
| INCAPABLE | INCARNATE | INCENTIVE | INCLUSIVE | INCULCATE |
| INDELIBLE | INDENTURE | INDISPOSE | INDUCIBLE | INEFFABLE |
| INFANTILE | INFATUATE | INFERENCE | INFERTILE | INFLUENCE |
| INFURIATE | INFUSIBLE | INJUSTICE | INOCULATE | INSINCERE |
| INSINUATE | INSOLUBLE | INSTIGATE | INSTITUTE | INSURANCE |
| INTEGRATE | INTENSIVE | INTERFACE | INTERFERE | INTERLUDE |
| INTERVENE | INTESTINE | INTRICATE | INTRODUCE | INTRUSIVE |
| INTUITIVE | INVECTIVE | INVENTIVE | INVIOLATE | INVISIBLE |
| IRONSTONE | IRRADIATE | IRRITABLE | ITERATIVE | JUDICABLE |
| JUXTAPOSE | KNOWLEDGE | LANDSCAPE | LANDSLIDE | LEGISLATE |
| LIBERTINE | LIMESTONE | LIMOUSINE | LIQUIDATE | LIQUORICE |
| LOATHSOME | LOBSCOUSE | LODESTONE | LONGITUDE | LUBRICATE |
| LUCRATIVE | LUXURIATE | MAGNETITE | MAGNITUDE | MALLEABLE |
| MANGANESE | MANOEUVRE | MARGARINE | MARMALADE | MASCULINE |

MEANWHILE MELIORATE MEMORABLE MENAGERIE MENOPAUSE
MESMERISE METEORITE METRONOME MEZZANINE MILESTONE
MILLSTONE MINIATURE MINUSCULE MISTLETOE MONOLOGUE
MOUSTACHE MULTITUDE NAVIGABLE NECTARINE NEGOTIATE
NIGHTMARE NORMATIVE NOVITIATE NUMERABLE NUTRITIVE
OBFUSCATE OBSESSIVE OBSTINATE OBTRUSIVE OFFENSIVE
OFFICIATE OPPORTUNE OPPOSABLE ORDINANCE ORIGINATE
ORPHANAGE OSCILLATE OTHERWISE OXYGENATE PANHANDLE
PANTOMIME PARACHUTE PARENTAGE PARSONAGE PARTRIDGE
PATRONAGE PEACEABLE PEDAGOGUE PENETRATE PENTHOUSE
PERCHANCE PERCOLATE PEREGRINE PERFORATE PERISCOPE
PERMEABLE PERSECUTE PERSEVERE PERSONAGE PERVASIVE
PHAGOCYTE PHALAROPE PHOSPHATE PHTHALATE PILFERAGE
PINEAPPLE PIROUETTE PLAINTIVE PLATITUDE PLAUSIBLE
PLAYHOUSE PLENITUDE POLLINATE POLONAISE PORCUPINE
POSTULATE POTENTATE PRECIPICE PREDEFINE PREDICATE
PREJUDICE PREMATURE PRESCRIBE PRIMITIVE PRINCIPLE
PRIVILEGE PROCEDURE PROCREATE PROMENADE PRONOUNCE
PROPAGATE PROPYLENE PROSCRIBE PROSECUTE PROSTRATE
PROTOTYPE PROXIMATE PUNCTUATE PURGATIVE PURPOSIVE
QUADRILLE QUADRUPLE QUARTZITE QUICKLIME RANDOMIZE
RATIONALE RECEPTIVE RECESSIVE RECOMBINE RECONCILE
RECONDITE RECTANGLE RECTITUDE RECURSIVE REDUCIBLE
REFERABLE REFERENCE REFLEXIVE REIMBURSE REINFORCE
REINSTATE REITERATE REPLICATE REPUDIATE REPULSIVE
REQUISITE RESISTIVE RETALIATE RETENTIVE REVISABLE
REVOCABLE RIDGEPOLE RIVERSIDE ROADHOUSE SACRIFICE
SACRILEGE SANDSTONE SATELLITE SATURNINE SAXIFRAGE
SAXOPHONE SCRIMMAGE SCRIPTURE SCULPTURE SECRETIVE
SEDUCTIVE SEGREGATE SELECTIVE SEMAPHORE SEMBLANCE
SENSITIVE SEPARABLE SERVIETTE SERVITUDE SHIPSHAPE
SHORELINE SHOWPIECE SHRINKAGE SIGNATURE SNAKELIKE
SNOWFLAKE SOAPSTONE SOLITAIRE SOMEWHERE SOPHOMORE
SPECTACLE SPECULATE STAIRCASE STALEMATE STATESIDE
STATUETTE STEVEDORE STIMULATE STIPULATE STOCKPILE
STONEWARE STRICTURE STRUCTURE SUBDIVIDE SUBLIMATE
SUBSTRATE SUFFOCATE SULTANATE SUMMARIZE SUPERSEDE
SUPERVENE SURCHARGE SURROGATE SYNAGOGUE SYNCOPATE
SYNDICATE TALKATIVE TANGERINE TECHNIQUE TELEPHONE
TELESCOPE TEMPERATE TENTATIVE TERMINATE THEREFORE
THREESOME TIMEPIECE TITILLATE TOLERABLE TOMBSTONE
TOWNHOUSE TRACEABLE TRANSFUSE TRANSLATE TRANSMUTE
TRANSPIRE TRANSPOSE TRILOBITE TURBINATE TURNSTONE
TURNTABLE TURPITUDE TURQUOISE TYPEWRITE UTTERANCE
VACCINATE VACILLATE VALENTINE VARIEGATE VEGETABLE
VENERABLE VENGEANCE VENTILATE VENTRICLE VERITABLE
VERSATILE VERTEBRAE VESTIBULE VIDEOTAPE VINDICATE
VISUALIZE VOUCHSAFE WAREHOUSE WATERSIDE WEARISOME

## 9 letters

| | | | | |
|---|---|---|---|---|
| WHEREFORE | WHOLESALE | WHOLESOME | WORKFORCE | WORKHORSE |
| WORKSPACE | WORKTABLE | WORLDWIDE | WORRISOME | XYLOPHONE |
| BOMBPROOF | BOOKSHELF | FIREPROOF | FISTICUFF | FOOLPROOF |
| LEITMOTIF | PLAINTIFF | ACHIEVING | ADMITTING | ALLOTTING |
| ANALYZING | ANNULLING | BALANCING | BEDIMMING | BEFITTING |
| BEFOGGING | BEGETTING | BEGINNING | BESETTING | BOOMERANG |
| BOWSTRING | COMBINING | COMPARING | COMPILING | COMPOSING |
| COMPUTING | CONJURING | DEBARRING | DECLARING | DECLINING |
| DECREEING | DEFERRING | DEMITTING | DEMURRING | DETACHING |
| DETERRING | DIPHTHONG | DISABLING | DISPOSING | ELEVATING |
| EMBEDDING | EMPLOYING | ENLARGING | EQUIPPING | EXCELLING |
| EXCLUDING | EXECUTING | EXPELLING | EXPLODING | EXTOLLING |
| FINANCING | FINESSING | FLEDGLING | FOREGOING | FOUNDLING |
| IMPELLING | INCLINING | INCLUDING | INCURRING | INFERRING |
| INVOLVING | ITERATING | JITTERBUG | LIGHTNING | MESSAGING |
| MIGRATING | MIMICKING | MISTAKING | OBSCURING | OCCURRING |
| OFFSPRING | OPERATING | PLAYTHING | PRECEDING | PREPARING |
| PRESUMING | PRODUCING | PROFILING | PROVIDING | PULSATING |
| REBELLING | REBUTTING | RECURRING | REFERRING | RELEASING |
| REMITTING | REPELLING | REQUIRING | RESERVING | RESOLVING |
| RESTORING | RETURNING | REVERSING | REVOLVING | SCHILLING |
| SHRUGGING | SOMETHING | SPLITTING | SPROUTING | SQUATTING |
| SQUEEZING | TROUBLING | UNDERLING | UPSETTING | WHIRLIGIG |
| AFTERMATH | AUTOGRAPH | BANDWIDTH | BILLIONTH | BULLFINCH |
| COCKROACH | EIGHTIETH | EMBELLISH | ESTABLISH | FIFTEENTH |
| FORTHWITH | GIBBERISH | GOLDFINCH | GOLDSMITH | HOMEOPATH |
| HUNDREDTH | JELLYFISH | KITTENISH | LABYRINTH | LOCKSMITH |
| MACINTOSH | MATRIARCH | MILLIONTH | NINETIETH | OSTEOPATH |
| PARAGRAPH | PATRIARCH | POLYMORPH | REPLENISH | SAGEBRUSH |
| SIXTEENTH | SQUEAMISH | SWORDFISH | TELEGRAPH | THEREWITH |
| THIRTIETH | TWENTIETH | WHEREWITH | WHITEWASH | WORKBENCH |
| YELLOWISH | PEPPERONI | SPAGHETTI | BACKTRACK | BEEFSTEAK |
| BLACKJACK | BRUSHWORK | CLOCKWORK | COACHWORK | CROSSWALK |
| FENUGREEK | FIELDWORK | FLINTLOCK | FRAMEWORK | GANGPLANK |
| GRILLWORK | GUESSWORK | HANDIWORK | HOLLYHOCK | HORSEBACK |
| HOUSEWORK | MATCHBOOK | PAPERBACK | PAPERWORK | PATCHWORK |
| PIGGYBACK | PITCHFORK | SHIPWRECK | SIDETRACK | SLAPSTICK |
| THROWBACK | TOOTHPICK | TRADEMARK | WISECRACK | YARDSTICK |
| ABDOMINAL | ACCENTUAL | ACQUITTAL | ACTUARIAL | ADVERBIAL |
| AMBROSIAL | ANCESTRAL | ANECDOTAL | APPRAISAL | ARCHANGEL |
| BACTERIAL | BAPTISMAL | BEAUTIFUL | BETROTHAL | BICAMERAL |
| BILATERAL | BILINGUAL | BLACKBALL | BLACKMAIL | BRONCHIAL |
| CATHEDRAL | CELESTIAL | CENSORIAL | CHAPARRAL | COCHINEAL |
| COLLEGIAL | COLLOIDAL | COMMITTAL | CONGENIAL | CONNUBIAL |
| CONTINUAL | CONVIVIAL | CORPOREAL | CROSSBILL | CUSTODIAL |
| DECEITFUL | DECENNIAL | DECONTROL | DISMISSAL | DISPERSAL |
| DOCTRINAL | EDITORIAL | EFFECTUAL | ELECTORAL | EMOTIONAL |
| EPHEMERAL | EPISCOPAL | EQUIVOCAL | ESSENTIAL | FACTORIAL |

| | | | | |
|---|---|---|---|---|
| FINANCIAL | FOOTSTOOL | FORGETFUL | FRATERNAL | FREEWHEEL |
| FRIGHTFUL | GERUNDIAL | GRAPHICAL | GROUNDSEL | GUILDHALL |
| HEALTHFUL | HEXAGONAL | HOMICIDAL | HORSETAIL | IDENTICAL |
| IMPARTIAL | INAUGURAL | LARYNGEAL | MARSUPIAL | MASTERFUL |
| MEDICINAL | MERCURIAL | MICROBIAL | MUNICIPAL | NIGHTFALL |
| NOCTURNAL | NUMERICAL | OCCIPITAL | OCTAGONAL | PAROCHIAL |
| PERENNIAL | PERPETUAL | PERSONNEL | PICTORIAL | PIECEMEAL |
| PLACENTAL | PLENTIFUL | POCKETFUL | POLYGONAL | PORTRAYAL |
| POTENTIAL | PRACTICAL | PRAYERFUL | PRINCIPAL | PYRAMIDAL |
| QUIZZICAL | REGRETFUL | REHEARSAL | REINSTALL | RESENTFUL |
| RETRIEVAL | SCOUNDREL | SORROWFUL | SPEEDWELL | SPIRITUAL |
| STRESSFUL | TECHNICAL | THUMBNAIL | TRAVERSAL | TREADMILL |
| TRIENNIAL | TRIHEDRAL | TRIUMPHAL | UMBILICAL | UNIVERSAL |
| VERTEBRAL | VESTIGIAL | WATERFALL | WHIRLPOOL | WONDERFUL |
| ALGORITHM | AMERICIUM | ARBORETUM | BACTERIUM | BARBARISM |
| BERKELIUM | BERYLLIUM | CATACLYSM | CATECHISM | CLOAKROOM |
| CONUNDRUM | COURTROOM | CYTOPLASM | DEUTERIUM | DIAPHRAGM |
| DOGMATISM | EARTHWORM | ECOSYSTEM | EFFLUVIUM | ENDOSPERM |
| EUPHEMISM | GALVANISM | GERMANIUM | GYMNASIUM | LANTHANUM |
| LOGARITHM | LUNCHROOM | MAGNESIUM | MANNERISM | MARTYRDOM |
| MAUSOLEUM | MECHANISM | MICROCOSM | NEODYMIUM | NEOLOGISM |
| NEPTUNIUM | OSTRACISM | PALLADIUM | PANTHEISM | PENTAGRAM |
| PESSIMISM | PETROLEUM | PLUTONIUM | POTASSIUM | RADIOGRAM |
| RUTHENIUM | SNOWSTORM | SOLIPSISM | STATEROOM | STOREROOM |
| STRATAGEM | STRONTIUM | SYLLOGISM | SYMPOSIUM | SYNERGISM |
| TELLURIUM | TRANSFORM | TRAPEZIUM | ULTIMATUM | VOLCANISM |
| WINDSTORM | YTTERBIUM | ZIRCONIUM | ABOLITION | ACCESSION |
| ACCORDION | ACCRETION | ADMISSION | AFTERNOON | AMPHIBIAN |
| APPERTAIN | APPORTION | ASCENSION | ASCERTAIN | ASPERSION |
| ATTENTION | ATTRITION | AUTOMATON | AVOCATION | BADMINTON |
| BARBARIAN | BATTALION | BEDRIDDEN | BOATSWAIN | BREAKDOWN |
| BUCKTHORN | CARNATION | CARRAGEEN | CAUSATION | CESSATION |
| CHAMELEON | CHIEFTAIN | CHILBLAIN | CHROMATIN | CHURCHMAN |
| CHURCHMEN | CLERGYMAN | CLERGYMEN | COALITION | COGNITION |
| COLLEGIAN | COLLISION | COLLUSION | COMMOTION | COMMUNION |
| COMPANION | CONCISION | CONDITION | CONFUSION | CONSTRAIN |
| CONTAGION | CONTUSION | CORROSION | COTILLION | COTYLEDON |
| COURTESAN | CRAFTSMAN | CRAFTSMEN | CRITERION | CUSTODIAN |
| CYCLOPEAN | DAMNATION | DANDELION | DECATHLON | DECEPTION |
| DEPLETION | DETECTION | DETENTION | DIFFUSION | DIGESTION |
| DIMENSION | DIRECTION | DIVERSION | DRAFTSMAN | ELEVATION |
| ENTERTAIN | ERUDITION | EVERGREEN | EVOCATION | EVOLUTION |
| EXCEPTION | EXCLUSION | EXCRETION | EXCURSION | EXECUTION |
| EXEMPTION | EXPANSION | EXPLOSION | EXPULSION | EXTENSION |
| EXTRUSION | EXUDATION | FISHERMAN | FISHERMEN | FLOTATION |
| FORBIDDEN | FORGOTTEN | GENTLEMAN | GENTLEMEN | GYRFALCON |
| HISTORIAN | HOBGOBLIN | HONEYMOON | ICHNEUMON | IMMERSION |
| IMPASSION | IMPLOSION | INCAUTION | INCEPTION | INCLUSION |

## 9 letters

| | | | | |
|---|---|---|---|---|
| INCURSION | INGESTION | INJECTION | INTENTION | INTRUSION |
| INTUITION | INVENTION | INVERSION | IRRUPTION | ITERATION |
| LIBRARIAN | LUMBERMAN | LUMBERMEN | MAGNETRON | MAMMALIAN |
| MEDALLION | MIDDLEMAN | MIDDLEMEN | MINUTEMAN | MINUTEMEN |
| MISSHAPEN | NIGHTGOWN | NUTRITION | OBSESSION | OBTRUSION |
| OCCLUSION | OCTILLION | OPERATION | PARTITION | PATRICIAN |
| PATROLMAN | PATROLMEN | PERDITION | PERFUSION | PERSIMMON |
| PERVASION | PHYSICIAN | PLOUGHMAN | POLICEMAN | POLICEMEN |
| POLLUTION | PORCELAIN | PRECISION | PROFUSION | PROLUSION |
| PROMOTION | PROTOZOAN | PROVISION | PTARMIGAN | PURGATION |
| QUARRYMEN | QUOTATION | REBELLION | RECEPTION | RECESSION |
| RECURSION | REDUCTION | REFECTION | REJECTION | REMISSION |
| RENDITION | REPTILIAN | REPULSION | RETENTION | REVERSION |
| REVULSION | RUINATION | SALVATION | SECESSION | SECLUSION |
| SECRETION | SECTARIAN | SEDUCTION | SELECTION | SEVENTEEN |
| SHEEPSKIN | SIMPLETON | SINGLETON | SOVEREIGN | SPOKESMAN |
| SPOKESMEN | SPORTSMAN | SPORTSMEN | STANCHION | STATESMAN |
| STATESMEN | SUMMATION | SUNSCREEN | SUSPICION | SWITCHMAN |
| TACTICIAN | TARPAULIN | THEREUPON | TRADESMAN | TRADESMEN |
| TRADITION | TRAGEDIAN | UNCERTAIN | VARIATION | VERMILION |
| WHEREUPON | WITHDRAWN | YACHTSMAN | YACHTSMEN | ANTIPASTO |
| ARMADILLO | CONTRALTO | CRESCENDO | DESPERADO | IMBROGLIO |
| MUSTACHIO | PISTACHIO | PIZZICATO | PORTFOLIO | BOOTSTRAP |
| BUTTERCUP | EAVESDROP | FILMSTRIP | QUICKSTEP | STONECROP |
| AGGRESSOR | ALABASTER | ALLIGATOR | ALTIMETER | AMPLIFIER |
| ASSEMBLER | ATTAINDER | AVUNCULAR | BACKWATER | BAROMETER |
| BARTENDER | BEHAVIOUR | BINOCULAR | BRIGADIER | BYSTANDER |
| CAPACITOR | CARETAKER | CARPENTER | CHARACTER | CHAUFFEUR |
| CHEVALIER | COADJUTOR | COLLECTOR | COLLINEAR | COMPACTER |
| CONCOCTER | CONDUCTOR | CONFESSOR | CONNECTOR | CONQUEROR |
| CONSIGNOR | CONVERTER | CORIANDER | CORRECTOR | COSPONSOR |
| COUTURIER | CROSSOVER | DEFLECTOR | DEPOSITOR | DEPRESSOR |
| DESOLATER | DEVELOPER | DOSIMETER | EMBROIDER | ENCOUNTER |
| EXCELSIOR | EXCHEQUER | EXHIBITOR | EXPOSITOR | EXTRACTOR |
| FINANCIER | FLUORSPAR | GENERATOR | GLADIATOR | GLANDULAR |
| GODFATHER | GODMOTHER | GUARANTOR | GUNPOWDER | HAMBURGER |
| HANDLEBAR | HARBINGER | HEADWATER | HEREAFTER | HEXAMETER |
| HORSEHAIR | HOWSOEVER | INDICATOR | INHERITOR | INHIBITOR |
| INNKEEPER | INSPECTOR | IRREGULAR | JUNKETEER | LANDOWNER |
| MAGNIFIER | MANOMETER | MERGANSER | MESSENGER | MOLECULAR |
| MONOCULAR | MORTGAGOR | NAVIGATOR | NEGLECTER | NEWSPAPER |
| OPPRESSOR | ORGANIZER | PARAMETER | PASSENGER | PAYMASTER |
| PERIMETER | PICNICKER | POMPADOUR | POSSESSOR | POSTERIOR |
| PRECURSOR | PREDICTOR | PROFESSOR | PROFITEER | PROJECTOR |
| PROPELLER | PROTECTOR | PYROMETER | RACKETEER | RATEPAYER |
| RECTIFIER | REFLECTOR | REGISTRAR | REJOINDER | REMAINDER |
| RESERVOIR | RESPECTER | SANDPAPER | SANDPIPER | SCHEDULER |
| SEQUESTER | SIGHTSEER | SLAUGHTER | SOLICITOR | SPECTATOR |

| | | | | |
|---|---|---|---|---|
| SPINNAKER | STREETCAR | SUCCESSOR | SUNFLOWER | SURRENDER |
| SUSPENSOR | TELEMETER | TRICKSTER | TRIMESTER | UPHOLSTER |
| VEHICULAR | VESICULAR | VOLTMETER | VOLUNTEER | WALLPAPER |
| WARMONGER | WHICHEVER | WHOSOEVER | YOUNGSTER | ACIDULOUS |
| ACROPOLIS | AILANTHUS | ALBATROSS | AMBIGUOUS | AMBITIOUS |
| AMORPHOUS | ANALOGOUS | ANHYDROUS | ANNUITIES | ANOMALOUS |
| ANONYMOUS | ANTIPODES | APPARATUS | ARGUMENTS | ARTHRITIS |
| ASPARAGUS | ASSIDUOUS | ATROCIOUS | AUDACIOUS | BARBAROUS |
| BEAUTEOUS | BOURGEOIS | BUMPTIOUS | CAPACIOUS | CATALYSIS |
| CATHARSIS | CAVERNOUS | CLAMOROUS | CONSCIOUS | CONSENSUS |
| COURTEOUS | CREDULOUS | CYTOLYSIS | DANGEROUS | DEACONESS |
| DECIDUOUS | DELICIOUS | DELIRIOUS | DIAGNOSIS | DIATHESIS |
| EDELWEISS | EGREGIOUS | EMBARGOES | EMBARRASS | EPHEMERIS |
| EPIDERMIS | EPIPHYSIS | ERRONEOUS | EXACTNESS | EXOGAMOUS |
| EXOGENOUS | FACETIOUS | FELONIOUS | FEROCIOUS | FRACTIOUS |
| FRIVOLOUS | GARRULOUS | GLADIOLUS | GLUTINOUS | GOVERNESS |
| HAZARDOUS | HEPATITIS | HILARIOUS | HOURGLASS | IGNORAMUS |
| IMPERIOUS | IMPETUOUS | INGENIOUS | INGENUOUS | INJURIOUS |
| INNOCUOUS | INSIDIOUS | INVIDIOUS | ISINGLASS | JUDICIOUS |
| LABORIOUS | LIBELLOUS | LIBRARIES | LITIGIOUS | LUDICROUS |
| LUXURIOUS | MALICIOUS | MELODIOUS | MESSIEURS | MOMENTOUS |
| MONSTROUS | MONTHLIES | MURDEROUS | NARCISSUS | NOTORIOUS |
| NUCLEOLUS | OBLIVIOUS | OBNOXIOUS | OFFICIOUS | OURSELVES |
| PARALYSIS | PATRONESS | PENURIOUS | POISONOUS | PONDEROUS |
| PROGNOSIS | PSYCHOSIS | QUERULOUS | RANCOROUS | RAPACIOUS |
| RELIGIOUS | RIGHTEOUS | SAGACIOUS | SALACIOUS | SASSAFRAS |
| SCLEROSIS | SEDITIOUS | SILICEOUS | STRENUOUS | SUMMARIES |
| SUMPTUOUS | SYMBIOSIS | SYNTHESES | SYNTHESIS | TEMPTRESS |
| TENACIOUS | TENEBROUS | THESAURUS | TREMULOUS | UMBILICUS |
| UNANIMOUS | VERACIOUS | VEXATIOUS | VICARIOUS | VIVACIOUS |
| VORACIOUS | ABHORRENT | ABSORBENT | ABSTINENT | ACCEPTANT |
| ACCORDANT | AFFIDAVIT | ALIGNMENT | ALLEGIANT | APPELLANT |
| APPLICANT | ARCHITECT | ARROWROOT | ASCENDANT | ASSAILANT |
| ASSISTANT | ATTENDANT | BETHOUGHT | BLOODROOT | BLOODSHOT |
| BLUEPRINT | BRATWURST | BREADROOT | BREAKFAST | BRILLIANT |
| BROADCAST | BUCKWHEAT | BUTTERNUT | CELEBRANT | COGNIZANT |
| COLTSFOOT | COMBATANT | COMPETENT | COMPLAINT | COMPLIANT |
| COMPONENT | CONDIMENT | CONFIDANT | CONFIDENT | CONFLUENT |
| CONGRUENT | CONSCRIPT | CONSONANT | CONSTRICT | CONSTRUCT |
| CONTINENT | COPYRIGHT | CORMORANT | CORPULENT | COTANGENT |
| COVARIANT | DAVENPORT | DECREMENT | DEFENDANT | DEFICIENT |
| DEODORANT | DEPENDANT | DEPENDENT | DETERGENT | DETERRENT |
| DETRIMENT | DIFFERENT | DIFFICULT | DIFFIDENT | DISCOMFIT |
| DISPUTANT | DISSIDENT | DISSONANT | DIVERGENT | DOWNRIGHT |
| DOWNSPOUT | DRAMATIST | EBULLIENT | ECONOMIST | EFFICIENT |
| EMOLUMENT | EXCELLENT | EXPECTANT | EXPEDIENT | EXTROVERT |
| EXUBERANT | EYEBRIGHT | FIRELIGHT | FLAGEOLET | FLATULENT |
| FLOWCHART | FLOWERPOT | FOOTPRINT | FORTNIGHT | GALLIVANT |

## 9 letters

| | | | | |
|---|---|---|---|---|
| GLASSWORT | GREATCOAT | GUILLEMOT | HEADLIGHT | HEARTFELT |
| HIGHLIGHT | HINDSIGHT | HOLOCAUST | IMMIGRANT | IMPATIENT |
| IMPERFECT | IMPLEMENT | IMPORTANT | IMPRUDENT | INCESSANT |
| INCIPIENT | INCLEMENT | INCORRECT | INCREMENT | INCUMBENT |
| INDIGNANT | INDULGENT | INELEGANT | INFORMANT | INNERMOST |
| INSISTENT | INSOLVENT | INSURGENT | INTELLECT | INTERCEPT |
| INTERDICT | INTERJECT | INTERPRET | INTERRUPT | INTERSECT |
| INTROVERT | INVARIANT | ITINERANT | LAMPLIGHT | LIMELIGHT |
| LIVERWORT | LUBRICANT | LUXURIANT | MAKESHIFT | MALADROIT |
| MALIGNANT | MASOCHIST | MECHANIST | MERRIMENT | MINCEMEAT |
| MISCREANT | MOONLIGHT | NEGLIGENT | OBSERVANT | ONSLAUGHT |
| OUTERMOST | OVERSIGHT | PANTHEIST | PARAMOUNT | PERMANENT |
| PERTINENT | PESSIMIST | PESTILENT | PETTICOAT | POLLUTANT |
| PRECEDENT | PRESCRIPT | PRESIDENT | PREVALENT | PROMINENT |
| PROPONENT | PROVIDENT | PUBESCENT | QUIESCENT | RECIPIENT |
| RECONVERT | RECUMBENT | RECURRENT | REDUNDANT | RELUCTANT |
| REPELLENT | REPENTANT | REPRESENT | REPUGNANT | RESILIENT |
| RESISTANT | RESTRAINT | RESULTANT | RESURGENT | RESURRECT |
| RETARDANT | ROUGHCAST | SACRAMENT | SANDBLAST | SCAPEGOAT |
| SCIENTIST | SENTIMENT | SIDELIGHT | SIMULCAST | SNAKEROOT |
| SOBRIQUET | SOMNOLENT | SPEARMINT | SPINNERET | SPOTLIGHT |
| STARLIGHT | STATEMENT | STEADFAST | STEAMBOAT | STIMULANT |
| STRINGENT | SUBSCRIPT | SYCOPHANT | TESTAMENT | TRANSIENT |
| TRANSPORT | TRENCHANT | TRIVALENT | TRUCULENT | TURBULENT |
| UNIVALENT | UPPERMOST | UTTERMOST | VIEWPOINT | WAISTCOAT |
| WORKSHEET | IMPROMPTU | LEITMOTIV | SCARECROW | EXECUTRIX |
| MULTIPLEX | ACCESSORY | ACCOMPANY | ADMIRALTY | ADVERSARY |
| AETIOLOGY | AMBIGUITY | ANCILLARY | ANIMOSITY | ANONYMITY |
| ANTHOLOGY | ANTIPATHY | ANTIQUARY | ANTIQUITY | ARBITRARY |
| ARTILLERY | ASSIDUITY | ASTROLOGY | ASTRONOMY | ASYMMETRY |
| AUTOCRACY | AUXILIARY | BANEBERRY | BIMONTHLY | BIOGRAPHY |
| BLACKBODY | BLASPHEMY | BLUEBERRY | BREAKAWAY | BUDGETARY |
| BUTTERFLY | CACOPHONY | CANDIDACY | CAPILLARY | CAPTAINCY |
| CARPENTRY | CELEBRITY | CENTENARY | CERTAINTY | CHEMISTRY |
| CHICANERY | CIRCUITRY | CITIZENRY | COMMODITY | CONTUMACY |
| COROLLARY | CORRECTLY | COSMOLOGY | CRANBERRY | CREDULITY |
| CREMATORY | CROTCHETY | CURIOSITY | CUSTOMARY | DECLIVITY |
| DEMOCRACY | DEMYSTIFY | DENTISTRY | DESULTORY | DEXTERITY |
| DIATHERMY | DICHOTOMY | DIGNITARY | DIPLOMACY | DIRECTORY |
| DISCOVERY | DIVERSIFY | DORMITORY | DROMEDARY | DUPLICITY |
| DYSENTERY | ELECTRIFY | ETHNOLOGY | ETYMOLOGY | EVERYBODY |
| EXCRETORY | EXEMPLARY | EXEMPLIFY | FEUDATORY | FIDUCIARY |
| FOOLHARDY | FRIVOLITY | GALLANTRY | GENEALOGY | GENTILITY |
| GEOGRAPHY | GIMMICKRY | HACKBERRY | HIERARCHY | HISTOLOGY |
| HORSEPLAY | HUSBANDRY | HYDROLOGY | HYPOCRISY | IMAGINARY |
| IMMEDIACY | IMMODESTY | INABILITY | INDEMNIFY | INDEMNITY |
| INDIGNITY | INFIRMARY | INGENUITY | INTEGRITY | INTENSIFY |
| INTRICACY | INVENTORY | ITINERARY | JANISSARY | JEWELLERY |

| | | | | |
|---|---|---|---|---|
| JUDICIARY | LAUDATORY | LEGENDARY | LONGEVITY | LOQUACITY |
| MACHINERY | MANDATORY | MATERNITY | MATRIMONY | MENDACITY |
| MERCENARY | MIGRATORY | MILLINERY | MOMENTARY | MONASTERY |
| MYTHOLOGY | NECESSARY | NECESSITY | NEUROLOGY | NIGGARDLY |
| NORTHERLY | NOTORIETY | OBJECTIFY | OBSTINACY | OFFERTORY |
| OLFACTORY | OLIGARCHY | OPTOMETRY | ORTHODOXY | PAGEANTRY |
| PAPILLARY | PARSIMONY | PATHOLOGY | PATRIMONY | PECUNIARY |
| PERFUMERY | PERIPHERY | PERSONIFY | PETROLOGY | PHILOLOGY |
| PHONOLOGY | PHOTOCOPY | PHYLOGENY | PITUITARY | PLANETARY |
| POLYPHONY | POMPOSITY | POSTERITY | PRECOCITY | PREDATORY |
| PREFATORY | PREOCCUPY | PROPRIETY | PROXIMITY | PULMONARY |
| PURGATORY | RASPBERRY | REFECTORY | RELIQUARY | REPERTORY |
| RESIDUARY | SALESLADY | SANCTUARY | SCHOOLBOY | SECONDARY |
| SECRETARY | SEDENTARY | SEVERALTY | SHRUBBERY | SOCIOLOGY |
| SOLEMNITY | SOLILOQUY | SOPHISTRY | SPECIALTY | SPLINTERY |
| SPRIGHTLY | STATUTORY | SUMMARILY | SUPREMACY | SWORDPLAY |
| SYLLABIFY | SYNCHRONY | TAUTOLOGY | TELEOLOGY | TELEPATHY |
| TELEPHONY | TEMPORARY | TERRITORY | TESTIMONY | THEOCRACY |
| TREACHERY | TRIBUTARY | TURBIDITY | UNANIMITY | VASECTOMY |
| VERBOSITY | VISCOSITY | VISIONARY | VOLUNTARY | YESTERDAY |

# 10 letters

## By 1ˢᵗ letter

```
ABBREVIATE ABOMINABLE ABORIGINAL ABRIDGMENT ABSOLUTION
ABSORPTION ABSORPTIVE ABSTENTION ABSTRACTER ACCELERATE
ACCENTUATE ACCESSIBLE ACCIDENTAL ACCOMPLICE ACCOMPLISH
ACCOUNTANT ACCUMULATE ACCUSATION ACCUSATIVE ACCUSATORY
ACHROMATIC ACQUITTING ACTIVATING ACTIVATION ADAPTATION
ADDITIONAL ADJECTIVAL ADJUDICATE ADMINISTER ADMIRATION
ADMISSIBLE ADMITTANCE ADMONITION ADOLESCENT ADRENALINE
ADULTERATE ADULTEROUS AERONAUTIC AFICIONADO AGGLUTININ
AGGREGATED AGGRESSION AGGRESSIVE ALCOHOLISM ALLEGATION
ALLITERATE ALLOCATION ALLOTROPIC ALPENSTOCK ALPHABETIC
ALTERATION ALTERNATED ALTOGETHER AMALGAMATE AMANUENSIS
AMATEURISH AMBASSADOR AMBULATORY AMELIORATE AMMUNITION
AMPHIBIOUS ANGIOSPERM ANIMADVERT ANNIHILATE ANNOTATING
ANNOTATION ANNUNCIATE ANTAGONISM ANTAGONIST ANTECEDENT
ANTHRACITE ANTICIPATE ANTIPHONAL ANTIPODEAN ANTIQUATED
ANTITHETIC APOCALYPSE APOCRYPHAL APOLOGETIC APOSTROPHE
APOTHECARY APOTHEOSIS APPARITION APPEARANCE APPENDICES
APPLICABLE APPOSITION APPRECIATE APPRENTICE ARCHBISHOP
ARISTOCRAT ARITHMETIC ARTICULATE ARTIFICIAL ASCETICISM
ASCRIPTION ASPHYXIATE ASPIDISTRA ASSEMBLAGE ASSEMBLIES
ASSEMBLING ASSIGNMENT ASSIMILATE ASSISTANCE ASSOCIABLE
ASSOCIATED ASSUMPTION ASTIGMATIC ASTRINGENT ASTRONOMER
ASTRONOMIC ASYMMETRIC ATMOSPHERE ATTRIBUTED AUCTIONEER
AUDITORIUM AUSPICIOUS AUTHORIZED AUTOCRATIC AUTOMOBILE
AUTOMOTIVE AUTONOMOUS AVARICIOUS BACKGAMMON BACKGROUND
BACKSTITCH BALUSTRADE BANKRUPTCY BAPTISTERY BASKETBALL
BASOPHILIC BEFOREHAND BELLADONNA BELLWETHER BENEFACTOR
BENEFICENT BENEFICIAL BENEVOLENT BESTIRRING BIMETALLIC
BIPARTISAN BIRTHPLACE BIRTHRIGHT BITUMINOUS BLACKBERRY
BLACKBOARD BLACKSMITH BLOCKHOUSE BLOODHOUND BLOODSTAIN
BLOODSTONE BOISTEROUS BOOKSELLER BORDERLINE BOTHERSOME
BOTTLENECK BOTTOMMOST BRAINSTORM BREADFRUIT BREAKPOINT
BREAKWATER BREASTWORK BRICKLAYER BRIDEGROOM BRIDESMAID
BRIDGEABLE BRIDGEHEAD BRIGANTINE BRONCHIOLE BRONCHITIS
BROWBEATEN BUFFLEHEAD BURDENSOME BUREAUCRAT BUSHMASTER
BUTTERBALL BUTTONHOLE CADAVEROUS CALAMITOUS CALCAREOUS
CALCULABLE CALCULATED CALUMNIATE CAMELOPARD CAMOUFLAGE
CAMPGROUND CANDELABRA CANNONBALL CANTALOUPE CANTILEVER
CAPACITATE CAPITULATE CAPRICIOUS CARCINOGEN CARDIOLOGY
CARICATURE CAUTIONARY CELLOPHANE CENSORIOUS CENTENNIAL
CENTIGRADE CENTIMETRE CENTRIFUGE CEREBELLUM CEREMONIAL
CERTIORARI CHAIRWOMAN CHALCEDONY CHALKBOARD CHALLENGED
CHANCELLOR CHANDELIER CHANGEABLE CHARACTERS CHARGEABLE
```

CHARITABLE CHECKPOINT CHILDBIRTH CHIMPANZEE CHINCHILLA
CHINQUAPIN CHIVALROUS CHLORINATE CHLOROFORM CHOKEBERRY
CHROMOSOME CHRONOLOGY CHURCHYARD CIRCUITOUS CIRCUMCISE
CIRCUMFLEX CIRCUMVENT CLASSIFIED CLOUDBURST COALESCENT
COGNIZABLE COINCIDENT COLLATERAL COLLECTION COLLECTIVE
COLLEGIATE COLLOQUIAL COMBUSTION COMMANDANT COMMANDEER
COMMENCING COMMENTARY COMMERCIAL COMMISSARY COMMISSION
COMMITTING COMMODIOUS COMMONWEAL COMPARATOR COMPARISON
COMPASSION COMPATIBLE COMPATRIOT COMPELLING COMPENDIUM
COMPENSATE COMPETITOR COMPLACENT COMPLEMENT COMPLETING
COMPLETION COMPLEXION COMPLICATE COMPLICITY COMPLIMENT
COMPOSITOR COMPREHEND COMPRESSOR COMPRISING COMPROMISE
COMPULSION COMPULSIVE COMPULSORY CONCENTRIC CONCEPTION
CONCEPTUAL CONCERTINA CONCESSION CONCILIATE CONCLUDING
CONCLUSION CONCLUSIVE CONCORDANT CONCRETION CONCURRENT
CONCURRING CONCUSSION CONDENSATE CONDESCEND CONDOLENCE
CONFERENCE CONFERRING CONFESSION CONFIDANTE CONFIGURED
CONFISCATE CONGENITAL CONGESTION CONGESTIVE CONGREGATE
CONIFEROUS CONJECTURE CONNIVANCE CONSCIENCE CONSECRATE
CONSEQUENT CONSISTENT CONSORTIUM CONSPIRACY CONSTIPATE
CONSTITUTE CONSTRAINT CONSUMMATE CONTAGIOUS CONTENTION
CONTESTANT CONTEXTUAL CONTIGUITY CONTIGUOUS CONTINGENT
CONTINUANT CONTINUING CONTINUITY CONTINUOUS CONTRABAND
CONTRABASS CONTRACTOR CONTRADICT CONTRAVENE CONTRIBUTE
CONTRITION CONTROLLED CONTROLLER CONVALESCE CONVENIENT
CONVENTION CONVERGENT CONVERGING CONVERSANT CONVERSION
CONVEYANCE CONVULSION CONVULSIVE COORDINATE COPPERHEAD
COPYWRITER CORNFLOWER CORNSTARCH CORNUCOPIA CORRESPOND
CORRIGENDA CORRIGIBLE CORROBOREE CORRODIBLE CORRUPTION
COTTONSEED COUNCILMAN COUNCILMEN COUNSELLOR COUNTERACT
COUNTRYMAN COUNTRYMEN COURAGEOUS CREDENTIAL CRISSCROSS
CROSSHATCH CRYPTOGRAM CRYPTOLOGY CULTIVABLE CUMBERSOME
CURRENCIES CURRICULAR CURRICULUM CUTTLEFISH CYBERNETIC
DEACTIVATE DEBAUCHERY DEBILITATE DECLASSIFY DECOMPRESS
DECREASING DEDUCTIBLE DEFENSIBLE DEFINITION DEFINITIVE
DEGENERACY DEGENERATE DELECTABLE DELIBERATE DELIGHTFUL
DELINQUENT DELIQUESCE DELIVERIES DELPHINIUM DEMOCRATIC
DEMOGRAPHY DEMOLITION DENOMINATE DENOTATION DENOTATIVE
DENOUEMENT DENUDATION DENUNCIATE DEPARTMENT DEPENDENCE
DEPENDENCY DEPOSITARY DEPOSITION DEPOSITORY DEPRECIATE
DEPRESSANT DEPRESSION DEPRESSIVE DEPUTATION DEREGULATE
DEROGATORY DESCENDANT DESCENDENT DESCRIBING DESCRIPTOR
DESECRATER DESIDERATA DESIGNATED DESPICABLE DESPONDENT
DESTRUCTOR DETERMINED DEVOLUTION DIACHRONIC DIAGNOSTIC
DIAPHANOUS DICTIONARY DIELECTRIC DIFFERENCE DIFFICULTY
DIFFUSIBLE DIGESTIBLE DIGRESSION DILAPIDATE DILATATION
DILETTANTE DIMINUTION DIMINUTIVE DIPHTHERIA DIPLOMATIC
DISABILITY DISASTROUS DISCIPLINE DISCORDANT DISCREPANT

## 10 letters

DISCRETION DISCUSSION DISDAINFUL DISEMBOWEL DISGRUNTLE
DISGUSTFUL DISHWASHER DISPELLING DISPENSARY DISPERSION
DISPOSABLE DISRUPTION DISRUPTIVE DISSENSION DISSIMILAR
DISSOCIATE DISTILLATE DISTILLERY DISTORTION DISTRAUGHT
DIVINATION DIVISIONAL DOWNSTAIRS DOWNSTREAM DRAGONHEAD
DRAMATURGY DRAWBRIDGE DUPLICATED DYSPROSIUM EARTHQUAKE
ECHINODERM EFFACEABLE EFFECTUATE EFFEMINATE EFFICIENCY
EFFLORESCE EFFORTLESS EGOCENTRIC EIGHTEENTH ELECTORATE
ELECTRONIC ELEMENTARY ELIMINATED EMANCIPATE EMASCULATE
EMBLEMATIC EMBODIMENT EMBOUCHURE EMBROIDERY EMBRYOLOGY
ENCIRCLING ENCRYPTION ENDOGAMOUS ENDOGENOUS ENTERPRISE
ENTHUSIASM ENTHUSIAST ENTOMOLOGY ENUMERABLE ENUMERATED
ENUNCIABLE EPIGENETIC EPISCOPATE EPITHELIAL EPITHELIUM
EQUALIZING EQUANIMITY EQUATORIAL EQUESTRIAN EQUIPOTENT
EQUITATION EQUIVALENT EQUIVOCATE ERADICABLE ERADICATED
ESCRITOIRE ESCUTCHEON EUCALYPTUS EUTHANASIA EVALUATION
EVANESCENT EVERYTHING EVERYWHERE EVIDENTIAL EXACERBATE
EXAGGERATE EXALTATION EXASPERATE EXCITATION EXCITATORY
EXCRESCENT EXCRUCIATE EXECUTABLE EXHAUSTION EXHAUSTIVE
EXHIBITION EXHILARATE EXHUMATION EXORBITANT EXOTHERMIC
EXPANSIBLE EXPEDITION EXPERIENCE EXPERIMENT EXPIRATION
EXPLICABLE EXPOSITION EXPOSITORY EXPRESSION EXPRESSIVE
EXPRESSWAY EXTENDIBLE EXTENSIBLE EXTINGUISH EXTRANEOUS
EXTRICABLE EXULTATION FACILITATE FALLACIOUS FAMILIARLY
FARFETCHED FASTIDIOUS FEATHERBED FELICITOUS FIBREBOARD
FICTITIOUS FIELDSTONE FILIBUSTER FINGERNAIL FISHMONGER
FLAGELLATE FLAMBOYANT FLIRTATION FLOCCULATE FLOODLIGHT
FLUORIDATE FLYCATCHER FOLLICULAR FOOTBRIDGE FORBIDDING
FORFEITURE FORGETTING FORMATTING FORMIDABLE FORMULATED
FORTHRIGHT FORTUITOUS FOUNDATION FOURSQUARE FOURTEENTH
FRANGIPANI FRATERNITY FRAUDULENT FRESHWATER FRICTIONAL
FRITILLARY GADOLINIUM GARGANTUAN GASTRONOME GASTRONOMY
GELATINOUS GENERATING GENERATION GENEROSITY GEOCENTRIC
GEOGRAPHER GERMICIDAL GOOSEBERRY GOVERNANCE GOVERNMENT
GRAMMARIAN GRANDCHILD GRANDNIECE GRANDSTAND GRAPEFRUIT
GRATUITOUS GRAVESTONE GREENHOUSE GREENSWARD GREGARIOUS
GRINDSTONE GROUNDWORK GUARDHOUSE GUILLOTINE GYMNOSPERM
HABITATION HALLELUJAH HAMMERHEAD HANDICRAFT HANDMAIDEN
HARMONIOUS HARVESTMAN HEADMASTER HEADSTRONG HEARTBREAK
HEATHENISH HEAVENWARD HELICOPTER HELIOTROPE HELLBENDER
HEMISPHERE HENCEFORTH HEREDITARY HERETOFORE HETERODYNE
HIERARCHAL HIERARCHIC HIGHWAYMAN HIGHWAYMEN HINTERLAND
HIPPODROME HISTRIONIC HOBBYHORSE HODGEPODGE HOMECOMING
HOMOLOGOUS HOMOSEXUAL HOMOZYGOUS HOMUNCULUS HONORARIUM
HORIZONTAL HORNBLENDE HORRENDOUS HORSEFLESH HORSEPOWER
HORSEWOMAN HORSEWOMEN HOSPITABLE HUSBANDMAN HUSBANDMEN
HYDROLYSIS HYDROMETER HYGROMETER HYPERBOLIC HYPODERMIC
HYPOTENUSE HYPOTHESES HYPOTHESIS HYPOTHETIC ICONOCLASM

| | | | | |
|---|---|---|---|---|
| ICONOCLAST | IDENTIFIED | IDENTITIES | ILLITERACY | ILLITERATE |
| ILLUMINATE | ILLUSTRATE | IMMACULATE | IMMATERIAL | IMMEMORIAL |
| IMMISCIBLE | IMMOBILITY | IMMODERATE | IMPALPABLE | IMPASSABLE |
| IMPECCABLE | IMPEDIMENT | IMPERATIVE | IMPERSONAL | IMPERVIOUS |
| IMPLACABLE | IMPORTANCE | IMPOSITION | IMPOSSIBLE | IMPOVERISH |
| IMPREGNATE | IMPRESARIO | IMPRESSION | IMPRESSIVE | IMPRIMATUR |
| IMPROBABLE | IMPUTATION | INACCURACY | INACCURATE | INADEQUACY |
| INADEQUATE | INAPTITUDE | INAUGURATE | INCAPACITY | INCAUTIOUS |
| INCENDIARY | INCIDENTAL | INCINERATE | INCOHERENT | INCOMPLETE |
| INCONSTANT | INCREASING | INCREDIBLE | INCULPABLE | INDECISION |
| INDECISIVE | INDEFINITE | INDELICATE | INDICATING | INDICATION |
| INDIGENOUS | INDISCREET | INDISTINCT | INDIVIDUAL | INDUCTANCE |
| INDUSTRIAL | INEFFICACY | INELIGIBLE | INEQUALITY | INEVITABLE |
| INEXORABLE | INEXPIABLE | INEXPLICIT | INFALLIBLE | INFEASIBLE |
| INFECTIOUS | INFELICITY | INFILTRATE | INFINITIVE | INFINITUDE |
| INFLECTION | INFLEXIBLE | INFREQUENT | INGESTIBLE | INGLORIOUS |
| INGRATIATE | INGREDIENT | INHABITANT | INHALATION | INHIBITION |
| INHIBITORY | INIMITABLE | INIQUITOUS | INITIATING | INITIATION |
| INJUNCTION | INORDINATE | INQUISITOR | INSATIABLE | INSEMINATE |
| INSENSIBLE | INSIGHTFUL | INSOLVABLE | INSOUCIANT | INSTRUCTOR |
| INSTRUMENT | INTANGIBLE | INTEGRATED | INTEGUMENT | INTERSTICE |
| INTESTINAL | INTIMIDATE | INTOLERANT | INTOXICANT | INTOXICATE |
| INTROSPECT | INVALIDATE | INVALUABLE | INVARIABLE | INVESTMENT |
| INVETERATE | INVIGORATE | INVINCIBLE | INVIOLABLE | INVITATION |
| INVOLUTION | IONOSPHERE | IRRATIONAL | IRRESOLUTE | IRREVERENT |
| ISENTROPIC | ISOCHRONAL | ISOMORPHIC | ISOTHERMAL | JACKANAPES |
| JANITORIAL | JOURNALESE | JOURNEYMAN | JOURNEYMEN | JUDICATORY |
| JUDICATURE | KIDNAPPING | KINGFISHER | LABORATORY | LACKLUSTRE |
| LASCIVIOUS | LAWRENCIUM | LECTIONARY | LEGITIMACY | LEGITIMATE |
| LEGUMINOUS | LENGTHWISE | LIBIDINOUS | LIBRETTIST | LICENSABLE |
| LICENTIOUS | LIEUTENANT | LIGHTHOUSE | LIMITATION | LITERATURE |
| LITHOGRAPH | LOCALIZING | LOCOMOTION | LOCOMOTIVE | LOGGERHEAD |
| LOQUACIOUS | LUBRICIOUS | LUMINOSITY | LYMPHOCYTE | MACKINTOSH |
| MAGISTRATE | MAGNIFYING | MAIDENHAIR | MAINSTREAM | MALCONTENT |
| MALEFACTOR | MALEVOLENT | MANAGEABLE | MANAGERIAL | MANIPULATE |
| MANSERVANT | MANUMITTED | MANUSCRIPT | MARGINALIA | MARIONETTE |
| MARROWBONE | MARTINGALE | MARVELLOUS | MASQUERADE | MASTERMIND |
| MATHEMATIC | MAYONNAISE | MEANINGFUL | MEDIOCRITY | MELANCHOLY |
| MEMBERSHIP | MEMORANDUM | MENDACIOUS | MENINGITIS | MENSTRUATE |
| MERCANTILE | MESENTERIC | METABOLISM | METABOLITE | METALLURGY |
| METAPHORIC | METHODICAL | METICULOUS | METROPOLIS | METTLESOME |
| MICROSCOPY | MIDSHIPMAN | MIDSHIPMEN | MILITARISM | MILITARIST |
| MILITIAMEN | MILLENNIUM | MIMEOGRAPH | MINERALOGY | MINESTRONE |
| MINSTRELSY | MIRACULOUS | MISCELLANY | MISOGYNIST | MISSIONARY |
| MOLYBDENUM | MONETARISM | MONOGAMOUS | MONOLOGIST | MONOTONOUS |
| MORATORIUM | MORPHOLOGY | MORTGAGING | MOTHERHOOD | MOTHERLAND |
| MOTORCYCLE | MOUTHPIECE | MULTIPLIED | MUNIFICENT | MUSICOLOGY |
| MYOCARDIAL | MYOCARDIUM | MYSTERIOUS | NARCISSISM | NASTURTIUM |

## 10 letters

```
NATIONWIDE NAVIGATING NAVIGATION NECROMANCY NEEDLEWORK
NEGLIGIBLE NEGOTIABLE NEOCLASSIC NIGHTDRESS NIGHTSHIRT
NINETEENTH NONCHALANT NOTEWORTHY NOTICEABLE NUCLEOTIDE
NUMISMATIC NUTRITIOUS OBLIGATORY OBLITERATE OBSEQUIOUS
OCCIDENTAL OCCUPATION OCCURRENCE OCTAHEDRAL OCTAHEDRON
OEDEMATOUS OFFSETTING OFTENTIMES OLIGARCHIC OMNIPOTENT
OMNISCIENT OPALESCENT OPHTHALMIC OPPOSITION OPPRESSION
OPPRESSIVE OPPROBRIUM OPTIMISTIC ORATORICAL ORCHESTRAL
ORIGINALLY ORIGINATED ORTHOCLASE ORTHOGONAL OSTENSIBLE
OSTEOPATHY OUTLANDISH OUTRAGEOUS PAEDIATRIC PALINDROME
PANCREATIC PANTOMIMIC PARANORMAL PARAPHRASE PARENTHOOD
PARLIAMENT PARTICIPLE PARTICULAR PASSAGEWAY PASSIONATE
PASTEBOARD PATHOGENIC PATRIARCHY PATROLLING PEDESTRIAN
PEJORATIVE PENETRABLE PENNYROYAL PENTAGONAL PEPPERMINT
PERCENTAGE PERCENTILE PERCEPTION PERCEPTIVE PERCUSSION
PERCUSSIVE PEREMPTORY PERFIDIOUS PERIHELION PERIPHERAL
PERIWINKLE PERMISSION PERMISSIVE PERMITTING PERNICIOUS
PERPETRATE PERPETUATE PERPETUITY PERQUISITE PERSECUTOR
PERSIFLAGE PERSISTENT PERSUASION PERSUASIVE PERVERSION
PHARMACIST PHENOMENAL PHENOMENON PHILOSOPHY PHONOGRAPH
PHOSPHORIC PHOSPHORUS PHOTOGENIC PHOTOGRAPH PHOTOMETRY
PHYSIOLOGY PIANISSIMO PICNICKING PIGEONHOLE PILGRIMAGE
PINCUSHION PITCHSTONE PLAGIARISM PLAGIARIST PLANTATION
PLAYGROUND PLAYWRIGHT PLUPERFECT POINSETTIA POLITICIAN
POLYHEDRAL POLYHEDRON POLYNOMIAL PONTIFICAL PORTENTOUS
POSSESSION POSSESSIVE POSTHUMOUS POSTMASTER POSTSCRIPT
PRAGMATISM PRAGMATIST PRECARIOUS PRECAUTION PRECEDENCE
PRECESSION PRECOCIOUS PREDISPOSE PREFECTURE PREFERENCE
PREFERRING PRESBYTERY PRESERVING PRESUPPOSE PRETENSION
PREVENTION PREVENTIVE PRIMORDIAL PROCEDURAL PROCESSION
PROCLIVITY PRODIGIOUS PRODUCIBLE PROFESSION PROFICIENT
PROFLIGACY PROFLIGATE PROFUNDITY PROGENITOR PROGRAMMER
PROJECTILE PROKARYOTE PROMULGATE PROPAGANDA PROPELLANT
PROPELLING PROPENSITY PROPERTIES PROPIONATE PROPITIATE
PROPITIOUS PROPORTION PROPRIETOR PROPULSION PROSCENIUM
PROSECUTOR PROSPECTOR PROSPECTUS PROSPEROUS PROSTHESIS
PROSTHETIC PROSTITUTE PROTESTANT PROTOPLASM PROTRUSION
PROTRUSIVE PROVENANCE PROVERBIAL PROVINCIAL PRUDENTIAL
PSYCHIATRY PSYCHOLOGY PSYCHOPATH PUGNACIOUS PURPOSEFUL
QUADRANGLE QUADRICEPS QUANTITIES QUARANTINE QUATERNARY
RADIOMETER REASSEMBLE REBELLIOUS RECEPTACLE RECIPROCAL
RECITATIVE RECOMPENSE RECOVERING RECREATING RECUPERATE
RECURRENCE REDEMPTION REDEMPTIVE REFERENDUM REFRACTORY
REFUTATION REGENERATE REGISTRANT REGRESSION REGRESSIVE
REGRETTING REGULATORY REITERATED REJUVENATE RELAXATION
RELEASABLE RELINQUISH REMEDIABLE REMITTANCE REMORSEFUL
REMUNERATE RENDEZVOUS REPARATION REPEATEDLY REPERTOIRE
REPETITION REPETITIVE REPOSITION REPOSITORY REPRESSION
```

```
REPRESSIVE  REPUBLICAN  REPUTATION  RESIGNEDLY  RESISTIBLE
RESOLUTION  RESPECTFUL  RESPECTIVE  RESPIRATOR  RESPONDENT
RESPONSIVE  RESTAURANT  RESUMPTION  RETICULATE  RETRIEVING
RETROGRADE  RETROGRESS  RETROSPECT  REVELATION  REVERSIBLE
REVOLUTION  RHEUMATISM  RHINESTONE  RHINOCEROS  RIBOFLAVIN
RIDICULOUS  ROUNDABOUT  ROUSTABOUT  SABBATICAL  SACCHARINE
SACROSANCT  SALAMANDER  SALMONELLA  SALUBRIOUS  SALUTATION
SANATORIUM  SANDALWOOD  SANGUINARY  SAUERKRAUT  SCANDALOUS
SCHOLASTIC  SCHOOLGIRL  SCHOOLROOM  SCHOOLWORK  SCIENTIFIC
SCREENPLAY  SCRIPTURAL  SCRUPULOUS  SCULPTURAL  SCURRILOUS
SEAMSTRESS  SEERSUCKER  SEISMOLOGY  SEMINARIAN  SENATORIAL
SENTENTIAL  SEPARATION  SEPTENNIAL  SEPTILLION  SEPULCHRAL
SEQUENTIAL  SERPENTINE  SERVICEMAN  SEVENTIETH  SEXTILLION
SHAMEFACED  SHENANIGAN  SHIBBOLETH  SHOESTRING  SIDEWINDER
SILHOUETTE  SILVERWARE  SIMILARITY  SIMILITUDE  SIMPLICITY
SIMPLIFIED  SIMPLISTIC  SIMULATING  SINUSOIDAL  SLANDEROUS
SMATTERING  SNAPDRAGON  SOLICITOUS  SOLICITUDE  SOLIDARITY
SOMERSAULT  SOOTHSAYER  SOPHOMORIC  SOUNDPROOF  SPECIALIZE
SPELLBOUND  SPRINGTAIL  SPRINGTIME  STAGECOACH  STALACTITE
STANDPOINT  STANDSTILL  STARVATION  STATIONARY  STATIONERY
STEPMOTHER  STEWARDESS  STOCHASTIC  STOREHOUSE  STORYBOARD
STRABISMUS  STRAIGHTEN  STRATEGIST  STRAWBERRY  STREAMLINE
STRENGTHEN  STRIPTEASE  STRONGHOLD  STRUCTURAL  STRUCTURED
STRYCHNINE  STUPENDOUS  SUBDIVIDED  SUBLIMINAL  SUBMITTING
SUBROUTINE  SUBSEQUENT  SUBSIDIARY  SUBSISTENT  SUBSTITUTE
SUBTERFUGE  SUBTRAHEND  SUBVERSIVE  SUCCESSFUL  SUCCESSION
SUCCESSIVE  SUFFICIENT  SUGGESTION  SUGGESTIVE  SUMMERTIME
SUNGLASSES  SUPERVISOR  SUPPLICATE  SUPPOSABLE  SUPPRESSOR
SUSPENSION  SUSPICIOUS  SUSTENANCE  SUZERAINTY  SWEATSHIRT
SWEEPSTAKE  SWEETHEART  SYNONYMOUS  SYSTEMATIC  TABERNACLE
TACHOMETER  TALISMANIC  TAMBOURINE  TANGENTIAL  TANTAMOUNT
TASKMASTER  TECHNICIAN  TECHNOCRAT  TECHNOLOGY  TELEGRAPHY
TELEPHONIC  TELESCOPIC  TELEVISION  TEMPERANCE  TEMPTATION
TENDERFOOT  TERATOLOGY  TERMINABLE  TERMINATED  TESSELLATE
TESTICULAR  TETRAGONAL  THEATRICAL  THEMSELVES  THEOLOGIAN
THEREAFTER  THERMOSTAT  THIRTEENTH  THOUGHTFUL  THOUSANDTH
THREADBARE  THROMBOSIS  THROUGHOUT  THUNDEROUS  TOOTHBRUSH
TOOTHPASTE  TOPOGRAPHY  TOUCHSTONE  TOURNAMENT  TOXICOLOGY
TRAFFICKED  TRAITOROUS  TRAJECTORY  TRANSCRIBE  TRANSCRIPT
TRANSDUCER  TRANSFEREE  TRANSFEROR  TRANSGRESS  TRANSISTOR
TRANSITION  TRANSITIVE  TRANSITORY  TRANSPLANT  TRANSVERSE
TRAVERTINE  TREASONOUS  TREMENDOUS  TRIANGULAR  TRIPARTITE
TRIPLICATE  TRIUMPHANT  TROGLODYTE  TUBERCULIN  TULARAEMIA
TUMULTUOUS  TURNAROUND  TURPENTINE  TURTLEBACK  TURTLENECK
TYPESETTER  TYPOGRAPHY  UBIQUITOUS  UNDERSTAND  UNDERSTOOD
UNIFORMITY  UNILATERAL  UPHOLSTERY  UPROARIOUS  USURPATION
VALIDATION  VAUDEVILLE  VEGETARIAN  VERNACULAR  VERTEBRATE
VETERINARY  VICTORIOUS  VILLAINOUS  VINDICTIVE  VIRTUOSITY
```

## 10 letters

VISCOMETER VISIBILITY VISITATION VOCABULARY VOCIFEROUS
VOLUMETRIC VOLUMINOUS VOLUPTUOUS VULNERABLE WATERCRESS
WATERFRONT WATERPROOF WAVELENGTH WHATSOEVER WHOMSOEVER
WIDESPREAD WILDERNESS WINDSHIELD WINTERTIME WITCHCRAFT
WITHDRAWAL WONDERLAND WORSHIPFUL WORTHWHILE XENOPHOBIA
YESTERYEAR YOURSELVES ZIGZAGGING

## By 2<sup>nd</sup> letter

BACKGAMMON BACKGROUND BACKSTITCH BALUSTRADE BANKRUPTCY
BAPTISTERY BASKETBALL BASOPHILIC CADAVEROUS CALAMITOUS
CALCAREOUS CALCULABLE CALCULATED CALUMNIATE CAMELOPARD
CAMOUFLAGE CAMPGROUND CANDELABRA CANNONBALL CANTALOUPE
CANTILEVER CAPACITATE CAPITULATE CAPRICIOUS CARCINOGEN
CARDIOLOGY CARICATURE CAUTIONARY EARTHQUAKE FACILITATE
FALLACIOUS FAMILIARLY FARFETCHED FASTIDIOUS GADOLINIUM
GARGANTUAN GASTRONOME GASTRONOMY HABITATION HALLELUJAH
HAMMERHEAD HANDICRAFT HANDMAIDEN HARMONIOUS HARVESTMAN
JACKANAPES JANITORIAL LABORATORY LACKLUSTRE LASCIVIOUS
LAWRENCIUM MACKINTOSH MAGISTRATE MAGNIFYING MAIDENHAIR
MAINSTREAM MALCONTENT MALEFACTOR MALEVOLENT MANAGEABLE
MANAGERIAL MANIPULATE MANSERVANT MANUMITTED MANUSCRIPT
MARGINALIA MARIONETTE MARROWBONE MARTINGALE MARVELLOUS
MASQUERADE MASTERMIND MATHEMATIC MAYONNAISE NARCISSISM
NASTURTIUM NATIONWIDE NAVIGATING NAVIGATION PAEDIATRIC
PALINDROME PANCREATIC PANTOMIMIC PARANORMAL PARAPHRASE
PARENTHOOD PARLIAMENT PARTICIPLE PARTICULAR PASSAGEWAY
PASSIONATE PASTEBOARD PATHOGENIC PATRIARCHY PATROLLING
RADIOMETER SABBATICAL SACCHARINE SACROSANCT SALAMANDER
SALMONELLA SALUBRIOUS SALUTATION SANATORIUM SANDALWOOD
SANGUINARY SAUERKRAUT TABERNACLE TACHOMETER TALISMANIC
TAMBOURINE TANGENTIAL TANTAMOUNT TASKMASTER VALIDATION
VAUDEVILLE WATERCRESS WATERFRONT WATERPROOF WAVELENGTH
ABBREVIATE ABOMINABLE ABORIGINAL ABRIDGMENT ABSOLUTION
ABSORPTION ABSORPTIVE ABSTENTION ABSTRACTER OBLIGATORY
OBLITERATE OBSEQUIOUS UBIQUITOUS ACCELERATE ACCENTUATE
ACCESSIBLE ACCIDENTAL ACCOMPLICE ACCOMPLISH ACCOUNTANT
ACCUMULATE ACCUSATION ACCUSATIVE ACCUSATORY ACHROMATIC
ACQUITTING ACTIVATING ACTIVATION ECHINODERM ICONOCLASM
ICONOCLAST OCCIDENTAL OCCUPATION OCCURRENCE OCTAHEDRAL
OCTAHEDRON SCANDALOUS SCHOLASTIC SCHOOLGIRL SCHOOLROOM
SCHOOLWORK SCIENTIFIC SCREENPLAY SCRIPTURAL SCRUPULOUS
SCULPTURAL SCURRILOUS ADAPTATION ADDITIONAL ADJECTIVAL
ADJUDICATE ADMINISTER ADMIRATION ADMISSIBLE ADMITTANCE
ADMONITION ADOLESCENT ADRENALINE ADULTERATE ADULTEROUS
IDENTIFIED IDENTITIES AERONAUTIC BEFOREHAND BELLADONNA
BELLWETHER BENEFACTOR BENEFICENT BENEFICIAL BENEVOLENT

BESTIRRING CELLOPHANE CENSORIOUS CENTENNIAL CENTIGRADE
CENTIMETRE CENTRIFUGE CEREBELLUM CEREMONIAL CERTIORARI
DEACTIVATE DEBAUCHERY DEBILITATE DECLASSIFY DECOMPRESS
DECREASING DEDUCTIBLE DEFENSIBLE DEFINITION DEFINITIVE
DEGENERACY DEGENERATE DELECTABLE DELIBERATE DELIGHTFUL
DELINQUENT DELIQUESCE DELIVERIES DELPHINIUM DEMOCRATIC
DEMOGRAPHY DEMOLITION DENOMINATE DENOTATION DENOTATIVE
DENOUEMENT DENUDATION DENUNCIATE DEPARTMENT DEPENDENCE
DEPENDENCY DEPOSITARY DEPOSITION DEPOSITORY DEPRECIATE
DEPRESSANT DEPRESSION DEPRESSIVE DEPUTATION DEREGULATE
DEROGATORY DESCENDANT DESCENDENT DESCRIBING DESCRIPTOR
DESECRATER DESIDERATA DESIGNATED DESPICABLE DESPONDENT
DESTRUCTOR DETERMINED DEVOLUTION FEATHERBED FELICITOUS
GELATINOUS GENERATING GENERATION GENEROSITY GEOCENTRIC
GEOGRAPHER GERMICIDAL HEADMASTER HEADSTRONG HEARTBREAK
HEATHENISH HEAVENWARD HELICOPTER HELIOTROPE HELLBENDER
HEMISPHERE HENCEFORTH HEREDITARY HERETOFORE HETERODYNE
LECTIONARY LEGITIMACY LEGITIMATE LEGUMINOUS LENGTHWISE
MEANINGFUL MEDIOCRITY MELANCHOLY MEMBERSHIP MEMORANDUM
MENDACIOUS MENINGITIS MENSTRUATE MERCANTILE MESENTERIC
METABOLISM METABOLITE METALLURGY METAPHORIC METHODICAL
METICULOUS METROPOLIS METTLESOME NECROMANCY NEEDLEWORK
NEGLIGIBLE NEGOTIABLE NEOCLASSIC OEDEMATOUS PEDESTRIAN
PEJORATIVE PENETRABLE PENNYROYAL PENTAGONAL PEPPERMINT
PERCENTAGE PERCENTILE PERCEPTION PERCEPTIVE PERCUSSION
PERCUSSIVE PEREMPTORY PERFIDIOUS PERIHELION PERIPHERAL
PERIWINKLE PERMISSION PERMISSIVE PERMITTING PERNICIOUS
PERPETRATE PERPETUATE PERPETUITY PERQUISITE PERSECUTOR
PERSIFLAGE PERSISTENT PERSUASION PERSUASIVE PERVERSION
REASSEMBLE REBELLIOUS RECEPTACLE RECIPROCAL RECITATIVE
RECOMPENSE RECOVERING RECREATING RECUPERATE RECURRENCE
REDEMPTION REDEMPTIVE REFERENDUM REFRACTORY REFUTATION
REGENERATE REGISTRANT REGRESSION REGRESSIVE REGRETTING
REGULATORY REITERATED REJUVENATE RELAXATION RELEASABLE
RELINQUISH REMEDIABLE REMITTANCE REMORSEFUL REMUNERATE
RENDEZVOUS REPARATION REPEATEDLY REPERTOIRE REPETITION
REPETITIVE REPOSITION REPOSITORY REPRESSION REPRESSIVE
REPUBLICAN REPUTATION RESIGNEDLY RESISTIBLE RESOLUTION
RESPECTFUL RESPECTIVE RESPIRATOR RESPONDENT RESPONSIVE
RESTAURANT RESUMPTION RETICULATE RETRIEVING RETROGRADE
RETROGRESS RETROSPECT REVELATION REVERSIBLE REVOLUTION
SEAMSTRESS SEERSUCKER SEISMOLOGY SEMINARIAN SENATORIAL
SENTENTIAL SEPARATION SEPTENNIAL SEPTILLION SEPULCHRAL
SEQUENTIAL SERPENTINE SERVICEMAN SEVENTIETH SEXTILLION
TECHNICIAN TECHNOCRAT TECHNOLOGY TELEGRAPHY TELEPHONIC
TELESCOPIC TELEVISION TEMPERANCE TEMPTATION TENDERFOOT
TERATOLOGY TERMINABLE TERMINATED TESSELLATE TESTICULAR
TETRAGONAL VEGETARIAN VERNACULAR VERTEBRATE VETERINARY

## 10 letters

```
XENOPHOBIA YESTERYEAR AFICIONADO EFFACEABLE EFFECTUATE
EFFEMINATE EFFICIENCY EFFLORESCE EFFORTLESS OFFSETTING
OFTENTIMES AGGLUTININ AGGREGATED AGGRESSION AGGRESSIVE
EGOCENTRIC CHAIRWOMAN CHALCEDONY CHALKBOARD CHALLENGED
CHANCELLOR CHANDELIER CHANGEABLE CHARACTERS CHARGEABLE
CHARITABLE CHECKPOINT CHILDBIRTH CHIMPANZEE CHINCHILLA
CHINQUAPIN CHIVALROUS CHLORINATE CHLOROFORM CHOKEBERRY
CHROMOSOME CHRONOLOGY CHURCHYARD PHARMACIST PHENOMENAL
PHENOMENON PHILOSOPHY PHONOGRAPH PHOSPHORIC PHOSPHORUS
PHOTOGENIC PHOTOGRAPH PHOTOMETRY PHYSIOLOGY RHEUMATISM
RHINESTONE RHINOCEROS SHAMEFACED SHENANIGAN SHIBBOLETH
SHOESTRING THEATRICAL THEMSELVES THEOLOGIAN THEREAFTER
THERMOSTAT THIRTEENTH THOUGHTFUL THOUSANDTH THREADBARE
THROMBOSIS THROUGHOUT THUNDEROUS WHATSOEVER WHOMSOEVER
BIMETALLIC BIPARTISAN BIRTHPLACE BIRTHRIGHT BITUMINOUS
CIRCUITOUS CIRCUMCISE CIRCUMFLEX CIRCUMVENT DIACHRONIC
DIAGNOSTIC DIAPHANOUS DICTIONARY DIELECTRIC DIFFERENCE
DIFFICULTY DIFFUSIBLE DIGESTIBLE DIGRESSION DILAPIDATE
DILATATION DILETTANTE DIMINUTION DIMINUTIVE DIPHTHERIA
DIPLOMATIC DISABILITY DISASTROUS DISCIPLINE DISCORDANT
DISCREPANT DISCRETION DISCUSSION DISDAINFUL DISEMBOWEL
DISGRUNTLE DISGUSTFUL DISHWASHER DISPELLING DISPENSARY
DISPERSION DISPOSABLE DISRUPTION DISRUPTIVE DISSENSION
DISSIMILAR DISSOCIATE DISTILLATE DISTILLERY DISTORTION
DISTRAUGHT DIVINATION DIVISIONAL EIGHTEENTH FIBREBOARD
FICTITIOUS FIELDSTONE FILIBUSTER FINGERNAIL FISHMONGER
HIERARCHAL HIERARCHIC HIGHWAYMAN HIGHWAYMEN HINTERLAND
HIPPODROME HISTRIONIC KIDNAPPING KINGFISHER LIBIDINOUS
LIBRETTIST LICENSABLE LICENTIOUS LIEUTENANT LIGHTHOUSE
LIMITATION LITERATURE LITHOGRAPH MICROSCOPY MIDSHIPMAN
MIDSHIPMEN MILITARISM MILITARIST MILITIAMEN MILLENNIUM
MIMEOGRAPH MINERALOGY MINESTRONE MINSTRELSY MIRACULOUS
MISCELLANY MISOGYNIST MISSIONARY NIGHTDRESS NIGHTSHIRT
NINETEENTH PIANISSIMO PICNICKING PIGEONHOLE PILGRIMAGE
PINCUSHION PITCHSTONE RIBOFLAVIN RIDICULOUS SIDEWINDER
SILHOUETTE SILVERWARE SIMILARITY SIMILITUDE SIMPLICITY
SIMPLIFIED SIMPLISTIC SIMULATING SINUSOIDAL VICTORIOUS
VILLAINOUS VINDICTIVE VIRTUOSITY VISCOMETER VISIBILITY
VISITATION WIDESPREAD WILDERNESS WINDSHIELD WINTERTIME
WITCHCRAFT WITHDRAWAL ZIGZAGGING ALCOHOLISM ALLEGATION
ALLITERATE ALLOCATION ALLOTROPIC ALPENSTOCK ALPHABETIC
ALTERATION ALTERNATED ALTOGETHER BLACKBERRY BLACKBOARD
BLACKSMITH BLOCKHOUSE BLOODHOUND BLOODSTAIN BLOODSTONE
CLASSIFIED CLOUDBURST ELECTORATE ELECTRONIC ELEMENTARY
ELIMINATED FLAGELLATE FLAMBOYANT FLIRTATION FLOCCULATE
FLOODLIGHT FLUORIDATE FLYCATCHER ILLITERACY ILLITERATE
ILLUMINATE ILLUSTRATE OLIGARCHIC PLAGIARISM PLAGIARIST
PLANTATION PLAYGROUND PLAYWRIGHT PLUPERFECT SLANDEROUS
```

```
AMALGAMATE AMANUENSIS AMATEURISH AMBASSADOR AMBULATORY
AMELIORATE AMMUNITION AMPHIBIOUS EMANCIPATE EMASCULATE
EMBLEMATIC EMBODIMENT EMBOUCHURE EMBROIDERY EMBRYOLOGY
IMMACULATE IMMATERIAL IMMEMORIAL IMMISCIBLE IMMOBILITY
IMMODERATE IMPALPABLE IMPASSABLE IMPECCABLE IMPEDIMENT
IMPERATIVE IMPERSONAL IMPERVIOUS IMPLACABLE IMPORTANCE
IMPOSITION IMPOSSIBLE IMPOVERISH IMPREGNATE IMPRESARIO
IMPRESSION IMPRESSIVE IMPRIMATUR IMPROBABLE IMPUTATION
OMNIPOTENT OMNISCIENT SMATTERING ANGIOSPERM ANIMADVERT
ANNIHILATE ANNOTATING ANNOTATION ANNUNCIATE ANTAGONISM
ANTAGONIST ANTECEDENT ANTHRACITE ANTICIPATE ANTIPHONAL
ANTIPODEAN ANTIQUATED ANTITHETIC ENCIRCLING ENCRYPTION
ENDOGAMOUS ENDOGENOUS ENTERPRISE ENTHUSIASM ENTHUSIAST
ENTOMOLOGY ENUMERABLE ENUMERATED ENUNCIABLE INACCURACY
INACCURATE INADEQUACY INADEQUATE INAPTITUDE INAUGURATE
INCAPACITY INCAUTIOUS INCENDIARY INCIDENTAL INCINERATE
INCOHERENT INCOMPLETE INCONSTANT INCREASING INCREDIBLE
INCULPABLE INDECISION INDECISIVE INDEFINITE INDELICATE
INDICATING INDICATION INDIGENOUS INDISCREET INDISTINCT
INDIVIDUAL INDUCTANCE INDUSTRIAL INEFFICACY INELIGIBLE
INEQUALITY INEVITABLE INEXORABLE INEXPIABLE INEXPLICIT
INFALLIBLE INFEASIBLE INFECTIOUS INFELICITY INFILTRATE
INFINITIVE INFINITUDE INFLECTION INFLEXIBLE INFREQUENT
INGESTIBLE INGLORIOUS INGRATIATE INGREDIENT INHABITANT
INHALATION INHIBITION INHIBITORY INIMITABLE INIQUITOUS
INITIATING INITIATION INJUNCTION INORDINATE INQUISITOR
INSATIABLE INSEMINATE INSENSIBLE INSIGHTFUL INSOLVABLE
INSOUCIANT INSTRUCTOR INSTRUMENT INTANGIBLE INTEGRATED
INTEGUMENT INTERSTICE INTESTINAL INTIMIDATE INTOLERANT
INTOXICANT INTOXICATE INTROSPECT INVALIDATE INVALUABLE
INVARIABLE INVESTMENT INVETERATE INVIGORATE INVINCIBLE
INVIOLABLE INVITATION INVOLUTION SNAPDRAGON UNDERSTAND
UNDERSTOOD UNIFORMITY UNILATERAL BOISTEROUS BOOKSELLER
BORDERLINE BOTHERSOME BOTTLENECK BOTTOMMOST COALESCENT
COGNIZABLE COINCIDENT COLLATERAL COLLECTION COLLECTIVE
COLLEGIATE COLLOQUIAL COMBUSTION COMMANDANT COMMANDEER
COMMENCING COMMENTARY COMMERCIAL COMMISSARY COMMISSION
COMMITTING COMMODIOUS COMMONWEAL COMPARATOR COMPARISON
COMPASSION COMPATIBLE COMPATRIOT COMPELLING COMPENDIUM
COMPENSATE COMPETITOR COMPLACENT COMPLEMENT COMPLETING
COMPLETION COMPLEXION COMPLICATE COMPLICITY COMPLIMENT
COMPOSITOR COMPREHEND COMPRESSOR COMPRISING COMPROMISE
COMPULSION COMPULSIVE COMPULSORY CONCENTRIC CONCEPTION
CONCEPTUAL CONCERTINA CONCESSION CONCILIATE CONCLUDING
CONCLUSION CONCLUSIVE CONCORDANT CONCRETION CONCURRENT
CONCURRING CONCUSSION CONDENSATE CONDESCEND CONDOLENCE
CONFERENCE CONFERRING CONFESSION CONFIDANTE CONFIGURED
CONFISCATE CONGENITAL CONGESTION CONGESTIVE CONGREGATE
```

## 10 letters

```
CONIFEROUS CONJECTURE CONNIVANCE CONSCIENCE CONSECRATE
CONSEQUENT CONSISTENT CONSORTIUM CONSPIRACY CONSTIPATE
CONSTITUTE CONSTRAINT CONSUMMATE CONTAGIOUS CONTENTION
CONTESTANT CONTEXTUAL CONTIGUITY CONTIGUOUS CONTINGENT
CONTINUANT CONTINUING CONTINUITY CONTINUOUS CONTRABAND
CONTRABASS CONTRACTOR CONTRADICT CONTRAVENE CONTRIBUTE
CONTRITION CONTROLLED CONTROLLER CONVALESCE CONVENIENT
CONVENTION CONVERGENT CONVERGING CONVERSANT CONVERSION
CONVEYANCE CONVULSION CONVULSIVE COORDINATE COPPERHEAD
COPYWRITER CORNFLOWER CORNSTARCH CORNUCOPIA CORRESPOND
CORRIGENDA CORRIGIBLE CORROBOREE CORRODIBLE CORRUPTION
COTTONSEED COUNCILMAN COUNCILMEN COUNSELLOR COUNTERACT
COUNTRYMAN COUNTRYMEN COURAGEOUS DOWNSTAIRS DOWNSTREAM
FOLLICULAR FOOTBRIDGE FORBIDDING FORFEITURE FORGETTING
FORMATTING FORMIDABLE FORMULATED FORTHRIGHT FORTUITOUS
FOUNDATION FOURSQUARE FOURTEENTH GOOSEBERRY GOVERNANCE
GOVERNMENT HOBBYHORSE HODGEPODGE HOMECOMING HOMOLOGOUS
HOMOSEXUAL HOMOZYGOUS HOMUNCULUS HONORARIUM HORIZONTAL
HORNBLENDE HORRENDOUS HORSEFLESH HORSEPOWER HORSEWOMAN
HORSEWOMEN HOSPITABLE IONOSPHERE JOURNALESE JOURNEYMAN
JOURNEYMEN LOCALIZING LOCOMOTION LOCOMOTIVE LOGGERHEAD
LOQUACIOUS MOLYBDENUM MONETARISM MONOGAMOUS MONOLOGIST
MONOTONOUS MORATORIUM MORPHOLOGY MORTGAGING MOTHERHOOD
MOTHERLAND MOTORCYCLE MOUTHPIECE NONCHALANT NOTEWORTHY
NOTICEABLE POINSETTIA POLITICIAN POLYHEDRAL POLYHEDRON
POLYNOMIAL PONTIFICAL PORTENTOUS POSSESSION POSSESSIVE
POSTHUMOUS POSTMASTER POSTSCRIPT ROUNDABOUT ROUSTABOUT
SOLICITOUS SOLICITUDE SOLIDARITY SOMERSAULT SOOTHSAYER
SOPHOMORIC SOUNDPROOF TOOTHBRUSH TOOTHPASTE TOPOGRAPHY
TOUCHSTONE TOURNAMENT TOXICOLOGY VOCABULARY VOCIFEROUS
VOLUMETRIC VOLUMINOUS VOLUPTUOUS WONDERLAND WORSHIPFUL
WORTHWHILE YOURSELVES APOCALYPSE APOCRYPHAL APOLOGETIC
APOSTROPHE APOTHECARY APOTHEOSIS APPARITION APPEARANCE
APPENDICES APPLICABLE APPOSITION APPRECIATE APPRENTICE
EPIGENETIC EPISCOPATE EPITHELIAL EPITHELIUM OPALESCENT
OPHTHALMIC OPPOSITION OPPRESSION OPPRESSIVE OPPROBRIUM
OPTIMISTIC SPECIALIZE SPELLBOUND SPRINGTAIL SPRINGTIME
UPHOLSTERY UPROARIOUS EQUALIZING EQUANIMITY EQUATORIAL
EQUESTRIAN EQUIPOTENT EQUITATION EQUIVALENT EQUIVOCATE
ARCHBISHOP ARISTOCRAT ARITHMETIC ARTICULATE ARTIFICIAL
BRAINSTORM BREADFRUIT BREAKPOINT BREAKWATER BREASTWORK
BRICKLAYER BRIDEGROOM BRIDESMAID BRIDGEABLE BRIDGEHEAD
BRIGANTINE BRONCHIOLE BRONCHITIS BROWBEATEN CREDENTIAL
CRISSCROSS CROSSHATCH CRYPTOGRAM CRYPTOLOGY DRAGONHEAD
DRAMATURGY DRAWBRIDGE ERADICABLE ERADICATED FRANGIPANI
FRATERNITY FRAUDULENT FRESHWATER FRICTIONAL FRITILLARY
GRAMMARIAN GRANDCHILD GRANDNIECE GRANDSTAND GRAPEFRUIT
GRATUITOUS GRAVESTONE GREENHOUSE GREENSWARD GREGARIOUS
```

```
GRINDSTONE GROUNDWORK IRRATIONAL IRRESOLUTE IRREVERENT
ORATORICAL ORCHESTRAL ORIGINALLY ORIGINATED ORTHOCLASE
ORTHOGONAL PRAGMATISM PRAGMATIST PRECARIOUS PRECAUTION
PRECEDENCE PRECESSION PRECOCIOUS PREDISPOSE PREFECTURE
PREFERENCE PREFERRING PRESBYTERY PRESERVING PRESUPPOSE
PRETENSION PREVENTION PREVENTIVE PRIMORDIAL PROCEDURAL
PROCESSION PROCLIVITY PRODIGIOUS PRODUCIBLE PROFESSION
PROFICIENT PROFLIGACY PROFLIGATE PROFUNDITY PROGENITOR
PROGRAMMER PROJECTILE PROKARYOTE PROMULGATE PROPAGANDA
PROPELLANT PROPELLING PROPENSITY PROPERTIES PROPIONATE
PROPITIATE PROPITIOUS PROPORTION PROPRIETOR PROPULSION
PROSCENIUM PROSECUTOR PROSPECTOR PROSPECTUS PROSPEROUS
PROSTHESIS PROSTHETIC PROSTITUTE PROTESTANT PROTOPLASM
PROTRUSION PROTRUSIVE PROVENANCE PROVERBIAL PROVINCIAL
PRUDENTIAL TRAFFICKED TRAITOROUS TRAJECTORY TRANSCRIBE
TRANSCRIPT TRANSDUCER TRANSFEREE TRANSFEROR TRANSGRESS
TRANSISTOR TRANSITION TRANSITIVE TRANSITORY TRANSPLANT
TRANSVERSE TRAVERTINE TREASONOUS TREMENDOUS TRIANGULAR
TRIPARTITE TRIPLICATE TRIUMPHANT TROGLODYTE ASCETICISM
ASCRIPTION ASPHYXIATE ASPIDISTRA ASSEMBLAGE ASSEMBLIES
ASSEMBLING ASSIGNMENT ASSIMILATE ASSISTANCE ASSOCIABLE
ASSOCIATED ASSUMPTION ASTIGMATIC ASTRINGENT ASTRONOMER
ASTRONOMIC ASYMMETRIC ESCRITOIRE ESCUTCHEON ISENTROPIC
ISOCHRONAL ISOMORPHIC ISOTHERMAL OSTENSIBLE OSTEOPATHY
PSYCHIATRY PSYCHOLOGY PSYCHOPATH USURPATION ATMOSPHERE
ATTRIBUTED STAGECOACH STALACTITE STANDPOINT STANDSTILL
STARVATION STATIONARY STATIONERY STEPMOTHER STEWARDESS
STOCHASTIC STOREHOUSE STORYBOARD STRABISMUS STRAIGHTEN
STRATEGIST STRAWBERRY STREAMLINE STRENGTHEN STRIPTEASE
STRONGHOLD STRUCTURAL STRUCTURED STRYCHNINE STUPENDOUS
AUCTIONEER AUDITORIUM AUSPICIOUS AUTHORIZED AUTOCRATIC
AUTOMOBILE AUTOMOTIVE AUTONOMOUS BUFFLEHEAD BURDENSOME
BUREAUCRAT BUSHMASTER BUTTERBALL BUTTONHOLE CULTIVABLE
CUMBERSOME CURRENCIES CURRICULAR CURRICULUM CUTTLEFISH
DUPLICATED EUCALYPTUS EUTHANASIA GUARDHOUSE GUILLOTINE
HUSBANDMAN HUSBANDMEN JUDICATORY JUDICATURE LUBRICIOUS
LUMINOSITY MULTIPLIED MUNIFICENT MUSICOLOGY NUCLEOTIDE
NUMISMATIC NUTRITIOUS OUTLANDISH OUTRAGEOUS PUGNACIOUS
PURPOSEFUL QUADRANGLE QUADRICEPS QUANTITIES QUARANTINE
QUATERNARY SUBDIVIDED SUBLIMINAL SUBMITTING SUBROUTINE
SUBSEQUENT SUBSIDIARY SUBSISTENT SUBSTITUTE SUBTERFUGE
SUBTRAHEND SUBVERSIVE SUCCESSFUL SUCCESSION SUCCESSIVE
SUFFICIENT SUGGESTION SUGGESTIVE SUMMERTIME SUNGLASSES
SUPERVISOR SUPPLICATE SUPPOSABLE SUPPRESSOR SUSPENSION
SUSPICIOUS SUSTENANCE SUZERAINTY TUBERCULIN TULARAEMIA
TUMULTUOUS TURNAROUND TURPENTINE TURTLEBACK TURTLENECK
VULNERABLE AVARICIOUS EVALUATION EVANESCENT EVERYTHING
EVERYWHERE EVIDENTIAL SWEATSHIRT SWEEPSTAKE SWEETHEART
```

## 10 letters

EXACERBATE EXAGGERATE EXALTATION EXASPERATE EXCITATION
EXCITATORY EXCRESCENT EXCRUCIATE EXECUTABLE EXHAUSTION
EXHAUSTIVE EXHIBITION EXHILARATE EXHUMATION EXORBITANT
EXOTHERMIC EXPANSIBLE EXPEDITION EXPERIENCE EXPERIMENT
EXPIRATION EXPLICABLE EXPOSITION EXPOSITORY EXPRESSION
EXPRESSIVE EXPRESSWAY EXTENDIBLE EXTENSIBLE EXTINGUISH
EXTRANEOUS EXTRICABLE EXULTATION CYBERNETIC DYSPROSIUM
GYMNOSPERM HYDROLYSIS HYDROMETER HYGROMETER HYPERBOLIC
HYPODERMIC HYPOTENUSE HYPOTHESES HYPOTHESIS HYPOTHETIC
LYMPHOCYTE MYOCARDIAL MYOCARDIUM MYSTERIOUS SYNONYMOUS
SYSTEMATIC TYPESETTER TYPOGRAPHY

## By 3<sup>rd</sup> letter

ADAPTATION AMALGAMATE AMANUENSIS AMATEURISH AVARICIOUS
BLACKBERRY BLACKBOARD BLACKSMITH BRAINSTORM CHAIRWOMAN
CHALCEDONY CHALKBOARD CHALLENGED CHANCELLOR CHANDELIER
CHANGEABLE CHARACTERS CHARGEABLE CHARITABLE CLASSIFIED
COALESCENT DEACTIVATE DIACHRONIC DIAGNOSTIC DIAPHANOUS
DRAGONHEAD DRAMATURGY DRAWBRIDGE EMANCIPATE EMASCULATE
ERADICABLE ERADICATED EVALUATION EVANESCENT EXACERBATE
EXAGGERATE EXALTATION EXASPERATE FEATHERBED FLAGELLATE
FLAMBOYANT FRANGIPANI FRATERNITY FRAUDULENT GRAMMARIAN
GRANDCHILD GRANDNIECE GRANDSTAND GRAPEFRUIT GRATUITOUS
GRAVESTONE GUARDHOUSE HEADMASTER HEADSTRONG HEARTBREAK
HEATHENISH HEAVENWARD INACCURACY INACCURATE INADEQUACY
INADEQUATE INAPTITUDE INAUGURATE MEANINGFUL OPALESCENT
ORATORICAL PHARMACIST PIANISSIMO PLAGIARISM PLAGIARIST
PLANTATION PLAYGROUND PLAYWRIGHT PRAGMATISM PRAGMATIST
QUADRANGLE QUADRICEPS QUANTITIES QUARANTINE QUATERNARY
REASSEMBLE SCANDALOUS SEAMSTRESS SHAMEFACED SLANDEROUS
SMATTERING SNAPDRAGON STAGECOACH STALACTITE STANDPOINT
STANDSTILL STARVATION STATIONARY STATIONERY TRAFFICKED
TRAITOROUS TRAJECTORY TRANSCRIBE TRANSCRIPT TRANSDUCER
TRANSFEREE TRANSFEROR TRANSGRESS TRANSISTOR TRANSITION
TRANSITIVE TRANSITORY TRANSPLANT TRANSVERSE TRAVERTINE
WHATSOEVER ABBREVIATE AMBASSADOR AMBULATORY CYBERNETIC
DEBAUCHERY DEBILITATE EMBLEMATIC EMBODIMENT EMBOUCHURE
EMBROIDERY EMBRYOLOGY FIBREBOARD HABITATION HOBBYHORSE
LABORATORY LIBIDINOUS LIBRETTIST LUBRICIOUS REBELLIOUS
RIBOFLAVIN SABBATICAL SUBDIVIDED SUBLIMINAL SUBMITTING
SUBROUTINE SUBSEQUENT SUBSIDIARY SUBSISTENT SUBSTITUTE
SUBTERFUGE SUBTRAHEND SUBVERSIVE TABERNACLE TUBERCULIN
ACCELERATE ACCENTUATE ACCESSIBLE ACCIDENTAL ACCOMPLICE
ACCOMPLISH ACCOUNTANT ACCUMULATE ACCUSATION ACCUSATIVE
ACCUSATORY ALCOHOLISM ARCHBISHOP ASCETICISM ASCRIPTION
AUCTIONEER BACKGAMMON BACKGROUND BACKSTITCH DECLASSIFY

DECOMPRESS DECREASING DICTIONARY ENCIRCLING ENCRYPTION
ESCRITOIRE ESCUTCHEON EUCALYPTUS EXCITATION EXCITATORY
EXCRESCENT EXCRUCIATE FACILITATE FICTITIOUS INCAPACITY
INCAUTIOUS INCENDIARY INCIDENTAL INCINERATE INCOHERENT
INCOMPLETE INCONSTANT INCREASING INCREDIBLE INCULPABLE
JACKANAPES LACKLUSTRE LECTIONARY LICENSABLE LICENTIOUS
LOCALIZING LOCOMOTION LOCOMOTIVE MACKINTOSH MICROSCOPY
NECROMANCY NUCLEOTIDE OCCIDENTAL OCCUPATION OCCURRENCE
ORCHESTRAL PICNICKING RECEPTACLE RECIPROCAL RECITATIVE
RECOMPENSE RECOVERING RECREATING RECUPERATE RECURRENCE
SACCHARINE SACROSANCT SUCCESSFUL SUCCESSION SUCCESSIVE
TACHOMETER TECHNICIAN TECHNOCRAT TECHNOLOGY VICTORIOUS
VOCABULARY VOCIFEROUS ADDITIONAL AUDITORIUM CADAVEROUS
DEDUCTIBLE ENDOGAMOUS ENDOGENOUS GADOLINIUM HODGEPODGE
HYDROLYSIS HYDROMETER INDECISION INDECISIVE INDEFINITE
INDELICATE INDICATING INDICATION INDIGENOUS INDISCREET
INDISTINCT INDIVIDUAL INDUCTANCE INDUSTRIAL JUDICATORY
JUDICATURE KIDNAPPING MEDIOCRITY MIDSHIPMAN MIDSHIPMEN
OEDEMATOUS PEDESTRIAN RADIOMETER REDEMPTION REDEMPTIVE
RIDICULOUS SIDEWINDER UNDERSTAND UNDERSTOOD WIDESPREAD
AMELIORATE BREADFRUIT BREAKPOINT BREAKWATER BREASTWORK
CHECKPOINT CREDENTIAL DIELECTRIC ELECTORATE ELECTRONIC
ELEMENTARY EVERYTHING EVERYWHERE EXECUTABLE FIELDSTONE
FRESHWATER GREENHOUSE GREENSWARD GREGARIOUS HIERARCHAL
HIERARCHIC IDENTIFIED IDENTITIES INEFFICACY INELIGIBLE
INEQUALITY INEVITABLE INEXORABLE INEXPIABLE INEXPLICIT
ISENTROPIC LIEUTENANT NEEDLEWORK PAEDIATRIC PHENOMENAL
PHENOMENON PRECARIOUS PRECAUTION PRECEDENCE PRECESSION
PRECOCIOUS PREDISPOSE PREFECTURE PREFERENCE PREFERRING
PRESBYTERY PRESERVING PRESUPPOSE PRETENSION PREVENTION
PREVENTIVE RHEUMATISM SEERSUCKER SHENANIGAN SPECIALIZE
SPELLBOUND STEPMOTHER STEWARDESS SWEATSHIRT SWEEPSTAKE
SWEETHEART THEATRICAL THEMSELVES THEOLOGIAN THEREAFTER
THERMOSTAT TREASONOUS TREMENDOUS BEFOREHAND BUFFLEHEAD
DEFENSIBLE DEFINITION DEFINITIVE DIFFERENCE DIFFICULTY
DIFFUSIBLE EFFACEABLE EFFECTUATE EFFEMINATE EFFICIENCY
EFFLORESCE EFFORTLESS INFALLIBLE INFEASIBLE INFECTIOUS
INFELICITY INFILTRATE INFINITIVE INFINITUDE INFLECTION
INFLEXIBLE INFREQUENT OFFSETTING REFERENDUM REFRACTORY
REFUTATION SUFFICIENT AGGLUTININ AGGREGATED AGGRESSION
AGGRESSIVE ANGIOSPERM COGNIZABLE DEGENERACY DEGENERATE
DIGESTIBLE DIGRESSION EIGHTEENTH HIGHWAYMAN HIGHWAYMEN
HYGROMETER INGESTIBLE INGLORIOUS INGRATIATE INGREDIENT
LEGITIMACY LEGITIMATE LEGUMINOUS LIGHTHOUSE LOGGERHEAD
MAGISTRATE MAGNIFYING NEGLIGIBLE NEGOTIABLE NIGHTDRESS
NIGHTSHIRT PIGEONHOLE PUGNACIOUS REGENERATE REGISTRANT
REGRESSION REGRESSIVE REGRETTING REGULATORY SUGGESTION
SUGGESTIVE VEGETARIAN ZIGZAGGING ACHROMATIC ECHINODERM

## 10 letters

EXHAUSTION EXHAUSTIVE EXHIBITION EXHILARATE EXHUMATION
INHABITANT INHALATION INHIBITION INHIBITORY OPHTHALMIC
SCHOLASTIC SCHOOLGIRL SCHOOLROOM SCHOOLWORK UPHOLSTERY
AFICIONADO ANIMADVERT ARISTOCRAT ARITHMETIC BOISTEROUS
BRICKLAYER BRIDEGROOM BRIDESMAID BRIDGEABLE BRIDGEHEAD
BRIGANTINE CHILDBIRTH CHIMPANZEE CHINCHILLA CHINQUAPIN
CHIVALROUS COINCIDENT CRISSCROSS ELIMINATED EPIGENETIC
EPISCOPATE EPITHELIAL EPITHELIUM EVIDENTIAL FLIRTATION
FRICTIONAL FRITILLARY GRINDSTONE GUILLOTINE INIMITABLE
INIQUITOUS INITIATING INITIATION MAIDENHAIR MAINSTREAM
OLIGARCHIC ORIGINALLY ORIGINATED PHILOSOPHY POINSETTIA
PRIMORDIAL REITERATED RHINESTONE RHINOCEROS SCIENTIFIC
SEISMOLOGY SHIBBOLETH THIRTEENTH TRIANGULAR TRIPARTITE
TRIPLICATE TRIUMPHANT UBIQUITOUS UNIFORMITY UNILATERAL
ADJECTIVAL ADJUDICATE INJUNCTION PEJORATIVE REJUVENATE
ALLEGATION ALLITERATE ALLOCATION ALLOTROPIC BALUSTRADE
BELLADONNA BELLWETHER CALAMITOUS CALCAREOUS CALCULABLE
CALCULATED CALUMNIATE CELLOPHANE CHLORINATE CHLOROFORM
COLLATERAL COLLECTION COLLECTIVE COLLEGIATE COLLOQUIAL
CULTIVABLE DELECTABLE DELIBERATE DELIGHTFUL DELINQUENT
DELIQUESCE DELIVERIES DELPHINIUM DILAPIDATE DILATATION
DILETTANTE FALLACIOUS FELICITOUS FILIBUSTER FOLLICULAR
GELATINOUS HALLELUJAH HELICOPTER HELIOTROPE HELLBENDER
ILLITERACY ILLITERATE ILLUMINATE ILLUSTRATE MALCONTENT
MALEFACTOR MALEVOLENT MELANCHOLY MILITARISM MILITARIST
MILITIAMEN MILLENNIUM MOLYBDENUM MULTIPLIED OBLIGATORY
OBLITERATE PALINDROME PILGRIMAGE POLITICIAN POLYHEDRAL
POLYHEDRON POLYNOMIAL RELAXATION RELEASABLE RELINQUISH
SALAMANDER SALMONELLA SALUBRIOUS SALUTATION SILHOUETTE
SILVERWARE SOLICITOUS SOLICITUDE SOLIDARITY TALISMANIC
TELEGRAPHY TELEPHONIC TELESCOPIC TELEVISION TULARAEMIA
VALIDATION VILLAINOUS VOLUMETRIC VOLUMINOUS VOLUPTUOUS
VULNERABLE WILDERNESS ADMINISTER ADMIRATION ADMISSIBLE
ADMITTANCE ADMONITION AMMUNITION ATMOSPHERE BIMETALLIC
CAMELOPARD CAMOUFLAGE CAMPGROUND COMBUSTION COMMANDANT
COMMANDEER COMMENCING COMMENTARY COMMERCIAL COMMISSARY
COMMISSION COMMITTING COMMODIOUS COMMONWEAL COMPARATOR
COMPARISON COMPASSION COMPATIBLE COMPATRIOT COMPELLING
COMPENDIUM COMPENSATE COMPETITOR COMPLACENT COMPLEMENT
COMPLETING COMPLETION COMPLEXION COMPLICATE COMPLICITY
COMPLIMENT COMPOSITOR COMPREHEND COMPRESSOR COMPRISING
COMPROMISE COMPULSION COMPULSIVE COMPULSORY CUMBERSOME
DEMOCRATIC DEMOGRAPHY DEMOLITION DIMINUTION DIMINUTIVE
FAMILIARLY GYMNOSPERM HAMMERHEAD HEMISPHERE HOMECOMING
HOMOLOGOUS HOMOSEXUAL HOMOZYGOUS HOMUNCULUS IMMACULATE
IMMATERIAL IMMEMORIAL IMMISCIBLE IMMOBILITY IMMODERATE
LIMITATION LUMINOSITY LYMPHOCYTE MEMBERSHIP MEMORANDUM
MIMEOGRAPH NUMISMATIC REMEDIABLE REMITTANCE REMORSEFUL

REMUNERATE SEMINARIAN SIMILARITY SIMILITUDE SIMPLICITY
SIMPLIFIED SIMPLISTIC SIMULATING SOMERSAULT SUMMERTIME
TAMBOURINE TEMPERANCE TEMPTATION TUMULTUOUS ANNIHILATE
ANNOTATING ANNOTATION ANNUNCIATE BANKRUPTCY BENEFACTOR
BENEFICENT BENEFICIAL BENEVOLENT CANDELABRA CANNONBALL
CANTALOUPE CANTILEVER CENSORIOUS CENTENNIAL CENTIGRADE
CENTIMETRE CENTRIFUGE CONCENTRIC CONCEPTION CONCEPTUAL
CONCERTINA CONCESSION CONCILIATE CONCLUDING CONCLUSION
CONCLUSIVE CONCORDANT CONCRETION CONCURRENT CONCURRING
CONCUSSION CONDENSATE CONDESCEND CONDOLENCE CONFERENCE
CONFERRING CONFESSION CONFIDANTE CONFIGURED CONFISCATE
CONGENITAL CONGESTION CONGESTIVE CONGREGATE CONIFEROUS
CONJECTURE CONNIVANCE CONSCIENCE CONSECRATE CONSEQUENT
CONSISTENT CONSORTIUM CONSPIRACY CONSTIPATE CONSTITUTE
CONSTRAINT CONSUMMATE CONTAGIOUS CONTENTION CONTESTANT
CONTEXTUAL CONTIGUITY CONTIGUOUS CONTINGENT CONTINUANT
CONTINUING CONTINUITY CONTINUOUS CONTRABAND CONTRABASS
CONTRACTOR CONTRADICT CONTRAVENE CONTRIBUTE CONTRITION
CONTROLLED CONTROLLER CONVALESCE CONVENIENT CONVENTION
CONVERGENT CONVERGING CONVERSANT CONVERSION CONVEYANCE
CONVULSION CONVULSIVE DENOMINATE DENOTATION DENOTATIVE
DENOUEMENT DENUDATION DENUNCIATE FINGERNAIL GENERATING
GENERATION GENEROSITY HANDICRAFT HANDMAIDEN HENCEFORTH
HINTERLAND HONORARIUM IONOSPHERE JANITORIAL KINGFISHER
LENGTHWISE MANAGEABLE MANAGERIAL MANIPULATE MANSERVANT
MANUMITTED MANUSCRIPT MENDACIOUS MENINGITIS MENSTRUATE
MINERALOGY MINESTRONE MINSTRELSY MONETARISM MONOGAMOUS
MONOLOGIST MONOTONOUS MUNIFICENT NINETEENTH NONCHALANT
OMNIPOTENT OMNISCIENT PANCREATIC PANTOMIMIC PENETRABLE
PENNYROYAL PENTAGONAL PINCUSHION PONTIFICAL RENDEZVOUS
SANATORIUM SANDALWOOD SANGUINARY SENATORIAL SENTENTIAL
SINUSOIDAL SUNGLASSES SYNONYMOUS TANGENTIAL TANTAMOUNT
TENDERFOOT VINDICTIVE WINDSHIELD WINTERTIME WONDERLAND
XENOPHOBIA ABOMINABLE ABORIGINAL ADOLESCENT APOCALYPSE
APOCRYPHAL APOLOGETIC APOSTROPHE APOTHECARY APOTHEOSIS
BLOCKHOUSE BLOODHOUND BLOODSTAIN BLOODSTONE BOOKSELLER
BRONCHIOLE BRONCHITIS BROWBEATEN CHOKEBERRY CLOUDBURST
COORDINATE CROSSHATCH EGOCENTRIC EXORBITANT EXOTHERMIC
FLOCCULATE FLOODLIGHT FOOTBRIDGE GEOCENTRIC GEOGRAPHER
GOOSEBERRY GROUNDWORK ICONOCLASM ICONOCLAST INORDINATE
ISOCHRONAL ISOMORPHIC ISOTHERMAL MYOCARDIAL MYOCARDIUM
NEOCLASSIC PHONOGRAPH PHOSPHORIC PHOSPHORUS PHOTOGENIC
PHOTOGRAPH PHOTOMETRY PROCEDURAL PROCESSION PROCLIVITY
PRODIGIOUS PRODUCIBLE PROFESSION PROFICIENT PROFLIGACY
PROFLIGATE PROFUNDITY PROGENITOR PROGRAMMER PROJECTILE
PROKARYOTE PROMULGATE PROPAGANDA PROPELLANT PROPELLING
PROPENSITY PROPERTIES PROPIONATE PROPITIATE PROPITIOUS
PROPORTION PROPRIETOR PROPULSION PROSCENIUM PROSECUTOR

## 10 letters

```
PROSPECTOR PROSPECTUS PROSPEROUS PROSTHESIS PROSTHETIC
PROSTITUTE PROTESTANT PROTOPLASM PROTRUSION PROTRUSIVE
PROVENANCE PROVERBIAL PROVINCIAL SHOESTRING SOOTHSAYER
STOCHASTIC STOREHOUSE STORYBOARD THOUGHTFUL THOUSANDTH
TOOTHBRUSH TOOTHPASTE TROGLODYTE WHOMSOEVER ALPENSTOCK
ALPHABETIC AMPHIBIOUS APPARITION APPEARANCE APPENDICES
APPLICABLE APPOSITION APPRECIATE APPRENTICE ASPHYXIATE
ASPIDISTRA BAPTISTERY BIPARTISAN CAPACITATE CAPITULATE
CAPRICIOUS COPPERHEAD COPYWRITER DEPARTMENT DEPENDENCE
DEPENDENCY DEPOSITARY DEPOSITION DEPOSITORY DEPRECIATE
DEPRESSANT DEPRESSION DEPRESSIVE DEPUTATION DIPHTHERIA
DIPLOMATIC DUPLICATED EXPANSIBLE EXPEDITION EXPERIENCE
EXPERIMENT EXPIRATION EXPLICABLE EXPOSITION EXPOSITORY
EXPRESSION EXPRESSIVE EXPRESSWAY HIPPODROME HYPERBOLIC
HYPODERMIC HYPOTENUSE HYPOTHESES HYPOTHESIS HYPOTHETIC
IMPALPABLE IMPASSABLE IMPECCABLE IMPEDIMENT IMPERATIVE
IMPERSONAL IMPERVIOUS IMPLACABLE IMPORTANCE IMPOSITION
IMPOSSIBLE IMPOVERISH IMPREGNATE IMPRESARIO IMPRESSION
IMPRESSIVE IMPRIMATUR IMPROBABLE IMPUTATION OPPOSITION
OPPRESSION OPPRESSIVE OPPROBRIUM PEPPERMINT REPARATION
REPEATEDLY REPERTOIRE REPETITION REPETITIVE REPOSITION
REPOSITORY REPRESSION REPRESSIVE REPUBLICAN REPUTATION
SEPARATION SEPTENNIAL SEPTILLION SEPULCHRAL SOPHOMORIC
SUPERVISOR SUPPLICATE SUPPOSABLE SUPPRESSOR TOPOGRAPHY
TYPESETTER TYPOGRAPHY ACQUITTING INQUISITOR LOQUACIOUS
SEQUENTIAL ABRIDGMENT ADRENALINE AERONAUTIC BIRTHPLACE
BIRTHRIGHT BORDERLINE BURDENSOME BUREAUCRAT CARCINOGEN
CARDIOLOGY CARICATURE CEREBELLUM CEREMONIAL CERTIORARI
CHROMOSOME CHRONOLOGY CIRCUITOUS CIRCUMCISE CIRCUMFLEX
CIRCUMVENT CORNFLOWER CORNSTARCH CORNUCOPIA CORRESPOND
CORRIGENDA CORRIGIBLE CORROBOREE CORRODIBLE CORRUPTION
CURRENCIES CURRICULAR CURRICULUM DEREGULATE DEROGATORY
EARTHQUAKE FARFETCHED FORBIDDING FORFEITURE FORGETTING
FORMATTING FORMIDABLE FORMULATED FORTHRIGHT FORTUITOUS
GARGANTUAN GERMICIDAL HARMONIOUS HARVESTMAN HEREDITARY
HERETOFORE HORIZONTAL HORNBLENDE HORRENDOUS HORSEFLESH
HORSEPOWER HORSEWOMAN HORSEWOMEN IRRATIONAL IRRESOLUTE
IRREVERENT MARGINALIA MARIONETTE MARROWBONE MARTINGALE
MARVELLOUS MERCANTILE MIRACULOUS MORATORIUM MORPHOLOGY
MORTGAGING NARCISSISM PARANORMAL PARAPHRASE PARENTHOOD
PARLIAMENT PARTICIPLE PARTICULAR PERCENTAGE PERCENTILE
PERCEPTION PERCEPTIVE PERCUSSION PERCUSSIVE PEREMPTORY
PERFIDIOUS PERIHELION PERIPHERAL PERIWINKLE PERMISSION
PERMISSIVE PERMITTING PERNICIOUS PERPETRATE PERPETUATE
PERPETUITY PERQUISITE PERSECUTOR PERSIFLAGE PERSISTENT
PERSUASION PERSUASIVE PERVERSION PORTENTOUS PURPOSEFUL
SCREENPLAY SCRIPTURAL SCRUPULOUS SERPENTINE SERVICEMAN
SPRINGTAIL SPRINGTIME STRABISMUS STRAIGHTEN STRATEGIST
```

STRAWBERRY STREAMLINE STRENGTHEN STRIPTEASE STRONGHOLD
STRUCTURAL STRUCTURED STRYCHNINE TERATOLOGY TERMINABLE
TERMINATED THREADBARE THROMBOSIS THROUGHOUT TURNAROUND
TURPENTINE TURTLEBACK TURTLENECK UPROARIOUS VERNACULAR
VERTEBRATE VIRTUOSITY WORSHIPFUL WORTHWHILE ABSOLUTION
ABSORPTION ABSORPTIVE ABSTENTION ABSTRACTER ASSEMBLAGE
ASSEMBLIES ASSEMBLING ASSIGNMENT ASSIMILATE ASSISTANCE
ASSOCIABLE ASSOCIATED ASSUMPTION AUSPICIOUS BASKETBALL
BASOPHILIC BESTIRRING BUSHMASTER DESCENDANT DESCENDENT
DESCRIBING DESCRIPTOR DESECRATER DESIDERATA DESIGNATED
DESPICABLE DESPONDENT DESTRUCTOR DISABILITY DISASTROUS
DISCIPLINE DISCORDANT DISCREPANT DISCRETION DISCUSSION
DISDAINFUL DISEMBOWEL DISGRUNTLE DISGUSTFUL DISHWASHER
DISPELLING DISPENSARY DISPERSION DISPOSABLE DISRUPTION
DISRUPTIVE DISSENSION DISSIMILAR DISSOCIATE DISTILLATE
DISTILLERY DISTORTION DISTRAUGHT DYSPROSIUM FASTIDIOUS
FISHMONGER GASTRONOME GASTRONOMY HISTRIONIC HOSPITABLE
HUSBANDMAN HUSBANDMEN INSATIABLE INSEMINATE INSENSIBLE
INSIGHTFUL INSOLVABLE INSOUCIANT INSTRUCTOR INSTRUMENT
LASCIVIOUS MASQUERADE MASTERMIND MESENTERIC MISCELLANY
MISOGYNIST MISSIONARY MUSICOLOGY MYSTERIOUS NASTURTIUM
OBSEQUIOUS PASSAGEWAY PASSIONATE PASTEBOARD POSSESSION
POSSESSIVE POSTHUMOUS POSTMASTER POSTSCRIPT RESIGNEDLY
RESISTIBLE RESOLUTION RESPECTFUL RESPECTIVE RESPIRATOR
RESPONDENT RESPONSIVE RESTAURANT RESUMPTION SUSPENSION
SUSPICIOUS SUSTENANCE SYSTEMATIC TASKMASTER TESSELLATE
TESTICULAR VISCOMETER VISIBILITY VISITATION YESTERYEAR
ACTIVATING ACTIVATION ALTERATION ALTERNATED ALTOGETHER
ANTAGONISM ANTAGONIST ANTECEDENT ANTHRACITE ANTICIPATE
ANTIPHONAL ANTIPODEAN ANTIQUATED ANTITHETIC ARTICULATE
ARTIFICIAL ASTIGMATIC ASTRINGENT ASTRONOMER ASTRONOMIC
ATTRIBUTED AUTHORIZED AUTOCRATIC AUTOMOBILE AUTOMOTIVE
AUTONOMOUS BITUMINOUS BOTHERSOME BOTTLENECK BOTTOMMOST
BUTTERBALL BUTTONHOLE COTTONSEED CUTTLEFISH DETERMINED
ENTERPRISE ENTHUSIASM ENTHUSIAST ENTOMOLOGY EUTHANASIA
EXTENDIBLE EXTENSIBLE EXTINGUISH EXTRANEOUS EXTRICABLE
HETERODYNE INTANGIBLE INTEGRATED INTEGUMENT INTERSTICE
INTESTINAL INTIMIDATE INTOLERANT INTOXICANT INTOXICATE
INTROSPECT LITERATURE LITHOGRAPH MATHEMATIC METABOLISM
METABOLITE METALLURGY METAPHORIC METHODICAL METICULOUS
METROPOLIS METTLESOME MOTHERHOOD MOTHERLAND MOTORCYCLE
NATIONWIDE NOTEWORTHY NOTICEABLE NUTRITIOUS OCTAHEDRAL
OCTAHEDRON OFTENTIMES OPTIMISTIC ORTHOCLASE ORTHOGONAL
OSTENSIBLE OSTEOPATHY OUTLANDISH OUTRAGEOUS PATHOGENIC
PATRIARCHY PATROLLING PITCHSTONE RETICULATE RETRIEVING
RETROGRADE RETROGRESS RETROSPECT TETRAGONAL VETERINARY
WATERCRESS WATERFRONT WATERPROOF WITCHCRAFT WITHDRAWAL
ADULTERATE ADULTEROUS CAUTIONARY CHURCHYARD COUNCILMAN

## 10 letters

COUNCILMEN COUNSELLOR COUNTERACT COUNTRYMAN COUNTRYMEN
COURAGEOUS ENUMERABLE ENUMERATED ENUNCIABLE EQUALIZING
EQUANIMITY EQUATORIAL EQUESTRIAN EQUIPOTENT EQUITATION
EQUIVALENT EQUIVOCATE EXULTATION FLUORIDATE FOUNDATION
FOURSQUARE FOURTEENTH JOURNALESE JOURNEYMAN JOURNEYMEN
MOUTHPIECE PLUPERFECT PRUDENTIAL ROUNDABOUT ROUSTABOUT
SAUERKRAUT SCULPTURAL SCURRILOUS SOUNDPROOF STUPENDOUS
THUNDEROUS TOUCHSTONE TOURNAMENT USURPATION VAUDEVILLE
YOURSELVES DEVOLUTION DIVINATION DIVISIONAL GOVERNANCE
GOVERNMENT INVALIDATE INVALUABLE INVARIABLE INVESTMENT
INVETERATE INVIGORATE INVINCIBLE INVIOLABLE INVITATION
INVOLUTION NAVIGATING NAVIGATION REVELATION REVERSIBLE
REVOLUTION SEVENTIETH WAVELENGTH DOWNSTAIRS DOWNSTREAM
LAWRENCIUM SEXTILLION TOXICOLOGY ASYMMETRIC CRYPTOGRAM
CRYPTOLOGY FLYCATCHER MAYONNAISE PHYSIOLOGY PSYCHIATRY
PSYCHOLOGY PSYCHOPATH SUZERAINTY

## By last letter

ASPIDISTRA BELLADONNA CANDELABRA CHINCHILLA CONCERTINA
CORNUCOPIA CORRIGENDA DESIDERATA DIPHTHERIA EUTHANASIA
MARGINALIA POINSETTIA PROPAGANDA SALMONELLA TULARAEMIA
XENOPHOBIA ACHROMATIC AERONAUTIC ALLOTROPIC ALPHABETIC
ANTITHETIC APOLOGETIC ARITHMETIC ASTIGMATIC ASTRONOMIC
ASYMMETRIC AUTOCRATIC BASOPHILIC BIMETALLIC CONCENTRIC
CYBERNETIC DEMOCRATIC DIACHRONIC DIAGNOSTIC DIELECTRIC
DIPLOMATIC EGOCENTRIC ELECTRONIC EMBLEMATIC EPIGENETIC
EXOTHERMIC GEOCENTRIC HIERARCHIC HISTRIONIC HYPERBOLIC
HYPODERMIC HYPOTHETIC ISENTROPIC ISOMORPHIC MATHEMATIC
MESENTERIC METAPHORIC NEOCLASSIC NUMISMATIC OLIGARCHIC
OPHTHALMIC OPTIMISTIC PAEDIATRIC PANCREATIC PANTOMIMIC
PATHOGENIC PHOSPHORIC PHOTOGENIC PROSTHETIC SCHOLASTIC
SCIENTIFIC SIMPLISTIC SOPHOMORIC STOCHASTIC SYSTEMATIC
TALISMANIC TELEPHONIC TELESCOPIC VOLUMETRIC AGGREGATED
ALTERNATED ANTIQUATED ASSOCIATED ATTRIBUTED AUTHORIZED
BACKGROUND BEFOREHAND BLACKBOARD BLOODHOUND BRIDESMAID
BRIDGEHEAD BUFFLEHEAD CALCULATED CAMELOPARD CAMPGROUND
CHALKBOARD CHALLENGED CHURCHYARD CLASSIFIED COMPREHEND
CONDESCEND CONFIGURED CONTRABAND CONTROLLED COPPERHEAD
CORRESPOND COTTONSEED DESIGNATED DETERMINED DRAGONHEAD
DUPLICATED ELIMINATED ENUMERATED ERADICATED FARFETCHED
FEATHERBED FIBREBOARD FORMULATED GRANDCHILD GRANDSTAND
GREENSWARD HAMMERHEAD HEAVENWARD HINTERLAND IDENTIFIED
INTEGRATED LOGGERHEAD MANUMITTED MASTERMIND MOTHERHOOD
MOTHERLAND MULTIPLIED ORIGINATED PARENTHOOD PASTEBOARD
PLAYGROUND REITERATED SANDALWOOD SHAMEFACED SIMPLIFIED
SPELLBOUND STORYBOARD STRONGHOLD STRUCTURED SUBDIVIDED
SUBTRAHEND TERMINATED TRAFFICKED TURNAROUND UNDERSTAND

UNDERSTOOD WIDESPREAD WINDSHIELD WONDERLAND ABBREVIATE
ABOMINABLE ABSORPTIVE ACCELERATE ACCENTUATE ACCESSIBLE
ACCOMPLICE ACCUMULATE ACCUSATIVE ADJUDICATE ADMISSIBLE
ADMITTANCE ADRENALINE ADULTERATE AGGRESSIVE ALLITERATE
AMALGAMATE AMELIORATE ANNIHILATE ANNUNCIATE ANTHRACITE
ANTICIPATE APOCALYPSE APOSTROPHE APPEARANCE APPLICABLE
APPRECIATE APPRENTICE ARTICULATE ASPHYXIATE ASSEMBLAGE
ASSIMILATE ASSISTANCE ASSOCIABLE ATMOSPHERE AUTOMOBILE
AUTOMOTIVE BALUSTRADE BIRTHPLACE BLOCKHOUSE BLOODSTONE
BORDERLINE BOTHERSOME BRIDGEABLE BRIGANTINE BRONCHIOLE
BURDENSOME BUTTONHOLE CALCULABLE CALUMNIATE CAMOUFLAGE
CANTALOUPE CAPACITATE CAPITULATE CARICATURE CELLOPHANE
CENTIGRADE CENTIMETRE CENTRIFUGE CHANGEABLE CHARGEABLE
CHARITABLE CHIMPANZEE CHLORINATE CHROMOSOME CIRCUMCISE
COGNIZABLE COLLECTIVE COLLEGIATE COMPATIBLE COMPENSATE
COMPLICATE COMPROMISE COMPULSIVE CONCILIATE CONCLUSIVE
CONDENSATE CONDOLENCE CONFERENCE CONFIDANTE CONFISCATE
CONGESTIVE CONGREGATE CONJECTURE CONNIVANCE CONSCIENCE
CONSECRATE CONSTIPATE CONSTITUTE CONSUMMATE CONTRAVENE
CONTRIBUTE CONVALESCE CONVEYANCE CONVULSIVE COORDINATE
CORRIGIBLE CORROBOREE CORRODIBLE CULTIVABLE CUMBERSOME
DEACTIVATE DEBILITATE DEDUCTIBLE DEFENSIBLE DEFINITIVE
DEGENERATE DELECTABLE DELIBERATE DELIQUESCE DENOMINATE
DENOTATIVE DENUNCIATE DEPENDENCE DEPRECIATE DEPRESSIVE
DEREGULATE DESPICABLE DIFFERENCE DIFFUSIBLE DIGESTIBLE
DILAPIDATE DILETTANTE DIMINUTIVE DISCIPLINE DISGRUNTLE
DISPOSABLE DISRUPTIVE DISSOCIATE DISTILLATE DRAWBRIDGE
EARTHQUAKE EFFACEABLE EFFECTUATE EFFEMINATE EFFLORESCE
ELECTORATE EMANCIPATE EMASCULATE EMBOUCHURE ENTERPRISE
ENUMERABLE ENUNCIABLE EPISCOPATE EQUIVOCATE ERADICABLE
ESCRITOIRE EVERYWHERE EXACERBATE EXAGGERATE EXASPERATE
EXCRUCIATE EXECUTABLE EXHAUSTIVE EXHILARATE EXPANSIBLE
EXPERIENCE EXPLICABLE EXPRESSIVE EXTENDIBLE EXTENSIBLE
EXTRICABLE FACILITATE FIELDSTONE FLAGELLATE FLOCCULATE
FLUORIDATE FOOTBRIDGE FORFEITURE FORMIDABLE FOURSQUARE
GASTRONOME GOVERNANCE GRANDNIECE GRAVESTONE GREENHOUSE
GRINDSTONE GUARDHOUSE GUILLOTINE HELIOTROPE HEMISPHERE
HERETOFORE HETERODYNE HIPPODROME HOBBYHORSE HODGEPODGE
HORNBLENDE HOSPITABLE HYPOTENUSE ILLITERATE ILLUMINATE
ILLUSTRATE IMMACULATE IMMISCIBLE IMMODERATE IMPALPABLE
IMPASSABLE IMPECCABLE IMPERATIVE IMPLACABLE IMPORTANCE
IMPOSSIBLE IMPREGNATE IMPRESSIVE IMPROBABLE INACCURATE
INADEQUATE INAPTITUDE INAUGURATE INCINERATE INCOMPLETE
INCREDIBLE INCULPABLE INDECISIVE INDEFINITE INDELICATE
INDUCTANCE INELIGIBLE INEVITABLE INEXORABLE INEXPIABLE
INFALLIBLE INFEASIBLE INFILTRATE INFINITIVE INFINITUDE
INFLEXIBLE INGESTIBLE INGRATIATE INIMITABLE INORDINATE
INSATIABLE INSEMINATE INSENSIBLE INSOLVABLE INTANGIBLE

# 10 letters

```
INTERSTICE INTIMIDATE INTOXICATE INVALIDATE INVALUABLE
INVARIABLE INVETERATE INVIGORATE INVINCIBLE INVIOLABLE
IONOSPHERE IRRESOLUTE JOURNALESE JUDICATURE LACKLUSTRE
LEGITIMATE LENGTHWISE LICENSABLE LIGHTHOUSE LITERATURE
LOCOMOTIVE LYMPHOCYTE MAGISTRATE MANAGEABLE MANIPULATE
MARIONETTE MARROWBONE MARTINGALE MASQUERADE MAYONNAISE
MENSTRUATE MERCANTILE METABOLITE METTLESOME MINESTRONE
MOTORCYCLE MOUTHPIECE NATIONWIDE NEGLIGIBLE NEGOTIABLE
NOTICEABLE NUCLEOTIDE OBLITERATE OCCURRENCE OPPRESSIVE
ORTHOCLASE OSTENSIBLE PALINDROME PARAPHRASE PARTICIPLE
PASSIONATE PEJORATIVE PENETRABLE PERCENTAGE PERCENTILE
PERCEPTIVE PERCUSSIVE PERIWINKLE PERMISSIVE PERPETRATE
PERPETUATE PERQUISITE PERSIFLAGE PERSUASIVE PIGEONHOLE
PILGRIMAGE PITCHSTONE POSSESSIVE PRECEDENCE PREDISPOSE
PREFECTURE PREFERENCE PRESUPPOSE PREVENTIVE PRODUCIBLE
PROFLIGATE PROJECTILE PROKARYOTE PROMULGATE PROPIONATE
PROPITIATE PROSTITUTE PROTRUSIVE PROVENANCE QUADRANGLE
QUARANTINE REASSEMBLE RECEPTACLE RECITATIVE RECOMPENSE
RECUPERATE RECURRENCE REDEMPTIVE REGENERATE REGRESSIVE
REJUVENATE RELEASABLE REMEDIABLE REMITTANCE REMUNERATE
REPERTOIRE REPETITIVE REPRESSIVE RESISTIBLE RESPECTIVE
RESPONSIVE RETICULATE RETROGRADE REVERSIBLE RHINESTONE
SACCHARINE SERPENTINE SILHOUETTE SILVERWARE SIMILITUDE
SOLICITUDE SPECIALIZE SPRINGTIME STALACTITE STOREHOUSE
STREAMLINE STRIPTEASE STRYCHNINE SUBROUTINE SUBSTITUTE
SUBTERFUGE SUBVERSIVE SUCCESSIVE SUGGESTIVE SUMMERTIME
SUPPLICATE SUPPOSABLE SUSTENANCE SWEEPSTAKE TABERNACLE
TAMBOURINE TEMPERANCE TERMINABLE TESSELLATE THREADBARE
TOOTHPASTE TOUCHSTONE TRANSCRIBE TRANSFEREE TRANSITIVE
TRANSVERSE TRAVERTINE TRIPARTITE TRIPLICATE TROGLODYTE
TURPENTINE VAUDEVILLE VERTEBRATE VINDICTIVE VULNERABLE
WINTERTIME WORTHWHILE SOUNDPROOF WATERPROOF ACQUITTING
ACTIVATING ANNOTATING ASSEMBLING BESTIRRING COMMENCING
COMMITTING COMPELLING COMPLETING COMPRISING CONCLUDING
CONCURRING CONFERRING CONTINUING CONVERGING DECREASING
DESCRIBING DISPELLING ENCIRCLING EQUALIZING EVERYTHING
FORBIDDING FORGETTING FORMATTING GENERATING HEADSTRONG
HOMECOMING INCREASING INDICATING INITIATING KIDNAPPING
LOCALIZING MAGNIFYING MORTGAGING NAVIGATING OFFSETTING
PATROLLING PERMITTING PICNICKING PREFERRING PRESERVING
PROPELLING RECOVERING RECREATING REGRETTING RETRIEVING
SHOESTRING SIMULATING SMATTERING SUBMITTING ZIGZAGGING
ACCOMPLISH AMATEURISH BACKSTITCH BLACKSMITH CHILDBIRTH
CORNSTARCH CROSSHATCH CUTTLEFISH EIGHTEENTH EXTINGUISH
FOURTEENTH HALLELUJAH HEATHENISH HENCEFORTH HORSEFLESH
IMPOVERISH LITHOGRAPH MACKINTOSH MIMEOGRAPH NINETEENTH
OUTLANDISH PHONOGRAPH PHOTOGRAPH PSYCHOPATH RELINQUISH
SEVENTIETH SHIBBOLETH STAGECOACH THIRTEENTH THOUSANDTH
```

```
TOOTHBRUSH WAVELENGTH CERTIORARI FRANGIPANI ALPENSTOCK
BOTTLENECK BREASTWORK GROUNDWORK HEARTBREAK NEEDLEWORK
SCHOOLWORK TURTLEBACK TURTLENECK ABORIGINAL ACCIDENTAL
ADDITIONAL ADJECTIVAL ANTIPHONAL APOCRYPHAL ARTIFICIAL
BASKETBALL BENEFICIAL BUTTERBALL CANNONBALL CENTENNIAL
CEREMONIAL COLLATERAL COLLOQUIAL COMMERCIAL COMMONWEAL
CONCEPTUAL CONGENITAL CONTEXTUAL CREDENTIAL DELIGHTFUL
DISDAINFUL DISEMBOWEL DISGUSTFUL DIVISIONAL EPITHELIAL
EQUATORIAL EVIDENTIAL FINGERNAIL FRICTIONAL GERMICIDAL
HIERARCHAL HOMOSEXUAL HORIZONTAL IMMATERIAL IMMEMORIAL
IMPERSONAL INCIDENTAL INDIVIDUAL INDUSTRIAL INSIGHTFUL
INTESTINAL IRRATIONAL ISOCHRONAL ISOTHERMAL JANITORIAL
MANAGERIAL MEANINGFUL METHODICAL MYOCARDIAL OCCIDENTAL
OCTAHEDRAL ORATORICAL ORCHESTRAL ORTHOGONAL PARANORMAL
PENNYROYAL PENTAGONAL PERIPHERAL PHENOMENAL POLYHEDRAL
POLYNOMIAL PONTIFICAL PRIMORDIAL PROCEDURAL PROVERBIAL
PROVINCIAL PRUDENTIAL PURPOSEFUL RECIPROCAL REMORSEFUL
RESPECTFUL SABBATICAL SCHOOLGIRL SCRIPTURAL SCULPTURAL
SENATORIAL SENTENTIAL SEPTENNIAL SEPULCHRAL SEQUENTIAL
SINUSOIDAL SPRINGTAIL STANDSTILL STRUCTURAL SUBLIMINAL
SUCCESSFUL TANGENTIAL TETRAGONAL THEATRICAL THOUGHTFUL
UNILATERAL WITHDRAWAL WORSHIPFUL ALCOHOLISM ANGIOSPERM
ANTAGONISM ASCETICISM AUDITORIUM BRAINSTORM BRIDEGROOM
CEREBELLUM CHLOROFORM COMPENDIUM CONSORTIUM CRYPTOGRAM
CURRICULUM DELPHINIUM DOWNSTREAM DYSPROSIUM ECHINODERM
ENTHUSIASM EPITHELIUM GADOLINIUM GYMNOSPERM HONORARIUM
ICONOCLASM LAWRENCIUM MAINSTREAM MEMORANDUM METABOLISM
MILITARISM MILLENNIUM MOLYBDENUM MONETARISM MORATORIUM
MYOCARDIUM NARCISSISM NASTURTIUM OPPROBRIUM PLAGIARISM
PRAGMATISM PROSCENIUM PROTOPLASM REFERENDUM RHEUMATISM
SANATORIUM SCHOOLROOM ABSOLUTION ABSORPTION ABSTENTION
ACCUSATION ACTIVATION ADAPTATION ADMIRATION ADMONITION
AGGLUTININ AGGRESSION ALLEGATION ALLOCATION ALTERATION
AMMUNITION ANNOTATION ANTIPODEAN APPARITION APPOSITION
ASCRIPTION ASSUMPTION BACKGAMMON BIPARTISAN BLOODSTAIN
BROWBEATEN CARCINOGEN CHAIRWOMAN CHINQUAPIN COLLECTION
COMBUSTION COMMISSION COMPARISON COMPASSION COMPLETION
COMPLEXION COMPULSION CONCEPTION CONCESSION CONCLUSION
CONCRETION CONCUSSION CONFESSION CONGESTION CONTENTION
CONTRITION CONVENTION CONVERSION CONVULSION CORRUPTION
COUNCILMAN COUNCILMEN COUNTRYMAN COUNTRYMEN DEFINITION
DEMOLITION DENOTATION DENUDATION DEPOSITION DEPRESSION
DEPUTATION DEVOLUTION DIGRESSION DILATATION DIMINUTION
DISCRETION DISCUSSION DISPERSION DISRUPTION DISSENSION
DISTORTION DIVINATION ENCRYPTION EQUESTRIAN EQUITATION
ESCUTCHEON EVALUATION EXALTATION EXCITATION EXHAUSTION
EXHIBITION EXHUMATION EXPEDITION EXPIRATION EXPOSITION
EXPRESSION EXULTATION FLIRTATION FOUNDATION GARGANTUAN
```

## 10 letters

GENERATION GRAMMARIAN HABITATION HANDMAIDEN HARVESTMAN
HIGHWAYMAN HIGHWAYMEN HORSEWOMAN HORSEWOMEN HUSBANDMAN
HUSBANDMEN IMPOSITION IMPRESSION IMPUTATION INDECISION
INDICATION INFLECTION INHALATION INHIBITION INITIATION
INJUNCTION INVITATION INVOLUTION JOURNEYMAN JOURNEYMEN
LIMITATION LOCOMOTION MIDSHIPMAN MIDSHIPMEN MILITIAMEN
NAVIGATION OCCUPATION OCTAHEDRON OPPOSITION OPPRESSION
PEDESTRIAN PERCEPTION PERCUSSION PERIHELION PERMISSION
PERSUASION PERVERSION PHENOMENON PINCUSHION PLANTATION
POLITICIAN POLYHEDRON POSSESSION PRECAUTION PRECESSION
PRETENSION PREVENTION PROCESSION PROFESSION PROPORTION
PROPULSION PROTRUSION REDEMPTION REFUTATION REGRESSION
RELAXATION REPARATION REPETITION REPOSITION REPRESSION
REPUBLICAN REPUTATION RESOLUTION RESUMPTION REVELATION
REVOLUTION RIBOFLAVIN SALUTATION SEMINARIAN SEPARATION
SEPTILLION SERVICEMAN SEXTILLION SHENANIGAN SNAPDRAGON
STARVATION STRAIGHTEN STRENGTHEN SUCCESSION SUGGESTION
SUSPENSION TECHNICIAN TELEVISION TEMPTATION THEOLOGIAN
TRANSITION TUBERCULIN USURPATION VALIDATION VEGETARIAN
VISITATION AFICIONADO IMPRESARIO PIANISSIMO ARCHBISHOP
MEMBERSHIP ABSTRACTER ADMINISTER ALTOGETHER AMBASSADOR
ASTRONOMER AUCTIONEER BELLWETHER BENEFACTOR BOOKSELLER
BREAKWATER BRICKLAYER BUSHMASTER CANTILEVER CHANCELLOR
CHANDELIER COMMANDEER COMPARATOR COMPETITOR COMPOSITOR
COMPRESSOR CONTRACTOR CONTROLLER COPYWRITER CORNFLOWER
COUNSELLOR CURRICULAR DESCRIPTOR DESECRATER DESTRUCTOR
DISHWASHER DISSIMILAR FILIBUSTER FISHMONGER FLYCATCHER
FOLLICULAR FRESHWATER GEOGRAPHER HEADMASTER HELICOPTER
HELLBENDER HORSEPOWER HYDROMETER HYGROMETER IMPRIMATUR
INQUISITOR INSTRUCTOR KINGFISHER MAIDENHAIR MALEFACTOR
PARTICULAR PERSECUTOR POSTMASTER PROGENITOR PROGRAMMER
PROPRIETOR PROSECUTOR PROSPECTOR RADIOMETER RESPIRATOR
SALAMANDER SEERSUCKER SIDEWINDER SOOTHSAYER STEPMOTHER
SUPERVISOR SUPPRESSOR TACHOMETER TASKMASTER TESTICULAR
THEREAFTER TRANSDUCER TRANSFEROR TRANSISTOR TRIANGULAR
TYPESETTER VERNACULAR VISCOMETER WHATSOEVER WHOMSOEVER
YESTERYEAR ADULTEROUS AMANUENSIS AMPHIBIOUS APOTHEOSIS
APPENDICES ASSEMBLIES AUSPICIOUS AUTONOMOUS AVARICIOUS
BITUMINOUS BOISTEROUS BRONCHITIS CADAVEROUS CALAMITOUS
CALCAREOUS CAPRICIOUS CENSORIOUS CHARACTERS CHIVALROUS
CIRCUITOUS COMMODIOUS CONIFEROUS CONTAGIOUS CONTIGUOUS
CONTINUOUS CONTRABASS COURAGEOUS CRISSCROSS CURRENCIES
DECOMPRESS DELIVERIES DIAPHANOUS DISASTROUS DOWNSTAIRS
EFFORTLESS ENDOGAMOUS ENDOGENOUS EUCALYPTUS EXTRANEOUS
FALLACIOUS FASTIDIOUS FELICITOUS FICTITIOUS FORTUITOUS
GELATINOUS GRATUITOUS GREGARIOUS HARMONIOUS HOMOLOGOUS
HOMOZYGOUS HOMUNCULUS HORRENDOUS HYDROLYSIS HYPOTHESES
HYPOTHESIS IDENTITIES IMPERVIOUS INCAUTIOUS INDIGENOUS

| | | | | |
|---|---|---|---|---|
| INFECTIOUS | INGLORIOUS | INIQUITOUS | JACKANAPES | LASCIVIOUS |
| LEGUMINOUS | LIBIDINOUS | LICENTIOUS | LOQUACIOUS | LUBRICIOUS |
| MARVELLOUS | MENDACIOUS | MENINGITIS | METICULOUS | METROPOLIS |
| MIRACULOUS | MONOGAMOUS | MONOTONOUS | MYSTERIOUS | NIGHTDRESS |
| NUTRITIOUS | OBSEQUIOUS | OEDEMATOUS | OFTENTIMES | OUTRAGEOUS |
| PERFIDIOUS | PERNICIOUS | PHOSPHORUS | PORTENTOUS | POSTHUMOUS |
| PRECARIOUS | PRECOCIOUS | PRODIGIOUS | PROPERTIES | PROPITIOUS |
| PROSPECTUS | PROSPEROUS | PROSTHESIS | PUGNACIOUS | QUADRICEPS |
| QUANTITIES | REBELLIOUS | RENDEZVOUS | RETROGRESS | RHINOCEROS |
| RIDICULOUS | SALUBRIOUS | SCANDALOUS | SCRUPULOUS | SCURRILOUS |
| SEAMSTRESS | SLANDEROUS | SOLICITOUS | STEWARDESS | STRABISMUS |
| STUPENDOUS | SUNGLASSES | SUSPICIOUS | SYNONYMOUS | THEMSELVES |
| THROMBOSIS | THUNDEROUS | TRAITOROUS | TRANSGRESS | TREASONOUS |
| TREMENDOUS | TUMULTUOUS | UBIQUITOUS | UPROARIOUS | VICTORIOUS |
| VILLAINOUS | VOCIFEROUS | VOLUMINOUS | VOLUPTUOUS | WATERCRESS |
| WILDERNESS | YOURSELVES | ABRIDGMENT | ACCOUNTANT | ADOLESCENT |
| ANIMADVERT | ANTAGONIST | ANTECEDENT | ARISTOCRAT | ASSIGNMENT |
| ASTRINGENT | BENEFICENT | BENEVOLENT | BIRTHRIGHT | BOTTOMMOST |
| BREADFRUIT | BREAKPOINT | BUREAUCRAT | CHECKPOINT | CIRCUMVENT |
| CLOUDBURST | COALESCENT | COINCIDENT | COMMANDANT | COMPATRIOT |
| COMPLACENT | COMPLEMENT | COMPLIMENT | CONCORDANT | CONCURRENT |
| CONSEQUENT | CONSISTENT | CONSTRAINT | CONTESTANT | CONTINGENT |
| CONTINUANT | CONTRADICT | CONVENIENT | CONVERGENT | CONVERSANT |
| COUNTERACT | DELINQUENT | DENOUEMENT | DEPARTMENT | DEPRESSANT |
| DESCENDANT | DESCENDENT | DESPONDENT | DISCORDANT | DISCREPANT |
| DISTRAUGHT | EMBODIMENT | ENTHUSIAST | EQUIPOTENT | EQUIVALENT |
| EVANESCENT | EXCRESCENT | EXORBITANT | EXPERIMENT | FLAMBOYANT |
| FLOODLIGHT | FORTHRIGHT | FRAUDULENT | GOVERNMENT | GRAPEFRUIT |
| HANDICRAFT | ICONOCLAST | IMPEDIMENT | INCOHERENT | INCONSTANT |
| INDISCREET | INDISTINCT | INEXPLICIT | INFREQUENT | INGREDIENT |
| INHABITANT | INSOUCIANT | INSTRUMENT | INTEGUMENT | INTOLERANT |
| INTOXICANT | INTROSPECT | INVESTMENT | IRREVERENT | LIBRETTIST |
| LIEUTENANT | MALCONTENT | MALEVOLENT | MANSERVANT | MANUSCRIPT |
| MILITARIST | MISOGYNIST | MONOLOGIST | MUNIFICENT | NIGHTSHIRT |
| NONCHALANT | OMNIPOTENT | OMNISCIENT | OPALESCENT | PARLIAMENT |
| PEPPERMINT | PERSISTENT | PHARMACIST | PLAGIARIST | PLAYWRIGHT |
| PLUPERFECT | POSTSCRIPT | PRAGMATIST | PROFICIENT | PROPELLANT |
| PROTESTANT | REGISTRANT | RESPONDENT | RESTAURANT | RETROSPECT |
| ROUNDABOUT | ROUSTABOUT | SACROSANCT | SAUERKRAUT | SOMERSAULT |
| STANDPOINT | STRATEGIST | SUBSEQUENT | SUBSISTENT | SUFFICIENT |
| SWEATSHIRT | SWEETHEART | TANTAMOUNT | TECHNOCRAT | TENDERFOOT |
| THERMOSTAT | THROUGHOUT | TOURNAMENT | TRANSCRIPT | TRANSPLANT |
| TRIUMPHANT | WATERFRONT | WITCHCRAFT | CIRCUMFLEX | ACCUSATORY |
| AMBULATORY | APOTHECARY | BANKRUPTCY | BAPTISTERY | BLACKBERRY |
| CARDIOLOGY | CAUTIONARY | CHALCEDONY | CHOKEBERRY | CHRONOLOGY |
| COMMENTARY | COMMISSARY | COMPLICITY | COMPULSORY | CONSPIRACY |
| CONTIGUITY | CONTINUITY | CRYPTOLOGY | DEBAUCHERY | DECLASSIFY |
| DEGENERACY | DEMOGRAPHY | DEPENDENCY | DEPOSITARY | DEPOSITORY |

## 10 letters

DEROGATORY DICTIONARY DIFFICULTY DISABILITY DISPENSARY
DISTILLERY DRAMATURGY EFFICIENCY ELEMENTARY EMBROIDERY
EMBRYOLOGY ENTOMOLOGY EQUANIMITY EXCITATORY EXPOSITORY
EXPRESSWAY FAMILIARLY FRATERNITY FRITILLARY GASTRONOMY
GENEROSITY GOOSEBERRY HEREDITARY ILLITERACY IMMOBILITY
INACCURACY INADEQUACY INCAPACITY INCENDIARY INEFFICACY
INEQUALITY INFELICITY INHIBITORY JUDICATORY LABORATORY
LECTIONARY LEGITIMACY LUMINOSITY MEDIOCRITY MELANCHOLY
METALLURGY MICROSCOPY MINERALOGY MINSTRELSY MISCELLANY
MISSIONARY MORPHOLOGY MUSICOLOGY NECROMANCY NOTEWORTHY
OBLIGATORY ORIGINALLY OSTEOPATHY PASSAGEWAY PATRIARCHY
PEREMPTORY PERPETUITY PHILOSOPHY PHOTOMETRY PHYSIOLOGY
PRESBYTERY PROCLIVITY PROFLIGACY PROFUNDITY PROPENSITY
PSYCHIATRY PSYCHOLOGY QUATERNARY REFRACTORY REGULATORY
REPEATEDLY REPOSITORY RESIGNEDLY SANGUINARY SCREENPLAY
SEISMOLOGY SIMILARITY SIMPLICITY SOLIDARITY STATIONARY
STATIONERY STRAWBERRY SUBSIDIARY SUZERAINTY TECHNOLOGY
TELEGRAPHY TERATOLOGY TOPOGRAPHY TOXICOLOGY TRAJECTORY
TRANSITORY TYPOGRAPHY UNIFORMITY UPHOLSTERY VETERINARY
VIRTUOSITY VISIBILITY VOCABULARY

# 11 letters

## By 1ˢᵗ letter

| | | | |
|---|---|---|---|
| ABSENTEEISM | ACADEMICIAN | ACCLAMATION | ACCOMMODATE |
| ACCOMPANIST | ACKNOWLEDGE | ACQUIESCENT | ACQUISITION |
| ACQUISITIVE | ACRIMONIOUS | ADVENTUROUS | AERODYNAMIC |
| AFFECTATION | AFFIRMATION | AFFIRMATIVE | AGGLOMERATE |
| AGGLUTINATE | AGGREGATING | AGGREGATION | AGRICULTURE |
| ALPHABETIZE | ALTERNATING | ALTERNATIVE | AMETHYSTINE |
| AMPHIBOLOGY | ANACHRONISM | ANNIVERSARY | ANTHRACNOSE |
| ANTIQUARIAN | APOCALYPTIC | APPEASEABLE | APPLICATION |
| APPRECIABLE | APPROBATION | APPROPRIATE | APPROXIMATE |
| ARCHDIOCESE | ARCHIPELAGO | ARISTOCRACY | ASSASSINATE |
| ASSIGNATION | ASSOCIATING | ASSOCIATION | ASTIGMATISM |
| ATMOSPHERIC | ATTESTATION | ATTITUDINAL | ATTRIBUTING |
| ATTRIBUTION | ATTRIBUTIVE | AUDIOVISUAL | AUTHORIZING |
| BACKSCATTER | BARBITURATE | BATTLEFIELD | BEHAVIOURAL |
| BELLIGERENT | BENEDICTION | BENEFICIARY | BIBLIOPHILE |
| BICARBONATE | BIMETALLISM | BIMOLECULAR | BITTERSWEET |
| BLADDERWORT | BLAMEWORTHY | BLASPHEMOUS | BLOODSTREAM |
| BOOKSHELVES | BOURGEOISIE | BREADWINNER | BREASTPLATE |
| BRICKLAYING | BROTHERHOOD | BUREAUCRACY | CALCULATING |
| CALCULATION | CALIFORNIUM | CALLIGRAPHY | CALORIMETER |
| CAMARADERIE | CAPACITANCE | CARBURETTOR | CARTOGRAPHY |
| CATACLYSMIC | CATASTROPHE | CATERPILLAR | CAULIFLOWER |
| CENTRIFUGAL | CEREMONIOUS | CERTIFICATE | CHAIRPERSON |
| CHALLENGING | CHAMBERLAIN | CHAMBERMAID | CHARISMATIC |
| CHEESECLOTH | CHLOROPHYLL | CHLOROPLAST | CHOIRMASTER |
| CHOLESTEROL | CHRONOGRAPH | CIRCULATORY | CIRCUMPOLAR |
| CIRCUMSPECT | CLAIRVOYANT | CLANDESTINE | COBBLESTONE |
| COCKLESHELL | COEDUCATION | COEFFICIENT | COLLABORATE |
| COLLAPSIBLE | COLLECTIBLE | COLLOCATION | COLORIMETER |
| COMBINATION | COMBUSTIBLE | COMMEMORATE | COMMENTATOR |
| COMMISERATE | COMMONALITY | COMMONPLACE | COMMUNICANT |
| COMMUNICATE | COMPARATIVE | COMPARTMENT | COMPELLABLE |
| COMPETITION | COMPETITIVE | COMPILATION | COMPLAINANT |
| COMPLAISANT | COMPLICATED | COMPOSITION | COMPRESSION |
| COMPRESSIVE | COMPUNCTION | COMPUTATION | CONCATENATE |
| CONCENTRATE | CONCOMITANT | CONDITIONAL | CONDUCTANCE |
| CONFABULATE | CONFEDERACY | CONFEDERATE | CONFERRABLE |
| CONFIGURING | CONFORMANCE | CONGRESSMAN | CONGRESSMEN |
| CONJECTURAL | CONJUNCTURE | CONNOISSEUR | CONNOTATION |
| CONNOTATIVE | CONSANGUINE | CONSECUTIVE | CONSERVATOR |
| CONSIDERATE | CONSISTENCY | CONSOLATION | CONSOLIDATE |
| CONSONANTAL | CONSPICUOUS | CONSPIRATOR | CONSTELLATE |
| CONSTITUENT | CONSTRICTOR | CONSTRUCTOR | CONSUMPTION |

# 11 letters

| | | | |
|---|---|---|---|
| CONSUMPTIVE | CONTAMINATE | CONTEMPLATE | CONTENTIOUS |
| CONTINENTAL | CONTINGENCY | CONTRACTUAL | CONTRAPTION |
| CONTRARIETY | CONTRETEMPS | CONTRIBUTOR | CONTRIVANCE |
| CONTROLLING | CONTROVERSY | CONVENIENCE | CONVERTIBLE |
| CONVOCATION | CONVOLUTION | CORPUSCULAR | CORRIGENDUM |
| CORROBORATE | CORRUPTIBLE | COTONEASTER | COTTONMOUTH |
| COUNTENANCE | COUNTERFEIT | COUNTERPART | COUNTERSINK |
| COUNTERSUNK | COUNTERVAIL | COUNTRYSIDE | COUNTRYWIDE |
| CRESTFALLEN | CROCODILIAN | CRUCIFIXION | CRYSTALLINE |
| CRYSTALLITE | CURVILINEAR | DECLAMATION | DECLAMATORY |
| DECLARATION | DECLARATIVE | DECLARATORY | DECLINATION |
| DECORTICATE | DEERSTALKER | DEFORMATION | DEGRADATION |
| DELETERIOUS | DELIVERANCE | DEMONSTRATE | DEMOUNTABLE |
| DEPORTATION | DEPRECATORY | DEPRECIATED | DEPRESSIBLE |
| DEPRIVATION | DESCRIPTION | DESCRIPTIVE | DESEGREGATE |
| DESIDERATUM | DESIGNATING | DESPERATION | DETERIORATE |
| DETERMINANT | DETERMINATE | DETERMINING | DETESTATION |
| DEVELOPMENT | DIACRITICAL | DIAGNOSABLE | DIAMAGNETIC |
| DICHOTOMIZE | DICHOTOMOUS | DICTATORIAL | DIMENSIONAL |
| DIRECTORATE | DIRECTORIAL | DIRECTORIES | DISAPPEARED |
| DISCERNIBLE | DISPENSABLE | DISSEMINATE | DISSOCIABLE |
| DISTINGUISH | DISTRIBUTOR | DISTURBANCE | DIVESTITURE |
| DOCTRINAIRE | DOCUMENTARY | DOMESTICATE | DOWNTRODDEN |
| DREADNOUGHT | DUPLICATING | DUPLICATION | EARTHENWARE |
| EARTHMOVING | EASTERNMOST | EFFICACIOUS | EFFICIENTLY |
| EGALITARIAN | EINSTEINIUM | ELECTRICIAN | ELECTROLYTE |
| ELEPHANTINE | ELIMINATING | ELIMINATION | ELLIPSOIDAL |
| EMBRACEABLE | ENCAPSULATE | ENCHANTMENT | ENCHANTRESS |
| ENCUMBRANCE | ENDOTHELIAL | ENDOTHERMIC | ENFORCEABLE |
| ENUMERATING | ENUMERATION | ENVIRONMENT | EQUIDISTANT |
| EQUILATERAL | EQUILIBRATE | EQUILIBRIUM | EQUINOCTIAL |
| EQUIVALENCE | ERADICATING | ETHNOGRAPHY | EVERLASTING |
| EXAMINATION | EXCEPTIONAL | EXCLAMATION | EXCLAMATORY |
| EXCULPATORY | EXERCISABLE | EXHAUSTIBLE | EXHORTATION |
| EXISTENTIAL | EXOSKELETON | EXPECTATION | EXPECTORANT |
| EXPECTORATE | EXPEDITIOUS | EXPENDITURE | EXPLANATION |
| EXPLANATORY | EXPLORATION | EXPLORATORY | EXPONENTIAL |
| EXPORTATION | EXPRESSIBLE | EXPROPRIATE | EXTERMINATE |
| EXTRADITION | EXTRAVAGANT | FABRICATION | FACILITATED |
| FACULTATIVE | FASCICULATE | FERRUGINOUS | FIDDLESTICK |
| FILAMENTARY | FINGERPRINT | FLABBERGAST | FLIRTATIOUS |
| FLUORESCENT | FORBEARANCE | FORGETTABLE | FORMULATING |
| FRACTIONATE | FRAGMENTARY | FUNCTIONARY | FUNDAMENTAL |
| FURTHERANCE | FURTHERMORE | FURTHERMOST | GERONTOLOGY |
| GESTICULATE | GRAMMATICAL | GRANDFATHER | GRANDMOTHER |
| GRANDNEPHEW | GREENGROCER | HAEMOGLOBIN | HAEMORRHAGE |
| HALLUCINATE | HANDICAPPED | HANDICAPPER | HANDWRITTEN |
| HARPSICHORD | HEADQUARTER | HEAVYWEIGHT | HEBEPHRENIC |

HEMISPHERIC HEREINAFTER HERMENEUTIC HERPETOLOGY
HEXADECIMAL HIERARCHIES HOMOGENEITY HOMOGENEOUS
HONEYSUCKLE HUCKLEBERRY HUNDREDFOLD HYDROCARBON
HYDROGENATE HYDROPHOBIA HYDROPHOBIC HYDROSPHERE
HYDROSTATIC HYGROSCOPIC HYPERBOLOID HYPOCYCLOID
IGNOMINIOUS ILLIMITABLE ILLUSTRIOUS IMPARTATION
IMPERMEABLE IMPERSONATE IMPERTINENT IMPLAUSIBLE
IMPLICATION IMPORTATION IMPORTUNATE IMPRACTICAL
IMPRECISION IMPREGNABLE IMPRESSIBLE IMPROPRIETY
IMPROVIDENT INADVERTENT INADVISABLE INALIENABLE
INALTERABLE INATTENTION INATTENTIVE INCANTATION
INCARCERATE INCOMPETENT INCONGRUITY INCONGRUOUS
INCORPORATE INCREASABLE INCREDULITY INCREDULOUS
INCRIMINATE INDEFINABLE INDENTATION INDEPENDENT
INDIFFERENT INDIGESTION INDIGNATION INDIVIDUATE
INDIVISIBLE INDOMITABLE INDUBITABLE INDUSTRIOUS
INEFFECTIVE INEFFECTUAL INEFFICIENT INELUCTABLE
INEQUITABLE INESCAPABLE INESTIMABLE INEXCUSABLE
INEXPEDIENT INEXPENSIVE INFERENTIAL INFESTATION
INFLAMMABLE INFLUENTIAL INFORMATION INFORMATIVE
INGRATITUDE INHERITANCE INJUDICIOUS INNUMERABLE
INOFFENSIVE INOPERATIVE INOPPORTUNE INQUISITION
INQUISITIVE INSCRIPTION INSCRUTABLE INSECTICIDE
INSENSITIVE INSEPARABLE INSPIRATION INSTANTIATE
INSTITUTION INSTRUCTION INSUPERABLE INTEGRATING
INTELLIGENT INTEMPERATE INTERACTION INTERACTIVE
INTERCALATE INTERCHANGE INTERNECINE INTERPOLATE
INTERREGNUM INTERROGATE INTERSPERSE INTERVIEWEE
INTOLERABLE INTRACTABLE INVESTIGATE INVOLUNTARY
IRREDENTIST IRREDUCIBLE IRREFUTABLE IRRELEVANCY
IRREMOVABLE IRREPARABLE IRREVOCABLE ITINERARIES
KITCHENETTE KWASHIORKOR LAMENTATION LATITUDINAL
LEATHERNECK LEGERDEMAIN LEGISLATURE LIBERTARIAN
LIGHTWEIGHT LITHOGRAPHY LITHOSPHERE LOGARITHMIC
LOUDSPEAKER LUMINESCENT MACHINATION MACROSCOPIC
MAGISTERIAL MAGNANIMITY MAGNANIMOUS MAGNIFICENT
MAIDSERVANT MAINTENANCE MALEDICTION MALFUNCTION
MALPRACTICE MANIPULATED MANUFACTURE MANUMISSION
MARSHMALLOW MASTERPIECE MATRIARCHAL MATRICULATE
MATRIMONIAL MEGALOMANIA MEMORABILIA MERCHANDISE
MERITORIOUS METALLURGIC METAMORPHIC METEOROLOGY
METHODOLOGY MILLENARIAN MILLIONAIRE MINISTERIAL
MISANTHROPE MISCHIEVOUS MOLLYCODDLE MONSTROSITY
MOUNTAINEER MOUNTAINOUS MULTINOMIAL MUSCULATURE
MUSKELLUNGE NECESSITATE NECROMANCER NECROMANTIC
NIGHTINGALE NITROGENOUS NONDESCRIPT NONETHELESS
NONSENSICAL NONSTANDARD NUMERICALLY NUMISMATIST
NYMPHOMANIA OBJECTIVITY OBSERVATION OBSERVATORY

## 11 letters

| | | | |
|---|---|---|---|
| OBSOLESCENT | OCCULTATION | OMNIPRESENT | OPTOMETRIST |
| ORIENTATION | ORIGINATING | ORTHOGRAPHY | ORTHOPAEDIC |
| OSCILLATORY | OSTEOPATHIC | PAINSTAKING | PANDEMONIUM |
| PARENTHESES | PARENTHESIS | PARENTHETIC | PARISHIONER |
| PARTICIPANT | PARTICIPATE | PARTICULATE | PATERNOSTER |
| PATRIARCHAL | PATRIMONIAL | PENITENTIAL | PENULTIMATE |
| PERCEPTIBLE | PERFECTIBLE | PERFORMANCE | PERFUNCTORY |
| PERIPATETIC | PERIPHERIES | PERMISSIBLE | PERMUTATION |
| PERSECUTION | PERSEVERANT | PERSONALIZE | PERSPECTIVE |
| PERSPICUITY | PERSPICUOUS | PESSIMISTIC | PHILOSOPHER |
| PHILOSOPHIC | PHOTOCOPIED | PHOTOGRAPHY | PHRASEOLOGY |
| PHYSIOGNOMY | PICTURESQUE | PITCHBLENDE | PLACEHOLDER |
| PLAGIOCLASE | PLANETARIUM | PLOUGHSHARE | POLYTECHNIC |
| POMEGRANATE | PONTIFICATE | PORNOGRAPHY | PORTERHOUSE |
| PORTMANTEAU | PORTRAITURE | POSSIBILITY | PRACTICABLE |
| PRECIPITATE | PRECIPITOUS | PREDECESSOR | PREDICAMENT |
| PREDOMINANT | PREDOMINATE | PREHISTORIC | PREJUDICIAL |
| PRELIMINARY | PREMEDITATE | PREMONITION | PREMONITORY |
| PREPARATION | PREPARATIVE | PREPARATORY | PREPOSITION |
| PREROGATIVE | PRESTIGIOUS | PRESUMPTION | PRESUMPTIVE |
| PRETENTIOUS | PROBLEMATIC | PROGRAMMING | PROGRESSION |
| PROGRESSIVE | PROHIBITION | PROHIBITIVE | PROHIBITORY |
| PROLEGOMENA | PROLETARIAT | PROLIFERATE | PROMISCUITY |
| PROMISCUOUS | PROMPTITUDE | PROPOSITION | PROPRIETARY |
| PROSECUTION | PROTAGONIST | PROTEOLYSIS | PROTUBERANT |
| PROVISIONAL | PROVOCATION | PROVOCATIVE | PSYCHIATRIC |
| PTERODACTYL | PUBLICATION | PURCHASABLE | PYROTECHNIC |
| QUADRENNIAL | QUADRILLION | QUALITATIVE | QUARRELSOME |
| QUICKSILVER | QUINTILLION | RADIOACTIVE | RADIOGRAPHY |
| RATIOCINATE | RATTLESNAKE | REACTIONARY | READABILITY |
| REALIGNMENT | RECIPROCATE | RECIPROCITY | RECLAMATION |
| RECONSTRUCT | RECRIMINATE | RECTANGULAR | RECTILINEAR |
| REFERENTIAL | REFORMATORY | REFRIGERATE | REGRETTABLE |
| REGURGITATE | REITERATING | RELIGIOSITY | REMEMBRANCE |
| REMINISCENT | REMONSTRATE | RENAISSANCE | REPETITIOUS |
| REPLACEABLE | REPLACEMENT | REPORTORIAL | REQUIREMENT |
| REQUISITION | RESERVATION | RESIDENTIAL | RESIGNATION |
| RESOURCEFUL | RESPIRATION | RESPIRATORY | RESPLENDENT |
| RESPONSIBLE | RESTITUTION | RESTORATION | RESTORATIVE |
| RESTRICTION | RESUSCITATE | RETALIATORY | RETARDATION |
| RETRIBUTION | RETROACTIVE | REVERBERATE | RHETORICIAN |
| RIBONUCLEIC | RUDIMENTARY | SACRIFICIAL | SALESPERSON |
| SALVAGEABLE | SANGUINEOUS | SARCOPHAGUS | SCHOOLHOUSE |
| SCINTILLATE | SCRUMPTIOUS | SEARCHLIGHT | SECRETARIAL |
| SECRETARIAT | SECRETARIES | SEDIMENTARY | SEISMOGRAPH |
| SERENDIPITY | SERVICEABLE | SEVENTEENTH | SHAREHOLDER |
| SHORTCOMING | SHUTTLECOCK | SIGHTSEEING | SIGNIFICANT |
| SILVERSMITH | SKULDUGGERY | SMITHEREENS | SOVEREIGNTY |

SPECIALTIES  SPECTACULAR  SPECTROGRAM  SPEEDOMETER
SPONTANEITY  SPONTANEOUS  SPREADSHEET  SPRINGBOARD
STENOGRAPHY  STEPHANOTIS  STEREOSCOPY  STETHOSCOPE
STICKLEBACK  STOCKBROKER  STOCKHOLDER  STRAIGHTWAY
STRANGULATE  SUBDIVIDING  SUBDIVISION  SUBJUNCTIVE
SUBMERSIBLE  SUBROGATION  SUBSERVIENT  SUBSTANTIAL
SUBSTANTIVE  SUBSTITUTED  SUBTRACTION  SUFFRAGETTE
SUGGESTIBLE  SUPERFICIAL  SUPERFLUITY  SUPERFLUOUS
SUPERIMPOSE  SUPERLATIVE  SUPERLUNARY  SUPERNATANT
SUPERSCRIPT  SUPERVISORY  SUPPOSITION  SUPPRESSION
SUSCEPTIBLE  SWITCHBOARD  SYCOPHANTIC  SYLLOGISTIC
SYMMETRICAL  SYMPATHETIC  SYMPTOMATIC  SYNCHRONISM
SYNCHRONOUS  SYNERGISTIC  TEASPOONFUL  TEMPERATURE
TEMPESTUOUS  TEMPORARILY  TERMINATING  TERMINOLOGY
TERRESTRIAL  TERRITORIAL  TESTIMONIAL  TETRAHEDRAL
TETRAHEDRON  TETRAVALENT  THENCEFORTH  THERAPEUTIC
THEREABOUTS  THERETOFORE  THUNDERBIRD  THUNDERBOLT
TOASTMASTER  TRADITIONAL  TRAFFICKING  TRANSALPINE
TRANSFERRED  TRANSFUSION  TRANSLUCENT  TRANSMITTAL
TRANSMITTED  TRANSMITTER  TRANSPARENT  TRANSVERSAL
TRAPEZOIDAL  TRAVERSABLE  TREACHEROUS  TREPIDATION
TRIANGULATE  TROUBLESOME  TRUSTWORTHY  TYPOGRAPHER
UNAVAILABLE  UNBEKNOWNST  UNCERTAINTY  UNCHRISTIAN
UNNECESSARY  UTILITARIAN  VALEDICTION  VALEDICTORY
VENTURESOME  VERMICULITE  VICISSITUDE  VIGILANTISM
VOLUNTARISM  WATERCOURSE  WESTERNMOST  WHEREWITHAL
WIRETAPPING  WORKMANLIKE

## By 2<sup>nd</sup> letter

BACKSCATTER  BARBITURATE  BATTLEFIELD  CALCULATING
CALCULATION  CALIFORNIUM  CALLIGRAPHY  CALORIMETER
CAMARADERIE  CAPACITANCE  CARBURETTOR  CARTOGRAPHY
CATACLYSMIC  CATASTROPHE  CATERPILLAR  CAULIFLOWER
EARTHENWARE  EARTHMOVING  EASTERNMOST  FABRICATION
FACILITATED  FACULTATIVE  FASCICULATE  HAEMOGLOBIN
HAEMORRHAGE  HALLUCINATE  HANDICAPPED  HANDICAPPER
HANDWRITTEN  HARPSICHORD  LAMENTATION  LATITUDINAL
MACHINATION  MACROSCOPIC  MAGISTERIAL  MAGNANIMITY
MAGNANIMOUS  MAGNIFICENT  MAIDSERVANT  MAINTENANCE
MALEDICTION  MALFUNCTION  MALPRACTICE  MANIPULATED
MANUFACTURE  MANUMISSION  MARSHMALLOW  MASTERPIECE
MATRIARCHAL  MATRICULATE  MATRIMONIAL  PAINSTAKING
PANDEMONIUM  PARENTHESES  PARENTHESIS  PARENTHETIC
PARISHIONER  PARTICIPANT  PARTICIPATE  PARTICULATE
PATERNOSTER  PATRIARCHAL  PATRIMONIAL  RADIOACTIVE

## 11 letters

| | | | |
|---|---|---|---|
| RADIOGRAPHY | RATIOCINATE | RATTLESNAKE | SACRIFICIAL |
| SALESPERSON | SALVAGEABLE | SANGUINEOUS | SARCOPHAGUS |
| VALEDICTION | VALEDICTORY | WATERCOURSE | ABSENTEEISM |
| OBJECTIVITY | OBSERVATION | OBSERVATORY | OBSOLESCENT |
| ACADEMICIAN | ACCLAMATION | ACCOMMODATE | ACCOMPANIST |
| ACKNOWLEDGE | ACQUIESCENT | ACQUISITION | ACQUISITIVE |
| ACRIMONIOUS | OCCULTATION | SCHOOLHOUSE | SCINTILLATE |
| SCRUMPTIOUS | ADVENTUROUS | AERODYNAMIC | BEHAVIOURAL |
| BELLIGERENT | BENEDICTION | BENEFICIARY | CENTRIFUGAL |
| CEREMONIOUS | CERTIFICATE | DECLAMATION | DECLAMATORY |
| DECLARATION | DECLARATIVE | DECLARATORY | DECLINATION |
| DECORTICATE | DEERSTALKER | DEFORMATION | DEGRADATION |
| DELETERIOUS | DELIVERANCE | DEMONSTRATE | DEMOUNTABLE |
| DEPORTATION | DEPRECATORY | DEPRECIATED | DEPRESSIBLE |
| DEPRIVATION | DESCRIPTION | DESCRIPTIVE | DESEGREGATE |
| DESIDERATUM | DESIGNATING | DESPERATION | DETERIORATE |
| DETERMINANT | DETERMINATE | DETERMINING | DETESTATION |
| DEVELOPMENT | FERRUGINOUS | GERONTOLOGY | GESTICULATE |
| HEADQUARTER | HEAVYWEIGHT | HEBEPHRENIC | HEMISPHERIC |
| HEREINAFTER | HERMENEUTIC | HERPETOLOGY | HEXADECIMAL |
| LEATHERNECK | LEGERDEMAIN | LEGISLATURE | MEGALOMANIA |
| MEMORABILIA | MERCHANDISE | MERITORIOUS | METALLURGIC |
| METAMORPHIC | METEOROLOGY | METHODOLOGY | NECESSITATE |
| NECROMANCER | NECROMANTIC | PENITENTIAL | PENULTIMATE |
| PERCEPTIBLE | PERFECTIBLE | PERFORMANCE | PERFUNCTORY |
| PERIPATETIC | PERIPHERIES | PERMISSIBLE | PERMUTATION |
| PERSECUTION | PERSEVERANT | PERSONALIZE | PERSPECTIVE |
| PERSPICUITY | PERSPICUOUS | PESSIMISTIC | REACTIONARY |
| READABILITY | REALIGNMENT | RECIPROCATE | RECIPROCITY |
| RECLAMATION | RECONSTRUCT | RECRIMINATE | RECTANGULAR |
| RECTILINEAR | REFERENTIAL | REFORMATORY | REFRIGERATE |
| REGRETTABLE | REGURGITATE | REITERATING | RELIGIOSITY |
| REMEMBRANCE | REMINISCENT | REMONSTRATE | RENAISSANCE |
| REPETITIOUS | REPLACEABLE | REPLACEMENT | REPORTORIAL |
| REQUIREMENT | REQUISITION | RESERVATION | RESIDENTIAL |
| RESIGNATION | RESOURCEFUL | RESPIRATION | RESPIRATORY |
| RESPLENDENT | RESPONSIBLE | RESTITUTION | RESTORATION |
| RESTORATIVE | RESTRICTION | RESUSCITATE | RETALIATORY |
| RETARDATION | RETRIBUTION | RETROACTIVE | REVERBERATE |
| SEARCHLIGHT | SECRETARIAL | SECRETARIAT | SECRETARIES |
| SEDIMENTARY | SEISMOGRAPH | SERENDIPITY | SERVICEABLE |
| SEVENTEENTH | TEASPOONFUL | TEMPERATURE | TEMPESTUOUS |
| TEMPORARILY | TERMINATING | TERMINOLOGY | TERRESTRIAL |
| TERRITORIAL | TESTIMONIAL | TETRAHEDRAL | TETRAHEDRON |
| TETRAVALENT | VENTURESOME | VERMICULITE | WESTERNMOST |
| AFFECTATION | AFFIRMATION | AFFIRMATIVE | EFFICACIOUS |
| EFFICIENTLY | AGGLOMERATE | AGGLUTINATE | AGGREGATING |
| AGGREGATION | AGRICULTURE | EGALITARIAN | IGNOMINIOUS |

| | | | |
|---|---|---|---|
| CHAIRPERSON | CHALLENGING | CHAMBERLAIN | CHAMBERMAID |
| CHARISMATIC | CHEESECLOTH | CHLOROPHYLL | CHLOROPLAST |
| CHOIRMASTER | CHOLESTEROL | CHRONOGRAPH | PHILOSOPHER |
| PHILOSOPHIC | PHOTOCOPIED | PHOTOGRAPHY | PHRASEOLOGY |
| PHYSIOGNOMY | RHETORICIAN | SHAREHOLDER | SHORTCOMING |
| SHUTTLECOCK | THENCEFORTH | THERAPEUTIC | THEREABOUTS |
| THERETOFORE | THUNDERBIRD | THUNDERBOLT | WHEREWITHAL |
| BIBLIOPHILE | BICARBONATE | BIMETALLISM | BIMOLECULAR |
| BITTERSWEET | CIRCULATORY | CIRCUMPOLAR | CIRCUMSPECT |
| DIACRITICAL | DIAGNOSABLE | DIAMAGNETIC | DICHOTOMIZE |
| DICHOTOMOUS | DICTATORIAL | DIMENSIONAL | DIRECTORATE |
| DIRECTORIAL | DIRECTORIES | DISAPPEARED | DISCERNIBLE |
| DISPENSABLE | DISSEMINATE | DISSOCIABLE | DISTINGUISH |
| DISTRIBUTOR | DISTURBANCE | DIVESTITURE | EINSTEINIUM |
| FIDDLESTICK | FILAMENTARY | FINGERPRINT | HIERARCHIES |
| KITCHENETTE | LIBERTARIAN | LIGHTWEIGHT | LITHOGRAPHY |
| LITHOSPHERE | MILLENARIAN | MILLIONAIRE | MINISTERIAL |
| MISANTHROPE | MISCHIEVOUS | NIGHTINGALE | NITROGENOUS |
| PICTURESQUE | PITCHBLENDE | RIBONUCLEIC | SIGHTSEEING |
| SIGNIFICANT | SILVERSMITH | VICISSITUDE | VIGILANTISM |
| WIRETAPPING | SKULDUGGERY | ALPHABETIZE | ALTERNATING |
| ALTERNATIVE | BLADDERWORT | BLAMEWORTHY | BLASPHEMOUS |
| BLOODSTREAM | CLAIRVOYANT | CLANDESTINE | ELECTRICIAN |
| ELECTROLYTE | ELEPHANTINE | ELIMINATING | ELIMINATION |
| ELLIPSOIDAL | FLABBERGAST | FLIRTATIOUS | FLUORESCENT |
| ILLIMITABLE | ILLUSTRIOUS | PLACEHOLDER | PLAGIOCLASE |
| PLANETARIUM | PLOUGHSHARE | AMETHYSTINE | AMPHIBOLOGY |
| EMBRACEABLE | IMPARTATION | IMPERMEABLE | IMPERSONATE |
| IMPERTINENT | IMPLAUSIBLE | IMPLICATION | IMPORTATION |
| IMPORTUNATE | IMPRACTICAL | IMPRECISION | IMPREGNABLE |
| IMPRESSIBLE | IMPROPRIETY | IMPROVIDENT | OMNIPRESENT |
| SMITHEREENS | ANACHRONISM | ANNIVERSARY | ANTHRACNOSE |
| ANTIQUARIAN | ENCAPSULATE | ENCHANTMENT | ENCHANTRESS |
| ENCUMBRANCE | ENDOTHELIAL | ENDOTHERMIC | ENFORCEABLE |
| ENUMERATING | ENUMERATION | ENVIRONMENT | INADVERTENT |
| INADVISABLE | INALIENABLE | INALTERABLE | INATTENTION |
| INATTENTIVE | INCANTATION | INCARCERATE | INCOMPETENT |
| INCONGRUITY | INCONGRUOUS | INCORPORATE | INCREASABLE |
| INCREDULITY | INCREDULOUS | INCRIMINATE | INDEFINABLE |
| INDENTATION | INDEPENDENT | INDIFFERENT | INDIGESTION |
| INDIGNATION | INDIVIDUATE | INDIVISIBLE | INDOMITABLE |
| INDUBITABLE | INDUSTRIOUS | INEFFECTIVE | INEFFECTUAL |
| INEFFICIENT | INELUCTABLE | INEQUITABLE | INESCAPABLE |
| INESTIMABLE | INEXCUSABLE | INEXPEDIENT | INEXPENSIVE |
| INFERENTIAL | INFESTATION | INFLAMMABLE | INFLUENTIAL |
| INFORMATION | INFORMATIVE | INGRATITUDE | INHERITANCE |
| INJUDICIOUS | INNUMERABLE | INOFFENSIVE | INOPERATIVE |
| INOPPORTUNE | INQUISITION | INQUISITIVE | INSCRIPTION |

## 11 letters

| | | | |
|---|---|---|---|
| INSCRUTABLE | INSECTICIDE | INSENSITIVE | INSEPARABLE |
| INSPIRATION | INSTANTIATE | INSTITUTION | INSTRUCTION |
| INSUPERABLE | INTEGRATING | INTELLIGENT | INTEMPERATE |
| INTERACTION | INTERACTIVE | INTERCALATE | INTERCHANGE |
| INTERNECINE | INTERPOLATE | INTERREGNUM | INTERROGATE |
| INTERSPERSE | INTERVIEWEE | INTOLERABLE | INTRACTABLE |
| INVESTIGATE | INVOLUNTARY | UNAVAILABLE | UNBEKNOWNST |
| UNCERTAINTY | UNCHRISTIAN | UNNECESSARY | BOOKSHELVES |
| BOURGEOISIE | COBBLESTONE | COCKLESHELL | COEDUCATION |
| COEFFICIENT | COLLABORATE | COLLAPSIBLE | COLLECTIBLE |
| COLLOCATION | COLORIMETER | COMBINATION | COMBUSTIBLE |
| COMMEMORATE | COMMENTATOR | COMMISERATE | COMMONALITY |
| COMMONPLACE | COMMUNICANT | COMMUNICATE | COMPARATIVE |
| COMPARTMENT | COMPELLABLE | COMPETITION | COMPETITIVE |
| COMPILATION | COMPLAINANT | COMPLAISANT | COMPLICATED |
| COMPOSITION | COMPRESSION | COMPRESSIVE | COMPUNCTION |
| COMPUTATION | CONCATENATE | CONCENTRATE | CONCOMITANT |
| CONDITIONAL | CONDUCTANCE | CONFABULATE | CONFEDERACY |
| CONFEDERATE | CONFERRABLE | CONFIGURING | CONFORMANCE |
| CONGRESSMAN | CONGRESSMEN | CONJECTURAL | CONJUNCTURE |
| CONNOISSEUR | CONNOTATION | CONNOTATIVE | CONSANGUINE |
| CONSECUTIVE | CONSERVATOR | CONSIDERATE | CONSISTENCY |
| CONSOLATION | CONSOLIDATE | CONSONANTAL | CONSPICUOUS |
| CONSPIRATOR | CONSTELLATE | CONSTITUENT | CONSTRICTOR |
| CONSTRUCTOR | CONSUMPTION | CONSUMPTIVE | CONTAMINATE |
| CONTEMPLATE | CONTENTIOUS | CONTINENTAL | CONTINGENCY |
| CONTRACTUAL | CONTRAPTION | CONTRARIETY | CONTRETEMPS |
| CONTRIBUTOR | CONTRIVANCE | CONTROLLING | CONTROVERSY |
| CONVENIENCE | CONVERTIBLE | CONVOCATION | CONVOLUTION |
| CORPUSCULAR | CORRIGENDUM | CORROBORATE | CORRUPTIBLE |
| COTONEASTER | COTTONMOUTH | COUNTENANCE | COUNTERFEIT |
| COUNTERPART | COUNTERSINK | COUNTERSUNK | COUNTERVAIL |
| COUNTRYSIDE | COUNTRYWIDE | DOCTRINAIRE | DOCUMENTARY |
| DOMESTICATE | DOWNTRODDEN | FORBEARANCE | FORGETTABLE |
| FORMULATING | HOMOGENEITY | HOMOGENEOUS | HONEYSUCKLE |
| LOGARITHMIC | LOUDSPEAKER | MOLLYCODDLE | MONSTROSITY |
| MOUNTAINEER | MOUNTAINOUS | NONDESCRIPT | NONETHELESS |
| NONSENSICAL | NONSTANDARD | POLYTECHNIC | POMEGRANATE |
| PONTIFICATE | PORNOGRAPHY | PORTERHOUSE | PORTMANTEAU |
| PORTRAITURE | POSSIBILITY | SOVEREIGNTY | TOASTMASTER |
| VOLUNTARISM | WORKMANLIKE | APOCALYPTIC | APPEASEABLE |
| APPLICATION | APPRECIABLE | APPROBATION | APPROPRIATE |
| APPROXIMATE | OPTOMETRIST | SPECIALTIES | SPECTACULAR |
| SPECTROGRAM | SPEEDOMETER | SPONTANEITY | SPONTANEOUS |
| SPREADSHEET | SPRINGBOARD | EQUIDISTANT | EQUILATERAL |
| EQUILIBRATE | EQUILIBRIUM | EQUINOCTIAL | EQUIVALENCE |
| ARCHDIOCESE | ARCHIPELAGO | ARISTOCRACY | BREADWINNER |
| BREASTPLATE | BRICKLAYING | BROTHERHOOD | CRESTFALLEN |

| | | | |
|---|---|---|---|
| CROCODILIAN | CRUCIFIXION | CRYSTALLINE | CRYSTALLITE |
| DREADNOUGHT | ERADICATING | FRACTIONATE | FRAGMENTARY |
| GRAMMATICAL | GRANDFATHER | GRANDMOTHER | GRANDNEPHEW |
| GREENGROCER | IRREDENTIST | IRREDUCIBLE | IRREFUTABLE |
| IRRELEVANCY | IRREMOVABLE | IRREPARABLE | IRREVOCABLE |
| ORIENTATION | ORIGINATING | ORTHOGRAPHY | ORTHOPAEDIC |
| PRACTICABLE | PRECIPITATE | PRECIPITOUS | PREDECESSOR |
| PREDICAMENT | PREDOMINANT | PREDOMINATE | PREHISTORIC |
| PREJUDICIAL | PRELIMINARY | PREMEDITATE | PREMONITION |
| PREMONITORY | PREPARATION | PREPARATIVE | PREPARATORY |
| PREPOSITION | PREROGATIVE | PRESTIGIOUS | PRESUMPTION |
| PRESUMPTIVE | PRETENTIOUS | PROBLEMATIC | PROGRAMMING |
| PROGRESSION | PROGRESSIVE | PROHIBITION | PROHIBITIVE |
| PROHIBITORY | PROLEGOMENA | PROLETARIAT | PROLIFERATE |
| PROMISCUITY | PROMISCUOUS | PROMPTITUDE | PROPOSITION |
| PROPRIETARY | PROSECUTION | PROTAGONIST | PROTEOLYSIS |
| PROTUBERANT | PROVISIONAL | PROVOCATION | PROVOCATIVE |
| TRADITIONAL | TRAFFICKING | TRANSALPINE | TRANSFERRED |
| TRANSFUSION | TRANSLUCENT | TRANSMITTAL | TRANSMITTED |
| TRANSMITTER | TRANSPARENT | TRANSVERSAL | TRAPEZOIDAL |
| TRAVERSABLE | TREACHEROUS | TREPIDATION | TRIANGULATE |
| TROUBLESOME | TRUSTWORTHY | ASSASSINATE | ASSIGNATION |
| ASSOCIATING | ASSOCIATION | ASTIGMATISM | OSCILLATORY |
| OSTEOPATHIC | PSYCHIATRIC | ATMOSPHERIC | ATTESTATION |
| ATTITUDINAL | ATTRIBUTING | ATTRIBUTION | ATTRIBUTIVE |
| ETHNOGRAPHY | ITINERARIES | PTERODACTYL | STENOGRAPHY |
| STEPHANOTIS | STEREOSCOPY | STETHOSCOPE | STICKLEBACK |
| STOCKBROKER | STOCKHOLDER | STRAIGHTWAY | STRANGULATE |
| UTILITARIAN | AUDIOVISUAL | AUTHORIZING | BUREAUCRACY |
| CURVILINEAR | DUPLICATING | DUPLICATION | FUNCTIONARY |
| FUNDAMENTAL | FURTHERANCE | FURTHERMORE | FURTHERMOST |
| HUCKLEBERRY | HUNDREDFOLD | LUMINESCENT | MULTINOMIAL |
| MUSCULATURE | MUSKELLUNGE | NUMERICALLY | NUMISMATIST |
| PUBLICATION | PURCHASABLE | QUADRENNIAL | QUADRILLION |
| QUALITATIVE | QUARRELSOME | QUICKSILVER | QUINTILLION |
| RUDIMENTARY | SUBDIVIDING | SUBDIVISION | SUBJUNCTIVE |
| SUBMERSIBLE | SUBROGATION | SUBSERVIENT | SUBSTANTIAL |
| SUBSTANTIVE | SUBSTITUTED | SUBTRACTION | SUFFRAGETTE |
| SUGGESTIBLE | SUPERFICIAL | SUPERFLUITY | SUPERFLUOUS |
| SUPERIMPOSE | SUPERLATIVE | SUPERLUNARY | SUPERNATANT |
| SUPERSCRIPT | SUPERVISORY | SUPPOSITION | SUPPRESSION |
| SUSCEPTIBLE | EVERLASTING | KWASHIORKOR | SWITCHBOARD |
| EXAMINATION | EXCEPTIONAL | EXCLAMATION | EXCLAMATORY |
| EXCULPATORY | EXERCISABLE | EXHAUSTIBLE | EXHORTATION |
| EXISTENTIAL | EXOSKELETON | EXPECTATION | EXPECTORANT |
| EXPECTORATE | EXPEDITIOUS | EXPENDITURE | EXPLANATION |
| EXPLANATORY | EXPLORATION | EXPLORATORY | EXPONENTIAL |
| EXPORTATION | EXPRESSIBLE | EXPROPRIATE | EXTERMINATE |

## 11 letters

| | | | |
|---|---|---|---|
| EXTRADITION | EXTRAVAGANT | HYDROCARBON | HYDROGENATE |
| HYDROPHOBIA | HYDROPHOBIC | HYDROSPHERE | HYDROSTATIC |
| HYGROSCOPIC | HYPERBOLOID | HYPOCYCLOID | NYMPHOMANIA |
| PYROTECHNIC | SYCOPHANTIC | SYLLOGISTIC | SYMMETRICAL |
| SYMPATHETIC | SYMPTOMATIC | SYNCHRONISM | SYNCHRONOUS |
| SYNERGISTIC | TYPOGRAPHER | | |

## By 3<sup>rd</sup> letter

| | | | |
|---|---|---|---|
| ACADEMICIAN | ANACHRONISM | BLADDERWORT | BLAMEWORTHY |
| BLASPHEMOUS | CHAIRPERSON | CHALLENGING | CHAMBERLAIN |
| CHAMBERMAID | CHARISMATIC | CLAIRVOYANT | CLANDESTINE |
| DIACRITICAL | DIAGNOSABLE | DIAMAGNETIC | EGALITARIAN |
| ERADICATING | EXAMINATION | FLABBERGAST | FRACTIONATE |
| FRAGMENTARY | GRAMMATICAL | GRANDFATHER | GRANDMOTHER |
| GRANDNEPHEW | HEADQUARTER | HEAVYWEIGHT | INADVERTENT |
| INADVISABLE | INALIENABLE | INALTERABLE | INATTENTION |
| INATTENTIVE | KWASHIORKOR | LEATHERNECK | PLACEHOLDER |
| PLAGIOCLASE | PLANETARIUM | PRACTICABLE | QUADRENNIAL |
| QUADRILLION | QUALITATIVE | QUARRELSOME | REACTIONARY |
| READABILITY | REALIGNMENT | SEARCHLIGHT | SHAREHOLDER |
| TEASPOONFUL | TOASTMASTER | TRADITIONAL | TRAFFICKING |
| TRANSALPINE | TRANSFERRED | TRANSFUSION | TRANSLUCENT |
| TRANSMITTAL | TRANSMITTED | TRANSMITTER | TRANSPARENT |
| TRANSVERSAL | TRAPEZOIDAL | TRAVERSABLE | UNAVAILABLE |
| BIBLIOPHILE | COBBLESTONE | EMBRACEABLE | FABRICATION |
| HEBEPHRENIC | LIBERTARIAN | PUBLICATION | RIBONUCLEIC |
| SUBDIVIDING | SUBDIVISION | SUBJUNCTIVE | SUBMERSIBLE |
| SUBROGATION | SUBSERVIENT | SUBSTANTIAL | SUBSTANTIVE |
| SUBSTITUTED | SUBTRACTION | UNBEKNOWNST | ACCLAMATION |
| ACCOMMODATE | ACCOMPANIST | ARCHDIOCESE | ARCHIPELAGO |
| BACKSCATTER | BICARBONATE | COCKLESHELL | DECLAMATION |
| DECLAMATORY | DECLARATION | DECLARATIVE | DECLARATORY |
| DECLINATION | DECORTICATE | DICHOTOMIZE | DICHOTOMOUS |
| DICTATORIAL | DOCTRINAIRE | DOCUMENTARY | ENCAPSULATE |
| ENCHANTMENT | ENCHANTRESS | ENCUMBRANCE | EXCEPTIONAL |
| EXCLAMATION | EXCLAMATORY | EXCULPATORY | FACILITATED |
| FACULTATIVE | HUCKLEBERRY | INCANTATION | INCARCERATE |
| INCOMPETENT | INCONGRUITY | INCONGRUOUS | INCORPORATE |
| INCREASABLE | INCREDULITY | INCREDULOUS | INCRIMINATE |
| MACHINATION | MACROSCOPIC | NECESSITATE | NECROMANCER |
| NECROMANTIC | OCCULTATION | OSCILLATORY | PICTURESQUE |
| RECIPROCATE | RECIPROCITY | RECLAMATION | RECONSTRUCT |
| RECRIMINATE | RECTANGULAR | RECTILINEAR | SACRIFICIAL |
| SECRETARIAL | SECRETARIAT | SECRETARIES | SYCOPHANTIC |
| UNCERTAINTY | UNCHRISTIAN | VICISSITUDE | AUDIOVISUAL |
| ENDOTHELIAL | ENDOTHERMIC | FIDDLESTICK | HYDROCARBON |

HYDROGENATE   HYDROPHOBIA   HYDROPHOBIC   HYDROSPHERE
HYDROSTATIC   INDEFINABLE   INDENTATION   INDEPENDENT
INDIFFERENT   INDIGESTION   INDIGNATION   INDIVIDUATE
INDIVISIBLE   INDOMITABLE   INDUBITABLE   INDUSTRIOUS
RADIOACTIVE   RADIOGRAPHY   RUDIMENTARY   SEDIMENTARY
AMETHYSTINE   BREADWINNER   BREASTPLATE   CHEESECLOTH
COEDUCATION   COEFFICIENT   CRESTFALLEN   DEERSTALKER
DREADNOUGHT   ELECTRICIAN   ELECTROLYTE   ELEPHANTINE
EVERLASTING   EXERCISABLE   GREENGROCER   HAEMOGLOBIN
HAEMORRHAGE   HIERARCHIES   INEFFECTIVE   INEFFECTUAL
INEFFICIENT   INELUCTABLE   INEQUITABLE   INESCAPABLE
INESTIMABLE   INEXCUSABLE   INEXPEDIENT   INEXPENSIVE
PRECIPITATE   PRECIPITOUS   PREDECESSOR   PREDICAMENT
PREDOMINANT   PREDOMINATE   PREHISTORIC   PREJUDICIAL
PRELIMINARY   PREMEDITATE   PREMONITION   PREMONITORY
PREPARATION   PREPARATIVE   PREPARATORY   PREPOSITION
PREROGATIVE   PRESTIGIOUS   PRESUMPTION   PRESUMPTIVE
PRETENTIOUS   PTERODACTYL   RHETORICIAN   SPECIALTIES
SPECTACULAR   SPECTROGRAM   SPEEDOMETER   STENOGRAPHY
STEPHANOTIS   STEREOSCOPY   STETHOSCOPE   THENCEFORTH
THERAPEUTIC   THEREABOUTS   THERETOFORE   TREACHEROUS
TREPIDATION   WHEREWITHAL   AFFECTATION   AFFIRMATION
AFFIRMATIVE   DEFORMATION   EFFICACIOUS   EFFICIENTLY
ENFORCEABLE   INFERENTIAL   INFESTATION   INFLAMMABLE
INFLUENTIAL   INFORMATION   INFORMATIVE   REFERENTIAL
REFORMATORY   REFRIGERATE   SUFFRAGETTE   AGGLOMERATE
AGGLUTINATE   AGGREGATING   AGGREGATION   DEGRADATION
HYGROSCOPIC   INGRATITUDE   LEGERDEMAIN   LEGISLATURE
LIGHTWEIGHT   LOGARITHMIC   MAGISTERIAL   MAGNANIMITY
MAGNANIMOUS   MAGNIFICENT   MEGALOMANIA   NIGHTINGALE
REGRETTABLE   REGURGITATE   SIGHTSEEING   SIGNIFICANT
SUGGESTIBLE   VIGILANTISM   BEHAVIOURAL   ETHNOGRAPHY
EXHAUSTIBLE   EXHORTATION   INHERITANCE   SCHOOLHOUSE
ARISTOCRACY   BRICKLAYING   ELIMINATING   ELIMINATION
EXISTENTIAL   FLIRTATIOUS   ITINERARIES   MAIDSERVANT
MAINTENANCE   ORIENTATION   ORIGINATING   PAINSTAKING
PHILOSOPHER   PHILOSOPHIC   QUICKSILVER   QUINTILLION
REITERATING   SCINTILLATE   SEISMOGRAPH   SMITHEREENS
STICKLEBACK   SWITCHBOARD   TRIANGULATE   UTILITARIAN
INJUDICIOUS   OBJECTIVITY   ACKNOWLEDGE   BELLIGERENT
CALCULATING   CALCULATION   CALIFORNIUM   CALLIGRAPHY
CALORIMETER   CHLOROPHYLL   CHLOROPLAST   COLLABORATE
COLLAPSIBLE   COLLECTIBLE   COLLOCATION   COLORIMETER
DELETERIOUS   DELIVERANCE   ELLIPSOIDAL   FILAMENTARY
HALLUCINATE   ILLIMITABLE   ILLUSTRIOUS   MALEDICTION
MALFUNCTION   MALPRACTICE   MILLENARIAN   MILLIONAIRE
MOLLYCODDLE   MULTINOMIAL   POLYTECHNIC   RELIGIOSITY
SALESPERSON   SALVAGEABLE   SILVERSMITH   SYLLOGISTIC

## 11 letters

| | | | |
|---|---|---|---|
| VALEDICTION | VALEDICTORY | VOLUNTARISM | ATMOSPHERIC |
| BIMETALLISM | BIMOLECULAR | CAMARADERIE | COMBINATION |
| COMBUSTIBLE | COMMEMORATE | COMMENTATOR | COMMISERATE |
| COMMONALITY | COMMONPLACE | COMMUNICANT | COMMUNICATE |
| COMPARATIVE | COMPARTMENT | COMPELLABLE | COMPETITION |
| COMPETITIVE | COMPILATION | COMPLAINANT | COMPLAISANT |
| COMPLICATED | COMPOSITION | COMPRESSION | COMPRESSIVE |
| COMPUNCTION | COMPUTATION | DEMONSTRATE | DEMOUNTABLE |
| DIMENSIONAL | DOMESTICATE | HEMISPHERIC | HOMOGENEITY |
| HOMOGENEOUS | LAMENTATION | LUMINESCENT | MEMORABILIA |
| NUMERICALLY | NUMISMATIST | NYMPHOMANIA | POMEGRANATE |
| REMEMBRANCE | REMINISCENT | REMONSTRATE | SYMMETRICAL |
| SYMPATHETIC | SYMPTOMATIC | TEMPERATURE | TEMPESTUOUS |
| TEMPORARILY | ANNIVERSARY | BENEDICTION | BENEFICIARY |
| CENTRIFUGAL | CONCATENATE | CONCENTRATE | CONCOMITANT |
| CONDITIONAL | CONDUCTANCE | CONFABULATE | CONFEDERACY |
| CONFEDERATE | CONFERRABLE | CONFIGURING | CONFORMANCE |
| CONGRESSMAN | CONGRESSMEN | CONJECTURAL | CONJUNCTURE |
| CONNOISSEUR | CONNOTATION | CONNOTATIVE | CONSANGUINE |
| CONSECUTIVE | CONSERVATOR | CONSIDERATE | CONSISTENCY |
| CONSOLATION | CONSOLIDATE | CONSONANTAL | CONSPICUOUS |
| CONSPIRATOR | CONSTELLATE | CONSTITUENT | CONSTRICTOR |
| CONSTRUCTOR | CONSUMPTION | CONSUMPTIVE | CONTAMINATE |
| CONTEMPLATE | CONTENTIOUS | CONTINENTAL | CONTINGENCY |
| CONTRACTUAL | CONTRAPTION | CONTRARIETY | CONTRETEMPS |
| CONTRIBUTOR | CONTRIVANCE | CONTROLLING | CONTROVERSY |
| CONVENIENCE | CONVERTIBLE | CONVOCATION | CONVOLUTION |
| EINSTEINIUM | FINGERPRINT | FUNCTIONARY | FUNDAMENTAL |
| HANDICAPPED | HANDICAPPER | HANDWRITTEN | HONEYSUCKLE |
| HUNDREDFOLD | IGNOMINIOUS | INNUMERABLE | MANIPULATED |
| MANUFACTURE | MANUMISSION | MINISTERIAL | MONSTROSITY |
| NONDESCRIPT | NONETHELESS | NONSENSICAL | NONSTANDARD |
| OMNIPRESENT | PANDEMONIUM | PENITENTIAL | PENULTIMATE |
| PONTIFICATE | RENAISSANCE | SANGUINEOUS | SYNCHRONISM |
| SYNCHRONOUS | SYNERGISTIC | UNNECESSARY | VENTURESOME |
| APOCALYPTIC | BLOODSTREAM | BOOKSHELVES | BROTHERHOOD |
| CHOIRMASTER | CHOLESTEROL | CROCODILIAN | EXOSKELETON |
| INOFFENSIVE | INOPERATIVE | INOPPORTUNE | PHOTOCOPIED |
| PHOTOGRAPHY | PLOUGHSHARE | PROBLEMATIC | PROGRAMMING |
| PROGRESSION | PROGRESSIVE | PROHIBITION | PROHIBITIVE |
| PROHIBITORY | PROLEGOMENA | PROLETARIAT | PROLIFERATE |
| PROMISCUITY | PROMISCUOUS | PROMPTITUDE | PROPOSITION |
| PROPRIETARY | PROSECUTION | PROTAGONIST | PROTEOLYSIS |
| PROTUBERANT | PROVISIONAL | PROVOCATION | PROVOCATIVE |
| SHORTCOMING | SPONTANEITY | SPONTANEOUS | STOCKBROKER |
| STOCKHOLDER | TROUBLESOME | ALPHABETIZE | AMPHIBOLOGY |
| APPEASEABLE | APPLICATION | APPRECIABLE | APPROBATION |
| APPROPRIATE | APPROXIMATE | CAPACITANCE | DEPORTATION |

DEPRECATORY DEPRECIATED DEPRESSIBLE DEPRIVATION
DUPLICATING DUPLICATION EXPECTATION EXPECTORANT
EXPECTORATE EXPEDITIOUS EXPENDITURE EXPLANATION
EXPLANATORY EXPLORATION EXPLORATORY EXPONENTIAL
EXPORTATION EXPRESSIBLE EXPROPRIATE HYPERBOLOID
HYPOCYCLOID IMPARTATION IMPERMEABLE IMPERSONATE
IMPERTINENT IMPLAUSIBLE IMPLICATION IMPORTATION
IMPORTUNATE IMPRACTICAL IMPRECISION IMPREGNABLE
IMPRESSIBLE IMPROPRIETY IMPROVIDENT REPETITIOUS
REPLACEABLE REPLACEMENT REPORTORIAL SUPERFICIAL
SUPERFLUITY SUPERFLUOUS SUPERIMPOSE SUPERLATIVE
SUPERLUNARY SUPERNATANT SUPERSCRIPT SUPERVISORY
SUPPOSITION SUPPRESSION TYPOGRAPHER ACQUIESCENT
ACQUISITION ACQUISITIVE INQUISITION INQUISITIVE
REQUIREMENT REQUISITION ACRIMONIOUS AERODYNAMIC
AGRICULTURE BARBITURATE BUREAUCRACY CARBURETTOR
CARTOGRAPHY CEREMONIOUS CERTIFICATE CHRONOGRAPH
CIRCULATORY CIRCUMPOLAR CIRCUMSPECT CORPUSCULAR
CORRIGENDUM CORROBORATE CORRUPTIBLE CURVILINEAR
DIRECTORATE DIRECTORIAL DIRECTORIES EARTHENWARE
EARTHMOVING FERRUGINOUS FORBEARANCE FORGETTABLE
FORMULATING FURTHERANCE FURTHERMORE FURTHERMOST
GERONTOLOGY HARPSICHORD HEREINAFTER HERMENEUTIC
HERPETOLOGY IRREDENTIST IRREDUCIBLE IRREFUTABLE
IRRELEVANCY IRREMOVABLE IRREPARABLE IRREVOCABLE
MARSHMALLOW MERCHANDISE MERITORIOUS PARENTHESES
PARENTHESIS PARENTHETIC PARISHIONER PARTICIPANT
PARTICIPATE PARTICULATE PERCEPTIBLE PERFECTIBLE
PERFORMANCE PERFUNCTORY PERIPATETIC PERIPHERIES
PERMISSIBLE PERMUTATION PERSECUTION PERSEVERANT
PERSONALIZE PERSPECTIVE PERSPICUITY PERSPICUOUS
PHRASEOLOGY PORNOGRAPHY PORTERHOUSE PORTMANTEAU
PORTRAITURE PURCHASABLE PYROTECHNIC SARCOPHAGUS
SCRUMPTIOUS SERENDIPITY SERVICEABLE SPREADSHEET
SPRINGBOARD STRAIGHTWAY STRANGULATE TERMINATING
TERMINOLOGY TERRESTRIAL TERRITORIAL VERMICULITE
WIRETAPPING WORKMANLIKE ABSENTEEISM ASSASSINATE
ASSIGNATION ASSOCIATING ASSOCIATION DESCRIPTION
DESCRIPTIVE DESEGREGATE DESIDERATUM DESIGNATING
DESPERATION DISAPPEARED DISCERNIBLE DISPENSABLE
DISSEMINATE DISSOCIABLE DISTINGUISH DISTRIBUTOR
DISTURBANCE EASTERNMOST FASCICULATE GESTICULATE
INSCRIPTION INSCRUTABLE INSECTICIDE INSENSITIVE
INSEPARABLE INSPIRATION INSTANTIATE INSTITUTION
INSTRUCTION INSUPERABLE MASTERPIECE MISANTHROPE
MISCHIEVOUS MUSCULATURE MUSKELLUNGE OBSERVATION
OBSERVATORY OBSOLESCENT PESSIMISTIC POSSIBILITY
RESERVATION RESIDENTIAL RESIGNATION RESOURCEFUL

## 11 letters

| | | | |
|---|---|---|---|
| RESPIRATION | RESPIRATORY | RESPLENDENT | RESPONSIBLE |
| RESTITUTION | RESTORATION | RESTORATIVE | RESTRICTION |
| RESUSCITATE | SUSCEPTIBLE | TESTIMONIAL | WESTERNMOST |
| ALTERNATING | ALTERNATIVE | ANTHRACNOSE | ANTIQUARIAN |
| ASTIGMATISM | ATTESTATION | ATTITUDINAL | ATTRIBUTING |
| ATTRIBUTION | ATTRIBUTIVE | AUTHORIZING | BATTLEFIELD |
| BITTERSWEET | CATACLYSMIC | CATASTROPHE | CATERPILLAR |
| COTONEASTER | COTTONMOUTH | DETERIORATE | DETERMINANT |
| DETERMINATE | DETERMINING | DETESTATION | EXTERMINATE |
| EXTRADITION | EXTRAVAGANT | INTEGRATING | INTELLIGENT |
| INTEMPERATE | INTERACTION | INTERACTIVE | INTERCALATE |
| INTERCHANGE | INTERNECINE | INTERPOLATE | INTERREGNUM |
| INTERROGATE | INTERSPERSE | INTERVIEWEE | INTOLERABLE |
| INTRACTABLE | KITCHENETTE | LATITUDINAL | LITHOGRAPHY |
| LITHOSPHERE | MATRIARCHAL | MATRICULATE | MATRIMONIAL |
| METALLURGIC | METAMORPHIC | METEOROLOGY | METHODOLOGY |
| NITROGENOUS | OPTOMETRIST | ORTHOGRAPHY | ORTHOPAEDIC |
| OSTEOPATHIC | PATERNOSTER | PATRIARCHAL | PATRIMONIAL |
| PITCHBLENDE | RATIOCINATE | RATTLESNAKE | RETALIATORY |
| RETARDATION | RETRIBUTION | RETROACTIVE | TETRAHEDRAL |
| TETRAHEDRON | TETRAVALENT | WATERCOURSE | BOURGEOISIE |
| CAULIFLOWER | COUNTENANCE | COUNTERFEIT | COUNTERPART |
| COUNTERSINK | COUNTERSUNK | COUNTERVAIL | COUNTRYSIDE |
| COUNTRYWIDE | CRUCIFIXION | ENUMERATING | ENUMERATION |
| EQUIDISTANT | EQUILATERAL | EQUILIBRATE | EQUILIBRIUM |
| EQUINOCTIAL | EQUIVALENCE | FLUORESCENT | LOUDSPEAKER |
| MOUNTAINEER | MOUNTAINOUS | SHUTTLECOCK | SKULDUGGERY |
| THUNDERBIRD | THUNDERBOLT | TRUSTWORTHY | ADVENTUROUS |
| DEVELOPMENT | DIVESTITURE | ENVIRONMENT | INVESTIGATE |
| INVOLUNTARY | REVERBERATE | SEVENTEENTH | SOVEREIGNTY |
| DOWNTRODDEN | HEXADECIMAL | CRYSTALLINE | CRYSTALLITE |
| PHYSIOGNOMY | PSYCHIATRIC | | |

## By last letter

| | | | |
|---|---|---|---|
| HYDROPHOBIA | MEGALOMANIA | MEMORABILIA | NYMPHOMANIA |
| PROLEGOMENA | AERODYNAMIC | APOCALYPTIC | ATMOSPHERIC |
| CATACLYSMIC | CHARISMATIC | DIAMAGNETIC | ENDOTHERMIC |
| HEBEPHRENIC | HEMISPHERIC | HERMENEUTIC | HYDROPHOBIC |
| HYDROSTATIC | HYGROSCOPIC | LOGARITHMIC | MACROSCOPIC |
| METALLURGIC | METAMORPHIC | NECROMANTIC | ORTHOPAEDIC |
| OSTEOPATHIC | PARENTHETIC | PERIPATETIC | PESSIMISTIC |
| PHILOSOPHIC | POLYTECHNIC | PREHISTORIC | PROBLEMATIC |
| PSYCHIATRIC | PYROTECHNIC | RIBONUCLEIC | SYCOPHANTIC |
| SYLLOGISTIC | SYMPATHETIC | SYMPTOMATIC | SYNERGISTIC |
| THERAPEUTIC | BATTLEFIELD | BROTHERHOOD | CHAMBERMAID |
| COMPLICATED | DEPRECIATED | DISAPPEARED | FACILITATED |
| HANDICAPPED | HARPSICHORD | HUNDREDFOLD | HYPERBOLOID |

# 11 letters

| | | | |
|---|---|---|---|
| HYPOCYCLOID | MANIPULATED | NONSTANDARD | PHOTOCOPIED |
| SPRINGBOARD | SUBSTITUTED | SWITCHBOARD | THUNDERBIRD |
| TRANSFERRED | TRANSMITTED | ACCOMMODATE | ACKNOWLEDGE |
| ACQUISITIVE | AFFIRMATIVE | AGGLOMERATE | AGGLUTINATE |
| AGRICULTURE | ALPHABETIZE | ALTERNATIVE | AMETHYSTINE |
| ANTHRACNOSE | APPEASEABLE | APPRECIABLE | APPROPRIATE |
| APPROXIMATE | ARCHDIOCESE | ASSASSINATE | ATTRIBUTIVE |
| BARBITURATE | BIBLIOPHILE | BICARBONATE | BOURGEOISIE |
| BREASTPLATE | CAMARADERIE | CAPACITANCE | CATASTROPHE |
| CERTIFICATE | CLANDESTINE | COBBLESTONE | COLLABORATE |
| COLLAPSIBLE | COLLECTIBLE | COMBUSTIBLE | COMMEMORATE |
| COMMISERATE | COMMONPLACE | COMMUNICATE | COMPARATIVE |
| COMPELLABLE | COMPETITIVE | COMPRESSIVE | CONCATENATE |
| CONCENTRATE | CONDUCTANCE | CONFABULATE | CONFEDERATE |
| CONFERRABLE | CONFORMANCE | CONJUNCTURE | CONNOTATIVE |
| CONSANGUINE | CONSECUTIVE | CONSIDERATE | CONSOLIDATE |
| CONSTELLATE | CONSUMPTIVE | CONTAMINATE | CONTEMPLATE |
| CONTRIVANCE | CONVENIENCE | CONVERTIBLE | CORROBORATE |
| CORRUPTIBLE | COUNTENANCE | COUNTRYSIDE | COUNTRYWIDE |
| CRYSTALLINE | CRYSTALLITE | DECLARATIVE | DECORTICATE |
| DELIVERANCE | DEMONSTRATE | DEMOUNTABLE | DEPRESSIBLE |
| DESCRIPTIVE | DESEGREGATE | DETERIORATE | DETERMINATE |
| DIAGNOSABLE | DICHOTOMIZE | DIRECTORATE | DISCERNIBLE |
| DISPENSABLE | DISSEMINATE | DISSOCIABLE | DISTURBANCE |
| DIVESTITURE | DOCTRINAIRE | DOMESTICATE | EARTHENWARE |
| ELECTROLYTE | ELEPHANTINE | EMBRACEABLE | ENCAPSULATE |
| ENCUMBRANCE | ENFORCEABLE | EQUILIBRATE | EQUIVALENCE |
| EXERCISABLE | EXHAUSTIBLE | EXPECTORATE | EXPENDITURE |
| EXPRESSIBLE | EXPROPRIATE | EXTERMINATE | FACULTATIVE |
| FASCICULATE | FORBEARANCE | FORGETTABLE | FRACTIONATE |
| FURTHERANCE | FURTHERMORE | GESTICULATE | HAEMORRHAGE |
| HALLUCINATE | HONEYSUCKLE | HYDROGENATE | HYDROSPHERE |
| ILLIMITABLE | IMPERMEABLE | IMPERSONATE | IMPLAUSIBLE |
| IMPORTUNATE | IMPREGNABLE | IMPRESSIBLE | INADVISABLE |
| INALIENABLE | INALTERABLE | INATTENTIVE | INCARCERATE |
| INCORPORATE | INCREASABLE | INCRIMINATE | INDEFINABLE |
| INDIVIDUATE | INDIVISIBLE | INDOMITABLE | INDUBITABLE |
| INEFFECTIVE | INELUCTABLE | INEQUITABLE | INESCAPABLE |
| INESTIMABLE | INEXCUSABLE | INEXPENSIVE | INFLAMMABLE |
| INFORMATIVE | INGRATITUDE | INHERITANCE | INNUMERABLE |
| INOFFENSIVE | INOPERATIVE | INOPPORTUNE | INQUISITIVE |
| INSCRUTABLE | INSECTICIDE | INSENSITIVE | INSEPARABLE |
| INSTANTIATE | INSUPERABLE | INTEMPERATE | INTERACTIVE |
| INTERCALATE | INTERCHANGE | INTERNECINE | INTERPOLATE |
| INTERROGATE | INTERSPERSE | INTERVIEWEE | INTOLERABLE |
| INTRACTABLE | INVESTIGATE | IRREDUCIBLE | IRREFUTABLE |
| IRREMOVABLE | IRREPARABLE | IRREVOCABLE | KITCHENETTE |
| LEGISLATURE | LITHOSPHERE | MAINTENANCE | MALPRACTICE |

## 11 letters

| | | | |
|---|---|---|---|
| MANUFACTURE | MASTERPIECE | MATRICULATE | MERCHANDISE |
| MILLIONAIRE | MISANTHROPE | MOLLYCODDLE | MUSCULATURE |
| MUSKELLUNGE | NECESSITATE | NIGHTINGALE | PARTICIPATE |
| PARTICULATE | PENULTIMATE | PERCEPTIBLE | PERFECTIBLE |
| PERFORMANCE | PERMISSIBLE | PERSONALIZE | PERSPECTIVE |
| PICTURESQUE | PITCHBLENDE | PLAGIOCLASE | PLOUGHSHARE |
| POMEGRANATE | PONTIFICATE | PORTERHOUSE | PORTRAITURE |
| PRACTICABLE | PRECIPITATE | PREDOMINATE | PREMEDITATE |
| PREPARATIVE | PREROGATIVE | PRESUMPTIVE | PROGRESSIVE |
| PROHIBITIVE | PROLIFERATE | PROMPTITUDE | PROVOCATIVE |
| PURCHASABLE | QUALITATIVE | QUARRELSOME | RADIOACTIVE |
| RATIOCINATE | RATTLESNAKE | RECIPROCATE | RECRIMINATE |
| REFRIGERATE | REGRETTABLE | REGURGITATE | REMEMBRANCE |
| REMONSTRATE | RENAISSANCE | REPLACEABLE | RESPONSIBLE |
| RESTORATIVE | RESUSCITATE | RETROACTIVE | REVERBERATE |
| SALVAGEABLE | SCHOOLHOUSE | SCINTILLATE | SERVICEABLE |
| STETHOSCOPE | STRANGULATE | SUBJUNCTIVE | SUBMERSIBLE |
| SUBSTANTIVE | SUFFRAGETTE | SUGGESTIBLE | SUPERIMPOSE |
| SUPERLATIVE | SUSCEPTIBLE | TEMPERATURE | THERETOFORE |
| TRANSALPINE | TRAVERSABLE | TRIANGULATE | TROUBLESOME |
| UNAVAILABLE | VENTURESOME | VERMICULITE | VICISSITUDE |
| WATERCOURSE | WORKMANLIKE | AGGREGATING | ALTERNATING |
| ASSOCIATING | ATTRIBUTING | AUTHORIZING | BRICKLAYING |
| CALCULATING | CHALLENGING | CONFIGURING | CONTROLLING |
| DESIGNATING | DETERMINING | DUPLICATING | EARTHMOVING |
| ELIMINATING | ENUMERATING | ERADICATING | EVERLASTING |
| FORMULATING | INTEGRATING | ORIGINATING | PAINSTAKING |
| PROGRAMMING | REITERATING | SHORTCOMING | SIGHTSEEING |
| SUBDIVIDING | TERMINATING | TRAFFICKING | WIRETAPPING |
| CHEESECLOTH | CHRONOGRAPH | COTTONMOUTH | DISTINGUISH |
| SEISMOGRAPH | SEVENTEENTH | SILVERSMITH | THENCEFORTH |
| COUNTERSINK | COUNTERSUNK | FIDDLESTICK | LEATHERNECK |
| SHUTTLECOCK | STICKLEBACK | ATTITUDINAL | AUDIOVISUAL |
| BEHAVIOURAL | CENTRIFUGAL | CHLOROPHYLL | CHOLESTEROL |
| COCKLESHELL | CONDITIONAL | CONJECTURAL | CONSONANTAL |
| CONTINENTAL | CONTRACTUAL | COUNTERVAIL | DIACRITICAL |
| DICTATORIAL | DIMENSIONAL | DIRECTORIAL | ELLIPSOIDAL |
| ENDOTHELIAL | EQUILATERAL | EQUINOCTIAL | EXCEPTIONAL |
| EXISTENTIAL | EXPONENTIAL | FUNDAMENTAL | GRAMMATICAL |
| HEXADECIMAL | IMPRACTICAL | INEFFECTUAL | INFERENTIAL |
| INFLUENTIAL | LATITUDINAL | MAGISTERIAL | MATRIARCHAL |
| MATRIMONIAL | MINISTERIAL | MULTINOMIAL | NONSENSICAL |
| PATRIARCHAL | PATRIMONIAL | PENITENTIAL | PREJUDICIAL |
| PROVISIONAL | PTERODACTYL | QUADRENNIAL | REFERENTIAL |
| REPORTORIAL | RESIDENTIAL | RESOURCEFUL | SACRIFICIAL |
| SECRETARIAL | SUBSTANTIAL | SUPERFICIAL | SYMMETRICAL |
| TEASPOONFUL | TERRESTRIAL | TERRITORIAL | TESTIMONIAL |
| TETRAHEDRAL | TRADITIONAL | TRANSMITTAL | TRANSVERSAL |

| | | | |
|---|---|---|---|
| TRAPEZOIDAL | WHEREWITHAL | ABSENTEEISM | ANACHRONISM |
| ASTIGMATISM | BIMETALLISM | BLOODSTREAM | CALIFORNIUM |
| CORRIGENDUM | DESIDERATUM | EINSTEINIUM | EQUILIBRIUM |
| INTERREGNUM | PANDEMONIUM | PLANETARIUM | SPECTROGRAM |
| SYNCHRONISM | VIGILANTISM | VOLUNTARISM | ACADEMICIAN |
| ACCLAMATION | ACQUISITION | AFFECTATION | AFFIRMATION |
| AGGREGATION | ANTIQUARIAN | APPLICATION | APPROBATION |
| ASSIGNATION | ASSOCIATION | ATTESTATION | ATTRIBUTION |
| BENEDICTION | CALCULATION | CHAIRPERSON | CHAMBERLAIN |
| COEDUCATION | COLLOCATION | COMBINATION | COMPETITION |
| COMPILATION | COMPOSITION | COMPRESSION | COMPUNCTION |
| COMPUTATION | CONGRESSMAN | CONGRESSMEN | CONNOTATION |
| CONSOLATION | CONSUMPTION | CONTRAPTION | CONVOCATION |
| CONVOLUTION | CRESTFALLEN | CROCODILIAN | CRUCIFIXION |
| DECLAMATION | DECLARATION | DECLINATION | DEFORMATION |
| DEGRADATION | DEPORTATION | DEPRIVATION | DESCRIPTION |
| DESPERATION | DETESTATION | DOWNTRODDEN | DUPLICATION |
| EGALITARIAN | ELECTRICIAN | ELIMINATION | ENUMERATION |
| EXAMINATION | EXCLAMATION | EXHORTATION | EXOSKELETON |
| EXPECTATION | EXPLANATION | EXPLORATION | EXPORTATION |
| EXTRADITION | FABRICATION | HAEMOGLOBIN | HANDWRITTEN |
| HYDROCARBON | IMPARTATION | IMPLICATION | IMPORTATION |
| IMPRECISION | INATTENTION | INCANTATION | INDENTATION |
| INDIGESTION | INDIGNATION | INFESTATION | INFORMATION |
| INQUISITION | INSCRIPTION | INSPIRATION | INSTITUTION |
| INSTRUCTION | INTERACTION | LAMENTATION | LEGERDEMAIN |
| LIBERTARIAN | MACHINATION | MALEDICTION | MALFUNCTION |
| MANUMISSION | MILLENARIAN | OBSERVATION | OCCULTATION |
| ORIENTATION | PERMUTATION | PERSECUTION | PREMONITION |
| PREPARATION | PREPOSITION | PRESUMPTION | PROGRESSION |
| PROHIBITION | PROPOSITION | PROSECUTION | PROVOCATION |
| PUBLICATION | QUADRILLION | QUINTILLION | RECLAMATION |
| REQUISITION | RESERVATION | RESIGNATION | RESPIRATION |
| RESTITUTION | RESTORATION | RESTRICTION | RETARDATION |
| RETRIBUTION | RHETORICIAN | SALESPERSON | SUBDIVISION |
| SUBROGATION | SUBTRACTION | SUPPOSITION | SUPPRESSION |
| TETRAHEDRON | TRANSFUSION | TREPIDATION | UNCHRISTIAN |
| UTILITARIAN | VALEDICTION | ARCHIPELAGO | BACKSCATTER |
| BIMOLECULAR | BREADWINNER | CALORIMETER | CARBURETTOR |
| CATERPILLAR | CAULIFLOWER | CHOIRMASTER | CIRCUMPOLAR |
| COLORIMETER | COMMENTATOR | CONNOISSEUR | CONSERVATOR |
| CONSPIRATOR | CONSTRICTOR | CONSTRUCTOR | CONTRIBUTOR |
| CORPUSCULAR | COTONEASTER | CURVILINEAR | DEERSTALKER |
| DISTRIBUTOR | GRANDFATHER | GRANDMOTHER | GREENGROCER |
| HANDICAPPER | HEADQUARTER | HEREINAFTER | KWASHIORKOR |
| LOUDSPEAKER | MOUNTAINEER | NECROMANCER | PARISHIONER |
| PATERNOSTER | PHILOSOPHER | PLACEHOLDER | PREDECESSOR |
| QUICKSILVER | RECTANGULAR | RECTILINEAR | SHAREHOLDER |

## 11 letters

| | | | |
|---|---|---|---|
| SPECTACULAR | SPEEDOMETER | STOCKBROKER | STOCKHOLDER |
| TOASTMASTER | TRANSMITTER | TYPOGRAPHER | ACRIMONIOUS |
| ADVENTUROUS | BLASPHEMOUS | BOOKSHELVES | CEREMONIOUS |
| CONSPICUOUS | CONTENTIOUS | CONTRETEMPS | DELETERIOUS |
| DICHOTOMOUS | DIRECTORIES | EFFICACIOUS | ENCHANTRESS |
| EXPEDITIOUS | FERRUGINOUS | FLIRTATIOUS | HIERARCHIES |
| HOMOGENEOUS | IGNOMINIOUS | ILLUSTRIOUS | INCONGRUOUS |
| INCREDULOUS | INDUSTRIOUS | INJUDICIOUS | ITINERARIES |
| MAGNANIMOUS | MERITORIOUS | MISCHIEVOUS | MOUNTAINOUS |
| NITROGENOUS | NONETHELESS | PARENTHESES | PARENTHESIS |
| PERIPHERIES | PERSPICUOUS | PRECIPITOUS | PRESTIGIOUS |
| PRETENTIOUS | PROMISCUOUS | PROTEOLYSIS | REPETITIOUS |
| SANGUINEOUS | SARCOPHAGUS | SCRUMPTIOUS | SECRETARIES |
| SMITHEREENS | SPECIALTIES | SPONTANEOUS | STEPHANOTIS |
| SUPERFLUOUS | SYNCHRONOUS | TEMPESTUOUS | THEREABOUTS |
| TREACHEROUS | ACCOMPANIST | ACQUIESCENT | BELLIGERENT |
| BITTERSWEET | BLADDERWORT | CHLOROPLAST | CIRCUMSPECT |
| CLAIRVOYANT | COEFFICIENT | COMMUNICANT | COMPARTMENT |
| COMPLAINANT | COMPLAISANT | CONCOMITANT | CONSTITUENT |
| COUNTERFEIT | COUNTERPART | DETERMINANT | DEVELOPMENT |
| DREADNOUGHT | EASTERNMOST | ENCHANTMENT | ENVIRONMENT |
| EQUIDISTANT | EXPECTORANT | EXTRAVAGANT | FINGERPRINT |
| FLABBERGAST | FLUORESCENT | FURTHERMOST | HEAVYWEIGHT |
| IMPERTINENT | IMPROVIDENT | INADVERTENT | INCOMPETENT |
| INDEPENDENT | INDIFFERENT | INEFFICIENT | INEXPEDIENT |
| INTELLIGENT | IRREDENTIST | LIGHTWEIGHT | LUMINESCENT |
| MAGNIFICENT | MAIDSERVANT | NONDESCRIPT | NUMISMATIST |
| OBSOLESCENT | OMNIPRESENT | OPTOMETRIST | PARTICIPANT |
| PERSEVERANT | PREDICAMENT | PREDOMINANT | PROLETARIAT |
| PROTAGONIST | PROTUBERANT | REALIGNMENT | RECONSTRUCT |
| REMINISCENT | REPLACEMENT | REQUIREMENT | RESPLENDENT |
| SEARCHLIGHT | SECRETARIAT | SIGNIFICANT | SPREADSHEET |
| SUBSERVIENT | SUPERNATANT | SUPERSCRIPT | TETRAVALENT |
| THUNDERBOLT | TRANSLUCENT | TRANSPARENT | UNBEKNOWNST |
| WESTERNMOST | PORTMANTEAU | GRANDNEPHEW | MARSHMALLOW |
| AMPHIBOLOGY | ANNIVERSARY | ARISTOCRACY | BENEFICIARY |
| BLAMEWORTHY | BUREAUCRACY | CALLIGRAPHY | CARTOGRAPHY |
| CIRCULATORY | COMMONALITY | CONFEDERACY | CONSISTENCY |
| CONTINGENCY | CONTRARIETY | CONTROVERSY | DECLAMATORY |
| DECLARATORY | DEPRECATORY | DOCUMENTARY | EFFICIENTLY |
| ETHNOGRAPHY | EXCLAMATORY | EXCULPATORY | EXPLANATORY |
| EXPLORATORY | FILAMENTARY | FRAGMENTARY | FUNCTIONARY |
| GERONTOLOGY | HERPETOLOGY | HOMOGENEITY | HUCKLEBERRY |
| IMPROPRIETY | INCONGRUITY | INCREDULITY | INVOLUNTARY |
| IRRELEVANCY | LITHOGRAPHY | MAGNANIMITY | METEOROLOGY |
| METHODOLOGY | MONSTROSITY | NUMERICALLY | OBJECTIVITY |
| OBSERVATORY | ORTHOGRAPHY | OSCILLATORY | PERFUNCTORY |
| PERSPICUITY | PHOTOGRAPHY | PHRASEOLOGY | PHYSIOGNOMY |

| | | | |
|---|---|---|---|
| PORNOGRAPHY | POSSIBILITY | PRELIMINARY | PREMONITORY |
| PREPARATORY | PROHIBITORY | PROMISCUITY | PROPRIETARY |
| RADIOGRAPHY | REACTIONARY | READABILITY | RECIPROCITY |
| REFORMATORY | RELIGIOSITY | RESPIRATORY | RETALIATORY |
| RUDIMENTARY | SEDIMENTARY | SERENDIPITY | SKULDUGGERY |
| SOVEREIGNTY | SPONTANEITY | STENOGRAPHY | STEREOSCOPY |
| STRAIGHTWAY | SUPERFLUITY | SUPERLUNARY | SUPERVISORY |
| TEMPORARILY | TERMINOLOGY | TRUSTWORTHY | UNCERTAINTY |
| UNNECESSARY | VALEDICTORY | | |

# 12 letters

## By 1<sup>st</sup> letter

| | | | |
|---|---|---|---|
| ACQUAINTANCE | ADMINISTRATE | ADVANTAGEOUS | ADVENTITIOUS |
| AFFECTIONATE | AFORETHOUGHT | AFTERTHOUGHT | AGRICULTURAL |
| ALPHABETICAL | ALPHANUMERIC | AMBIDEXTROUS | ANASTIGMATIC |
| ANTAGONISTIC | ANTHROPOLOGY | ANTICIPATORY | APPERCEPTION |
| APPREHENSION | APPREHENSIVE | APPROPRIATED | ARCHETYPICAL |
| ARCHITECTURE | ARGILLACEOUS | ARISTOCRATIC | ARITHMETICAL |
| ASTROPHYSICS | ASYNCHRONOUS | AUGMENTATION | AUTHENTICATE |
| AVAILABILITY | BATTLEGROUND | BIBLIOGRAPHY | BICENTENNIAL |
| BLUESTOCKING | BOROSILICATE | BREAKTHROUGH | BREATHTAKING |
| BUREAUCRATIC | CARBOHYDRATE | CARBONACEOUS | CARCINOGENIC |
| CARTOGRAPHER | CARTOGRAPHIC | CATASTROPHIC | CHROMATOGRAM |
| CIRCUMCISION | CIRCUMSCRIBE | CIRCUMSTANCE | COINCIDENTAL |
| COMMENDATION | COMMENDATORY | COMMENSURATE | COMMENTARIES |
| COMMISSARIAT | COMMITTEEMAN | COMMONWEALTH | COMMUNICABLE |
| COMMUNICATED | COMMUNICATOR | COMPENSATORY | COMPLICATING |
| COMPRESSIBLE | CONCATENATED | CONCILIATORY | CONDEMNATORY |
| CONFIDENTIAL | CONFIRMATION | CONFIRMATORY | CONFORMATION |
| CONGLOMERATE | CONGRATULATE | CONSCIONABLE | CONSCRIPTION |
| CONSERVATION | CONSERVATISM | CONSERVATIVE | CONSERVATORY |
| CONSOLIDATED | CONSTITUTION | CONSTITUTIVE | CONSULTATION |
| CONSULTATIVE | CONTEMPORARY | CONTEMPTIBLE | CONTEMPTUOUS |
| CONTINUATION | CONTRARIWISE | CONTRIBUTION | CONTRIBUTORY |
| CONTROLLABLE | CONVALESCENT | CONVENTIONAL | CONVERSATION |
| CONVULSIVELY | CORROBORATED | COSMOPOLITAN | COUNTERPOINT |
| COUNTERPOISE | CRYPTOGRAPHY | DECAFFEINATE | DECOMMISSION |
| DECOMPOSABLE | DELICATESSEN | DELIMITATION | DELIQUESCENT |
| DEMONSTRABLE | DENUNCIATION | DEPENDENCIES | DEPRECIATING |
| DEPRECIATION | DIAGRAMMATIC | DIAMAGNETISM | DIATOMACEOUS |
| DICTIONARIES | DIFFERENTIAL | DIFFICULTIES | DISAMBIGUATE |
| DISCIPLINARY | DISCRIMINATE | DISQUISITION | DISSERTATION |
| DISTRIBUTION | DISTRIBUTIVE | DIVERSIONARY | DODECAHEDRAL |
| DODECAHEDRON | EARTHSHAKING | EAVESDROPPER | ECCLESIASTIC |
| EFFLORESCENT | ELECTROLYSIS | ELECTROLYTIC | ENCEPHALITIS |
| ENTHUSIASTIC | ENTREPRENEUR | EPIDEMIOLOGY | EPIGRAMMATIC |
| EPISTEMOLOGY | EVOLUTIONARY | EXCHANGEABLE | EXCLUSIONARY |
| EXPERIENTIAL | EXPLOITATION | EXTRADITABLE | EXTRAVAGANZA |
| EXTROVERSION | FACILITATING | FERMENTATION | FLUOROCARBON |
| FORMALDEHYDE | FRONTIERSMAN | FRONTIERSMEN | GALVANOMETER |
| GEOCHEMISTRY | GEOMETRICIAN | GUARANTEEING | HABERDASHERY |
| HANDICAPPING | HANDKERCHIEF | HAPPENSTANCE | HARDSCRABBLE |
| HELIOCENTRIC | HETEROGAMOUS | HETEROSEXUAL | HETEROZYGOUS |
| HIERARCHICAL | HIEROGLYPHIC | HIPPOPOTAMUS | HOMOMORPHISM |
| HORTICULTURE | HUMANITARIAN | HYDROCHLORIC | HYDRODYNAMIC |

HYDROFLUORIC HYDROTHERMAL HYPOCRITICAL HYPOTHALAMUS
HYSTERECTOMY IDIOSYNCRASY ILLEGITIMACY ILLEGITIMATE
ILLUSTRATION IMMEASURABLE IMMUNIZATION IMPENETRABLE
IMPERISHABLE IMPLANTATION IMPONDERABLE INACCESSIBLE
INADMISSIBLE INAPPEASABLE INAPPLICABLE INARTICULATE
INAUSPICIOUS INCALCULABLE INCANDESCENT INCAPACITATE
INCOMPARABLE INCOMPATIBLE INCOMPLETION INCOMPUTABLE
INCONCLUSIVE INCONSISTENT INCONSOLABLE INCONVENIENT
INCORPORATED INCORRIGIBLE INDEFENSIBLE INDIGESTIBLE
INDISCRETION INDISPUTABLE INDISSOLUBLE INDOCTRINATE
INERADICABLE INEXPERIENCE INEXPLICABLE INEXTRICABLE
INFELICITOUS INFLAMMATION INFLAMMATORY INFLATIONARY
INHABITATION INHARMONIOUS INHOSPITABLE INSTALLATION
INSTILLATION INSUFFERABLE INSUFFICIENT INSURRECTION
INTELLECTUAL INTELLIGIBLE INTEMPERANCE INTERCEPTION
INTERFERENCE INTERMEDIARY INTERMITTENT INTERPRETIVE
INTERRUPTION INTERSECTION INTERSTITIAL INTERVENTION
INTRANSIGENT INTRANSITIVE INTRODUCTION INTRODUCTORY
INTROVERSION INVERTEBRATE INVULNERABLE IRREDEEMABLE
IRREMEDIABLE IRRESISTIBLE IRRESOLUTION IRRESOLVABLE
IRRESPECTIVE IRREVERSIBLE JURISDICTION JURISPRUDENT
KALEIDOSCOPE KINDERGARTEN LEXICOGRAPHY LIQUEFACTION
LOCALIZATION LONGITUDINAL MALFORMATION MALNOURISHED
MALNUTRITION MANIPULATING MANIPULATION MANSLAUGHTER
MANUFACTURED MARRIAGEABLE MATHEMATICAL MELODRAMATIC
MERETRICIOUS METALLURGIST METAMORPHISM METAMORPHOSE
METROPOLITAN MIDDLEWEIGHT MINICOMPUTER MISANTHROPIC
MODIFICATION MULLIGATAWNY MULTIFARIOUS MULTIPLIABLE
MULTIPLICAND MULTIPLICITY NAVIGATIONAL NEURASTHENIC
NEVERTHELESS NEWSPAPERMAN NOMENCLATURE NONAGENARIAN
NORTHERNMOST OCEANOGRAPHY OCTOGENARIAN ONOMATOPOEIA
ONOMATOPOEIC OPPRESSIVELY ORGANIZATION ORTHORHOMBIC
OSCILLOSCOPE OSTENTATIOUS OSTEOPOROSIS OTHERWORLDLY
PARADIGMATIC PARAMAGNETIC PARSIMONIOUS PATHOGENESIS
PENITENTIARY PERIODICALLY PERIPHRASTIC PERSEVERANCE
PERSONALIZED PERSPIRATION PERTINACIOUS PERTURBATION
PESTILENTIAL PETRIFACTION PHARMACOLOGY PHILANTHROPY
PHILHARMONIC PHOSPHORESCE PHOTOGRAPHIC PIGMENTATION
POSTPOSITION PRACTITIONER PRAISEWORTHY PRASEODYMIUM
PREDETERMINE PREFERENTIAL PREPONDERANT PREPONDERATE
PREPOSTEROUS PREREQUISITE PRESCRIPTION PRESCRIPTIVE
PRESENTATION PRESERVATION PRESIDENTIAL PRESUMPTUOUS
PROCLAMATION PRODUCTIVITY PROFESSIONAL PROFESSORIAL
PROGRAMMABLE PROPAGANDIST PROPHYLACTIC PROSCRIPTION
PROSTITUTION PROTACTINIUM PROTECTORATE PROTESTATION
PROTOPLASMIC PROVIDENTIAL QUADRANGULAR QUANTITATIVE
QUINTESSENCE RADIOTHERAPY RECALCITRANT RECEPTIONIST
REGISTRATION REHABILITATE REIMBURSABLE REPETITIVELY

## 12 letters

RESTAURATEUR RHODODENDRON RUTHLESSNESS SACRILEGIOUS
SARSAPARILLA SATISFACTION SATISFACTORY SCHOOLMASTER
SCRUPULOSITY SEGMENTATION SEISMOGRAPHY SHIPBUILDING
SIMULTANEITY SIMULTANEOUS SOLICITATION SOPHISTICATE
SOUTHERNMOST SPECTROGRAPH SPECTROMETER SPECTROSCOPE
SPECTROSCOPY STATISTICIAN STEEPLECHASE STENOGRAPHER
STEREOGRAPHY STRAIGHTAWAY STRATOSPHERE STREPTOMYCIN
STROBOSCOPIC STUPEFACTION SUBJECTIVITY SUBSTANTIATE
SUBSTITUTING SUBSTITUTION SUBTERRANEAN SUPERANNUATE
SUPERCILIOUS SUPERIMPOSED SUPERSTITION SUPPRESSIBLE
TELEPROMPTER TESTAMENTARY THANKSGIVING THEORETICIAN
THOROUGHBRED THOROUGHFARE TOTALITARIAN TRANSCENDENT
TRANSFERABLE TRANSFERENCE TRANSFERRING TRANSGRESSOR
TRANSLUCENCE TRANSLUCENCY TRANSMISSION TRANSMITTING
TRANSMOGRIFY TRANSPACIFIC TRANSPOSABLE TRANSVESTITE
TRIGONOMETRY TUBERCULOSIS UNSUCCESSFUL VAINGLORIOUS
VETERINARIAN WAREHOUSEMAN

## By 2<sup>nd</sup> letter

BATTLEGROUND CARBOHYDRATE CARBONACEOUS CARCINOGENIC
CARTOGRAPHER CARTOGRAPHIC CATASTROPHIC EARTHSHAKING
EAVESDROPPER FACILITATING GALVANOMETER HABERDASHERY
HANDICAPPING HANDKERCHIEF HAPPENSTANCE HARDSCRABBLE
KALEIDOSCOPE MALFORMATION MALNOURISHED MALNUTRITION
MANIPULATING MANIPULATION MANSLAUGHTER MANUFACTURED
MARRIAGEABLE MATHEMATICAL NAVIGATIONAL PARADIGMATIC
PARAMAGNETIC PARSIMONIOUS PATHOGENESIS RADIOTHERAPY
SACRILEGIOUS SARSAPARILLA SATISFACTION SATISFACTORY
VAINGLORIOUS WAREHOUSEMAN ACQUAINTANCE ECCLESIASTIC
OCEANOGRAPHY OCTOGENARIAN SCHOOLMASTER SCRUPULOSITY
ADMINISTRATE ADVANTAGEOUS ADVENTITIOUS IDIOSYNCRASY
DECAFFEINATE DECOMMISSION DECOMPOSABLE DELICATESSEN
DELIMITATION DELIQUESCENT DEMONSTRABLE DENUNCIATION
DEPENDENCIES DEPRECIATING DEPRECIATION FERMENTATION
GEOCHEMISTRY GEOMETRICIAN HELIOCENTRIC HETEROGAMOUS
HETEROSEXUAL HETEROZYGOUS LEXICOGRAPHY MELODRAMATIC
MERETRICIOUS METALLURGIST METAMORPHISM METAMORPHOSE
METROPOLITAN NEURASTHENIC NEVERTHELESS NEWSPAPERMAN
PENITENTIARY PERIODICALLY PERIPHRASTIC PERSEVERANCE
PERSONALIZED PERSPIRATION PERTINACIOUS PERTURBATION
PESTILENTIAL PETRIFACTION RECALCITRANT RECEPTIONIST
REGISTRATION REHABILITATE REIMBURSABLE REPETITIVELY
RESTAURATEUR SEGMENTATION SEISMOGRAPHY TELEPROMPTER
TESTAMENTARY VETERINARIAN AFFECTIONATE AFORETHOUGHT
AFTERTHOUGHT EFFLORESCENT AGRICULTURAL CHROMATOGRAM
PHARMACOLOGY PHILANTHROPY PHILHARMONIC PHOSPHORESCE

| | | | |
|---|---|---|---|
| PHOTOGRAPHIC | RHODODENDRON | SHIPBUILDING | THANKSGIVING |
| THEORETICIAN | THOROUGHBRED | THOROUGHFARE | BIBLIOGRAPHY |
| BICENTENNIAL | CIRCUMCISION | CIRCUMSCRIBE | CIRCUMSTANCE |
| DIAGRAMMATIC | DIAMAGNETISM | DIATOMACEOUS | DICTIONARIES |
| DIFFERENTIAL | DIFFICULTIES | DISAMBIGUATE | DISCIPLINARY |
| DISCRIMINATE | DISQUISITION | DISSERTATION | DISTRIBUTION |
| DISTRIBUTIVE | DIVERSIONARY | HIERARCHICAL | HIEROGLYPHIC |
| HIPPOPOTAMUS | KINDERGARTEN | LIQUEFACTION | MIDDLEWEIGHT |
| MINICOMPUTER | MISANTHROPIC | PIGMENTATION | SIMULTANEITY |
| SIMULTANEOUS | ALPHABETICAL | ALPHANUMERIC | BLUESTOCKING |
| ELECTROLYSIS | ELECTROLYTIC | FLUOROCARBON | ILLEGITIMACY |
| ILLEGITIMATE | ILLUSTRATION | AMBIDEXTROUS | IMMEASURABLE |
| IMMUNIZATION | IMPENETRABLE | IMPERISHABLE | IMPLANTATION |
| IMPONDERABLE | ANASTIGMATIC | ANTAGONISTIC | ANTHROPOLOGY |
| ANTICIPATORY | ENCEPHALITIS | ENTHUSIASTIC | ENTREPRENEUR |
| INACCESSIBLE | INADMISSIBLE | INAPPEASABLE | INAPPLICABLE |
| INARTICULATE | INAUSPICIOUS | INCALCULABLE | INCANDESCENT |
| INCAPACITATE | INCOMPARABLE | INCOMPATIBLE | INCOMPLETION |
| INCOMPUTABLE | INCONCLUSIVE | INCONSISTENT | INCONSOLABLE |
| INCONVENIENT | INCORPORATED | INCORRIGIBLE | INDEFENSIBLE |
| INDIGESTIBLE | INDISCRETION | INDISPUTABLE | INDISSOLUBLE |
| INDOCTRINATE | INERADICABLE | INEXPERIENCE | INEXPLICABLE |
| INEXTRICABLE | INFELICITOUS | INFLAMMATION | INFLAMMATORY |
| INFLATIONARY | INHABITATION | INHARMONIOUS | INHOSPITABLE |
| INSTALLATION | INSTILLATION | INSUFFERABLE | INSUFFICIENT |
| INSURRECTION | INTELLECTUAL | INTELLIGIBLE | INTEMPERANCE |
| INTERCEPTION | INTERFERENCE | INTERMEDIARY | INTERMITTENT |
| INTERPRETIVE | INTERRUPTION | INTERSECTION | INTERSTITIAL |
| INTERVENTION | INTRANSIGENT | INTRANSITIVE | INTRODUCTION |
| INTRODUCTORY | INTROVERSION | INVERTEBRATE | INVULNERABLE |
| ONOMATOPOEIA | ONOMATOPOEIC | UNSUCCESSFUL | BOROSILICATE |
| COINCIDENTAL | COMMENDATION | COMMENDATORY | COMMENSURATE |
| COMMENTARIES | COMMISSARIAT | COMMITTEEMAN | COMMONWEALTH |
| COMMUNICABLE | COMMUNICATED | COMMUNICATOR | COMPENSATORY |
| COMPLICATING | COMPRESSIBLE | CONCATENATED | CONCILIATORY |
| CONDEMNATORY | CONFIDENTIAL | CONFIRMATION | CONFIRMATORY |
| CONFORMATION | CONGLOMERATE | CONGRATULATE | CONSCIONABLE |
| CONSCRIPTION | CONSERVATION | CONSERVATISM | CONSERVATIVE |
| CONSERVATORY | CONSOLIDATED | CONSTITUTION | CONSTITUTIVE |
| CONSULTATION | CONSULTATIVE | CONTEMPORARY | CONTEMPTIBLE |
| CONTEMPTUOUS | CONTINUATION | CONTRARIWISE | CONTRIBUTION |
| CONTRIBUTORY | CONTROLLABLE | CONVALESCENT | CONVENTIONAL |
| CONVERSATION | CONVULSIVELY | CORROBORATED | COSMOPOLITAN |
| COUNTERPOINT | COUNTERPOISE | DODECAHEDRAL | DODECAHEDRON |
| FORMALDEHYDE | HOMOMORPHISM | HORTICULTURE | LOCALIZATION |
| LONGITUDINAL | MODIFICATION | NOMENCLATURE | NONAGENARIAN |
| NORTHERNMOST | POSTPOSITION | SOLICITATION | SOPHISTICATE |
| SOUTHERNMOST | TOTALITARIAN | APPERCEPTION | APPREHENSION |

## 12 letters

| | | | |
|---|---|---|---|
| APPREHENSIVE | APPROPRIATED | EPIDEMIOLOGY | EPIGRAMMATIC |
| EPISTEMOLOGY | OPPRESSIVELY | SPECTROGRAPH | SPECTROMETER |
| SPECTROSCOPE | SPECTROSCOPY | ARCHETYPICAL | ARCHITECTURE |
| ARGILLACEOUS | ARISTOCRATIC | ARITHMETICAL | BREAKTHROUGH |
| BREATHTAKING | CRYPTOGRAPHY | FRONTIERSMAN | FRONTIERSMEN |
| IRREDEEMABLE | IRREMEDIABLE | IRRESISTIBLE | IRRESOLUTION |
| IRRESOLVABLE | IRRESPECTIVE | IRREVERSIBLE | ORGANIZATION |
| ORTHORHOMBIC | PRACTITIONER | PRAISEWORTHY | PRASEODYMIUM |
| PREDETERMINE | PREFERENTIAL | PREPONDERANT | PREPONDERATE |
| PREPOSTEROUS | PREREQUISITE | PRESCRIPTION | PRESCRIPTIVE |
| PRESENTATION | PRESERVATION | PRESIDENTIAL | PRESUMPTUOUS |
| PROCLAMATION | PRODUCTIVITY | PROFESSIONAL | PROFESSORIAL |
| PROGRAMMABLE | PROPAGANDIST | PROPHYLACTIC | PROSCRIPTION |
| PROSTITUTION | PROTACTINIUM | PROTECTORATE | PROTESTATION |
| PROTOPLASMIC | PROVIDENTIAL | TRANSCENDENT | TRANSFERABLE |
| TRANSFERENCE | TRANSFERRING | TRANSGRESSOR | TRANSLUCENCE |
| TRANSLUCENCY | TRANSMISSION | TRANSMITTING | TRANSMOGRIFY |
| TRANSPACIFIC | TRANSPOSABLE | TRANSVESTITE | TRIGONOMETRY |
| ASTROPHYSICS | ASYNCHRONOUS | OSCILLOSCOPE | OSTENTATIOUS |
| OSTEOPOROSIS | OTHERWORLDLY | STATISTICIAN | STEEPLECHASE |
| STENOGRAPHER | STEREOGRAPHY | STRAIGHTAWAY | STRATOSPHERE |
| STREPTOMYCIN | STROBOSCOPIC | STUPEFACTION | AUGMENTATION |
| AUTHENTICATE | BUREAUCRATIC | GUARANTEEING | HUMANITARIAN |
| JURISDICTION | JURISPRUDENT | MULLIGATAWNY | MULTIFARIOUS |
| MULTIPLIABLE | MULTIPLICAND | MULTIPLICITY | QUADRANGULAR |
| QUANTITATIVE | QUINTESSENCE | RUTHLESSNESS | SUBJECTIVITY |
| SUBSTANTIATE | SUBSTITUTING | SUBSTITUTION | SUBTERRANEAN |
| SUPERANNUATE | SUPERCILIOUS | SUPERIMPOSED | SUPERSTITION |
| SUPPRESSIBLE | TUBERCULOSIS | AVAILABILITY | EVOLUTIONARY |
| EXCHANGEABLE | EXCLUSIONARY | EXPERIENTIAL | EXPLOITATION |
| EXTRADITABLE | EXTRAVAGANZA | EXTROVERSION | HYDROCHLORIC |
| HYDRODYNAMIC | HYDROFLUORIC | HYDROTHERMAL | HYPOCRITICAL |
| HYPOTHALAMUS | HYSTERECTOMY | | |

## By 3<sup>rd</sup> letter

| | | | |
|---|---|---|---|
| ANASTIGMATIC | AVAILABILITY | DIAGRAMMATIC | DIAMAGNETISM |
| DIATOMACEOUS | GUARANTEEING | INACCESSIBLE | INADMISSIBLE |
| INAPPEASABLE | INAPPLICABLE | INARTICULATE | INAUSPICIOUS |
| PHARMACOLOGY | PRACTITIONER | PRAISEWORTHY | PRASEODYMIUM |
| QUADRANGULAR | QUANTITATIVE | STATISTICIAN | THANKSGIVING |
| TRANSCENDENT | TRANSFERABLE | TRANSFERENCE | TRANSFERRING |
| TRANSGRESSOR | TRANSLUCENCE | TRANSLUCENCY | TRANSMISSION |
| TRANSMITTING | TRANSMOGRIFY | TRANSPACIFIC | TRANSPOSABLE |
| TRANSVESTITE | AMBIDEXTROUS | BIBLIOGRAPHY | HABERDASHERY |
| SUBJECTIVITY | SUBSTANTIATE | SUBSTITUTING | SUBSTITUTION |
| SUBTERRANEAN | TUBERCULOSIS | ARCHETYPICAL | ARCHITECTURE |
| BICENTENNIAL | DECAFFEINATE | DECOMMISSION | DECOMPOSABLE |
| DICTIONARIES | ECCLESIASTIC | ENCEPHALITIS | EXCHANGEABLE |

| | | | |
|---|---|---|---|
| EXCLUSIONARY | FACILITATING | INCALCULABLE | INCANDESCENT |
| INCAPACITATE | INCOMPARABLE | INCOMPATIBLE | INCOMPLETION |
| INCOMPUTABLE | INCONCLUSIVE | INCONSISTENT | INCONSOLABLE |
| INCONVENIENT | INCORPORATED | INCORRIGIBLE | LOCALIZATION |
| OSCILLOSCOPE | RECALCITRANT | RECEPTIONIST | SACRILEGIOUS |
| DODECAHEDRAL | DODECAHEDRON | HYDROCHLORIC | HYDRODYNAMIC |
| HYDROFLUORIC | HYDROTHERMAL | INDEFENSIBLE | INDIGESTIBLE |
| INDISCRETION | INDISPUTABLE | INDISSOLUBLE | INDOCTRINATE |
| MIDDLEWEIGHT | MODIFICATION | RADIOTHERAPY | BREAKTHROUGH |
| BREATHTAKING | ELECTROLYSIS | ELECTROLYTIC | HIERARCHICAL |
| HIEROGLYPHIC | INERADICABLE | INEXPERIENCE | INEXPLICABLE |
| INEXTRICABLE | OCEANOGRAPHY | PREDETERMINE | PREFERENTIAL |
| PREPONDERANT | PREPONDERATE | PREPOSTEROUS | PREREQUISITE |
| PRESCRIPTION | PRESCRIPTIVE | PRESENTATION | PRESERVATION |
| PRESIDENTIAL | PRESUMPTUOUS | SPECTROGRAPH | SPECTROMETER |
| SPECTROSCOPE | SPECTROSCOPY | STEEPLECHASE | STENOGRAPHER |
| STEREOGRAPHY | THEORETICIAN | AFFECTIONATE | DIFFERENTIAL |
| DIFFICULTIES | EFFLORESCENT | INFELICITOUS | INFLAMMATION |
| INFLAMMATORY | INFLATIONARY | ARGILLACEOUS | AUGMENTATION |
| ORGANIZATION | PIGMENTATION | REGISTRATION | SEGMENTATION |
| INHABITATION | INHARMONIOUS | INHOSPITABLE | OTHERWORLDLY |
| REHABILITATE | SCHOOLMASTER | ARISTOCRATIC | ARITHMETICAL |
| COINCIDENTAL | EPIDEMIOLOGY | EPIGRAMMATIC | EPISTEMOLOGY |
| IDIOSYNCRASY | PHILANTHROPY | PHILHARMONIC | QUINTESSENCE |
| REIMBURSABLE | SEISMOGRAPHY | SHIPBUILDING | TRIGONOMETRY |
| VAINGLORIOUS | DELICATESSEN | DELIMITATION | DELIQUESCENT |
| GALVANOMETER | HELIOCENTRIC | ILLEGITIMACY | ILLEGITIMATE |
| ILLUSTRATION | KALEIDOSCOPE | MALFORMATION | MALNOURISHED |
| MALNUTRITION | MELODRAMATIC | MULLIGATAWNY | MULTIFARIOUS |
| MULTIPLIABLE | MULTIPLICAND | MULTIPLICITY | SOLICITATION |
| TELEPROMPTER | ADMINISTRATE | COMMENDATION | COMMENDATORY |
| COMMENSURATE | COMMENTARIES | COMMISSARIAT | COMMITTEEMAN |
| COMMONWEALTH | COMMUNICABLE | COMMUNICATED | COMMUNICATOR |
| COMPENSATORY | COMPLICATING | COMPRESSIBLE | DEMONSTRABLE |
| HOMOMORPHISM | HUMANITARIAN | IMMEASURABLE | IMMUNIZATION |
| NOMENCLATURE | SIMULTANEITY | SIMULTANEOUS | CONCATENATED |
| CONCILIATORY | CONDEMNATORY | CONFIDENTIAL | CONFIRMATION |
| CONFIRMATORY | CONFORMATION | CONGLOMERATE | CONGRATULATE |
| CONSCIONABLE | CONSCRIPTION | CONSERVATION | CONSERVATISM |
| CONSERVATIVE | CONSERVATORY | CONSOLIDATED | CONSTITUTION |
| CONSTITUTIVE | CONSULTATION | CONSULTATIVE | CONTEMPORARY |
| CONTEMPTIBLE | CONTEMPTUOUS | CONTINUATION | CONTRARIWISE |
| CONTRIBUTION | CONTRIBUTORY | CONTROLLABLE | CONVALESCENT |
| CONVENTIONAL | CONVERSATION | CONVULSIVELY | DENUNCIATION |
| HANDICAPPING | HANDKERCHIEF | KINDERGARTEN | LONGITUDINAL |
| MANIPULATING | MANIPULATION | MANSLAUGHTER | MANUFACTURED |
| MINICOMPUTER | NONAGENARIAN | PENITENTIARY | AFORETHOUGHT |
| EVOLUTIONARY | FRONTIERSMAN | FRONTIERSMEN | GEOCHEMISTRY |

## 12 letters

GEOMETRICIAN ONOMATOPOEIA ONOMATOPOEIC PHOSPHORESCE
PHOTOGRAPHIC PROCLAMATION PRODUCTIVITY PROFESSIONAL
PROFESSORIAL PROGRAMMABLE PROPAGANDIST PROPHYLACTIC
PROSCRIPTION PROSTITUTION PROTACTINIUM PROTECTORATE
PROTESTATION PROTOPLASMIC PROVIDENTIAL RHODODENDRON
THOROUGHBRED THOROUGHFARE ALPHABETICAL ALPHANUMERIC
APPERCEPTION APPREHENSION APPREHENSIVE APPROPRIATED
DEPENDENCIES DEPRECIATING DEPRECIATION EXPERIENTIAL
EXPLOITATION HAPPENSTANCE HIPPOPOTAMUS HYPOCRITICAL
HYPOTHALAMUS IMPENETRABLE IMPERISHABLE IMPLANTATION
IMPONDERABLE OPPRESSIVELY REPETITIVELY SOPHISTICATE
SUPERANNUATE SUPERCILIOUS SUPERIMPOSED SUPERSTITION
SUPPRESSIBLE ACQUAINTANCE LIQUEFACTION AGRICULTURAL
BOROSILICATE BUREAUCRATIC CARBOHYDRATE CARBONACEOUS
CARCINOGENIC CARTOGRAPHER CARTOGRAPHIC CHROMATOGRAM
CIRCUMCISION CIRCUMSCRIBE CIRCUMSTANCE CORROBORATED
EARTHSHAKING FERMENTATION FORMALDEHYDE HARDSCRABBLE
HORTICULTURE IRREDEEMABLE IRREMEDIABLE IRRESISTIBLE
IRRESOLUTION IRRESOLVABLE IRRESPECTIVE IRREVERSIBLE
JURISDICTION JURISPRUDENT MARRIAGEABLE MERETRICIOUS
NORTHERNMOST PARADIGMATIC PARAMAGNETIC PARSIMONIOUS
PERIODICALLY PERIPHRASTIC PERSEVERANCE PERSONALIZED
PERSPIRATION PERTINACIOUS PERTURBATION SARSAPARILLA
SCRUPULOSITY STRAIGHTAWAY STRATOSPHERE STREPTOMYCIN
STROBOSCOPIC WAREHOUSEMAN COSMOPOLITAN DISAMBIGUATE
DISCIPLINARY DISCRIMINATE DISQUISITION DISSERTATION
DISTRIBUTION DISTRIBUTIVE HYSTERECTOMY INSTALLATION
INSTILLATION INSUFFERABLE INSUFFICIENT INSURRECTION
MISANTHROPIC PESTILENTIAL POSTPOSITION RESTAURATEUR
TESTAMENTARY UNSUCCESSFUL AFTERTHOUGHT ANTAGONISTIC
ANTHROPOLOGY ANTICIPATORY ASTROPHYSICS AUTHENTICATE
BATTLEGROUND CATASTROPHIC ENTHUSIASTIC ENTREPRENEUR
EXTRADITABLE EXTRAVAGANZA EXTROVERSION HETEROGAMOUS
HETEROSEXUAL HETEROZYGOUS INTELLECTUAL INTELLIGIBLE
INTEMPERANCE INTERCEPTION INTERFERENCE INTERMEDIARY
INTERMITTENT INTERPRETIVE INTERRUPTION INTERSECTION
INTERSTITIAL INTERVENTION INTRANSIGENT INTRANSITIVE
INTRODUCTION INTRODUCTORY INTROVERSION MATHEMATICAL
METALLURGIST METAMORPHISM METAMORPHOSE METROPOLITAN
OCTOGENARIAN ORTHORHOMBIC OSTENTATIOUS OSTEOPOROSIS
PATHOGENESIS PETRIFACTION RUTHLESSNESS SATISFACTION
SATISFACTORY TOTALITARIAN VETERINARIAN BLUESTOCKING
COUNTERPOINT COUNTERPOISE FLUOROCARBON NEURASTHENIC
SOUTHERNMOST STUPEFACTION ADVANTAGEOUS ADVENTITIOUS
DIVERSIONARY EAVESDROPPER INVERTEBRATE INVULNERABLE
NAVIGATIONAL NEVERTHELESS NEWSPAPERMAN LEXICOGRAPHY
ASYNCHRONOUS CRYPTOGRAPHY

## By last letter

| | | | |
|---|---|---|---|
| EXTRAVAGANZA | ONOMATOPOEIA | SARSAPARILLA | ALPHANUMERIC |
| ANASTIGMATIC | ANTAGONISTIC | ARISTOCRATIC | BUREAUCRATIC |
| CARCINOGENIC | CARTOGRAPHIC | CATASTROPHIC | DIAGRAMMATIC |
| ECCLESIASTIC | ELECTROLYTIC | ENTHUSIASTIC | EPIGRAMMATIC |
| HELIOCENTRIC | HIEROGLYPHIC | HYDROCHLORIC | HYDRODYNAMIC |
| HYDROFLUORIC | MELODRAMATIC | MISANTHROPIC | NEURASTHENIC |
| ONOMATOPOEIC | ORTHORHOMBIC | PARADIGMATIC | PARAMAGNETIC |
| PERIPHRASTIC | PHILHARMONIC | PHOTOGRAPHIC | PROPHYLACTIC |
| PROTOPLASMIC | STROBOSCOPIC | TRANSPACIFIC | APPROPRIATED |
| BATTLEGROUND | COMMUNICATED | CONCATENATED | CONSOLIDATED |
| CORROBORATED | INCORPORATED | MALNOURISHED | MANUFACTURED |
| MULTIPLICAND | PERSONALIZED | SUPERIMPOSED | THOROUGHBRED |
| ACQUAINTANCE | ADMINISTRATE | AFFECTIONATE | APPREHENSIVE |
| ARCHITECTURE | AUTHENTICATE | BOROSILICATE | CARBOHYDRATE |
| CIRCUMSCRIBE | CIRCUMSTANCE | COMMENSURATE | COMMUNICABLE |
| COMPRESSIBLE | CONGLOMERATE | CONGRATULATE | CONSCIONABLE |
| CONSERVATIVE | CONSTITUTIVE | CONSULTATIVE | CONTEMPTIBLE |
| CONTRARIWISE | CONTROLLABLE | COUNTERPOISE | DECAFFEINATE |
| DECOMPOSABLE | DEMONSTRABLE | DISAMBIGUATE | DISCRIMINATE |
| DISTRIBUTIVE | EXCHANGEABLE | EXTRADITABLE | FORMALDEHYDE |
| HAPPENSTANCE | HARDSCRABBLE | HORTICULTURE | ILLEGITIMATE |
| IMMEASURABLE | IMPENETRABLE | IMPERISHABLE | IMPONDERABLE |
| INACCESSIBLE | INADMISSIBLE | INAPPEASABLE | INAPPLICABLE |
| INARTICULATE | INCALCULABLE | INCAPACITATE | INCOMPARABLE |
| INCOMPATIBLE | INCOMPUTABLE | INCONCLUSIVE | INCONSOLABLE |
| INCORRIGIBLE | INDEFENSIBLE | INDIGESTIBLE | INDISPUTABLE |
| INDISSOLUBLE | INDOCTRINATE | INERADICABLE | INEXPERIENCE |
| INEXPLICABLE | INEXTRICABLE | INHOSPITABLE | INSUFFERABLE |
| INTELLIGIBLE | INTEMPERANCE | INTERFERENCE | INTERPRETIVE |
| INTRANSITIVE | INVERTEBRATE | INVULNERABLE | IRREDEEMABLE |
| IRREMEDIABLE | IRRESISTIBLE | IRRESOLVABLE | IRRESPECTIVE |
| IRREVERSIBLE | KALEIDOSCOPE | MARRIAGEABLE | METAMORPHOSE |
| MULTIPLIABLE | NOMENCLATURE | OSCILLOSCOPE | PERSEVERANCE |
| PHOSPHORESCE | PREDETERMINE | PREPONDERATE | PREREQUISITE |
| PRESCRIPTIVE | PROGRAMMABLE | PROTECTORATE | QUANTITATIVE |
| QUINTESSENCE | REHABILITATE | REIMBURSABLE | SOPHISTICATE |
| SPECTROSCOPE | STEEPLECHASE | STRATOSPHERE | SUBSTANTIATE |
| SUPERANNUATE | SUPPRESSIBLE | THOROUGHFARE | TRANSFERABLE |
| TRANSFERENCE | TRANSLUCENCE | TRANSPOSABLE | TRANSVESTITE |
| HANDKERCHIEF | BLUESTOCKING | BREATHTAKING | COMPLICATING |
| DEPRECIATING | EARTHSHAKING | FACILITATING | GUARANTEEING |
| HANDICAPPING | MANIPULATING | SHIPBUILDING | SUBSTITUTING |
| THANKSGIVING | TRANSFERRING | TRANSMITTING | BREAKTHROUGH |
| COMMONWEALTH | SPECTROGRAPH | AGRICULTURAL | ALPHABETICAL |
| ARCHETYPICAL | ARITHMETICAL | BICENTENNIAL | COINCIDENTAL |
| CONFIDENTIAL | CONVENTIONAL | DIFFERENTIAL | DODECAHEDRAL |

## 12 letters

| | | | |
|---|---|---|---|
| EXPERIENTIAL | HETEROSEXUAL | HIERARCHICAL | HYDROTHERMAL |
| HYPOCRITICAL | INTELLECTUAL | INTERSTITIAL | LONGITUDINAL |
| MATHEMATICAL | NAVIGATIONAL | PESTILENTIAL | PREFERENTIAL |
| PRESIDENTIAL | PROFESSIONAL | PROFESSORIAL | PROVIDENTIAL |
| UNSUCCESSFUL | CHROMATOGRAM | CONSERVATISM | DIAMAGNETISM |
| HOMOMORPHISM | METAMORPHISM | PRASEODYMIUM | PROTACTINIUM |
| APPERCEPTION | APPREHENSION | AUGMENTATION | CIRCUMCISION |
| COMMENDATION | COMMITTEEMAN | CONFIRMATION | CONFORMATION |
| CONSCRIPTION | CONSERVATION | CONSTITUTION | CONSULTATION |
| CONTINUATION | CONTRIBUTION | CONVERSATION | COSMOPOLITAN |
| DECOMMISSION | DELICATESSEN | DELIMITATION | DENUNCIATION |
| DEPRECIATION | DISQUISITION | DISSERTATION | DISTRIBUTION |
| DODECAHEDRON | EXPLOITATION | EXTROVERSION | FERMENTATION |
| FLUOROCARBON | FRONTIERSMAN | FRONTIERSMEN | GEOMETRICIAN |
| HUMANITARIAN | ILLUSTRATION | IMMUNIZATION | IMPLANTATION |
| INCOMPLETION | INDISCRETION | INFLAMMATION | INHABITATION |
| INSTALLATION | INSTILLATION | INSURRECTION | INTERCEPTION |
| INTERRUPTION | INTERSECTION | INTERVENTION | INTRODUCTION |
| INTROVERSION | IRRESOLUTION | JURISDICTION | KINDERGARTEN |
| LIQUEFACTION | LOCALIZATION | MALFORMATION | MALNUTRITION |
| MANIPULATION | METROPOLITAN | MODIFICATION | NEWSPAPERMAN |
| NONAGENARIAN | OCTOGENARIAN | ORGANIZATION | PERSPIRATION |
| PERTURBATION | PETRIFACTION | PIGMENTATION | POSTPOSITION |
| PRESCRIPTION | PRESENTATION | PRESERVATION | PROCLAMATION |
| PROSCRIPTION | PROSTITUTION | PROTESTATION | REGISTRATION |
| RHODODENDRON | SATISFACTION | SEGMENTATION | SOLICITATION |
| STATISTICIAN | STREPTOMYCIN | STUPEFACTION | SUBSTITUTION |
| SUBTERRANEAN | SUPERSTITION | THEORETICIAN | TOTALITARIAN |
| TRANSMISSION | VETERINARIAN | WAREHOUSEMAN | CARTOGRAPHER |
| COMMUNICATOR | EAVESDROPPER | ENTREPRENEUR | GALVANOMETER |
| MANSLAUGHTER | MINICOMPUTER | PRACTITIONER | QUADRANGULAR |
| RESTAURATEUR | SCHOOLMASTER | SPECTROMETER | STENOGRAPHER |
| TELEPROMPTER | TRANSGRESSOR | ADVANTAGEOUS | ADVENTITIOUS |
| AMBIDEXTROUS | ARGILLACEOUS | ASTROPHYSICS | ASYNCHRONOUS |
| CARBONACEOUS | COMMENTARIES | CONTEMPTUOUS | DEPENDENCIES |
| DIATOMACEOUS | DICTIONARIES | DIFFICULTIES | ELECTROLYSIS |
| ENCEPHALITIS | HETEROGAMOUS | HETEROZYGOUS | HIPPOPOTAMUS |
| HYPOTHALAMUS | INAUSPICIOUS | INFELICITOUS | INHARMONIOUS |
| MERETRICIOUS | MULTIFARIOUS | NEVERTHELESS | OSTENTATIOUS |
| OSTEOPOROSIS | PARSIMONIOUS | PATHOGENESIS | PERTINACIOUS |
| PREPOSTEROUS | PRESUMPTUOUS | RUTHLESSNESS | SACRILEGIOUS |
| SIMULTANEOUS | SUPERCILIOUS | TUBERCULOSIS | VAINGLORIOUS |
| AFORETHOUGHT | AFTERTHOUGHT | COMMISSARIAT | CONVALESCENT |
| COUNTERPOINT | DELIQUESCENT | EFFLORESCENT | INCANDESCENT |
| INCONSISTENT | INCONVENIENT | INSUFFICIENT | INTERMITTENT |
| INTRANSIGENT | JURISPRUDENT | METALLURGIST | MIDDLEWEIGHT |
| NORTHERNMOST | PREPONDERANT | PROPAGANDIST | RECALCITRANT |
| RECEPTIONIST | SOUTHERNMOST | TRANSCENDENT | ANTHROPOLOGY |

| | | | |
|---|---|---|---|
| ANTICIPATORY | AVAILABILITY | BIBLIOGRAPHY | COMMENDATORY |
| COMPENSATORY | CONCILIATORY | CONDEMNATORY | CONFIRMATORY |
| CONSERVATORY | CONTEMPORARY | CONTRIBUTORY | CONVULSIVELY |
| CRYPTOGRAPHY | DISCIPLINARY | DIVERSIONARY | EPIDEMIOLOGY |
| EPISTEMOLOGY | EVOLUTIONARY | EXCLUSIONARY | GEOCHEMISTRY |
| HABERDASHERY | HYSTERECTOMY | IDIOSYNCRASY | ILLEGITIMACY |
| INFLAMMATORY | INFLATIONARY | INTERMEDIARY | INTRODUCTORY |
| LEXICOGRAPHY | MULLIGATAWNY | MULTIPLICITY | OCEANOGRAPHY |
| OPPRESSIVELY | OTHERWORLDLY | PENITENTIARY | PERIODICALLY |
| PHARMACOLOGY | PHILANTHROPY | PRAISEWORTHY | PRODUCTIVITY |
| RADIOTHERAPY | REPETITIVELY | SATISFACTORY | SCRUPULOSITY |
| SEISMOGRAPHY | SIMULTANEITY | SPECTROSCOPY | STEREOGRAPHY |
| STRAIGHTAWAY | SUBJECTIVITY | TESTAMENTARY | TRANSLUCENCY |
| TRANSMOGRIFY | TRIGONOMETRY | | |

# Longer Words

## 13 letters

ACCELEROMETER
ACCREDITATION
ANACHRONISTIC
ANTHROPOGENIC
APPROPRIATION
ARCHITECTURAL
ARGUMENTATIVE
AUTHORITARIAN
AUTOBIOGRAPHY
BACCALAUREATE
CARTILAGINOUS
CIRCUMFERENCE
COMBINATORIAL
COMMUNICATING
COMPLEMENTARY
COMPREHENSION
CONCATENATING
CONFECTIONERY
CONFLAGRATION
CONGRESSIONAL
CONSEQUENTIAL
CONSOLIDATION
CONTRACEPTIVE
CONTRAVENTION
CORRESPONDENT
CORROBORATION
CUSTOMIZATION
DECOMPRESSION
DIFFERENTIATE
DISSIMILARITY
EAVESDROPPING
EMPHYSEMATOUS
EXCOMMUNICATE
FERROMAGNETIC
FUNCTIONALITY
GRANDILOQUENT
HETEROGENEITY
HYDROCHLORIDE
IDIOSYNCRATIC
IMPERMISSIBLE
IMPROVISATION
INAPPROPRIATE
INCONCEIVABLE

ACCOMPANIMENT
ADMINISTRABLE
ANIMADVERSION
APPROPRIATING
ARCHITECTONIC
ARGUMENTATION
ASTROPHYSICAL
AUTHORITATIVE
AUTOMATICALLY
BOUSTROPHEDON
CHRYSANTHEMUM
CIRCUMVENTION
COMMENSURABLE
COMPASSIONATE
COMPLIMENTARY
COMPREHENSIVE
CONDESCENSION
CONFIGURATION
CONFRONTATION
CONSCIENTIOUS
CONSOLIDATING
CONTRACEPTION
CONTRADICTORY
CONTROVERSIAL
CORROBORATING
CRYPTOGRAPHER
DECOMPOSITION
DIAGNOSTICIAN
DISCRETIONARY
DOCUMENTATION
ELECTROPHORUS
ENCYCLOPAEDIC
EXTRAORDINARY
FRAGMENTATION
GRANDDAUGHTER
GUBERNATORIAL
HETEROGENEOUS
HYDROELECTRIC
IMPERCEPTIBLE
IMPRACTICABLE
INAPPRECIABLE
INCOMBUSTIBLE
INCONDENSABLE

| | |
|---|---|
| INCONSIDERATE | INCONSISTENCY |
| INCONSPICUOUS | INCONTESTABLE |
| INCONVERTIBLE | INCORPORATING |
| INCORRUPTIBLE | INDEFATIGABLE |
| INDESCRIBABLE | INDETERMINACY |
| INDETERMINATE | INDISCERNIBLE |
| INDISPENSABLE | INDISPOSITION |
| INDIVIDUALISM | INDUSTRIALISM |
| INEXHAUSTIBLE | INEXPRESSIBLE |
| INFINITESIMAL | INHOMOGENEOUS |
| INQUISITORIAL | INSIGNIFICANT |
| INSTANTANEOUS | INSUBORDINATE |
| INSUBSTANTIAL | INSUPPORTABLE |
| INTERROGATORY | IRRECLAIMABLE |
| IRRECOVERABLE | IRREPLACEABLE |
| IRREPRESSIBLE | IRRESPONSIBLE |
| IRRETRIEVABLE | JUXTAPOSITION |
| KNOWLEDGEABLE | MAGNIFICATION |
| MANIFESTATION | MANUFACTURING |
| MATHEMATICIAN | METAMORPHOSIS |
| MISCEGENATION | MISCELLANEOUS |
| MONOCHROMATIC | MONOCOTYLEDON |
| MULTITUDINOUS | NEUROMUSCULAR |
| OLEOMARGARINE | OPHTHALMOLOGY |
| ORNAMENTATION | PARAPHERNALIA |
| PARLIAMENTARY | PERPENDICULAR |
| PERSONALIZING | PERSPICACIOUS |
| PETROCHEMICAL | PHARMACOPOEIA |
| PHENOMENOLOGY | PHILANTHROPIC |
| PHYSIOTHERAPY | PLATITUDINOUS |
| POSSIBILITIES | POTENTIOMETER |
| PRECAUTIONARY | PREDETERMINED |
| PROCRASTINATE | PROGNOSTICATE |
| PRONOUNCEABLE | PRONUNCIATION |
| PROPORTIONATE | PSYCHOBIOLOGY |
| PSYCHOSOMATIC | PSYCHOTHERAPY |
| PYROPHOSPHATE | QUADRILATERAL |
| QUADRIPARTITE | QUALIFICATION |
| QUARTERMASTER | QUESTIONNAIRE |
| RAPPROCHEMENT | RECRIMINATORY |
| REGIMENTATION | REPREHENSIBLE |
| RETROGRESSION | RETROGRESSIVE |
| REVOLUTIONARY | SANCTIMONIOUS |
| SCHIZOPHRENIA | SCHIZOPHRENIC |
| SEDIMENTATION | SERENDIPITOUS |
| SOCIOECONOMIC | SPECIFICATION |
| SPECTROSCOPIC | SPERMATOPHYTE |
| STATESMANLIKE | STREPTOCOCCUS |

## Longer Words

SUPERIMPOSING
SUPPLEMENTARY
SURREPTITIOUS
TABLESPOONFUL
TETRACHLORIDE
TRANSCRIPTION
TRANSLITERATE
TRANSMITTANCE
TRANSPIRATION
TRIGONOMETRIC
UNCONDITIONAL
UNDERSTANDING
VALEDICTORIAN

SUPERSTITIOUS
SUPRANATIONAL
SYSTEMIZATION
TERPSICHOREAN
TRANSATLANTIC
TRANSGRESSION
TRANSMISSIBLE
TRANSMUTATION
TRANSPOSITION
UNCERTAINTIES
UNDERCLASSMAN
UNINTERRUPTED

## 14 letters

AFOREMENTIONED
ANTIPERSPIRANT
CAPITALIZATION
CHARACTERISTIC
CHROMATOGRAPHY
CIRCUMSTANTIAL
CLASSIFICATORY
CONCESSIONAIRE
CONSANGUINEOUS
CONTROVERTIBLE
COUNTERBALANCE
DISCIPLINARIAN
EXTEMPORANEOUS
HISTORIOGRAPHY
INAPPROACHABLE
INCOMMUNICABLE
INCONSIDERABLE
INDECIPHERABLE
INDESTRUCTIBLE
INDISCOVERABLE
INFRASTRUCTURE
INSUPPRESSIBLE
INTERFEROMETER
IRRECONCILABLE
MACROMOLECULAR
MULTIPLICATIVE
PHOSPHORESCENT
PREDISPOSITION
PSYCHOANALYSIS
QUINTESSENTIAL
RADIOTELEPHONE
REPRESENTATION
SEPTUAGENARIAN

ALPHABETICALLY
ASTROPHYSICIST
CARDIOVASCULAR
CHOLINESTERASE
CIRCUMLOCUTION
CLASSIFICATION
COMPREHENSIBLE
CONGRATULATORY
CONSPIRATORIAL
CORRESPONDENCE
COUNTEREXAMPLE
DISCRIMINATORY
HANDICRAFTSMAN
IDENTIFICATION
INCOMMENSURATE
INCOMPRESSIBLE
INCONTROLLABLE
INDECOMPOSABLE
INDETERMINABLE
INDISCRIMINATE
INITIALIZATION
INSURMOUNTABLE
INTERPRETATION
IRREPROACHABLE
MULTIPLICATION
ORGANIZATIONAL
POLYSACCHARIDE
PRESUPPOSITION
PSYCHOANALYTIC
RADIOTELEGRAPH
RECONNAISSANCE
REPRESENTATIVE
SIMPLIFICATION

| | |
|---|---|
| SUPERINTENDENT | TELEPROCESSING |
| TRANSCENDENTAL | TRANSFORMATION |
| TRANSPORTATION | TROUBLESHOOTER |
| UNIDIRECTIONAL | VERISIMILITUDE |

## 15 letters

| | |
|---|---|
| ACKNOWLEDGEABLE | ALPHABETIZATION |
| ANTHROPOMORPHIC | CIRCUMFERENTIAL |
| CIRCUMSCRIPTION | COMPLEMENTATION |
| CONTEMPORANEOUS | CRYSTALLOGRAPHY |
| ENTREPRENEURIAL | EXPERIMENTATION |
| INCOMMENSURABLE | INCOMPREHENSION |
| INCONSEQUENTIAL | INCONSISTENCIES |
| INSTRUMENTATION | JURISPRUDENTIAL |
| NOTWITHSTANDING | PARLIAMENTARIAN |
| PERSONALIZATION | PHYSIOTHERAPIST |
| PLENIPOTENTIARY | PSYCHOTHERAPIST |
| SEMITRANSPARENT | STRAIGHTFORWARD |
| TELEPHOTOGRAPHY | TRANSPLANTATION |

## 16 letters

| | |
|---|---|
| ANTHROPOMORPHISM | ARTERIOSCLEROSIS |
| COUNTERCLOCKWISE | COUNTERINTUITIVE |
| CRYSTALLOGRAPHER | GASTROINTESTINAL |
| INCOMPREHENSIBLE | INCONTROVERTIBLE |
| INEXTINGUISHABLE | MISPRONUNCIATION |
| TRANSCONTINENTAL | |

## 17 letters

| | |
|---|---|
| CONTRADISTINCTION | CONTRADISTINGUISH |
| INDISTINGUISHABLE | SPECTROPHOTOMETER |

## 18 letters

ELECTROCARDIOGRAPH

## 20 letters

ELECTROENCEPHALOGRAM

## 21 letters

ELECTROENCEPHALOGRAPH

# Suffixes

## ABLE

| | | | |
|---|---|---|---|
| ABOMINABLE | ADVISABLE | AFFABLE | AGREEABLE |
| ALLOWABLE | AMICABLE | APPLICABLE | ASSOCIABLE |
| AVAILABLE | BIDDABLE | BRIDGEABLE | CALCULABLE |
| CHANGEABLE | CHARGEABLE | CHARITABLE | COGNIZABLE |
| CULPABLE | CULTIVABLE | DELECTABLE | DELEGABLE |
| DENIABLE | DESPICABLE | DISABLE | DISPOSABLE |
| DUBITABLE | DURABLE | DUTIABLE | EDUCABLE |
| EFFACEABLE | EMENDABLE | ENABLE | ENUMERABLE |
| ENUNCIABLE | ENVIABLE | EQUABLE | EQUITABLE |
| ERADICABLE | ERASABLE | ESTIMABLE | EVOCABLE |
| EXCISABLE | EXCUSABLE | EXECRABLE | EXECUTABLE |
| EXPIABLE | EXPLICABLE | EXTRICABLE | FLAMMABLE |
| FORMIDABLE | FRIABLE | HERITABLE | HOSPITABLE |
| IMITABLE | IMMOVABLE | IMMUTABLE | IMPALPABLE |
| IMPASSABLE | IMPECCABLE | IMPLACABLE | IMPROBABLE |
| INCAPABLE | INCULPABLE | INEFFABLE | INEVITABLE |
| INEXORABLE | INEXPIABLE | INIMITABLE | INSATIABLE |
| INSOLVABLE | INSTABLE | INVALUABLE | INVARIABLE |
| INVIOLABLE | IRRITABLE | JUDICABLE | LIABLE |
| LICENSABLE | LOSABLE | MALLEABLE | MANAGEABLE |
| MEMORABLE | NAVIGABLE | NEGOTIABLE | NOTICEABLE |
| NUMERABLE | OPERABLE | OPPOSABLE | PALPABLE |
| PEACEABLE | PENETRABLE | PERMEABLE | PITIABLE |
| PLIABLE | PORTABLE | POTABLE | READABLE |
| REFERABLE | RELEASABLE | REMEDIABLE | REVISABLE |
| REVOCABLE | SEPARABLE | SOCIABLE | STABLE |
| SUPPOSABLE | SYLLABLE | TENABLE | TERMINABLE |
| TOLERABLE | TRACEABLE | TURNTABLE | USABLE |
| VARIABLE | VEGETABLE | VENERABLE | VERITABLE |
| VULNERABLE | WORKTABLE | | |

## ACY

| | | | |
|---|---|---|---|
| ACCURACY | ADEQUACY | ADVOCACY | AUTOCRACY |
| CANDIDACY | CELIBACY | CONSPIRACY | CONTUMACY |
| DEGENERACY | DELICACY | DEMOCRACY | DIPLOMACY |
| EFFICACY | FALLACY | ILLITERACY | IMMEDIACY |
| INACCURACY | INADEQUACY | INEFFICACY | INTIMACY |
| INTRICACY | LEGACY | LEGITIMACY | LITERACY |
| LUNACY | OBDURACY | OBSTINACY | PAPACY |
| PHARMACY | PIRACY | PRIMACY | PRIVACY |
| PROFLIGACY | SUPREMACY | THEOCRACY | |

## ADE

| | | | |
|---|---|---|---|
| ABRADE | ACCOLADE | AMBUSCADE | ARCADE |
| BALUSTRADE | BARRICADE | BLOCKADE | BRIGADE |
| BROCADE | CASCADE | CAVALCADE | CENTIGRADE |
| COLONNADE | COMRADE | CRUSADE | DECADE |
| DEGRADE | DISSUADE | DOWNGRADE | ESCAPADE |
| ESPLANADE | FACADE | FORBADE | FUSILLADE |
| GLISSADE | GRENADE | HANDMADE | INVADE |
| LEMONADE | MARINADE | MARMALADE | MASQUERADE |
| PALISADE | PARADE | PERSUADE | PERVADE |
| POMADE | PROMENADE | RETROGRADE | SACCADE |
| SERENADE | STOCKADE | TIRADE | UPGRADE |

## AGE

| | | | |
|---|---|---|---|
| ACREAGE | ADVANTAGE | AMPERAGE | ANCHORAGE |
| APPENDAGE | ARBITRAGE | ASSEMBLAGE | ASSUAGE |
| AVERAGE | BACKSTAGE | BADINAGE | BAGGAGE |
| BANDAGE | BARRAGE | BEVERAGE | BLOCKAGE |
| BONDAGE | BREAKAGE | BROKERAGE | CABBAGE |
| CAMOUFLAGE | CARNAGE | CARRIAGE | CARTILAGE |
| CLEAVAGE | COINAGE | COLLAGE | CORDAGE |
| CORSAGE | COTTAGE | COURAGE | COVERAGE |
| DAMAGE | DISPARAGE | DOSAGE | DRAINAGE |
| ENGAGE | ENTOURAGE | ESPIONAGE | FOLIAGE |
| FORAGE | FRONTAGE | FUSELAGE | GARAGE |
| GARBAGE | HAULAGE | HERITAGE | HOMAGE |
| HOSTAGE | LANGUAGE | LEAKAGE | LEVERAGE |
| LINEAGE | LINKAGE | LUGGAGE | MANAGE |
| MARRIAGE | MASSAGE | MESSAGE | MILEAGE |
| MIRAGE | MORTGAGE | MUCILAGE | ORPHANAGE |
| PACKAGE | PARENTAGE | PARSONAGE | PASSAGE |
| PATRONAGE | PERCENTAGE | PERSIFLAGE | PERSONAGE |
| PILFERAGE | PILGRIMAGE | PILLAGE | PLUMAGE |
| PORTAGE | POSTAGE | PRESAGE | RAMPAGE |
| RAVAGE | RUMMAGE | SABOTAGE | SALVAGE |
| SAUSAGE | SAVAGE | SAXIFRAGE | SCRIMMAGE |
| SEEPAGE | SEWAGE | SEWERAGE | SHORTAGE |
| SHRINKAGE | SILAGE | SLIPPAGE | STOPPAGE |
| STORAGE | STOWAGE | STUMPAGE | SUFFRAGE |
| TEENAGE | TONNAGE | TUTELAGE | UMBRAGE |
| VANTAGE | VERBIAGE | VILLAGE | VINTAGE |
| VISAGE | VOLTAGE | VOYAGE | WASTAGE |
| WATTAGE | WRECKAGE | | |

## AIN

| | | | |
|---|---|---|---|
| ABSTAIN | APPERTAIN | ASCERTAIN | ATTAIN |
| BARGAIN | BLOODSTAIN | BOATSWAIN | CAPTAIN |

## Suffixes

| | | | |
|---|---|---|---|
| CERTAIN | CHAPLAIN | CHIEFTAIN | CHILBLAIN |
| COMPLAIN | CONSTRAIN | CONTAIN | CURTAIN |
| DETAIN | DISDAIN | DOMAIN | ENTERTAIN |
| EXPLAIN | FOUNTAIN | MAINTAIN | MOUNTAIN |
| OBTAIN | ORDAIN | PERTAIN | PLANTAIN |
| PORCELAIN | QUATRAIN | REFRAIN | REGAIN |
| RESTRAIN | RETAIN | SPRAIN | STRAIN |
| SUSTAIN | SUZERAIN | TERRAIN | UNCERTAIN |
| VILLAIN | | | |

## ALL

| | | | |
|---|---|---|---|
| BASEBALL | BASKETBALL | BEFALL | BLACKBALL |
| BUTTERBALL | CANNONBALL | CATCALL | DOWNFALL |
| EYEBALL | FIREWALL | FOOTBALL | FOOTFALL |
| GADWALL | GUILDHALL | HIGHBALL | INSTALL |
| NIGHTFALL | PINBALL | PITFALL | PUFFBALL |
| RAINFALL | RECALL | REINSTALL | SNOWBALL |
| SNOWFALL | SOFTBALL | SQUALL | THRALL |
| WATERFALL | WINDFALL | | |

## AND

| | | | |
|---|---|---|---|
| AMPERSAND | BACKHAND | BANDSTAND | BEFOREHAND |
| COMMAND | CONTRABAND | COWHAND | DEMAND |
| ERRAND | EXPAND | GARLAND | GRANDSTAND |
| HEADLAND | HIGHLAND | HINTERLAND | HOMELAND |
| HUSBAND | INLAND | ISLAND | LONGHAND |
| LOWLAND | MAINLAND | MIDLAND | MOTHERLAND |
| OFFHAND | OPERAND | PORTLAND | QUICKSAND |
| REMAND | REPRIMAND | SHORTHAND | SOUTHLAND |
| STRAND | THOUSAND | TIDELAND | UNDERSTAND |
| UPLAND | WASTELAND | WATCHBAND | WITHSTAND |
| WONDERLAND | WOODLAND | WRISTBAND | |

## ARD

| | | | |
|---|---|---|---|
| ABOARD | AFTERWARD | AWKWARD | BACKBOARD |
| BACKWARD | BACKYARD | BARNYARD | BASEBOARD |
| BASTARD | BILLBOARD | BILLIARD | BLACKBOARD |
| BLIZZARD | BODYGUARD | BOMBARD | BOULEVARD |
| BUCKBOARD | BUSTARD | CAMELOPARD | CARDBOARD |
| CHALKBOARD | CHURCHYARD | CLAPBOARD | COLLARD |
| COURTYARD | COWARD | CUPBOARD | DASHBOARD |
| DASTARD | DEATHWARD | DISCARD | DOCKYARD |
| DOWNWARD | DRUNKARD | EASTWARD | FIBREBOARD |
| FORWARD | GRAVEYARD | GREENSWARD | GREYBEARD |
| HAGGARD | HAPHAZARD | HAYWARD | HAZARD |
| HEAVENWARD | HOMEWARD | INBOARD | INWARD |
| KEYBOARD | LEEWARD | LEFTWARD | LEOPARD |

LIFEGUARD     LIZARD     MALLARD     MUSTARD
NORTHWARD     ONWARD     ORCHARD     OUTWARD
PASTEBOARD     PEGBOARD     POSTCARD     REGARD
RETARD     REWARD     RIGHTWARD     SAFEGUARD
SCABBARD     SEABOARD     SEAWARD     SHIPBOARD
SHIPYARD     SIDEBOARD     SIGNBOARD     SKYWARD
SOUTHWARD     SPIKENARD     STANDARD     STARBOARD
STEWARD     STORYBOARD     TOWARD     UPWARD
VANGUARD     VINEYARD     WAYWARD     WESTWARD
WINDWARD     WIZARD     WOODWARD

## ARY

ADVERSARY     ANCILLARY     ANTIQUARY     APOTHECARY
ARBITRARY     AUXILIARY     AVIARY     BEGGARY
BINARY     BLEARY     BOUNDARY     BUDGETARY
BURGLARY     CANARY     CAPILLARY     CAUTIONARY
CENTENARY     COMMENTARY     COMMISSARY     CONTRARY
COROLLARY     CORONARY     CULINARY     CUSTOMARY
DEPOSITARY     DICTIONARY     DIETARY     DIGNITARY
DISPENSARY     DREARY     DROMEDARY     ELEMENTARY
EMISSARY     ESTUARY     EXEMPLARY     FIDUCIARY
FRITILLARY     GLOSSARY     GRANARY     HEREDITARY
HONORARY     IMAGINARY     INCENDIARY     INFIRMARY
ITINERARY     JANISSARY     JUDICIARY     LAPIDARY
LECTIONARY     LEGENDARY     LIBRARY     LITERARY
LUMINARY     MERCENARY     MILITARY     MISSIONARY
MOMENTARY     MONETARY     NECESSARY     NOTARY
OBITUARY     ORDINARY     PAPILLARY     PECCARY
PECUNIARY     PITUITARY     PLANETARY     PLENARY
PRIMARY     PULMONARY     QUANDARY     QUATERNARY
RELIQUARY     RESIDUARY     ROSARY     ROSEMARY
ROTARY     SALARY     SALIVARY     SALUTARY
SANCTUARY     SANGUINARY     SANITARY     SECONDARY
SECRETARY     SEDENTARY     SEMINARY     SOLITARY
STATIONARY     STATUARY     SUBSIDIARY     SUMMARY
TEMPORARY     TERNARY     TERTIARY     TRIBUTARY
UNITARY     URINARY     VAGARY     VETERINARY
VISIONARY     VOCABULARY     VOLUNTARY     VOTARY

## ATIC

ACHROMATIC     ACROBATIC     ADIABATIC     ALIPHATIC
AQUATIC     AROMATIC     ASTIGMATIC     AUTOCRATIC
AUTOMATIC     AXIOMATIC     CHROMATIC     CINEMATIC
CLIMATIC     DEMOCRATIC     DIPLOMATIC     DOGMATIC
DRAMATIC     ECSTATIC     EMBLEMATIC     EMPHATIC
ENIGMATIC     ERRATIC     FANATIC     HIERATIC
IDIOMATIC     LUNATIC     MATHEMATIC     NUMISMATIC

## Suffixes

| | | | |
|---|---|---|---|
| OPERATIC | PANCREATIC | PNEUMATIC | PRAGMATIC |
| PRISMATIC | QUADRATIC | RHEUMATIC | SCHEMATIC |
| SOMATIC | STATIC | SYSTEMATIC | THEMATIC |
| TRAUMATIC | | | |

## CAL

| | | | |
|---|---|---|---|
| BIBLICAL | BIFOCAL | CORTICAL | EQUIVOCAL |
| FARCICAL | FISCAL | GRAPHICAL | HELICAL |
| IDENTICAL | INIMICAL | LEXICAL | LOGICAL |
| MANIACAL | MESCAL | METHODICAL | NAUTICAL |
| NUMERICAL | ORATORICAL | PHYSICAL | PONTIFICAL |
| PRACTICAL | QUIZZICAL | RADICAL | RASCAL |
| RECIPROCAL | SABBATICAL | SURGICAL | TECHNICAL |
| THEATRICAL | TYPICAL | UMBILICAL | VERTICAL |
| ZODIACAL | | | |

## CATE

| | | | |
|---|---|---|---|
| ABDICATE | ADJUDICATE | ADVOCATE | AFFRICATE |
| ALLOCATE | ALTERCATE | BIFURCATE | COMPLICATE |
| CONFISCATE | CORUSCATE | DEDICATE | DEFECATE |
| DELICATE | DEMARCATE | DEPRECATE | DUPLICATE |
| EDUCATE | EQUIVOCATE | ERADICATE | EVOCATE |
| EXPLICATE | EXTRICATE | FABRICATE | IMPLICATE |
| IMPRECATE | INCULCATE | INDELICATE | INDICATE |
| INTOXICATE | INTRICATE | INVOCATE | LOCATE |
| LUBRICATE | MEDICATE | OBFUSCATE | PLACATE |
| PREDICATE | REPLICATE | SILICATE | SUFFOCATE |
| SUPPLICATE | SYNDICATE | TRIPLICATE | TRUNCATE |
| VACATE | VINDICATE | | |

## DEN

| | | | |
|---|---|---|---|
| BEDRIDDEN | BIDDEN | BROADEN | BURDEN |
| DEADEN | DOWNTRODDEN | EMBOLDEN | FORBIDDEN |
| GARDEN | GLADDEN | GOLDEN | HANDMAIDEN |
| HARDEN | HIDDEN | HOLDEN | HOYDEN |
| LEADEN | LINDEN | MADDEN | MAIDEN |
| MENHADEN | REDDEN | RIDDEN | SADDEN |
| SODDEN | SUDDEN | TRODDEN | UNBIDDEN |
| WARDEN | WOODEN | | |

## DENT

| | | | |
|---|---|---|---|
| ACCIDENT | ANTECEDENT | ARDENT | CADENT |
| COINCIDENT | CONFIDENT | CREDENT | DECADENT |
| DECEDENT | DEPENDENT | DESCENDENT | DESPONDENT |
| DIFFIDENT | DISSIDENT | EVIDENT | IMPRUDENT |
| IMPUDENT | INCIDENT | INDENT | OCCIDENT |

PRECEDENT   PRESIDENT   PROVIDENT   PRUDENT
RESIDENT   RESPONDENT   RODENT   STRIDENT
STUDENT   TRIDENT

## DER

ASUNDER   ATTAINDER   BARTENDER   BEWILDER
BLADDER   BLUNDER   BORDER   BOULDER
BYSTANDER   CHOWDER   CINDER   COLANDER
CONSIDER   CORIANDER   CYLINDER   EMBROIDER
FLOUNDER   FODDER   FOLDER   GANDER
GENDER   GUILDER   GUNPOWDER   HELLBENDER
LAUNDER   LAVENDER   MARAUDER   MEANDER
MURDER   OLEANDER   PANDER   PLUNDER
PONDER   POWDER   REJOINDER   REMAINDER
REMINDER   RENDER   REORDER   RUDDER
SALAMANDER   SHOULDER   SHUDDER   SIDEWINDER
SLANDER   SLENDER   SMOULDER   SOLDER
SPIDER   SQUANDER   SUNDER   SURRENDER
THUNDER   TINDER   WANDER   WONDER

## DLE

ASTRADDLE   BEADLE   BEFUDDLE   BRIDLE
BRINDLE   BUNDLE   CANDLE   CODDLE
CRADLE   CUDDLE   CURDLE   DIDDLE
DOODLE   DWINDLE   FIDDLE   FONDLE
GIRDLE   GRIDDLE   HANDLE   HUDDLE
HURDLE   KINDLE   MEDDLE   MIDDLE
MUDDLE   NEEDLE   NOODLE   PADDLE
PANHANDLE   PEDDLE   PIDDLE   POODLE
PUDDLE   RIDDLE   SADDLE   SPINDLE
STRADDLE   SWINDLE   TODDLE   TREADLE
TRUNDLE   TWADDLE   TWIDDLE   WADDLE
WHEEDLE

## ECT

ABJECT   AFFECT   ARCHITECT   ASPECT
BISECT   COLLECT   CONFECT   CONNECT
CORRECT   DEFECT   DEFLECT   DEJECT
DESELECT   DETECT   DIALECT   DIRECT
EFFECT   EXPECT   IMPERFECT   INCORRECT
INDIRECT   INFECT   INFLECT   INJECT
INSECT   INSPECT   INTELLECT   INTERJECT
INTERSECT   INTROSPECT   NEGLECT   OBJECT
PERFECT   PLUPERFECT   PREFECT   PROJECT
PROSPECT   PROTECT   REDIRECT   REFLECT
REJECT   RESPECT   RESURRECT   RETROSPECT
SELECT   SUBJECT   SUSPECT   TRANSECT

## Suffixes

### END

| | | | |
|---|---|---|---|
| ADDEND | APPEND | APPREHEND | ASCEND |
| ATTEND | BOYFRIEND | COMMEND | COMPREHEND |
| CONDESCEND | CONTEND | DEFEND | DEPEND |
| DESCEND | DIVIDEND | EXPEND | EXTEND |
| FRIEND | GODSEND | IMPEND | INTEND |
| LEGEND | MINUEND | OFFEND | PORTEND |
| PRETEND | REVEREND | STIPEND | SUBTRAHEND |
| SUSPEND | TRANSCEND | WEEKEND | |

### ERY

| | | | |
|---|---|---|---|
| ADULTERY | ARCHERY | ARTERY | ARTILLERY |
| BAKERY | BAPTISTERY | BATTERY | BINDERY |
| BRAVERY | BREWERY | BRIBERY | BUTCHERY |
| BUTTERY | CANNERY | CELERY | CEMETERY |
| CHEERY | CHICANERY | COOKERY | COPPERY |
| CREAMERY | CROCKERY | DEBAUCHERY | DELIVERY |
| DISCOVERY | DISTILLERY | DRAPERY | DRUDGERY |
| DYSENTERY | EMBROIDERY | FEATHERY | FERNERY |
| FINERY | FISHERY | FLATTERY | FLOWERY |
| FORGERY | GALLERY | GREENERY | GROCERY |
| GUNNERY | HOSIERY | IMAGERY | JEWELLERY |
| LEATHERY | LECHERY | LIVERY | LOTTERY |
| MACHINERY | MASTERY | MILLINERY | MISERY |
| MOCKERY | MONASTERY | MYSTERY | NURSERY |
| ORNERY | PAPERY | PEPPERY | PERFUMERY |
| PERIPHERY | POTTERY | POWDERY | PRESBYTERY |
| PSALTERY | PUFFERY | QUACKERY | RAILLERY |
| RECOVERY | REFINERY | ROBBERY | RUBBERY |
| SAVAGERY | SCENERY | SHIVERY | SHRUBBERY |
| SILVERY | SLAVERY | SLIPPERY | SNOBBERY |
| SOLDIERY | SORCERY | SPIDERY | SPLINTERY |
| STATIONERY | SURGERY | TRACERY | TREACHERY |
| TRICKERY | TRUMPERY | TURNERY | UPHOLSTERY |
| WATERY | WINERY | | |

### ESS

| | | | |
|---|---|---|---|
| ABSCESS | ACCESS | ACTRESS | ADDRESS |
| ASSESS | BARONESS | BURGESS | BUSINESS |
| BUTTRESS | CARESS | COMPRESS | CONFESS |
| CONGRESS | CYPRESS | DEACONESS | DECOMPRESS |
| DEPRESS | DIGRESS | DUCHESS | DURESS |
| EFFORTLESS | EGRESS | EMPRESS | EXACTNESS |
| EXCESS | EXPRESS | FORTRESS | GIANTESS |
| GODDESS | GOVERNESS | HARNESS | HEIRESS |
| HOSTESS | IMPRESS | LIONESS | MATTRESS |

| | | | |
|---|---|---|---|
| MISTRESS | NIGHTDRESS | OBSESS | OGRESS |
| OPPRESS | PATRONESS | POSSESS | PRINCESS |
| PROCESS | PROFESS | PROGRESS | PROWESS |
| RECESS | REGRESS | RETROGRESS | RUTHLESS |
| SEAMSTRESS | STEWARDESS | STRESS | SUCCESS |
| SUPPRESS | TEMPTRESS | TIGRESS | TRANSGRESS |
| WAITRESS | WATERCRESS | WIDENESS | WILDERNESS |
| WITNESS | | | |

## EST

| | | | |
|---|---|---|---|
| AFFOREST | ARREST | ATTEST | BEHEST |
| BEQUEST | BIGGEST | CONGEST | CONQUEST |
| CONTEST | DEFOREST | DETEST | DIGEST |
| DIVEST | EARNEST | ELDEST | FARTHEST |
| FOREST | FURTHEST | HARVEST | HIGHEST |
| HONEST | IMMODEST | INCEST | INFEST |
| INGEST | INQUEST | INTEREST | INVEST |
| MANIFEST | MODEST | MOLEST | PRIEST |
| PROTEST | REINVEST | REQUEST | SUGGEST |
| TEMPEST | | | |

## ETIC

| | | | |
|---|---|---|---|
| ACETIC | AESTHETIC | ALPHABETIC | ANTITHETIC |
| APATHETIC | APOLOGETIC | ARITHMETIC | ASCETIC |
| ATHLETIC | COSMETIC | CYBERNETIC | DIABETIC |
| DIETETIC | ENERGETIC | EPIGENETIC | FRENETIC |
| GENETIC | GEODETIC | HERETIC | HERMETIC |
| HYPOTHETIC | KINETIC | MAGNETIC | MIMETIC |
| PATHETIC | PHONETIC | POETIC | PROPHETIC |
| PROSTHETIC | SPLENETIC | SYNTHETIC | THEORETIC |

## FUL

| | | | |
|---|---|---|---|
| ARMFUL | ARTFUL | BALEFUL | BANEFUL |
| BASHFUL | BEAUTIFUL | BLISSFUL | BOASTFUL |
| BRIMFUL | CAREFUL | CHEERFUL | CUPFUL |
| DECEITFUL | DELIGHTFUL | DISDAINFUL | DISGUSTFUL |
| DOLEFUL | DOUBTFUL | DREADFUL | DUTIFUL |
| EVENTFUL | EYEFUL | FAITHFUL | FANCIFUL |
| FATEFUL | FEARFUL | FITFUL | FORCEFUL |
| FORGETFUL | FRIGHTFUL | FRUITFUL | GAINFUL |
| GLEEFUL | GRACEFUL | GRATEFUL | HANDFUL |
| HARMFUL | HATEFUL | HEALTHFUL | HELPFUL |
| HOPEFUL | INSIGHTFUL | JOYFUL | LAWFUL |
| LUSTFUL | MASTERFUL | MEANINGFUL | MERCIFUL |
| MINDFUL | MOURNFUL | MOUTHFUL | NEEDFUL |
| PAINFUL | PEACEFUL | PITIFUL | PLAYFUL |
| PLENTIFUL | POCKETFUL | POWERFUL | PRAYERFUL |

## Suffixes

| | | | |
|---|---|---|---|
| PURPOSEFUL | REGRETFUL | REMORSEFUL | RESENTFUL |
| RESPECTFUL | RESTFUL | RIGHTFUL | ROOMFUL |
| RUEFUL | SCORNFUL | SHAMEFUL | SINFUL |
| SKILFUL | SLOTHFUL | SORROWFUL | SOULFUL |
| SPITEFUL | SPOONFUL | STRESSFUL | SUCCESSFUL |
| TACTFUL | TASTEFUL | TEARFUL | THANKFUL |
| THOUGHTFUL | TRUSTFUL | TRUTHFUL | TUNEFUL |
| USEFUL | VENGEFUL | WAKEFUL | WASTEFUL |
| WATCHFUL | WILFUL | WISHFUL | WISTFUL |
| WOEFUL | WONDERFUL | WORSHIPFUL | WRATHFUL |
| WRONGFUL | YOUTHFUL | | |

## GATE

| | | | |
|---|---|---|---|
| ABROGATE | AGGREGATE | ARROGATE | CASTIGATE |
| CONGREGATE | CONJUGATE | CORRUGATE | DELEGATE |
| DEROGATE | ELONGATE | EXPURGATE | FRIGATE |
| FUMIGATE | INSTIGATE | IRRIGATE | LEGATE |
| LITIGATE | MITIGATE | NAVIGATE | OBLIGATE |
| PROFLIGATE | PROMULGATE | PROPAGATE | SEGREGATE |
| SURROGATE | TOLLGATE | VARIEGATE | |

## GHT

| | | | |
|---|---|---|---|
| AIRTIGHT | ALIGHT | BETHOUGHT | BIRTHRIGHT |
| BLIGHT | BOUGHT | BRIGHT | BROUGHT |
| CAUGHT | COPYRIGHT | DAYLIGHT | DELIGHT |
| DISTRAUGHT | DOWNRIGHT | DROUGHT | EYEBRIGHT |
| EYESIGHT | FIRELIGHT | FLIGHT | FLOODLIGHT |
| FORTHRIGHT | FORTNIGHT | FOUGHT | FRAUGHT |
| FREIGHT | FRIGHT | GASLIGHT | GUNFIGHT |
| HEADLIGHT | HEIGHT | HIGHLIGHT | HINDSIGHT |
| INSIGHT | KNIGHT | LAMPLIGHT | LIMELIGHT |
| MIDNIGHT | MOONLIGHT | ONSLAUGHT | OVERSIGHT |
| PLAYWRIGHT | PLIGHT | SIDELIGHT | SKYLIGHT |
| SLEIGHT | SLIGHT | SOUGHT | SPOTLIGHT |
| STARLIGHT | STRAIGHT | SUNLIGHT | TAUGHT |
| THOUGHT | TONIGHT | TWILIGHT | UPRIGHT |
| WEIGHT | WRIGHT | WROUGHT | |

## GING

| | | | |
|---|---|---|---|
| BAGGING | BEFOGGING | BEGGING | BOGGING |
| BRAGGING | CHANGING | CLINGING | CLOGGING |
| CONVERGING | DIGGING | DOGGING | DRAGGING |
| DRUGGING | EDGING | ENLARGING | FLAGGING |
| FLOGGING | FOGGING | GAGGING | HOGGING |
| HUGGING | JAGGING | JIGGING | JOGGING |
| JUDGING | JUGGING | LAGGING | LEGGING |
| LOGGING | LUGGING | MERGING | MESSAGING |

MORTGAGING NAGGING PEGGING PIGGING
PLUGGING RAGGING RANGING RIGGING
SAGGING SHRUGGING SLUGGING SNAGGING
TAGGING TUGGING TWIGGING URGING
WAGGING WIGGING ZIGZAGGING

## GLE

BANGLE BEDRAGGLE BOGGLE BUNGLE
COMMINGLE DANGLE GAGGLE GARGLE
GIGGLE GOGGLE GURGLE HAGGLE
INVEIGLE JANGLE JIGGLE JINGLE
JOGGLE JUGGLE JUNGLE MANGLE
MINGLE QUADRANGLE RECTANGLE SHINGLE
SINGLE SMUGGLE SNUGGLE SPANGLE
STRAGGLE STRANGLE STRUGGLE TANGLE
TINGLE TOGGLE TRIANGLE WAGGLE
WANGLE WIGGLE WRANGLE WRIGGLE

## HER

ALTOGETHER ANOTHER ANTHER BELLWETHER
BLATHER BROTHER BURGHER CIPHER
DECIPHER DISHWASHER DITHER EITHER
FARTHER FATHER FEATHER FLYCATCHER
FURTHER GATHER GEOGRAPHER GODFATHER
GODMOTHER GOPHER HITHER KINGFISHER
KOSHER LEATHER LECHER MOTHER
NEITHER NETHER PANTHER POACHER
RATHER SLITHER SMOTHER STEPMOTHER
TETHER THITHER TOGETHER WEATHER
WHETHER WHITHER WITHER

## IAL

ACTUARIAL ADVERBIAL AERIAL ALLUVIAL
AMBROSIAL ARTERIAL ARTIFICIAL BACTERIAL
BARONIAL BENEFICIAL BESTIAL BIAXIAL
BIENNIAL BILABIAL BINOMIAL BRONCHIAL
BURIAL CELESTIAL CENSORIAL CENTENNIAL
CEREMONIAL COAXIAL COLLEGIAL COLLOQUIAL
COLONIAL COMMERCIAL CONGENIAL CONNUBIAL
CONVIVIAL CORDIAL CREDENTIAL CRUCIAL
CUSTODIAL DECENNIAL DENIAL EDITORIAL
EPITHELIAL EQUATORIAL ESPECIAL ESSENTIAL
EVIDENTIAL FACIAL FACTORIAL FAMILIAL
FILIAL FINANCIAL FINIAL FLUVIAL
GENIAL GERUNDIAL GLACIAL IMMATERIAL
IMMEMORIAL IMPARTIAL IMPERIAL INDUSTRIAL
INERTIAL INITIAL JANITORIAL JOVIAL

## Suffixes

| | | | |
|---|---|---|---|
| JUDICIAL | LABIAL | MALARIAL | MANAGERIAL |
| MARSUPIAL | MARTIAL | MATERIAL | MEDIAL |
| MEMORIAL | MENIAL | MERCURIAL | MICROBIAL |
| MONOMIAL | MYOCARDIAL | NUPTIAL | OFFICIAL |
| PAROCHIAL | PARTIAL | PERENNIAL | PICTORIAL |
| POLYNOMIAL | POTENTIAL | PRIMORDIAL | PROVERBIAL |
| PROVINCIAL | PRUDENTIAL | RACIAL | RADIAL |
| REDIAL | REMEDIAL | SENATORIAL | SENTENTIAL |
| SEPTENNIAL | SEQUENTIAL | SERIAL | SOCIAL |
| SPATIAL | SPECIAL | SUNDIAL | TANGENTIAL |
| TRIENNIAL | TRIVIAL | TUTORIAL | VENIAL |
| VESTIGIAL | | | |

## IAN

| | | | |
|---|---|---|---|
| AEOLIAN | AGRARIAN | AMPHIBIAN | BARBARIAN |
| CIVILIAN | COLLEGIAN | COMEDIAN | CUSTODIAN |
| EQUESTRIAN | GENTIAN | GRAMMARIAN | GUARDIAN |
| HISTORIAN | LESBIAN | LIBRARIAN | LOGICIAN |
| MAGICIAN | MAMMALIAN | MEDIAN | MERIDIAN |
| MUSICIAN | OBSIDIAN | PATRICIAN | PEDESTRIAN |
| PHYSICIAN | PLEBEIAN | POLITICIAN | RADIAN |
| REPTILIAN | RIPARIAN | RUFFIAN | SECTARIAN |
| SEMINARIAN | TACTICIAN | TECHNICIAN | THEOLOGIAN |
| THESPIAN | TITIAN | TRAGEDIAN | UTOPIAN |
| VEGETARIAN | | | |

## IATE

| | | | |
|---|---|---|---|
| ABBREVIATE | AFFILIATE | ALLEVIATE | ANNUNCIATE |
| APPRECIATE | ASPHYXIATE | ASSOCIATE | AVIATE |
| CALUMNIATE | CILIATE | COLLEGIATE | CONCILIATE |
| DENUNCIATE | DEPRECIATE | DEVIATE | DISSOCIATE |
| EMACIATE | ENUNCIATE | EXCORIATE | EXCRUCIATE |
| EXPATIATE | EXPIATE | FOLIATE | GLACIATE |
| HUMILIATE | IMMEDIATE | INFURIATE | INGRATIATE |
| INITIATE | IRRADIATE | LUXURIATE | MEDIATE |
| NEGOTIATE | NOVITIATE | OBVIATE | OFFICIATE |
| OPIATE | PALLIATE | PROPITIATE | RADIATE |
| REPUDIATE | RETALIATE | SATIATE | STRIATE |
| VITIATE | | | |

## IBLE

| | | | |
|---|---|---|---|
| ACCESSIBLE | ADMISSIBLE | AUDIBLE | COERCIBLE |
| COMPATIBLE | CORRIGIBLE | CORRODIBLE | CREDIBLE |
| CRUCIBLE | DEDUCIBLE | DEDUCTIBLE | DEFENSIBLE |
| DIFFUSIBLE | DIGESTIBLE | DIVISIBLE | EDIBLE |
| ELIGIBLE | EXPANSIBLE | EXTENDIBLE | EXTENSIBLE |
| FALLIBLE | FEASIBLE | FLEXIBLE | FOIBLE |

| | | | |
|---|---|---|---|
| FORCIBLE | FUNGIBLE | FUSIBLE | GULLIBLE |
| HORRIBLE | ILLEGIBLE | IMMISCIBLE | IMPOSSIBLE |
| INAUDIBLE | INCREDIBLE | INDELIBLE | INDUCIBLE |
| INELIGIBLE | INFALLIBLE | INFEASIBLE | INFLEXIBLE |
| INFUSIBLE | INGESTIBLE | INSENSIBLE | INTANGIBLE |
| INVINCIBLE | INVISIBLE | LEGIBLE | MISCIBLE |
| NEGLIGIBLE | OSTENSIBLE | PLAUSIBLE | POSSIBLE |
| PRODUCIBLE | REDUCIBLE | RESISTIBLE | REVERSIBLE |
| RISIBLE | SENSIBLE | TANGIBLE | TERRIBLE |
| VENDIBLE | VISIBLE | | |

## ICE

| | | | |
|---|---|---|---|
| ACCOMPLICE | ADVICE | ALLSPICE | APPRENTICE |
| ARMISTICE | ARTIFICE | AVARICE | BENEFICE |
| BODICE | CAPRICE | CHALICE | CHOICE |
| COWARDICE | CREVICE | DEVICE | EDIFICE |
| ENTICE | HOSPICE | INJUSTICE | INTERSTICE |
| INVOICE | JAUNDICE | JUSTICE | LATTICE |
| LIQUORICE | MALICE | NOTICE | NOVICE |
| OFFICE | ORIFICE | POLICE | POULTICE |
| PRACTICE | PRECIPICE | PREJUDICE | PUMICE |
| REJOICE | SACRIFICE | SERVICE | SLUICE |
| SOLSTICE | SPLICE | SUFFICE | THRICE |

## IDE

| | | | |
|---|---|---|---|
| ALONGSIDE | ANHYDRIDE | ASTRIDE | BACKSIDE |
| BEDSIDE | BESIDE | BETIDE | BROADSIDE |
| BROMIDE | CARBIDE | CHLORIDE | COINCIDE |
| COLLIDE | CONFIDE | COWHIDE | CYANIDE |
| DECIDE | DERIDE | DIOXIDE | DIVIDE |
| DOCKSIDE | DOWNSIDE | EVENTIDE | FIRESIDE |
| FLUORIDE | FUNGICIDE | GERMICIDE | HALIDE |
| HILLSIDE | HOMICIDE | HYDRIDE | HYDROXIDE |
| INSIDE | IODIDE | LAKESIDE | LANDSLIDE |
| MONOXIDE | NATIONWIDE | NITRIDE | NUCLEOTIDE |
| OUTSIDE | PEPTIDE | PEROXIDE | PRESIDE |
| PROVIDE | RAWHIDE | RESIDE | RINGSIDE |
| RIVERSIDE | ROADSIDE | SEASIDE | STATESIDE |
| STRIDE | SUBDIVIDE | SUICIDE | SULPHIDE |
| TRIOXIDE | UPSIDE | WATERSIDE | WAYSIDE |
| WORLDWIDE | | | |

## IENT

| | | | |
|---|---|---|---|
| AMBIENT | ANCIENT | CLIENT | CONVENIENT |
| DEFICIENT | EBULLIENT | EFFICIENT | EXPEDIENT |
| GRADIENT | IMPATIENT | INCIPIENT | INGREDIENT |
| LENIENT | NUTRIENT | OBEDIENT | OMNISCIENT |

## Suffixes

| | | | |
|---|---|---|---|
| ORIENT | PATIENT | PROFICIENT | PRURIENT |
| QUOTIENT | RECIPIENT | RESILIENT | SALIENT |
| SAPIENT | SENTIENT | SUFFICIENT | TRANSIENT |

## IES

| | | | |
|---|---|---|---|
| ANNUITIES | ASSEMBLIES | BODIES | CARRIES |
| COPIES | CURRENCIES | DAILIES | DELIVERIES |
| EMPTIES | ENTRIES | HURRIES | IDENTITIES |
| LIBRARIES | MEMORIES | MONTHLIES | PROPERTIES |
| QUANTITIES | QUERIES | RABIES | READIES |
| SERIES | STUDIES | SUMMARIES | SUPPLIES |
| TALKIES | TALLIES | WEEKLIES | |

## IFY

| | | | |
|---|---|---|---|
| AMPLIFY | BEATIFY | BEAUTIFY | CALCIFY |
| CERTIFY | CLARIFY | CLASSIFY | CODIFY |
| CRUCIFY | DECLASSIFY | DEMYSTIFY | DETOXIFY |
| DIGNIFY | DIVERSIFY | ELECTRIFY | EMULSIFY |
| EXEMPLIFY | FALSIFY | FORTIFY | FRUCTIFY |
| GLORIFY | GRATIFY | HORRIFY | HUMIDIFY |
| IDENTIFY | INDEMNIFY | INTENSIFY | JUSTIFY |
| MAGNIFY | MODIFY | MOLLIFY | MORTIFY |
| MYSTIFY | NOTIFY | NULLIFY | OBJECTIFY |
| OSSIFY | PACIFY | PERSONIFY | PETRIFY |
| PURIFY | QUALIFY | QUANTIFY | RAMIFY |
| RATIFY | RECTIFY | SANCTIFY | SCARIFY |
| SIGNIFY | SIMPLIFY | SOLIDIFY | SPECIFY |
| STRATIFY | STULTIFY | SYLLABIFY | TERRIFY |
| TESTIFY | TYPIFY | VERIFY | VILIFY |
| VITRIFY | VIVIFY | | |

## ILE

| | | | |
|---|---|---|---|
| AUTOMOBILE | AWHILE | BEGUILE | CAMPANILE |
| CHAMOMILE | COMPILE | CROCODILE | DOCILE |
| DOMICILE | DUCTILE | FACILE | FACSIMILE |
| FEBRILE | FERTILE | FISSILE | FRAGILE |
| FUTILE | GENTILE | HOSTILE | IMBECILE |
| IMMOBILE | INFANTILE | INFERTILE | JUVENILE |
| LABILE | MEANWHILE | MERCANTILE | MISSILE |
| MOBILE | NUBILE | PERCENTILE | PROFILE |
| PROJECTILE | PUERILE | QUARTILE | RECONCILE |
| REPTILE | REVILE | SENILE | SERVILE |
| SIMILE | STABILE | STERILE | STOCKPILE |
| TACTILE | TENSILE | TEXTILE | VERSATILE |
| VIRILE | VOLATILE | WORTHWHILE | |

## INE

| | | | |
|---|---|---|---|
| ADRENALINE | AIRLINE | ALKALINE | ALPINE |
| ANDESINE | ANILINE | ARSINE | ASININE |
| ASTATINE | BLOODLINE | BORDERLINE | BOVINE |
| BOWLINE | BRIGANTINE | BROMINE | BYLINE |
| CANINE | CARBINE | CARMINE | CELANDINE |
| CHLORINE | CHORINE | COCAINE | COLUMBINE |
| COMBINE | CONCUBINE | CONFINE | CORALLINE |
| COSINE | CUISINE | DATELINE | DAUPHINE |
| DEADLINE | DECLINE | DEFINE | DESTINE |
| DETERMINE | DISCIPLINE | DIVINE | DOCTRINE |
| ENGINE | EQUINE | ESTUARINE | EXAMINE |
| FAMINE | FELINE | FEMININE | FIGURINE |
| FLUORINE | GABARDINE | GASOLINE | GELATINE |
| GENUINE | GLUTAMINE | GLYCERINE | GRAPEVINE |
| GUILLOTINE | HEADLINE | HEROINE | HISTAMINE |
| HYALINE | ILLUMINE | IMAGINE | INCLINE |
| INTESTINE | IODINE | LEONINE | LIBERTINE |
| LIMOUSINE | LUPINE | MACHINE | MAGAZINE |
| MARGARINE | MARINE | MASCULINE | MEDICINE |
| MELAMINE | MEZZANINE | MORAINE | MORPHINE |
| NECKLINE | NECTARINE | NICOTINE | OLIVINE |
| PEREGRINE | PIPELINE | PORCINE | PORCUPINE |
| PREDEFINE | PRISTINE | PROCAINE | PYRIDINE |
| QUARANTINE | QUININE | RAVINE | RECLINE |
| RECOMBINE | ROUTINE | SACCHARINE | SALINE |
| SANGUINE | SARDINE | SATURNINE | SERINE |
| SERPENTINE | SHORELINE | SHRINE | STREAMLINE |
| STRYCHNINE | SUBROUTINE | SUNSHINE | SUPINE |
| TAMBOURINE | TANGERINE | TRAVERTINE | TURBINE |
| TURPENTINE | TYROSINE | UTERINE | VACCINE |
| VALENTINE | VULPINE | | |

## IOUS

| | | | |
|---|---|---|---|
| AMBITIOUS | AMPHIBIOUS | ANXIOUS | ATROCIOUS |
| AUDACIOUS | AUSPICIOUS | AVARICIOUS | BUMPTIOUS |
| CAPACIOUS | CAPRICIOUS | CAPTIOUS | CAUTIOUS |
| CENSORIOUS | COMMODIOUS | CONSCIOUS | CONTAGIOUS |
| COPIOUS | CURIOUS | DELICIOUS | DELIRIOUS |
| DEVIOUS | DUBIOUS | EGREGIOUS | ENVIOUS |
| FACETIOUS | FACTIOUS | FALLACIOUS | FASTIDIOUS |
| FELONIOUS | FEROCIOUS | FICTITIOUS | FRACTIOUS |
| FURIOUS | GLORIOUS | GRACIOUS | GREGARIOUS |
| HARMONIOUS | HILARIOUS | IMPERIOUS | IMPERVIOUS |
| IMPIOUS | INCAUTIOUS | INFECTIOUS | INGENIOUS |
| INGLORIOUS | INJURIOUS | INSIDIOUS | INVIDIOUS |
| JUDICIOUS | LABORIOUS | LASCIVIOUS | LICENTIOUS |

## Suffixes

| | | | |
|---|---|---|---|
| LITIGIOUS | LOQUACIOUS | LUBRICIOUS | LUSCIOUS |
| LUXURIOUS | MALICIOUS | MELODIOUS | MENDACIOUS |
| MYSTERIOUS | NOTORIOUS | NOXIOUS | NUTRITIOUS |
| OBLIVIOUS | OBNOXIOUS | OBSEQUIOUS | OBVIOUS |
| ODIOUS | OFFICIOUS | PENURIOUS | PERFIDIOUS |
| PERNICIOUS | PRECARIOUS | PRECIOUS | PRECOCIOUS |
| PREVIOUS | PRODIGIOUS | PROPITIOUS | PUGNACIOUS |
| RAPACIOUS | REBELLIOUS | RELIGIOUS | SAGACIOUS |
| SALACIOUS | SALUBRIOUS | SEDITIOUS | SERIOUS |
| SPACIOUS | SPECIOUS | SPURIOUS | STUDIOUS |
| SUSPICIOUS | TEDIOUS | TENACIOUS | UPROARIOUS |
| USURIOUS | VARIOUS | VERACIOUS | VEXATIOUS |
| VICARIOUS | VICIOUS | VICTORIOUS | VIVACIOUS |
| VORACIOUS | | | |

## IRE

| | | | |
|---|---|---|---|
| ACQUIRE | ADMIRE | ASPIRE | ATTIRE |
| BONFIRE | CONSPIRE | DESIRE | EMPIRE |
| ENQUIRE | ENTIRE | ESCRITOIRE | ESQUIRE |
| EXPIRE | GUNFIRE | INQUIRE | INSPIRE |
| PERSPIRE | QUAGMIRE | REPERTOIRE | REQUIRE |
| RESPIRE | RETIRE | SAPPHIRE | SATIRE |
| SOLITAIRE | SPITFIRE | SQUIRE | TRANSPIRE |
| UMPIRE | VAMPIRE | WILDFIRE | |

## ISE

| | | | |
|---|---|---|---|
| ADVERTISE | ADVISE | APPRAISE | APPRISE |
| BRUISE | CERISE | CHAISE | CHASTISE |
| CHEMISE | CIRCUMCISE | CLOCKWISE | COMPRISE |
| COMPROMISE | CONCISE | CROSSWISE | CRUISE |
| DEMISE | DESPISE | DEVISE | EDGEWISE |
| ENTERPRISE | EQUIPOISE | EXCISE | EXERCISE |
| EXORCISE | FRANCHISE | IMPROVISE | INCISE |
| LENGTHWISE | LIKEWISE | MALAISE | MAYONNAISE |
| MESMERISE | MORTISE | NOWISE | OTHERWISE |
| PARADISE | POLONAISE | PORPOISE | PRAISE |
| PRECISE | PREMISE | PROMISE | REPRISE |
| REVISE | SIDEWISE | STEPWISE | SUNRISE |
| SURMISE | SURPRISE | TORTOISE | TREATISE |
| TURQUOISE | UPRAISE | | |

## ISH

| | | | |
|---|---|---|---|
| ABOLISH | ACCOMPLISH | ADMONISH | AMATEURISH |
| ANGUISH | ASTONISH | BANISH | BEARISH |
| BLANDISH | BLEMISH | BLUEFISH | BLUISH |
| BOOKISH | BOORISH | BOYISH | BRACKISH |
| BRANDISH | BROWNISH | BULLISH | BURNISH |

| | | | |
|---|---|---|---|
| CATFISH | CHERISH | CHILDISH | CLANNISH |
| CLODDISH | CODFISH | COLTISH | CRAYFISH |
| CUTTLEFISH | DEMOLISH | DERVISH | DEVILISH |
| DIMINISH | DOGFISH | DOLTISH | EMBELLISH |
| ESTABLISH | EXTINGUISH | FAMISH | FETISH |
| FEVERISH | FIENDISH | FINISH | FLOURISH |
| FOOLISH | FOPPISH | FREAKISH | FURBISH |
| FURNISH | GARISH | GHOULISH | GIBBERISH |
| GIRLISH | GOLDFISH | GREENISH | GREYISH |
| HASHISH | HEATHENISH | HELLISH | IMPOVERISH |
| JELLYFISH | KITTENISH | LANGUISH | LAVISH |
| LONGISH | LUMPISH | MAWKISH | MODISH |
| MONKISH | MULISH | NOURISH | OUTLANDISH |
| PARISH | PERISH | PIGGISH | PINKISH |
| POLISH | POPISH | PRIGGISH | PUBLISH |
| PUCKISH | PUNISH | PUPPYISH | RADISH |
| RAFFISH | RAKISH | RAVISH | REDDISH |
| RELINQUISH | RELISH | REPLENISH | ROUGHISH |
| RUBBISH | SELFISH | SHREWISH | SICKISH |
| SKIRMISH | SLAVISH | SLUGGISH | SMALLISH |
| SNAPPISH | SNOBBISH | SQUEAMISH | SQUISH |
| STARFISH | STYLISH | SUNFISH | SWEETISH |
| SWORDFISH | TARNISH | TICKLISH | VANISH |
| VANQUISH | VARNISH | WARMISH | WASPISH |
| WOLFISH | YELLOWISH | YOUNGISH | |

## ISM

| | | | |
|---|---|---|---|
| ALCOHOLISM | ALTRUISM | ANIMISM | ANTAGONISM |
| APHORISM | ARCHAISM | ASCETICISM | ATAVISM |
| ATHEISM | AUTISM | BAPTISM | BARBARISM |
| CATECHISM | DOGMATISM | DUALISM | DYNAMISM |
| EGOTISM | EUPHEMISM | EXORCISM | FASCISM |
| GALVANISM | HEDONISM | HEROISM | LYRICISM |
| MANNERISM | MECHANISM | METABOLISM | MILITARISM |
| MONETARISM | NARCISSISM | NEOLOGISM | NIHILISM |
| OPTIMISM | OSTRACISM | PACIFISM | PANTHEISM |
| PESSIMISM | PIETISM | PLAGIARISM | POPULISM |
| PRAGMATISM | REALISM | RHEUMATISM | SCHISM |
| SOLECISM | SOLIPSISM | SOPHISM | SYLLOGISM |
| SYNERGISM | THEISM | TRUISM | VOLCANISM |

## IST

| | | | |
|---|---|---|---|
| ALTRUIST | ANTAGONIST | ASSIST | ATHEIST |
| BOTANIST | CENTRIST | CHEMIST | COEXIST |
| COLONIST | CONSIST | CYCLIST | DESIST |
| DRAMATIST | ECONOMIST | EGOTIST | EXORCIST |

## Suffixes

| | | | |
|---|---|---|---|
| FEMINIST | FLAUTIST | FLORIST | INSIST |
| LIBRETTIST | LINGUIST | MASOCHIST | MECHANIST |
| MILITARIST | MISOGYNIST | MONOLOGIST | NIHILIST |
| OBOIST | OPTIMIST | PANTHEIST | PERSIST |
| PESSIMIST | PHARMACIST | PIANIST | PLAGIARIST |
| POPULIST | PRAGMATIST | RESIST | SADIST |
| SCHIST | SCIENTIST | STRATEGIST | SUBSIST |
| THEIST | THEORIST | | |

## ITE

| | | | |
|---|---|---|---|
| ANCHORITE | ANHYDRITE | ANTHRACITE | APPETITE |
| APPOSITE | BAUXITE | BIPARTITE | CALCITE |
| CAMPSITE | COMPOSITE | CONTRITE | CORDITE |
| DEFINITE | DENDRITE | DESPITE | DIORITE |
| DOLOMITE | DYNAMITE | ERUDITE | EXCITE |
| EXPEDITE | EXQUISITE | EXTRADITE | FERRITE |
| FINITE | FLUORITE | FROSTBITE | GRANITE |
| GRAPHITE | HALITE | HEMATITE | HYPOCRITE |
| IGNITE | IMPOLITE | INCITE | INDEFINITE |
| INFINITE | INVITE | LIGNITE | MAGNETITE |
| MESQUITE | METABOLITE | METEORITE | NITRITE |
| OPPOSITE | PARASITE | PERQUISITE | PETITE |
| POLITE | PYRITE | QUARTZITE | RECONDITE |
| REQUISITE | RESPITE | SATELLITE | SIDERITE |
| SPRITE | STALACTITE | SYBARITE | TERMITE |
| TRILOBITE | TRIPARTITE | TYPEWRITE | |

## ITY

| | | | |
|---|---|---|---|
| ACERBITY | ACTIVITY | ACUITY | AFFINITY |
| ALACRITY | AMBIGUITY | ANIMOSITY | ANNUITY |
| ANONYMITY | ANTIQUITY | ASPERITY | ASSIDUITY |
| ATROCITY | AUDACITY | BREVITY | CALAMITY |
| CAPACITY | CELEBRITY | CELERITY | CHARITY |
| CHASTITY | CLARITY | COMMODITY | COMPLICITY |
| CONTIGUITY | CONTINUITY | CREDULITY | CUPIDITY |
| CURIOSITY | DEBILITY | DECLIVITY | DEXTERITY |
| DIGNITY | DISABILITY | DUPLICITY | ENMITY |
| ENORMITY | ENTITY | EQUANIMITY | EQUITY |
| ETERNITY | FELICITY | FEROCITY | FIDELITY |
| FRATERNITY | FRIVOLITY | GENEROSITY | GENTILITY |
| GRATUITY | HEREDITY | HILARITY | HUMILITY |
| IDENTITY | IMMOBILITY | IMPUNITY | INABILITY |
| INCAPACITY | INDEMNITY | INDIGNITY | INEQUALITY |
| INEQUITY | INFELICITY | INFINITY | INGENUITY |
| INIQUITY | INTEGRITY | LEVITY | LONGEVITY |
| LOQUACITY | LUMINOSITY | MATERNITY | MEDIOCRITY |
| MENDACITY | MOBILITY | NECESSITY | OPACITY |

| | | | |
|---|---|---|---|
| PAUCITY | PERPETUITY | POLITY | POMPOSITY |
| POROSITY | POSTERITY | PRECOCITY | PRIORITY |
| PROBITY | PROCLIVITY | PROFUNDITY | PROPENSITY |
| PROXIMITY | QUALITY | QUANTITY | SAGACITY |
| SANCTITY | SERENITY | SIMILARITY | SIMPLICITY |
| SOLEMNITY | SOLIDARITY | SONORITY | SORORITY |
| TEMERITY | TENACITY | TRINITY | TURBIDITY |
| UBIQUITY | UNANIMITY | UNIFORMITY | UTILITY |
| VALIDITY | VANITY | VARSITY | VELOCITY |
| VERACITY | VERBOSITY | VERITY | VICINITY |
| VIRTUOSITY | VISCOSITY | VISIBILITY | VIVACITY |
| VORACITY | | | |

## IUM

| | | | |
|---|---|---|---|
| ALLUVIUM | AMERICIUM | AMMONIUM | AQUARIUM |
| ATRIUM | AUDITORIUM | BACTERIUM | BARIUM |
| BERKELIUM | BERYLLIUM | CADMIUM | CAESIUM |
| CALCIUM | CERIUM | CHROMIUM | COMPENDIUM |
| CONSORTIUM | CRANIUM | CURIUM | DELIRIUM |
| DELPHINIUM | DEUTERIUM | DYSPROSIUM | EFFLUVIUM |
| EMPORIUM | ENCOMIUM | EPITHELIUM | ERBIUM |
| EUROPIUM | FERMIUM | FRANCIUM | GADOLINIUM |
| GALLIUM | GERANIUM | GERMANIUM | GYMNASIUM |
| HAFNIUM | HELIUM | HOLMIUM | HONORARIUM |
| INDIUM | IRIDIUM | LAWRENCIUM | LITHIUM |
| LUTETIUM | MAGNESIUM | MEDIUM | MILLENNIUM |
| MORATORIUM | MYOCARDIUM | NASTURTIUM | NEODYMIUM |
| NEPTUNIUM | NIOBIUM | NOBELIUM | OPPROBRIUM |
| OSMIUM | PALLADIUM | PLUTONIUM | PODIUM |
| POLONIUM | POTASSIUM | PREMIUM | PROSCENIUM |
| RADIUM | RHENIUM | RHODIUM | RUBIDIUM |
| RUTHENIUM | SAMARIUM | SANATORIUM | SCANDIUM |
| SELENIUM | SODIUM | STADIUM | STRONTIUM |
| SYMPOSIUM | TEDIUM | TELLURIUM | TERBIUM |
| THALLIUM | THORIUM | THULIUM | TITANIUM |
| TRAPEZIUM | URANIUM | VANADIUM | YTTERBIUM |
| YTTRIUM | ZIRCONIUM | | |

## KLE

| | | | |
|---|---|---|---|
| BUCKLE | CACKLE | CHUCKLE | COCKLE |
| CRACKLE | CRINKLE | DARKLE | FICKLE |
| FRECKLE | GRACKLE | HACKLE | HECKLE |
| KNUCKLE | PERIWINKLE | PICKLE | PRICKLE |
| RANKLE | SHACKLE | SICKLE | SPARKLE |
| SPECKLE | SPRINKLE | STICKLE | TACKLE |
| TICKLE | TINKLE | TRICKLE | TWINKLE |
| WINKLE | WRINKLE | | |

## Suffixes

### LAR

| | | | |
|---|---|---|---|
| ALVEOLAR | ANGULAR | ANNULAR | AVUNCULAR |
| BASILAR | BINOCULAR | BIPOLAR | BURGLAR |
| CELLAR | CELLULAR | CIRCULAR | COLLAR |
| CONSULAR | CURRICULAR | DISSIMILAR | DOLLAR |
| EXEMPLAR | FOLLICULAR | GLANDULAR | GLOBULAR |
| GRANULAR | INSULAR | IRREGULAR | JOCULAR |
| LAMELLAR | LOBULAR | MODULAR | MOLECULAR |
| MONOCULAR | MUSCULAR | NEBULAR | NODULAR |
| OCULAR | ORACULAR | PARTICULAR | PILLAR |
| POPLAR | POPULAR | REGULAR | SCALAR |
| SCAPULAR | SCHOLAR | SECULAR | SIMILAR |
| SINGULAR | STELLAR | TABULAR | TESTICULAR |
| TITULAR | TRIANGULAR | TUBULAR | VASCULAR |
| VEHICULAR | VERNACULAR | VESICULAR | |

### LATE

| | | | |
|---|---|---|---|
| ACCUMULATE | ADULATE | AMBULATE | ANNIHILATE |
| APPELLATE | ARTICULATE | ASSIMILATE | BOOKPLATE |
| CALCULATE | CAPITULATE | CHOCOLATE | CIRCULATE |
| COAGULATE | COLLATE | CONSULATE | CORRELATE |
| CUMULATE | DEFLATE | DEREGULATE | DESOLATE |
| DILATE | DISTILLATE | EJACULATE | EMASCULATE |
| EMULATE | ESCALATE | FLAGELLATE | FLOCCULATE |
| FORMULATE | GRANULATE | IMMACULATE | INFLATE |
| INOCULATE | INSULATE | INVIOLATE | ISOLATE |
| LEGISLATE | MANIPULATE | MODULATE | MUTILATE |
| OBLATE | OSCILLATE | OXALATE | PALATE |
| PECULATE | PERCOLATE | PHTHALATE | POPULATE |
| POSTULATE | REGULATE | RELATE | RETICULATE |
| SIMULATE | SPECULATE | STIMULATE | STIPULATE |
| TABULATE | TEMPLATE | TESSELLATE | TITILLATE |
| TRANSLATE | UNDULATE | VACILLATE | VENTILATE |
| VIOLATE | | | |

### LED

| | | | |
|---|---|---|---|
| ANGLED | ANNULLED | ASSEMBLED | BALLED |
| CANCELLED | CIRCLED | COMPELLED | COMPILED |
| CONTROLLED | CYCLED | DISABLED | DISPELLED |
| DOUBLED | ENABLED | ENCIRCLED | EXCELLED |
| EXPELLED | EXTOLLED | FANGLED | FILLED |
| GRILLED | HANDLED | IMPELLED | KILLED |
| LAPELLED | MANGLED | PATROLLED | PEOPLED |
| PROFILED | PROPELLED | PULLED | REBELLED |
| REPELLED | SCALED | SINGLED | STYLED |
| TITLED | TROUBLED | | |

## LET

| | | | |
|---|---|---|---|
| AMULET | BALLET | BILLET | BOOKLET |
| BRACELET | BULLET | CHALET | CIRCLET |
| COVERLET | CUTLET | DOUBLET | DROPLET |
| EPAULET | EYELET | FILLET | FLAGEOLET |
| GANTLET | GAUNTLET | GIBLET | GOBLET |
| GULLET | HAMLET | KINGLET | LEAFLET |
| MALLET | MILLET | PALLET | PAMPHLET |
| PELLET | PLATELET | RINGLET | RIVULET |
| SCARLET | SKILLET | TABLET | TOILET |
| TRIPLET | VIOLET | WALLET | WAVELET |

## LING

| | | | |
|---|---|---|---|
| AMBLING | ANGLING | ANNULLING | ASSEMBLING |
| CALLING | CIRCLING | COMPELLING | COMPILING |
| CYCLING | DARLING | DISABLING | DISPELLING |
| DUCKLING | ENABLING | ENCIRCLING | EXCELLING |
| EXPELLING | EXTOLLING | FILING | FLEDGLING |
| FOUNDLING | GOSLING | HANDLING | HIRELING |
| IMPELLING | INKLING | PATROLLING | PROFILING |
| PROPELLING | REBELLING | REPELLING | RULING |
| RUSTLING | SAMPLING | SAPLING | SCALING |
| SCHILLING | SEEDLING | SIBLING | SINGLING |
| SKIRLING | STARLING | STERLING | STIFLING |
| STYLING | SUCKLING | TABLING | TITLING |
| TROUBLING | UNDERLING | | |

## MAN

| | | | |
|---|---|---|---|
| AIRMAN | ALDERMAN | BASEMAN | BELLMAN |
| BOATMAN | BONDSMAN | BOWMAN | BRAKEMAN |
| CAIMAN | CHAIRMAN | CHAIRWOMAN | CHURCHMAN |
| CLERGYMAN | COACHMAN | COUNCILMAN | COUNTRYMAN |
| CRAFTSMAN | DAIRYMAN | DRAFTSMAN | FIREMAN |
| FISHERMAN | FOOTMAN | FREEMAN | FRESHMAN |
| GAMESMAN | GENTLEMAN | GERMAN | HANGMAN |
| HARVESTMAN | HEADSMAN | HELMSMAN | HENCHMAN |
| HERDSMAN | HIGHWAYMAN | HORSEMAN | HORSEWOMAN |
| HUSBANDMAN | INHUMAN | JOURNEYMAN | LAYMAN |
| LEADSMAN | LINEMAN | LUMBERMAN | MADMAN |
| MARKSMAN | MIDDLEMAN | MIDSHIPMAN | MINUTEMAN |
| NEWSMAN | NOBLEMAN | OILMAN | PATROLMAN |
| PENMAN | PITMAN | PLOUGHMAN | POLICEMAN |
| POSTMAN | RIFLEMAN | SALESMAN | SANDMAN |
| SEAMAN | SERVICEMAN | SHIPMAN | SHOWMAN |
| SIDEMAN | SPOKESMAN | SPORTSMAN | STATESMAN |
| SWITCHMAN | TALISMAN | TOWNSMAN | TRADESMAN |

## Suffixes

WATCHMAN        WORKMAN         YACHTSMAN       YEOMAN

## MATE

ACCLIMATE       AMALGAMATE      ANIMATE         AUTOMATE
CHECKMATE       CHROMATE        CLASSMATE       CLIMATE
COLLIMATE       CONSUMMATE      CREMATE         DECIMATE
ESTIMATE        GLUTAMATE       HELPMATE        INANIMATE
INMATE          INTIMATE        LEGITIMATE      PALMATE
PLAYMATE        PRIMATE         PROXIMATE       SHIPMATE
STALEMATE       SUBLIMATE       ULTIMATE

## MEN

ABDOMEN         ACUMEN          ALDERMEN        BITUMEN
BOATMEN         BONDSMEN        BOWMEN          CHAIRMEN
CHURCHMEN       CLERGYMEN       COACHMEN        COUNCILMEN
COUNTRYMEN      CRAFTSMEN       DAIRYMEN        FIREMEN
FISHERMEN       FOOTMEN         FREEDMEN        FREEMEN
FRESHMEN        GENTLEMEN       HANGMEN         HEADSMEN
HELMSMEN        HIGHWAYMEN      HORSEMEN        HORSEWOMEN
HUSBANDMEN      JOURNEYMEN      LAYMEN          LEADSMEN
LINEMEN         LUMBERMEN       MADMEN          MARKSMEN
MIDDLEMEN       MIDSHIPMEN      MILITIAMEN      MINUTEMEN
NEWSMEN         NOBLEMEN        OILMEN          PATROLMEN
PENMEN          POLICEMEN       POSTMEN         QUARRYMEN
REGIMEN         SALESMEN        SEAMEN          SHIPMEN
SHOWMEN         SPECIMEN        SPOKESMEN       SPORTSMEN
STAMEN          STATESMEN       TOWNSMEN        TRADESMEN
WATCHMEN        WORKMEN         YACHTSMEN

## MENT

ABRIDGMENT      ALIGNMENT       ARGUMENT        ARMAMENT
ASSIGNMENT      AUGMENT         CEMENT          CLEMENT
COMMENT         COMPLEMENT      COMPLIMENT      CONDIMENT
DECREMENT       DENOUEMENT      DEPARTMENT      DETRIMENT
DOCUMENT        ELEMENT         EMBODIMENT      EMOLUMENT
EXPERIMENT      FERMENT         FILAMENT        FRAGMENT
GOVERNMENT      IMPEDIMENT      IMPLEMENT       INCLEMENT
INCREMENT       INSTRUMENT      INTEGUMENT      INVESTMENT
LAMENT          LIGAMENT        LINIMENT        MERRIMENT
MOMENT          MONUMENT        MOVEMENT        OINTMENT
ORNAMENT        PARLIAMENT      PAYMENT         PEDIMENT
PIGMENT         REGIMENT        RUDIMENT        SACRAMENT
SEDIMENT        SEGMENT         SENTIMENT       STATEMENT
TENEMENT        TESTAMENT       TOURNAMENT      VEHEMENT

## MIC

| | | | |
|---|---|---|---|
| ACADEMIC | ANATOMIC | ASTRONOMIC | ATOMIC |
| AUTONOMIC | CERAMIC | CHEMIC | CHROMIC |
| COSMIC | DIATOMIC | DYNAMIC | ECONOMIC |
| ENDEMIC | EPIDEMIC | EXOTHERMIC | FORMIC |
| HYPODERMIC | MORPHEMIC | OPHTHALMIC | PANDEMIC |
| PANORAMIC | PANTOMIMIC | POLEMIC | RHYTHMIC |
| SEISMIC | SYSTEMIC | TAXONOMIC | TOTEMIC |

## NAL

| | | | |
|---|---|---|---|
| ABDOMINAL | ABORIGINAL | ADDITIONAL | ADRENAL |
| ANTIPHONAL | ARSENAL | ATONAL | AUTUMNAL |
| CARDINAL | CARNAL | COMMUNAL | CRIMINAL |
| DIAGONAL | DIURNAL | DIVISIONAL | DOCTRINAL |
| EMOTIONAL | ETERNAL | EXTERNAL | FRATERNAL |
| FRICTIONAL | GERMINAL | HEXAGONAL | HYMNAL |
| IMPERSONAL | INFERNAL | INTERNAL | INTESTINAL |
| IRRATIONAL | ISOCHRONAL | JOURNAL | MARGINAL |
| MATERNAL | MEDICINAL | NOCTURNAL | NOMINAL |
| OCTAGONAL | OPTIONAL | ORDINAL | ORIGINAL |
| ORTHOGONAL | PATERNAL | PENTAGONAL | PERSONAL |
| PHENOMENAL | POLYGONAL | REGIONAL | RETINAL |
| SEASONAL | SEMINAL | SIGNAL | SPINAL |
| SUBLIMINAL | TERMINAL | TETRAGONAL | TRIBUNAL |
| URINAL | VAGINAL | VERNAL | VICINAL |
| VIRGINAL | | | |

## NATE

| | | | |
|---|---|---|---|
| ABOMINATE | ALGINATE | ALIENATE | ALTERNATE |
| ARSENATE | CARBONATE | CHLORINATE | COGNATE |
| COORDINATE | CORONATE | CULMINATE | DENOMINATE |
| DESIGNATE | DETONATE | DOMINATE | DONATE |
| EFFEMINATE | ELIMINATE | EMANATE | FASCINATE |
| FORTUNATE | FULMINATE | GEMINATE | GERMINATE |
| HIBERNATE | HYPHENATE | ILLUMINATE | IMPREGNATE |
| INCARNATE | INNATE | INORDINATE | INSEMINATE |
| INTONATE | LAMINATE | MAGNATE | MARINATE |
| NOMINATE | OBSTINATE | ORDINATE | ORIGINATE |
| ORNATE | OXYGENATE | PAGINATE | PASSIONATE |
| PINNATE | POLLINATE | PROPIONATE | REJUVENATE |
| RUMINATE | SENATE | STAGNATE | SULTANATE |
| TERMINATE | TURBINATE | VACCINATE | |

## NCE

| | | | |
|---|---|---|---|
| ABEYANCE | ABSENCE | ADMITTANCE | ADVANCE |
| AFFIANCE | AFFLUENCE | ALLIANCE | ALLOWANCE |

## Suffixes

| | | | |
|---|---|---|---|
| AMBIANCE | ANNOUNCE | ANNOYANCE | APPEARANCE |
| APPLIANCE | ASKANCE | ASSISTANCE | ASSURANCE |
| AUDIENCE | AVOIDANCE | BALANCE | BOUNCE |
| CHANCE | CLEARANCE | COMMENCE | CONDOLENCE |
| CONFERENCE | CONNIVANCE | CONSCIENCE | CONVEYANCE |
| CONVINCE | DENOUNCE | DEPENDENCE | DIFFERENCE |
| DURANCE | ENDURANCE | ENHANCE | ENSCONCE |
| ESSENCE | EVIDENCE | EVINCE | EXISTENCE |
| EXPERIENCE | FINANCE | FLOUNCE | GLANCE |
| GOVERNANCE | GRIEVANCE | GUIDANCE | HINDRANCE |
| IGNORANCE | IMBALANCE | IMPEDANCE | IMPORTANCE |
| INDUCTANCE | INFERENCE | INFLUENCE | INSTANCE |
| INSURANCE | ISSUANCE | JOUNCE | NUANCE |
| NUISANCE | OCCURRENCE | OFFENCE | ORDINANCE |
| ORDNANCE | PARLANCE | PENANCE | PERCHANCE |
| POUNCE | PRANCE | PRECEDENCE | PREFERENCE |
| PRESENCE | PRETENCE | PRINCE | PRONOUNCE |
| PROVENANCE | PROVINCE | QUINCE | RECURRENCE |
| REFERENCE | REMITTANCE | RENOUNCE | RIDDANCE |
| ROMANCE | SCIENCE | SEMBLANCE | SENTENCE |
| SEQUENCE | STANCE | SUSTENANCE | TEMPERANCE |
| THENCE | TRANCE | TROUNCE | UTTERANCE |
| VENGEANCE | WHENCE | | |

## NIC

| | | | |
|---|---|---|---|
| ARSENIC | AVIONIC | BOTANIC | CANONIC |
| CARBONIC | CATATONIC | CHRONIC | CLINIC |
| CYANIC | DEMONIC | DIACHRONIC | DIATONIC |
| ELECTRONIC | EMBRYONIC | ETHNIC | EUGENIC |
| GALVANIC | GNOMONIC | HARMONIC | HISTRIONIC |
| INORGANIC | IRONIC | LACONIC | MECHANIC |
| MNEMONIC | OCEANIC | ORGANIC | PATHOGENIC |
| PHONIC | PHOTOGENIC | PICNIC | PLATONIC |
| SARDONIC | SATANIC | SCENIC | STANNIC |
| SYMPHONIC | TALISMANIC | TECTONIC | TELEPHONIC |
| TITANIC | VOLCANIC | | |

## OGY

| | | | |
|---|---|---|---|
| AETIOLOGY | ANALOGY | ANTHOLOGY | APOLOGY |
| ASTROLOGY | AXIOLOGY | BIOLOGY | CARDIOLOGY |
| CHRONOLOGY | COSMOLOGY | CRYPTOLOGY | CYTOLOGY |
| ECOLOGY | EMBRYOLOGY | ENTOMOLOGY | ETHNOLOGY |
| ETYMOLOGY | EULOGY | GENEALOGY | GEOLOGY |
| HISTOLOGY | HOMOLOGY | HOROLOGY | HYDROLOGY |
| IDEOLOGY | MINERALOGY | MORPHOLOGY | MUSICOLOGY |
| MYCOLOGY | MYTHOLOGY | NEUROLOGY | ONCOLOGY |
| ONTOLOGY | PATHOLOGY | PEDAGOGY | PETROLOGY |

| | | | |
|---|---|---|---|
| PHILOLOGY | PHONOLOGY | PHYSIOLOGY | PSYCHOLOGY |
| SEISMOLOGY | SOCIOLOGY | TAUTOLOGY | TECHNOLOGY |
| TELEOLOGY | TERATOLOGY | THEOLOGY | TOPOLOGY |
| TOXICOLOGY | TRILOGY | TYPOLOGY | ZOOLOGY |

## OME

| | | | |
|---|---|---|---|
| AWESOME | BECOME | BOTHERSOME | BURDENSOME |
| CHROME | CHROMOSOME | CUMBERSOME | EPITOME |
| FEARSOME | FOURSOME | FULSOME | GASTRONOME |
| GRUESOME | HANDSOME | HIPPODROME | INCOME |
| IRKSOME | LOATHSOME | LONESOME | METRONOME |
| METTLESOME | OUTCOME | PALINDROME | SYNDROME |
| THREESOME | TIRESOME | TOILSOME | TWOSOME |
| WEARISOME | WELCOME | WHOLESOME | WINSOME |
| WORRISOME | | | |

## ONE

| | | | |
|---|---|---|---|
| ACETONE | ANEMONE | ANYONE | BACKBONE |
| BARITONE | BLOODSTONE | BRIMSTONE | BYGONE |
| CAPSTONE | CHAPERONE | CONDONE | CYCLONE |
| DOGGONE | EARPHONE | EVERYONE | FIELDSTONE |
| FLAGSTONE | FREESTONE | GEMSTONE | GRAVESTONE |
| GRINDSTONE | HAILSTONE | HEADSTONE | HOLYSTONE |
| HORMONE | INTONE | IRONSTONE | JAWBONE |
| KEYSTONE | LIMESTONE | LODESTONE | MARROWBONE |
| MILESTONE | MILLSTONE | MINESTRONE | OILSTONE |
| PITCHSTONE | POSTPONE | RHINESTONE | SANDSTONE |
| SAXOPHONE | SOAPSTONE | SOMEONE | TELEPHONE |
| THRONE | TOMBSTONE | TOUCHSTONE | TROMBONE |
| TURNSTONE | UNDONE | WISHBONE | XYLOPHONE |

## ORT

| | | | |
|---|---|---|---|
| AIRPORT | ASSORT | CARPORT | CAVORT |
| COHORT | COMFORT | COMPORT | CONSORT |
| CONTORT | DAVENPORT | DEPORT | DISTORT |
| EFFORT | ESCORT | EXHORT | EXPORT |
| EXTORT | FLEAWORT | GLASSWORT | HORNWORT |
| IMPORT | LIVERWORT | PASSPORT | PURPORT |
| RAPPORT | REPORT | RESORT | RETORT |
| SEAPORT | SUPPORT | TRANSPORT | |

## ORY

| | | | |
|---|---|---|---|
| ACCESSORY | ACCUSATORY | ADVISORY | ALLEGORY |
| AMATORY | AMBULATORY | AUDITORY | CATEGORY |
| CHICORY | COMPULSORY | CREMATORY | CURSORY |
| DEPOSITORY | DEROGATORY | DESULTORY | DILATORY |

## Suffixes

| | | | |
|---|---|---|---|
| DIRECTORY | DORMITORY | EXCITATORY | EXCRETORY |
| EXPOSITORY | FACTORY | FEUDATORY | HICKORY |
| HISTORY | ILLUSORY | INHIBITORY | INVENTORY |
| JUDICATORY | LABORATORY | LAUDATORY | LAVATORY |
| MANDATORY | MEMORY | MIGRATORY | MONITORY |
| NUGATORY | OBLIGATORY | OFFERTORY | OLFACTORY |
| ORATORY | PEREMPTORY | PILLORY | PREDATORY |
| PREFATORY | PRIORY | PURGATORY | RECTORY |
| REFECTORY | REFRACTORY | REGULATORY | REPERTORY |
| REPOSITORY | SENSORY | STATUTORY | TERRITORY |
| THEORY | TRAJECTORY | TRANSITORY | VICTORY |

## OSE

| | | | |
|---|---|---|---|
| BELLICOSE | CELLULOSE | CHOOSE | COMATOSE |
| COMPOSE | DECOMPOSE | DEPOSE | DEXTROSE |
| DIAGNOSE | DISPOSE | ENCLOSE | EXPOSE |
| FRUCTOSE | GLUCOSE | GRANDIOSE | IMPOSE |
| INDISPOSE | JOCOSE | JUXTAPOSE | LACTOSE |
| MALTOSE | MONGOOSE | MOROSE | OPPOSE |
| OTIOSE | PAPOOSE | PREDISPOSE | PRESUPPOSE |
| PRIMROSE | PROPOSE | PURPOSE | RIBOSE |
| SUCROSE | SUPPOSE | TRANSPOSE | VERBOSE |

## PLE

| | | | |
|---|---|---|---|
| COUPLE | CRIPPLE | CRUMPLE | DAPPLE |
| DECOUPLE | DIMPLE | DISCIPLE | EXAMPLE |
| GRAPPLE | HOPPLE | MANCIPLE | MULTIPLE |
| NIPPLE | PARTICIPLE | PEOPLE | PIMPLE |
| PINEAPPLE | PRINCIPLE | PURPLE | QUADRUPLE |
| RIPPLE | RUMPLE | SAMPLE | SCRUPLE |
| SEXTUPLE | SIMPLE | STAPLE | STEEPLE |
| STIPPLE | SUPPLE | TEMPLE | TIPPLE |
| TOPPLE | TRAMPLE | TRIPLE | |

## RAL

| | | | |
|---|---|---|---|
| ADMIRAL | AMORAL | ANCESTRAL | ASTRAL |
| BICAMERAL | BILATERAL | BINAURAL | CATHEDRAL |
| CENTRAL | CEREBRAL | CHAPARRAL | CHORAL |
| COLLATERAL | CORPORAL | CORRAL | CULTURAL |
| DIHEDRAL | DOCTORAL | ELECTORAL | ENTHRAL |
| EPHEMERAL | FEDERAL | FIGURAL | FLEXURAL |
| FLORAL | FUNERAL | GENERAL | GUTTURAL |
| IMMORAL | INAUGURAL | INTEGRAL | LATERAL |
| LIBERAL | LITERAL | LITTORAL | MAYORAL |
| MINERAL | MONAURAL | NATURAL | NEURAL |
| NEUTRAL | NUMERAL | OCTAHEDRAL | ORCHESTRAL |
| PASTORAL | PECTORAL | PERIPHERAL | PLEURAL |

PLURAL POLYHEDRAL PROCEDURAL REFERRAL
SACRAL SCRIPTURAL SCULPTURAL SEPULCHRAL
SEVERAL SPECTRAL SPIRAL STRUCTURAL
TEMPORAL TEXTURAL TRIHEDRAL UNILATERAL
VERTEBRAL VISCERAL

## RANT

ABERRANT ASPIRANT CELEBRANT CORMORANT
CURRANT DEODORANT EMIGRANT ENTRANT
ERRANT EXUBERANT FLAGRANT FRAGRANT
HYDRANT IGNORANT IMMIGRANT INTOLERANT
ITINERANT MIGRANT OPERANT QUADRANT
REGISTRANT RESTAURANT TOLERANT TYRANT
VAGRANT VIBRANT WARRANT

## RATE

ACCELERATE ACCURATE ADULTERATE AERATE
ALLITERATE AMELIORATE ARBITRATE ASPIRATE
BERATE BORATE BUTYRATE CALIBRATE
CELEBRATE CEREBRATE CHLORATE CITRATE
CONSECRATE COOPERATE CORPORATE CURATE
DECORATE DEGENERATE DEHYDRATE DELIBERATE
DENIGRATE DESECRATE DESPERATE DISPARATE
DOCTORATE ELABORATE ELECTORATE EMIGRATE
EMIRATE ENUMERATE EVAPORATE EXAGGERATE
EXASPERATE EXECRATE EXHILARATE EXONERATE
FEDERATE FIGURATE FILTRATE FRUSTRATE
GENERATE GYRATE HYDRATE ILLITERATE
ILLUSTRATE IMMIGRATE IMMODERATE INACCURATE
INAUGURATE INCINERATE INFILTRATE INGRATE
INTEGRATE INVETERATE INVIGORATE ITERATE
KARATE LACERATE LIBERATE LITERATE
MAGISTRATE MATURATE MELIORATE MIGRATE
MODERATE NARRATE NITRATE NUMERATE
OBDURATE OBLITERATE OPERATE PENETRATE
PERFORATE PERPETRATE PIRATE PRORATE
PROSTRATE RECUPERATE REGENERATE REITERATE
REMUNERATE SATURATE SEPARATE SERRATE
SUBSTRATE TEMPERATE TOLERATE ULCERATE
VENERATE VERTEBRATE VIBRATE

## RED

ABHORRED AVERRED BARRED COMPARED
CONCURRED CONFERRED CONFIGURED DECLARED
DEFERRED DEMURRED DETERRED FLICKERED
HATRED HUNDRED INBRED INCURRED
INFERRED KINDRED NEARED OBSCURED

## Suffixes

| | | | |
|---|---|---|---|
| OCCURRED | ORDERED | PREFERRED | PREPARED |
| RECOVERED | RECURRED | REFERRED | REQUIRED |
| RESTORED | SACRED | SECURED | SHARED |
| SQUARED | STORED | STRUCTURED | |

## RIC

| | | | |
|---|---|---|---|
| ALLEGORIC | ASYMMETRIC | BARBARIC | BISHOPRIC |
| BUTYRIC | CALORIC | CAMBRIC | CENTRIC |
| CITRIC | CLERIC | CONCENTRIC | CUPRIC |
| DIELECTRIC | ECCENTRIC | EGOCENTRIC | ELECTRIC |
| EMPIRIC | ESOTERIC | FABRIC | FERRIC |
| GENERIC | GEOCENTRIC | GEOMETRIC | GERIATRIC |
| HISTORIC | HYSTERIC | MERCURIC | MESENTERIC |
| METAPHORIC | METEORIC | METRIC | NITRIC |
| NUMERIC | OBSTETRIC | PAEDIATRIC | PAREGORIC |
| PHOSPHORIC | POLYMERIC | QUADRIC | RHETORIC |
| RUBRIC | SATIRIC | SOPHOMORIC | SULPHURIC |
| VOLUMETRIC | | | |

## RING

| | | | |
|---|---|---|---|
| AVERRING | BARRING | BESTIRRING | BOWSTRING |
| COMPARING | CONCURRING | CONFERRING | CONJURING |
| CURING | DEBARRING | DECLARING | DEFERRING |
| DEMURRING | DETERRING | DURING | EARRING |
| ENSURING | INCURRING | INFERRING | OBSCURING |
| OCCURRING | OFFSPRING | PREFERRING | PREPARING |
| RECOVERING | RECURRING | REFERRING | REQUIRING |
| RESTORING | SECURING | SHARING | SHOESTRING |
| SMATTERING | SPRING | SQUARING | STORING |
| STRING | | | |

## ROUS

| | | | |
|---|---|---|---|
| ADULTEROUS | AMOROUS | ANHYDROUS | BARBAROUS |
| BOISTEROUS | CADAVEROUS | CHIVALROUS | CLAMOROUS |
| CONIFEROUS | CUPROUS | DANGEROUS | DECOROUS |
| DESIROUS | DISASTROUS | FERROUS | FIBROUS |
| GENEROUS | HUMOROUS | HYDROUS | LUDICROUS |
| LUSTROUS | MONSTROUS | MURDEROUS | NITROUS |
| NUMEROUS | ODOROUS | ONEROUS | PONDEROUS |
| POROUS | PROSPEROUS | RANCOROUS | RIGOROUS |
| SCABROUS | SLANDEROUS | SONOROUS | TENEBROUS |
| THUNDEROUS | TRAITOROUS | VAPOROUS | VIGOROUS |
| VOCIFEROUS | WONDROUS | | |

## SION

| | | | |
|---|---|---|---|
| ABRASION | ACCESSION | ADHESION | ADMISSION |

| | | | |
|---|---|---|---|
| AGGRESSION | ALLUSION | ASCENSION | ASPERSION |
| AVERSION | CESSION | COHESION | COLLISION |
| COLLUSION | COMMISSION | COMPASSION | COMPULSION |
| CONCESSION | CONCISION | CONCLUSION | CONCUSSION |
| CONFESSION | CONFUSION | CONTUSION | CONVERSION |
| CONVULSION | CORROSION | DECISION | DELUSION |
| DEPRESSION | DERISION | DIFFUSION | DIGRESSION |
| DIMENSION | DISCUSSION | DISPERSION | DISSENSION |
| DIVERSION | DIVISION | EFFUSION | EMISSION |
| EMULSION | EROSION | EVASION | EXCISION |
| EXCLUSION | EXCURSION | EXPANSION | EXPLOSION |
| EXPRESSION | EXPULSION | EXTENSION | EXTRUSION |
| FISSION | FUSION | ILLUSION | IMMERSION |
| IMPASSION | IMPLOSION | IMPRESSION | INCLUSION |
| INCURSION | INDECISION | INFUSION | INTRUSION |
| INVASION | INVERSION | LESION | MANSION |
| MISSION | OBSESSION | OBTRUSION | OCCASION |
| OCCLUSION | OMISSION | OPPRESSION | PASSION |
| PENSION | PERCUSSION | PERFUSION | PERMISSION |
| PERSUASION | PERVASION | PERVERSION | POSSESSION |
| PRECESSION | PRECISION | PRETENSION | PROCESSION |
| PROFESSION | PROFUSION | PROLUSION | PROPULSION |
| PROTRUSION | PROVISION | RECESSION | RECURSION |
| REGRESSION | REMISSION | REPRESSION | REPULSION |
| REVERSION | REVISION | REVULSION | SECESSION |
| SECLUSION | SESSION | SUCCESSION | SUSPENSION |
| TELEVISION | TENSION | TORSION | VERSION |
| VISION | | | |

## SIS

| | | | |
|---|---|---|---|
| AMANUENSIS | ANALYSIS | APOTHEOSIS | CATALYSIS |
| CATHARSIS | CHASSIS | CRISIS | CYTOLYSIS |
| DIAGNOSIS | DIALYSIS | DIATHESIS | ELLIPSIS |
| EMPHASIS | EPIPHYSIS | EXEGESIS | GENESIS |
| HYDROLYSIS | HYPNOSIS | HYPOTHESIS | MEIOSIS |
| MIMESIS | MITOSIS | NARCOSIS | NECROSIS |
| NEMESIS | NEUROSIS | OSMOSIS | PARALYSIS |
| PROGNOSIS | PROSTHESIS | PSYCHOSIS | SCLEROSIS |
| STASIS | SYMBIOSIS | SYNOPSIS | SYNTHESIS |
| THESIS | THROMBOSIS | | |

## SIVE

| | | | |
|---|---|---|---|
| ABRASIVE | ADHESIVE | AGGRESSIVE | ALLUSIVE |
| COHESIVE | COMPULSIVE | CONCLUSIVE | CONVULSIVE |
| CORROSIVE | CURSIVE | DECISIVE | DEFENSIVE |
| DELUSIVE | DEPRESSIVE | DERISIVE | DIFFUSIVE |
| DIVISIVE | EFFUSIVE | ELUSIVE | EROSIVE |

## Suffixes

| | | | |
|---|---|---|---|
| EVASIVE | EXCESSIVE | EXCLUSIVE | EXPANSIVE |
| EXPENSIVE | EXPLOSIVE | EXPRESSIVE | EXTENSIVE |
| EXTRUSIVE | ILLUSIVE | IMPASSIVE | IMPRESSIVE |
| IMPULSIVE | INCISIVE | INCLUSIVE | INDECISIVE |
| INTENSIVE | INTRUSIVE | INVASIVE | MASSIVE |
| MISSIVE | OBSESSIVE | OBTRUSIVE | OFFENSIVE |
| OPPRESSIVE | PASSIVE | PENSIVE | PERCUSSIVE |
| PERMISSIVE | PERSUASIVE | PERVASIVE | POSSESSIVE |
| PROTRUSIVE | PURPOSIVE | RECESSIVE | RECURSIVE |
| REGRESSIVE | REPRESSIVE | REPULSIVE | RESPONSIVE |
| SUBVERSIVE | SUCCESSIVE | | |

## STER

| | | | |
|---|---|---|---|
| ADMINISTER | ALABASTER | BANISTER | BLISTER |
| BLUSTER | BOLSTER | BUSHMASTER | CANISTER |
| CLOISTER | CLUSTER | FILIBUSTER | FLUSTER |
| FOSTER | HAMSTER | HEADMASTER | HOLSTER |
| HUCKSTER | LOBSTER | MONSTER | OLDSTER |
| OYSTER | PAYMASTER | PLASTER | POLLSTER |
| POSTMASTER | PUNSTER | RASTER | ROADSTER |
| ROISTER | ROSTER | SEMESTER | SEQUESTER |
| SINISTER | SISTER | SPINSTER | TASKMASTER |
| TEAMSTER | TRICKSTER | TRIMESTER | UPHOLSTER |
| YOUNGSTER | | | |

## STIC

| | | | |
|---|---|---|---|
| ACOUSTIC | AGNOSTIC | AUTISTIC | BOMBASTIC |
| CAUSTIC | DIAGNOSTIC | DOMESTIC | DRASTIC |
| DYNASTIC | ELASTIC | FANTASTIC | GNOSTIC |
| GYMNASTIC | HEURISTIC | INELASTIC | LOGISTIC |
| MAJESTIC | MASTIC | MONASTIC | MYSTIC |
| OPTIMISTIC | ORGIASTIC | PATRISTIC | PLASTIC |
| RUSTIC | SARCASTIC | SCHOLASTIC | SIMPLISTIC |
| SPASTIC | STOCHASTIC | | |

## TAL

| | | | |
|---|---|---|---|
| ACCIDENTAL | ACQUITTAL | ANECDOTAL | BARBITAL |
| BRUTAL | CAPITAL | COASTAL | COMMITTAL |
| CONGENITAL | CRYSTAL | DENTAL | DIGITAL |
| DISTAL | FOETAL | FRONTAL | GENITAL |
| GLOTTAL | HORIZONTAL | HOSPITAL | IMMORTAL |
| INCIDENTAL | MARITAL | MENTAL | MORTAL |
| NEONATAL | OCCIDENTAL | OCCIPITAL | ORBITAL |
| ORIENTAL | PARENTAL | PEDESTAL | PIVOTAL |
| PLACENTAL | PORTAL | POSTAL | REBUTTAL |
| RECITAL | RENTAL | SKELETAL | TEETOTAL |
| VESTAL | | | |

## TANT

| | | | |
|---|---|---|---|
| ACCEPTANT | ACCOUNTANT | ADJUTANT | ASSISTANT |
| BLATANT | COMBATANT | CONSTANT | CONTESTANT |
| DISPUTANT | DISTANT | EXORBITANT | EXPECTANT |
| EXTANT | EXULTANT | HABITANT | HESITANT |
| IMPORTANT | INCONSTANT | INHABITANT | INSTANT |
| IRRITANT | MILITANT | MUTANT | OCTANT |
| POLLUTANT | PROTESTANT | REACTANT | RELUCTANT |
| REPENTANT | RESISTANT | RESULTANT | |

## TATE

| | | | |
|---|---|---|---|
| ACETATE | AGITATE | AMPUTATE | ANNOTATE |
| APOSTATE | CAPACITATE | COGITATE | DEBILITATE |
| DEVASTATE | DICTATE | DOWNSTATE | ESTATE |
| FACILITATE | GRAVITATE | HESITATE | IMITATE |
| IRRITATE | LACTATE | LEVITATE | MEDITATE |
| MILITATE | MUTATE | NOTATE | POTENTATE |
| PROSTATE | REINSTATE | ROTATE | TESTATE |
| UPSTATE | VEGETATE | | |

## TEN

| | | | |
|---|---|---|---|
| BATTEN | BEATEN | BEGOTTEN | BITTEN |
| BRIGHTEN | BROWBEATEN | CHRISTEN | FASTEN |
| FATTEN | FLATTEN | FORGOTTEN | FRIGHTEN |
| GLISTEN | GOTTEN | HASTEN | HEARTEN |
| HEIGHTEN | KITTEN | LIGHTEN | LISTEN |
| MARTEN | MITTEN | MOISTEN | MOLTEN |
| PLATEN | ROTTEN | SHORTEN | SMITTEN |
| SOFTEN | STRAIGHTEN | SWEETEN | THREATEN |
| TIGHTEN | TUNGSTEN | WHITEN | WRITTEN |

## TING

| | | | |
|---|---|---|---|
| ABETTING | ABUTTING | ACQUITTING | ACTIVATING |
| ADMITTING | ALLOTTING | ANNOTATING | BEFITTING |
| BEGETTING | BESETTING | CITING | COMMITTING |
| COMPLETING | COMPUTING | CREATING | DELETING |
| DEMITTING | DENOTING | EDITING | ELEVATING |
| EMITTING | EXECUTING | FORGETTING | FORMATTING |
| GENERATING | GETTING | INDICATING | INITIATING |
| ITERATING | LETTING | LOCATING | MIGRATING |
| NAVIGATING | NETTING | OFFSETTING | OMITTING |
| OPERATING | PERMITTING | PLOTTING | PULSATING |
| PUTTING | QUITTING | RATING | REBUTTING |
| RECREATING | REGRETTING | REMITTING | ROTATING |
| ROUTING | SETTING | SHUTTING | SIMULATING |

## Suffixes

| | | | |
|---|---|---|---|
| SPLITTING | SPOTTING | SPROUTING | SQUATTING |
| STATING | SUBMITTING | TASTING | UNITING |
| UPSETTING | WRITING | | |

## TION

| | | | |
|---|---|---|---|
| ABLUTION | ABOLITION | ABORTION | ABSOLUTION |
| ABSORPTION | ABSTENTION | ACCRETION | ACCUSATION |
| ACTION | ACTIVATION | ADAPTATION | ADDITION |
| ADMIRATION | ADMONITION | ADOPTION | ALLEGATION |
| ALLOCATION | ALTERATION | AMBITION | AMMUNITION |
| ANNOTATION | APPARITION | APPORTION | APPOSITION |
| ASCRIPTION | ASSUMPTION | ATTENTION | ATTRITION |
| AUCTION | AUDITION | AVOCATION | BASTION |
| CAPTION | CARNATION | CAUSATION | CAUTION |
| CESSATION | CITATION | COALITION | COGNITION |
| COLLECTION | COMBUSTION | COMMOTION | COMPLETION |
| CONCEPTION | CONCRETION | CONDITION | CONGESTION |
| CONTENTION | CONTRITION | CONVENTION | CORRUPTION |
| CREATION | DAMNATION | DECEPTION | DEFINITION |
| DELETION | DEMOLITION | DENOTATION | DENUDATION |
| DEPLETION | DEPOSITION | DEPUTATION | DETECTION |
| DETENTION | DEVOLUTION | DEVOTION | DICTION |
| DIGESTION | DILATATION | DILUTION | DIMINUTION |
| DIRECTION | DISCRETION | DISRUPTION | DISTORTION |
| DIVINATION | DURATION | EDITION | ELEVATION |
| ELUTION | EMOTION | ENCRYPTION | EQUATION |
| EQUITATION | ERUDITION | ERUPTION | EVALUATION |
| EVOCATION | EVOLUTION | EXALTATION | EXCEPTION |
| EXCITATION | EXCRETION | EXECUTION | EXEMPTION |
| EXHAUSTION | EXHIBITION | EXHUMATION | EXPEDITION |
| EXPIRATION | EXPOSITION | EXUDATION | EXULTATION |
| FICTION | FLIRTATION | FLOTATION | FOUNDATION |
| FRACTION | FRICTION | FRUITION | FUNCTION |
| GENERATION | GUMPTION | HABITATION | IGNITION |
| IMPOSITION | IMPUTATION | INACTION | INCAUTION |
| INCEPTION | INDICATION | INFLECTION | INGESTION |
| INHALATION | INHIBITION | INITIATION | INJECTION |
| INJUNCTION | INTENTION | INTUITION | INVENTION |
| INVITATION | INVOLUTION | IRRUPTION | ITERATION |
| JUNCTION | LIBATION | LIMITATION | LOCATION |
| LOCOMOTION | LOCUTION | LOTION | MENTION |
| MOTION | NATION | NAVIGATION | NOTATION |
| NOTION | NUTRITION | OCCUPATION | OPERATION |
| OPPOSITION | OPTION | PARTITION | PERCEPTION |
| PERDITION | PETITION | PLANTATION | POLLUTION |
| PORTION | POSITION | POTION | PRECAUTION |
| PREVENTION | PROMOTION | PROPORTION | PURGATION |
| QUESTION | QUOTATION | RECEPTION | REDEMPTION |

| | | | |
|---|---|---|---|
| REDUCTION | REFECTION | REFUTATION | REJECTION |
| RELAXATION | RENDITION | REPARATION | REPETITION |
| REPOSITION | REPUTATION | RESOLUTION | RESUMPTION |
| RETENTION | REVELATION | REVOLUTION | ROTATION |
| RUINATION | SALUTATION | SALVATION | SANCTION |
| SECRETION | SECTION | SEDITION | SEDUCTION |
| SELECTION | SEPARATION | SOLUTION | STARVATION |
| STATION | SUCTION | SUGGESTION | SUMMATION |
| TAXATION | TEMPTATION | TRADITION | TRANSITION |
| TUITION | UNCTION | USURPATION | VALIDATION |
| VARIATION | VEXATION | VISITATION | VOLITION |

## TIVE

| | | | |
|---|---|---|---|
| ABSORPTIVE | ACCUSATIVE | ACTIVE | ADAPTIVE |
| ADDITIVE | ADJECTIVE | ADOPTIVE | ATTENTIVE |
| AUTOMOTIVE | CAPTIVE | COGNITIVE | COLLECTIVE |
| CONGESTIVE | DECEPTIVE | DEFINITIVE | DENOTATIVE |
| DIGESTIVE | DIMINUTIVE | DIRECTIVE | DISRUPTIVE |
| EFFECTIVE | EXECUTIVE | EXHAUSTIVE | EXPLETIVE |
| FESTIVE | FICTIVE | FRICATIVE | FUGITIVE |
| FURTIVE | GENITIVE | IMPERATIVE | INACTIVE |
| INCENTIVE | INFINITIVE | INTUITIVE | INVECTIVE |
| INVENTIVE | ITERATIVE | LAXATIVE | LOCOMOTIVE |
| LUCRATIVE | MOTIVE | NATIVE | NEGATIVE |
| NORMATIVE | NUTRITIVE | PEJORATIVE | PERCEPTIVE |
| PLAINTIVE | POSITIVE | PREVENTIVE | PRIMITIVE |
| PUNITIVE | PURGATIVE | PUTATIVE | RECEPTIVE |
| RECITATIVE | REDEMPTIVE | REPETITIVE | RESISTIVE |
| RESPECTIVE | RESTIVE | RETENTIVE | SECRETIVE |
| SEDUCTIVE | SELECTIVE | SENSITIVE | SUGGESTIVE |
| TALKATIVE | TENTATIVE | TRANSITIVE | VINDICTIVE |
| VOTIVE | | | |

## TLE

| | | | |
|---|---|---|---|
| APOSTLE | BATTLE | BEETLE | BELITTLE |
| BOTTLE | BRISTLE | BRITTLE | BUSTLE |
| CANTLE | CASTLE | CATTLE | CHORTLE |
| DISGRUNTLE | EMBATTLE | EPISTLE | FETTLE |
| GENTLE | HURTLE | HUSTLE | JOSTLE |
| KETTLE | KITTLE | LITTLE | MANTLE |
| METTLE | MOTTLE | MYRTLE | NESTLE |
| NETTLE | PESTLE | RATTLE | RUSTLE |
| SCUTTLE | SETTLE | SHUTTLE | SKITTLE |
| SPITTLE | STARTLE | SUBTLE | TATTLE |
| THISTLE | THROTTLE | TRESTLE | TURTLE |
| WATTLE | WHISTLE | WHITTLE | WRESTLE |

**Suffixes**

## TOR

| | | | |
|---|---|---|---|
| ACCEPTOR | ALLIGATOR | ANCESTOR | AUDITOR |
| BENEFACTOR | BETTOR | CANTOR | CAPACITOR |
| CAPTOR | CASTOR | COADJUTOR | COLLECTOR |
| COMPARATOR | COMPETITOR | COMPOSITOR | CONDUCTOR |
| CONNECTOR | CONTRACTOR | CORRECTOR | CREDITOR |
| DEBTOR | DEFLECTOR | DEPOSITOR | DESCRIPTOR |
| DESTRUCTOR | DETECTOR | DIRECTOR | DOCTOR |
| EDITOR | EJECTOR | ELECTOR | EXECUTOR |
| EXHIBITOR | EXPOSITOR | EXTRACTOR | FACTOR |
| GENERATOR | GLADIATOR | GRANTOR | GUARANTOR |
| HECTOR | INCEPTOR | INDICATOR | INDUCTOR |
| INHERITOR | INHIBITOR | INQUISITOR | INSPECTOR |
| INSTRUCTOR | INVENTOR | INVESTOR | JANITOR |
| MALEFACTOR | MENTOR | MONITOR | NAVIGATOR |
| OBJECTOR | OPERATOR | PASTOR | PERSECUTOR |
| PREDICTOR | PROCTOR | PROGENITOR | PROJECTOR |
| PROPRIETOR | PROSECUTOR | PROSPECTOR | PROTECTOR |
| RECTOR | REDACTOR | REFLECTOR | RESPIRATOR |
| SCULPTOR | SECTOR | SELECTOR | SERVITOR |
| SOLICITOR | SPECTATOR | STATOR | SUITOR |
| TRACTOR | TRAITOR | TRANSISTOR | VECTOR |
| VICTOR | VISITOR | | |

## TRY

| | | | |
|---|---|---|---|
| ANCESTRY | ARTISTRY | ASYMMETRY | BIGOTRY |
| BIOMETRY | CARPENTRY | CHANTRY | CHEMISTRY |
| CIRCUITRY | COUNTRY | DENTISTRY | ERRANTRY |
| FORESTRY | GALLANTRY | GANTRY | GENTRY |
| IDOLATRY | INDUSTRY | INFANTRY | MINISTRY |
| OPTOMETRY | PAGEANTRY | PALTRY | PANTRY |
| PASTRY | PEDANTRY | PHOTOMETRY | POETRY |
| POULTRY | PSYCHIATRY | REGISTRY | SENTRY |
| SOPHISTRY | SULTRY | SYMMETRY | TAPESTRY |
| VESTRY | WINTRY | | |

## UAL

| | | | |
|---|---|---|---|
| ACCENTUAL | ACCRUAL | ACTUAL | ANNUAL |
| ASEXUAL | BILINGUAL | BISEXUAL | CASUAL |
| COEQUAL | CONCEPTUAL | CONTEXTUAL | CONTINUAL |
| EFFECTUAL | EVENTUAL | FACTUAL | GRADUAL |
| HABITUAL | HOMOSEXUAL | INDIVIDUAL | LINGUAL |
| MANUAL | MUTUAL | PERPETUAL | PUNCTUAL |
| RESIDUAL | RITUAL | SENSUAL | SEXUAL |
| SPIRITUAL | TACTUAL | TEXTUAL | UNEQUAL |
| VICTUAL | VIRTUAL | VISUAL | |

## UDE

| | | | |
|---|---|---|---|
| ALLUDE | ALTITUDE | AMPLITUDE | APTITUDE |
| ATTITUDE | BEATITUDE | CERTITUDE | COLLUDE |
| CONCLUDE | DELUDE | DENUDE | DESUETUDE |
| EXCLUDE | EXTRUDE | FORTITUDE | GRATITUDE |
| INAPTITUDE | INCLUDE | INFINITUDE | INTERLUDE |
| INTRUDE | LATITUDE | LONGITUDE | MAGNITUDE |
| MULTITUDE | OBTRUDE | OCCLUDE | PLATITUDE |
| PLENITUDE | POSTLUDE | PRECLUDE | PRELUDE |
| PROTRUDE | RECTITUDE | SECLUDE | SERVITUDE |
| SIMILITUDE | SOLICITUDE | SOLITUDE | TURPITUDE |

## UND

| | | | |
|---|---|---|---|
| ABOUND | AROUND | ASTOUND | BACKGROUND |
| BATTLEGROUND | BLOODHOUND | CAMPGROUND | COMPOUND |
| CONFOUND | DACHSHUND | EXPOUND | FECUND |
| FOXHOUND | GERUND | GREYHOUND | GROUND |
| HOREHOUND | IMPOUND | JOCUND | MORIBUND |
| PLAYGROUND | PROFOUND | PROPOUND | REDOUND |
| ROTUND | RUBICUND | SPELLBOUND | SURROUND |
| TURNAROUND | WESTBOUND | | |

## URE

| | | | |
|---|---|---|---|
| ADMIXTURE | ADVENTURE | ALLURE | APERTURE |
| ARMATURE | ASSURE | BROCHURE | CAPTURE |
| CARICATURE | CENSURE | CLOSURE | CLOTURE |
| COCKSURE | COIFFURE | COMPOSURE | CONFIGURE |
| CONJECTURE | CONJURE | CREATURE | CULTURE |
| CURVATURE | DEBENTURE | DEMURE | DENATURE |
| DENTURE | DEPARTURE | EMBOUCHURE | ENDURE |
| ENSURE | EPICURE | ERASURE | EXPOSURE |
| FAILURE | FEATURE | FIGURE | FISSURE |
| FIXTURE | FLEXURE | FORFEITURE | FRACTURE |
| FURNITURE | FUTURE | GESTURE | IMMATURE |
| IMPOSTURE | IMPURE | INDENTURE | INJURE |
| INSECURE | INSURE | JUDICATURE | JUNCTURE |
| LECTURE | LEISURE | LIGATURE | LITERATURE |
| MANURE | MATURE | MEASURE | MINIATURE |
| MIXTURE | MOISTURE | NATURE | NURTURE |
| OBSCURE | OVERTURE | PASTURE | PERJURE |
| PICTURE | PLEASURE | POSTURE | PREFECTURE |
| PREMATURE | PRESSURE | PROCEDURE | PROCURE |
| PUNCTURE | RAPTURE | RUPTURE | SCRIPTURE |
| SCULPTURE | SECURE | SEIZURE | SIGNATURE |
| STATURE | STRICTURE | STRUCTURE | SUTURE |
| TENURE | TEXTURE | TINCTURE | TORTURE |
| TREASURE | VENTURE | VULTURE | |

**Suffixes**
**USE**

| | | | |
|---|---|---|---|
| ABSTRUSE | ACCUSE | APPLAUSE | AROUSE |
| BECAUSE | BEMUSE | BLOCKHOUSE | BLOUSE |
| BOATHOUSE | CAROUSE | CLAUSE | CLUBHOUSE |
| CONFUSE | DEFUSE | DELOUSE | DIFFUSE |
| ESPOUSE | EXCUSE | FARMHOUSE | FIREHOUSE |
| GREENHOUSE | GUARDHOUSE | HOTHOUSE | HYPOTENUSE |
| INFUSE | LIGHTHOUSE | LOBSCOUSE | MADHOUSE |
| MENOPAUSE | PENTHOUSE | PERFUSE | PERUSE |
| PLAYHOUSE | PROFUSE | RECLUSE | REFUSE |
| ROADHOUSE | SPOUSE | STOREHOUSE | SUFFUSE |
| TITMOUSE | TOWNHOUSE | TRANSFUSE | WAREHOUSE |

**UTE**

| | | | |
|---|---|---|---|
| ABSOLUTE | ASTUTE | ATTRIBUTE | COMMUTE |
| COMPUTE | CONFUTE | CONSTITUTE | CONTRIBUTE |
| CONVOLUTE | DEPUTE | DESTITUTE | DILUTE |
| DISPUTE | EXECUTE | HIRSUTE | IMPUTE |
| INSTITUTE | IRRESOLUTE | MINUTE | PARACHUTE |
| PERMUTE | PERSECUTE | POLLUTE | PROSECUTE |
| PROSTITUTE | REFUTE | REPUTE | REROUTE |
| RESOLUTE | SALUTE | SOLUTE | STATUTE |
| SUBSTITUTE | TRANSMUTE | TRIBUTE | |

**VER**

| | | | |
|---|---|---|---|
| BEAVER | CADAVER | CANTILEVER | CLEVER |
| CROSSOVER | DELIVER | FOREVER | HANGOVER |
| HOWEVER | HOWSOEVER | LAWGIVER | LEFTOVER |
| LOUVER | MOREOVER | PLOVER | QUAVER |
| QUIVER | RECOVER | SERVER | SHIVER |
| SILVER | SLIVER | TURNOVER | UNCOVER |
| UPRIVER | WHATEVER | WHATSOEVER | WHENEVER |
| WHEREVER | WHICHEVER | WHOEVER | WHOMSOEVER |
| WHOSOEVER | | | |

**WAY**

| | | | |
|---|---|---|---|
| AIRWAY | ALLEYWAY | ANYWAY | BREAKAWAY |
| CARAWAY | CROSSWAY | DOORWAY | DRIVEWAY |
| EXPRESSWAY | FAIRWAY | GANGWAY | GATEWAY |
| GETAWAY | GIVEAWAY | HALFWAY | HALLWAY |
| HATCHWAY | HEADWAY | HIDEAWAY | HIGHWAY |
| LEEWAY | MIDWAY | PARKWAY | PASSAGEWAY |
| PATHWAY | RAILWAY | ROADWAY | ROCKAWAY |
| RUNAWAY | RUNWAY | STAIRWAY | STOWAWAY |
| TAXIWAY | TRAMWAY | WATERWAY | |

# Words with Double Letters

Arranged by position of the duplicate and then alphabetically.


## 1st and 2nd

| | | |
|---|---|---|
| AADVARK | EEK | EEL |
| EELGRASS | EERIE | EERILY |
| OOPS | OOZE | OOZY |


## 2nd and 3rd

| | | |
|---|---|---|
| BAA | BAAS | ABBA |
| ABBEY | ABBOT | ABBREVIATE |
| EBB | ACCEDE | ACCELERATE |
| ACCELEROMETER | ACCENT | ACCENTUAL |
| ACCENTUATE | ACCEPT | ACCEPTANT |
| ACCEPTOR | ACCESS | ACCESSIBLE |
| ACCESSION | ACCESSORY | ACCIDENT |
| ACCIDENTAL | ACCLAIM | ACCLAMATION |
| ACCLIMATE | ACCOLADE | ACCOMMODATE |
| ACCOMPANIMENT | ACCOMPANIST | ACCOMPANY |
| ACCOMPLICE | ACCOMPLISH | ACCORD |
| ACCORDANT | ACCORDION | ACCOST |
| ACCOUNT | ACCOUNTANT | ACCOUNTS |
| ACCREDIT | ACCREDITATION | ACCRETION |
| ACCRUAL | ACCRUE | ACCUMULATE |
| ACCURACY | ACCURATE | ACCUSATION |
| ACCUSATIVE | ACCUSATORY | ACCUSE |
| ACCUSTOM | ECCE | ECCENTRIC |
| ECCLESIASTIC | OCCASION | OCCIDENT |
| OCCIDENTAL | OCCIPITAL | OCCLUDE |
| OCCLUSION | OCCULT | OCCULTATION |
| OCCUPANT | OCCUPATION | OCCUPY |
| OCCUR | OCCURRED | OCCURRENCE |
| OCCURRING | ADD | ADDED |
| ADDEND | ADDENDA | ADDENDUM |
| ADDER | ADDICT | ADDITION |
| ADDITIONAL | ADDITIVE | ADDLE |
| ADDRESS | ADDRESSEE | ADDS |
| ADDUCE | EDDY | ODD |
| ODDS | BEE | BEECH |
| BEEF | BEEFSTEAK | BEEFY |
| BEEHIVE | BEEN | BEEP |

## Doubles

| | | |
|---|---|---|
| BEER | BEET | BEETLE |
| DEE | DEED | DEEM |
| DEEP | DEEPEN | DEER |
| DEERSKIN | DEERSTALKER | DEES |
| FEE | FEEBLE | FEED |
| FEEL | FEET | GEE |
| GEED | GEEK | GEESE |
| HEED | HEEL | JEEP |
| JEER | KEEL | KEELSON |
| KEEN | KEEP | LEE |
| LEECH | LEEK | LEER |
| LEERY | LEES | LEEWARD |
| LEEWAY | MEEK | MEET |
| NEED | NEEDFUL | NEEDLE |
| NEEDLEWORK | NEEDY | PEE |
| PEEK | PEEL | PEEN |
| PEEP | PEER | REED |
| REEDBUCK | REEDY | REEF |
| REEK | REEL | REEVE |
| SEE | SEED | SEEDBED |
| SEEDLING | SEEDY | SEEING |
| SEEK | SEEM | SEEN |
| SEEP | SEEPAGE | SEER |
| SEERSUCKER | SEES | SEETHE |
| SEETHED | SEETHING | TEE |
| TEED | TEEING | TEEL |
| TEEM | TEEN | TEENAGE |
| TEETER | TEETH | TEETHE |
| TEETHED | TEETHING | TEETOTAL |
| WEE | WEED | WEEDY |
| WEEK | WEEKEND | WEEKLIES |
| WEEKLY | AFFABLE | AFFAIR |
| AFFAIRS | AFFECT | AFFECTATION |
| AFFECTIONATE | AFFERENT | AFFIANCE |
| AFFIDAVIT | AFFILIATE | AFFINITY |
| AFFIRM | AFFIRMATION | AFFIRMATIVE |
| AFFIX | AFFLICT | AFFLUENCE |
| AFFLUENT | AFFORD | AFFOREST |
| AFFRAY | AFFRICATE | AFFRONT |
| EFFACE | EFFACEABLE | EFFECT |
| EFFECTIVE | EFFECTUAL | EFFECTUATE |
| EFFEMINATE | EFFERENT | EFFETE |
| EFFICACIOUS | EFFICACY | EFFICIENCY |
| EFFICIENT | EFFICIENTLY | EFFLORESCE |
| EFFLORESCENT | EFFLUENT | EFFLUVIA |
| EFFLUVIUM | EFFORT | EFFORTLESS |
| EFFUSION | EFFUSIVE | IFFY |
| OFF | OFFAL | OFFENCE |

OFFEND
OFFENSIVE
OFFER
OFFERTORY
OFFHAND
OFFICE
OFFICIAL
OFFICIATE
OFFICIOUS
OFFPRINT
OFFSET
OFFSETTING
OFFSHOOT
OFFSHORE
OFFSPRING
AGGLOMERATE
AGGLUTINATE
AGGLUTININ
AGGRAVATE
AGGREGATE
AGGREGATED
AGGREGATING
AGGREGATION
AGGRESSION
AGGRESSIVE
AGGRESSOR
AGGRIEVE
EGG
EGGSHELL
ALL
ALLAH
ALLAY
ALLEGATION
ALLEGE
ALLEGIANT
ALLEGORIC
ALLEGORY
ALLEGRO
ALLERGIC
ALLEVIATE
ALLEY
ALLEYWAY
ALLIANCE
ALLIED
ALLIGATOR
ALLITERATE
ALLOCATE
ALLOCATED
ALLOCATION
ALLOT
ALLOTROPIC
ALLOTTED
ALLOTTING
ALLOW
ALLOWABLE
ALLOWANCE
ALLOY
ALLSPICE
ALLUDE
ALLURE
ALLUSION
ALLUSIVE
ALLUVIAL
ALLUVIUM
ALLY
ELL
ELLIPSE
ELLIPSIS
ELLIPSOID
ELLIPSOIDAL
ELLIPTIC
ILL
ILLEGAL
ILLEGIBLE
ILLEGITIMACY
ILLEGITIMATE
ILLICIT
ILLIMITABLE
ILLITERACY
ILLITERATE
ILLUME
ILLUMINATE
ILLUMINE
ILLUSION
ILLUSIVE
ILLUSORY
ILLUSTRATE
ILLUSTRATION
ILLUSTRIOUS
OLLA
AMMETER
AMMONIA
AMMONIAC
AMMONIUM
AMMUNITION
EMMA
IMMACULATE
IMMANENT
IMMATERIAL
IMMATURE
IMMEASURABLE
IMMEDIACY
IMMEDIATE
IMMEMORIAL
IMMENSE
IMMERSE
IMMERSION
IMMIGRANT
IMMIGRATE
IMMINENT
IMMISCIBLE
IMMOBILE
IMMOBILITY
IMMODERATE
IMMODEST
IMMODESTY
IMMORAL
IMMORTAL
IMMOVABLE
IMMUNE
IMMUNIZATION
IMMUTABLE
ANN
ANNA
ANNEAL
ANNEX
ANNIHILATE
ANNIVERSARY
ANNOTATE
ANNOTATED
ANNOTATING
ANNOTATION
ANNOUNCE
ANNOY
ANNOYANCE
ANNUAL
ANNUITIES
ANNUITY
ANNUL
ANNULAR
ANNULI
ANNULLED
ANNULLING
ANNULUS

## Doubles

ANNUNCIATE
INN
INNATE
INNER
INNERMOST
INNKEEPER
INNOCENT
INNOCUOUS
INNOVATE
INNUENDO
INNUMERABLE
UNNECESSARY
UNNEEDED
BOO
BOOBY
BOOGIE
BOOK
BOOKCASE
BOOKIE
BOOKISH
BOOKLET
BOOKPLATE
BOOKSELLER
BOOKSHELF
BOOKSHELVES
BOOKSTORE
BOOM
BOOMERANG
BOON
BOOR
BOORISH
BOOST
BOOT
BOOTH
BOOTLEG
BOOTSTRAP
BOOTY
BOOZE
COO
COOK
COOKERY
COOKIE
COOL
COOLANT
COON
COOP
COOPERATE
COORDINATE
COOT
DOODLE
DOOM
DOOMSDAY
DOOR
DOORBELL
DOORSTEP
DOORWAY
FOOD
FOOL
FOOLHARDY
FOOLISH
FOOLPROOF
FOOT
FOOTBALL
FOOTBRIDGE
FOOTFALL
FOOTHILL
FOOTMAN
FOOTMEN
FOOTNOTE
FOOTPAD
FOOTPATH
FOOTPRINT
FOOTSTEP
FOOTSTOOL
FOOTWEAR
GOOBER
GOOD
GOODWILL
GOODY
GOOF
GOOFY
GOOK
GOOSE
GOOSEBERRY
HOOCH
HOOD
HOODLUM
HOOF
HOOK
HOOKWORM
HOOLIGAN
HOOP
HOOT
HOOVES
LOOK
LOOKOUT
LOOM
LOON
LOOP
LOOPHOLE
LOOPING
LOOSE
LOOSEN
LOOT
MOO
MOOD
MOODY
MOON
MOONLIGHT
MOONLIT
MOOR
MOOSE
MOOT
NOODLE
NOOK
NOON
NOOSE
POODLE
POOF
POOH
POOL
POOP
POOR
ROOD
ROOF
ROOFTOP
ROOK
ROOM
ROOMFUL
ROOMY
ROOST
ROOT
SOON
SOOT
SOOTH
SOOTHE
SOOTHSAY
SOOTHSAYER
TOO
TOOK
TOOL
TOOLBOX
TOOT
TOOTH

TOOTHBRUSH
TOOTHPASTE
TOOTHPICK
VOODOO
WOO
WOOD
WOODCOCK
WOODCUT
WOODEN
WOODLAND
WOODRUFF
WOODSHED
WOODWARD
WOODWIND
WOODWORK
WOODY
WOOF
WOOL
ZOO
ZOOLOGY
ZOOM
ZOON
APPAL
APPARATUS
APPAREL
APPARENT
APPARITION
APPEAL
APPEAR
APPEARANCE
APPEASE
APPEASEABLE
APPELLANT
APPELLATE
APPEND
APPENDAGE
APPENDICES
APPENDIX
APPERCEPTION
APPERTAIN
APPETITE
APPLAUD
APPLAUSE
APPLE
APPLIANCE
APPLICABLE
APPLICANT
APPLICATION
APPLIED
APPLY
APPOINT
APPOINTEE
APPORTION
APPOSITE
APPOSITION
APPRAISAL
APPRAISE
APPRECIABLE
APPRECIATE
APPREHEND
APPREHENSION
APPREHENSIVE
APPRENTICE
APPRISE
APPROACH
APPROBATION
APPROPRIATE
APPROPRIATED
APPROPRIATING
APPROPRIATION
APPROVAL
APPROVE
APPROXIMATE
OPPONENT
OPPORTUNE
OPPOSABLE
OPPOSE
OPPOSITE
OPPOSITION
OPPRESS
OPPRESSION
OPPRESSIVE
OPPRESSIVELY
OPPRESSOR
OPPROBRIUM
UPPER
UPPERCUT
UPPERMOST
ARRACK
ARRAIGN
ARRANGE
ARRAY
ARREAR
ARREST
ARRIVAL
ARRIVE
ARROGANT
ARROGATE
ARROW
ARROWHEAD
ARROWROOT
ARROYO
ERR
ERRAND
ERRANT
ERRANTRY
ERRATA
ERRATIC
ERRATUM
ERRONEOUS
ERROR
IRRADIATE
IRRATIONAL
IRRECLAIMABLE
IRRECONCILABLE
IRRECOVERABLE
IRREDEEMABLE
IRREDENTIST
IRREDUCIBLE
IRREFUTABLE
IRREGULAR
IRRELEVANCY
IRREMEDIABLE
IRREMOVABLE
IRREPARABLE
IRREPLACEABLE
IRREPRESSIBLE
IRREPROACHABLE
IRRESISTIBLE
IRRESOLUTE
IRRESOLUTION
IRRESOLVABLE
IRRESPECTIVE
IRRESPONSIBLE
IRRETRIEVABLE
IRREVERENT
IRREVERSIBLE
IRREVOCABLE
IRRIGATE
IRRITABLE
IRRITANT
IRRITATE
IRRUPTION
ASS

## Doubles

ASSAI
ASSAIL
ASSAILANT
ASSASSIN
ASSASSINATE
ASSAULT
ASSAY
ASSEMBLAGE
ASSEMBLE
ASSEMBLED
ASSEMBLER
ASSEMBLIES
ASSEMBLING
ASSEMBLY
ASSENT
ASSERT
ASSESS
ASSESSOR
ASSET
ASSIDUITY
ASSIDUOUS
ASSIGN
ASSIGNATION
ASSIGNEE
ASSIGNMENT
ASSIMILATE
ASSIST
ASSISTANCE
ASSISTANT
ASSOCIABLE
ASSOCIATE
ASSOCIATED
ASSOCIATING
ASSOCIATION
ASSONANT
ASSORT
ASSUAGE
ASSUME
ASSUMED
ASSUMING
ASSUMPTION
ASSURANCE
ASSURE
ESSAY
ESSENCE
ESSENTIAL
ISSUANCE
ISSUANT
ISSUE
OSSEOUS
OSSIFY
ATTACH
ATTACK
ATTAIN
ATTAINDER
ATTEMPT
ATTEND
ATTENDANT
ATTENTION
ATTENTIVE
ATTENUATE
ATTEST
ATTESTATION
ATTIC
ATTIRE
ATTITUDE
ATTITUDINAL
ATTORNEY
ATTRACT
ATTRIBUTE
ATTRIBUTED
ATTRIBUTING
ATTRIBUTION
ATTRIBUTIVE
ATTRITION
ATTUNE
OTTER
OTTO
UTTER
UTTERANCE
UTTERMOST
YTTERBIUM
YTTRIUM


## 3rd and 4th

BABBITT
BABBLE
BOBBIN
BOBBLE
BOBBY
BUBBLE
CABBAGE
COBBLE
COBBLESTONE
DABBLE
DIBBLE
GABBLE
GIBBERISH
GIBBET
GIBBON
GIBBOUS
GOBBLE
HOBBLE
HOBBY
HOBBYHORSE
HUBBUB
HUBBY
LOBBY
NIBBLE
PEBBLE
RABBET
RABBI
RABBIT
RABBLE
RIBBON
ROBBERY
RUBBERY
RUBBISH
RUBBLE
SABBATICAL
TABBED
WEBBED
WEBBING
WOBBLE
BACCALAUREATE
BACCARAT
MOCCASIN
PECCARY
PICCOLO
RACCOON
SACCADE
SACCHARINE
SOCCER
SUCCEED
SUCCESS
SUCCESSFUL

| | | |
|---|---|---|
| SUCCESSION | SUCCESSIVE | SUCCESSOR |
| SUCCINCT | SUCCOUR | SUCCUBUS |
| SUCCUMB | TOCCATA | VACCINATE |
| VACCINE | YUCCA | ZUCCHINI |
| BIDDABLE | BIDDEN | BIDDY |
| BUDDY | CADDIS | CADDY |
| CODDLE | CUDDLE | CUDDLY |
| DADDY | DIDDLE | FIDDLE |
| FIDDLESTICK | FODDER | GIDDY |
| GODDESS | HADDOCK | HIDDEN |
| HUDDLE | MADDEN | MEDDLE |
| MIDDAY | MIDDLE | MIDDLEMAN |
| MIDDLEMEN | MIDDLEWEIGHT | MUDDLE |
| MUDDY | PADDLE | PADDOCK |
| PADDY | PEDDLE | PIDDLE |
| PUDDING | PUDDLE | REDDEN |
| REDDISH | RIDDANCE | RIDDEN |
| RIDDLE | RUDD | RUDDER |
| RUDDY | SADDEN | SADDLE |
| SODDEN | SUDDEN | TODDLE |
| WADDLE | WEDDED | WEDDING |
| AGEE | ALEE | BLEED |
| BLEEP | BREECH | BREECHES |
| BREED | BREEZE | BREEZY |
| CHEEK | CHEEKY | CHEER |
| CHEERFUL | CHEERY | CHEESE |
| CHEESECLOTH | CHEESY | CHEETAH |
| CREED | CREEK | CREEP |
| CREEPY | FLEE | FLEECE |
| FLEEING | FLEET | FREE |
| FREEBOOT | FREED | FREEDMEN |
| FREEDOM | FREEHOLD | FREEING |
| FREEMAN | FREEMEN | FREER |
| FREESTONE | FREEWHEEL | FREEZE |
| FREEZING | GHEE | GLEE |
| GLEEFUL | GREED | GREEDY |
| GREEN | GREENERY | GREENGROCER |
| GREENHOUSE | GREENISH | GREENSWARD |
| GREENWOOD | GREET | KNEE |
| KNEECAP | KNEEL | OGEE |
| PREEN | QUEEN | QUEER |
| SHEEN | SHEEP | SHEEPSKIN |
| SHEER | SHEET | SKEET |
| SLEEK | SLEEP | SLEEPY |
| SLEET | SLEETY | SLEEVE |
| SNEER | SNEEZE | SPEECH |
| SPEED | SPEEDOMETER | SPEEDWELL |
| SPEEDY | STEED | STEEL |

## Doubles

| | | |
|---|---|---|
| STEELY | STEEP | STEEPLE |
| STEEPLECHASE | STEER | SWEEP |
| SWEEPSTAKE | SWEET | SWEETEN |
| SWEETHEART | SWEETISH | THEE |
| TREE | TREETOP | TWEED |
| TWEEDY | TWEEZE | WHEEDLE |
| WHEEL | WHEEZE | WHEEZY |
| BAFFLE | BIFF | BUFF |
| BUFFALO | BUFFET | BUFFLEHEAD |
| BUFFOON | COFFEE | COFFER |
| COFFIN | CUFF | DAFFODIL |
| DIFFER | DIFFERENCE | DIFFERENT |
| DIFFERENTIAL | DIFFERENTIATE | DIFFICULT |
| DIFFICULTIES | DIFFICULTY | DIFFIDENT |
| DIFFRACT | DIFFUSE | DIFFUSIBLE |
| DIFFUSION | DIFFUSIVE | DOFF |
| DUFF | DUFFEL | GAFF |
| GAFFE | GOFF | GUFF |
| GUFFAW | HUFF | JEFF |
| JIFFY | MIFF | MUFF |
| MUFFIN | MUFFLE | PUFF |
| PUFFBALL | PUFFED | PUFFERY |
| PUFFIN | PUFFY | RAFF |
| RAFFIA | RAFFISH | RAFFLE |
| RIFF | RIFFLE | RUFF |
| RUFFIAN | RUFFLE | SAFFRON |
| SUFFER | SUFFICE | SUFFICIENT |
| SUFFIX | SUFFOCATE | SUFFRAGE |
| SUFFRAGETTE | SUFFUSE | TAFFETA |
| TAFFY | TIFF | TOFFEE |
| TUFF | WAFFLE | ZIFF |
| BAGGAGE | BAGGING | BAGGY |
| BEGGAR | BEGGARY | BEGGING |
| BIGGER | BIGGEST | BOGGING |
| BOGGLE | BOGGY | BUGGY |
| DAGGER | DIGGING | DOGGING |
| DOGGONE | FOGGING | FOGGY |
| GAGGING | GAGGLE | GIGGLE |
| GOGGLE | HAGGARD | HAGGLE |
| HOGGING | HUGGING | JAGGING |
| JIGGING | JIGGLE | JOGGING |
| JOGGLE | JUGGING | JUGGLE |
| LAGGING | LEGGING | LEGGY |
| LOGGED | LOGGERHEAD | LOGGING |
| LUGGAGE | LUGGING | MAGGOT |
| MAGGOTY | MUGGY | NAGGING |
| NIGGARDLY | NIGGER | NUGGET |
| PEGGING | PIGGING | PIGGISH |

| | | |
|---|---|---|
| PIGGY | PIGGYBACK | RAGGED |
| RAGGING | RIGGING | SAGGING |
| SOGGY | SUGGEST | SUGGESTIBLE |
| SUGGESTION | SUGGESTIVE | TAGGING |
| TOGGLE | TUGGING | WAGGING |
| WAGGLE | WIGGING | WIGGLE |
| HAJJ | BALL | BALLAD |
| BALLAST | BALLED | BALLERINA |
| BALLET | BALLOON | BALLOT |
| BALLYHOO | BELL | BELLADONNA |
| BELLE | BELLICOSE | BELLIGERENT |
| BELLMAN | BELLOW | BELLWETHER |
| BELLY | BELLYACHE | BILL |
| BILLBOARD | BILLET | BILLFOLD |
| BILLIARD | BILLION | BILLIONTH |
| BILLOW | BILLY | BOLL |
| BULL | BULLDOG | BULLDOZE |
| BULLET | BULLETIN | BULLFINCH |
| BULLFROG | BULLHEAD | BULLISH |
| BULLOCK | BULLY | CALL |
| CALLA | CALLER | CALLIGRAPHY |
| CALLING | CALLIPER | CALLOUS |
| CALLUS | CELL | CELLAR |
| CELLOPHANE | CELLULAR | CELLULOID |
| CELLULOSE | COLLABORATE | COLLAGE |
| COLLAGEN | COLLAPSE | COLLAPSIBLE |
| COLLAR | COLLARD | COLLATE |
| COLLATERAL | COLLEAGUE | COLLECT |
| COLLECTED | COLLECTIBLE | COLLECTION |
| COLLECTIVE | COLLECTOR | COLLEGE |
| COLLEGIAL | COLLEGIAN | COLLEGIATE |
| COLLIDE | COLLIE | COLLIMATE |
| COLLINEAR | COLLISION | COLLOCATION |
| COLLOIDAL | COLLOQUIAL | COLLOQUY |
| COLLUDE | COLLUSION | CULL |
| DALLY | DELL | DILL |
| DOLL | DOLLAR | DOLLOP |
| DOLLY | DULL | DULLY |
| FALL | FALLACIOUS | FALLACY |
| FALLEN | FALLIBLE | FALLOUT |
| FALLOW | FELL | FELLOW |
| FILL | FILLED | FILLER |
| FILLET | FILLIP | FILLY |
| FOLLICLE | FOLLICULAR | FOLLOW |
| FOLLY | FULL | FULLBACK |
| FULLY | GALL | GALLANT |
| GALLANTRY | GALLERY | GALLEY |
| GALLINULE | GALLIUM | GALLIVANT |

# Doubles

GALLON · GALLOP · GALLOWS
GILL · GOLLY · GULL
GULLET · GULLIBLE · GULLY
HALL · HALLELUJAH · HALLMARK
HALLOW · HALLUCINATE · HALLWAY
HELL · HELLBENDER · HELLEBORE
HELLISH · HELLO · HILL
HILLOCK · HILLSIDE · HILLTOP
HILLY · HOLLER · HOLLOW
HOLLY · HOLLYHOCK · HULL
JELL · JELLY · JELLYFISH
JILL · JOLLY · KILL
KILLDEER · KILLED · KILLJOY
LOLL · LOLLIPOP · LULL
LULLABY · MALL · MALLARD
MALLEABLE · MALLET · MALLOW
MELLOW · MILL · MILLENARIAN
MILLENNIUM · MILLER · MILLET
MILLINERY · MILLION · MILLIONAIRE
MILLIONTH · MILLSTONE · MOLL
MOLLIFY · MOLLUSC · MOLLYCODDLE
MULL · MULLAH · MULLEIN
MULLER · MULLIGAN · MULLIGATAWNY
MULLION · NOLL · NULL
NULLIFY · PALL · PALLADIUM
PALLET · PALLIATE · PALLID
PELL · PELLAGRA · PELLET
PILL · PILLAGE · PILLAR
PILLORY · PILLOW · POLL
POLLEN · POLLINATE · POLLOCK
POLLSTER · POLLUTANT · POLLUTE
POLLUTION · PULL · PULLED
PULLEY · RALLY · RILL
ROLL · SALLOW · SALLY
SELL · SELLER · SELL-OUT
SILL · SILLY · SULLEN
SULLY · SYLLABI · SYLLABIC
SYLLABIFY · SYLLABLE · SYLLABUS
SYLLOGISM · SYLLOGISTIC · TALL
TALLIED · TALLIES · TALLOW
TALLY · TELL · TELLER
TELLTALE · TELLURIUM · TILL
TOLL · TOLLGATE · TULLE
VALLEY · VELLUM · VILLA
VILLAGE · VILLAIN · VILLAINOUS
VOLLEY · WALL · WALLABY
WALLET · WALLOP · WALLOW
WALLPAPER · WALLY · WELL

WILL
WILLOW
WILLOWY
YELL
YELLOW
YELLOWISH
COMMA
COMMAND
COMMANDANT
COMMANDEER
COMMANDO
COMMEMORATE
COMMENCE
COMMENCED
COMMENCING
COMMEND
COMMENDATION
COMMENDATORY
COMMENSURABLE
COMMENSURATE
COMMENT
COMMENTARIES
COMMENTARY
COMMENTATOR
COMMERCE
COMMERCIAL
COMMINGLE
COMMISERATE
COMMISSARIAT
COMMISSARY
COMMISSION
COMMIT
COMMITTAL
COMMITTED
COMMITTEE
COMMITTEEMAN
COMMITTING
COMMODIOUS
COMMODITY
COMMODORE
COMMON
COMMONALITY
COMMONPLACE
COMMONWEAL
COMMONWEALTH
COMMOTION
COMMUNAL
COMMUNE
COMMUNICABLE
COMMUNICANT
COMMUNICATE
COMMUNICATED
COMMUNICATING
COMMUNICATOR
COMMUNION
COMMUTE
DIMMED
DIMMER
DIMMING
DUMMY
GAMMA
GIMMICKRY
GUMMY
HAMMERHEAD
HAMMOCK
HUMMOCK
JAMMED
JAMMING
JIMMY
LEMMA
LEMMING
LUMMOX
MAMMA
MAMMAL
MAMMALIAN
MAMMOTH
MOMMY
MUMMY
OHMMETER
PEMMICAN
PUMMEL
RUMMAGE
RUMMY
SIMMER
SUMMARIES
SUMMARILY
SUMMARIZE
SUMMARY
SUMMATION
SUMMED
SUMMERTIME
SUMMING
SUMMIT
SUMMON
SYMMETRICAL
SYMMETRY
TOMMY
BONNET
BUNNY
CANNABIS
CANNEL
CANNERY
CANNIBAL
CANNON
CANNONBALL
CANNOT
CANNY
CINNABAR
CINNAMON
CONNECT
CONNECTOR
CONNIVANCE
CONNIVE
CONNOISSEUR
CONNOTATION
CONNOTATIVE
CONNOTE
CONNUBIAL
CUNNING
FENNEL
FINNY
FUNNEL
FUNNY
GANNET
GUNNERY
GUNNY
JENNY
JINN
KENNEL
LINN
MANNA
MANNERISM
MINNOW
NANNY
PENNANT
PENNY
PENNYROYAL
PINNACLE
PINNATE
RUNNING
SONNET
SUNNY
TANNED
TANNER

## Doubles

TANNIN
TANNING
TENNIS
TONNAGE
TUNNEL
WINNOW
AFOOT
ALOOF
BLOOD
BLOODHOUND
BLOODLINE
BLOODROOT
BLOODSHED
BLOODSHOT
BLOODSTAIN
BLOODSTONE
BLOODSTREAM
BLOODY
BLOOM
BROOD
BROODY
BROOK
BROOM
CHOOSE
CHOOSING
CROOK
CROON
DROOL
DROOP
FLOOD
FLOODLIGHT
FLOOR
GLOOM
GLOOMY
GROOM
GROOVE
PROOF
SCOOP
SCOOT
SHOO
SHOOK
SHOOT
SLOOP
SMOOCH
SMOOTH
SNOOK
SNOOP
SNOOPY
SPOOF
SPOOK
SPOOL
SPOON
SPOONFUL
STOOD
STOOGE
STOOL
STOOP
SWOON
SWOOP
TROOP
WHOOP
WHOOSH
CAPPED
COPPERAS
COPPERHEAD
COPPERY
DAPPER
DAPPLE
FOPPISH
HAPPEN
HAPPENSTANCE
HAPPY
HIPPO
HIPPODROME
HIPPOPOTAMUS
HOPPLE
LAPPET
NAPPY
NIPPLE
PAPPY
PEPPERMINT
PEPPERONI
PEPPERY
PEPPY
POPPY
PUPPET
PUPPY
PUPPYISH
RAPPORT
RAPPROCHEMENT
RIPPLE
SAPPHIRE
SAPPY
SUPPLANT
SUPPLE
SUPPLEMENTARY
SUPPLICATE
SUPPLIED
SUPPLIES
SUPPLY
SUPPORT
SUPPOSABLE
SUPPOSE
SUPPOSITION
SUPPRESS
SUPPRESSIBLE
SUPPRESSION
SUPPRESSOR
TAPPET
TIPPED
TIPPING
TIPPLE
TOPPED
TOPPING
TOPPLE
BARRACK
BARRACUDA
BARRAGE
BARRED
BARREL
BARREN
BARRETTE
BARRICADE
BARRIER
BARRING
BARROW
BERRY
BORROW
BURR
BURRO
BURROW
BURRY
CARR
CARRAGEEN
CARREL
CARRIAGE
CARRIED
CARRIES
CARRION
CARROT
CARRY
CORRAL
CORRECT
CORRECTLY

CORRECTOR
CORRELATE
CORRESPOND
CORRESPONDENCE
CORRESPONDENT
CORRIDOR
CORRIGENDA
CORRIGENDUM
CORRIGIBLE
CORROBORATE
CORROBORATED
CORROBORATING
CORROBORATION
CORROBOREE
CORRODE
CORRODIBLE
CORROSION
CORROSIVE
CORRUGATE
CORRUPT
CORRUPTIBLE
CORRUPTION
CURRANT
CURRENCIES
CURRENCY
CURRENT
CURRICULA
CURRICULAR
CURRICULUM
CURRY
DERRICK
DORR
EARRING
FERRET
FERRIC
FERRITE
FERROMAGNETIC
FERROUS
FERRUGINOUS
FERRULE
FERRY
FURRIER
FURROW
FURRY
GARRISON
GARRULOUS
HARROW
HARRY
HORRENDOUS
HORRIBLE
HORRID
HORRIFY
HORROR
HURRAH
HURRAY
HURRICANE
HURRIED
HURRIES
HURRY
JERRY
LORRY
MARRIAGE
MARRIAGEABLE
MARRIED
MARROW
MARROWBONE
MARRY
MERRIMENT
MERRY
MIRROR
MORRIS
MORROW
MYRRH
NARRATE
NARROW
PARR
PARROT
PARRY
PORRIDGE
PURR
SERRATE
SORREL
SORROW
SORROWFUL
SORRY
SURREAL
SURRENDER
SURREPTITIOUS
SURREY
SURROGATE
SURROUND
TARRY
TERRACE
TERRAIN
TERRAPIN
TERRESTRIAL
TERRIBLE
TERRIER
TERRIFIC
TERRIFY
TERRITORIAL
TERRITORY
TERROR
TERRY
TORRENT
TORRID
TURRET
WARRANT
WARRANTY
WARREN
WARRIOR
WORRISOME
WORRY
YARROW
BASS
BASSINET
BASSO
BASSWOOD
BOSS
BOSSES
BOSSY
BUSS
CASSEROLE
CASSETTE
CASSOCK
CESSATION
CESSION
CUSS
DESSERT
DISSEMBLE
DISSEMINATE
DISSENSION
DISSERTATION
DISSIDENT
DISSIMILAR
DISSIMILARITY
DISSIPATE
DISSOCIABLE
DISSOCIATE
DISSOLVE
DISSONANT
DISSUADE
DOSS
DOSSIER

## Doubles

| | | |
|---|---|---|
| FESS | FISSILE | FISSION |
| FISSURE | FOSSIL | FUSS |
| FUSSY | GASSY | GOSSAMER |
| GOSSIP | GUSSET | HASSLE |
| HISS | JESS | JOSS |
| KISS | KISSING | LASS |
| LASSO | LESS | LESSEE |
| LESSEN | LESSON | LOSS |
| MASS | MASSACRE | MASSAGE |
| MASSEUR | MASSIVE | MESS |
| MESSAGE | MESSAGING | MESSENGER |
| MESSIEURS | MISS | MISSES |
| MISSHAPEN | MISSILE | MISSING |
| MISSION | MISSIONARY | MISSIVE |
| MOSS | MOSSY | MUSS |
| MUSSEL | NESS | PASS |
| PASSAGE | PASSAGEWAY | PASSENGER |
| PASSER | PASSING | PASSION |
| PASSIONATE | PASSIVE | PASSPORT |
| PASSWORD | PESSIMISM | PESSIMIST |
| PESSIMISTIC | PISS | POSSE |
| POSSESS | POSSESSION | POSSESSIVE |
| POSSESSOR | POSSIBILITIES | POSSIBILITY |
| POSSIBLE | POSSUM | PUSS |
| PUSSY | RUSSET | RUSSIA |
| SASS | SASSAFRAS | SESSION |
| TASSEL | TESSELLATE | TISSUE |
| TOSS | TUSSLE | VASSAL |
| VESSEL | BATTALION | BATTEN |
| BATTERY | BATTLE | BATTLEFIELD |
| BATTLEGROUND | BETTOR | BITTEN |
| BITTERN | BITTERSWEET | BOTTLE |
| BOTTLENECK | BOTTOM | BOTTOMMOST |
| BUTT | BUTTE | BUTTERBALL |
| BUTTERCUP | BUTTERFLY | BUTTERNUT |
| BUTTERY | BUTTOCK | BUTTON |
| BUTTONHOLE | BUTTRESS | CATTLE |
| COTTA | COTTAGE | COTTON |
| COTTONMOUTH | COTTONSEED | COTTONY |
| CUTTLEFISH | DITTO | DITTY |
| DOTTY | FATTEN | FATTY |
| FETTER | FETTLE | GETTING |
| GOTTEN | GUTTURAL | JETTISON |
| JETTY | JITTER | JITTERBUG |
| KETTLE | KITTEN | KITTENISH |
| KITTLE | KITTY | LATTER |
| LATTICE | LETTER | LETTING |
| LETTUCE | LITTER | LITTLE |

| | | |
|---|---|---|
| LITTORAL | LOTTERY | MATT |
| MATTE | MATTOCK | MATTRESS |
| METTLE | METTLESOME | MITT |
| MITTEN | MOTTLE | MOTTO |
| MUTT | MUTTER | MUTTON |
| NATTY | NETTED | NETTING |
| NETTLE | PATTERN | PATTY |
| PETTICOAT | PETTY | POTTERY |
| PUTT | PUTTING | PUTTY |
| RATTLE | RATTLESNAKE | RATTY |
| ROTTEN | RUTTY | SETTING |
| SETTLE | TATTLE | TATTLER |
| TATTOO | TATTY | WATT |
| WATTAGE | WATTLE | WITTY |
| SAVVY | BUZZ | BUZZER |
| BUZZING | DAZZLE | DIZZY |
| FIZZ | FIZZLE | FUZZ |
| FUZZY | GUZZLE | HUZZAH |
| JAZZ | JAZZY | MEZZANINE |
| MEZZO | MUZZLE | NOZZLE |
| NUZZLE | PIZZA | PIZZICATO |
| PUZZLE | RAZZ | SIZZLE |

## 4th and 5th

| | | |
|---|---|---|
| BAZAAR | BLUBBER | CHUBBY |
| DRIBBLE | FLABBERGAST | FLABBY |
| GRUBBY | KNOBBLY | QUIBBLE |
| SCABBARD | SHABBY | SHIBBOLETH |
| SNOBBERY | SNOBBISH | STUBBLE |
| STUBBORN | STUBBY | BROCCOLI |
| FLOCCULATE | INACCESSIBLE | INACCURACY |
| INACCURATE | STACCATO | STUCCO |
| BLADDER | BLADDERWORT | CLODDISH |
| CRUDDY | GLADDEN | GRIDDLE |
| SHODDY | SHUDDER | TRODDEN |
| TWADDLE | TWIDDLE | AGREE |
| AGREEABLE | AGREED | AGREEING |
| ASLEEP | BALEEN | BESEECH |
| CAREEN | CAREER | EMCEE |
| ESTEEM | EXCEED | INDEED |
| LEVEE | PEWEE | RUPEE |
| SCREECH | SCREECHY | SCREED |
| SCREEN | SCREENPLAY | SPLEEN |
| SPREE | SQUEEGEE | SQUEEZE |
| SQUEEZED | SQUEEZING | STREET |
| STREETCAR | TEPEE | THREE |

## Doubles

THREEFOLD
THREESOME
UNNEEDED
UPKEEP
VENEER
BLUFF
CHAFF
CHIFFON
CHUFF
CLIFF
COEFFICIENT
COIFFURE
FLUFF
FLUFFY
GRIFFIN
GRUFF
INEFFABLE
INEFFECTIVE
INEFFECTUAL
INEFFICACY
INEFFICIENT
INOFFENSIVE
PROFFER
QUAFF
SCAFFOLD
SCOFF
SCUFF
SCUFFLE
SHUFFLE
SKIFF
SNIFF
SNIFFLE
SNUFF
SNUFFER
SNUFFLE
STAFF
STIFF
STIFFEN
STUFF
STUFFY
TRAFFIC
TRAFFICKED
TRAFFICKING
WHIFF
BRAGGART
BRAGGING
CLOGGING
CRAGGY
DRAGGING
DRUGGING
EXAGGERATE
FLAGGED
FLAGGING
FLOGGING
GROGGY
PLUGGING
PRIGGISH
SHAGGING
SHAGGY
SLUGGING
SLUGGISH
SMUGGLE
SNAGGING
SNIGGER
SNUGGLE
TRIGGER
TWIGGING
WRIGGLE
WITHHELD
WITHHOLD
ASCII
GENII
RADII
ATOLL
BRILLIANT
CHALLENGE
CHALLENGED
CHALLENGING
CHILL
CHILLI
CHILLY
DRILL
DROLL
DUELLER
DWELL
EBULLIENT
FRILL
FRILLY
GRILL
GRILLE
GRILLED
GRILLWORK
GUILLEMOT
GUILLOTINE
IDYLLIC
KNELL
KNOLL
QUELL
QUILL
RAILLERY
SCALLOP
SCULL
SHALL
SHALLOT
SHALLOW
SHELL
SHILL
SKILL
SKILLET
SKULL
SMALL
SMALLISH
SMALLPOX
SMELL
SNELL
SPELL
SPELLBOUND
SPILL
STALL
STALLION
STELLAR
STILL
SWALLOW
SWELL
SWOLLEN
THALLIUM
TRELLIS
TRILL
TRILLION
TROLL
TROLLEY
TROLLOP
TWILL
WHOLLY
ASYMMETRIC
ASYMMETRY
CLAMMY
CRUMMY
FLAMMABLE
GLIMMER
GRAMMAR
GRAMMARIAN
GRAMMATICAL
GROMMET

PLUMMET  
STEMMED  
TRIMMED  
BIENNIAL  
CRANNY  
PLANNER  
SPINNAKER  
STANNIC  
BABOON  
INDOOR  
MAROON  
SCHOOL  
SCHOOLHOUSE  
SCHOOLWORK  
TABOO  
CHOPPY  
CRUPPER  
DROPPING  
FLIPPING  
FLOPPY  
INAPPEASABLE  
INAPPROACHABLE  
QUIPPING  
SKIPPING  
SLIPPERY  
SNAPPISH  
SNIPPY  
STOPPAGE  
SWAPPED  
AVERRED  
CHERRY  
QUARREL  
QUARRYMEN  
SHERRY  
STIRRUP  
AMASS  
BLISS  
BRASS  
CHASSIS  
CLASSES  
CLASSIFICATORY  
CLASSMATE  
CRESS  
CROSSBAR  
CROSSCUT  
CROSSROAD  
CROSSWISE  
DRESSY  

SHIMMY  
STEMMING  
TRIMMER  
CHANNEL  
FLANNEL  
SIENNA  
SPINNERET  
STANNOUS  
COCOON  
KAZOO  
PAPOOSE  
SCHOOLBOY  
SCHOOLMASTER  
SCHOONER  
TYCOON  
CRAPPIE  
DRIPPY  
FLIPPANT  
FLOPPED  
GRAPPLE  
INAPPLICABLE  
INAPPROPRIATE  
REAPPEAR  
SLIPPAGE  
SLIPPING  
SNAPPY  
STEPPE  
STOPPED  
SWAPPING  
AVERRING  
FLURRY  
QUARRELSOME  
SCURRILOUS  
SIERRA  
ABYSS  
AMISS  
BLISSFUL  
BRASSIERE  
CHESS  
CLASSIC  
CLASSIFIED  
CLASSY  
CRISSCROSS  
CROSSBILL  
CROSSHATCH  
CROSSWALK  
CROSSWORD  
DROSS  

STAMMER  
TRAMMEL  
TRIMMING  
CLANNISH  
GRANNY  
SKINNY  
SPINNING  
WHINNY  
IGLOO  
LAGOON  
SALOON  
SCHOOLGIRL  
SCHOOLROOM  
SCROOGE  
UPROOT  
CRIPPLE  
DROPPED  
FLIPPED  
FLOPPING  
GRIPPE  
INAPPRECIABLE  
INOPPORTUNE  
SKIPPED  
SLIPPED  
SLOPPY  
SNIPPET  
STIPPLE  
STOPPING  
ABERRANT  
BLURRY  
GUERRILLA  
QUARRY  
SCURRY  
SPARROW  
ALYSSUM  
BLESS  
BLOSSOM  
BRASSY  
CLASS  
CLASSIFICATION  
CLASSIFY  
CRASS  
CROSS  
CROSSBOW  
CROSSOVER  
CROSSWAY  
DRESS  
EMISSARY  

## Doubles

| | | |
|---|---|---|
| EMISSION | GAUSS | GLASS |
| GLASSWARE | GLASSWORT | GLASSY |
| GLISSADE | GLOSS | GLOSSARY |
| GLOSSED | GLOSSY | GRASS |
| GRASSY | GROSS | GUESS |
| GUESSWORK | LOESS | OMISSION |
| OPOSSUM | PRESS | PRESSURE |
| PRISSY | PUISSANT | REASSEMBLE |
| REASSIGN | SCISSOR | TRESS |
| TRUSS | ABETTED | ABETTING |
| ABUTTED | ABUTTING | BRITTLE |
| CHATTEL | CHATTY | CLATTER |
| CLUTTER | COATTAIL | EMITTED |
| EMITTING | FLATTEN | FLATTER |
| FLATTERY | FLUTTER | FRITTER |
| GHETTO | GLITTER | GLOTTAL |
| GLOTTIS | GLUTTON | GRITTY |
| INATTENTION | INATTENTIVE | KNOTTY |
| OMITTED | OMITTING | PLOTTED |
| PLOTTER | PLOTTING | PRETTY |
| QUITTING | REATTACH | SCUTTLE |
| SHATTER | SHUTTING | SHUTTLE |
| SHUTTLECOCK | SKITTLE | SMATTER |
| SMATTERING | SMITTEN | SMUTTY |
| SNOTTY | SPITTLE | SPOTTED |
| SPOTTING | SPOTTY | SPUTTER |
| STUTTER | WHITTLE | WRITTEN |
| VACUUM | BLIZZARD | DRIZZLE |
| DRIZZLY | FRAZZLE | FRIZZLE |
| GRIZZLE | GRIZZLY | MUEZZIN |
| PIAZZA | QUIZZICAL | SNAZZY |
| SWIZZLE | WHIZZING | |

## 5th and 6th

| | | |
|---|---|---|
| SCRABBLE | SCRIBBLE | SHRUBBERY |
| SQUABBLE | IMPECCABLE | PREOCCUPY |
| TOBACCO | BEFUDDLE | EMBEDDED |
| EMBEDDING | GRANDDAUGHTER | STRADDLE |
| UNBIDDEN | APOGEE | BETWEEN |
| CANTEEN | COFFEE | DECREE |
| DECREEING | DEGREE | FIFTEEN |
| FIFTEENTH | GENTEEL | INBREED |
| INNKEEPER | LESSEE | LINSEED |
| PIONEER | PROCEED | RAGWEED |
| SEAWEED | SIXTEEN | SIXTEENTH |

SUCCEED
UNFREEZE
DECAFFEINATE
INSUFFERABLE
TARIFF
DEBUGGER
STRUGGLE
ANNULLED
APPELLATE
BACILLI
BEFALLEN
CAMELLIA
CORALLINE
DISALLOW
EXCELLENT
EXPELLING
EXTOLLING
GORILLA
IMPELLING
INTELLECTUAL
JEWELLERY
LIBELLOUS
METALLIC
METALLURGIST
OSCILLATE
PAPILLARY
REBELLED
REBELLIOUS
REPELLENT
SCHILLING
SHRILLY
THRALL
UPHILL
ACCOMMODATE
DILEMMA
INCOMMENSURATE
ANTENNA
BEGINNING
DECENNIAL
TRIENNIAL
BALLOON
BOXWOOD
CARTOON
DOGWOOD
HARPOON
MISTOOK
PARTOOK
RACCOON

TOFFEE
CHAUFFEUR
GIRAFFE
INSUFFICIENT
ARPEGGIO
SHRUGGING
BEACHHEAD
ANNULLING
ARGILLACEOUS
BACILLUS
BEFELL
CAPILLARY
COROLLARY
EMBELLISH
EXCELLING
EXTOLLED
FUSILLADE
IMPELLED
INFALLIBLE
INTELLIGENT
LAMELLAR
LOCALLY
METALLOID
METALLURGY
OSCILLATORY
PARALLAX
REBELLING
RECALL
REPELLING
SCROLL
SQUALL
THRILL
VACILLATE
BEDIMMED
EXCOMMUNICATE
INCOMMUNICABLE
ANTENNAE
CAYENNE
MAYONNAISE
TYRANNY
BAMBOO
BOYHOOD
CUCKOO
DRAGOON
LAMPOON
MONGOOSE
PLATOON
REDWOOD

TOWHEE
CUTOFF
INDIFFERENT
PARAFFIN
BEFOGGING
STRAGGLE
ANCILLARY
APPELLANT
ARTILLERY
BEFALL
BERYLLIUM
CEDILLA
COTILLION
EXCELLED
EXPELLED
EXTOLLER
GAZELLE
IMPELLER
INTELLECT
INTELLIGIBLE
LAPELLED
MEDALLION
METALLURGIC
OCTILLION
OSCILLOSCOPE
PARALLEL
REBELLION
REPELLED
SATELLITE
SHRILL
STROLL
TITILLATE
VANILLA
BEDIMMING
INCOMMENSURABLE
SCRIMMAGE
BEGINNER
COLONNADE
PERENNIAL
UNCANNY
BEDROOM
BUFFOON
DOGTOOTH
FORSOOK
MANHOOD
MONSOON
PLYWOOD
TATTOO

## Doubles

TYPHOON
VOODOO
DISAPPEARED
EQUIPPED
EQUIPPING
INSUPPORTABLE
SCRAPPY
ABHORRED
ABHORRENT
BIZARRE
DEBARRING
DEFERRED
DEFERRING
DEMURRED
DEMURRER
DEMURRING
DETERRED
DETERRENT
DETERRING
INCORRECT
INCORRIGIBLE
INCORRUPTIBLE
INCURRED
INCURRING
INFERRED
INFERRING
INSURRECTION
INTERREGNUM
INTERROGATE
INTERROGATORY
INTERRUPT
INTERRUPTION
OCCURRED
OCCURRENCE
OCCURRING
RECURRED
RECURRENCE
RECURRENT
RECURRING
REFERRAL
REFERRED
REFERRING
RESURRECT
SQUIRREL
TOMORROW
ACCESS
ACCESSIBLE
ACCESSION
ACCESSORY
ACROSS
ADMISSIBLE
ADMISSION
AMBASSADOR
ASSASSIN
ASSASSINATE
ASSESS
ASSESSOR
BYPASS
CARESS
COLOSSAL
COLOSSI
COLOSSUS
DURESS
EGRESS
EMBASSY
EMBOSS
EXCESS
EXCESSIVE
FINESSE
FINESSED
FINESSING
GNEISS
HARASS
IMPASSABLE
IMPASSE
IMPASSION
IMPASSIVE
IMPOSSIBLE
INCESSANT
INDISSOLUBLE
JANISSARY
MOLASSES
MORASS
NECESSARY
NECESSITATE
NECESSITY
OBSESS
OBSESSION
OBSESSIVE
OGRESS
POTASSIUM
RECESS
RECESSION
RECESSIVE
REMISS
REMISSION
SECESSION
STRESS
STRESSFUL
VICISSITUDE
ADMITTANCE
ADMITTED
ADMITTING
ALLOTTED
ALLOTTING
BEFITTING
BEGETTING
BEGOTTEN
BELITTLE
BESETTING
BESOTTED
BURETTE
DEMITTED
DEMITTING
DILETTANTE
EMBATTLE
GAZETTE
LAYETTE
MULATTO
PALETTE
PIPETTE
REBUTTAL
REBUTTED
REBUTTING
REGATTA
REMITTANCE
REMITTED
REMITTING
ROSETTE
SPLITTING
SPLUTTER
SQUATTED
SQUATTER
SQUATTING
THROTTLE
UPSETTING
BEDAZZLE
EMBEZZLE

## 6th and 7th

| | | |
|---|---|---|
| ASTRADDLE | BEDRIDDEN | FORBIDDEN |
| FORBIDDING | AIRSPEED | AMPUTEE |
| BANSHEE | BINDWEED | BIRDSEED |
| DEVISEE | DEVOTEE | DISCREET |
| DOMINEER | EIGHTEEN | EIGHTEENTH |
| ENGINEER | ESCAPEE | FOURTEEN |
| FOURTEENTH | GRANTEE | IRREDEEMABLE |
| JUBILEE | KILLDEER | LEGATEE |
| MANATEE | MARQUEE | MUTINEER |
| NINETEEN | NINETEENTH | NOMINEE |
| PARAKEET | REFEREE | REFUGEE |
| REINDEER | RETIREE | THIRTEEN |
| THIRTEENTH | TRUSTEE | BAILIFF |
| DISTAFF | MASTIFF | PONTIFF |
| SHERIFF | SHUTOFF | BEDRAGGLE |
| ZIGZAGGING | BORDELLO | CANCELLED |
| CATCALL | CHENILLE | COMPELLABLE |
| COMPELLED | COMPELLING | DISPELLED |
| DISPELLING | DISTILLATE | DISTILLERY |
| EYEBALL | FLAGELLATE | FLOTILLA |
| FRITILLARY | GADWALL | INDWELL |
| INSTALL | INSTALLATION | INSTILLATION |
| LOBLOLLY | MARVELLOUS | MISCELLANEOUS |
| MISCELLANY | MUSKELLUNGE | PATROLLED |
| PATROLLING | PINBALL | PITFALL |
| PROPELLANT | PROPELLED | PROPELLER |
| PROPELLING | REDPOLL | SEPTILLION |
| SEXTILLION | TESSELLATE | UMBRELLA |
| BOTTOMMOST | COMMITTEE | COMMITTEEMAN |
| CONSUMMATE | INFLAMMABLE | INFLAMMATION |
| INFLAMMATORY | PERSIMMON | CENTENNIAL |
| MILLENNIUM | PERSONNEL | SEPTENNIAL |
| SUNTANNED | ANTEROOM | BABYHOOD |
| BAREFOOT | BASSWOOD | BATHROOM |
| BUGABOO | CLUBROOM | CROWFOOT |
| DOUBLOON | FIREWOOD | FREEBOOT |
| HANDBOOK | HEADROOM | IRONWOOD |
| JACKBOOT | MUSHROOM | NOTEBOOK |
| OCTOROON | OFFSHOOT | PLAYROOM |
| SHAMPOO | SHOWROOM | TEASPOON |
| TEASPOONFUL | WARDROOM | WORKBOOK |
| KIDNAPPED | KIDNAPPING | PINEAPPLE |
| PRESUPPOSE | PRESUPPOSITION | SCHNAPPS |
| ADDRESSEE | BARBERRY | BAYBERRY |
| BESTIRRING | CHAPARRAL | CONCURRED |
| CONCURRENT | CONCURRING | CONFERRABLE |

## Doubles

| | | |
|---|---|---|
| CONFERRED | CONFERRING | DOGBERRY |
| HAEMORRHAGE | MULBERRY | PREFERRED |
| PREFERRING | SUBTERRANEAN | ABSCESS |
| ABSCISSA | ACTRESS | ADDRESS |
| AGGRESSION | AGGRESSIVE | AGGRESSOR |
| BURGESS | CARCASS | COMMISSARIAT |
| COMMISSARY | COMMISSION | COMPASS |
| COMPASSION | COMPASSIONATE | CONCESSION |
| CONCESSIONAIRE | CONCUSSION | CONFESS |
| CONFESSION | CONFESSOR | CUTLASS |
| CYPRESS | DECLASSIFY | DEPRESS |
| DEPRESSANT | DEPRESSIBLE | DEPRESSION |
| DEPRESSIVE | DEPRESSOR | DIGRESS |
| DIGRESSION | DISCUSSION | DISMISSAL |
| DUCHESS | EMPRESS | EXPRESS |
| EXPRESSIBLE | EXPRESSION | EXPRESSIVE |
| EXPRESSWAY | GODDESS | HARNESS |
| HEIRESS | HOSTESS | IMPRESS |
| IMPRESSIBLE | IMPRESSION | IMPRESSIVE |
| JACKASS | LACROSSE | LARGESSE |
| LIONESS | MANTISSA | NARCISSISM |
| NARCISSUS | NOBLESSE | OPPRESS |
| OPPRESSION | OPPRESSIVE | OPPRESSIVELY |
| OPPRESSOR | PERCUSSION | PERCUSSIVE |
| PERMISSIBLE | PERMISSION | PERMISSIVE |
| PIANISSIMO | POSSESS | POSSESSION |
| POSSESSIVE | POSSESSOR | PRECESSION |
| PROCESS | PROCESSION | PROFESS |
| PROFESSION | PROFESSIONAL | PROFESSOR |
| PROFESSORIAL | PROWESS | REGRESS |
| REGRESSION | REGRESSIVE | RENAISSANCE |
| REPRESSION | REPRESSIVE | SUCCESS |
| SUCCESSFUL | SUCCESSION | SUCCESSIVE |
| SUCCESSOR | SURPASS | TIGRESS |
| WITNESS | ACQUITTAL | ACQUITTING |
| BABBITT | BARRETTE | BOYCOTT |
| BRUNETTE | CASSETTE | COMMITTAL |
| COMMITTED | COMMITTING | COQUETTE |
| CORVETTE | DISKETTE | FORGETTABLE |
| FORGETTING | FORGOTTEN | FORMATTED |
| FORMATTING | LIBRETTIST | LIBRETTO |
| OFFSETTING | OMELETTE | OPERETTA |
| PALMETTO | PERMITTED | PERMITTING |
| REGRETTABLE | REGRETTED | REGRETTING |
| ROULETTE | STILETTO | SUBMITTED |
| SUBMITTING | VENDETTA | VIGNETTE |
| RESIDUUM | | |

## 7th and 8th

POLYSACCHARIDE ABSENTEE ABSENTEEISM
ASSIGNEE CAREFREE CARRAGEEN
CHICKWEED CONFEREE DEPORTEE
EMPLOYEE EVERGREEN FENUGREEK
FILIGREE FREEWHEEL JUNKETEER
LICENSEE NEGLIGEE PATENTEE
PEDIGREE PROFITEER RACKETEER
REPARTEE SEVENTEEN SEVENTEENTH
SIGHTSEE SIGHTSEEING SIGHTSEER
SQUEEGEE SUNSCREEN VOLUNTEER
WORKSHEET HANDCUFF WOODRUFF
SKULDUGGERY ARMADILLO BACKFILL
BAGATELLE BASEBALL BIMETALLIC
BIMETALLISM BLUEGILL BOOKSELLER
CEREBELLUM CHANCELLOR CONSTELLATE
CONTROLLABLE CONTROLLED CONTROLLER
CONTROLLING COUNSELLOR CRYSTALLINE
CRYSTALLITE CRYSTALLOGRAPHER CRYSTALLOGRAPHY
DOORBELL DOWNFALL DOWNHILL
EGGSHELL FAREWELL FIREWALL
FOOTBALL FOOTFALL FOOTHILL
GOODWILL GUERRILLA HIGHBALL
LANDFILL MANDRILL NUTSHELL
PUFFBALL QUADRILLE QUADRILLION
QUINTILLION RAINFALL SCINTILLATE
SNOWBALL SNOWFALL SOFTBALL
WINDFALL WINDMILL BACKGAMMON
DIAGRAMMATIC EPIGRAMMATIC PROGRAMMABLE
PROGRAMMER PROGRAMMING QUADRENNIAL
SUPERANNUATE ADULTHOOD AFTERNOON
ARROWROOT BALLYHOO BLOODROOT
BOMBPROOF BREADROOT CHILDHOOD
CLOAKROOM COCKATOO COLTSFOOT
COURTROOM FALSEHOOD FIREPROOF
FOOLPROOF FOOTSTOOL GREENWOOD
HONEYMOON KANGAROO LUNCHROOM
MATCHBOOK SAINTHOOD SNAKEROOT
STATEROOM STOREROOM WHIRLPOOL
WIDOWHOOD WITHSTOOD WOMANHOOD
WIRETAPPING BANEBERRY BLUEBERRY
CRANBERRY HACKBERRY RASPBERRY
UNINTERRUPTED BARONESS BUSINESS
BUTTRESS COMPRESS COMPRESSIBLE
COMPRESSION COMPRESSIVE COMPRESSOR
CONGRESS CONGRESSIONAL CONGRESSMAN
CONGRESSMEN CONNOISSEUR EELGRASS

## Doubles

| | | |
|---|---|---|
| EYEGLASS | FORTRESS | GIANTESS |
| INACCESSIBLE | INADMISSIBLE | MANUMISSION |
| MATTRESS | MISTRESS | NEOCLASSIC |
| PRINCESS | PROGRESS | PROGRESSION |
| PROGRESSIVE | QUINTESSENCE | QUINTESSENTIAL |
| RUTHLESS | RUTHLESSNESS | SPYGLASS |
| SUNGLASSES | SUPPRESS | SUPPRESSIBLE |
| SUPPRESSION | SUPPRESSOR | TRESPASS |
| UNNECESSARY | WAITRESS | WIDENESS |
| CIGARETTE | ETIQUETTE | MANUMITTED |
| MEGAWATT | PIROUETTE | POINSETTIA |
| SERVIETTE | SPAGHETTI | STATUETTE |
| TYPESETTER | | |

## 8th and 9th

| | | |
|---|---|---|
| DOWNTRODDEN | MOLLYCODDLE | APPOINTEE |
| AUCTIONEER | CHICKADEE | COMMANDEER |
| CONSIGNEE | COTTONSEED | GUARANTEE |
| GUARANTEEING | INDISCREET | SMITHEREENS |
| FISTICUFF | PLAINTIFF | BLACKBALL |
| CATERPILLAR | CHINCHILLA | CRESTFALLEN |
| CROSSBILL | GUILDHALL | MARSHMALLOW |
| NIGHTFALL | ORIGINALLY | REINSTALL |
| SALMONELLA | SPEEDWELL | TREADMILL |
| VAUDEVILLE | WATERFALL | BELLADONNA |
| BICENTENNIAL | BREADWINNER | QUESTIONNAIRE |
| BRIDEGROOM | MOTHERHOOD | PARENTHOOD |
| SANDALWOOD | SCHOOLROOM | SOUNDPROOF |
| TABLESPOONFUL | TENDERFOOT | UNDERSTOOD |
| WATERPROOF | HANDICAPPED | HANDICAPPER |
| HANDICAPPING | BLACKBERRY | CHOKEBERRY |
| GOOSEBERRY | STRAWBERRY | TRANSFERRED |
| TRANSFERRING | ADDRESSEE | ALBATROSS |
| DEACONESS | DECOMMISSION | EDELWEISS |
| EMBARRASS | EXACTNESS | GOVERNESS |
| HOURGLASS | IMPERMISSIBLE | INEXPRESSIBLE |
| IRREPRESSIBLE | ISINGLASS | PATRONESS |
| PREDECESSOR | TEMPTRESS | TRANSMISSIBLE |
| TRANSMISSION | UNSUCCESSFUL | BACKSCATTER |
| CARBURETTOR | COMMITTEE | COMMITTEEMAN |
| HANDWRITTEN | INTERMITTENT | MARIONETTE |
| SILHOUETTE | TRANSMITTAL | TRANSMITTANCE |
| TRANSMITTED | TRANSMITTER | TRANSMITTING |

## 9th and 10th

HARDSCRABBLE
CORROBOREE
TRANSFEREE
CANNONBALL
STANDSTILL
EAVESDROPPING
CRISSCROSS
DELICATESSEN
INSUPPRESSIBLE
RETROGRESS
SEAMSTRESS
TRANSGRESSION
WATERCRESS
SUFFRAGETTE

BITTERSWEET
MOUNTAINEER
BASKETBALL
INCONTROLLABLE
BROTHERHOOD
HUCKLEBERRY
DECOMPRESS
EFFORTLESS
NIGHTDRESS
RETROGRESSION
STEWARDESS
TRANSGRESSOR
WILDERNESS

CHIMPANZEE
SPREADSHEET
BUTTERBALL
NUMERICALLY
EAVESDROPPER
CONTRABASS
DECOMPRESSION
INCOMPRESSIBLE
RECONNAISSANCE
RETROGRESSIVE
TRANSGRESS
UNDERCLASSMAN
KITCHENETTE

## 10th and 11th

STREPTOCOCCUS
COCKLESHELL
TROUBLESHOOTER
TELEPROCESSING

INTERVIEWEE
PERIODICALLY
ENCHANTRESS

CHLOROPHYLL
SARSAPARILLA
NONETHELESS

## 11th and 12th

AUTOMATICALLY

NEVERTHELESS

RUTHLESSNESS

## 12th and 13th

ALPHABETICALLY